KB220707

요한복음 강해 IV

요한복음 강해 IV

제임스 몽고메리 보이스 지음
서문 강 옮김

쉴만한물가

●이 책은 The Gospel of John, AN EXPOSITIONAL COMMENTARY by James Montgomery Boice(Grand Rapids, MI : Zondervan Publishing Co., 1978) 제4권의 완역이다.

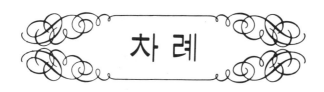

차 례

머리말

요한복음 13 : 1 에서 17 : 26 까지 계속되는 긴 대목 중에는, 어느 신앙교사든지 신앙적 교육을 위해서 택하는 본문 가운데에서 가장 잘 알려져 있고 가장 사랑받을 말씀들이 들어 있습니다. 그 이유를 아는 건 어렵지 않습니다. 왜냐하면 이 대목 속에는, 스스로 하나님으로 선언하셨던 이 분이 자신이 당할 가공스러운 고난과 십자가에 못박혀 죽는 일이 금방 앞에 도래했는데도 불구하고 하나님으로서 자신이 가진 평화속에서 어떻게 우리도 환난 가운데 평안을 가질 수 있는지를 그 제자들에게 (우리에게) 말씀하고 계시기 때문입니다.

그렇다고 해서 예수님께서 자기 앞에 당도한 일을 눈치 채지 못했다거나, 그 일을 보고 아무런 느낌도 없었다는 것은 아닙니다. 오히려 그는 거듭해서 자신이 십자가에 못박혀 죽으실 것을 예고하시면서, "보라 우리가 예루살렘에 올라가노니 인자가 대제사장들과 서기관들에게 넘기우매 저희가 죽이기로 결안하고 이방인들에게도 넘겨 주겠고, 그들은 능욕하며 침뱉으며 채찍질하고 죽일 것이니 저는 삼일만에 살아나리라"(막10 : 33 - 34)고 말씀하셨습니다. 다시 예수님께서는 자신의 임박한 죽음에 대해서 "지금 내 마음이 민망하니 무슨 말을 하리요 아버지여 나를 구원하여 이 때를 면하게 하여 주옵소서 그러나 내가 이를 위하여 이때에 왔나이다"(요 12 : 27) 라고 말씀하셨습니다. 아니 예수님께서는 임박할 고난을 눈치채지 못하셨던 것도 아니고 또한 그 고난을 생각하고마음에 아무런 느낌도 없었던 게 아닙니다. 다만 그는 폭풍 속에서 평안의 비밀을 발견하셨고, 오히려 그 자신이 자기를 믿는 자들이 함께 은신할 수 있는 피난처이셨던 것 뿐입니다.

이 책은 나사렛 예수님의 저 유명한 최종적 강화의 메시지가 담겨 있고, 요한복음 강해 전 5 권 중 네번째 책에 해당합니다. 이 책이 던지는 질문들은 "평안을 원합니까?", "예수님께서 바로 오직 여기서만 평안을 얻을 수 있다고 지적하시는 바로 그 지점에서 평안을 얻을 기꺼운 마음을 가지고 있읍니까?" 등 입니다.

이 요한복음 강해서의 다른 책들에서 제가 늘 취했던 양식처럼, 저는 가끔 본문을 따라 꼬박꼬박 강해해나가는 데서 가끔 길을 멈추어 본문이 암시하는 어떤 주제에 대해 무언가 좀더 상세하게 다루어 나갈 적이 있읍니다. 앞에 나온 책들에서는 증거, 세례, 주일과 안식일 문제, 성경, 우리의 선한 목자 그리스도, 죽음에 대한 문제를 연구하면서 바로 그러한 방식을 취했읍니다. 이 책에서는 하늘의 교리에 대해 특별하게 세 시간 동안 강론했고, 성령의 교리에 대해서는 여덟 시간에 걸쳐 강론했읍니다. 그리고 요한복음 17 장에 기록된 예수님의 대제사장적 기도가 열거해주는 교회의 표지들을 위해서는 일곱 시간 동안 강론했읍니다.

이제까지 나온 본 강해서 시리즈를 산 사람들을 위하여 지적해드릴 것은, 1 권에서 소개한 이른바 다섯 대목으로 나눈 요한복음 분해방식이 바로 여기에서도 계속 채용되고 있다는 점입니다. 1 권은 빛이신 주 예수 그리스도가 세상에 오신 것을 다루었고(1 - 4 장), 제 2 권에서는 그 당시 종교지도자들 편에서 예수님을 향하여 적대감이 점점 커지는 문제를 다룹니다(5 - 8 장). 3 권은 사람들더러 이스라엘 중에서 자신에게로 나오라고 처음 촉구하시는 주님의 말씀을 다룹니다. 나면서 소경으로 난자를 부르시는 주님의 모습부터 시작이 됩니다(9 - 12 장). 이 제 4 권은 예수님의 마지막 강화의 말씀으로써 지적한 바와 같이 폭풍 속에서 평안을 전하는 메시지들이 담겨 있읍니다(13 - 17). 마지막 제 5 권은 그리스도의 지상생애 중 마지막에 일어난 사건들을 다루어나가 그의 부활로 종결지어집니다(18 - 21 장).

제 사역에 있어서 복된 일 가운데 하나는 필라델피아의 있는 제십장로회의 회중들의 적극적인 지원입니다. 사실 이 메시지들은 제일 먼저 그들에게 설교되었읍니다. 그들은 이처럼 진지한 성경 연구와 강해를 위해서 제 시간 중 많은 부분을 쓰도록 격려해 줍니다. 제 비서인 펠스터양은 이 책의 원고들을 편집하고 점검하는데 저를 도와 주었읍니다. 제가

쓴 여러 책들을 준비할 때도 그녀의 힘이 컸읍니다. 저는 특별히 그녀에
게 감사합니다.

　이 책에는 "자기 사람들을 사랑하시되 끝까지 사랑하신 분께"라는 헌
정사가 붙어 있읍니다. 이 저작이 그분을 영화롭게 하는데 기여하고, 오
직 그 분만이 영광을 받으시기를 바라나이다. 아멘 아멘.

제임스 몽고메리 보이스
필라델피아

1

주님이 보내온 연애 편지

"유월절 전에 예수께서 자기가 세상을 떠나 아버지께로 돌아가실 때가 이른줄 아시고 세상에 있는 자기 사람들을 사랑하시되 끝까지 사랑하시니라"(요 13 : 1).

사도 바울은 디모데후서 3 : 16 - 17 에서 이렇게 썼습니다. "모든 성경은 하나님의 감동으로 된 것으로 교훈과 책망과 바르게 함과 의로 교육하기에 유익하니 이는 하나님의 사람으로 온전케 하며 모든 선한 일을 행하기에 온전케 하려 함이니라." 그러나 이것이 진리임을 인정하고, 모든 성경이 우리에게 주신 하나님의 선물이요 이루 헤아릴 수 없는 가치를 지닌 것이라고 인정한다 할지라도 우리가 인식해야 하는 것이 있읍니다. 이런 저런 이유로 해서 성경의 어떤 대목들은 특별하게 가치가 있고 그러므로 하나님의 백성들에게 유별나게 높여지고 사랑을 받는다는 것입니다. 우리는 이 강해서를 통해서 그러한 대목에 이른 것입니다.

많은 사람들에 있어서 복음서들 가운데 가장 심오하고 영적인 요한복음이 성경의 "성소(聖所)"입니다. 그러나 그렇다고 한다면, 요한복음 13 에서 17 장까지의 말씀, 이른바 십자가에 못박혀 죽으시기 전에 제자들에게 하신 마지막 강화의 말씀과 그들을 위해서 드린 주님의 대제사장적 기도로 마무리지어지는 이 대목이 "지성소"입니다. 성경 전체 중 바로 이 대목에서보다 더 거룩한 땅을 걷고 있다는 느낌을 하나님의 자녀들이 가지는 곳이 없습니다. 왜냐하면 이 대목 속에서 성경의 다른 어떠한 부분보다도 더 자기를 인도하사 아버지 앞에 있는 자기의 새로운 지위와 그와 아울러 이 세상에서 새롭게 된 자기의 신분을 보다 더 크게 이해하도록 하시는 예수님의 음성을 여기에서 더 많이 듣기 때문입니다. 이 요한복음 13 장에서 17 장까지의 부분은 하늘, 새 계명, 성령의 인격과 사역, 그리스도와 제자들, 제자들과 그리스도 사이의 상호 연합, 기도의 문제등에 관한 교훈을 내포하고 있습니다.

우리가 이 대목의 말씀들을 무엇에 비유할 수 있습니까? 사랑의 편지, 주님께로부터 보내온 사랑의 편지로 밖에는 비유될 수 없습니다. 왜냐하면 이 대목에서 교회의 위대하고 미쁘신 그 신랑되신 분이 교회 자체인 사람들에게 말씀하시고, 그들을 향한 자기의 특별하고 영구한 사랑을 확증시켜 주시기 때문입니다.

모든 사람을 위한 것이 아님

이 말은 이 대목 속에 포함되는 진리가 모든 사람을 위한 것이 아니라는 걸 뜻합니다. 오직 주님의 백성들만을 위한 것입니다. 우리는 이에 대한 증거를 이 말씀을 다락방에서 열 두 제자에게만 하셨지 공개적으로 많은 사람들에게 하신 것이 아니라는 사실 속에서 발견합니다. 물론 어떤 사람은 이 말을 들으면 분개할 것입니다. 왜냐하면 그렇게 하는 것은 하나님 편으로 치우치기 때문인 것입니다. 그들이 볼 때는 한쪽으로 치우치는 것은 부당하고 비열한 짓으로 보이기도 합니다. 그러나 그런 사람들은 여기에서 발견되는 불공평의 본질을 인식하지 못하고, 어떤 경우들에서는 심지어 의롭다함을 얻는 것에 대하여 스스로 얼마나 많은 편향성을 드러내는지 인식하지 못합니다.

만일 우리가 이 대목이 주님의 사랑의 편지라는 개념을 단순하게 확장시켜 보기만 하면 모든 사람을 위한 것이 아닌 이 대목의 정당성을 즉각 알 수 있습니다. 예를 들어서 어떤 한 여자와 결혼한 사람이 자기가 알고 있는 다른 많은 여자들에게 친근하고 사랑이 넘치는 편지를 썼다고 하면 우리는 그 사람을 어떻게 생각하겠습니까 ? 그 사람을 보고 엽색행 각자, 외식자, 거짓말쟁이라고 할 것입니다. 그가 다른 여자들을 포함한 많은 사람들과 친근하게 접촉하면서도 옳을 수 있지만, 가장 친밀한 일들, 결혼관계에 속한 일들은 남편과 아내 사이에서만 이야기되어야 마땅합니다. 우리는 대번에 그걸 인식할 수 있지요. 결혼은 개인적인 관계입니다. 따라서 그것은 편향적이어야 합니다. 같은 방식으로 예수님께서는 자신을 위해서 특별한 사람들, 교회를 취하셨습니다. 이 사람들이 그의 신부입니다. 그가 그들만을 위해서 특별한 사랑을 하며 애정어린 부드러운 말을 한다는 건 전적으로 옳은 일이고 심지어 당연한 일입니다.

더구나 이제까지 요한복음 전체가 그 방향으로 움직여 나왔습니다. 앞에 나온 강해서들에서 이미 지적한 바이지만, 요한복음은 다섯 대목으로 나누어지고 바로 이 대목은 네번째 대목입니다. 첫번째 대목(1 – 4 장)에서 우리는 가장 보편적인 방식으로 세상에 오신 예수님을 보았습니다. 이 대목은 복음서의 첫 몇 구절을 통해서 제목을 얻습니다. 곧 빛이 왔음을 우리에게 말합니다. "그 안에 생명이 있었으니 그 생명은 사람들의 빛이라"(4 절). 두번째 대목(5 – 8 장)은 그 빛에 대한 사람들의 반응을 보여줍니다. 이 대목은 요한복음 1 : 11 을 제목으로 삼습니다 –"자기 땅에 오매 자기 백성이 영접지 아니하였으나." 이 대목은 갈수록 유대교 내에서 예수님께 대한 적대감이 자라나는 것을 기록하고 있습니다. 세번째 대목(9 – 12 장)은 그 다음 구절 "영접하는 자 곧 그 이름을 믿는 자들에게는 하나님의 자녀가 되는 권세를 주셨으니"(12 절)라는 말씀을 제목으로 받습니다. 이 대목은 유대교 당국자들의 적대감이 갈수록 고조되는데도 불구하고 예수님께서 친히 자신을 위해서 사람들을 불러내시는 걸 보여 줍니다. 요한복음 1 장부터 12 장까지의 기록은 가장 일반적인 국면에서 특수한 국면으로 흘러나갑니다. 크게는 세상에서 그리스도 자신의 백성들에게로 흘러 나갑니다. 또한 그 흐름은 가장 기본적인 진리로부터 그리스도인들만을 위한 진리로 향합니다.

그것이 부당합니까? 천만의 말씀! 그것은 은혜입니다. 왜냐하면 하나님은 주권적인 의지로 자기가 구원하시고 넘치도록 풍성하게 복주시기로 한 자들을 택하신 분이기 때문입니다. 이것은 하나님의 백성들 속에 어떤 공로가 있을 거라고 가정하는 것과는 전혀 상관이 없습니다. 왜냐하면 하나님의 백성들 속에라도 어떠한 공로가 없기 때문입니다. 단순히 사람들이 하나님을 배척하고 자기들의 길을 고집하여 가려고 할 때 그럼에도 하나님께서 무한하신 긍휼로 어떤 사람들을 선택하셔서 구원하여 복주시기로 하셨다는 것 뿐입니다. 만일 하나님께서 그렇게 하지 아니하셨으면 한 영혼도 구원받지 못했을 것입니다. 그가 그렇게 하셨다는 것이 정말 엄청난 일입니다.

세 상

13장에서 17장까지 특별한 성질에 비추어 볼 때 그 대목이 시작되는 첫 구절이 그리스도의 백성들과 그리스도인이 아닌 백성들 사이를 대조하되, 그에 상응할만한 하나님의 말씀이 어느 대목보다 더 예리하게 대조하고 있다는 건 놀라운 일이 아닙니다. 바울이 로마서 9장과 10장에서 같은 것을 말했다는 것이 사실입니다. 또한 에베소서 2장에서도 유사한 대조가 나타납니다. 구약에서는 여러번 나타납니다. 그 어느 곳에서고 여기서처럼 그 대조가 분명하게 드러나고 여기서처럼 그 한계선이 더욱 절대적인데는 없습니다. 왜냐하면 13장 1절에서 대번에 그리스도의 사람들을 소개받게 되는데, 그리스도께서 그들을 끝까지 신실하게 사랑하셨던 것입니다. 그 구절은 이렇게 말합니다. "유월절 전에 예수께서 자기가 세상을 떠나 아버지께로 돌아가실 때가 이른 줄 아시고 세상에 있는 자기 사람들을 사랑하시되 끝까지 사랑하시니라."

누가 그리스도의 사람들입니까? 요한복음에서 여러번 그 대답이 나왔읍니다. 아버지께서 그리스도께 주신 자들입니다(6:37, 44). 그리스도께서는 바로 그들을 위해서 죽으시려 합니다(10:11, 15). 또한 그들은 "혈통으로나 육정으로나 사람의 뜻으로 나지 아니하고 하나님께로서" 난 자들입니다(1:13). 그들은 그리스도께로부터 영생을 얻고 멸망치 않을 사람들이며, 그리스도의 손에서 나꾸어채감을 당하지 않을 사람들입니다(10:28, 29). 세상이 어떠합니까? 세상은 그리스도께서 불러내신 사람들이 들어 있는 인류입니다. 이 "세상"이라는 어휘를 생각하는 것이 가치 있습니다. 왜냐하면 요한복음 4장 마지막 부분을 향해 강해해 나가던 어느 시간에 지적한 바와 같이 이것은 제4복음서에서 가장 중요한 개념 중 하나이기 때문입니다. 우리 성경에서 "세상"이라고 번역된 헬라어 단어는 여러 가지입니다. 그러나 우리가 관심있어 하는 어휘는 "코스모스"라는 말입니다. 그 말에서 "코스모폴리탄"(cosmopolitan)이란 말이 나왔읍니다. 코스모스는 "세계"라는 뜻입니다. "포리테스"는 "시민"이란 뜻입니다. "코스모폴리탄"이란 세계의 시민을 뜻합니다. "코스모스"란 헬라어가 신약에서는 185회 나타납니다. 대단히 흥미 있는 것은 185회 가운데 전통적으로 요한이 쓴 것으로 인정받는 책들 속에 105회 나타납니다. 요한복음서에 78회 나타나고 요한서신들에는 24회, 계시록에는 세번 나타납니다. 더구나 마태복음에서는 그 말이 여덟 번, 마가복음과 누가복음에서는 각각 세번 밖에 나타나지 않는 반면에 요한복음에서 그 말이 무려 78회나 나타난다는 것을 보면 그 말이 요한복음에서 중요하다는 것이 더욱 드러납니다.

그러나 "코스모스"라는 말이 무슨 뜻입니까? 이 질문에 대답하기가 복잡합니다. 왜냐하면 그 말은 오래 된 말이고 시간이 지남에 따라서 대단히 많은 의미를 갖게 되었기 때문입니다. 그 말은 본래 "장신구"를 뜻하는 것이었읍니다. 곧 장식하는 물품이었다는 것입니다. 또 그 장식하는 물품이 예쁘거나 세련된 독특한 특징을 나타내는 말이었읍니다. 그런데 이 말이 영어에서 "코스메틱"(cosmetic)이란 말로 보전이 되어 있읍니다. 비록 이 경우에서 이 의미는 그 자체로 아름다운 것에서 아름답지 못한 것들을 아름답게 꾸며주는 것이라는 의미로 재빨리 변형되었지만 말입니다. 그리고 시간이 지나가면서 그 말은 우주나 하나님께서 좋아하게 꾸민 천체를 가리키는 말이 되었읍니다. 이 말이 요한복음 1 : 9, 10에서 그 의미로 쓰여졌는데, 예수께서 "세상에 와서 각 사람에게 비취는 빛"이며 "세상이 그로 말미암아 지은바 되었다"고 말합니다. 여기에서마저 또 다른 의미가 나타납니다. 그러나 10절은 계속해서 "세상(곧 세상에 있는 사람들)이 그를 알지 못하였다"고 말해나갑니다.

"코스모스"가 "천체"를 묘사하기 위해서 쓰여지고 있으니, 그것은 그 다음 "사람들의 세계"를 지시했다는 것이 자연스럽습니다. 이러한 두번째 의미에서 우리는 그것을 "인류"로 번역할 수 있읍니다. 하나님께서 세상을 사랑하사 자기 독생자를 주셨다고 말할 때 그 세상은 바로 이러한

의미에서 쓰여졌읍니다(요 3 : 16). 그리고 하나님의 구원하시려는 의도
의 대상으로 세상을 말할 때도 그러한 의미에서 쓰여졌읍니다(요 3 : 17).
또 예수께서 세상을 위해서 죽으셨다(요일 2 : 2)고 말씀하실 때도 그러
한 의미로, 그가 세상의 구주시라(요 4 : 14; 4 : 42)라고 할 때도 그러
한 의미로 쓰여졌읍니다. 이 말이 인류 전체를 집합적으로 가리키고 반드
시 각 개인을 가리키는 말로 사용되지는 않은 것을 이해해야 합니다. 그
렇지 않으면 인용되는 구절들이 분명히 다른 곳에서 분명하게 거부당하
고 있는, 이른바 모든 사람들에 대한 보편적인 구원을 함축하는 말이 될
것입니다.

 "코스모스"라는 말의 세번째이자 주요한 용법은 여기 요한복음 13 : 1
에서 나타나는데 요한복음에서 그 이후에 나오는 경우는 대부분이 그러
한 용법으로 사용됩니다. 이 용법은 역시 사람들의 세계를 의미합니다.
그러나 사람들의 이 세계가 하나님을 배역하고 있다는 생각이 그 말 속
에 함축되어 있읍니다. 때때로 우리는 "코스모스"라는 말을 그러한 용법
으로 생각해서 "세상체계"라고 번역할 수도 있읍니다. 세상의 가치란, 세
상의 쾌락, 세상의 소일거리, 세상의 야심등을 함축하는 말로 말입니다.
세상이 하나님을 알지 못했다고 할 때 이런 의미에서 말한 것입니다(요
일 3 : 1). 또한 세상이 예수님을 배척했고(요 1 : 10, 11) 따라서 세상
이 그를 알지 못하였고 그래서 그를 따르는 사람들을 미워했다고 할 때
도 그러한 의미에서 말한 것입니다(15 : 18 - 21; 17 : 14). 그 말의 의
미가 그리스도의 백성들을 세상과 구별시키는 모든 경우에서 나타납니다.
예를 들어서 "세상이 너희를 미워하면 너희보다 먼저 나를 미워한줄을 알
라"(15 : 18). 다시 "내가 아버지의 말씀을 저희에게 주었사오매 세상이
저희를 미워하였사오니 이는 내가 세상에 속하지 아니함 같이 저희도 세
상에 속하지 아니함을 인함이니이다"(17 : 14).

 요약하여서, 첫번째 의미로 그리스도인들은 세상을 받아들여야 하고 그
것으로 인하여 하나님께 감사하는 마음을 가져야 한다고 말할 수 있읍니
다. 왜냐하면 그것은 하나님의 선물이기 때문입니다. 두번째 의미로 그
리스도인들은 세상을 사랑하고 세상을 복음화시키려고 애를 써야 합니다.
왜냐하면 하나님께서도 인류를 사랑하시기 때문입니다. 그러나 세번째 의

미에서 그리스도를 믿는 사람들은 세상을 버리고 그런 다음에 하나님의 은혜로 자기들의 삶을 전적으로 다른 가치체계에 따라서 영위해야 합니다.

어떤 사람들을 위해서 하신 모든 일

하나님과 세상의 관계, 하나님과 자기 백성의 관계 사이의 차이가 때로는 이러한 식으로 진술되었습니다. 하나님께서는 "모든 사람들을 위하여 어떤 일을" 하셨습니다. 다시 말하면 이 세상에 있는 모든 사람을 위하여서 말입니다. 하나님께서 그들을 창조하셨고 보존하셨고, 가능한 가장 악한 것으로부터 그들을 지키셨습니다. 심지어 그들에게 관용하시고 그래서 지옥으로부터 잠시 동안 그를 지키셨습니다. 반면에 하나님께서는 "어떤 사람들을 위해 모든 일을" 하셨습니다. 바로 이 어떤 사람들이란 하나님의 백성들입니다. 그들은 부족함이 없고 모든 선한 일에 조금도 부족함이 없을 것입니다.

하나님께서 자기 백성을 위해서 무엇을 하셨습니까? 어떤 의미에서 우리가 연구하려고 13 장에서 17 장까지의 말씀이 그 질문에 대한 충만한 해답입니다. 우리가 그 대목을 연구해나갈 때에만 그 대답은 완벽한 모습을 취하게 될 것입니다. 그러나 우리가 이 여러 장들을 연구하는 문턱에 서 있으니 얘기의 방식을 통해서 적어도 편협된 대답을 피할 수 있습니다. 그 대답은 최소한 여섯 가지 부분으로 나누어집니다.

1. 이 대목(13 – 17 장)의 첫째되고 가장 큰 가르침은, 예수님께서 자기 백성된 자들을 특별하게 사랑하셨다는 것입니다. 이 대목이 그 교훈으로부터 시작됩니다. "…예수께서…세상에 있는 자기 사람들을 사랑하시되 끝까지 사랑하시니라"(13 : 1). 그리고 그 대목이 끝나는 것을 보아도 "내가 아버지의 이름을 저희에게 알게 하였고 또 알게 하리니 이는 나를 사랑하신 사랑이 저희 안에 있고 나도 저희 안에 있게 하려 함이니이다"(17 : 26)로 끝나고 있습니다. 이 시점에서는 보편적으로 세상을 향한 하나님의 사랑이 없다고 말할 필요는 없습니다. 어떤 의미에서 하나님의 사랑은 모든 사람들에게 미칩니다. 우리가 여기서 말하고 있는 사랑은 특별하고 구원하시는 사랑이라고 말할 필요가 있습니다. 그 결과 그

리스도의 사람들이 된 사람들은 하나님의 백성이 되고 하나님께 보호하심을 받습니다. 그가 "그들을" 사랑하셨기 때문에 "끝까지 사랑하셨읍니다."

이것은 의심할 여지 없이 그의 백성된 사람들에게 어떤 특별한 특권들을 부여하며, 동시에 동등하게 사회적인 책임을 부여합니다. 왜냐하면 만일 그들이 사랑을 입었다면 사랑해야 하기 때문입니다. 바로 여기에 그리스도의 새 계명을 위한 기초가 있읍니다. "새 계명을 너희에게 주노니 서로 사랑하라 내가 너희를 사랑한 것 같이 너희도 서로 사랑하라"(13 : 34).

2. 이 대목의 두번째 큰 가르침은, 예수께서 자기 백성들을 위해서 하늘로 알려진 처소를 예비하러 가셨다는 것입니다. 우리는 하늘이나 또한 그 하늘에서 우리를 기다리고 있는 것에 대해 많이 듣지 못합니다. 우리가 성경에서 읽는 바는 하늘에 우리를 위한 처소가 있다는 것과, 어느 날 우리가 그리로 가는 걸 보장하기 위해서 그가 다시 오실 것이라는 말씀뿐입니다. "내 아버지 집에 거할 곳이 많도다 그렇지 않으면 너희에게 일렀으리라 내가 너희를 위하여 처소를 예비하러 가노니 가서 너희를 위하여 처소를 예비하면 내가 다시 와서 너희를 내게로 영접하여 나 있는 곳에 너희도 있게 하리라"(14 : 2, 3). 심지어 하늘이 없다면, 우리가 여기 이 지상에서 체험하게 된 주님의 사랑 그 자체만으로도 놀라울 것입니다. 그러나 이 세상에서 체험하는 주님의 사랑 외에 하늘이 있읍니다. 우리는 이 약속을 통해서, 주께서 자기 사람들을 '끝까지' 사랑하셨다는 말씀을 들으면서 이것은 단순히 "그리스도의 삶의 끝"을 의미하거나 "우리의 삶의 끝"을 의미하는 말이 아니라 마지막까지 "최선을 다하여" 라는 뜻으로 이해해야 함을 배웁니다. 우리를 위한 그의 사랑은 결코 끝나지 않을 것이고 영원합니다.

3. 주님께서 이러한 마지막 강화를 하실 때에 제자들은 자연히 마음에 고민하였읍니다. 왜냐하면 자기들을 사랑하는 주께서 아버지께로 돌아가기 위해서 자기들을 떠나실 거라고 말씀하셨기 때문입니다. 이 문맥에서 하늘에 대해 말씀하신 그리스도의 말씀은 큰 위안의 재료였읍니다. 그러나 또 다른 재료가 있었읍니다. 여기에 그리스도의 여러 가르침 중

세번째 가르침이 발견됩니다. 예수님께서는 제자들에게 말씀하십니다.
그러니 우리들에게도 말씀하시는 것인데, 자신을 대신하는 이인 성령을
보내실 것인데, 그분이 오셔서 자기 백성들은 모든 사람들 속에 거하실
것이라고 하십니다. "내가 아버지께 고하겠으니 그가 또 다른 보혜사를
너희에게 주사 영원토록 너희와 함께 하시리니 저는 진리의 영이라 세상
은 능히 저를 받지 못하나니 이는 저를 보지도 못하고 알지도 못함이라
그러나 너희는 저를 아나니 저는 너희와 함께 거하시며 또 너희 속에 계
시겠음이라"(14:16, 17).

사도들을 이끄사 예수님에 관한 모든 진리를 알게 하시고 그걸 생각나
게 하시는 것은 역시 성령의 역사입니다(14:26; 16:13). 또한 죄와
의와 심판에 대해서 세상을 책망하시는 것도 성령의 사역입니다(16:8-
11).

4. 주님의 네번째 가르침은 특별한 사역을 제자들에게 부탁하시는 것
과 관련되어 있읍니다. 특별히 개인마다 다른 사역을 부탁하셨읍니다.
우리는 그것을 15장에서 발견합니다. "너희가 나를 택한 것이 아니요
내가 너희를 택하여 세웠나니 이는 너희로 가서 과실을 맺게 하고 또 너
희 과실이 항상 있게 하려 함이니라"(16절). 이 구절에 따르면 우리 각
자는 수행해야 하는 영적 열매맺을 일이 있읍니다. 주님께서는 내가 이
세상에서 성취할 모든 것이 항상 있게 될 것이라고 약속하십니다.

5. 우리는 이 대목에서 주께서 우리를 위해서 중보의 기도를 드리셨
음을 듣게 됩니다. 여기 17장은 그걸 보여주는 긴 실례입니다. 그것은
우리의 용기를 북돋아 주는 것입니다. 왜냐하면 주님께서는 17장에서 주
님의 사람들이 세상에 있는 악에 빠지지 않게 지켜주시고, 그들로 주님의
기쁨을 그들 안에 충만히 가지게 하여 주시며, 그들이 하나가 되어 끝내
는 하늘에서 예수님 자신과 함께 있게 해 주십사고 하나님께 기도합니다.
하나님께서 자기 사랑하는 아들이 요청한 것을 듣지 않으려고 등을 돌릴
수 있겠읍니까? 물론 그럴 수 없지요! 우리는 이렇게 노래해야 마땅합
니다.

　　　아버지께서 그의 기도를 들으시고
　　　그의 기름 부으신 사랑하는 자의 기도를

아버지께서 자기 아들의 면전에서
돌아설 수 없네.

그러므로 예수님께서 드린 이 요청들은 이미 이루어져 있고, 아니면
이루어지는 과정에 있읍니다. 그 요청들은 직접적인 약속과 동등한 무게
를 지니고 있읍니다. 우리는 악에 빠지지 않게 보호하심을 입을 것이고
기쁨을 가지게 될 것이고 하나가 될 것이며, 하늘에서 예수님과 함께 있
게 될 것입니다.

6. 끝으로, 예수님께서 우리를 위해서 기도하셨듯이 우리도 기도해야
한다고 말씀하십니다. 이것을 새롭고 복된 특권으로 묘사하시면서 말입
니다. "그날에는 너희가 아무 것도 내게 묻지 아니하리라 내가 진실로 진
실로 너희에게 이르노니 너희가 무엇이든지 아버지께 고하는 것을 내 이
름으로 주시리라 지금까지는 너희가 내 이름으로 아무 것도 구하지 아니
하였으나 구하라 그리하면 받으리니 너희 기쁨이 충만하리라"(16 : 23,
24).

많은 것이 요청됨

이러한 것들이 이 중요한 요한복음의 네번째 대목에서 온전하게 발전
되는 주제들입니다. 아마 그 주제들에 대한 가장 훌륭한 실례는 바울이
로마서의 위대한 8 장에서 한 말일 것입니다. "그런즉 이 일에 대하여 우
리가 무슨 말하리요 만일 하나님이 우리를 위하시면 누가 우리를 대적하
리요 자기 아들을 아끼지 아니하시고 우리 모든 사람을 위하여 내어 주
신 이가 어찌 그 아들과 함께 그 모든 것을 우리에게 은사로 주지 아니하
시겠느뇨 ?"(31, 32 절). 하나님께서는 우리에게 모든 것을 주셨읍니다.
그러나 많이 받은 자에게 많은 것을 구할 것입니다. 하나님께서 이 요한
복음 13 - 17 장의 연구를 통해서 우리로 하여금 더 하나님께 순종하고
그럼으로써 갈수록 기쁨에 넘치는 자녀들이 되게 하시기를 바라나이다.

2

이제까지 사랑하셨기 때문에 사랑하셨다

"유월절 전에 예수께서 자기가 세상을 떠나 아버지께로 돌아가실 때가 이른줄 아시고 세상에 있는 자기 사람들을 사랑하시되 끝까지 사랑하시니라"(요 13 : 1).

요한복음 13장 1절에 대한 지난 시간의 강론에서, 하나님께서 모든 사람들을 위해서 어떤 일을 하셨으며 그에 덧붙여 어떤 사람들을 위해서 모든 일을 하셨음을 알았습니다. 그것은 엄청난 진리입니다. 그러나 모든 위대한 진리들과 같이 그것은 정말 설명을 크게 필요로 합니다. 다행히도 그 설명이 우리 본문에 나타나 있습니다. 왜냐하면 이 구절은 세상에 속한 사람들과 그리스도의 사람들 사이의 차이를 구분해놓고 "세상에 있는 자기 사람들을 사랑하시되 끝까지 사랑하시니라"라고 말합니다 (여기서 세상에 있는 자기 사람들을 '사랑하시되'의 경우에는 완료형이고 '끝까지 사랑하시니라'의 경우에는 부정 과거형임 – 역자주). 사랑이 해답입니다. 예수께서 자기 사람들을 사랑하셨읍니다. 우리도 사랑하십니다. 하나님께서 자기의 영적인 백성들을 위하여 모든 일을 행하신 전체 이유는 사랑입니다.

이유를 댈 수 없음

그러나 우리가 이렇게 말할 때, 사랑 그 자체는 설명될 수 있는 것이 아님을 즉각 인식해야 합니다. 왜냐하면 우리가 계속해서, 어째서 하나님께서 우리를 사랑하시는가? 예수께서 어째서 우리를 사랑하시는가?라고 묻는다면, 제시할 대답이 없기 때문입니다.

분명히 말해서 우리는 사랑스럽기 때문에 사랑받은 것이 아닙니다. 우리는 사랑스럽지 못합니다. 우리 중 어떤 사람들은 다른 사람들에게 사랑스러울 수 있다는 건 사실입니다. 그러나 우리가 인간적인 시각에서 문제를 살펴볼 때만 그렇습니다. 하나님의 시각에서 본다면 아주 희미하게나마 바람직하게 만들 것이 우리에게는 아무 것도 없습니다. 그는 거룩하십니다. 우리는 거룩하지 못합니다. 그는 의롭습니다. 우리는 불의합니다. 그는 사랑이십니다. 그러나 우리는 미움과 모든 형태의 죄로 가득 찼습니다. 간단히 말해서 우리는 죄악적이고, 의도적으로 하나님을 배역합니다. 그럼에도 불구하고 그는 우리를 사랑하십니다. 사실 그것은 너무 기이한데, 우리를 향하신 당신의 사랑을 드러내기 위해서 하나님께서는 그걸 사용하십니다. "우리가 아직 연약할 때에 기약대로 그리스도께서 경건치 않은 자를 위하여 죽으셨도다 의인을 위하여 죽는 자가 쉽지 않고 선인을 위하여 용감히 죽는 자가 혹 있거니와 우리가 아직 죄인되었을 때에 그리스도께서 우리를 위하여 죽으심으로 하나님께서 우리에게 대한 자기의 사랑을 확증하셨느니라"(롬 5:6-8).

더구나, 우리가 먼저 하나님을 사랑하였기 때문에 하나님께서 우리를 사랑하신 것이 아닙니다. 다시 말하면 우리의 사랑에 대한 보응으로 사랑한 것이 아니란 말씀입니다. 우리는 하나님을 "사랑치 않았습니다." 사도 요한은 이 점에 대해 분명하게 썼습니다. "사랑은 여기있으니 우리가 하나님을 사랑한 것이 아니요 오직 하나님이 우리를 사랑하사 우리 죄를 위하여 화목제로 그 아들을 보내셨음이니라"(요일 4:10).

다시, 주님께서 우리를 사랑하신 것이 우리가 주님을 위해서 해드릴 수 있는 어떤 일 때문이 아닙니다. 우리는 아무 것도 드릴 것이 없기 때문입니다. 하나님은 찬미를 필요로 하신 분도 아닙니다. 천사들이 그를 찬미합니다. 영적 자녀들이 반드시 필요하신 것도 아닙니다. 예수께서 말씀하셨듯이 돌들로도 아브라함의 자녀들이 되게 하실 수도 있기 때문입니다. 심지어 믿는 사람의 수도 하나님께 가치를 지닌 것이 아닙니다. 그러면 어째서 우리를 사랑하십니까? 하나님께서 이스라엘 자손들을 가리키시며 모세에게 주신 답변 외에 다른 답이 없습니다. "여호와께서 너희를 기뻐하시고 너희를 택하심은 너희가 다른 민족보다 수효가 많은 연고가 아니라 너희는 모든 민족 중에 가장 적으니라 여호와께서 다만 너희를 사랑하심을 인하여, 또는 너희 열조에게 하신 맹세를 지키려 하심을 인하여 자기의 권능의 손으로 너희를 인도하여 내시되 너희를 그 종되었던 집에서 애굽 왕 바로의 손에서 속량하셨나니"(신 7 : 7, 8). 이 말씀은 하나님께서 우리를 사랑하시기 때문에 사랑하신다고 말씀하고 있습니다. 그보다 더 나아가 하나님의 사랑을 설명할 수 없습니다. 그 사랑은 최소한 우리에게 알려진 바로는 이유 없는 사랑입니다.

경험에 의한 자료

만일 우리가 이 시점에서 멈춰야 한다면, 그러한 생각만 가지고도 우리는 영원토록 하나님의 사랑을 숙고하기에 충분하다고 단정하는 바입니다. 그러나 그보다 더 많은 것이 있습니다. 왜냐하면 하나님께서 이유 없이 사랑하신다고 말하는 구절이, 하나님은 언제나 한결 같이 끝까지 사랑하신다고 말하고 있기 때문입니다. 그의 사랑은 영원합니다. "세상을 떠나 아버지께로 돌아가실 때가 이른 줄 아시고 세상에 있는 자기 사람들을 사랑하시되 '끝까지' 사랑하시니라."

우리는 "끝까지"라는 어구에 주의를 기울여 보고 싶습니다. 그러나 그러기 전에 먼저 하나님의 사랑이 영원하다고 믿어야할 이유들을 하나님께서 제시하셨는데 그걸 알 필요가 있습니다. 우리는 미래를 들여다 볼 수는 없습니다. 그러므로 최소한 합리적으로 생각해서 미래는 어떠한 증거도 주지 않습니다. 그러면 어째서 하나님의 사랑의 영원한 성질을 믿어야 합니까? 그 대답은 경험주의적인 것입니다. 그것은 관찰한 자료와 관계되는 것이고, 과거로부터 현재까지의 자료와 관계됩니다. 첫째로, 과거에 "사랑하셨습니다." 둘째로, 현재 "사랑하시니라." "사랑하다"라고 두번 나타나는 중에 두번째 경우는 과거시제(부정과거) 형입니다. 그러나 의미는 현재입니다. 왜냐하면 예수께서 그 당시 행하고 계셨던 일과 앞으로 행하실 일을 언급하기 때문입니다.

다른 말로 해서 이 구절은 주 예수 그리스도의 주목할만한 과거와 현재의 사랑에 우리의 관심을 집중시켜 주고 있습니다. 그러한 기초 위에서 논증을 하도록 요청하고 있습니다. 그의 성품이 사랑이 아닙니까? 과거에 사랑하셨고 현재도 사랑하시는 분이 장래에도 사랑하실 것이라는게 진리가 아닐까요? 자기 제자들을 끝까지 사랑하신 분이 우리도 역시 끝까지 사랑하지 않으실까요?

과거의 사랑과 현재의 사랑

과거 아버지 하나님과 주 예수 그리스도의 사랑에 대해서 무얼 우리는 알고 있읍니까? 분명히 그것은 위대한 질문입니다. 그 질문에 대해 완전무결한 답변을 결코 제시할 수 없읍니다. 그러나 답을 얻어낼 수 있는 몇 가지 영역을 제안할 수는 있읍니다.

첫째로, 우리 자신들과 다른 인간 존재를 창조하신 것 속에서 하나님의 사랑을 발견할 수 있읍니다. 우리는 이 시점에서 우리의 존재의 사실만 생각하는 것은 아닙니다. 왜냐하면 우리의 존재 자체는 아무 것도 입증할 수 없기 때문입니다. 오히려 하나님께서 우리를 창조하실 때 당신으로만 채워질 수 있는 영적 공간을 우리에게 부여하셨다는 사실을 생각하고 있읍니다. 다른 말로 해서 그가 우리를 창조하시되 의미 없는 존재로 창조하시지 아니하시고 피조물에게 부여할 수 있는 가장 높은 존재로 우리를 지으셨읍니다. 다시 말해서 우리를, 자기를 창조한 자와 교통하도록 만들었읍니다. 그래서 어거스틴이 "주께서는 주님 자신을 위해서 우리를 지으셨나이다. 주님 안에서 안식하기까지 우리 마음은 쉼을 얻을 수 없나이다"라고 말했던 것입니다. 우리가 하나님을 알 수 있고, 하나님을 알기 까지 쉼을 얻지 못한다는 사실이 하나님의 사랑을 증거하는 것입니다.

둘째로, 하나님께서 중생케 하시는 성령의 능력을 통해서 우리를 자신에게로 불러내셨다는 사실 속에서 하나님의 사랑을 엿보게 됩니다. 우리는 이미 요한복음에서 여러 차례 그 점을 만났읍니다. 그런데 하나님께서 이끌지 아니하시면 누구라도 하나님께 올 수 없다는 말씀을 듣습니다. 우리는 이 치명적인 무능으로 우리의 부패의 정도를 가늠할 수 있습니다. 그러나 또 한편 하나님께서는 어떤 사람을 자신에게 이끄시면, 그 사람들 중 그 어느 누구라도 잃어버림 당할 수 없다는 말씀을 듣습니다. 여기에서는 하나님의 사랑을 봅니다. 그 사랑의 달콤한 유인이 아니고서는 우리 중 어느 누구라도 하나님께 오지 않았을 것입니다.

세째로, 우리는 자기 백성들을 위해 주 예수 그리스도께서 죽으신 걸 통해 하나님의 사랑을 봅니다. 여러분이 원하신다면 그것이 삼위일체적인 형식을 완성지어 줍니다. 왜냐하면 창조를 통해서 아버지의 사랑을 알고, 하나님의 백성들을 유효하게 부르시는 일을 통해서 성령의 사랑을 압니다. 또 구속의 행사를 통해서는 아들이신 예수 그리스도의 사랑을 압니다.

우리를 위해서 죽으심을 통해서 드러난 주 예수 그리스도의 사랑은 해리 아이언사이드가 들려준 다음 이야기를 통해서 예증될 것입니다. 여러 해 전에 러시아의 니콜라스의 1세는 대단히 큰 배려를 쏟아 부은 한 젊은 사람을 알고 있었습니다. 그는 자기의 훌륭한 친구의 아들이었습니다. 그가 이 젊은 사람에게 관심을 가지고 있기 때문에 그 사람을 러시아군이 지배하고 있는 변경의 수풀 지역으로 보내서, 거기서 군인들을 위하여 쓸 돈을 맡도록 했습니다. 그 젊은 사람은 처음에는 잘했습니다. 그러나 나쁜 습관에 빠져 도박에 끌려들었고 급기야는 자신의 소유 뿐 아니라 정부기금으로부터 얻은 큰 행운을 다 도박으로 날려 버리고 말았습니다. 한번에 몇 루블을 판돈으로 걸었지만 이것이 쌓여 결국 모든 것을 탕진하게 되었습니다. 어느 날 내일이면 장부를 조사하기 위해서 검사관이 온다는 통지를 받았습니다. 그 젊은 사람은 자기가 곤경에 처한 줄을 알았습니다. 그래서 자기의 빚이 얼마나 큰가를 계산하기 위해 계산을 뽑아보았습니다. 그래서 합산을 하였습니다. 그때 그는 금고로 가서 거기에 있는 자기의 적은 액수의 돈을 꺼내어 잘 세어 보았습니다. 그 액수와 장부상의 액수를 대조하여 계산해 보았더니 그 빚은 정말 천문학적이었습니다. 최종적인 계산을 앉아서 쳐다보면서 그 젊은 장교는 펜을 들어 큰 글자로 "엄청난 빚, 누가 갚을 수 있는가?"라고 썼습니다. 그런데, 그는 다음 날 당할 그 무서운 불명예를 대처할 방도를 알지 못해서 열 두시가 되어 시계종이 울리면 자기의 리벌버 권총으로 자결하기로 결심했읍니다.

그 밤은 따뜻했고 졸음이 올만한 날씨였읍니다. 그래서 자정이 되기를 기다리면서도 그 젊은 사람의 머리는 자꾸만 아래로 떨어져 급기야는 골아떨어지고 말았읍니다.

니콜라스는 그때 가끔 평상의 군복을 착용하고 군인들이 어떻게 하고 있는지를 보기 위해 부대를 방문하는 습관이 있었는데, 급기야 바로 그 밤에 그 일을 했읍니다. 그 젊은 장교가 잠들고 있는 바로 그 요새의 막사들을 둘러보고 있었읍니다. 규칙대로 거의 모든 등불은 다 꺼져 있었읍니다. 그러나 니콜라스가 이 방문에 다달았을 때 불이 환하게 켜 있는 걸 주목했읍니다. 그는 방문을 노크했읍니다. 그러나 대답이 없읍니다! 빗장을 빼고 문을 열었읍니다. 거기 그가 알고 있는 그 젊은 장교가 잠들어 있었읍니다. 그는 역시 그 앞에 장부와 돈을 보았읍니다. 순간 그 니콜라스는 모든 사실을 다 알게 되었읍니다. 언뜻 그 젊은 친구를 깨워 체포해야겠다는 생각이 들었읍니다. 그러나 그 젊은 사람의 노트를 읽고는 마음이 동(動) 하게 되었읍니다. "이 엄청난 빚 누가 갚을 수있는가?" 그 니콜라스 황제는 관대한 마음으로 충동을 받게 되고 구부려 잠든 그 장교의 손에서 떨어진 펜을 들어 딱 한 글자만 쓰고 가만히 걸어 나왔읍니다.

한 한 시간 가량 그렇게 그 사람이 잠들어 있었읍니다. 갑자기 그는 깨어 보니 자정이 지난지 오래였음을 알았고 리벌버 권총을 잡았읍니다. 그렇게 하면서 "그 엄청난 빚, 누가 갚을 수 있는가?"라고 자기가 쓴 것에 눈이 갔읍니다. 그런데 그 아래 자기가 써놓지 않은 한 글자가 있는 걸 발견했읍니다. "니콜라스" 그는 깜짝 놀랐읍니다. 그는 권총을 떨어뜨리고 그 황제의 싸인이 들어 있는 서류 더미를 황급히 찾았읍니다. 그는 그 서류를 뽑아 자기 노트에 적힌 싸인과 잘 비교하여 보았읍니다. 그 싸인은 진짜였읍니다. 그는 스스로에게 묻습니다. "아니 그 황제께서 오늘밤 여기 오셔서 내 모든 죄를 다 아셨네. 그런데도 그는 내 빚을 갚겠다고 나서셨어. 나는 죽을 필요가 없다." 그래서 생명을 끊는 대신 니콜라스의 말을 의뢰하여, 다음 날 일찍 궁정에서 한 사나이가 그 부족액을 메꾸기에 필요한 정확한 분량의 돈을 가지고 왔을 때 놀라지 않았습니다. 조사관이 뒤에 와서 모든 것이 질서있게 잘돼 있는 걸 확인했습니다.

그처럼 주 예수 그리스도께서는 우리를 사랑하사 우리의 큰 빚을 갚으십니다. 우리는 죄인들입니다. 그 죄를 속할 길이 우리에게는 하나도 없읍니다. 그러나 예수께서 그 빚을 갚으셨읍니다. 그는 우리의 파산명세서에 당신의 이름을 써놓으셨읍니다. 다음과 같이 노래부른다 해서 결코 이상한 일은 아닙니다.

> 내가 그분에게 진 모든 빚을 예수께서 다 갚으셨네
> 죄는 주홍빛 얼룩을 남겼지만 그분이 눈처럼 희게 씻으셨네

그것이 바로 과거에 우리를 사랑하신 주 예수 그리스도의 사랑입니다. 하나님께서는 우리 더러 그것을 바라보라고 지적하십니다. 그가 그처럼 우리를 사랑하셨읍니다. 그런데 그 분이 우리를 계속해서 끝까지 사랑할 것임을 누가 의심할 수 있겠읍니까?

끝까지

"끝까지"라는 어구는 본문의 하반부로 우리를 이끌어 줍니다. 그것은 무엇이 끝인가?라는 질문을 하게 만듭니다. 거기에 여러 답변이 주어집니다.

첫째, 그 말은 "예수 그리스도의 지상생활의 끝까지"를 뜻합니다. 문맥 자체가 그것을 암시합니다. 왜냐하면 이 구절은 십자가에 못박혀 죽으시기 전 자기 제자들에게 향하신 그리스도의 최종적인 사역을 말해주는 장들의 서두에 나타나 있기 때문입니다. 우리가 언제나 이것을 이해하는 건 아님을 인정해야 합니다. 왜냐하면 우리는 그리스도의 사랑을 당연한 것으로 취급하기 때문입니다. 그러나 만일 우리가 주님 편에서나, 이러한 여러 날 동안 제자들 편에서 사랑을 방해하는 어떤 가능성들이 없었을까 하고 생각했다면 더 예민한 감각을 지닌 것일 것입니다.

이 구절이 지시하는 바와 마찬가지로 주님 편에서 큰 장애물이 있었읍니다. "자기가 세상을 떠나 아버지께로 돌아가실 줄을 아시고". 그 말씀은 당신이 죽으실 것임을 분명하게 아셨음을 지시합니다. 그러니 만일 우

리가 그 순간에 자기 백성들을 생각하는 데서 자신을 생각하는 데로 마음
을 돌려 잠시라도 그들을 사랑하거나 생각하지 못했다는 말씀을 읽는다
할지라도, 누가 그를 비난할 수 있겠는가 말입니다. 그럼에도 불구하고
그의 임박한 죽음을 아는 것이 그를 막을 수는 없었습니다. 제자들 편에
서 역시 장애물들이 있었습니다. 그들은 예를 들어서 세상적인 사람들입
니다. 그리스도께서는 영적으로 생각하셨습니다. 그러나 매번 영적인 것
들을 그들에게 가르치시려 할 때마다 그리스도의 말씀을 세상적인 차원
으로 해석하곤 했습니다. 더구나 그들은 둔했습니다. 그리스도께서는 그
들에게 위대한 진리를 설명해 주셨지만 그들은 그걸 이해하지 못했습니
다. 사실 그리스도께선 당신이 그들을 떠나 아버지께로 가실 것을 설명
하고 계셨지만, 그들은 그 일조차 이해할 수 없었습니다. 그 제자 가운데
어느 하나도 주 예수 그리스도의 마땅한 친구가 되지 못했습니다. 그래서
그는 스스로에게 "나는 오랫 동안 이 사람들에 대해서 생각해 왔다. 나
는 그들을 위해서 내가 해야 할 방도를 다 강구해 보았다. 이제 나 자신
을 생각할 때다"라고 말씀하셨다 할지라도, 누가 그를 나무라겠읍니까?
아무도 없읍니다! 그런데도 그 분은 자기 삶의 마지막까지 그들을 사랑
하셨습니다.

둘째로 그는 분명히 그들이 사는 날들 동안 끝까지 그들을 사랑하셨읍
니다. 진실로 그는 제일 먼저 죽어야 할 분이었읍니다. 베드로, 야고보,
요한, 그밖에 다른 어느 제자들보다 먼저 죽으셨읍니다. 그러나 그런 후
에 사랑하셨습니다. 부활하신 주님께서 제자들에게 당신의 성령을 부어
주시기 위해서 돌아오셨고, 그들을 인도하고 보존하되 각각 영광 중에 그
와 함께 거하게 될 시간까지 그리 하시기 위해 다시 오신 것입니다.

끝으로, 그 대목은 "맨 마지막까지"라는 뜻입니다. "끝의 끝까지" 또
는 "끝없이", "영원히"라는 뜻입니다. 헬라어에서 테로스라는 말은 문자
그대로 "완전"을 뜻하는 말입니다. 예수님께서는 이 세상에 있는 자기 사
람들을 사랑하시되 완전하게 사랑하셨습니다. 그러니 다음과 같이 노래
한다 할지라도 이상한 것이 아닙니다.

> 하나님의 사랑은 혀로나 글로 표현할 수 있는 것보다
> 훨씬 더 크네.

저 가장 높은 별들보다 더 높고
저 가장 깊은 음부보다 더 깊네.

오, 하나님의 사랑, 얼마나 부요하고 순전한지!
얼마나 측량할 수 없고 강한지!
그 사랑은 영원토록 변치 않으리 —
성도들과 천사들의 노래로 영원토록 존재하리.

또 다시, 죠지 매치슨(George Matheson)이 자신의 깊은 체험을 글로 표현한 바와 같습니다.

오 그 사랑은 나를 내버려 두지 않으리
주님 안에 내 피곤한 영을 쉬게 하리
내가 빚진 생명을 주님께 드리리
주님의 대양 깊은 곳에 그 생명은
흘러 넘치고 더 풍성하게 되고 충만케 되리

그러한 사랑이 실로 영원합니다. 세상에 있는 자기 사람들을 사랑하시되 끝까지 사랑하십니다.

다른 사람들을 사랑하고, 그를 사랑하라

우리는 이 진리를 어떻게 적용해야겠습니까? 한편으로 우리는 그리스도인인 형제들에게 이 진리를 적용해야 합니다. 다른 편으로는 불신자들에게 적용해야 합니다. 그리스도인들에게 드린 말씀은 이것입니다. 만일 하나님께서 우리를 그런 식으로 사랑하셨다면 우리도 서로 사랑하되 뜨겁게 피차 사랑해야 마땅치 않겠습니까? 우리는 이 세상에 있을 때 그가 사랑한 것처럼 사랑하지는 못할 것입니다. 그러나 그가 사랑하신 것처럼 사랑하려고 애쓰기 시작할 수는 있습니다 — 비이기적이고 차별 없이, 변덕부리지 않고 사랑하는 그 사랑을 말입니다. 우리는 역시 섬겨야 합니다. 찬송가가 선언한 바와 같습니다.

오 놀라운 하나님의 사랑
내 영혼과 내 삶과 내 모든 걸 요구하네.

다시 그리스도인이 아닌 사람들에게 드릴 말씀이 있습니다. 만일 당신이 주 예수 그리스도를 믿지 않고 있다면 제가 말씀드린 모든 것을 기초하여 한 가지 질문을 던져 보겠읍니다. 만일 하나님께서 이처럼 사랑하신다면, 그러한 위대한 사랑을 배제하고 어떻게 여유가 있을 수 있겠읍니까? 세상엔 그와 같은 사랑이 전혀 없읍니다. 여러분의 남편이 그렇게 사랑하지 못합니다. 여러분의 아내도 그렇게 사랑하지 못합니다. 여러분의 자녀도 그와 같이 사랑하지 못합니다. 부모들도 이와 같이 자녀들을 사랑하지 못합니다. 여러분의 친구들도 이와 같이 사랑하지 못합니다. 오직 주 예수 그리스도께서만이 완전하고 영원한 사랑으로 사랑하십니다! 더구나 어느 날 여러분은 예수님의 아버지의 심판 보좌 앞에 서게 될 것입니다. 경건치 않은 행실과 그의 위대한 은혜를 거부함을 통해서 여러분이 거스렸던 그의 아버지 보좌 앞에 선다는 말씀입니다. 그날에 어떻게 하시겠읍니까? 주 예수 그리스도의 사랑 말고 말입니다. 여러분은 여러분 옆에 서서 "이는 내 사랑하는 사람들 중의 하나입니다. 이는 내가 위해서 죽은 자입니다. 이 사람의 빚을 내가 다 갚았읍니다. 내가 끝까지 사랑하는 사람입니다"라고 말씀하시는 분 없이 무얼 할 수 있겠읍니까? 그러한 사랑 없이는 영원토록 멸망받을 것입니다. 다행히 하나님의 은혜의 날이 아직도 존재하고 있읍니다. 아직도 여러분은 구주이신 주 예수 그리스도께 나올 수 있읍니다.

3

무릎으로 나타난 사랑

"마귀가 벌써 시몬의 아들 가룟 유다의 마음에 예수를 팔려는 생각을 넣었더니 저녁 먹는 중 예수는 아버지께서 모든 것을 자기 손에 맡기신 것과 또 자기가 하나님께로부터 오셨다가 하나님께로 돌아가실 것을 아시고 저녁 잡수시던 자리에서 일어나 겉옷을 벗고 수건을 가져다가 허리에 두르시고 이에 대야에 물을 담아 제자들의 발을 씻으시고 그 두르신 수건으로 씻기를 시작하여 시몬 베드로에게 이르시니 가로되 주여 주께서 내 발을 씻기시나이까 예수께서 대답하여 가라사대 나의 하는 것을 네가 이제는 알지 못하나 이 후에는 알리라 베드로가 가로되 내 발을 절대로 씻기지 못하시리이다 예수께서 대답하시되 내가 너를 씻기지 아니하면 네가 나와 상관이 없느니라 시몬 베드로가 가로되 주여 내 발뿐 아니라 손과 머리도 씻겨 주옵소서 예수께서 가라사대 이미 목욕한자는 발 밖에 씻을 필요가 없느니라 온 몸이 깨끗하니라 너희가 깨끗하나 다는 아니니라 하시니 이는 자기를 팔 자가 누구인지 아심이라 그러므로 다는 깨끗지 아니하다 하시니라 저희 발을 씻기신 후에 옷을 입으시고 다시 앉아 저희에게 이르시되 내가 너희에게 행한 것을 너희가 아느냐 너희가 나를 선생이라 또는 주라 하니 너희 말이 옳도다 내가 그러하다 내가 주와 또는 선생이 되어 너희 발을 씻겼으니 너희도 서로 발을 씻기는 것이 옳으니라 내가 너희에게 행한것 같이 너희도 행하게 하려 하여 본을 보였노라"(요 13 : 2 – 15).

"**행**동은 말보다 더 큰 소리로 말한다." 이 표현은 언제나 진리는 아닙니다만 때로 진리일 때가 있습니다. 어떤 경우들에서 행동만이 말할 때가 있습니다. 어떤 경우들에서는 행동이 필요하다는 생각을 할 때 자기 당나귀와 함께 한길 가운데서 꼼짝 않고서 있는 농부를 연상케 만듭니다. 당나귀는 땅 위에 네 발을 굳건히 세우고 농부가 뭐라든 움직이지 않으려 했읍니다. 그래서 농부는 당나귀에다 대고 큰 소리로 고함을 치면서 발로 차고 갈수록 성이 더 났읍니다. 이러한 일이 있을 때 다른 농부가 그 길을 따라 내려오다가 갑자기 그 어려움을 알게 되었읍니다. "도와드릴까요?" 그 사람이 물었읍니다.

그 당나귀 주인은 "글쎄 내가 해보기는 했지만 그게 뭐 별 소용이 없었어요. 그저 이 멍청한 당나귀에게 내가 반 시간 가량 고함을 쳤는데도 통 움직이지 않네요."

그 두번째 사람이 "그거 제가 고칠 수 있읍니다." 그러더니 길 저편으로 가서 막대기를 가지고 돌아와 당나귀의 눈잔등을 후려 쳤읍니다. 그리고 나서 뒤에 서서 보통의 목소리로 "이랴!"라고 말했읍니다. 그러니까 당나귀가 움직였읍니다.

그 주인은 "참 그거 모를 일이네요. 제가 고함을 쳤는데도 못들은 척 하더니만 그저 보통 나즈막한 목소리로 말을 했는데 그놈이 움직이다니."

그 두번째 사람이 말했읍니다. "그건 사실입니다. 그러나 대번에 전 그의 주의를 끌었지요."

물론 여러 많은 경우에 있어서 바른 행동은 가치가 있읍니다. 예를 들어서 어린 아이를 양육하는데도 그것이 적용됩니다. 주위를 끌기 위해서 사용하는 기구를 적당한 시간에 사용함으로써 쓸데 없는 말을 많이 하지 않고도 제 자녀들을 교육했읍니다. 다시 이것은 교육에 있어서도 마찬가지입니다. 때로는 어떤 몸짓이나 어떤 대상물이 수많은 말보다 그 요점을 더 빠르고 잘 전하게 합니다. 우리는 이 모든 것을 알고 있읍니다. 예수님께서 십자가에 못박히시기 직전 그 제자들과 온밤을 지새면서 많은 것을 가르쳐 주시고 싶으신 예수님께서는 그의 교육을 시작하셨지만, 그들이 잘못 알아들을 수 있는 말로써가 아니라 의미 있는 두 가지 행동으로써 가르치시기 시작하셨읍니다. 그걸 배우는 것은 정말 놀라운 일이아

닙니다. 첫번째 행동은 제자들의 발을 씻기는 행동으로 요 13 : 2 - 11 에
기록되어 있읍니다. 두번째 행동은 요한복음 13 : 21 - 30 에 기록된 것
으로서 유다에게 떡을 찍어주신 일입니다. 두 경우마다 행동 뒤에 중요
한 교훈을 말씀하셨읍니다.

어째서 예수님께서는 이러한 행동을 취하셨읍니까? 제자들이 미리 마
음에 무엇엔가 사로잡혀 있었기 때문입니다. 그들이 유대 지도자들을 무
서워했다는 사실을 이미 읽은 바 있읍니다. 그들은 예수님이 붙잡히지않
나 하는 의문을 가지고 있었고, 예수님께서 죽고 자기들도 그와 함께 죽
게 되지는 않나하고 무서워했읍니다. 또는, 그런 경우가 아니라 할지라
도 예수님은 잡히고 자기들만 혼자 남게 될 수 있다는 가능성을 생각하
게 된 것입니다. 그들이 처한 현재 상황에서 예수님의 가르침을 들을만한
마음의 준비를 시켜줄 것이 전혀 없었읍니다. 그래서 예수님께서는 그들
의 주의를 끌기 위해서 대담하게 행동하셨던 것입니다.

우리가 어떠한 죄악을 고집하거나 아니면 강팍한 행동을 고집하면서 예
수님의 말씀을 청종치 않으려 할 때 종종 우리에게 그러한 일을 하신다
는 사실을 간과할 수 없읍니다.

유다와 예수님

요한복음 13 장에서 처음 만나는 행동은 제자들의 발을 씻기시는 일입
니다. 그러나 사도 요한이 그 이야기를 말하면서 우리로 하여금 가장 먼
저 관심을 두게 하는 것은 사단에게 충동을 받은 유다와, 사랑의 동기와,
하나님을 아는 지식과, 하나님 아버지와 자기와의 독특한 관계를 아는 지
식에 의해서만 행동의 동기를 부여받으신 예수님 사이의 대조적인 모습
입니다. "마귀가 벌써 시몬의 아들 가룟 유다의 마음에 예수를 팔려는 생
각을 넣었더니 저녁먹는 중 예수는…"(2, 3 절).

이 구절을 읽으면서 이 시점에 멈춰보면, 자신을 제자들을 위해서 내
어 주신 예수님의 행동과, 유다의 행동 사이를 요한이 대조시키고 싶어
한다는 사실을 간과하기 어렵습니다. 우리는 여기서 제자들의 발을 씻으
신 그리스도의 겸손과, 유다의 교만 사이의 대조를 봅니다. 끝까지 미쁘
신 모습과, 배반과 반역의 모습을 대조하여 봅니다. 그런 다음, 우리로

하여금 중요한 요점을 놓치지 않게 하려고 요한은 마귀를 언급합니다. 그리하여 근본적인 대조는 사단과 하나님 사이에 있다는 걸 알게 합니다.

사단의 방식이 이사야 14 : 12 - 14 에서 생생하게 묘사되어 있습니다. 그것은 다른 사람들을 희생하고 개인적인 영화를 추구하려는 것이고, 이 경우에서는 하나님을 희생하고서 자기 개인의 이익을 도모하려는 방식입니다. "너 아침의 아들 계명성이여 어찌 그리 하늘에서 떨어졌으며 너 열국을 엎은 자여 어찌 그리 땅에 찍혔는고 네가 네 마음에 이르기를 내가 하늘에 올라 하나님의 뭇별 위에 나의 보좌를 높이리라 내가 북극 집회의 산 위에 좌정하리라 가장 높은 구름에 올라 지극히 높은 자와 비기리라 하도다." 이 사단의 소원의 결과는 멸망입니다. 왜냐하면 그 대목은 계속해서 "그러나 이제 네가 음부 곧 구덩이의 맨 밑에 빠지우리로다" (15 절) 라고 말하고 있기 때문입니다.

반면에, 하나님의 방식이 빌립보서 2 : 5 - 8 에서 예수님의 경우를 통해서 묘사되어 있습니다. "너희 안에 이 마음을 품으라 곧 그리스도 예수의 마음이니 그는 근본 하나님의 본체시나 하나님과 동등됨을 취할 것으로 여기지 아니하시고 오히려 자기를 비어 종의 형체를 가져 사람들과 같이 되었고 사람의 모양으로 나타나셨으매 자기를 낮추시고 죽기까지 복종하셨으니 곧 십자가에 죽으심이라." 이 행위의 결과는 예수님과 그분의 백성들에게 영광과 축복이 되었습니다. "이러므로 하나님이 그를 지극히 높여 모든 이름 위에 뛰어난 이름을 주사 하늘에 있는 자들과 땅에 있는 자들과 땅 아래 있는 자들로 모든 무릎을 예수의 이름에 꿇게 하시고 모든 입으로 예수 그리스도를 주라 시인하여 하나님 아버지께 영광을 돌리게 하셨느니라"(9 - 11 절).

사단은 자기를 따르던 유다처럼 말했습니다. "내가 맨 먼저 내 자신을 생각할 것이다. 내가 추구하는 제일 첫번째 일은 내 때가 커지는 일이다." 그러나 하나님께서는 "너는 사실상 내리찍혀 패퇴당할 것이다." 예수님께서 말씀하셨습니다. "내 형제들을 위해서 내 생명을 내놓겠다." 하나님께서는 "그러므로 너는 존귀하게 되고 큰 복이 되리라."

그리스도의 동기(動機)

우리가 주목하는 두번째 요점은 그리스도께서 제자들의 발을 씻으신 동기입니다. 3 절은 계속해서 "저녁 먹는 중 예수는 아버지께서 모든 것을 자기 손에 맡기신 것과 또 자기가 하나님께로부터 오셨다가 하나님께로 돌아가실 것을 아시고…"라고 말하고 있습니다. 여기서 우리는 예수님께서 이러한 행동을 하실 때 그 예수님의 의중에 있던 세가지 요점을 듣게 됩니다. 첫째, 그는 "아버지께서 모든 것을 자기 손에 맡기신 것"을 아셨습니다. 이것은 그리스도의 "권위"를 말합니다. 두번째 "그가 하나님께로부터 왔다"는 것을 아셨습니다. 이것은 그의 "신적 기원"을 말합니다. 세째로, "하나님께"로 돌아갈 때가 임박했다는 걸 아셨습니다. 이것은 "그의 장래의 영광"을 말해 줍니다.

예수님께서 제자들의 발을 씻으실 때 당신이 누구이며 당신이 어디로 갈 것인지를 까맣게 잊고서 하신 일이라기 보다는 그것을 완전히 인식하고서 하신 일임을 주목해야 합니다. 그분이 자신이 하나님이심을 잊었기 때문에 자신을 낮추신 것이 아닙니다. 그가 그렇게 행하신 것은 당신이 하나님이시요 하나님답게 행동하고 싶으셨기 때문입니다.

하나의 비유

이 시점에서 우리는 예수님께서 제자들의 발을 씻으실 때 행하신 일의 의미를 이해하기 시작할 수 있습니다. 왜냐하면 그분은 단순한 겸손의 본만을 보여주신 것이 아님에 틀림 없기 때문입니다. 어떤 사람들이 상상했듯이, 또 하나의 성례(聖禮)를 제정하고 계셨던 것도 아닙니다. 그분은 자기의 전체 사역을 드라마틱하게 예증하고 계셨던 것입니다. 최근에 스테드만(Ray C. Stedman)이 「성령의 비밀들」(Secrets of the Spirit)이라는 책을 써서 이 점을 분명히 밝혔습니다. 그는 이렇게 씁니다. "여기서 예수님께서 자기 제자들을 가르치기 위해서 하나의 비유를 밝히시고 계셨다는 것을 거의 의심할 수 없다. 그는 당신의 사역의 성격을 그들을 위해 극화시키고 계셨던 것이다. 그는 이것을 방편으로 하여 그가 세상에 와서 무엇하셨으며 그들 제자들을 세상에 내보내실 때 무얼 맡겨 보내실지를 보여 주셨던 것이다."

우리는 제가 앞에서 인용했던 빌립보서의 대목과, 요한사도가 기록한 사건들을 비교함으로써 그 비유의 의미를 쉽게 추적할 수 있읍니다. 먼저, 요한은 예수께서 저녁을 드신 후 "일어나셨다"고 말하고 있읍니다. 그가 이 세상에 오시기 전에 가졌던 그 영광의 보좌로 부터 일어나셨던 때에 이미 훨씬 더 위대한 방식으로 그 일을 행하셨던 것입니다. 둘째로, 그는 "겉옷을 벗으셨읍니다." 바울은 빌립보서에서 그가 이 세상에 오실 때 당신의 영광을 사양하고 참사람으로 나타나셔서 그를 바라보는 사람들이 그 하늘의 영광 때문에 눈멀지 않도록 하셨다고 말하고 있읍니다. 그 다음에 그는 수건을 가져 "두르셨읍니다." 이것은 종의 차림이었는데, 주께서 스스로 그 종의 형체를 취하셨다고 바울은 말합니다. 끝으로 "대야에 물을 붓고" 제자들의 발을 씻기시기 시작하셨읍니다. 아주 짧은 시간 동안에 그는 속죄제로서 인간의 죄를 씻어내기 위해서 자기 피를 쏟아야 하셨읍니다.

그 비유의 목적을 알기 위해서 우리는 스테드만이 지적하는대로 12절로 건너 뛰어가 볼 필요가 있읍니다. 거기에 보면 "저희의 발을 씻기신 후에 옷을 입으시고 다시 앉아…"라는 말씀이 있기 때문입니다. 같은 방식으로 그리스도께서는 지금 지극히 높아지셨읍니다. 다시 히브리서 기자는 "이는… 죄를 정결케 하는 일을 하시고 높은 곳에 계신 위엄의 우편에 앉으셨느니라"(1:3)라고 썼읍니다.

또 이 비유의 영적인 성질을 들으면 또 다른 방식이 있읍니다. 그것은 베드로와 우리 주님 사이의 주고 받는 이야기를 통해서입니다. 예수님께서 자기 겉옷을 벗으시고 탁자를 둘러가며 제자들의 발을 씻기시기 시작했읍니다. 민망한 분위기가 흘렀을 것임에 틀림 없읍니다. 왜냐하면 일은 노예가 하는 일이었지 뛰어난 랍비의 일은 아니었기 때문입니다. 그러나 예수님께서 베드로에게 이르셨을 때 감정을 잘 나타내기 쉬운 베드로가 그걸 더 참을 수 없어 "주여, 주께서 내 발을 씻기시나이까?"라고 불쑥 내뱉어 버렸읍니다.

예수님께서 "나의 하는 것을 네가 이제는 알지 못하나 이후에는 알리라"라고 대답하셨읍니다.

예수님께서 자기 발을 씻으시게 내버려 두는 것이 부당한 처사임을 느낄 정도로는 겸손한 베드로는, 자기 선생더러 그런 일을 해서는 안된다고 완강히 말릴 정도로 겸손하지는 않았읍니다. 그래서 "내 발을 절대로 씻기지 못하시리이다"라고 대답하였읍니다.

예수께서 "내가 너를 씻기지 아니하면 네가 나와 상관이 없느니라."

이때 베드로는 얼굴을 쳐들고 그런 경우라면 온 몸도 다 씻기고 싶다고 선언했읍니다. "주여 내 발 뿐 아니라 손과 머리도 씻겨 주옵소서."

예수께서 결론적으로 말씀하셨읍니다. "이미 목욕한 자는 발밖에 씻을 필요가 없느니라 온 몸이 깨끗하니라 너희가 깨끗하나 다는 아니니라."

여기에 대화를 혼란케 하는 어떤 것이 부분적으로 뚜렷하게 드러나는 것을 발견합니다. 왜냐하면 예수께서 어떤 육신적인 더러움에 대해서 말씀하고 계신 것이 아니라 죄와 그 죄로부터 씻김당할 필요성을 말씀하고 계시는 것이 분명하기 때문입니다. 예수님은 베드로더러 너는 의롭다 함을 받은 사람이니 더럽게 하는 죄의 영향으로부터만 깨끗함을 받으면 됐지 죄의 형벌로부터 깨끗함을 받을 필요는 없다고 말씀하고 계셨던 것입니다.

여기에 채용된 상징은 저녁 식사를 하기 위해서 다른 사람의 집에 가기 전에 깨끗이 목욕하는 한 중동 사람의 경우를 들어 말한 것입니다. 도중에 그가 샌달을 신었겠고 또 길거리는 먼지가 많았기 때문에 그 발이 더러워지게 되었을 것입니다. 친구 집에 도착했을 때 그 발을 씻을 필요가 있었읍니다. 그러나 그 몸 전체를 씻을 필요는 없읍니다. 병행적인 방식으로 그리스도의 사람들은 온전히 의롭다 함을 받은 사람들입니다. 그러나 그들은 아버지와 아들과 함께 누리는 교제를 끊지 않기 위해서 죄로 말미암아 거듭 더러워지는 것을 부단히 씻을 필요성이 있읍니다.

예수께서 베드로에게, 너는 다시 나야 할 필요는 없다고 말씀하고 계신 것입니다. 한번만 다시 나면 됩니다. 그럼에도 불구하고 중생한 사람들로서 우리들은 깨끗함을 얻기 위해서 예수님께 나올 필요가 있읍니다.

우리의 본

예수께서는 베드로와 이야기를 나누신 후에 책상머리로 다시 와서 좌정하셔서 예수님 자신이 행한 일을 제자들에게 설명하시기 시작했읍니다.

"내가 너희에게 행한 것을 너희가 아느냐 너희가 나를 선생이라 또는 주라 하니 너희 말이 옳도다 내가 그러하다 내가 주와 또는 선생이 되어 너희 발을 씻겼으니 너희도 서로 발을 씻기는 것이 옳으니라 내가 너희에게 행한 것 같이 너희도 행하게 하려 하여 본을 보였느니라"(12 - 15절).

이것은 무엇을 뜻합니까? 우리가 나가서 흔히 세족식(洗足式)이라불리워지는 새로운 성례를 제정하자는 뜻입니까? 전혀 아닙니다. 물론 어떤 사람들이 그런 일을 하고 있지만 말입니다. 예수께서는 하나님의 사람들이 종의 역할을 감당할 정도의 겸손과 그럴 필요성에 관해서 말씀하고 계신 것입니다. 그는 단순히 이렇게 말씀하고 계십니다. "만일 너희 선생인 내가 종의 역할을 감당했다면 내 종들인 너희는 서로서로에 대해 종의 역할을 해야 함은 명백하다." 우리는 더 이상 스스로를 돌볼 수 없는 자들을 돌보아야 합니다 - 우리의 나이 많은 부모들, 가난한 사람들, 고아들을 말입니다. 우리는 고난당하고 있는 사람들과 가까이 지내며 우리가 할 수 있는 최선의 방책을 다 기울여 그들의 고통을 덜어 주려 해야 합니다. 우리는 우리의 가정을 고독한 사람들에게 열어 놓아야 합니다. 결국 우리는 그리스도인이 함께 모일 때 상좌를 차지해서는 안되고 다른 어떤 사람이 존귀함을 얻도록 낮은 자리를 취해야 합니다.

더구나, 우리는 영적인 더러움과 씻음에 대하여 그리스도의 본을 성취해야 합니다. 왜냐하면 바로 그 비유가 그걸 말하고 있기 때문입니다. 그리스도께서 베드로에게 하신 말씀에 따르면 발을 씻는 일은 특별한 죄에 떨어지는 그리스도인들을 영적인 차원에서 씻어주는 일을 상징화시킨 것입니다. 그러므로 만일 우리가 이 시점에서 그리스도의 본을 따른다면, 우리는 바울이 갈라디아서에서 권면한 바와 같이 해야 합니다. "형제들아 사람이 만일 무슨 범죄한 일이 드러나거든 신령한 너희는 온유한 마음으로 그러한 자를 바로잡고 네 자신을 돌아보아 너도 시험을 받을까 두려워하라"(6 : 1). 우리는 어떤 죄에 빠진 형제를 회복시키기 위해서 어떻게 하도록 해야 합니까? 우리는 그런 사람의 발을 어떻게 씻도록 원해야 합니까? 우리는 하나님의 말씀을 가지고 우리의 길을 다 깨끗하게 해야 하며, 그것을 언제나 아주 온유하게 우리 형제에게 적용시켜 그 형제가 하나님의 은혜를 통해서 그 말씀에 반응을 나타낼 수 있도록 해야 합니다.

"온유하게"라는 말을 주목하십시요. 해리 아이언사이드는 이 구절에 대해 주석하면서, 만일 우리가 다른 사람의 발을 씻겨줘야 한다면 우리는 마땅히 물의 온도에도 주의를 기울여야 한다고 지적하였읍니다. 여러분은 어떤 사람에게든지 가서 "이 뜨거운 물이 든 바켓츠에 발을 담그라"고 말하지 않아야 할 것입니다. 또한 바켓츠에 얼음물을 담아가지고 발을 담그라고 요구해서도 아니될 것입니다. 다른 사람에게 접근할 때 너무 차겁고 형식적인 것이나 너무 뜨거운 것 다 좋지 않습니다. 스테드만은, 다른 사람들을 씻겨 주려고 애쓰면서 어떤 그리스도인들은 전혀 물없이 그런 일을 하려 한다고 지적합니다. 그들은 물 없이 발을 씻으려고 애를 씁니다. 그들은 문질러 더러움을 벗겨내어 어떤 경우에는 피부까지 벗겨내는 경우가 있습니다. 우리 영적인 사람들은 그래서는 안되고 온유하고 큰 사랑 가운데서 다른 사람에게 접근해야 합니다.

4

행복을 발견하기 위한 실마리

"내가 진실로 진실로 너희에게 이르노니 종이 상전보다 크지 못하고 보냄을 받은 자가 보낸 자보다 크지 못하니 너희가 이것을 알고 행하면 복이 있으리라"(요 13 : 16 – 17).

여러분이 오늘날 거의 모든 사람들의 최고의 소원이 무엇이라 생각하는지 저는 모르겠습니다. 그러나 만일 여론조사를 실시한다면 이런 저런 모양의 형식은 달라도 가장 높은 비율을 차지하는 대답은 "행복"일 것이라 생각합니다. 거의 모든 사람들은 다른 무엇보다도 행복해지기를 원합니다. 그것을 언제나 알고 있지만은 않다는 건 사실입니다. 그들은 그 사실을 여러 다른 차원에서 표현하기도 합니다. 어떤 사람들은, 거의 모든 사람들이 부유해지기를 원한다고 말할 것입니다. 또 어떤 사람들은 유명해지고 싶다고 할 것입니다. 또 어떤 사람들은 사랑을 받고 싶다고 할 것입니다. 그러나 이러한 모든 답변들 밑에 깔려 있는 소원은 행복을 얻는 것입니다. 그것이 어떻게 온다고 생각하느냐에 관계 없이 말입니다.

그러나 문제는, 행복이 쉽게 얻어지는 것이 아니라는 점입니다. 우리는 그 행복을 추구합니다. 진실로 이 20 세기에 있어서 행복을 추구하기 위한 특권은 우리의 남에게 양도할 수 없는 권리 중 하나로 선언되기까지 합니다. 그러나 어느 누구도 그 행복 자체를 보장할 수는 없습니다. 그러므로 우리 옛 선조들이 그러한 권리를 "생명, 자유, 그리고 행복에의 '추구'"라고 정의한 것은 지혜롭게 한 일입니다. 자유는 보장 받을 수 있습니다. 생명도 어느 정도까지는 그러합니다. 그러나 행복은 보장할 수 없습니다. 행복을 추구하는 권리만이 모든 개인에게 보증될 수 있을 뿐입니다.

그러나 어떻게 우리가 행복을 추구하며 어떠한 방향으로 추구해야 될까요? 어떤 사람은, 1만 달러만 저축하면 행복하겠다고 생각합니다. 그래서 돈을 모아 1만 달러를 얻게 됩니다. 그러나 여전히 행복하지 못합니다. 어떤 사람은 5만 달러를 생각합니다. 그리고 나서 십만달러를 얻게 됩니다. 할 수만 있다면 백만달러도 벌 수가 있습니다. 그런데도 행복이 그 사람을 비켜갑니다. 어째서요? 행복이란 행운을 쌓아놓는 것을 통해서 오는 것이 아니기 때문입니다. 텍사스의 어느 백만장자가 이렇게 말한 적이 있습니다. "돈을 가지고 행복을 살 수 있다고 생각했으나 나는 비참한 환멸을 맛보았다."

어떤 사람은 명성을 통해서 행복을 얻으려 하지만 명성도 행복을 보장할 수 없습니다. 만일 그렇다면 유명한 사람들 가운데 자살하는 사람들이 많다는 소리를 결코 듣지 못했을 것입니다. 어떤 다른 사람들은 권세가 있으면 행복하겠다고 생각합니다. 그래서 그들은 지역의 정치에 뛰어들어 선거를 통해 그 직(職)을 얻게 됩니다. 결국은 주지사까지 바라보게 됩니다. 만일 그들이 주지사가 된다면 그들은 상원의원이 되기를 원할 것입니다. 결국 상원의원이 된 다음에는 연방정부의 차원에서 생각합니다. 그러나 여전히 행복하지 못합니다. 가장 위대한 세계의 정치가 가운데 한 사람이 한번은 빌리그레함에게 "나는 나이를 많이 먹었습니다. 이제 인생의 의미를 거의 다 상실했습니다. 나는 이제 알지 못하는 곳에 숙명의 잎을떨어뜨릴 준비를 하고 있습니다"라고 고백했습니다.

아는 것과 행하는 것

만일 여러분이 행복 얻기를 원한다면(우리 중 거의 모두가 그러하지만), 또한 제가 나열한 어떤 방식으로나 또는 다른 방식으로 그 행복을 얻을 수 없었다면, 2천 여년 전 주 예수 그리스도께서 하신 이 말씀들에 관심을 가져야 할 것입니다. 바로 우리가 다룰 본문이 그것입니다. 그 본문은 행복을 얻는 실마리를 내포하고 있습니다. "내가 진실로 진실로 너희에게 이르노니 종이 상전보다 크지 못하고 보냄을 받은 자가 보낸 자보다 크지 못하니 너희가 이것을 알고 행하면 복이 있으리라"(13 : 16 - 17).

우리가 이 구절을 읽으면서 행복을 얻는 실마리로 그리스도께서 제시하신 것이 두 부분으로 되어 있음을 대번에 주목하게 될 것입니다. 첫째 부분은 어떤 것들을 아는 것입니다. 둘째 부분은 그 아는 것들을 행하는 것입니다. 분명히 그 둘 다 중요합니다.

몇년 전에 저는 주식시장(株式市場)에 거의 50만 달러 가까운 돈을 투자했던 한 사람과 대화를 나눈 적이 있습니다. 저는 그 사람에게 "최근 시장 경기가 선생님에게 크게 불리하게 돌아가지요?"라고 물었습니다.

"분명히 그렇습니다."

"그 시장이 쓰러지리라는 생각을 해본 적이 있습니까?"

"그것 참 재미 있는 일입니다. 그 시장이 곤두박질하기 2개월 전만해도 평균 주가지수는 천을 웃돌았습니다. 그때 우리는 가끔 함께 투자하는 여러 사람과 함께 모임을 가졌습니다. 제가 그 모임에서 그 시장은 언제나처럼 그와 같은 추세를 유지할 수는 없을 거라고 말한 기억이 납니다. 저는 그 시장이 밑으로 하락할 수 밖에 없다고 말씀드렸지요. 놀랍게도 누구나 다 그 말에 동조했습니다. 그래서 우리가 지금 주식을 팔아야 한다고 말했을 때도 역시 다 그렇게 생각한다고 하더군요. 그러나 목사님도 아시겠지만 아무도 그렇게 하지 않았어요. 우리 중 어느 누구도 주식을 팔지 않았지요. 그렇게 해서 하락하게 되자 우리 모두가 그만 손해를 보고 말았습니다."

분명히 성공을 가져오는 것은, 아는 것과 행하는 것이 합해지는 것입니다. 그러니 그것을 영적인 차원에서 다시 말하자면, 참된 행복에 이르기 위해서는 어떤 영적인 것들을 알고 행하는 것이 합해져야 합니다.

예수님은 주님이십니다

그러므로 진정으로 행복해지기를 원하는 사람이 무얼 알아야겠읍니까? 이 두 구절은 짧습니다. 그러나 그 두 구절이 그렇게 짧기는 하지만 여러 가지의 중요한 것들을 암시하고 있습니다. 첫째로 '예수 그리스도는 주님이시라'는 점입니다. 예수님께서 "종이 상전보다 크지 못하고 보냄을 받은 자가 보낸 자보다 크지 못하니"라고 말씀하실 때 그 점을 암시하신 것입니다.

예수 그리스도가 주라고 하는 고백은 초대 그리스도인의 고백 중 하나였읍니다. 사실 이 고백 때문에 초대 그리스도인들은 로마제국과 먼저 갈등을 겪어야 했읍니다. 그 시대에 그 로마제국은 정복된 나라들의 여러 종교들을 하나로 묶어버리려고 애를 썼는데, 그것들을 짓밟아버리는 방법을 쓰지 아니하고 그 모든 종교들로 하여금 황제 숭배를 정점으로 삼도록 하는 정책을 썼습니다. 예를 들어서 어떤 그 사람이 미드라스(Mithras, 옛 페르샤에서 섬겼던 빛의 신 — 역자주)를 숭배할 수 있습니다. 그는 "가이사는 주다"라고 말해야 했읍니다. 그러고 나서 그가 원하는 어떤 것이든지 섬길 수 있었읍니다. 그러나 여기서 초대 그리스도인들은 로마의 당국자들과 갈등을 일으키게 되었읍니다. 그들은 가이사를 높이는데 있어서나, 거의 모든 세속적인 일에 있어서 가이사에게 복종하는데는 어려움이 하나도 없었읍니다. 그러나 예수님만이 참 주님이시고, 가이사는 주가 아니었읍니다. 따라서 그들은 가이사를 주라고 하라는 요구를 받아들이지 못했고, 그래서 많은 사람들이 그러한 확신 때문에 죽어갔읍니다.

오늘날 우리는 세상에 어떤 왕이나 어떤 정당의 총재나 대통령을 숭배하라는 요구를 받고 있지 않고 있습니다. 그러나 문제는 "예수께서 진실로 그대 삶의 주시냐? 다른 어떤 것 — 어떤 사람이나 어떤 목표나 심지어 자신 — 이 최고의 위치를 점하고 있지 않은가?"하는 것입니다. 우리 거의 모든 사람들이 행복을 얻는 데 있어서 만나는 난제가 바로 여기에서 시작됩니다. 왜냐하면 우리가 정직하다면, 우리 그리스도인들마저 솔직하게 일 전체를 반전시켰음을 인정해야 하기 때문입니다. 예수님께서는 당신이 주요, 우리는 그의 종들이라고 말씀하십니다. 그러나 실제 활동에 있어서는 우리가 주요 그가 종인 것처럼 행동합니다. 만일 여러분이 그 말을 믿지 않거든 가끔 여러분 자신의 기도를 시험해 보십시요. 여러분의 기도에 더 큰 부분이 예수님께서 자기를 위해서 무엇인가를 해주기를 바라는 내용이고, 자신이 예수님을 위해서 해줄 수 있도록 해달라는 요구는 훨씬 더 적지 않은지 살펴 보십시요. 우리는 예수가 주라고 말합니다. 그러나 실제적인 영역에 있어서는 우리가 결정을 내리고 우리가 삶의 방식을 정하고 우리가 자신의 행동노선을 결정하고 싶어 합니다.

우리가 그렇게 하면 우리는 사실상 우리 자신의 영적인 우주의 중심에 우리 자신을 채우고 있는 셈입니다. 문제는 우리가 중심에 있어서는 적당치 않다는 것입니다. 천문학에서 그 예를 찾아 봅시다. 코페르니쿠스가 나오기 전 초기 천문학에서는 모든 일이 천동설체계의 기초위에 있었읍니다. 그 이론에 따르면 모든 것들이 지구 주위를 돌고 있다는 것입니다. 지구는 그 체계의 중심이었읍니다. 이제 그 천동설은 그렇게 아주 나쁜 것은 아니었읍니다. 오늘날 살고 있는 거의 대부분의 사람들이 상상하는 것보다는 더 나은 게 사실이었읍니다. 그 천동설로 해가 뜨고 지는 것을 예측할 수 있었읍니다. 또 새로운 달이 차오르는 것도 예측할 수 있었읍니다. 그것으로 항성들의 운행경로를 어느 정도까지는 예측할 수도 있었읍니다. 그러나 천동설의 문제점은, 언제나 정확하지 않다는 데 있읍니다. 특별히 항성의 진로를 알아 맞히는데 있어서 말입니다. 불규칙한 혹성의 운동을 여러번 측정하는데 있어서 그 설은 급기야 더 이상 손을 쓰지 못하게 되었읍니다. 그밖에 그 천동설은 과학적인 진보를 허락하지 않았읍니다. 새로운 발견들이 나타나 그 천동설을 대항했고, 어떤 또 다른 발견들은 심지어 불가능하기까지 했읍니다. 무엇이 잘못된 것입니까? 문제는 결론에 있었던 것이 아니었읍니다. 그 결론들 가운데 몇은 옳았읍니다. 문제는 그 이론의 핵심에 있었읍니다. 왜냐하면 태양계의 중심은 지구가 아니라 태양이었기 때문입니다.

영적인 영역에서 그와 방불한 국면이 있읍니다. 스스로를 영적 세계의 중심으로 삼는 사람들도 어떤 결과를 얻게 됩니다. 예를 들어서 만일 그들이 극히 이기적이라면, 그들이 원하는 것 거의를 원할 수 있읍니다. 만일 그들이 과격한 사람들이라면 다른 사람들이 그것을 가지지 못하거나 다른 사람들이 어떤 이득을 취하지 못하게 할 수 있읍니다. 그러나 그런 나타난 성공에도 불구하고 그러한 체계는 전혀 정확한 것이 아닙니다. 그러므로 이러한 관계를 따라서 온다고 생각되는 그 행복이란 그 사람들을 기만하는 것입니다. 더구나 더 이상 진전도 없읍니다. 사실 이것은 갈수록 더 악합니다. 인생은 하나님의 은혜로 우리 자신을 중심에서 벗어나게 하고 주 예수 그리스도를 그 안에 놓을 때만 곧바로 진행해나갈 수 있읍니다. 왜냐하면 그가 주님이시요 그러한 체계에 질서를 주실 수 있는 분이 오직 그분 뿐이기 때문입니다.

종의 역할

우리가 이 두 구절에서 발견하는 두번째 진리는 예수님께서 "종의 역할"을 감당하셨다는 것입니다. 그 분은 주님이시요 영광의 주이십니다. 그럼에도 불구하고 자기 형제들과 같이 되어 형제들을 섬기고 더 나아가 형제들을 위해 죽기 위해서 자기 상전권을 스스로 사양하셨읍니다. 발을 씻은 그 사건이 물론 모두 그것에 관한 것입니다. 반면에 그 사건은 종의 역할을 감당하신 예수님을 보여 줍니다. 반면에 그것을 섬기는 걸 주도적인 사상으로 삼고 일하신 예수님의 전체 공생애를 비유적으로 나타낸 것입니다. "인자가 온 것은 섬김을 받으려 한 것이 아니라 도리어 섬기려 하고 자기 목숨을 많은 사람의 대속물로 주려 함이니라"(마 20 : 28) 라고 예수님께서 말씀하셨읍니다.

우리 자신은 예수님의 종들

행복해지고 싶은 사람이 알아야 하는 처음 두 진리는 그리스도께 속한 것입니다. 곧 그리스도께서는 주님의 신분이시면서 종의 역할을 감당하신 것입니다. 다음 세 진리는 우리 자신들에게 속한 것입니다.

먼저 "우리는 예수님보다 더 크지 않다"는 것입니다. 우리는 글자 그대로 이 점을 인정합니다. 그러나 실제에 있어서 우리는 행동을 통해서 그 점을 부인하곤 합니다. "물론 우리는 예수님보다 더 크지 못하다"라고 말합니다. 그러나 우리는 예수님의 판단보다 우리의 판단이 더 낫다고 생각하거나 예수님 없이도 일을 해나갈 수 있다고 생각할 때마다 정반대의 신념을 행동화합니다. 예수님께서 다음과 같은 말씀을 통해서 그

일의 참된 본질을 깨우쳐 주십니다. "종이 상전보다 크지 못하고 보냄을
받은 자가 보낸 자보다 크지 못하다." 우리가 그 분 없이는 어느 일도 할
수 없다는 것을 알 필요가 있습니다.

이 본문의 네번째 진리는 "예수님께 해당되었던 것은 우리에게도 해당
된다"는 점입니다. 내가 어떻게 살아야 할까? 내 삶에 대해서 내가 어떻
게 해야 할까? 나의 가치는 어떠한 것일까? 나의 힘을 어디에 써야 할
까? 우리는 이러한 질문들을 답하기 위해서 예수님께서 어떻게 사셨으
며, 자기의 목숨에 대해 어떻게 하셨으며, 그의 가치가 어떠하셨으며, 당
신의 힘들을 어디에다 쓰셨는지 알아보면 됩니다. 다른 말로 해서 그는
앞절에서 말씀하신 바와 같이 우리의 본입니다.

다섯번째 요점은 이 논증의 크라이막스입니다. 예수님은 주요, 그가 종
의 역할을 취했다는 것과, 우리가 예수님보다 크지 못하다는 것과, 예수
님께 해당되는 것은 우리에게도 해당된다는 사실을 알았습니다. 그러므
로 "우리가 역시 종들이어야" 한다는 것은 필연적인 귀결입니다. 다시 말
하면 우리는 다 섬기는 자들이어야 합니다. 왜냐하면 "섬긴다"라는 말이
그 말을 뜻하기 때문입니다. 그 말은 "디아코노스"인데, 그 말에서 "de-
acon"(집사, 종)이란 말이 파생되어 나왔습니다. 행복을 얻기 위한 진정
한 실마리가 여기에 있습니다. 핑크(A. Pink)가 존 브라운 박사의 말을
인용한 것과 같습니다. "우리는 흔히 우리 자신이 마땅히 받아야 하는것
으로 생각하는 대접과 친절을 받지 못한다고 생각함으로써 스스로를 불
행하게 만드는 일이 잦다. 우리가 진정으로 행복하려면 우리는 다른 사
람들을 더 크게 생각하고 자신들을 더 작게 생각해야 한다. 그러면 참된 행
복이 안에 거하는 것이다. 참된 행복의 주요 요소 가운데 하나는 예수님
의 품을 영원한 거주지로 삼고 있는 공평무사한 자기 희생적 사랑이다."

우리가 예수님과 그 제자들이 함께 보낸 마지막 시간에 대한 기록을 다
른 복음서에서 읽으면 그 섬김이 그 순간의 가장 중요한 주제였음을 곧
발견할 것입니다. 먼저 마태복음 20 장을 생각해보면, 이 일이 있기 전
하루 이틀 전에 일어난 사건들을 기록하고 있는데, 야고보와 요한의 어
머니가 예수님께 와서 예수님의 나라가 임하실 때 자기 아들들을 택하여
예수님께 가장 가까이 앉게 해달라는 부탁을 하는 일에 대해서 읽습니다.

곧 하나는 예수님의 우편에 또 하나는 예수님의 좌편에 앉게 해달라고부
탁한 것입니다. 분명히 이 두 제자들은 가장 탁월한 지위를 원했습니다.
그러나 예수님께서는 당신의 사역의 성질은 그것이 아니라고 답변하셔야
했습니다. 그는 당신이 마셔야 할 잔과 받아야 할 세례를 말씀하셨습니다.
그런 다음에 이렇게 말씀하십니다. "예수께서 제자들을 불러다가 가라사
대 이방인의 집권자들이 저희를 임의로 주관하고 그 대인들이 저희에게
권세를 부리는 줄을 너희가 알거니와 너희 중에는 그렇지 아니하니 너희
중에 누구든지 크고자 하는 자는 너희를 섬기는 자가 되고 너희 중에 누
구든지 으뜸이 되고자 하는 자는 너희 종이 되어야 하리라 인자가 온 것
은 섬김을 받으려 함이 아니라 도리어 섬기려 하고 자기 목숨을 많은 사
람의 대속물로 주려 함이니라"(마 20 : 25 - 28).

우리는 아마 그 사건과 강론 뒤에 제자들이 그 교훈을 익혀서 그들이
가장 높은 지위를 차지하겠다는 소원을 망각했을 것이라고 생각할 법도
합니다. 그러나 그렇지 않았습니다. 오히려 갈등이 깊어지고 다락방까지
그 갈등이 지속되었습니다. 왜냐하면 이 저녁에 일어난 사건 순서를 누가
가 정확히 말하고 있다면, 성찬 제정 후에도 "저희 사이에 그 중 누가 크
냐 하는 다툼이 났기"(눅 22 : 24) 때문입니다. 아마 주님께서 자기 겉옷
을 벗으시고 발을 씻기 시작하신 때가 바로 이때였을 것입니다.

만일 우리가 제자들로부터 배울 수 있다면, 가장 으뜸이 되려는 소원
이 우리 속에 너무나 크게 자리잡고 있어 우리가 성찬식 예배를 드리는
마당에서도 가장 높아지려는 책략을 쓰고 있을 수 있음을 배워야 합니다.
종의 역할을 하는 것이 행복을 얻는 가장 위대한 실마리임을 배워야 합
니다.

우리의 사명

우리가 알아야 하는 또 하나의 요점이 있습니다. 그건 역시 이 본문 속
에 암시되어 있습니다. "우리는 보냄받은 종들"이라는 것입니다. 다시 말
하면 하나님에 관한한 우리가 종의 역할을 맡는 것은 선택의 여지가 없
는 것입니다. 우리가 바로 그 역할을 담당합니다. 주 예수 그리스도의 임
무가 그러하였듯이 말입니다. 16절 하반절에서 예수님께서 "보냄받은"

이라는 말을 두번 사용한 것을 주목하십시오. 헬라어에서는 그 두 말이 다릅니다. 한번은 "아포스톨로스"라는 말인데-그 말에서 "Apostle"(사도)이 나왔음-그 말은 주님께 특별한 사명을 받은 대변인과 대리인을 지시하는 말입니다. 또 하나는 "펨프산토스"라는 말인데 주 예수님께서 아버지께 받은 사명을 말할 때 그 말을 쓰신 것입니다. 두 말 다 예수님의 대사명에 대한 요한의 설명 속에 나타납니다. "아버지께서 나를 보내신 것 같이 나도 너희를 보내노라"(20 : 21). 하나님께서 예수님을 부르신 것과 똑같이 우리를 부르셨기 때문에 일차적으로 우리는 종들이어야 합니다. 만일 하나님께서 우리를 부르셨다면 우리가 다른 어떤 역활을 맡아도 온전히 행복하지 못할 것입니다.

아멘 또 아멘

우리는 이제 가장 간과당하는 부분에 이르게 되었습니다. 지금까지 우리는 행복을 얻기 위해 그리스도께서 보여 주신 실마리의 첫번째 부분에 대해서 말해왔고 어떤 것들을 알았습니다. 우리는 여섯 항목으로 나누어 그걸 살펴 보았습니다. (1) 예수님은 주님이시다. (2) 예수님이 종의 입장을 취하셨다. (3) 우리는 예수님보다 크지 못하다. (4) 예수님께 해당된 것은 우리에게도 해당된다. (5) 우리는 종들이어야 한다. (6) 우리는 보냄받은 종들이다. 이러한 항목에 기초한 두번째 부분은, 우리가 그 항목의 요지들을 행해야 한다는 것입니다. "너희가 이것을 알고 행하면 복이 있으리라"(17절).

물론 이것은 단순히 아는 것 이상임을 주목해야 합니다. 우리가 알았듯이 아는 것은 중요합니다. 알지 않으면 할 수 없습니다. 아는 것부터 출발해야 합니다. 그럼에도 불구하고 아는 것만으로 충분하지 못합니다. 왜냐하면 많은 사람들이 어떻게 성공해야 하는가는 알면서도 그들의 지식을 행사하지 않기 때문에 실패합니다.

더 나아가, 행복을 얻기 위한 이 실마리의 두번째 부분은, 다른 사람들이 그 진리를 행할 수 있기 위하여 이 진리를 아는 것이 아니라는 점입니다. 우리 가운데 어떤 사람은 이러한 방식으로 지식을 사용합니다. 곧 다른 사람들로 하여금 우리 기준이나 우리를 섬기는 척도로 그걸 삼도록 막대기나 지레로 사용한다는 것입니다. 남편들은 자기 아내들이 자기들을 행복하게 만들기 위해서 어떻게 해야 하는가를 정확히 압니다. 아내들도 자기 남편들에게 어떻게 하면 나쁜지 정확히 압니다. 젊은 사람들은 자기 부모들과 다른 사람들이 어떻게 해야 하는 것을 확실히 알고 있읍니다. 그러나 예수님께서 말씀하시는 것은 그것이 아닙니다. 사실 어떤 의미에서 예수님께서는 그 정반대를 말씀하십니다. 왜냐하면 만일 여러분이 그러한 방식으로 생각한다면 그 결과는 여러분이 원하는 것의 정반대가 될 것임을 장담할 수 있읍니다. 다른 사람이 여러분의 소원에 따라오지 못하면, 여러분은 행복하지 못할 것입니다. 행복은 아는 것만이나, 다른 사람으로 하여금 그가 마땅히 행해야 할 것을 알게 하는 것으로부터 나오는 것이 아니라, 이 진리를 알고 스스로 그 진리들을 행하는 데서 나옵니다.

어째서 그렇습니까? 이러한 역할을 취함으로써 필연적으로 하나님께서 친히 축복하실 수 있는 류의 성품을 발전시킬 것이기 때문입니다. 우리는 마태복음 5:3-12의 팔복에서 그러한 성품을 발견합니다. 요한복음에서는 "행복하다"고 번역된 말이(우리 말 개역성경에서는 "복이 있으리로다"라고 번역되어 있음 - 역자주) 마태복음에서는 "복되도다"라고 번역되어 있읍니다. 예수님께서는 "심령이 가난한 자는 행복하다, … 애통하는 자는 행복하다… 온유한 자는 행복하다… 의에 주리고 목마른 자는 행복하다… 긍휼히 여기는 자는 행복하다… 마음이 청결한 자는 행복하다… 화평케 하는 자는 행복하다… 의를 위하여 핍박을 받는 자들은 행복하다…"라고 말씀하셨읍니다.

"그러나 그것이 상식적이지 못하다"라고 우리는 말합니다. 우리 속에 있는 모든 것은 "행복한 사람은 심령에 가난하거나 온유하거나 긍휼히 여기거나 화평케 하거나 그와 유사한 유의 사람들이 아니라고 말합니다."이기는 자가 행복하고 지배자가 행복하고, 시중을 받는 자가 행복하다"고 말합니다. 그러나 우리가 틀렸읍니다. 우리의 방식으로는 일이 되지 않읍니다. 믿어야 할 것은 주 예수 그리스도의 말씀입니다.

이 구절은 "진실로 진실로"라는 두 말로 시작됩니다. 이 말은 "아멘, 아멘"이라는 말의 번역어입니다. 그 말은 "참으로 참으로"라는 뜻입니다.

"자 이걸 주목하라 이건 참되다"라는 뜻입니다. 이 말이 가진 흥미로운 요점은, 우리가 예수님의 입술에서 그 말이 자주 튀어나오고, 매번 예수님의 입술에서 진술이 나올 때마다 그 말을 발견하게 된다는 점입니다. 곧, 예수님께서는 먼저 당신이 말씀하시려는 진리에 관심을 집중시키게 한 다음 그것을 말씀하셨습니다. 다른 말로 해서 우리는 보통 사람들의 입술에서 이 말이 자주 나타나는 것을 발견하게 됩니다. 그러나 이러한 경우에 그 말은 언제나 그 진술의 끝에 오기 마련입니다. 예를 들어서 기도할 때에 그렇습니다. 그러니 우리의 용례(用例)에서 그 말은 하나님의 진리를 인정하는 것입니다. "그렇게 되기를 바라나이다. 하나님께서 참되시고 모든 사람은 거짓말장이가 되게 하소서"라는 식으로 우리는 말합니다. 요점은, 저와 여러분이 그리스도의 진술과 관계를 맺으라는 부르심을 받았다는 것입니다. 우리가 그렇게 할 수 있습니까? 예수님께서 말씀하십니다. "내가 진실로 진실로 너희에게 이르노니 종이 상전보다 크지 못하고 보냄을 받은 자가 보낸 자보다 크지 못하니라." 여러분의 마음이 아멘, 아멘 하고 나서 그것을 행할 수 있읍니까?

5

전형적인 예언

"내가 너희를 다 가리켜 말하는 것이 아니라 내가 나의 택한 자들이 누구인지 앎이라 그러나 내 떡을 먹는 자가 내게 발꿈치를 들었다 한 성경을 응하게 하려는 것이니라 지금부터 일이 이루기 전에 미리 너희에게 이름은 일이 이룰 때에 내가 그인줄 너희로 믿게 하려 함이로라 내가 진실로 진실로 너희에게 이르노니 나의 보낸 자를 영접하는 자는 나를 영접하는 것이요 나를 영접하는 자는 나를 보내신 이를 영접하는 것이니라"(요 13 : 18 – 20).

교회 역사 중 종교개혁 당시에는 주 예수 그리스도의 사역을 선지자와 제사장과 왕의 삼중사역으로 구분하여 말하는 것이 통례였읍니다. "선지자"라는 말은 하나님을 위해서, 하나님으로서 말씀하는 그리스도의 역할을 언급하는 것이고, 그것은 계시를 다룹니다. "제사장"이라는 말은 자신을 죄를 위한 완벽한 희생제물로 드리는 것을 말하며, 아버지께 자기 백성들을 위한 중보기도를 드리는 역할을 말합니다. "왕"이란 하늘과 교회 안에서 성령을 통해서 통치하시는 것을 가리킵니다.

주님의 지상생애의 마지막 몇 날의 역할들에 비추어 볼 때 이것은 매우 흥미 있는 구분입니다. 우리가 연구하고 있는 13 장에 기록된 사건들이 일어난 시간은 스물네시간인데, 바로 그 시간 안에 예수님이 죽으실 것입니다. 곧 그는 자신을 인간 죄를 위한 완벽한 희생제물로 드리심으로써 제사장의 역할을 감당하시려 하시는 것입니다. 그리고 또 다른 삼일만에 그는 죽은 자 가운데서 부활하심으로 하늘에 오르사, 그 하늘로부터 왕으로 자기 교회를 통치하실 것입니다. 이 요한복음 13 장에는 그 3 중직을 완벽히 하기 위하시는 것처럼 선지자로서 말씀하십니다. 더구나 그리스도께서 이제까지 해 나온 것과 똑같이 하나님을 위해서 말씀하신다는 의미가 아닙니다. 오히려 그 선지자라는 말이 담고 있는 충만한 한 의미에서 말하는 것입니다. 곧 앞으로 일어날 일에 대한 것을 실제로 예고하셨다는 말씀입니다. 이 대목에서, 3 년 동안 사도의 부류에 들었던 한 사람이 그를 배반할 것이라고 말씀하십니다.

이것은 전형적인 예언입니다. 18 - 20 절에 걸쳐서 그 예언이 나타나 있습니다마는 그 세 구절 속에 예언이 주어진 모든 목적과 그 예언이 정상적으로 행하는 것이 드러나 있습니다. 그 세 구절을 세 부분으로 나누어 보면 (1) 예언 자체 (2) 예언이 주어진 이유의 설명 (3) 그 예언을 듣는 자들이 그 예언을 통해서 낙담하지 않도록 용기를 북돋아주는 일들이 나타나 있습니다.

예 언

유다에 관한 예언은 한 절 앞에서 말했던 것을 수식하는 말로 나타납니다. 이보다 여러 구절 앞서 예수님께서 베드로에게 "너희가 깨끗하다"라고 말씀하신 후에 "다는 아니니라"라고 황급히 부연하셨습니다. 이 대목에서 그리스도의 계명들을 알고 순복함으로써 행복해질 수 있는 사람에 대해서 말씀하신 예수님께서는 유사한 방식으로 모든 각 사람에 대해서 말씀하고 계시는 것이 아님을 덧붙임으로써 그의 진술을 제한시키고 계십니다. 그는 사실 이렇게 말씀하셨습니다. "내가 너희를 다 가리켜 말하는 것이 아니라 내가 나의 택한 자들이 누구인지 앎이라 그러나 내 떡을 먹는 자가 내게 발꿈치를 들었다 한 성경을 응하게 하려는 것이니라"(18 절).

그리스도께서 예언하실 때 인용하신 성구는 시편 41 : 9 입니다. "나의 신뢰하는 바 내 떡을 먹던 나의 가까운 친구도 나를 대적하여 그 발꿈치를 들었나이다."

　시편기자인 다윗은 그 시편에서 누구를 말하고 있는지 전혀 언급하고 있지 않습니다. 그러나 가장 그럴듯한 추측은 아마 아히도벨이었을 것입니다. 그의 가장 신실한 참모였음에도 불구하고 압살롬이 모반을 일으킬 때 압살롬편에 가담했던 사람이었습니다. 사무엘하 15 - 17 장에 나타난 바대로 그 이야기는 비극입니다. 다윗은 알지도 못하는 새에 갑작스럽게 압살롬의 반역을 맞게 되었고, 그와 그의 힘 있는 사람들이 예루살렘에서 피해 달아나야 했습니다. 아히도벨이 뒤에 남아 있게 되었습니다. 다윗은 아히도벨이 압살롬편에 섰다는 소식을 듣고 크고 상심했습니다. 왜냐하면 아히도벨은 다윗에게 고무적인 의견을 제시해주었던 사람이기 때문입니다. 다윗은 "여호와여 원컨대 아히도벨의 모략을 어리석게 하옵소서"(삼하 15 : 31)라고 기도했습니다. 때가 되매 하나님께서 다윗의 기도를 응답하셨는데, 아히도벨로 하여금 압살롬에게 악한 의견을 내게 함으로써가 아니었습니다. 왜냐하면 아히도벨은 계속 지혜롭게 말했기 때문입니다. 다만 아히도벨의 선한 제안이 무시를 당하게 하셨던 것입니다. 그 이야기는 다음과 같이 결론을 내리고 있습니다. "아히도벨이 자기 모략이 시행되지 못함을 보고 나귀에 안장을 지우고 떠나 고향으로 돌아가서 자기 집에 이르러 집을 정리하고 스스로 목매어 죽으매 그 아비 묘에 장사되니라"(삼하 17 : 23).

　아히도벨이 자결했다는 사실은, 그리스도께서(그러므로 다윗도 역시) 시편41 편을 인용한것은 그를 두고 말씀하신 것이라는 탁월한 증거입니다. 왜냐하면 유다도 나아가서 자결하였기 때문입니다. 그러나 그 이야기의 포인트는 아히도벨이나 유다의 종말에 있었던 것이 아니라, 주께 택함을 입은 한 사람이 그를 배반하게 될 것이라는 사실에 있습니다. 아히도벨은 다윗의 식탁에 앉아서 다윗의 떡을 먹었습니다. 그처럼 유다도 예수님과 함께 먹었습니다. 아히도벨이 다윗을 배반하였습니다. 유다도 영광의 주님을 배반하였습니다.

　윌리암 바클레이는 그의 주석에서 유다의 배반의 잔인무도함을 강조하면서 다음과 같이 지적했습니다. "중동에서는 어떤 사람과 음식을 함께 먹는 것은 우정의 표지요 충성의 행동이었다. 사무엘하 9 : 7 , 13 에서 보면 다윗이 사울의 후손인 므비보셋을 자기 상에서 먹게 허락하는데, 사실 그때 그 사람을 제거했어도 아무런 하자가 없었을 것이다.   열왕기상 18 : 19은 바알의 선지자들이 이세벨의 상에서 먹었음을 말한다. 사람의 상에서 함께 떡을 먹음으로써 그 우정을 맹세하였던 사람이 대적하고 나서는 것은 정말 고통스러운 일이다.   친구들의 이러한 배반이 시편기자에게 있어서는 모든 아픔 가운데 가장 지독한 것이었다. '나를 책망한 자가 원수가 아니라 원수일찐대 내가 참았으리라 나를 대하여 자기를 높이는 자가 나를 미워하는 자가 아니라 미워하는 자일찐대 내가 그를 피하여 숨었으리라 그가 곧 너로다 나의 동류, 나의 동무요 나의 가까운 친우로다 우리가 같이 재미롭게 의논하며 무리와 함께 하여 하나님의 집안에서 다녔도다' (시 55 : 12 – 14)."

예수님께서는 당신의 지상공생애의 2 년 동안의 기간을 내내 함께 있었던 한 사람이 자기를 배반하게 될 것이라고 예언하셨습니다. 또한 그것은 엄숙한 사실입니다. 만일 어떤 사람이 그 3 년의 기간 동안 열 두 제자의 부류 속에 들어서 주 예수 그리스도의 말씀을 들을 뿐만 아니라 그걸 행하신 기적을 목격했고, 아울러 할 수 있는 모든 것을 체험한 사람이 그를 배반한다면, 오늘날도 하나님의 백성들의 부류 가운데 들어 있으며, 하나님의 말씀을 신실하게 설교하는 것을 듣는 사람이면서도 실제로는 하나님의 자녀가 아닐 가능성이 확실히 있습니다. 바로 그것을 생각해 본다면 그건 정말 엄숙한 사실입니다.

우리는 그 시점에서 멈추어 이런 질문을 던져 보아야 합니다. 나는 진정 하나님의 자녀인가 아니면 하나님의 백성들의 무리 속에 들어 있는 것 뿐인가 ? 만일 후자의 경우라면, 그리스도인의 무리 속에 함께 섞여 있는 것에 불과하다면, 이 대목이야말로 특별한 긴급신호를 보내는 것입니다. 알면 영생을 얻게 되는 바로 그 분을 실제로 믿기까지 쉬어서는 안됩니다.

자신을 믿는 믿음

주님께서는 이 세 구절의 두번째 구절에서 자기의 예언의 이유를 제시합니다. "지금부터 일이 이루기 전에 미리 너희에게 이름은 일이 이룰 때에 내가 그인 줄 너희로 믿게 하려 함이로라"(19절). 예언이 이루어질 때 예수님께서 진실로 바로 그분, 하나님의 독생자요 여호와라는 사실을 증거하는 증거로 그 예언 성취를 받아들일 수 있도록 하기 위해서 예언을 하신 것입니다.

저는 구약 성경, 특히 이사야에 의해서 예언을 하는 제1차적인 이유가 이것이라는 것을 생각하고 깊은 인상을 받습니다. 우리는 통상적으로 예언이 우리의 호기심을 만족시키기 위해서 주어진줄로 생각하고, 그렇지 않다 할지라도 우리에게 경고를 하고 앞으로 다가올 일을 대비하도록 하기 위해서 주어진 것이라고 생각합니다. 그러나 성경이 제시하는 예언의 이유는 그것이 아닙니다. 성경은, 예언이 이룰 때에 우리로 하여금 예언을 주신 하나님이 참하나님임을 알기 위해서 예언한다고 말합니다. 왜냐하면 하나님만이 미래를 아실 수 있고 그 미래에 이루어질 일을 보장하실 수 있기 때문입니다. 예를 들어서 이사야의 중심적인 장들 속에서 그 점이 명백히 드러납니다. 이사야 40장은 스스로 혼자 꼿꼿이 설 수 없으며 움직일 수 없는 이교도들의 우상과 하나님 자신을 대조시키는 논증으로 시작합니다. "그런 즉 너희가 하나님을 누구와 같다 하겠으며?"라고 묻습니다. "무슨 형상에 비기겠느냐 우상은 장인이 부어 만들었고 장색이 금으로 입혔고 또 위하여 은사슬을 만든 것이니라 궁핍하여 이런 것을 드리지 못하는 자는 썩지 않는 나무를 택하고 공교한 장인을 구하여 우상을 만들어서 흔들리지 않도록 세우느니라"(18 - 20절).

이사야서 41장에서는 이런 논증이 계속됩니다. "나 여호와가 말하노니 너희 우상들은 소송을 일으키라 야곱의 왕이 말하노니 너희는 확실한 증거를 보이라 장차 당할 일을 우리에게 진술하라 또 이전 일의 어떠한 것도 고하라 우리가 연구하여 그 결국을 알리라 혹 장래사를 보이며 후래사를 진술하라 너희의 신 됨을 우리가 알리라 또 복을 내리든지 화를 내리라 우리가 함께 보고 놀라리라 과연 너희는 아무 것도 아니며 너희 일은 허망하며 너희를 택한 자는 가증하니라"(21 - 24절).

하나님께서는 대조의 방식을 통해서 장래를 말씀하실 수 있으며 그러므로 하나님을 믿어야 합니다. "여호와께서 가라사대 내가 옛적에 장래사를 고하였고 내 입에서 내어 보였고 내가 홀연히 그 일을 행하여 이루었느니라"(사 48 : 3).

우리 주님께서 "일이 이루기 전에 미리 너희에게 이름은 일이 이룰 때 내가 그인줄 너희로 믿게 하려 함이라"라고 말씀하실 때 바로 그 똑같은 논증을 사용하신 것입니다. 하나님께서 이사야서에서 논증하셨듯이 그리스도께서도 요한복음 13 장에서 논증하십니다. 결론은 같습니다. 여호와께서는 참하나님이십니다. 예수님은 참하나님이십니다. 예수님은 여호와이십니다. 예수님은 자기가 하나님을 위해서 말하는 대변인도 되지만 단순히 그런 차원에서 말씀하는 것이 아님을 논증하는 것입니다. 그는 당신이 하나님이시라고 주장하십니다. 그가 예언하신 것은 무엇이든지 다 그가 이루십니다.

성경을 믿으심

그리스도께서 유다에 대한 예언을 하신 가장 명백한 이유는, 제자들이 예수님을 믿는 믿음을 더 견고히 할 수 있도록 하기 위함입니다. 그러나 우리가 시편 41 편의 인용 대목에서 이것을 읽고 있으니, 그 동일한 지식은 성경에 대한 믿음도 강하게 할 것임을 간과할 수 없습니다. 어떻게요? 주님 자신 못지 않게 성경은 믿을만한 것을 보여줌으로써입니다. 어째서 그 성경은 믿을 수 있는 것입니까? 주님께서 친히 그러하듯이 성경도 영원하기 때문입니다. 예수님께서 "천지는 없어지겠으나 내 말은 없어지지 아니하리라"(마 24 : 35)라고 말씀하셨읍니다. 다시 "천지가 없어지기 전에는 율법의 일점일획이라도 반드시 없어지지 아니하고 다 이루리라"(5 : 18)라고 말씀하셨읍니다. 예언의 성취는 우리로 하여금 이것을 믿게 하고 그에 따라서 우리의 삶을 달라지게 합니다.

성경은 진리이기 때문에서만 우리에게 중요한 것이 아닙니다. 성경은 진리입니다만 우리가 성경을 그처럼 열심히 연구하고 소중히 여기는 것은 그 때문만은 아닙니다. 우리가 이것을 알기 위해서 성경 진리와, 학문적 등식에서 얻는 유의 진리를 서로 비교시킬 필요가 있습니다. 등식은 진리입니다. 그러나 우리가 그것을 기억하려고 애쓰거나 그것을 어린 아이들에게 가르치려고 하거나, 보편적인 성인 교육 프로그램 속에 그것을 넣으려고 애쓰지 않습니다.

그와 유사하게, 우리는 성경이 우리에게 쓸모 있기 때문에서만   최고 중요성을 가진 것으로 여기지는 않습니다. 유용합니다마는 다른 많은 사실들과 대상물들도 쓸모가 있습니다. 그럼에도 불구하고 우리는 다른 대상들에게 동일한 우선권을 주지는 않습니다.

어째서 우리가 성경을 소중히 여깁니까? 어째서 우리가 성경을 암송합니까? 그것은 하나님으로부터 우리에게 왔고 하나님의 본성을 드러내는 이 말씀들이 영원하고, 폐해지지 않을 것이기 때문입니다. 우리가 아는 다른 모든 것은 지나가 버리고, 때때로 우리의 일생 동안에 지나가 버리기도 합니다. 여러분의 자녀들이 오늘날 국민학교에서 배우는 관점들과 관념들은 상급학교에 올라가기 전에 바뀌어질 것입니다. 그들이 상급학교에서 배운 것을 결국 대학에 가면 또 바뀌어질 것입니다. 젊은 청년 남녀가 전문직에 들어 갈 때쯤해서 대학의 사고방식도 바뀌어지게 될 것입니다. 또한 전문지식도 어찌나 신속하게 바뀌든지 계속 그걸 따라잡기 위해서 책을 읽으며 공부하지 않으면 금방 뒷전에 밀려나게 될 것입니다. 우리가 배우는 것은 어느 것도 영구하지 못하고 우리가 보는 것도 영원하지 못합니다─성경 이외에는 ! 성경은 정말 "영구"합니다. 성경은 절대적인 가치가 있습니다. 그러기 때문에 우리가 성경을 암송하고 자녀들에게 그 성경을 가르칩니다.

만일 여러분이 부모라면, 이 책에서 발견하는 진리 외에 없어지지 않을 것을 남겨 줄 것이 하나도 없다는 것을 생각한 적이 있읍니까? 어떤 부모들은 돈을 남겨 주면 자녀들에게 좋은 일을 한 것이라고 생각합니다. 그러나 돈이 하룻밤 새에 사라질 수 있습니다. 때로 자녀들이 그걸 싫어하기조차 합니다. 어떤 부모들은 좋은 교육을 시키는 것이   자녀들에게 훌륭한 유산이라고 생각합니다. 아마 가치가 있을 것입니다. 그러나 이러한 것들도 변합니다. 교육마저도 이전에와 같이 많은 사람들이 크게 가치 있게 생각하지를 않습니다. 오직 하나님의 말씀만이 언제나 가치가 있고 변하지 않습니다.

여러분이 자녀들에게 가장 좋은 것을 주려고 애쓰면서도 이 책을 무시하는 어리석음을 범하지 마십시요. 여러분이 자신에게 가장 우선적으로 해야 할 것이 무엇인가를 분간해낸다고 하면서 스스로 그 성경을 무시하지 마십시요.

존 뉴우톤(John Newton)은 어릴 때 영국에서 기독교 가정에서 자라
났습니다. 그러나 그의 부모들은 뉴우톤이 여섯 살 때 죽었고, 믿지 않는
친척에게 보내지게 되었습니다. 그 친척집에서 그는 대단한 큰 모욕을
감수해야 했습니다. 결국 그는 그 악한 대우를 참아내지 못하여 도망쳐
나와 바다로 나갔습니다. 그 당시의 소년들이 그런 버릇이 있었는데, 그
도 바다로 나가 해군에 들어갔습니다. 불행히도 그는 무서운 죄악에 빠
져들었고 결국 해군을 탈영하여 아프리카로 달아났습니다. 아프리카에서
죄는 혹독하게 그를 더 무섭게 붙잡았습니다. 그는 방탕과 비참에 철저
하게 젖어들었습니다. 결국 그는 아프리카를 떠나서 영국으로 돌아 가는
배에 올라 탔습니다. 돌아오는 길에 배는 무서운 폭풍을 만나게 되었고,
그 배의 승무원이었던 뉴우톤은 물을 퍼내기 위해서 배 밑창으로 내려
가라는 명령을 받았습니다. 뉴우톤은 무서웠습니다. 배가 가라앉을 것
같았습니다. 만일 배가 가라앉으면 배와 함께 틀림 없이 자기도 물에 빠
져 죽을 것을 알았습니다. 몇 날을 낮과 밤으로 물을 퍼내면서 하나님과
사람에게 버림을 받았다는 생각을 하게 되었습니다. 그러니 그 배 바닥
에서 물을 퍼내면서 자기를 구원해 달라고 하나님께 부르짖기 시작했습
니다. 여섯 살 전에 자기 부모들과 함께 살던 집에서 배웠던 성경 구절
이 되살아났습니다. 성령께서 그 구절이 뜻하는 바를 그에게 보여 주셨
습니다. 그는 그리스도를 믿고 거듭났습니다. 후에 폭풍이 지나가고 영
국에 다시 안전하게 도착했을 때, 그는 계속해서 하나님의 말씀을 설교
하고 가르치는 은사를 크게 받은 사람이 되어갔습니다.

어떤 일이 일어났습니까? 살아계신 하나님의 말씀이 그에게 남아 있
었고, 성령께서 그것을 도구로 하여 새 생명을 그 속에서 일으키셨습니
다.

부모들을 위해서 여기서 한 말씀을 더 첨가하고 싶습니다. 성경의 내
용을 전달하기 위한 두 가지 큰 원리에 관한 것입니다. 첫째로, 말씀은 한
번에 조금씩 전달해 주어야 합니다. 그래서 그때 배운 것이 더하여가서
그 훗날에 교훈을 받을 때 설 수 있는 것입니다. 이사야는 그것을 가장
잘 표현하여 이렇게 썼습니다. "대저 경계에 경계를 더하며 경계에 경계

를 더하며 교훈에 교훈을 더하며 교훈에 교훈을 더하되 여기서도 조금 저기서도 조금 하는구나 하는도다"(28 : 10). 다른 말로 해서 한번 교회에 나가거나 아니면 열 두번 교회를 나가면 여러분 자신이나 여러분 자녀가 배우게 될 것이라고 생각하지 마십시오. 성경을 딱 한번만 읽으면 되겠다고 생각하지 마십시오. 배우는 것은 일생의 과제입니다. 그러므로 여기서 한 교훈, 저기서 한 교훈, 여기서 조금, 저기서 조금씩 배우는 것이어야 합니다.

둘째로, 성경을 암송해야 합니다. 오늘날 우리는 어느 것을 암송하든지 큰 거부감을 갖고 있습니다. 다윗은 다음과 같이 선언함으로써 우리에게 필요한 것이 무엇인가를 말해 줍니다. "내가 주께 범죄치 아니하려 하여 주의 말씀을 내 마음에 두었나이다"(시 119 : 11). 우리가 필요할 때 우리에게 머물러 소용될 수 있는 말씀은 암송한 말씀입니다.

하나의 격려

우리는 이제 이 본문의 세번째 구절에 이르게 되었읍니다. 그것은 격려의 구절입니다. "내가 진실로 진실로 너희에게 이르노니 나의 보낸 자를 영접하는 자는 나를 영접하는 것이요 나를 영접하는 자는 나를 보내신이를 영접하는 것이니라"(20 절). 우리가 그 구절을 처음 읽을 때 앞에 나온 구절과 관련이 없어 보입니다. 그러나 조금만 생각하면 금방 그 연관을 발견합니다. 앞의 두 구절에서 예수님께서는 자기 제자들에게 발을 씻어주심으로써 그들에게 보여주신 본을 따라오라고 용기를 주고 계셨읍니다. 그러나 그렇게 하실 때 그는 먼저 유다에 대해서 말하고 유다가 자기를 배반한다는 사실을 말씀하십니다. 그들이 이 시점에서 용기를 잃었을까요? 모르겠읍니다. 그러나 만일 그들이 용기를 잃었다면 우리는 분명히 그들이 당황했을 것임을 확신할 수 있읍니다. 그들은 만일 일이 그렇게 된다면 그들 중 어느 누구도 주님을 섬길 수 없다고 생각했을지도 모릅니다. 자기들은 다 쓸모 없는 존재들이 되며 앞으로 예수님께 소용될 가능성이 전혀 없다고 생각했을지도 모릅니다.

그러나 그렇지 않습니다. 한 사람이 그를 배반할 것입니다. 그러나 이러함에도 불구하고 예수님께서 그밖에 다른 제자들을 경건치 않은 세상에 당신의 특사들로 보내시기 위하여 택하셨습니다. 그들은 '정녕' 그의 특사들이 될 것입니다. 그들을 영접하는 자는 누구든지 예수님을 영접하는 것으로 여겨질 것이요, 예수님을 영접하는 자는 누구든지 하나님을 영접하는 자로 여겨질 정도의 특사들이 될 것입니다.

이것은 그 처음 사도들 뿐만 아니라 우리 자신들을 위해서도 큰 격려를 주는 것입니다. 그리스도인의 삶 속에 우리를 좌절시키는 것이 많습니다. 정말 진실로 배반하는 일들이 있습니다. 교회 안에서도 그것을 볼 수 있습니다. 또 신학교에서나, 학식을 가지고 복음을 변증하지 아니하고 자기들을 사신 하나님을 부인하는 신학교 교수들도 있습니다. 예수님께서 말씀하십니다. "그러나 나는 그걸 안다. 그것이 새로운 일이 아니다. 언제나 그러한 식이었다. 그럼에도 불구하고 이러한 배반 속에서도 나는 내 대사들을 가지고 있다. 나는 그들을 사용하고 그들은 복이 될 것이다." 만일 우리가 가르침을 받은대로 예수님을 믿고 예수님을 위하여 말한다면 우리는 그러한 사신들입니다.

6

밤 속으로 들어감

"예수께서 이 말씀을 하시고 심령에 민망하여 증거하여 가라사대 내가 진실로 진실로 너희에게 이르노니 너희 중 하나가 나를 팔리라 하시니 제자들이 서로 보며 뉘게 대하여 말씀하시는지 의심하더라 예수의 제자 중 하나 곧 그의 사랑하시는 자가 예수의 품에 의지하여 누웠는지라 시몬 베드로가 머릿짓을 하여 말하되 말씀하신 자가 누구인지 말하라 한대 그가 예수의 가슴에 그대로 의지하여 말하되 주여 누구오니이까 예수께서 대답하시되 내가 한 조각을 찍어다가 주는 자가 그니라 하시고 곧 한 조각을 찍으셔다가 가룟 시몬의 아들 유다를 주시니 조각을 받은 후 곧 사단이 그 속에 들어간지라 이에 예수께서 유다에게 이르시되 네 하는 일을 속히 하라 하시니 이 말씀을 무슨 뜻으로 하셨는지 그 앉은 자 중에 아는 이가 없고 어떤 이들은 유다가 돈 궤를 맡았으므로 명절에 우리의 쓸 물건을 사라 하시는기 혹 가난한 자들에게 무엇을 주라 하시는 줄로 생각하더라 유다가 그 조각을 받고 곧 나가니 밤이러라"(요 13 : 21 – 30).

유진 오닐(Eugene O'Neill)이 자서전적으로 쓴「밤중에 끝난 지루한 날의 여정」(Long Day's Journey Into Night)이라는 책을 썼읍니다. 그 이야기는 갈수록 절망과 어둠이 더해가는 이야기입니다. 요한복음 13 : 21 – 30 에 기록된 사건은 그 제목으로 이름 붙일 수 있읍니다. 왜냐하면 이 대목은 유다가 세상의 빛 되신 분의 부류에서 떠나 영원한 어둠 속으로 빠져 들어가는 걸 기록하고 있기 때문입니다. 그 대목은 배반자를 밝히는 것으로부터 시작합니다. "진실로 진실로 너희에게 이르노니 너희 중 하나가 나를 팔리라." 그리고 그 대목은 "밤이더라"라는 음침한 진술로 끝납니다.

이 대목 안에서 주 예수 그리스도께서 이 요한복음 13장의 상징처럼 두번째 행동이 드러나 있다고 지적함으로써 이 대목을 시작할 수 있습니다. 첫번째 상징적 행동은 발을 씻으시는 일이었습니다. 그 일을 통해서 예수님의 사역의 본질을 생생하게 예증하셨고, 그를 따르는 자들더러 종의 역할을 감당하라고 권면하셨습니다. 그 행동은 모든 제자들이 다 볼 수 있었고 명백하게 기억하였습니다. 신약 전체를 통해서 간접 직접으로 그 사건을 가리키는 곳이 대단히 많습니다. 이 대목에 기록된 두번째 상징적인 예수님의 행동은 떡을 찍어 유다에게 주시는 것이었는데, 그 행동을 통해서 배반자를 지적하신 것입니다. 발을 씻는 일과는 달리 이 행동이 모든 사람에게 분명하게 인식되지는 않았습니다. 제자들이 다 그걸 보았기는 하지만, 그 행동의 본질을 요한 사도 혼자만이나 아니면 베드로 정도만 이해했을 것입니다. 그럼에도 그 배반이 임박했음을 인식하지 못했습니다. 그 사건은 유다가 배반하기 위해서 그 적은 무리를 떠남으로 끝납니다. 사실 그 행동은 유다 자신과 유다의 선생이 죽음 속에서 종말을 고합니다.

이 대목은 세 부분으로 되어 있습니다. 첫째, 배반자가 나올 것을 공표하는 일, 둘째로 주님 편으로 머리를 기대는 유다와, 다른 편으로 몸을 기대는 요한 사이의 대조, 마지막으로 유다의 운명의 폭로입니다.

괴로운 발표

"예수께서 이 말씀을 하시고 심령에 민망하여 증거하여 가라사대 내가 진실로 진실로 너희에게 이르노니 너희 중 하나가 나를 팔리라 하시니 제자들이 서로 보며 뉘게 대하여 말씀하시는지 의심하더라."

이 대목은 예수님께서 심히 민망하셨던 것을 말합니다. 우리는 그리스도가 하나님이심을 생각하면서도 인간이심은 생각지 않아 우리를 고통스럽게 하는 것들 때문에 고통을 받지 않으신다고 단정할 때가 있습니다.

우리가 갖지 않는 자원을 갖고 계시니 그 분은 삶을 초월해 있고 그 삶 때문에 고통을 당하지 않을 것이라고 단정합니다. 그러나 하나님의 말씀의 가르침은 그렇지 않습니다. 성경의 교훈은, "모든 일에 우리와 한결같이 시험을 받은 자로되 죄는 없으시니라"(히 4 : 15)입니다. 그러니 만일 우리가 좌절을 느낀다면 그도 좌절을 아셨다고 생각할 수 있습니다. 만일 우리가 고통을 느낀다면 그도 역시 고통을 아셨다고 말할 수 있습니다. 우리가 슬픔을 안다면 그도 슬픔을 아셨다고 할 수 있습니다. 여기 다락방에서 십자가에 못박히시기 전 자기 제자들과 함께 마지막 시간을 보내시면서 앞으로 올 일을 바라보면서 갈수록 마음이 괴로우셨습니다.

주님께서 겟세마네 동산에 이르렀을 때쯤 해서는 그만큼 더 괴로우셨음을 압니다. 또한 그가 굵은 빗방울 같이 땀을 흘리셨다는 것을 읽게 됩니다. 그 십자가로 나아가서 우리 죄를 위한 법정적인 형벌 때문에 아버지와 분리될 것이라는 사실로 크게 고민하셨습니다. 여기서 그는 의심할 여지 없이 금방 임박한 그 배반을 생각하고 괴로우셨으며, 자기와 함께 3년 동안 가장 친밀한 교제를 나누며 살았던 그 사람이 배반자라는 걸 생각하고 고통스러우셨습니다. 3년 동안 그렇게 했는데도 이제 와서 자기 선생을 노예 값으로 팔려 하다니.

세 가지 교훈

유다가 제자들 중에 있었지만 전혀 거듭나지 않은 사람이었다는 사실에 큰 교훈들이 있습니다.

첫째, 그 상황은 타락한 사람을 구원하려면 본을 보여 주는 것 이상이 필요로 함을 가르칩니다. 주 예수 그리스도께서 보여 주신 본보다 더 훌륭한 본이 어디 있습니까? 예수님께서 3년전에 유다를 선택하셨습니다. 유다는 열 두 사람의 부류에 있었고 예수님에 의해 가르침을 받았습니다. 그는 실무의 체험도 얻었습니다. 열 두 제자와 70 문도가 파송을 받을 때 그 유다도 끼어 있었음에 틀림 없습니다. 그밖에도 유다는 주님께서 공생애 3년동안 가르치셨던 모든 교훈에 대한 완벽한 본을 보았습니다. 예수님께서 "온유한 자는 복이 있도다"라고 말씀하셨을 때, 유다는 그 속에서 완전한 온유를 보았습니다. 주님께서 "화평케 하는 자는 복이 있다"고 말씀하실 때 완전한 화평을 이루시는 분을 보았습니다. 주님께서 "하늘에 계신 너희 아버지가 거룩한 것 같이 너희도 거룩하라"고 말씀하실 때 그 거룩을 보았습니다. 그 위에 더하여 예수님께서는 하나님의 사랑으로 충만하셨습니다. 유다는 그 모든 것을 보았음에도 불구하고 구원받지 못했습니다.

그러기 때문에 우리는 사람들의 삶 속에서 중생의 역사를 일으켜달라고 기도하고 성령께 간구해야 합니다. 본을 보여주는 것만으로는 충분치 못합니다. 주 예수 그리스도의 본마저 충분치 못합니다. 만일 사람들이 우리가 사는 방식에 의해서 회심될 것이라고 생각한다면, 우리는 실망할 것입니다. 만일 사람들이 우리의 회중 속에 인도함을 받고 성경의 가르침을 받게 하고 예수 그리스도께서 누군지, 그가 무엇을 행하시는 지를 알게 하면 회심할 것이라고 생각한다면, 우리는 실망하게 될 것입니다. 그것만으로 충분치 못합니다. 문제는 중생입니다. 그것은 한 개인의 마음 속에 새 생명을 일으키사 이러한 것들이 그 사람에게 절실하게 인식되게 하시고 주 예수 그리스도를 구주로 받아들일 수 있게 하시는 성령의 역사입니다.

도날드 그레이 반하우스는 본을 보여줘도 충분히 못함을 증명하기 위해서 한 좋은 예화를 말합니다. 비행기가 남대서양을 횡단하다가 육지에서 천마일 떨어진 곳에서 갑자기 추락을 했다고 상상해 봅시다. 그 비행기 안에 세 사람이 있었습니다. 올림픽에서 금메달을 딴 수영선수가 한 사람 – 우리 시대에 그 사람을 마크 스피츠라고 합시다. 또 한 사람은 보통 수영을 하는 사람입니다. 그리고 나머지 한 사람은 전혀 수영을 할 수 없습니다. 어떤 일이 일어날까요? 마크 스피츠는 자기와 함께 물 속에 빠져 있는 사람들에게 "나를 보시오. 여기서 살아나는 법을 보여 주겠어요"라고 말한다고 상상해 봅시다. 그는 그들에게 헤엄치는 법을 보여 주기 시작합니다. 그들이 최선을 다하고 곧 남 아메리카의 끄트머리를 향해서 나아갑니다 – 천 마일 떨어진 그곳에 향하여 말입니다. 자, 헤엄을 치지 못하는 사람이 익사하는데는 30초가 걸립니다. 보통 헤엄을 치는 사람은 20분이 걸립니다. 마크 스피츠가 익사하는데는 여러 시간이 걸릴 것입니다. 그러나 모든 사람들이 전부 익사합니다. 그것이 요점입니다. 그들 중 어느 하나도 남아메리카에 도달하지 못합니다. 그들이 필요로 하는 것은 본이 아닙니다. 그들을 구해줄 자를 필요로 합니다.

영적인 영역에서도 주 예수 그리스도는 바로 그러한 구주십니다. 그분이 우리의 본일 수 있기 전에 우리의 구주셔야 합니다. 더구나 그에 덧붙여서 우리의 눈을 열어 하나님의 진리를 이해하게 하시고, 우리의 이지를 움직여 구주를 영접하도록 하시는 성령의 간섭이 있어야 합니다. 이러한 초자연적인 방편을 통해서만이 예수님이 우리가 필요로 하는 전부, 우리의 지혜와 의와 거룩과 구속함이 된다는 걸 알게 됩니다(고전 1:30).

열 두 사람 중에 유다가 끼어 있다는 사실 속에서 두번째 교훈을 얻습니다. 하나님이 선택한 자들을 구분하는 어려움입니다. 개혁파의 전통을 지지하고 하나님의 선택에 대해서 강조하는 우리는 때로 실수합니다. 그 실수 가운데 하나는 선택받은 사람과 받지 않은 사람을 우리가 구분할 수 있다고 상상하는 것입니다. 그것은 거짓됩니다. 우리는 그럴 수 없습니다. 사람은 외모를 보지만 하나님(하나님만이)은 마음을 보신다고 성경은 말합니다. 더구나, 불신자의 외모도 신자의 외모와 방불할 수 있기 때문에 우리는 끝까지 그 둘을 혼돈할 수도 있습니다. 또한 우리가 좋아하지 않는 어떤 일이나, 우리가 생각하기로 비영적인 일을 하는 사람을 보면 "자, 저 사람은 분명히 구원받지 못했어"라고 말하는 경향이 있습니다. 반면에 우리는 특별한 어떤 도덕 기준에 맞추어보면서 "이 사람은 그리스도인이라"고 말합니다. 반드시 그런 것은 아닙니다. 겉으로 나타나는 것들은 중요합니다. 그러나 그 사람에게 신적 생명이 있느냐 없느냐를 확실하게 증거하는 것은 될 수 없습니다. 선택한 사람들을 분별해내는 것이 어려움을 보여주는 예증을 원한다면, 유다에게 돌아가보면 됩니다. 그 사람은 열 두 제자 중에 속해 있었고 3년 동안 다른 제자들과 함께 살았지만 유다의 진정한 성격을 진정으로 안 제자들은 하나도 없었읍니다.

이 점이 유다에 대해서 무언가를 말하고 있읍니다. 제가 확신하기로, 유다는 실수를 범하는 외인이 아니었읍니다. 그는 마귀였고, 속이는 자였고 "뛰어난" 외식자였읍니다. 유다는 다른 사람들과 함께 살면서 자기가 그들 편에 있다고 가장을 하였고, 그러면서는 그 마음 속에는 예수님께서 가르치신 모든 것을 반역하였고 결국 예수님을 팔았읍니다. 유다는 분명히 외식자였읍니다. 그러나 요점은, 제자들이 이것을 몰랐다는 것입니다. 더구나 주님께서 너희 중 하나가 나를 팔리라고 지적하셨을 때, 예수께서 그 문제를 요한에게 밝히 말씀하실 때까지는 그들 중 아무도 그 사람을 알아보지 못했읍니다. 언젠가 예수님께서는 곡식을 밭에 심은 한 농부의 이야기를 말씀하셨읍니다. 원수가 그 곡식 중에 가라지를 뿌렸읍니다. 원수가 그 가라지를 뿌린 후, 그걸 안 종들이 주인에게 와서 "우리가 그 가라지를 뽑아 원수가 한 일을 제거할까요 ?"라고 물었읍니다. 그 주인은 "가만 두어라 가라지를 뽑다가 곡식까지 뽑을까 염려하노라 둘 다 추수 때까지 함께 자라게 두어라 추수 때에 내가 추수꾼들에게 말하기를 가라지는 먼저 거두어 불사르게 단으로 묶고 곡식은 모아 네 곳간에 넣으라"고 대답하였읍니다.

우리가 그 이야기를 우리 시대의 교회에 적용시키면, 하나님의 백성들 중에 어떤 사람들은 가라지와 같고, 마귀의 백성들 중 어느 사람들은 곡식과 방불하기 때문에 그 둘 사이를 구분할 수가 없음을 그 이야기가 가르치고 있읍니다. 우리는 그걸 대번에 인식합니다. 할 수 있는 한 교리에 있어서 순전해야 합니다. 그러나 모든 믿지 않는 사람들을 제거하는 일에 대하여 너무 걱정하지 마십시오. 주님은 말씀하십니다. "만일 그렇게 한다면 내가 내 백성 중에 얼마를 잃을까 염려하노라." 우리가 선택한 자를 분별할 수 없고, 분별할 수 없다는 게 좋습니다. 우리는 그 문제를 주님의 손에 맡겨야 합니다.

세번째 교훈이 있는데, 주 예수 그리스도의 인내 입니다. 여러분은 우리 주님께서 유다에게 관용을 베풀기 위해서 얼마나 기이하게 참으셨는지 생각해 보신 적이 있읍니까? 성경이 그 열 둘 중 하나가 자기를 팔 것을 말했음을 주님은 아셨읍니다. 유다가 바로 그 사람임도 아셨읍니다. 그럼에도 불구하고 우리가 말할 수 있는 것은 그의 공생애 3년 동안 유다에 대해서 참으셨읍니다. 그가 어찌나 잘 참으셨던지 예수님께서 유다에 대해 은근히 차이나게 대하심으로써 그들 중 어느 한 사람이라도 그 유다를 의심하게끔 한 일이 없었읍니다. 그것은 우리 주님의 기이한 은혜요 인내십니다. "그러나 그것은 우리가 이땅에서 알지 못하는 일이다"

라고 말하시겠지요? 그럼은요. 그럼에도 불구하고 주 예수 그리스도의
인내가 진정으로 그 백성들인 모든 사람들에게까지 미칩니다. 우리가 그
를 불순종하고 우리의 방식을 고집하며, 생각과 말과 행동으로 끊임 없
이 그에게 불손하게 대해도 참으십니다.

요한과 유다

그 이야기의 두번째 부분은 요한과 유다가 서로 대조를 이루는것과 관
련되어 있습니다. "예수의 제자 중 하나 곧 그의 사랑하시는 자가 예수
의 품에 의지하여 누웠는지라 시몬 베드로가 머릿짓을 하여 말하되 말씀
하신 자가 누구인지 말하라 한대 그가 예수의 가슴에 그대로 의지하고 말
하되 주여 누구오니이까 예수께서 대답하시되 내가 한 조각을 찍어다가
주는 자가 그니라 하시고 곧 한 조각을 찍으셔다가 가룟 시몬의 아들 유
다를 주시니."

제가 그 다락방에 앉았던 좌석 순서를 재구성해 보면, 요한이 예수님
의 오른 편에 앉았었고 유다가 예수님의 왼편에 앉았었던 것 같습니다.
(과거 모든 주석가들이 그런 식으로 보고 있음). 그들은 우리가 오늘날
하는 것처럼 식탁을 빙 둘러 앉지 않았습니다. 레오날드 다빈치의 지금
이태리의 밀란에 걸려 있는 '최후의 만찬'이란 그 위대한 그림에서 보여
주는 방식대로 앉지 않았습니다. 그들은 통상 왼쪽으로 비스듬히 누운
자세를 취하고 자기 오른 팔로 마음대로 음식을 먹을 수 있는 자세를 취
하곤 했습니다. 이것은 각사람이 자기 오른편에 있는 사람의 품에 기댔
다는 것을 뜻합니다. 그리스도의 오른편에 요한이 기대어 돌아다 보면서
질문을 던진 것입니다. 예수께서 유다에게 한 조각을 찍어 주기 위해 왼
쪽으로 몸을 돌리셨습니다.

그처럼 유다는 예수님의 한편에 있었고, 요한은 예수님의 또 다른 편
에 있었습니다. 둘 다 예수님 가까이 있었습니다. 요한이 예수님의 가슴
가까이 있었습니다.

여러분은 누구일까요? 요한이 여쭈어 보기에 좋은 곳에 있었음을 주
목하십시요. 여러분이 주님의 가슴 가까이에 있으면 언제나 여쭈어 볼
수 있습니다. 사실 질문을 던질 수 있는 곳이 세상에서 가장 좋은 곳입

니다. 그러나 우리는 언제나 주님께 그렇게 가까이 있지를 못합니다. 때로 우리는 멀리 떨어져 있습니다. 때로는 멀리, 아주 멀리 있습니다. 더구나, 우리를 멀리 있게 하는 것은 죄입니다. 왜냐하면 죄는 주님을 거스르는 것이기 때문입니다. 우리는 그것을 느낍니다. 우리의 죄악적인 상태에서만 말입니다. 그와 같이 우리는 예수님께 등을 돌리고 있습니다. 우리는 멀리 달아납니다. 예수님이 보이지 않는 영역 밖으로나가려고합니다. 그런 다음 우리는 그리스도의 시선과 마주치게 되고 결국 우리의 죄를 고백하고 축복의 장소로 되돌아 갑니다. 그렇지 않으면 우리의 죄 가운데 고집스럽게 계속 거하다 피할 수 없는 결과들로 고통을 당합니다.

주님의 마음에 가까이 있는 것이 질문을 던지기에 가장 좋은 장소입니다. 그러나 세상에서 가장 좋은 곳은 대답을 듣는 곳임을 또한 주목하십시요. 우리는 언제나 무엇인가 대답을 얻습니다. 성경이 대답합니다. 그러나 공적으로 주어지지 않는 다른 대답들이 있습니다. 주께서 소리쳐 말하지 아니할 대답이 있습니다. 이 때문에 우리는 주님께 가까이 있어야 합니다. 그러한 대답은 주님의 얼굴을 쳐다 보며, 주님의 말씀속에서 주님의 얼굴을 비추어 생각해 보아야만 들을 수 있습니다. 또는 조용히 들어야 하고, 우리에게 성령께서 속삭일 때 그 성령의 작은 음성을 잘 들어야 합니다. "내가 내 마음에 죄악을 품으면 주께서 듣지 아니하시리라"(시 66:18). 그러나 만일 우리가 그에게 가까이 있으면 "네가 부를 때에는 여호와가 응답하겠고 네가 부르짖을 때에는 말하기를 내가 여기 있다 하리라"(사 58:9)라는 약속을 받습니다.

'나가니 밤이더라'

우리가 거론하는 대목의 마지막 구절에서 모든 것 중에 가장 심각한 부분, 유다의 운명을 묘사하는 부분을 만납니다. "조각을 받은 후 곧 사단이 그 속에 들어간지라 이에 예수께서 유다에게 이르시되 네 하는 일을 속히 하라 이 말씀을 무슨 뜻으로 하셨는지 그 앉은 자 중에 아는 이가 없고 어떤 이들은 유다가 돈궤를 맡았음으로 명절에 우리의 쓸 물건을 사라 하시는지 혹 가난한 자들에게 무엇을 주라 하시는 줄로 생각하더라 유다가 그 조각을 받고 곧 나가니 밤이더라."

예수님께서 유다를 끝까지 존중하셨다는 걸 인식하지 않으면 이 사건의 중요성을 놓치고 맙니다. 주님 왼편 자리는 존귀의 자리입니다. 유다가 바로 거기에 앉아 있었읍니다. 제자들이 다락방에 올라갈 때 그들이 누가 가장 높은 곳에 앉아야 하느냐는 문제로 다투었읍니다(눅 22:24). 그러한 정황에서 예수님께서 "유다야 이 밤에 너는 내 옆에 앉았으면 좋겠다. 너와 내가 서로 이야기를 주고 받을 수 있는 이곳에 앉거라"고 말씀하신게 틀림없읍니다. 주님께서 유다에게 무엇을 말씀하셨는지는 기록되어 있지 않읍니다. 그러나 주님께서 유다에게 은혜롭게 말씀하시고 모든 몸짓이나 모든 음성에서 유다에게 사랑을 나타내주지 않았다면 그 식사를 끝내지 못했을 것임에 틀림 없읍니다. 더구나, 조각을 준 것은 하나의 영예입니다. 그것을 받는다는 것은 충성을 뜻합니다. 그러므로 바로 식사 여기까지 이르렀을 때 예수께서 그를 사랑하고 존중히 여기셨다는 사실에도 불구하고 유다는 마음을 굳게 하고 조각을 받고 "고맙습니다. 선생님 나는 당신의 것입니다"라고 말하였던 것입니다. 그는 거짓말을 하였읍니다. 그는 연기를 했읍니다.

그것을 안 예수님께서 "네 하는 일을 속히 하라"고 유다에게 말씀하셨읍니다. 이때 예수님이 자기를 알아보는 것을 유다는 눈치챘을 것이라 저는 생각합니다. 그는 즉각 떠났읍니다. 요한은 "나가니 밤이더라"고 의미심장하게 그 사건을 결론짓고 있읍니다.

밤과 어두움이 이 사건 해설 속에 중요한 상징어입니다. 요한은 주 예수 그리스도께서 오신 일을 복음서 초두에서 말하면서 "그 안에 생명이 있었나니 그 생명은 사람들의 빛이라"고 말합니다. 그런 다음에 8장과 9장에서 예수님께서 "나는 세상의 빛이라"고 말씀하신 것을 밝힙니다. 우리가 십자가에 못박힌 걸 기록한 다른 복음서의 기사를 보면, 예수께서 십자가에 못박히실 때 어두움이 정오로부터 오후 세시에 이르기까지 땅에 덮였음을 압니다. 각 경우는 예수님의 빛이시라는 요점을 분명히해 둡니다. 그러니 반대로 그리스도의 앞을 떠났다는 것은 어둠 속으로 갔다는 것입니다. 물리적인 밤의 어둠 속으로 간 것이 아니라 죽음과 저주를 뜻하는 영적 어둠 속으로 간 것입니다. 제자들이 어두운 시간을 지나야 할 때가 왔읍니다. 주께서 십자가에 못박히실 것입니다. 그 일이 일어날 때 그들은 버림받았다는 느낌을 갖게 될 것이고 흩어지기 시작할 것입니다. 그들의 삶의 중심의 위치에 있던 분을 빼앗길 판입니다. 그러나 그 어둠이 아무리 깊다 할지라도 가롯 유다를 삼켜버린 어둠과 비교도 되지 못합니다. 그들은 어둠을 알았읍니다. 그럼에도 불구하고 그들의 빛되신 분이 사셨읍니다. 부활이 올 것입니다. 그 앞에 그들은 다시 한번 빛을 보게 될 것입니다. 그러나 유다는요? 유다는 제 길로 갔읍니다. 그러나 그리스도로부터 등을 돌려 영원토록 없어지지 아니할 그 어두움에 처하고 말았읍니다.

예수님은 사랑하시는 분입니다. 예수님은 거룩이시요, 사랑이시요, 진리와, 은혜와, 긍휼과, 우리가 상상할 수 있는 모든 좋은 것되십니다. 실로 그 분은 스스로 그러한 분이실 뿐 아니라, 그러한 모든 선의 원천이십니다. 그러니 그분에게서 떠나 이러한 모든 선한 것이 없는 세계로 나아가는 것은 얼마나 어리석습니까! 우리의 마음이 하나님 앞에 옳게 되고, 이러한 진리들을 적용하시는 성령으로 말미암아 우리가 행하고 말하는 것의 한 복판에 우리 주님이 거하실 은혜를 하나님께서 허락하소서.

7

이제 영광을 얻으신 그리스도

"저가 나간 후에 예수께서 가라사대 지금 인자가 영광을 얻었고 하
나님도 인자를 인하여 영광을 얻으셨도다 만일 하나님이 저로 인하여
영광을 얻으셨으면 하나님도 자기로 인하여 저에게 영광을 주시리니
곧 주시리라"(요 13 : 31 - 32).

여러 친구들이 함께 모여서 자기들에게 중요한 것을 논의하고 싶기는
한데 거기에 진실로 마음이 맞지 않는 어떤 사람이 있어서 그럴 수
없을 적이 있습니다. 여러분이 그런 적이 있었읍니까? 그렇다면 그 마
음이 통하지 않는 사람이 결국 그 무리를 떠날 때 일어났던 일을 눈여겨
보신 적이 있을 것입니다. 그때 즉시 대화는 활기를 되찾고 그동안 막혀
있던 생각들이 자연스럽게 흘러나옵니다.

예수께서 십자가에 못박히시기 전날밤에 자기 제자들과 함께 다락방에
계실 때 바로 그러한 상황이었읍니다. 거기에 있는 사람들은 다 친구들
이었고, 매우 친밀했읍니다. 지난 3 년 동안 한 무리를 이루어 지내왔읍
니다. 그러나 그들 가운데 자기들과 진정한 의미에서 마음이 맞지 않는
한 사람이 있읍니다. 사실 다른 사도들은 유다의 참된 성격을 알지 못했
읍니다. 그러나 예수님께서는 그의 본성을 알고 있었고 그가 무엇을 하
려는지 분명히 이해하고 계셨읍니다. 유다는 예수님을 그 원수들에게 팔

려고 했읍니다. 그러므로 유다가 거기 있는 한 예수님께서 그 모인 무리들에게 말씀하시는데 있어서 무언가 거북하셨읍니다. 예수님께서는 그들의 주위를 끌기 위해서 한번은 그들의 발을 씻어주셨고 또 한번은 유다에게 떡 조각을 찍어 주셨읍니다. 그러나 그 배반자가 떠나기 까지는 가르치심을 뒤로 미루신 것 같습니다. 언뜻 유다가 나가버리게 되자 결국 분위기는 깨끗해졌읍니다. 이제 예수님께서는 아주 자유롭게 말씀하시고 제자들은 역시 자유롭게 들을 수 있게 되었읍니다. 이 시점에서 예수님께서는 당신이 차지할 장래의 영광과 새 계명과, 하늘과, 성령의 부어주심에 대해 말씀하시기 시작하십니다.

이 본문은 "제가 나간 후에 예수께서 가라사대 지금 인자가 영광을 얻었고 하나님도 인자를 인하여 영광을 얻으셨도다 만일 하나님이 저로 인하여 영광을 얻으셨으면 하나님도 자기로 인하여 저에게 영광을 주시리니 곧 주시리라"(31 , 32 절)고 말합니다.

영광의 등급들

그리스도께서 영광을 받으시는 문제(또한 하나님 아버지께서 영광을 받으시는 문제이기도 함)가 이 일련의 핵심적인 계시들 중 맨 처음 나타나는 것은 흥미롭습니다. 예수님께서 그처럼 영광받으시는 일에 대해서 얼마나 심오하게 말씀하시는가를 보면 또 흥미롭습니다. "영광을 얻으셨다"라는 말이나 "영광을 주신다"라는 말이 이 두 구절에서 다섯번이나 나타났는데, 그걸 자세히 분석해 보면 세 가지 구별되는 요점을 포함하고, 두 가지 의미를 가지고 있음을 발견합니다.

그 두 가지 의미란 헬라어의 "독사"(doxa)라는 말을 주요하게 두번 사용하는 것과 관련됩니다. 독사("영광"을 뜻하는 말)가 옛 동사 "도케오"와 연관되는데, 그 동사는 고대 헬라어에서 "보이다"(to seem) 또는 "나타나다"(to appear)라는 뜻이었읍니다. 그러다가 후에는 어떤 사람이나 어떤 사물에 대해 "견해를 가지는 것"이란 뜻을 갖게 되었읍니다. 또한 그 말은 때가 지나면서 어떤 사람에 대해 "좋은" 견해만 취하는 것이라는 뜻으로 의미가 바뀌어집니다. 바로 그 시점에서 본래 "견해"라는 뜻만을 가졌던 명사가 "좋은 견해"라는 뜻을 갖게 되었고, 따라서 "칭찬" 또는 "영예"라는 의미를 갖게 되었습니다. 이 모든 개념들은 성경의 어휘를 연구하는데 있어서 중요합니다. 왜냐하면 하나님에 대해 바른 견해를 가지는 것은 "정통적"(Orthodox)이 되는 것이기 때문입니다(정통적이란 뜻은 "바른 견해"라는 것을 뜻합니다). 그리고 하나님께 바른 관점을 갖게 되는 것은 하나님을 찬미하고 숭배하는 것이기 때문이기도 합니다. 약간 다른 형태로 표현하자면, 하나님의 영광은 그 성품을 통해 구체화된 본래적 가치로 이루어지며, 그 백성들이 이 가치를 인정하는 것이 그분을 경배하는 것이라고 할 수 있습니다.

제가 방금 섬세하게 구체화시킨 "영광"의 의미에서, 하나님의 영광은 내면적인 것입니다. 그러나 역시 주로 외면적인 "영광"이란 말의 의미도 있습니다. 그것은 그 말이 처음 사용될 때 구체화된 것입니다. 영광이란 말이 빛과 연관될 때 그러한 의미를 가지게 됩니다. 예를 들어서 하나님께서 가까이 할 수 없는 영광 속에 거하신다고 말하는 구약의 모든 경우에 있어서 그런 의미를 발견하게 됩니다. 그러한 영광은 시내산을 덮고 있었던 구름에 의해서 가리워져 있었습니다. 거기 시내산에서 하나님께서는 내려오셔서 모세에게 말씀하셨고 그 결과 모세의 얼굴은 변모된 광채로 빛났습니다. 같은 영광이 팔레스타인의 변화산상에서 그리스도가 변모될 때도 드러납니다. 이러한 각 경우마다 영광은 하나님의 광채에 고유하고 정상적으로 동반하는 외적 광채입니다.

우리가 다룰 본문을 이해하기 위해서 이러한 구별은 필요합니다. 왜냐하면 현재시제가 사용될 때마다 예수님께서는 첫번째 의미로 그 말을 사용하고 계심을 이해해야 하기 때문입니다. 다시 말하면 자신의(또는 아버지의) 참된 가치와 성품에 대한 계시로서의 의미로 그 말을 사용했다는 것입니다. 이 경우에서는 십자가에 못박히심을 통해서 하나님의 성품을 계시하는 걸 가리키고 있습니다. 예수님께서 미래 시제로 그 말을 사용하실 때마다 두번째 의미로 사용하고 계심을 우리가 이해해야 합니다. 다시 말하면 그리스도께서 부활과 그 이후에 있을 승천의 결과로 받을 장래의 영광을 가리키신다는 것입니다.

그리스도의 수난 속에 나타난 영광

이 대목에서 처음 나타나는 영광이란 말은 현재시제로 되어 있읍니다. 그것은 십자가에서 계시될 예수님의 성품을 가리키고, 십자가에서 성취될 일의 가치를 가리킵니다. 분명히 그리스도께서는 십자가를 가리키고 계셨읍니다. 왜냐하면 예수님께서 "지금 인자가 영광을 얻었고"라고 말씀하실 때 "지금"이란 말은 유다가 예수님을 팔아 십자가에 못박는 일을 착수하기 위해서 다른 제자들을 방금 떠난 것을 가리키고 있기 때문입니다. 더구나 그 다음 구절은 미래시제로 되어 있어서 십자가에 못박히신 후에 있을 부활과 승천을 지시합니다.

그러나 우리 생각에는 이것이 이상합니다. 성경이 계시하는 십자가의 의미를 생각지 않는다면, 십자가를 영광을 받는 것과는 정반대의 경우로 보며 패배로 생각했을 것입니다. 그 밖에 우리 죄를 속하기 위한 방편으로 하나님께서 주신 십자가의 중요성을 이해하는 경우를 생각해 봅시다. 우리가 사실 부분적으로 그걸 이해하고 있읍니다. 그럼에도 불구하고 "영광을 얻었다"라는 어휘가 보다 합당하게 쓰여질 다른 사건들이나 일화를 여전히 생각하려 할 것입니다. 예를 들어서 성령께서 비둘기처럼 하늘에서 내리고 "이는 내 사랑하는 아들이요 내가 기뻐하는 자라"(마 3:17) 라는 음성이 하늘로부터 들렸던, 그리스도에 세례 사건을 생각합니다. 그것은 영광스럽게 보입니다. 우리의 사고방식으로 하면 예수님이 자기 세례에 대해서 "지금 인자가 영광을 얻었다"고 말씀하시면 좋을 뻔했읍니다. 그러나 그렇게 하지 아니하셨읍니다. 그렇지 않으면 우리는 다시 변화산상에서의 그리스도의 변모를 생각합니다. 그 사건 속에서 그리스도의 옷이 빛처럼 희어졌고 모세와 엘리야가 나타나서 예수님과 대화를 나누었읍니다. 다시 하늘로부터 "이는 내 사랑하는 아들이요 내 기뻐하는 자니 저의 말을 들으라"는 음성이 들려왔읍니다. "분명히 그것이 영광스러웠다"라고 말합니다. 그러나 여기서 우리 주님은 그것을 가리키고 있는 것도 아닙니다.

주님께서 "지금 인자가 영광을 얻었다"고 말한 것이 언제였읍니까? 십자가에 못박혀 죽으실 것을 내다보며 다락방에 계실 때 그 말씀을 하시며, 유다가 떠남으로써 그 사건이 발동되기 시작한 직후에 그 말씀을 하셨읍니다. "그러므로"라는 처음 나오는 말의 의미가 역시 그러합니다. 예수께서 유다에게 "네 하는 일을 속히 하라"고 하셨습니다. 유다는 자기 주님을 팔 채비를 위해서 떠났습니다. "그러므로" 예수님께서는 그 드라마의 최종적 연기가 지금 막 진행되고 있음을 아시고 제자들을 보시며 "지금 인자가 영광을 얻었다"고 말씀하신 것입니다.

그 시점에서 "그러나 어떻게 그것이 영광이 되는가?"라고 물어볼만합니다. 십자가에 못박히시는 것이 어떻게 영광이 될 수 있읍니까? 십자가에 못박혀 죽으시는 것이 무얼 뜻하는지를 알면 답이 나옵니다. 먼저, 우리가 그처럼 생각할 수도 없고 세상 전체가 전혀 이해할 수 없다 할지라도, 십자가에 못박혀 죽으시는 것은 의심할 여지 없이 "세계 역사의 중추적이고 가장 의미심장한 요점"입니다. 창세로부터 지금까지 세계 역사 속에서 일어났던 그 어떤 일도, 또는 만물이 그리스도 안에서 감싸일 날이 오기 전에 일어날 그 어느 일도 십자가에 못박히신 일만큼 의미심장하지 않습니다. 하나님께서 창세 전에 계획하신 그 위대한 드라마가 정점에 이르러 연출되고 있었기 때문입니다. 모든 인종과 사회적 지위와 이해의 모든 수준에 속한 사람들이 전부 그 십자가로 말미암아 구원을 받았읍니다.

우리는 강한 초점이 있는 연극의 차원에서 그점을 이해할 수 있읍니다. 예를 들어서 "맥베스"(Macbeth)를 생각해 봅시다. "맥베스"에서의 초점은 덩컨왕의 시해사건입니다. 그 사건이 이르기까지 맥베스는 어느 정도 자유로운 개인이었읍니다. 그는 예, 아니오를 결정할 수 있읍니다. 그러나 일단 시해사건이 일어난 다음에 피할 수 없는 사건의 추이가 잇따라 일어나기 시작합니다. 그 시점에서부터 그 드라마는 그 한 행동을 정교화시키는 모습을 드러냅니다. 약간 다른 실례가 있는데 "로미오와 쥴리엣"입니다. 그 드라마의 절정에 이르는 행동은 끝에 나타나는데, 로미오와 쥴리엣이 카플렛의 무덤에서 함께 죽을 때입니다.

같은 방식으로 주 예수 그리스도의 죽으심은 세계 역사의 위대한 드라마에 있어서 초점입니다. 전능하신 하나님께서 역사 속에서 어떠한 일들을 나타내시고 주 예수 그리스도와 그의 십자가가 그 모든 것의 전환점임을 인식할 때 역사를 이해하게 되는 것입니다.

십자가가 그리스도의 영광인 또 다른 방식이 있읍니다. 십자가에서 주 예수 그리스도께서는 "첫 사람 아담의 행실을 파기시키셨고", 그래서 우리 인류 역사를 반전시키셨습니다. 바울은 이것을 로마서 5장에서 약간 상세하게 설파하면서 "그런 즉 한 범죄로 많은 사람이 정죄에 이른 것같이 의의 한 행동으로 말미암아 많은 사람이 의롭다 하심을 받아 생명에 이르렀느니라"(롬 5:18)고 지적하였습니다. 아담이 하나님을 불순종하기로 작정했을 때, 그것은 마치 자기 후손 전체를 다 이끌고 벼랑에 떨어진거나 마찬가지였습니다. 한 무리가 산 한쪽을 함께 올라가고 있다고 생각해 보십시요. 그들이 다 한 로프에 매달려 있습니다. 아담이 맨 위에서 올라가고 있습니다. 아담이 팔을 헛짚어 떨어집니다. 로프 때문에 그 로프에 매인 모든 등산객은 하나 같이 아담을 따라서 벼랑 끝으로 벌렁 나자빠지게 됩니다. 전체 인류가 그를 따릅니다. 그러나 그 노선의 끝에 주 예수 그리스도가 계십니다. 그는 꽉 버텨 서 계십니다. 주 예수 그리스도께서 시험에 넘어지지 않으시고, 죄를 범치 않으시고, 그러므로 인간의 죄를 위한 완전한 제물로 자신을 드릴 수 있으시고, 또 그렇게 하셨기 때문에, 마치 그는 오직 견고하고 안전한 인간성의 요체가 된 것과 같습니다. 따라서 믿음으로 그와 연합하고 있는 모든 사람들은 그로 말미암아 구원받습니다. 우리 모두로 하여금 멸망받게 한 아담의 타락이 예수 그리스도 안에서 반전되었습니다. 예수님께서는 속죄를 통해서 자기 백성들을 안전하게 이끄십니다.

끝으로, 히브리서 2:14에서 예수 그리스도의 죽음은 역시 "사단의 권세를 꺼꾸러뜨린" 것을 말하며, 그 악한 자의 세력에 종지부를 찍으셨다고 말하고 있습니다. 이를 통해서 그리스도께서 영광을 받으십니다. "자녀들은 혈육에 함께 속하였으매 그도 또한 한 모양으로 혈육에 함께 속하심은 사망으로 말미암아 사망의 세력을 잡은 자 곧 마귀를 없이 하시며" "사망의 쏘는 것은 죄요 죄의 권능은 율법이라"고 바울은 고린도 전서 15장 56절에서 말하고 있습니다. 그러나 주 예수 그리스도께서는 죄를 속하기 위한 제물을 공급하셨고, 그럼으로써 자기 백성들을 주관하려는 죄의 권세를 깨뜨리셨습니다.

영광을 받으신 하나님

성경적 세계관의 틀과 문화를 도구로
다음 세대를 세우는 토론식 성경공부 교재

시리즈

삶이 있는 신앙

추천

전광식 고신대학교 전 총장
신국원 총신대학교 명예교수
홍민기 브리지임팩트사역원 이사장

우리가 만든 주일학교 교재는 성경적 세계관의 틀과 문화를 도구로 합니다.

왜 '성경적 세계관의 틀'인가?

진리가 하나의 견해로 전락한 시대에, 진리의 관점에서 세상의 견해를 분별하기 위해서

◇ 성경적 세계관의 틀은 성경적 시각으로 우리의 삶을 보게 만드는 원리입니다.

◇ 이 교재는 성경적 세계관의 틀로 현상을 보는 시각을 길러줍니다.

왜 '문화를 도구'로 하는가?

어린이, 청소년, 청년들의 삶에 가장 큰 영향을 끼치는 것이 문화이기 때문에

◇ 문화를 도구로 하는 이유는 우리의 자녀들이 문화 현상 속에 젖어 살고, 그 문화의 기초가 되는 사상(이론)을 자신도 모르게 이미 받아들이고 있기 때문입니다.

◇ 공부하는 학생들의 삶의 현장으로 들어갑니다(이원론 극복).

✦ **다른 세대가 아닌 다음 세대 양육**

자기 생각에 옳은 대로 하는 포스트모던적인 사고의 틀을 벗어나, 하나님의 말씀에 기초해서 생각하고 행동하는 성경적 세계관(창조, 타락, 구속)의 틀로 시대를 읽고 살아가는 "믿음의 다음 세대"를 세울 구체적인 지침서!

✦ **가정에서 실질적인 쉐마 교육 가능**

각 부서별(유년, 초등, 중등, 고등)의 눈높이에 맞게 집필하면서 모든 부서가 "동일한 주제의 다른 본문"으로 공부하도록 함으로써, 가정에서 부모와 자녀가 함께 성경에 대한 유대인들의 학습법인 하브루타식의 토론이 가능!

✦ **원하는 주제에 따라서 권별로 주제별 성경공부 가능**

성경말씀, 조직신학, 예수님의 생애, 제자도 등등

✦ **3년 교육 주기로 성경과 교리에 대한 기본적인 이해가 가능하도록 구성(삶이 있는 신앙)**

  – 1년차 : 성경말씀의 관점으로 본 창조 / 타락 / 구속
  – 2년차 : 구속사의 관점으로 본 창조 / 타락 / 구속
  – 3년차 : 하나님 나라의 관점으로 본 창조 / 타락 / 구속

"토론식 공과는 교사용과 학생용이 동일합니다!" (교사 자료는 "삶이있는신앙" 홈페이지에 있습니다)

1 목적

부지불식간(不知不識間)에 대중문화와 또래문화에 오염된 어린이들의 생각을 공과교육을 통해서 성경적 세계관으로 전환시킨다. 이를 위해 현실 세계를 분명하게 직시함과 동시에 그 현실을 믿음(성경적 세계관)으로 바라보며, 말씀의 빛을 따라 살아가도록 지도한다(이원론 극복).

2 구성

쉐 마 분명한 성경적 원리의 전달을 위해서 본문 주해를 비롯한 성경의 핵심 원리를 제공한다(씨앗심기, 열매맺기, 외울말씀).

문 화 지금까지 단순하게 성경적 지식 제공을 중심으로 한 주일학교 교육의 결과 중 하나가 신앙과 삶의 분리, 즉 주일의 삶과 월요일에서 토요일의 삶이 다른 이원론(二元論)이다. 우리 교재는 학생들의 삶 속에서 일어나는 문화를 토론의 주제로 삼아서 신앙과 삶의 하나 됨(일상성의 영성)을 적극적으로 시도한다(터다지기, 꽃피우기, HOT 토론).

세계관 오늘날 자기중심적인 시대정신에 노출된 학생들의 생각과 삶의 방식을 성경적 세계관을 토대로 바라보게 함으로써, 자신을 돌아보고 삶에 적용하는 것을 돕는다.

3 설교

학생들이 공과의 내용을 잘 이해하고, 공과 공부 시간을 풍성하게 하기 위해서, 부서 사역자가 매주 '동일한 주제의 다른 본문'으로 설교를 한 후에 공과를 진행한다.

권별	부서별	공과 제목	비고
시리즈 1권 (입문서)	유·초등부 공용	성경적으로 세계관을 세우기	신간 교재 발행!
	중·고등부 공용	성경적 세계관 세우기	
시리즈 2권	유년부	예수님 손잡고 말씀나라 여행	주기별 기존 공과 1년차-1/2분기
	초등부	예수님 걸음따라 말씀대로 살기	
	중등부	말씀과 톡(Talk)	
	고등부	말씀 팔로우	
시리즈 3권	유년부	예수님과 함께하는 제자나라 여행	주기별 기존 공과 1년차-3/4분기
	초등부	제자 STORY	
	중등부	나는 예수님 라인(Line)	
	고등부	Follow Me	
시리즈 4권	유년부	구속 어드벤처	주기별 기존 공과 2년차-1/2분기
	초등부	응답하라 9191	
	중등부	성경 속 구속 Lineup	
	고등부	하나님의 Saving Road	
시리즈 5권	유년부	하나님 백성 만들기	주기별 기존 공과 2년차-3/4분기
	초등부	신나고 놀라운 구원의 약속	
	중등부	THE BIG CHOICE	
	고등부	희망 로드 Road for Hope	
시리즈 6권	유년부		2024년 12월 발행 예정!
	초등부		
	중등부		
	고등부		

✔ 『삶이있는신앙시리즈』는 "입문서"인 1권을 먼저 공부하고 "성경적 세계관"을 정립합니다.
✔ 토론식 공과는 순서와 상관없이 관심있는 교재를 선택하여 6개월씩 성경공부를 할 수 있습니다.

성경적 세계관의 틀과 문화를 도구로 다음 세대를 세우고,
스토리story가 있는, 하브루타chavruta 학습법의 **토론식 성경공부 교재**

성경적 시각으로 포스트모던시대를 살아갈 힘을 주는
새로운 교회/주일학교 교재!

삶이 있는 신앙 시리즈

국민일보◎
CHRISTIAN EDU BRAND AWARD
기독교 교육 브랜드 대상

토론식 공과(12년간 커리큘럼) 전22종 발행!

기독교 세계관적 성경공부 교재 고신대학교 전 총장 **전광식**
신앙과 삶의 일치를 추구하는 토론식 공과 성산교회 담임목사 **이재섭**
다음세대가 하나님 말씀의 진리에 풍성히 거할 수 있게 될 것을 확신 총신대학교 명예교수 **신국원**
한국교회 주일학교 상황에 꼭 필요한 교재 브리지임팩트사역원 이사장 **홍민기**

소비 문화에 물든 십대들의 세속적 세계관을 바로잡는 눈높이 토론이 시작된다!

발행처 : 도서출판 **삶이 있는 신앙**
공급처 : 솔라피데출판유통 / 주소 : 경기도 파주시 문발로 123 솔라피데하우스
주문 및 문의 / 전화 : 031-992-8691 팩스 : 031-955-4433
홈페이지 : www.faithwithlife.com

이 구절에서 영광이란 말이 두번째 쓰여질 때는 현재시제입니다. 왜냐하면 그 동사는 하나님께서 예수 그리스도를 통해서 영광받으셨다는 걸 계속 말하기 때문입니다. 그것은 역시 의미 있습니다. 왜냐하면 예수님께서 다시 한번 십자가에 못박히시는 일에 대해 말씀하고 계시기 때문입니다. 그리스도께서 십자가에 못박히신 일을 통해 하나님께서 어떻게 영광을 받으십니까 ?

첫째, 하나님의 공의가 나타납니다. 바울은 이것을 로마서 3 : 26에서 완벽하게 상술합니다. 거기서 바울은 주 예수 그리스도의 죽으심으로 말미암아 하나님께서는 자신이 "의로우시고 예수 믿는 자들을 의롭다 하시는 자가 되심"을 증거하셨다고 말하고 있습니다. 그 논증은 바로 이와 같습니다. 바울은 전체 구약성경 기간을 통해서 구속주가 오심을 간절히 기대했던 사람들은 하나님으로 말미암아 구원받았음을 인정하고 있읍니다. 다시 말하면, 아브라함은 구원받은 사람입니다. 이삭도 구원받은 사람이요, 야곱도 그러합니다. 그러나 문제는 그 시대에 "하나님께서 그 사람들을 구원하는데 있어서 어떻게 의로우신가"라는 것입니다. 그는 그들을 용서하셨읍니다. 그것은 사실입니다. 하나님께서 그들을 죄의 형벌로부터 건져 주셨읍니다. 그러나 죄에 대해서 어떻게 하셨읍니까? 어디에서 그 죄가 심판받습니까? 하나님께서 이 사람들을 의롭다 하셨읍니다. 그러나 하나님께서는 그렇게 하신 것처럼 보이지는 않습니다. 바울은 말합니다. "그러나 아직 장래에 있을 그리스도의 죽음을 기초하여 그들을 의롭게 하셨다"고 말입니다. 따라서 십자가에서 그리스도께서 죽으실 때 그 안에서 죄가 판결받고, 하나님께서 당신의 이전의 죄 용서함이 정당함을 드러내신 것입니다. 십자가에서 죄인을 용서하시는 공의가 나타났읍니다. 말하자면 처음 나타난 것입니다. 이제 사람들은 십자가를 바라보면서 "하나님께서는 경건치 않은 자를 의롭다 하시는 이일 뿐 아니라 하나님이 그렇게 하신 것은 의로우신 것이다"라고 말할 수 있게 되었읍니다. 그래서 하나님께서 그리스도께서 행하신 일을 통해서 그의 공의로 인하여 영광을 얻으신 것입니다.

둘째, 하나님의 거룩이 나타납니다. 이 점에 대해서 아더 핑크는 지혜롭게 썼읍니다. "그는 '눈이 정결하시므로 악을 차마 보지 못하시며 패역을 참아 보지 못하시는' 분이시다(학 1 : 13). 그리고 그리스도께서 '우리를 위하여 저주를 받은바 되셨을' 때(갈 3 : 13) 성 삼위께서는 그에게서 얼굴을 돌리셨다. 바로 그 때문에 고뇌하던 구주께서 '나의 하나님 나의 하나님 어찌하여 나를 버리셨나이까' 라고 울부짖었던 것이다. 하나님께서 자기 독생자의 고난과 죽음에서처럼 죄를 미워하심을 명백하게 나타내신 적이 없다. 하나님께서는 십자가에서, 불손하게 머리를 쳐들고 당신을 대적하는 자와 결코 화평할 수 없음을 보여 주셨다. 모든 거룩한 천사들이 하나님의 거룩에 대해 드린 모든 존귀와, 이제까지 존재했거나 앞으로 존재할 모든 거룩한 사람들이 기꺼운 마음으로 순종하고 고난을 참아낸 그 모든 것이, 죄가 물어야 하는 하나님의 거룩의 모든 요구를 충분히 만족시키기 위해서 자신을 드리신 그리스도의 일과 비교하면 아무 것도 아니다. "

하나님께서 갈보리에서 영광을 얻으신 세번째 방식이 있습니다. 거기에서 **하나님**의 **미쁘심**이 나타나 있습니다. 구약시대에 하나님께서는 구원자를 주시겠다고 약속하셨습니다. 아담과 하와가 에덴에서 죄를 범했읍니다. 그들은 금지된 나무의 실과를 따먹었읍니다. 하나님께서 동산에서 그들에게 나타나셨을 때 그 앞에서 숨었읍니다. 그들은 죄를 지었읍니다. 하나님은 거룩하십니다. 그들은 하나님의 거룩 앞에 도저히 서있을 수 없었읍니다. 주께서 "네가 무엇을 행했느냐?"고 물으십니다. 모든 진상이 드러난 것입니다. 그러나 하나님께서 그들을 위해서 무엇인가 마련해 주셨읍니다. 그런 짐승을 죽여 그 가죽으로 그들을 입히셨읍니다. 하나님께서는 약속된 복락을 통해서 장차 올 것을 가리키면서 "여자의 후손이 일어나 뱀의 머리를 상할 날이 온다"고 말씀하십니다. 창세기 3 : 15 는 구속주의 약속을 내포하고 있는 것입니다. 그러나 아담과 하와가 죽었읍니다. 구세주는 아직 오시지 않으셨읍니다.

구약성경을 더 나아가 보면 하나님은 아브라함에게 나타나셔서 "아브라함아 내가 너에게 복주고 너를 통해 모든 민족이 복을 받을 것이다. 네 씨를 통해 그 일을 하리라." 아브라함은 그것을 믿습니다. 어떤 정해진 때에 세상의 구주되실 분이 오실 것을 믿습니다. 그럼에도 불구하고 아브라함은 늙어 죽었으나 예수님은 오시지 않았읍니다.

우리가 선지서들로 돌아가 보면 하나님께서 그 선지자들을 통해서 계속 말씀하시는 것을 발견합니다. 이사야에게는, "우리의 허물을 인하여 상하실 분이 오시며, 우리의 불의 때문에 꺾이움을 받는 분이"오실 것을 말하고 있습니다. "우리 화평을 위해서 징계를"그가 받을 것입니다 (사 53 : 5). 하나님께서는 미가 선지자에게는, 메시야가 유다의 베들레헴에서 날 것이라고 말씀하십니다(미 5 : 2).

또 말라기를 통해서는 구세주가 "의의 태양"으로 오셔서 "치료하는 광선"을 발하실 거라고 선언하십니다(말 4 : 2). 또한 하나님께서는, 엘리야 선지처럼 나타날 선구자가 먼저 와서 그의 길을 예비할 것이라고 말씀하십니다(말 3 : 1 - 3; 4 : 5, 6). 하나님께서는 여러 선지자들에게 이러한 약속과 다른 많은 약속을 하셨습니다. 그런데 그 선지자들이 다 죽었습니다. 그런데도 아직 구세주는 오지 않으셨습니다.

하나님께서 약속을 잊으셨습니까 ? 하나님의 백성들이 소망을 버려야 합니까 ? 하나님이 불신실한가요 ? 어느 날 천사가 나사렛의 동정녀에게 나타나서 메시야가 결국 네게서 나야 한다고 선언하십니다. 요셉에게 그는 "아들을 낳으리니 이름을 예수라 하라 그가 자기 백성을 자기 죄에서 구원할 자이심이라"(마 1 : 21)라고 말씀하십니다. 주 예수 그리스도께서는 그대로 세상에 오셨고, 공생애 사역을 통과하시고 이제 십자가로 나아가셔서 구약 성경의 맨 초두에서 약속된, 이른바 사단을 패퇴시키는 일을 이루기 위해서 죽으십니다. 사실 그 약속이 있은 후에 여러번 그약속이 되풀이 되었었습니다. 하나님께선 신실하신 분으로 드러났고, 그걸 통해 영광을 받으십니다.

끝으로, 하나님의 사랑이 갈보리에서 나타났습니다. 모든 역사 가운데서 주 예수 그리스도의 십자가처럼 하나님의 사랑을 잘 나타낸 것은 없습니다. 사실 하나님의 사랑의 계시가 너무 놀라와 하나님께서는 우리로 하여금 하여금 그분에게 응답할 수 있도록 그의 사랑의 증거로서 그것에 호소합니다. 로마서 5 : 8 은 말합니다. "우리가 아직 죄인되었을 때에 그리스도께서 우리를 위하여 죽으심으로 하나님께서 우리에게 대한 자기의 사랑을 확증하셨느니라." 어떻게 우리가 하나님을 사랑하셨는가를 압니까 ? 주 예수 그리스도께서 자기 생명을 드려 우리를 죄에서 구속하셨기 때문에 하나님께서 우리를 사랑하시는 줄을 압니다. 그걸 통해서 하나님께서 영광을 받으십니다.

오 우리가 하나님의 장엄한,
벌레 같은 배역자를 구원하시려는
계획을 볼 때 복수와 긍휼이 얼마나
고상한 방식으로 연합되었는지.

우리 생각이 경외로운 외경심 속에
갈피를 잃어버리노라 – 우리는 사랑하고
찬미하도다 제일의 천사장도 그 전에
하나님에 대해서 그처럼 놀라운
것을 본 적이 없노라.

여기에서 신적 완전이 어우러져 있고,
그걸 어느 생각도 추적할 수 없네
가장 밝은 그 영광 중 어느
것이라도 비춰어라 – 공의냐 은혜냐.

장차 올 영광

우리가 여기까지 연구하고 마치는 것이 좋을 것입니다. 그러나 아직 여기에서 끝마칠 수는 없습니다. 왜냐하면 그리스도께서 마지막으로 그 영광에 대해서 계속 말씀하시기 때문입니다. 이 경우는 일의 시작입니다. "만일 하나님이 저로 인하여 영광을 얻으셨으면 하나님도 자기로 인하여 저에게 영광을 주시리니 곧 주시리라." 이 말씀은, 만일 하나님께서 그리스도의 죽음의 특별한 성질 때문에 영광을 받으신다면 하나님께서는 즉각적으로 새롭고 특별한 영광을 그리스도께 주시되, 그의 부활과, 높아지심과, 하나님 우편의 권세를 위해 승천하시는 걸 통해서 부여하실 것이라는 뜻입니다.

저는 주님께서 바로 이 시점에서 그 모든 것이 이루어지기를 갈망했을 것이라고 생각합니다. 그는 십자가로 가기로 갈망했습니다. 그는 그것을 기쁘게 맞아들였는데 그것이 우리의 구원을 뜻하기 때문입니다. 그러나 그는 십자가 너머에 부활이 오고, 십자가의 능력이 나타날 날이 올 것을 바라보고 있으며, 자기 아버지께 다시 올라가 우리의 위대한 대제사장으로서 우리를 위해 거기서 사역하시며, 우리의 죄의 속죄제로 자기 희생의 피를 제시하실 순간을 바라보고 있는 것입니다.

만일 그리스도께서 정말 글자 그대로 지금 영광을 얻으셨고, 어느날 그 위대한 영광을 다시 얻게 된다면, 광채를 잊으신 그 분을 볼 때 어떤 반응을 나타낼지 궁금합니다. 여러분이 조롱한 자로서 그분을 보렵니까? 여러분 삶에 아무런 영향을 미치지 않은 분으로서 그분을 보렵니까? 여러분의 상황을 위해서 아무 말도 하지 못하고, 절대적으로 아무런 의미도 없는 죽음을 죽고, 영화가 무의미한 그런 분으로 그를 만나겠읍니까? 아니면 여러분에게 모든 것이 되는 죽음을 죽으시고, 여러분의 순종을 통해서 영광 돌리기를 희망하는 분으로서 그분을 영접하시겠읍니까? 저는 후자일 경우라고 믿습니다 - 그래야지요. 또 여러분이 생명이 다하는 때까지 그를 여전히 섬길 것을 확신합니다.

8

새 계명

"소자들아 내가 아직 잠시 너희와 함께 있겠노라 너희가 나를 찾
을 터이나 그러나 일찍 내가 유대인들에게 너희는 나의 가는 곳에 올
수 없다고 말한 것과 같이 지금 너희에게도 이르노라 새 계명을 너희
에게 주노니 서로 사랑하라 내가 너희를 사랑한 것 같이 너희도 서로
사랑하라"(요 13 : 33 , 34).

요한복음을 강해한 오랜 역사에 걸쳐서 요한복음이 받은 훌륭한 칭호
는 많습니다. 그러나 요한복음을 하나님의 사랑의 복음이라고 부른
것만큼 더 합당한 것은 없습니다. 요한복음을 보고 "세상에 보낸 하나님
의 연애편지"라고 불렀읍니다. 그러나 그렇다면 요한복음 3 : 16 이나 우
리가 지금 연구하려는 대목이 요한복음의 핵심이라고 해도 무리가 없을
것입니다. 그 부분들에서 주 예수 그리스도께서는 제자들을 향한 위대한
사랑 가운데서 말씀하시고, 그들로 하여금 그 사랑을 상기케 하고 서로
사랑하도록 용기를 주시고 있기 때문입니다.

열쇠와 같은 구절은 34 절입니다. "새 계명을 너희에게 주노니 서로
사랑하라 내가 너희를 사랑한 것 같이 너희도 서로 사랑하라."

서 론

34절은 이 대목의 열쇠와 같은 구절입니다. 그러나 그럼에도 불구하고 어떤 의미에서 서론격인 다른 구절이 있은 다음에 34절이 왔다는 건 의미심장합니다. 그 서론격인 말씀은 "소자들아 내가 아직 잠시 너희와 함께 있겠노라 너희가 나를 찾을 터이나 그러나 일찍 내가 유대인들에게 너희는 나의 가는 곳에 올 수 없다고 말한 것과 같이 지금 너희에게도 이르노라"(33절)라고 말합니다. 요한복음에 대한 여러 주석을 읽어 보면서, 어째서 제자들이 그리스도를 따르지 않았는지에 대한 논의가 활발히 진행되는 걸 보았습니다. 그리고 그 제자들의 무능과 유대인들의 무능 사이의 차이에 대한 논의도 있었습니다(일찍이 유대 지도자들을 보고 같은 말을 하였음).

그러나 이 구절과 다음 오는 위대한 구절 사이의 연관이 어떻게 되는지 설명은 없었습니다. 그럼에도 불구하고 이 연관에 있어서 그 구절이 중요합니다.

그러면 그것은 어떤 의미를 가지고 있습니까? 두 노선을 따라 이해해야 합니다. 첫째, 주 예수 그리스도께서 세상을 떠나려 하시며, 세상에 알았던 것 중에서 가장 참된 사랑의 오직 유일한 본을 빼앗기려 함이 분명합니다. 예수께서 스스로 사랑이셨습니다. 왜냐하면 그는 하나님이셨고 "하나님은 사랑이시기" 때문입니다(요일 4:8). 그는 십자가에 죽으심으로써 그 사랑을 입증하려 하십니다. 그럼에도 불구하고 부활과 승천 이전에 올 그 죽음의 행동 속에서 인성으로부터 단절됩니다. 그런데 참된 하나님의 사랑이 무엇인지를 사람들이 어떻게 압니까? 그가 그들을 떠나려 하는데 그들이 어떻게 해야만 그런 사랑을 알게 됩니까? 그리스도의 제자들 속에서 그것을 볼 수 밖에 없다고 답해야 합니다. 예수님은 떠나고 계십니다. 그러나 이제 제자들은 예수님께서 사랑하신 것처럼 사랑해야 합니다. 그것은 마치 예수님께서 "내가 가니 너희는 내가 이 세상에서 했던 것처럼 해야 한다"고 말씀하신 것 같습니다.

그 서론과 같은 구절의 중요한 두번째 방식은 제자들이 그리스도 때문에 서로를 향하여 느꼈던 사랑의 전이(轉移) 속에서 발견됩니다. 제자들 각자가(이제 막 그 다락방을 떠난 유다를 제외하고) 예수님을 사랑했다는 건 의심할 여지가 없습니다. 무엇을 말하든지 그들은 행했을 것입니다. 이 마지막 저녁을 위해서 여러 사람이 다락방을 준비했읍니다. 만일 필요하다면 예수님을 위해서 죽겠다고 베드로는 말하려 합니다. 물론 그들의 사랑이 자기들이 생각했던 것처럼 그렇게 강한 것은 아니었다는 것은 사실입니다. 베드로는 죽지 않을 것입니다. 사실 자기 선생을 부인할 참입니다. 다른 제자들은 겟세마네 동산에서 예수님이 붙잡히실 순간에 흩어질 것입니다. 그럼에도 불구하고 그들은 진실로 그를 사랑합니다. 그런데, 그들이 그를 확실히 사랑하는 것만큼, 그러한 주님의 사랑의 근처에마저 갈만한 그런 사랑으로 서로를 진실로 사랑하지 않는 것만은 사실입니다. 오히려 그들은 사실상 서로간에 질투를 하고 있었읍니다. 누가 가장 크냐는 다툼을 버리고 있읍니다. 그들은 다른 사람의 발을 씻지 않았을 것입니다. 이런 상황에서 그들을 떠나려 하는 예수께서는 이제, 너희가 사랑할 자는 정확히 말해서 너희 서로 이라고 지적하십니다.

높아지신 그리스도를 위해 제자들이 가진 수직적인 사랑은 다른 모든 그리스도인들을 사랑하는 수평적인 사랑에서 드러나야 합니다. 더구나 모든 사람이 주목할 수 있는 그 수평적인 사랑은 수직적 사랑의 증표입니다.

새 것과, 옛 것

마태복음 13 장에서 예수님께서는 하나님의 나라에 대해 가르치시는데, 거기보면 서기관은 "자기 곳간에서 옛 것과 새 것을 내어오는 청지기와" 같다고 말씀하십니다(52 절). 이 시점에서 예수님께서는 친히 그와 같은 선생이셨읍니다. 왜냐하면 그는 한꺼번에 새 것도 되고 옛 것도 되는 한 계명을 서론격인 말씀 바로 뒤에 주셨기 때문입니다.

사랑하라는 계명은 그리스도께서 오시기 전에도 존재해 있다는 의미에서 옛것입니다. 레위기 19 : 18 에서 그 계명이 가장 단순하고 잘 알려진 형태로 표현되어 있읍니다. "원수를 갚지 말며 동포를 원망하지 말며 이웃 사랑하기를 네 몸과 같이 하라 나는 여호와니라." 예수님께서 첫째 되고 가장 큰 계명이 무엇이냐는 질문을 받으셨을 때 바로 이 구절을 가리켜 말씀하셨읍니다. 예수님께서는 가장 큰 계명이 신명기 6 : 5 에 기록되어 있다고 말씀하셨읍니다 - "너는 마음을 다하고 성품을 다하고 힘을 다하여 네 하나님 여호와를 사랑하라." 두번째 계명은 레위기 19 : 18 의 말씀입니다. 그러나 그 계명이 구약성경의 처음 다섯 권의 한 책속에 기록되어 있어서 옛 계명이라고 말해야 마땅하겠는데, 그러면 어떤 의미에서 그 계명이 새롭습니까? 실로 어떻게 그리스도께서 그것을 "새 계명"이라 말씀하실 수 있읍니까? 예수님께서 그 계명을 새로운 차원으로 일으켜 세우고 전적으로 새로운 의미를 부여하셨다고 답해야 할 것입니다. 우리는 그 계명이 "새로운 대상"을 얻게 되었다고 말할 수 있게 되었읍니다. "새로운 척도"에 따라 지켜져야 하며, "새로운 능력"으로 말미암아 그 계명을 지킬 수 있게 되었다고 말입니다. 이 요점들이 그리스도께서 말씀하신 것에 다 들어 있습니다.

첫째로, 사랑하라는 계명은 **새로운 대상**을 얻게 되었읍니다. 레위기의 말씀이 유대인더러 자기 이웃을 자기처럼 사랑하라고 선언하는 것이 사실입니다. 그러나 우리가 그 문맥에 비추어보면 거기에 함축된 이웃은 유대인에게만 국한된다는 것을 즉시 발견하게 될 것입니다. 그 구절의 상 반절은 그 점을 명백히 해줍니다. 왜냐하면 병행문장 속에서 "동포를" 원망하지 말라는 말씀이 나타나기 때문입니다. 이것은 육적이고 가족적인 관계입니다. 그리스도의 명령에서는 그와 대조적으로 영적인 관계를 말하고 있습니다. 왜냐하면 예수님이 말씀하시는 이웃은 예수님을 믿는 어느 사람이든지 다 해당됩니다.

이 새로운 대상에 대해서 매우 중요한 또 다른 것이 있습니다. 예수님께서는 제자들더러 서로 사랑해야 한다고 말씀하십니다. 이것이 불신 세상에 대한 한 증거가 될 것이라고 말씀하십니다. 그러나 그리스도께서 보이신 본과, 다른 곳에서 말씀하신 교훈 속에서 이 사랑을 불신자들에게는 베풀지 않아야 할 것이 아님을 명백히 알 수 있습니다. 심지어 그 관계의 본질 자체가 그 점을 매우 분명히 합니다. 왜냐하면 만일 거기에 관계된 것이 영적이라면, 하나님께서 그렇게 되도록 역사하시면 신자들의 부류 속에 누가 포함될지 알 길이 없기 때문입니다. 그 관계가 육적인 경우에는 한계선이 분명합니다. 유대인은 다른 유대인을 사랑합니다. 이방인들을 사랑해서는 안됩니다. 그들은 죄인들입니다. 하나님께서 분명하게 멸하시기를 원하는 자들입니다. 그러나 그 관계가 영적이 되면, 전체 문맥이 확장됩니다. 이 영적인 그리스도인의 형제애는 온인종과 언어를 넘어 모든 사람들을 하나님께서 함께 모으심을 통해서 나타난 것입니다. 따라서 그리스도인은 어느 누구나 다 사랑해야 합니다. 모든사람을. 왜냐하면 어느 누구라도 그리스도께서 위하여 죽은 바로 그 사람일 수 있기 때문입니다.

지난 세대에 위대한 설교자였던 알렉산더 맥클라렌은 고대세계의 여러 사회들을 부수어뜨린 그러한 사랑의 새로움에 대해서 이렇게 말합니다: "말씀이 전파될 때, 그 당시 문명화된 것으로 알려진 서구 사회는 크고 깊은 분리의 틈, 마치 빙하 사이에 난 큰 틈처럼 갈라져 있었읍니다. 언어와 종교와 민족적 중오심, 조건의 차이들, 그 중에서 가장 서글픈 일은 성(性)의 차별, 그것들이 그 세계를 서로 다른 이질적인 것들로 산산조각 내었읍니다. 한 언어 속에서 '외인'이나 '원수'가 같은 말로 표현되었읍니다. 배운 사람과 못배운 사람, 노예와 상전, 야만인과 헬라인, 남자와 여자로 갈라진 틈의 반대편에 서서 적의를 품으며 으르렁거리고 있었읍니다. 한 유대의 촌부가 3년 동안 자기의 작은 나라에서 헤매고 다녔읍니다(여기서 유대의 촌부는 예수 그리스도를 가리킴 – 역자주). 그것이 바로 로마의 역사가가 유대인들을 가리켜 '인류를 미워하는 자들'이라 부를 때 느꼈던 협소함과 분리와 적대감의 초점입니다. 그는 몇 사람의 제자들을 모았고, 경멸어린 로마 총독에 의해서 십자가에 못박혀 죽었읍니다. 그 총독은, 한 환상적인 유대인의 생명은 자기를 성가시게 하는 자들의 인기를 잃어버리지 않기 위해서 필요한 값으로는 너무 적은 것이라 생각했읍니다. 한 세대 후에 그 벌어진 틈이 이어졌고, 제국 전체가 이상한 새로운 연합의식에 휩싸이게 되었으며, '야만인이나 미개인이나 종이나 자유자, 남자나 여자나 유대인이나 헬라인, 배운 자나 무식한 자가 손을 잡고 한 식탁에 앉아 자신들을 그리스도 예수 안에서 모두 하나'로 생각하게 되었읍니다."

그리스도의 계명이 새로운 대상만 얻은 게 아닙니다. 새로운 척도에 따라서 지켜져야 합니다. 결국 이보다 앞선 사랑은 어떠한 것입니까? 그저 회미한 선한 뜻을 느끼는 것입니까? 자신의 인종을 자랑스럽게 여기는 것입니까? 이웃을 위해서 변호하거나 노예였던 가족을 해방시킬 필요일까요? 그렇습니다. 뭐 그것도 어느 정도 해당이 되겠지요. 그러나 우리의 하나님께서 인간의 모양을 취하시고 고통을 받으시며 경건치 않은 자를 위하여 죽으사 하나님을 미워하고 하나님께 등을 돌리려고 애를 쓰는 사람들의 모습에도 불구하고 그들을 죄의 사슬에서 건져내어 영광으로 이끄신 그 사실 속에서 드러난 사랑의 척도는 그것이 아닙니다. 요한은 자기의 장엄한 첫번째 서신 제 4 장에서 "사랑은 여기 있으니 우리가 하나님을 사랑한 것이 아니요 오직 하나님이 우리를 사랑하사 우리 죄를 위하여 화목제로 그 아들을 보내셨음이니라"(10 절).

이 사랑의 척도는 고린도 전서 13 장에서 발견되는 표준입니다. "사랑은 오래 참고 사랑은 온유하며 투기하는 자가 되지 아니하며 사랑은 자랑하지 아니하며 교만하지 아니하며 무례히 행치 아니하며 자기의 유익을 구치 아니하며 성내지 아니하며 악한 것을 생각지 아니하며 불의를 기뻐하지 아니하며 진리와 함께 기뻐하고 모든 것을 참으며 모든 것을 믿으며 모든 것을 바라며 모든 것을 견디느니라 사랑은 언제까지든지 떨어지지 아니하나 예언도 폐하고 방언도 그치고 지식도 폐하리라"(4 – 18 절). 그리스도께서 가지고 오신 사랑이 그것입니다. 그것은 이 세상에 있어서 새 것이었습니다.

세째로, 사랑하라는 계명은 새로운 능력에 의해서 지켜질 수 있게 되었다는 의미에서 새롭습니다. 그 능력은 성령의 능력, 각 신자 속에 계신 주 예수 그리스도의 생명 자체입니다. 우리는 얼마나 이것을 필요로 하는지요. 그것이 없이 우리는 그리스도께서 사랑하신 것처럼 사랑할 수 없습니다. 왜냐하면 그러한 사랑은 인간의 힘으로는 성취될 수 없는 것이기 때문입니다. 제가 앞서 인용했던 그 맥클라렌은 바로 이 시점에서 멋진 생각을 가졌습니다. 먼저 그는 우리로 하여금, 몸의 근육이 어찌나 잘 구성돼 있던지 정상적으로 하면 그 근육이 조밀하게 잘 응집되어 있어 더 우월한 힘이나 의식적인 노력으로만 풀려질 수 있음을 생각나게 합니다. 이러한 근육들을 활약근이라 합니다. 예를 들어 식도를 닫아 위산이 조직으로 침투할 수 있는 몸의 다른 영역으로 치밀어 오르지 못하도록 하는 활약근이 있습니다. 맥클라렌은 시적(詩的)으로 말합니다. "마음은 이러한 활약근과 같은 것입니다 – 그 마음은 본질적으로 닫혀져 있습니다. 특별히 그 마음에 어떤 것이 들어 있어서 그 마음을 닫아 그 어떤 것을 간직할 경우에는 그러합니다." 그러나 그는 계속해서 말합니다.
"마음 속에는 자신을 내려뜨리고 천사적인 사랑을 올려 치켜세우는 것이
있는데, 그것은 그러한 마음 속에 '내가 너희를 사랑한' 그 큰 사랑에 대
한 의식을 가지게 하는 것입니다… 우리 마음으로 받아들여진 그 그리스
도의 사랑은 그에 합당한 우리의 사랑으로 반응을 나타내는데 사랑이 언
제나 그러하듯이 그러한 사랑은 마력적인 변화의 일을 행합니다."

우리의 위대한 본

이 두 구절 속에서 또 하나의 요점이 발견됩니다. 예수님께서 친히 우
리가 그 계명을 지킬 때 본받을 본을 보여주십니다. 그는 34절 하반절에
서 그 점을 제시하고 계십니다. "내가 너희를 사랑한 것 같이 너희도 서
로 사랑하라." 그저 우리가 사랑해야 한다는 식으로만 말씀하지 아니하
십니다. "그리스도께서 우리를 사랑하신 것 같이" 우리도 사랑해야 한다
는 것입니다. 그리스도의 사랑은 우리가 서로 사랑하는데 있어서 충만한
척도여야 합니다.

그러면 이것에 대하여 실제적으로는 어떻게 말할 수 있습니까? 앞서
인용한 고린도 전서 13장의 구절로 되돌아가는 것이 한 가지 방식입니
다. 앞에서 그 말씀을 인용할 때 우리 성경에 나와 있는 순서대로 그대
로 인용했습니다. 이번에는 "사랑"이라는 말 대신 "예수"라는 말을 집어
넣어서 읽어봅시다. "예수는 오래 참고 예수는 온유하며 투기하는 자가
되지 아니하며 예수는 자랑하지 아니하며 교만하지 아니하며 무례히 행
치 아니하며 자기의 유익을 구치 아니하며 성내지 아니하며 악한 것을 생
각지 아니하며 불의를 기뻐하지 아니하며 진리와 함께 기뻐하고 모든 것
을 참으며 모든 것을 믿으며 모든 것을 바라며 모든 것을 견디느니라 예
수는 언제까지든지 떨어지지 아니하나." 분명히 말해서 "사랑"이라는 말
대신 "예수"라는 말을 넣어 보면 아주 적당합니다. 왜냐하면 예수님께서
는 분명히 그러한 사랑의 화신이기 때문입니다. 우리 마음은 그것이 그
러함을 인정합니다. 또 우리는 그 사실을 즐거워합니다.

또 다른 방식으로 대체시켜 봅시다. 우리 본문에서 보면 그리스도께서
사랑하듯이 우리도 사랑해야 한다고 말하고 있습니다. 그러나 고린도전

서 13 장에 그리스도께서 사랑하신 방식을 보여주고 있으니, 우리는(우리가 그런 식으로 사랑한다면) 그 이름 대신 우리 이름을 집어 넣을 수 있습니다. 그러므로 "사랑"이란 말이 쓰여 있는 곳에 "나"라는 말을 넣을 수 있어야 합니다. "나는 오래 참고 나는 온유하며 투기하는 자가 되지 아니하며 나는 자랑하지 아니하며 교만하지 아니하며 무례히 행치 아니하며 자기 유익을 구치 아니하며 성내지 아니하며 악한 것을 생각지 아니하며 불의를 기뻐하지 아니하며 진리와 함께 기뻐하고 모든 것을 참으며 모든 것을 믿으며 모든 것을 바라며 모든 것을 견디느니라 나는 언제까지든지 떨어지지 아니하나." 우리가 그것을 그런 식으로 읽으면 결과적으로 겸비하게 됩니다. 왜냐하면 우리가 예수님께서 사랑한 것처럼 사랑하지 못함을 알기 때문입니다. 우리는 그러한 사랑을 이해 조차 하지 못하고 있습니다. 우리 스스로 "오, 주 예수여 주께서 사랑하신 것처럼 다른 사람을 사랑하는 법을 가르치소서"라고 기도하고 있는 자신을 발견합니다.

우리가 그런 식으로 기도할 때 하나님께서는 우리를 도우시고, 우리는 주 예수 그리스도의 사랑과 지식 가운데서 자라나기 시작할 것입니다.

우리 사랑합시다

우리는 이 계명으로부터 제자들이 처음 그 말씀을 들었을 때보다 더 많은 것을 얻어야 합니다. 그들이 이 위대한 말씀을 듣고 충격을 받았음에 틀림 없으며, 그 말씀들을 생생하게 기억하였을 것이라고 우리는 생각합니다. 그러나 그렇지 않습니다. 오히려, 그들 중 어느 한 사람도 사실상 그 계명을 들었거나, 그 계명이 뜻하는 바를 이해한 사람이 없습니다.

우리가 이것을 아는 것은 35 절 이후에 나오는 논의의 과정 때문입니다. 예수님께서 이제 그들을 떠나야 하고 예수님을 따라올 수 없음을 제자들에게 알려 주심으로써 새 계명에 대한 논의를 시작하신 걸 우리는 기억하고 있습니다. 그들이 그 말을 들었는데, 그것이 그들로 하여금 굉장히 당황하게 만들었습니다. 그들의 마음 속에서 모든 다른 생각들이 물밀듯 일어났습니다. 다음에 예수님께서 이 새 계명에 대해서 말씀하셨지만 그의 말을 청종치 않았습니다. 왜냐하면 베드로가 "그러나 주여 어디로 가시나이까?"라고 불쑥 질문을 던질 때 그것에 대해서 말씀하시기를 마쳐버렸기 때문입니다. 베드로는 그리스도께서 앞서 공표하신 것에 대해서 생각하고 있었고, 그것을 반추하고 있었습니다. 예수님께서는 멈추어서 베드로의 질문을 다루었습니다. 새 계명의 주제에 돌아가기 전에 도마는 "그러나 주여 우리는 주께서 어디로 가시는지 아직 알지 못합니다. 만일 그것을 알지 못하는데 어떻게 우리가 그 길을 알 수 있습니까?"라고 반응을 나타냈습니다. 예수님께서는 도마에게 대답하셨고 그 큰 계명으로 다시 돌아가지 아니하셨습니다. 그러나 예수님은 인간적인 선입관 때문에 좌절당하실 분이 아닙니다. 그래서 여러 해가 지난 후 성령께서는 요한복음서기자인 요한에게 말씀하셨습니다. 그 전에 함께 있었던 요한으로 하여금 어떤 의미에서 새 계명의 강해서라고 할 수 있는 책을 쓰도록 한 것입니다. 그 책은 요한1서입니다. 그 책은 새 계명을 충만하게 밝혀 주고 있습니다.

　네 대목 속에 새 계명에 대해서 전부 말하고 있습니다. 요한1서 2:7-11; 3:11-18; 4:7-21; 5:1-5. 그러나 열쇠와 같은 구절은 4:7-21인데, "서로 사랑하라"라는 말씀이 그 대목 속에 세번 나타납니다. 각 경우마다 그 권면을 청종해야 할 특별한 이유들이 주어지고 있습니다.

　우리가 서로 사랑해야 하는 첫번째 이유는 사랑은 하나님의 "본성"이기 때문입니다. 요한은 말합니다. "사랑하는 자들아 우리가 서로 사랑하자 사랑은 하나님께 속한 것이니 사랑하는 자마다 하나님께로서 나서 하나님을 알고 사랑하지 아니하는 자는 하나님을 알지 못하나니 이는 하나님은 사랑이심이라"(요일 4:7-8). 요한의 논증인즉, 만일 우리가 진실로 하나님의 자녀들이라면 우리 아버지의 성품들을 지닐 것이라는 것이지요.

　둘째로, 요한은 우리에게 말하기를, 사랑이 "하나님의 은사"와 연결되기 때문에 우리가 사랑해야 한다고 말하고 있습니다. 이 구절 속에서 요한은, 하나님 아버지께서 그 아들을 보내서 우리를 위해서 죽게 하시기 전에 우리는 영적으로 죽어 있던 사람들임을 상기시키고 있습니다. 우리가 죽어 있었기 때문에 하나님의 아들이 행하신 일을 이해할 수 조차 없었읍니다. 그러나 그리스도께서 우리를 위해서 죽으셨고, 성령의 역사로 말미암아 우리가 영적으로 소생함을 입었을 때, 우리는 그리스도를 믿을 수 있고 그리스도안에 있는 하나님의 사랑을 인식할 수 있었읍니다. 그 하나님의 사랑은 희생 뒤에 자리잡고 있었읍니다. 따라서, 사랑을 알게 되고 사랑의 분량을 가늠하게 되었으니 우리는 사랑해야 합니다. 그것을 나타내는 요한의 방식은 이러합니다. "하나님의 사랑이 우리에게 이렇게 나타난바 되었으니 하나님이 자기의 독생자를 세상에 보내심은 저로 말미암아 우리를 살리려 하심이니라…사랑하는 자들아 하나님이 이같이 우리를 사랑하셨은즉 우리도 서로 사랑하는 것이 마땅하도다(9 – 11절).

끝으로 우리가 서로 사랑해야 하는 것은 사랑은 "하나님의 현재적이고 계속적인 행동"이기 때문이라고 말하고 있읍니다. 하나님께서는 오늘날 세상을 창조하고 계시지는 않습니다. 이미 그 일을 하셨읍니다. 예수님을 보내사 죽게 하고 계시지도 않습니다. 예수님은 이미 죽으셨읍니다. 하나님께서 행하시는 일은 사랑을 통해서 그리스도인들 안에서 행하시는데, 아직 그를 알지 못하는 사람들이 그러한 신적 행동을 통해서 그리스도를 알도록 하기 위함입니다. 요한은 이렇게 씁니다. "어느 때나 하나님을 본 사람이 없으되 만일 우리가 서로 사랑하면 하나님이 우리 안에 거하시고 그의 사랑이 우리 안에 온전히 이루느니라"(12절). 아직 그리스도인들이 되지 않은 사람들이 여러분 속에서 우주의 위대하신 하나님을 봅니까? 그것은 깜짝 놀랄만한 생각입니다. 그러나 이 구절의 요점은, 만일 여러분이 다른 사람들을 사랑하기만 하면 그리스도인들이 아닌 사람들이 여러분 속에서 하나님을 볼 수 있을 것이고 볼 것이라는 점입니다. 그렇습니까? 이것은 신적 초청이 아니라는 걸 기억해야 합니다. 마치 예수님께서 "너희는 다른 사람들을 사랑하지 않을래?"라는 식으로 말씀하시는 것이 아닙니다. 또는 마치 예수님께서 "네가 다른 사람을 사랑하면 더 행복해질 것이다"라고 말씀하시는 것과 같이, 행복한 삶으로 유도하는 일련의 어떤 단계들 중 하나라고 말하는 것도 아닙니다. 그것은 하나의 명령입니다! 그것은 그리스도의 새 계명입니다. 어떤 의미에서 그리스도의 오직 유일한 계명이 바로 그것입니다. 서로 사랑하라! 하나님께서 우리가 서로 사랑하도록 허락하시고, 그렇게 함으로써 진실로 우리가 그리스도의 제자들이 될 수 있게 하시기를 바라나이다.

9

참된 제자의 표지

"너희가 서로 사랑하면 이로써 모든 사람이 너희가 내 제자인줄 알
리라"(요 13 : 35).

복음주의적 사상지인 "Christianity Today"를 위해서 일했던 적이
있었는데, 그때 저는 그 잡지의 편집장인 칼 헨리(Chrl F. H. H-
enry)가 한 말을 기억하고 있읍니다. 오늘날 그리스도인들이 그 사람들
을 다른 사람들이 볼 때 대번에 그리스도인인 줄 쉽게 알아볼 수 있도록
표를 달고 다녔으면 좋겠다고 말했읍니다. "완장과 같은 것"이라도 말입
니다. 그렇게 말하던 때가 한참 되었읍니다. 그러고 나서 예수운동(Jesus
Movement)가들이 "오직 한 길"을 의미하는 이른바 집게 손가락을 쳐
들고 있는 표를 우리에게 제시했읍니다. 지금도 복음주의적인 사람들이
십자가를 차고 다니거나 다른 종교적인 상징물들을 달고 다니는 걸 목격
하게 됩니다. 그러나 어떤 이유에서인가 헨리의 지적이 몇 년 동안 나에
게 강한 인상을 주었고, 그래서 그렇지 않았으면 눈여겨 보지않았을 "표"
나, 표에 대한 글들을 주목하게 되었읍니다.

프란시스 쉐퍼(Francis A. Schaeffer)가 「그리스도인의 표지」(The
Mark of the Christian)라는 제목의 한 중요한 평론을 썼읍니다. 그

평론이 처음에는 작은 소책자로 선을 보였다가 나중에는 「20 세기말의교회」(The Church at the End of the 20th Century)라는 책의 권말 부록으로 실렸습니다. 그 연구는 요한복음 13 : 35 의 "너희가 서로 사랑하면 이로써 모든 사람이 너희가 내 제자인줄 알리라"는 말씀을 기본으로 한 것이었습니다. 쉐퍼에 따르면, "예수께서 다시 오실 때까지 한 세대나 한 지역에 국한된 것이 아니라 모든 세대와 모든 지역의 그리스도인의 꼬리표로 예수님께서 주신 표"는 사랑이라는 것입니다.

같은 노선을 따른 또 다른 글이 있는데 도날드 그레이 반하우스가 쓴 "사랑하는 생활"(The Love Life)라는 책의 한 장에 수록되어 있는 것입니다. 2 장의 제목은 "너도 그 제자들 중 하나냐?"라는 것이었습니다. 그 내용은 제가 이미 언급한 요한복음 13 : 35 와, 8 : 31, 15 : 8의 본문을 기초한 것이었습니다. 저는 이 강론에서 이 세 본문을 취하여, 그 본문들에 대하여 쓰여진 것들을 활용하고, 그럼으로써 그리스도의 참된 제자가 되는 사람의 본질적인 특징들을 파헤쳐 보려고 합니다.

또 한 제자

여기서 "그리스도인"이라는 말보다 "제자"라는 말을 목적어로 사용하고 있는 것을 주목해야 할 것입니다. 그것은 우연이 아닙니다. 왜냐하면 이 본문들이 말하고 있는 것은 참된 그리스도인의 표지가 아니라 참된 제자의 표지이기 때문입니다.

어떤 사람은 이렇게 묻고 싶을 것입니다. "그리스도인이 되는 것과 제 제가 되는 것 사이를 어떻게 구분할 수 있는가? 그리스도인이 된다는것과 그리스도의 제자가 된다는 것은 같은 것이 아닌가?" 그것은 사려 깊은 질문입니다. 왜냐하면 충만하고 가장 심오한 의미에서 두 가지는 동일한 것이기 때문입니다(최소한 응당 그래야겠지요). 그리스도인이 된다는 것은 예수 그리스도를 죄에서 구원하시는 개인의 구주로 믿는다는 것뿐 아니라, 그리스도를 따른다는 것입니다. 그리스도를 따른다는 것은 그의 제자가 되는 것을 의미합니다. 그럼에도 불구하고 어떤 의미에서, 그리스도인이 되는 것과 제자가 되는 것이 "같지 않을" 경우가 있습니다. 그 한 예로, "그리스도인"이란 말이 흔하게 사용되는 경우입니다. 많은 사람들은 주 예수 그리스도의 제자들이 전혀 아님에도 불구하고 자신들을 그리스도인들이라고 말할 때 그 말을 사용합니다. 반하우스는 지적하여 말하기를, "그리스도인"이란 말은 본래 안디옥에서 그리스도를 믿던 사람들 때문에 생겨난 것이라고 하였습니다. 그 사람들이 그리스도를 어찌나 집요하게 따르던지 그 사람들을 주목하는 자들이 그들의 선생의 이름을 따서 불러 준 것입니다. 안디옥 사람들은 "이 사람들은 그리스도를 추종하는 자들이다. 그들은 그리스도쟁이들이다. 그리스도인들이다. 그들은 그를 따르고 있고 그들은 그리스도의 것이다." 그런데 오늘날은 그와 대조로 누구나 다 자신을 그리스도인이라 부르고 있습니다. 어떤 사람들은 미국을 기독교 국가라고 부릅니다. 서구종교나 문화의 희미한 내음만 가지고 있으면 그 이름을 붙여버립니다. 그러나 자신들을 그리스도인들로 부르면서도 실제로 예수님을 따르는 사람들은 소수에 지나지 않습니다.

보다 더 강하게 부각되는 구분선이 있습니다. 이것은 정말 그리스도인이며 예수를 구주로 믿으면서도 그리스도를 순종하거나 그리스도를 섬기는 면에 있어서는 관심을 두지 아니하는 사람들에 관한 것입니다. 그들에게 있어서 기독교는 하나의 기분을 전환하는 소일 거리에 지나지 않습니다. 너무 일찍 시작하지만 않으면 주일 아침 예배는 좋습니다. 그러나 그 나머지의 주간 동안 예수님을 까마득하게 잊어먹습니다. 다시 말해서 설교자가 선한 일을 행하는 문제나 삶을 영위하는 문제나 성공하는 문제 등에 관한 따사로운 주제들을 다루는 한 기독교는 그들에게 있어서 아주 좋은 것입니다. 그러나 만일 종교가 돈을 어떻게 사용하느냐, 우리의 시간을 또한 어떻게 사용하며 어떠한 결심을 내리느냐, 어떻게 친구를 얻느냐, 여러 다른 실제적인 문제들에 대해서 어떻게 관여하느냐의 차원에 이르는 것으로 상정되면 그 기독교는 참을 수 없는 것이 되어 버립니다.

분명히 말해서, 그것은 일종의 기독교라고 할 수는 있지만 제자정신이 아닙니다. 참된 제자정신은 그보다 훨씬 다른 것입니다. 그러면 참된 제자정신은 무엇입니까? 고린도 후서 8 : 5 에 잘 표현되어 있습니다. "우리의 바라던 것 뿐 아니라 저희가 먼저 자신을 주께 드리고 하나님의 뜻을 좇아 우리에게 주었도다." 제자정신은 전심을 다해서 예수님께 자신을 드리는 것입니다.

그리스도의 말씀에 계속 거하는 것

제가 방금 언급한 요한복음의 세 구절은 참된 제자의 표지들이 무엇임을 보여 줍니다. 그 중 첫번째 구절은 요한복음 8 : 31 입니다. "그러므로 예수께서 자기를 믿는 유대인들에게 이르되 너희가 내 말에 거하면 참내 제자가 되고". 참 제자의 첫번째 표지는, 그리스도께서 하신 말씀 속에 계속 거하는 것입니다.

우리가 진실로 이러한 일을 하려면 두 가지 일이 필요합니다. 첫째로 그 말씀을 "배워야" 합니다. 그 말은 우리가 그 말씀을 읽고 연구하고 암송하고, 그 말씀이 신실하게 가르쳐지는 곳에 끊임 없이 참석해야 한다는 것을 뜻합니다. 많은 그리스도인들이 가진 제자정신에 있어서 문제거리는 바로 여기서부터 시작됩니다. 말씀이 가르쳐집니다만 그 말씀을 듣기를 원치 않습니다. 말씀은 유익합니다. 그러나 그들은 그 말씀이 말하는 것을 좋아하지 않습니다. 그래서 그들은 그 말씀에서 피합니다. 그와 같은 그리스도인들은 어떠한 사람들입니까? 그들은 마치 해리 아이언사이드가 그의 글 가운데서 언급했던 사람과 같은 자들입니다. 어떤 사람이 가끔 자기 아내와 함께 교회에 출석하곤 했읍니다. 그러나 그의 출석은 정규적인 것이 아니었읍니다. 그래서 아이언사이드는 그 사람의 부인에게 그 일을 물어보았읍니다. "부인의 남편께서는 교회에 나오시기를 좋아하지 않습니까?"라고 물었읍니다. "좋아한다고 저도 생각해요. 그러나 목사님의 설교에 어려움을 느껴요. 그 여러 가지 교훈들을 듣는 걸 그는 좋아하지 않아요. 그래서 그는 집에서 있지요. 만일 한 주일에 교회 출석하면 그 주일에 출석한 영향을 떼어내버리려면 몇 주간이 걸린다고 말하곤 하지요."

많은 사람들이 바로 그러합니다. 어느 교회에 늘 보이던 그리스도인들이 가끔 빠지는 경우가 있는데 그에 대한 한 이유가 바로 그것입니다. 그들은 하나님의 말씀이 뜻하는 바를 알고 있습니다. 그러나 그걸 지키고 싶지는 않습니다. 그래서 그들은 듣기를 거부하고 그들의 그리스도인 친구들마저 멀리합니다. 바로 요한복음 8 장에서 그리스도께서 자기 원수들에게 하신 말씀이 기록된 구절은 만나게 되는 건 흥미롭습니다. "어찌하여 내 말을 깨닫지 못하느냐 이는 내 말을 들을줄 알지 못함이로다"(43절). 여기 성령이 없는 불신자들은 그리스도께서 하신 말씀을 이해할 수조차 없었습니다. 그들이 예수님의 말씀을 이해하지 못한 건 이상한 일이 아닙니다. 그러나 성령을 모시고 있고, 그래서 그리스도의 말씀을 이해할 수도 있는데도 불구하고 그 말씀을 듣기를 거절하는 자들에 대해서 우리가 어떻게 생각해야겠읍니까?

우리가 그리스도의 말씀을 들은 다음에 두번째로 필요로 하는 것은 "그 말씀 안에 계속 거하는 것"입니다. 그 말은 우리가 그 말씀을 완전히 이해할 수 없을 경우라 할지라도 믿음으로 그 말씀을 계속 붙잡는다는 걸 뜻합니다. 제자들은 이러한 일을 하고 있었읍니다. 우리가 이 요한복음 8장을 읽으면, 예수님께서 깜짝 놀랄 진리를 설교하고 계셨다 하는 걸 기억하게 됩니다. 그 결과 사람들은 마음에 끊임 없는 의문이 일어났읍니다. "어떻게 사람이 늙으면 다시 날 수 있읍니까?" "이 사람이 자기의 살을 우리가 먹도록 어떻게 줄 수 있는가?" "이 사람의 말하는 것이 무엇이냐? 너희가 나를 찾아도 나를 만나지 못할 것이고 내가 가는 곳에 너희도 오지 못하리라고 하니 말이다." 이러한 질문들은 예수님의 가르침을 듣고 일어난 것들입니다. 그러나 그러한 질문들을 던진 것은 대체로 일반 사람들이었지 제자들은 아니었다는 걸 주목해야 합니다. 제자들은 예수님을 따랐읍니다. 그러므로 그들이 그 모든 의문에 대한 답변을 확실히 알지 못하고 있었지만 자기들이 이해하는 것을 믿었고 신실하게 그 이해하는 것 속에 계속 거하였읍니다.

그들이 무엇을 행하고 있었느냐는 것은 마태복음에 나오는 유머스런 논평 속에서 발견할 수 있읍니다. 마태복음 13장 마지막에서 나옵니다. 그 13장은 수많은 세대의 학자들이 문자 그대로 수백 가지의 해석을 시도했던 여러 천국 비유를 내포하고 있읍니다. 이 시점에서 예수님께서는 일곱가지 비유를 마치시고 제자들을 바라보시면서 "이 모든 것을 깨달았느냐?"라고 물으셨읍니다.

제자들은 눈깜짝할 사이도 두지 않고 "예 그러하외다 주여"라고 대답하였읍니다(마 13:51).

이 시점에서 반하우스는 자기 강론을 해나가는 중에 교회에 참석하는 여덟살박이 소녀의 이야기를 들려 줍니다(저는 사실 반하우스의 강론 속에서 이러한 많은 자료들을 빌려 쓰고 있습니다). 장로 한 사람이 그 소녀에게, "성경을 읽었느냐?" 물었읍니다.

"예, 읽었어요."

"그걸, 깨달았느냐?"

"예, 모두 다요?"라고 그 소녀는 대답했읍니다.

그참 훌륭한 것입니다. 그녀의 나이와 그녀의 정신 연령에 걸맞게 자기가 읽은 것을 깨달은 것입니다. 더구나 그 읽은 것이 그 마음에 부딪혀왔고, 그 소녀는 그것을 지켰읍니다. 제자들이 바로 그러한 일을 하고 있었읍니다. 우리 각자도 바로 그렇게 해야 합니다. 우리는 성경 속에 나오는 모든 걸 다 이해할 수 없을 수도 있읍니다. 그러나 우리가 알고 있는 것을 깨달을 수는 있고 또 그걸 따를 수는 있읍니다. 반하우스는 이렇게 쓰고 있읍니다. "분명히 말해서 제자들은 모든 걸 다 이해하지는 못했으나 자기들이 알고 있는 것은 믿었고, 그리스도의 교리에 계속 거하였다. 그들이 금방 더 많은 것을 배우게 되었을 때 또한 그것을 믿었다. 왜냐하면 그것이 그리스도인의 삶의 방식이기 때문이다. 우리가 중생할 때 우리의 뇌세포 속에 차곡차곡 잘 쌓여진 충만한 교리의 내용을 담게 되는 것은 아니다. 그저 어린 아이들로 계속 존재하는 것이다. 우리는 어린 아이처럼 행하고, 말씀의 순전한 젖을 사모하여 그걸 통해 자라날 수 있는 것이다." 참된 제자의 첫번째 표지는 의심하지 않고 믿는 것입니다.

서로 사랑하라

제자의 두번째 표지는 요한복음 13 : 35 를 연구하면서 만났던 대목 속에서 발견됩니다. "너희가 서로 사랑하면 이로써 모든 사람이 너희가 내 제자인줄 알리라." 이 구절은 쉐퍼의 연구의 본문입니다.

이 구절 속에는 우리가 상고하고 있는 다른 구절들과 구별시키는 독특한 특질이 있읍니다. 그리스도께서 세상을 가리키고 있읍니다. 요한복음 8 : 31 에서는 주님의 말씀 속에 계속 거하면 그 말씀을 청종하는 자들로 하여금 참 제자가 되게 할 것이라고 말씀하십니다. 그러나 그것이 세상에게 어떤 영향을 미칠 것인가에 대해서는 전혀 언급하지 않고 계십니다. 세상은 전혀 생각하지 않으십니다. 우리가 그 다음으로 생각하는 구절인 요한복음 15 : 8 에서는, 제자는 "많은 열매"를 맺는 자라고 말씀하십니다. 그러나 그 내용은 열매를 맺는 것이 하나님을 영화롭게 한다는 사실을 가리키고 있지 그것이 인간세계에 영향을 준다는 사실에 대해서는 언급하지 않습니다. 물론 인간세계에 영향을 미칩니다. 세상을 심각하게 생각하는 것은 바로 이 주목할만한 사랑에 대한 강조점을 두고 있는 두번째 구절(요 13 : 35)만입니다. 어째서 그런가요 ? 예수님께서 사랑에 대해서 말씀하시는 구절이기 때문입니다. 예수님께서는, 당신 제자들이 당신 뿐 아니라 서로간에, 더 나아가서 모든 사람에게 그리스도인들로 알려질 수 있는 표지는 사랑이라고 말씀하십니다.

쉐퍼는 그것이 놀라운 것이라고 말하고 있습니다. 그 말이 옳습니다. 왜냐하면 마치 "예수님께서 세상을 향하여 말씀하시기를, '내가 너희에게 말할 것이 있다. 내 권한을 기초해서 내가 너희에게 한 권리를 주겠다. 어떤 사람이 그리스도인인지 아닌지를 판단할 때 그가 모든 그리스도인들에게 사랑을 보이고 있느냐를 가지고 판단할 수 있다' 고 말씀하시는 것과 같다. 다른 말로 해서 만일 사람들이 우리에게 와서 우리가 다른 그리스도인들에게 사랑을 보이지 않는다는 이유로 우리더러 그리스도인들이 아니라는 판단을 내뱉는다면, 예수님께서 그들에게 주신 특권을 그들이 행사하고 있을 따름임을 이해해야 한다."

"우리는 그럴 때 성내지 말아야 한다. 사람들이 '너희가 다른 그리스도인을 사랑하지 않는구나' 라고 말한다면, 우리는 집으로 가서 무릎을 꿇고 그 사람들이 한 말이 옳은지 하나님께 여쭈어 보아야 한다. 만일 그 사람들의 말이 옳다면 그 사람들이 응당 권리를 갖고 그런 말을 한 것이다."

그러나 만일 우리를 보고 저 사람들이 그리스도인들이기 때문에 저러한 사랑을 하는 것이라고 결론을 내리게 하려면 어떠한 사랑을 보여 주어야 합니까? 분명히 그것은 특별한 사랑입니다. 그 특징은 무엇입니까? 그러한 특별한 사랑이 어떻게 작용합니까 ? 다행히도, 이러한 질문들에 대한 대답이 요한일서에 주어져 있습니다. 그 책은 지난 강론에서도 넌지시 암시하였듯이 상당한 분량을 새 계명에 대해 주석적으로 할애하고 있습니다.

어떤 의미에서 요한일서에 나오는 내용들이 거의 다 새 계명을 다룹니다. 왜냐하면 다른 두 큰 주제(의와 건전한 교훈)도 거기 요한일서에서 발견되는데 결국 새 계명과 관련되어 있습니다. 그러나 정확히 말해서 3 : 16 - 18 의 세 구절 속에서 풍성하고 온전한 영광스러운 대답이 들어 있다 할 수 있습니다. 이 대목은 이렇게 말하고 있습니다. "그가 우리를 위하여 목숨을 버리셨으니 우리가 이로써 사랑을 알고 우리도 형제들을 위하여 목숨을 버리는 것이 마땅하니라 누가 이 세상 재물을 가지고 형제의 궁핍함을 보고도 도와줄 마음을 막으면 하나님의 사랑이 어찌 그 속에 거할까보냐 자녀들아 우리가 말과 혀로만 사랑하지 말고 오직 행함과 진실함으로 하자." 이 대목의 가르침은, 그리스도인 사랑의 한 국면이 사랑의 행동이라는 것입니다. 더 나아가서 그러한 사랑은 필요하다면 개인적인 희생을 치르고서라도 시행되어야 함을 보여주고 있습니다. 또한 궁핍한 어느 누구에게든지 그러한 사랑을 베풀어야 한다는 것도 가르치고 있습니다.

요한이 말하는 오직 한 가지 요점은 "우리가 서로를 위해서 우리의 목숨을 내놓아야 한다"는 것입니다. 그리스도인이 문자 그대로 자기 목숨을 내놓을 필요가 있는 경우가 그렇게 흔하지는 않습니다. 최소한 오늘날에 있어서는 말입니다. 그러나 바로 그러한 이유 때문에 그러한 개념을 쉽사리 지나쳐 버려서는 안됩니다. 실로 우리는 서로를 위해서 문자 그대로 죽을 기회들을 자주 대면하는 것은 아닙니다. 그러나 우리가 "자신에 대해서 죽어야" 할 기회들은 여러번 있습니다. "계속 우리 자신의 이익을 희생시켜야 할" 기회들이 많다고 말할 수도 있습니다.

예를 들어서 어떤 형태를 취하든지 그리스도인다운 일에는 그러한 것이 해당됩니다. 본국에서든지 해외에서든지 어떤 그리스도인이 희생하지 않고 예수 그리스도 안에 있는 하나님의 사랑의 복음이 어떤 누구에게 전해진 적이 없습니다. 심지어 그것이 단순한 증거를 위해서 길을 건너는 것을 의미한다 할지라도, 어떤 그리스도인이 그것에 대해서 생각하고 위

하여 기도하고, 그런 다음에 그 일을 행해나갈 모험을 감당해야 합니다
(때로는 대단히 두렵고 떨리는 마음으로). 친구관계를 손실하거나 조소
를 받을 위험을 무릅쓰고서라도 말입니다. 아주 멀리까지 나아가서 그
희생이 훨씬 더 클 수 있습니다. 부모들은 하나님을 섬기기 위해서 죽을
수 있는 먼 나라에까지 자기 자녀들을 보내는 일을 허락함으로써 자기 자
녀들을 희생합니다. 또 어떤 사람들은 이러한 자녀들을 지원하기 위해서
돈을 보내고, 다른 일들을 위해서 자금을 댈 약속을 합니다. 어떤 사람
들은 기독교 사회봉사의 계획을 위해서 자기들의 시간을 드리고, 어떤 사
람들은(때로는 더 크게) 개인적인 희생을 감수합니다. 그러한 것을 하게
하는 것이 사랑입니다.

희생을 위한 또 다른 장소는 가정입니다. 오늘날의 문화는 자기 만족
을 자랑하고, 만일 어떤 사람이 개인적으로 만족하지 못한다면 그는 그
런 관계를 끊을 권리가 있다고 가르치고 있습니다. 그러나 그것은 하나
님의 가르침이 아닙니다. 하나님의 가르침은 다른 사람이 만족함을 얻기
위해서 자신에 대해서 우리가 죽어야 한다고 말합니다. 우리가 진정한 만
족을 얻는 것은 그러한 일이 일어나기 시작할 때 뿐이라고 가르치고 있
습니다. 여러분은 가정에서 눈에 띄게 그리스도인의 사랑을 보여 줍니까?
불신자들이 가련한 남편을 대하는 여러분의 모습을 보고 여러분이 그리
스도인이라고 말할 수 있습니까?

18절에 있는 요한의 말은 참된 결론입니다. "말로나 혀로만 사랑하지
말고 오직 행함과 진실함으로 하자." 우리가 희생적으로 사랑하고 행실
로써 사랑할 때 우리는 우리 자신이 그리스도의 제자들임을 진실로 보여
주고 있는 것입니다.

열매를 맺는 것

참된 제자의 세번째 표지는 요한복음 15 : 8 에서 발견됩니다. "너희가
과실을 많이 맺으면 나의 아버지께서 영광을 받을 것이요 너희가 내 제자
가 되리라." 열매를 맺는 것이 제자가 되는 것의 세번째 표지입니다.

요한복음 15 장의 문맥은 열매를 성공적으로 맺기 위한 여러 단계로 제
공합니다. 첫번째는 그 열매를 "우리 자신이 맺을 수 없다는" 것을 인식

하는 것입니다. 이 구절보다 세 구절 앞선 5절에서 예수님은 "나를 떠나서는 너희가 아무 것도 할 수 없음이라"고 말합니다. "나를 떠나서는 '많은 것'을 할 수 없다"고 말하고 있는 것입니까? 절대로 그것이 아닙니다. "나를 떠나서는 너희가 '아무 것도' 할 수 없다"고 말하고 있습니다. 그러므로 열매를 성공적으로 맺기 위한 첫번째 단계는 우리 자신이 아무 것도 아니라는 걸 인식하고 그리스도와 함께 출발하는 것입니다. 열심히 행동하는 것이 거기에 대한 대체물이 될 수 없습니다.

반하우스는 이러한 난제를 논의한 한 이야기를 들려 주었습니다. 어떤 사람이 기독교 사역을 위해서 자기 삶의 일부를 드린 후에 와서 "그 일을 해도 아무런 열매가 없어요"라고 말한 사람이 있었습니다.

반하우스는 "어떻게 그 일을 시작했는지요?"라고 물었습니다.

그 사람은 슬프게 이런 이야기를 했습니다. "제가 잘 기억하지요. 저는 방에서 공부를 하고 있었어요. 제가 성경을 살펴 보고 있는데 성령께서 제게 말하기 시작했어요. 성령께서는 내 삶 가운데 있어서는 안될 여러 가지 것들을 가리켜 주셨어요. 그것이 저를 못견디게 만들었고 저는 성경을 덮고 일어나 다른 방으로 가서 전화기를 들었어요. 나는 다른 그리스도인 친구에게 전화를 걸어 '너도 알다시피 내 이러이러한 것이 필요하다는 큰 감동을 받았어. 우리 그러한 일들을 위해 그리스도인의 사역을 시작할 수 없겠니?'라고 말했지요. 우리는 함께 연합했고 기독교 사역을 시작했습니다. 우리는 그 큰 활동에 자신을 드렸습니다. 그래서 일하고 일하고 일했지요. 그런데 열린 열매가 아무 것도 없었어요."

거기에 아무런 열매도 없었던 이유는, 거기에 참된 제자정신이 없었기 때문입니다.

그런 다음에 성공적인 열매를 거두기 위해서 두번째 단계가 있습니다. 그것은 예수 안에 "거하는" 것입니다. 우리가 아무 것도 할 수 없다는 것을 인식하는 것은 물론 거하는 것과 연결됩니다. 왜냐하면 우리가 우리 자신의 궁핍을 알게 되면 바로 그러한 지식을 통해서 예수 안에 거할 용기를 얻기 때문입니다. 그럼에도 불구하고 그 둘은 같은 것이 아닙니다. 우리가 아무 것도 아니라는 것을 인식하는 것은 소극적인 측면입니다. 거하는 것은 적극적인 것입니다. 성령께서 말씀을 통해서 말씀을 하기 시작하실 때 가까이 이끄는 것입니다(그 이야기의 경우처럼). 그리고 우리 삶의 방식은 그에 따라 바뀌어(그 사람이 하지 않았던 것임)지는 것입니다. "내 안에 거하라 나도 너희 안에 거하리라"고 예수님께서 말씀하셨습니다. 왜냐하면 "가지가 포도나무에 붙어 있지 아니하면 절로 과실을 맺을 수 없음 같이 너희도 내 안에 있지 아니하면 그러하리라"(요 15 : 4). 그리스도 안에 거한다는 것은 그리스도의 영광을 위해서 수액이 우리 속으로 흘러 들어오게 하는 것입니다.

여러분이 제자입니까 ?

요한복음 13 : 35 가 베드로가 예수님을 부인할 것을 예고하는 세 구절 전에 나왔던 사실로부터 결론이 나옵니다. 예수님께서 잡히실 때 베드로는 일의 결과를 보기 전에는 집으로 가지 않을 결심이었습니다. 그래서 그는 멀찍이 따라가 급기야 예수님께서 대제사장의 뜰 안으로 들어가는 것을 보았습니다. 군인들은 의심 없이 큰 문을 닫았습니다. 그러나 거기에 작은 문이 있어서 하녀가 지키고 있었습니다. 그 집을 알고 그곳으로 들어갈 것을 허락받은 요한이 그 문으로 나와서 베드로를 불렀습니다. 베드로가 그 입구로 들어갈 때 그 문을 지키고 있던 하녀가 "너도 이 사람의 제자들 중 하나가 아니냐?"고 물었습니다.

의심할 여지 없이 베드로는 그 앞에서 한 장담을 잊고는 자기 선생을 부인했습니다. "나는 아니다." 그런 다음에 그는 그리스도의 원수들이 쬐고 있는 불에 가까이 가 자신을 따뜻하게 했고 거기서 예수님을 두번 더 부인했습니다. 그 사건은, 사도들의 가장 중요한 위치에 있는 사람마저도 그리스도의 제자가 되지 못할 수도 있다는 것을 보여줍니다.

"너도 이 사람의 제자 중 하나가 아니냐?" 우리가 그리스도의 제자들입니까? 저와 여러분은 어떠합니까?

의심할 여지 없이 우리는 거의 모두 다 기쁘게도 "예, 저는 그리스도의 제자입니다"라고 대답할 것입니다. 그러나 우리가 그것에 대해서 생각할 때 예수님께서 친히 그 제자정신에 대해서 정의내린 것을 따라 그 제자정신을 생각해 보기로 합시다. 예수님께서는 제자란 당신의 말씀 속에서 계속 거하면서 형제를 사랑하고, 많은 열매를 맺는 자라고 규정지어 주셨

읍니다. 우리가 이러한 세 가지를 다 합니까? 예수님께서 말씀하셨읍니
다. "너희가 내 말에 거하면 너희가 참 내 제자가 되고" "너희가 서로 사
랑하면 사람이 네가 내 제자인줄 알리라"고 말씀하셨읍니다. 그러므로"너
희가 과실을 많이 맺으면 내 아버지께서 영광을 받으실 것이요 너희가 내
제자가 되리라." 우리가 보다 못한 충성을 다 떼내 버리고 항상 주님께
더 가까이 감으로써 이러한 요건들을 각각 다 행할 수 있도록 하나님께서
은혜 주시기를 바랍니다.

10

새벽이 오기 전의 어둠

"시몬 베드로가 가로되 주여 어디로 가시나이까 예수께서 대답하시되 나의 가는 곳에 네가 지금은 따라 올 수 없으나 후에는 따라오리라 베드로가 가로되 주여 내가 지금은 어찌하여 따를 수 없나이까 주를 위하여 내 목숨을 버리겠나이다 예수께서 대답하시되 네가 나를 위하여 네 목숨을 버리겠느냐 내가 진실로 진실로 네게 이르노니 닭 울기 전에 네가 세번 나를 부인하리라"(요 13 : 36 - 38).

요한복음 13 장은 베드로가 예수님을 부인하리라는 예수님의 경고로 끝맺게 되는데, 13 장은 주님 외에 다른 두 주요한 인물을 등장시킵니다. 곧 유다와 베드로입니다. 유다는 자기 주를 배반했읍니다. 베드로는 부인했읍니다. 우리가 때로 그러듯이 그 문제를 밖에서부터 살펴 보면, 두 행동 사이에는 거의 차이가 없어 보일 것입니다. 각자 다 그리스도에게 도움이 필요할 때 그리스도 옆에 서 있지를 못했읍니다. 그럼에도 불구하고 우리가 그 문제를 더욱 더 가까이 접근하여 살펴 보면 엄청난 차이가 있읍니다. 한 행동은 절대적인 행동이고 또 다른 행동은 마음 속에는 주님의 위대한 친구와 제자이면서 순간적으로 실수한 사람의 행동이었읍니다. 윌리암 바클레이는 그 대조를 다음과 같이 지적하고 있읍니다. "유다가 예수님을 판 것은 절대적으로 의도적인 일이었고 냉혈적인 정신으로 행해진 것이고 주의 깊게 생각하고 면밀하게 계획한 결과로 이루어진 것임에 틀림 없다. 결국 의도적이고 악의적으로 가장 통렬한 호소를 거절했다. 그러나 베드로가 예수님을 부인한 것보다 덜 의도적인 것이 세상에는 전혀 없었다. 베드로는 그렇게 할 의향이 전혀 없었다. 그는 연약의 순간에 그만 갑자기 미끄러져 넘어진 것이다."

우리는 바클레이의 분석에다가 다음과 같이 덧붙일 수 있습니다. 곧 그런 차이를 가져온 이유는 유다가 그리스도를 참되게 믿지 않았던 반면에 ─ 그는 주님의 백성 중 한 사람이 아니었음 ─ 베드로는 그리스도를 참되게 믿었다는 점이라고 말입니다. 따라서 요한이 유다의 이야기를 마무리 지을 때 그가 어떻게 그 열두 제자의 무리를 떠나 자기 선생을 그 원수들의 손에 팔아 넘겼는가를 말하면서, "밤이더라"라고 결론지은 것입니다. 그 밤은 하나님께로부터 분리하여 떨어져 생긴 영원한 어둠의 밤입니다. 대조적으로 베드로의 실수를 예언한 말씀이 "너희는 마음에 근심하지 말라"라는 그리스도의 확신케 하시는 말씀 바로 전에 나옵니다(14 : 1).

베드로가 예수님을 부인하는 이야기는 유다가 배반하는 이야기처럼 침울하지는 않습니다. 그럼에도 불구하고 그것이 용기를 주기는 어렵습니다. 왜냐하면 열 두 제자 가운데 지도자격으로 인정받았던 베드로가 넘어졌다면 우리 중 어느 누구도 그럴 수 있다는 것입니다. 만일 그가 예수님을 부인했다면, 우리 중 어느 누구라도 우리 주님을 부인할 수 있습니다.

어느 누구든지 넘어질 수 있음

이 구절이 주는 첫번째 교훈이 실로 그것입니다. 그것을 재빨리 간과하지 않아야 합니다. 그걸 자주 생각할 필요가 있습니다. 바울은 시험에 관하여 기록한 고린도전서 10장 13절에서 그 점을 지적하여 말합니다. "사람이 감당할 시험 밖에는 너희에게 당한 것이 없나니 오직 하나님은 미쁘사 너희가 감당치 못할 시험당함을 허락지 아니하시고 시험당할 즈음에 또한 피할 길을 내사 너희로 능히 감당하게 하시느니라."

우리가 그 구절을 읽을 때 그 상반절은 시험이 모든 사람에게 올 것이라는 점을 지시하고 있음을 눈치챕니다. 왜냐하면 이것은 "누구에게나 공통되는" 것이기 때문입니다. 이것은 바울의 주요 요점이 아닙니다. 그것은 다만 이차적인 요점입니다. 바울의 주요 요점은, 하나님께서는 자기 자녀들이 시험을 피할 수 있는 길을 제공하셨다는 것입니다. 시험이 올 때 하나님의 자녀들은 어떤 특이한 것을 체험하고 있다고 생각하지도 말아야 하고 절망하지도 말아야 한다는 것입니다. 다만 다른 사람들이 자기들보다 먼저 체험한 것을 체험하고 있을 뿐임을 알고 하나님께 돌아서야 한다는 것입니다. 그 하나님께서는 그 다른 사람들을 건지셨으니 자기들도 건질 수 있다고 생각해야 합니다. 그것이 바로 바울의 주요 요점입니다. 그러나 그것의 기본적인 요점은, 시험은 어느 누구에게나 오며, 어느 누구나 시험에 빠질 수 있다는 진리입니다.

시험을 받을 때 마귀의 간계 중 하나는, 우리로 하여금 시험은 우리만 특이하게 받는 것이라고 생각하게 만드는 것이며, 그래서 우리가 그 시험에 저항할 엄두를 내지 못하게 하는 것입니다. 그러나 만일 마귀가 그런 일에 실패한다면 우리가 시험에서 면제되었다고 대신 생각하게 하려고 애쓸 것입니다.

때로 우리는 우리가 너무 늙어서 싸움에 힘이 부치다고 생각하기도 하며, 우리는 그 일에 손을 떼었고(그러한 어떤 일), 그러므로 우리는 죄를 짓지 않으려고 조심할 필요가 없다고 생각하기도 합니다. 만일 그런 경우라면 다윗이 밧세바에게 범한 그 큰 죄에게서 배울 필요가 있습니다. 다윗이 밧세바에게 범죄할 때 나이가 얼마라고 생각하십니까? 성적(性的)인 범죄는 젊은 사람들에게나 속한 것이며, 젊은 사람이 젊은 혈기로 난동을 부릴 때에나 짓는 죄쯤으로 생각하는 경향이 있습니다. 그러나 다윗의 경우는 그런 경우가 아닙니다. 다윗은 적어도 50세는 되었을 것입니다. 그는 한 동안 사울 아래 있었고, 몇 년 동안 사울에게 추격당하여 숨어 있었고, 7년 반동안 헤브론에서 왕노릇하였고(30세에 왕이 되었음), 예루살렘에서 왕노릇하였는데 그때 이스라엘의 온 대적의 모두를 정복하였습니다. 이러한 기간이 끝났을 때에 전투에 나가지 않고 집에서 한 실수를 범하였는데 그때 목욕하는 밧세바를 궁정 지붕에서 보았던 것입니다. 그리고 그녀를 초대하여 그녀와 간음죄를 범했습니다.

반면에 우리는 베드로를 살펴 보면 베드로가 최상의 삶의 조건에 있었음을 발견합니다. 더 나아가서 그리스도의 공생애가 이 즈음에 이를 때 자신이나 다른 사람들이 만나는 위험에 대해서 미리 잘 눈치채고 있었음을 발견하게 됩니다. 그는 다른 어느 누구보다도 그러한 위험을 맞이할 채비가 되어 있었읍니다. 베드로는 작은 무리들이 지난번에 예루살렘으로 올라가려 할 때 도마가 하던 말을 들었읍니다. "우리도 주와 함께 죽으러 가자"(요 11 : 16). 그는 위험이 도사리고 있음을 알았읍니다. 그밖에 그는 칼을 샀읍니다. 그리스도의 원수들이 겟세마네 동산에서 그리스도를 잡으러 왔을 때 베드로가 칼을 뽑아서 그 행렬의 앞에 나타난 사람을 노린 것을 보면 우리는 그걸 알 수 있읍니다.

끝으로, 베드로(다윗과 달리)는 앞으로 올 일에 대하여 미리 경고함을 받았읍니다. 우리 본문이 바로 그점을 말하고 있읍니다. 예수님께서는 당신이 그 제자들을 떠나게 될 것을 미리 예고하셨고, 베드로는 완강히 부인하면서 "주여 어찌하여 지금은 따를 수 없나이까? 주를 위하여 내 목숨을 버리겠나이다."

예수님께서는 대답하셨읍니다. "네가 나를 위하여 네 목숨을 버리겠느냐 내가 진실로 진실로 네게 이르노니 닭 울기 전에 네가 세번 나를 부인하리라"(37 , 38 절). 물론 이것은 아이러니칼한 일입니다. 왜냐하면 사실은 베드로를 위해서 자기 목숨을 내놓으신 분은 주님이시기 때문입니다. 그럼에도 불구하고 이 말씀 속에서 베드로는 자기를 기다리고 있던 위험에 대한 예고를 받았읍니다. 다만 아침이 될 때까지, 닭이 울 때까지 신실한 자신을 견지해야만 했읍니다. 그러나 위험을 이해했고 그 위험을 맞을 채비를 차릴 수 있었고, 주님께서 친히 엄숙하게 미리 예고해 주심으로써 미리 경고를 받았음에도 불구하고 그는 넘어졌읍니다. 다윗은 시험을 준비하지 "않은" 상태에서 넘어졌읍니다. 베드로는 준비되었으나 넘어졌읍니다. 요점은, 누구든지 넘어질 수 있다는 것입니다. 어느 때 어느 나이에 들든지 시험은 어느 누구에든지 찾아올 수 있고 어느 누구든지 그 시험의 결과로 넘어질 수 있읍니다.

베드로가 실족하는 여러 단계들

우리가 이 대목을 연구하면서 주목해야 하는 두번째 진리는, 베드로가 넘어짐에도 여러 단계가 있다는 것입니다. 넘어짐이 올 때 경고 없이 그것이 갑자기 오는 것처럼 보입니다. 그러나 어떠한 서글픈 준비 없이 그 넘어짐이 갑자기 도래하는 일이 그렇게 잦지 않습니다.

몇년 전 필라델피아 텔레비젼 방송국이 애틀란틱시에 있는 트레이모호텔이 붕괴되는 장관을 담은 필림을 방영했습니다. 그 호텔은 옛 양식으로 된 거대한 호텔 중 하나였으며, 큰 돌벽돌로 건축되었고, 여러 세대에 걸쳐 필라델피아 사람들이 뜨거운 여름 동안 휴가를 즐기기 위해서 그곳에 가곤 했습니다. 그 호텔은 대서양 해변의 경계표였읍니다. 그럼에도 불구하고 그 호텔은 폐허가 되었고 새로운 건물을 짓기 위해서 매각 처분되었읍니다. 많은 사람들은 그것이 어떻게 팔렸는지 알고 있읍니다. 그러나 그 낡은 호텔이 갑자기 한꺼번에 무너지기 위해서 어떤 일이 있었는지 아는 사람은 얼마 되지 않습니다. 텔레비젼 화면에 그것이 1 분 동안 소개되었읍니다. 그런 다음 한번 폭발음이 들리더니 그 낡은 호텔은 주저 앉고 먼지구름이 되어 없어져 버렸읍니다. 그 호텔이 붕괴되는데는 불과 1, 2 분 밖에 되지 않았읍니다. 이 광경을 쳐다보던 어떤 사람들은 어떻게 그런 일이 일어날 수 있는가 하고 의아해했을 것입니다. "그 호텔이 어떻게 그렇게 갑자기 파괴될 수 있었는가?"라고 물을지도 모릅니다. 그러나 거기에 관계한 사람은, 몇 개월 동안 그 폭파작업을 위해서 그 호텔의 주요한 지점마다 폭발물을 설치해 놓았고, 한꺼번에 폭음을 내도록 선을 연결해 놓은 작업을 수개월 동안 했다고 설명할 수 있읍니다. 그것이 한 순간에 일어나는 것처럼 보이지만 그것은 면밀한 준비를 오랫 동안 한 결과입니다. 시험도 마찬가지입니다. 갑자기 넘어지는 것 같지만 대단히 여러 단계를 거쳐서 일어나는 일입니다. 베드로의 넘어짐이 바로 그걸 지시합니다.

베드로의 실족의 첫번째 단계는 "지나친 확신"이었읍니다. 이것은 그 이야기의 모든 부분에서 드러납니다. 그러나 특별히 베드로가 던진 질문들로부터 드러납니다. 주님께서는 베드로에게 내가 떠날 것이고 베드로 너는 나를 따를 수 없을 것이라고 말씀하셨읍니다. 베드로가 "주여 어디로 가시나이까?"라고 여쭈었읍니다. 이 맥락 속에 나타나는 그 질문은 언뜻 드러나는 것처럼 그렇게 솔직한 것은 아니었읍니다. 사실상 그 질문은, 베드로 너는 지금은 나를 따를 수 없다고 하신 예수님의 말씀에 대한 하나의 저항이었습니다. 그 질문은 사실상 "어디로 가시든지 나는 따르겠습니다. 어디로 가시는지 말씀해 주십시요. 그래서 제가 그 마음을 증명할 수 있게 말입니다." 그런 다음에 예수님께서는 베드로가 지금은 따를 수 없으나 이후에는 따르리라고 거듭 말씀해 주셨습니다. 베드로는 완강히 거부하면서 "주여 어째서 지금은 따를 수 없습니까 제 목숨이라도 버리겠나이다"라고 말했습니다. 이것은 주님의 말씀에 직접 충돌하는 짧은 사건입니다. 왜냐하면 베드로는 자기는 그리스도를 따를 수 있다고 함축적으로 말하고 있었던 것입니다. 그 일을 증명하기 위해서 자기 목숨이라도 주님을 위해서 내놓을 채비가 되어 있다고 한 것입니다.

베드로의 대담무쌍함에 대해서 우리는 어떻게 생각해야 합니까? 우리는 그것을 전적으로 비난할 수는 없습니다. 왜냐하면 그것은 자기 주님을 사랑하는 마음에서 흘러나온 것이고, 언제나 주님과 함께 있고 싶어하는 소원에서 나온 것이기 때문입니다. 그러나 그것은 역시 무지한 소치였고 지나친 자기 확신에서 흘러나온 것입니다. "예수님을 따른다"는 것은 무엇을 뜻합니까? 베드로는 바로 그것이 함축된 것이 무엇인가를 진실로 알지를 못했습니다. 더구나, 그는 한 장 뒤에 기록된 그리스도의 진술, "나를 떠나서는 너희가 아무 것도 할 수 없다"는 말씀의 진리를 아직 배우지 못했습니다(요 15 : 5).

베드로는 지나친 자기 확신 속에서 넘어졌습니다. 자기가 가장 약할 때가 아니라 자기가 가장 강할 때 넘어졌습니다. 그는 하나도 겁이 없었습니다. 그는 예수님을 위해서 죽을 채비가 되어 있었습니다. 그럼에도 불구하고 그는 하녀의 무심결에 던진 질문 앞에 두려워 떨었습니다. 이것을 어떻게 설명해야겠습니까? 핑크는 이렇게 대답합니다. "(하나님께서 허락하신대로) 그와 우리에게 아주 중요한 교훈을 가르치기 위해서 그렇게 하셨다고만 설명할 수 있다. 만일 우리 혼자 내버려 두면 가장 강한 자라도 물처럼 연약하다는 교훈을 알려 주기 위한 것이다. 우리가 마음 속에서 약할 때 강해지는 것이다(고후 12 : 10)." 핑크는 덧붙여 말하기를 "우리는 흔히 죄에 빠진다는 사람들을 바라보면서 우리는 그런 사람들이 하는 일을 도저히 할 수 없다는 식으로 상상하기를 잘한다"고 바로 지적했습니다. 확실히 우리가 그렇게 생각하는 것은 잘못입니다. 왜냐하면 "'모든' 죄의 씨앗들이 우리 마음 속에도 있으며 우리가 새로워졌을 때에도 기회만 있으면, 또는 우리가 무방비 상태에 있으면, 또는 잠깐 동안 하나님이 은혜를 거두시면 그 씨앗은 대번에 풍성한 열매를 드러내게 되기 때문입니다."

우리는 이것을 알 필요가 있습니다. 왜냐하면 만일 우리가 시험을 이기려 한다면, 그리스도께서 우리를 붙잡지 않는 한 우리는 넘어질 수 밖에 없다는 지식부터 먼저 가져야 하기 때문입니다. 다른 곳에서 저는 제 친구 한 사람의 이야기를 들어본 적이 있는데 그 사람은 여름 캠프에서 전화 줄을 연결하는 임무를 띠고 있었습니다. 이를 위해서 그는 전신주로 올라가야 했습니다. 그는 배운대로 했습니다. 그는 이런 말을 들었습니다. "전신주에 올라가면 등을 뒤로 버텨야 한다. 그 전신주와 너를 둘러 매고 있는 넓은 가죽띠에 의지하여 몸을 뒤로 젖혀야 한다. 그러면 가죽띠가 받쳐줄 것이다. 가죽띠를 의지하고 뒤로 받칠 필요가 있다. 아니면 네 신발의 못이 나무에 박히지 않아서 미끄러질 것이다." 제 친구는 그 말을 듣고 그대로 해보려고 했습니다. 그는 뒤로 버티는 게 무서웠습니다. 그래서 그의 신발의 못이 나무에 들어가지 않아 전혀 그 전신주를 올라갈 수 없었습니다. 결국 한 생각이 떠올랐습니다. 그는 뒤로 젖혔습니다. 그 신발의 못이 나무에 들어박히고 그는 올라가기 시작했습니다. 불행히도 그가 땅에서 3 피트쯤 올라갔을 때 떨어지면 어떻게 하나 하는 걱정이 되었고, 만일 자기가 전신주에 몸을 더 가까이 기대기만 하면 뭔가 좀 더 나아갈 수 있다는 생각이 들었습니다. 그러나 그렇게 했더니 스파이크가 빠지고 그는 아래로 내려 미끄러져 내려오면서 온통 나무 가시에 긁히게 되었습니다. 영적으로도 마찬가지입니다. 하나님께서는 우리의 삶을 주관하시되, 우리가 하나님을 기대지 않거나 우리를 붙잡아 주도록 하나님을 의뢰하지 않으면 영적으로 올라갈 수 없도록 주관하십니다. 만일 우리가 예수님께 기대지 않는다면, 하나님께서는 우리가 그냥 미끄러지도록 내버려 두실 것이고(베드로의 경우처럼) 나무 가시에 온통 상처가 나도록 내버려 둘 것입니다. 하나님께서 그러한 일을 허락하시는 것은 우리가 그를 의뢰하고 우리 자신을 의뢰하지 않도록 하기 위함입니다.

내리막 길

베드로의 실족의 두번째 단계는 "기도하지 못한 것"입니다. 이것은 물론 하나의 연관되는 실수입니다. 왜냐하면 베드로는 자신의 능력을 확신한 나머지 하나님이 필요하다는 의식을 갖지 못했고, 그래서 하나님께 도움을 요청하지를 않았던 것입니다. 그렇게 하지도 않아야 했습니다. 왜냐하면 만일 우리가 이날 저녁의 여러 행동들에 대한 병행되는 기록들을 읽어 보면, 예수님께서는 제자들에게 "시험에 들지 않게 기도하라"고 분명하게 경고해 주셨기 때문입니다. 그걸 세번이나 말씀하셨습니다. 예수님과 제자들이 겟세마네 동산에 들어가서 예수님께서 개인적으로 기도하려고 제자들과 멀어지려 할 때 처음 말씀하셨습니다(눅 22:40). 두번째의 경우는 예수님께서 돌아오셔서 베드로와 다른 제자들이 자는 것을 보시고 베드로에게 하신 경우입니다(마 26:40, 41; 막 14:37, 38). 그는 수많은 사람들이 자기를 잡으려고 당도하고 유다가 자기가 예수인 것을 다른 사람에게 알리려고 입맞추기 전에 세번이나 그 말씀을 하신 것입니다(눅 22:46). 베드로는 세번이나 기도하라는 말씀을 들었습니다. 그럼에도 불구하고 베드로는 너무나 자기 확신에 넘친 나머지, 또는 졸음에 겨운 나머지(이것도 결국 같은 것임) 그 기회를 지나쳐 버렸고 급기야 주님을 부인하게끔 하는 시험이 그를 덮쳐 올 때 준비되지 않은 상태에 있었습니다.

여러분은 시험이 여러분을 덮치지 못하도록 기도합니까? 바울이 데살로니가 사람들에게 권고했듯이 "쉬지 않고 기도합니까?"(살전 5:17). 저는 그것이 어려운 일이라는 것을 알고 있습니다. 때로 그것은 지극히 어렵습니다. 그러나 우리가 그 기도를 하기에 너무 피곤하다고 느낄 때나, 세상의 염려가 우리를 짓누르고 우리를 침체시키고 우리의 생각을 우둔하게 할 때처럼 기도가 필요한 때가 없습니다.

베드로가 넘어진 세번째 단계가 있습니다. 누가는 그것에 대해 말하면서, 사람들이 예수님을 잡아 대제사장의 집으로 끌고 가고 있을 때 베드로는 "멀찍이 따라갔다"(눅 22:54)고 말하고 있습니다. 그런 환경 속에서 있을 수 있는 일이라고 이해할 수 있습니다. 잡히는 순간 제자들은 황망하게 흩어졌읍니다. 그들은 거의 다 어둠 속에서 감람산으로 되돌아가는 길로 가서 베다니로 나아갔읍니다. 그곳은 유월절 주간에 매일밤 그들이 지냈던 곳입니다. 그 사건의 해설을 심리학적으로 분석해 보면, 제자들은 위험이 당도한 예루살렘을 떠나 도망쳐 베다니로 갔음을 알게 됩니다. 주께서 끌려 가시는 방향으로 가지 않았읍니다. 그러나 베드로는 분명히 도망쳐 달려가지는 않았읍니다. 그렇지 않으면 한 동안 숨었거나 아니면 도망치는 것을 멈췄읍니다. 그 결과는 예수께서 끌려가시는 것을 보았고 그래서 예수님을 따랐읍니다. 그러한 자기 모습이 어둠 속에 감추어져 있었읍니다. 이런 일을 우리는 이해할만합니다. 제 자신도 아마 그렇게 했을 것입니다. 그러나 필요하다면 예수님과 함께 죽겠다던 그의 용감무쌍은 어디 있읍니까 ? 베드로의 용기는 지금 어디 있읍니까 ? 베드로는 무방비상태였읍니다. 예수님께서 기도하실 때 기도하고 있지 않았읍니다. 그래서 갑자기 두려움이 그 마음을 사로잡았고, 자기가 발견되지 않도록 은밀하게 행동했읍니다.

베드로가 이때 행한 일은 너무나 많은 그리스도인들을 특징짓고 있읍니다. 그들은 예수님을 따르는 자들이 되고 싶기는 합니다. 그러나 예수님을 따를 때 따라오는 여러 결과들을 두려워하여 멀리서 따릅니다. 그들은 싸움의 초점은 예수님이 서 있는 곳에 있는 것임을 바르게 알고는 있읍니다. 또한 많은 그리스도인들이 예수님께 너무 가까이 접근하지 않는다면 더 안전할 것이라고 생각합니다. 그들이 더 안전할까요 ? 물론 그렇지 않습니다. 어느 제자든지 예수님을 바짝 따르는 길만이 안전한 길입니다.

그런 다음, 베드로의 이야기의 끝에 도달해 보면 베드로가 대제사장의 뜰에서 불을 쬐고 있는 모습을 발견합니다. 그는 "그리스도의 원수들의 무리와 함께 있었고 그들로부터 유익을 얻어내고 있었읍니다." 그렇다고 해서 우리가 모든 세상과의 접촉을 다 끊어야 한다는 걸 말씀드리는 것은 아닙니다. 우리는 그렇게 해서는 안되기 때문입니다. 예수님께서도 친히, 우리가 세상의 증인이 되도록 하기 위해서 세상에서 우리를 취하여 가는 대신 세상에 우리를 남겨 두셨읍니다. 오히려 그 말씀은 우리가 그리스도를 해롭게 하는 자들의 행동으로부터 무언가를 얻어내려고 해서는

안된다는 뜻입니다. 더우기 우리는 그러한 사람들에게 너무 붙임성 있게
해서도 안됩니다. 왜냐하면 그렇게 하면 우리의 순결을 잃게 되고 예수
님을 위해서 변호할 수 없게 되기 때문입니다. 베드로는 이 시점에서 자
신을 지키지 못했읍니다. 따라서 그는 자신의 신분을 숨기는 자리로 떨
어졌고 금방 자기 주님을 부인했읍니다. 그것도 맹세와 저주를 섞어 주
님을 부인한 것입니다(마 26:74; 막 14:71).

우리가 그러한 길을 따라야겠읍니까? 여러 시험이 와서 그 시험에 우
리가 굴복할 수도 있읍니다. 내리막길에 선 베드로 같이 될 수도 있읍니
다. 또한 우리가 그 시험을 거부할 수도 있읍니다. 그 시험을 저항해내
기 위해서 베드로가 이 경우에 했던 것의 정반대로 나가야 합니다. 첫째
로, 지나치게 자신을 확신하지 말고 겸손해야 합니다. 더 정확하고 바르
게 말한다면 전혀 우리 자신을 신뢰하지 말아야 합니다. 둘째로, 정규적
으로 큰 열심을 가지고 기도해야 합니다. 세째로, 베드로처럼 멀찍이 따
르지 말고 예수님을 바싹 뒤쫓아야 합니다. 끝으로 진정 그 그리스도의
원수된 자들의 행동으로부터 유익을 취하지 않도록 조심해야 합니다.

포기하지 말라

이 시점에서 베드로가 예수님을 부인한 것에 대한 연구를 마쳐도 무방
할 것입니다. 왜냐하면 우리는 광대한 유익을 얻을만큼 충분히 배웠기
때문입니다. 그러나 어떤 사람이든지 넘어질 수 있고, 베드로가 실족하
여 넘어지기 전에 여러 단계가 있었는데 우리도 그러한 단계를 거칠 수
있다는 걸 아는 것만으로서는 부족합니다. 우리는 베드로가 넘어질줄 알
고 베드로를 위해서 예수님이 취한 행동도 알아야 합니다. 예수님이 무
엇을 하셨읍니까? 예수님은 베드로에게 경고하셨읍니다. 그것은 사실입
니다. 그러나 예수님이 그것만 하신 것이 아닙니다. (1) 예수님은 베드로
를 위해서 기도하셨읍니다. (2) 예수님은 후에 베드로가 예수님을 섬길
소명을 다시 얻도록 하기 위해 베드로에게 오셨읍니다.

첫째, 예수님은 베드로를 위해서 기도하셨읍니다. 우리가 기대할 수 있
는 바대로 그의 기도는 응답되었읍니다. 누가는 그의 복음서에서 그점을
말합니다. 이 누가복음 기록에서 보며는 예수님은 베드로에게 말씀하시

되 이렇게 말씀하셨습니다. "시몬아, 시몬아, 보라 사단이 밀 까부르듯 하려고 너희를 청구하였으나 그러나 내가 너를 위하여 네 믿음이 떨어지지 않기를 기도하였노니 너는 돌이킨 후에 네 형제를 굳게 하라"(눅 22 : 31 , 32). 우리가 더 잘 이해할 수 있는 말로 옮겨 놓는다면, 사단이 예수님께 와서 베드로가 뜨거운 열기만 있지 아무 것도 아니라고 떠벌려 말하였다는 뜻입니다. 또한 그 사단이 베드로를 치도록 주님이 허락만 해 주신다면 타작 마당에서 알곡과 죽정이를 분리시키도록 바람이 불 때처럼 베드로가 죽정이 같이 날아가 버릴 것이라는 뜻입니다. 예수님께서는 베드로 안에 대단히 많은 죽정이가 있다고 대답하셨으나 베드로가 죽정이에 불과하다고 생각하는 사단의 잘못을 지적하셨습니다. "내 알곡이 베드로 안에 있다"고 예수님은 말씀하신 것입니다. "따라서 나는 사단 네가 베드로를 치도록 허락하려다. 그러나 네가 그런 일을 할 때 네가 한 일은 죽정이만을 날라가게 하는 일 밖에는 성공하지 못할 것이다. 베드로는 그전보다 더 강할 것이다." 여기서 예수님께서는 그런 일이 일어나기 전에 베드로의 승리를 공언하셨습니다. 그러나 예수님께서 덧붙여 말씀하시기를, 믿음이 떨어지지 않도록 베드로를 위해서 기도하시겠다고 하셨습니다. 베드로는 기도하지 못할 것이지만 주님은 베드로를 위해서 기도하실 것입니다.

둘째로, 주님께서는 베드로가 실족한 다음과 주님께서 친히 부활하신 다음에 베드로에게 소명을 새롭게 하기 위해서 나타나셨습니다. 요한복음의 추신과 같은 부분에서 그 이야기를 발견합니다. 베드로는 세번 주님을 부인했습니다. 주님께서도 세번 "요한의 아들 시몬아 네가 나를 사랑하느냐 ? "라는 질문을 던졌습니다.

베드로는 "예 주여 내가 주를 사랑하는 줄 주께서 아시나이다"라고 대답하였습니다.

예수님께서 "내 양을 먹이라"고 대답하셨습니다.

예수님이 베드로를 버리셨습니까 ? 예수님은 그렇게 할만한 충분한 이유를 갖고 계셨습니다. 베드로는 주님을 부인했습니다. 예수님은 베드로가 더 이상 자신을 섬기기에 합당치 못하다고 판단할 수도 있었고 구원을 받기조차 합당치 못하다 할 수 있었습니다. 그러나 주님은 그런 방식

을 취하지 않았읍니다. 그는 다시 베드로에게 오셔서 주님을 섬길 소명
을 새롭게 하셨읍니다. 하나님께서, 아브라함이 갈데아 우르를 떠나 약
속된 땅으로 가다가 하란에서 멈췄을 때 아브라함을 버렸읍니까? 아닙
니다. 하나님께서 아브라함에게 약속한 영적 복락의 똑같은 약속을 거듭
하시기 위해서 아브라함에게 오셨읍니다. 모세가 자신의 힘으로 이 백성
들을 해방시킬 수 있다고 생각하고 애굽인을 죽인 다음 애굽에서 미디안
광야로 도망친 후에 하나님은 모세를 버리셨읍니까? 아닙니다. 모세가
시도하려 했으나 자기는 할 수 없다는 것을 발견한 그 일을 하시겠다고
약속하시면서 자신에 대한 새로운 계시를 가지고 하나님은 모세를 찾아
오셨읍니다. 요나가 하나님을 떠나 도망쳐 깊은 죄 가운데 빠져 니느웨
로 가는 것보다 차라리 죽는 게 낫다고 선언했을 때 요나를 버리셨읍니
까? 아닙니다. 하나님께서 역시 두번째 요나에게 오셨읍니다.

　그처럼 하나님께서는 두번 세번 네번 심지어 백번, 필요하다면 천번이
라도 우리에게 찾아오셔서 우리가 하나님과 교제하도록 하십니다. 더구나
우리 중 그 어느 누구라도 하나님께서 우리에 대해서 그렇게 해주시지 않
는다면 한 순간도 우리 자리를 지키지 못할 것입니다. 우리는 불신실합니
다. 그럼에도 불구하고 그는 언제나 미쁘십니다. 그는 자기 백성들 하나
하나를 "끝까지" 사랑하십니다(요 13:1). 우리가 그러한 은혜를 받을
만합니까? 천만에요. 그러나 우리는 그러한 은혜에 반응하여 아이삭 와
츠가 말한 것처럼 말을 할 수 있읍니다.

　　영광의 임금 죽으신 그 놀라운 십자가
　　곰곰히 생각할 때 내가 가진 가장 풍부한
　　소득도 아무 것도 아니게 여겨지고
　　내 모든 자랑 헛된 것일세.

　　이 세상 모든 것 다 내 것이 된다 할지라도
　　그것은 너무 작게 보이네
　　너무나 기이하고 놀라운 하나님의 사랑
　　내 영혼과 내 생명과 내 모든 걸 요구하네.

　우리가 섰다 생각할 때 넘어지게 됩니다. 그러나 우리의 교만을 이기
고 예수님을 기댈 때 예수님께서는 우리가 필요로 하는 모든 것 되십니

다. 우리는 그분을 사랑합니다. 우리는 그분의 사랑이 위급한 경우를 만
날 때마다 충분하다는 걸 발견합니다.

11

염려하는 마음을 위한 조용한 말씀

"너희는 마음에 근심하지 말라 하나님을 믿으니 또 나를 믿으라 내 아
버지 집에 거할 곳이 많도다 그렇지 않으면 너희에게 일렀으리라 내가
너희를 위하여 처소를 예비하러 가노니 가서 너희를 위하여 처소를 예
비하면 내가 다시 와서 너희를 내게로 영접하여 나 있는 곳에 너희도
있게 하리라"(요 14 : 1 – 3).

자기가 알던 세상이 무너져버릴 때 그리스도인이 무엇을 해야 합니
까? 큰 고통의 날에 그리스도인이 어떻게 해야 합니까?

이것은 태만한 질문이 아닙니다. 왜냐하면 우리가 언제나 그것에 대해
서 생각하기를 좋아하지 않는다 할지라도 인생은 여러 고통거리들로 가
득차 있읍니다. 좌절은 하나의 고통입니다. 많은 좌절감을 맛보게 됩니
다. 우리는 우리 자신에 대해서 좌절합니다. 왜냐하면 언제나 우리가 원
하는 그러한 존재가 되지 못하기 때문입니다. 우리는 강해지고 싶지만 약
합니다. 성공하고 싶지만 많은 실패를 체험합니다. 사람들에게사랑을 받
고 싶지만 때로 사람들은 고작해야 우리에 대해서 냉담한 자세를 보이는
적이 많습니다. 또는 다른 사람들이나 남편이나 아들이나 딸이나 친구나
고용주나 내 동반자나 피고용인이나, 그 어떤 경우라 할지라도 많은 다
른 사람에게 실망할 경우도 잦습니다.

또한 여러 환경이 고통의 원인이 되기도 합니다. 어떤 경우에서 우리는 환경에 대해서 어떤 일을 할 수 있습니다. 또 해보려고 노력합니다. 그러나 언제나 그런 것은 아닙니다. 궁핍이 언제나 바뀔 수 있는 것은 아닙니다. 궁핍은 고통거립니다. 사랑하는 자를 잃어버리는 것도 우리가 마음대로 할 수 없는 일입니다. 그것은 무서운 일입니다. 또 직업을 잃고 병을 얻고 장래에 대해서 불확실하고 오늘 이 시대에 특별히 불안정한 일의 결국도 다 그러합니다.

마치 주님의 임재가 우리에게서 떠나고 우리가 영혼의 "어두운 밤"으로 묘사하는 게 좋을 처지에 혼자 빠져 있는 것처럼 보일 때 영적인 고통에 대해서는 어떠합니까? 우리는 그런 환경 속에서 어떻게 합니까? 절망에 대해서 우리는 어떻게 해야 합니까? 그에 대한 해답은, 우리가 스스로 정신을 차리고 하나님을 믿는 우리의 믿음을 강화시키는 생각을 일부러 해야 하는 것입니다. 우리는 그 분에 대해서 생각하고, 하나님의 능력과 약속을 우리 자신에게 생각나게 하고 그를 신뢰함으로써 고통을 이겨야 합니다.

우리가 다룬 본문은 우리더러 강한 그리스도인이 되라고 촉구합니다. 울고 좌절하고 다른 사람이 우리를 보고 불쌍히 여겨주기를 기대하는 류의 그리스도인이 되지 말고 다부진 믿음을 가지고 다른 사람들에게 힘이 되는 그런 류의 그리스도인되라고 촉구하고 있습니다. "너희는 마음에 근심하지 말라"(너희 마음으로 고통을 당하지 못하게 하라)(요 14 : 1).

고통을 당하는 원인

이 본문에 두 가지 주요한 요점이 있습니다. 첫째는 제가 방금 말씀드린 바에 비추어 볼 때 매우 역설적인 것인데 흔히 우리는 고통당하는 원인을 갖고 있다는 것입니다.

고통을 부인하려고 애쓰는 우리 시대에 존재하는 일종의 폴리아나 기독교(낙천주의적인 기독교)가 없다면 이 요점에 대해서 그렇게 강조할 필요가 없을 것입니다. 진정으로 하나님께 복종하는 자녀라면 어떠한 고통도 당하지 않을 것이라고 주장하는 류의 기독교가 바로 그런 것입니다. 이러한 인생관은 로마서 8 : 28 이 진정으로 하나님을 사랑하는 사람의 인생 속에는 좋은 것만 일어난다는 뜻으로 해석합니다("하나님을 사랑하는 자들에게는 모든 것이 합력하여 선을 이루는 줄 앎이로다"). 사실상 로마서 8:28은 악이 온다 할지라도 그 악에도 불구하고 당신의 선한 뜻을 이루실 것이라는 뜻입니다. 이 관점은 비현실적이고 무언가를 잘 파악하지 못하고 있는 것입니다. 왜냐하면 악이 존재하고 있기 때문입니다. 고통이 옵니다. 죽음은 하나의 원수입니다. 그러므로 이러한 것들을 부인하는 대신 우리는 그러한 것들이 존재함을 현실적으로 인정하는 일부터 해야 합니다.

분명히 말해서, 그리스도가 그런 말씀을 하시게 된 것도 그 때문입니다. 왜냐하면 인간적인 관점에서 자기의 말을 듣고 있는 제자들이 마음의 깊은 상심을 가질 원인을 갖고 있다는 걸 분명히 아셨기 때문입니다.

그 한 예로 예수님께서 친히 고통을 당하셨읍니다. 요한복음 13장21절에서 "이 말씀을 하시고 심령에 민망하여" 하셨다는 말씀을 듣기 때문에 그걸 알고 있읍니다. 이것이 그 자체로 본다면 비상하고 고통스러운 것이 아닐까요? 모든 거친 바다에서 머물 곳이시며 모든 적대하는 세상 속에서 피난처되시는 분이 민망해하셨다는 것이 당황할 조건이 아닐까요? 더 나아가서 예수님께서 그들을 떠나시려 한다는 것을 넌지시 암시하여 주셨읍니다. 그 전에도 그런 말씀을 하셨읍니다. 그러나 그들은 예수님이 하시는 말씀을 온전히 이해하지 못했읍니다. 지금 그 메시지가 그들의 마음 속에 이해되었고 그들은 소동하였읍니다. 그는 그들의 생명이었읍니다. 그분을 위해서 자기 가정과 직업을 떠났읍니다. 그가 그들을 떠나신다면 이제 그들이 어떻게 해야 할까요? 그들의 아프고 근심어린 마음 속에 남은 공허를 무엇으로 메꿀 수 있읍니까?

이것만이 아닙니다. 만일 그 외에 다른 것이 더 있지만 않았더라면, 제자들은 스스로 어떤 일이 일어난다 할지라도 여전히 예수님을 사랑하고, 예수님께 신실할 것이고 예수님을 영원히 기억할 수 있다는 걸 생각하고 위안을 받았을 것입니다. 그러나 그들은 실로 그러한 생각을 할 엄두도 내지 못하게 되었읍니다. 왜냐하면 그들 중 하나인 유다가 예수님을 팔 것이라고 말씀하셨고, 또 다른 사람 베드로가 예수님을 아침이 되기 전 세 번이나 부인할 것이라고 말씀하셨기 때문입니다.

제자들이 곧 마음에 근심할 이유를 가졌지요? 분명히 그러했읍니다! 우리는 이로부터 우리의 난제를 솔직이 인정하고 분석하는 것이 잘못이 아니라는 걸 배우게 됩니다.

우리는 또 다른 요점을 덧붙일 수도 있읍니다. 우리는 다른 사람들을 괴롭게 하는 것들을 인식하고 솔직하게 인정하는 것이 그릇되지 않다는 것입니다. 상담하는데 있어서 매우 유효한 원리가 여기 있읍니다. 때로 어떤 사람들이 어떤 난제를 가지고 우리에게 찾아옵니다. 사람들이 끊임 없이 제게 찾아오듯이 말입니다. 우리는 그 사람들의 난제를 축소시키고 싶습니다. "그러나 그게 그렇게 나쁜 건 아니군요. 일이 더 나빠질 경우를 생각해 보세요"라고 말하고 싶습니다. 훨씬 더 악한 조건에 있는 사람에 대한 이야기를 들려 주고 싶을 수도 있읍니다. 그러나 우리가 그렇게 해서는 안됩니다. 난제를 축소시킨다고 해서 얻는 것이 하나도 없읍니다. 오히려 우리는 고통받는 영혼이 토해내는 이야기를 다 들어야 합니다. 그리고 전부는 아니라 할지라도 많은 경우에 있어서 그를 정말 고통스럽게 할만한 것이 있다는 걸 인정해야 합니다. 실로 우리는 바울이 로마서의 실천적 대목(12:15)에서 말했듯이 "우는 자들과 함께 울어야" 합니다.

근심하지 않을 더 큰 이유

그러니 그리스도인들은 사실주의자들입니다. 그들은 인생의 난제들 모두에 대해서 사실주의자들입니다. 그러나 동시에 그리스도인들은 하나님의 능력과 하나님의 약속에 대해서도 사실주의적인 사람들이라고 덧붙여야 합니다. 이 말은 근심의 원인이 있다 할지라도 근심하지 않아야 할 더 큰 이유가 있다는 것입니다. 이것은 두번째 중요한 요점입니다. 우리 그리스도인들로 하여금 근심케 하는 원인이 어떤 것이라 할지라도, 근심하지 않아야 할 더 큰 이유가 있읍니다.

우리가 근심하지 않아야 할 이유들이 무엇입니까? 이 대목 속에서 우리는 다섯 가지를 발견합니다. 첫째 우리는 예수님을 알고 있읍니다. 그는 하나님이십니다. 그는 우리와 우리의 처지를 알고 계십니다. 그 처지들을 다루실 수 있읍니다. 그러므로 그를 믿을 충분한 이유가 여기에 있

는 것입니다. 예수님께서는 "하나님을 믿으니 또 나를 믿으라"고 도전적
인 말씀을 하실 때 그걸 지시하신 것입니다.

여기서 정확하게 말하자면, 이러한 노선을 취할 수 있는 길이 여럿 있
음을 주목해야 합니다. 그 문장의 두 부분 모두에서 "믿으라"는 동사는
직설법의 형태도 되고("너희는 믿는다") 명령형도 된다는 사실 때문입니
다("믿으라 !"). 헬라어에서는 두 형태가 다 같습니다. 우리는 그 문장을
이렇게 번역할 수 있습니다. (1) "네가 하나님을 믿는다. 너희는 나도 믿
는다." (2) 하나님을 믿으라 ! 나를 믿으라 ! " (3) "너희는 믿고 있으니 나
도 믿으라" (4) "너희가 나를 믿는 것처럼 하나님을 믿으라." 물론 이 네
가지 가능성 중 첫번째 경우는 거부당할 수 있습니다. 왜냐하면 문맥상
그것은 하나의 진술 이상이고, 일종의 권면이 요구되기 때문입니다. 마
지막 경우도 거부당할 수 있는데 그 마지막 경우는 관계가 도치되어 있
음을 지시하기 때문입니다. 제자들은 분명히 예수님을 믿고 나서 하나님
을 믿게 된 것이 아님이 분명합니다. 왜냐하면 이 말씀 속에서 지시하는
바는 그리스도를 믿을 필요성이기 때문입니다. 그러니 두번째 세번째 경
우만이 남아 있습니다. "너희가 하나님을 믿으니 나도 믿으라"(흠정역 성
경에서는 그렇게 번역되어 있음). 또한 "하나님을 믿으라 나를 믿으라!"
(표준개정역(RSV)나 새영어성경(NEB)이나 거의 모든 현대번역성경이
바로 그러한 식으로 번역하고 있음).

확실히 말해서 이 두 번역 사이에는 큰 차이가 없습니다. 둘 다 신학
적으로 좋습니다.

최근의 많은 번역본들이 대단히 가치가 있다 할지라도 제가 볼 때에는
가장 오래된 번역인 흠정역이 더 좋아보입니다. 이 상황에서 예수님께서
는 어째서 하나님을 믿으라고 강권하겠읍니까? 물론 하나님을 믿으라고
강권하는 것은 언제나 좋습니다. 그러나 이러한 상황에서 문제는 예수님
께서 제자들을 떠날 것이고 그들은 예수님께서 자기들을 떠난다는 걸 생
각하고 근심하고 있다는 점입니다. 그들은 하나님께서 약간 멀리 계셔서
자기들을 돌보실 것이라는 것을 의심하지 않았읍니다. 그들은 일반적인
의식을 갖고 있었읍니다. 그러나 그들은 예수님께서 어떻게 자기들을 버
리고 가실 수 있는가를 이해하지 못했읍니다. 그래서 그리스도께서 무얼

말씀해 주셨읍니까 ? 이러한 처지에서 예수님은 마치 제자들에게 돌아서서 "보라 나는 너희가 하나님을 믿고 있는 줄 알고 있다. 이러한 처지에서 정확히 나도 믿으라. 내가 행하고 있는 것이 다 생각이 있음을 믿으라. 나는 어떤 목적을 향해 나아가고 있다. 그 목적은 이루어질 것이다. 나는 너희에게 다시 돌아와서 우리가 다 함께 있게 할 것이다. 그걸 믿으라"라고 말씀하시는 것 같습니다. 예수님 자신이 금방 십자가에서 처형될 것을 내다보시면서 이런 말씀을 하셨읍니다. 제자들이 근심하지 않아야 하는 첫번째 이유가 그것입니다. 그들은 예수님을 알았읍니다. 그들은 그를 믿을만한 모든 이유를 갖고 있었읍니다.

우리도 그러합니다. 사실 우리는 그 첫번째 제자들보다 더 많은 이유를 갖고 있읍니다. 왜냐하면 그들은 부활 저편에 서 있었고, 우리가 아는 것처럼 그리스도의 십자가가 우리의 구원이라는 걸 알지 못했었고, 부활의 큰 영광이 십자가 다음에 와야 한다는 것도 알지 못했었기 때문입니다. 예수님께서는 당신의 하고 계신 일이 무엇인지 알고 계셨지요 ? 물론 일이 무엇인지 알고 계셨지요 ? 물론 알고 말고요 ! 그는 믿을만한 분이셨읍니까 ? 아무렴요 ! 그러니 우리는 그를 믿읍시다. 처지가 어떠하다 할지라도, 아무리 어렵다 할지라도, 우리는 그가 그러한 처지에서 어떤 목적을 갖고 계시다는 걸 믿고, 우리 자신의 영적인 선과 덕을 세우기 위해서 그러한 모든 것을 가장 확실히 이행하고 계시다는 걸 믿읍시다.

하늘에 있는 본향

우리가 근심하지 않아야 하는 두번째 이유로 예수님께서 주신 것은, 하늘에 우리를 위해서 처소가 예비되었다는 것입니다. "내 아버지 집에 거할 곳이 많도다 그렇지 않으면 너희에게 일렀으리라 내가 너희를 위하여 처소를 예비하러 가노니"(2 절).

많은 사람들에게 있어서 하늘에 있는 본향을 얘기하는 것은 도피주의를 벌여놓은 것으로 생각합니다. 마치 시련을 만나서 그리스도인이 인생을 등지고 영광만을 바라보고 사는 것처럼 말입니다. 그러한 것은 "유토피아적" 철학입니다. 이것은 어떤 경우에서 사실이 되었읍니다. 어떤 사람들은 인생에 승리하면서 살아가야 했을 때 인생을 등졌읍니다. 어떤 사

람들은 도피주의자들이었읍니다. 그러나 도피주의자들이 아닌 사람들이
라도 이 약속으로부터 큰 위안과 힘을 얻을 처지도 있읍니다.

저는 그 한 예로 생각해 봅니다. 얼마 전에 저는 심한 관절염을 치료
하기 곤란해서 집에 붙어 있을 수밖에 없는 어느 한 교인을 방문한 적이
있읍니다. 그녀는 언제나 고통을 겪고 있었고 여러 해 동안 집에서 보냈
읍니다. 그런데 이 불쌍한 여인은 불평 한마디를 안했고 누가 물어 보기
전에는 자신이나 자신의 조건에 대해서 이야기하지 않았었읍니다. 그런데
그 여자가 죽음에 가까이 왔읍니다. 우리가 서로 이야기를 나누면서 그
녀에게 "아이다, 그대는 여전히 예수님을 사랑합니까?"라고 물었읍니
다.

그녀가 "예, 오 그럼은요! 저는 그와 함께 있기를 갈망하고 있어요.
그가 나를 본향에 데려가 주기를 간절히 바라고 있어요"라고 대답할 때,
그녀의 눈은 고통 속에도 빛났읍니다. 그리스도인의 죽음은 불신자의 죽
음과 다릅니다. 왜냐하면 그리스도인은 자기가 가는 곳을 알고 있기 때문
입니다. 그리스도인은 자기 하늘 본향을 확신합니다.

더구나, 그리스도인의 "삶"은 불신자의 삶과(거의 모든 경우에 있어서)
같지 않습니다. 왜냐하면 신실한 그리스도인은 자기의 운명을 알고, 자기
가 하늘 본향에서 예수님을 다시 만나볼 것을 알고 지금 그리스도를 따
르고 그리스도를 위해서 사는 것입니다. 바울이 빌립보서에서 "형제들아
너희는 함께 나를 본받으라 또 우리로 본을 삼은 것 같이 그대로 행하는
자들을 보이라… 오직 우리의 시민권은 하늘에 있는지라 거기로서 구원
하는 자 곧 예수 그리스도를 기다리노니"(빌 3:17, 20)라고 말할 때
그 점을 지시했읍니다. 요한도 "사랑하는 자들아 우리가 지금은 하나님
의 자녀라 장래에 어떻게 될 것은 아직 나타나지 아니하셨으나 그가 나
타내심이 되면 우리가 그와 같을 줄을 아는 것은 그의 계신 그대로 볼 것
을 인함이니 주를 향하여 이 소망을 가진 자마다 그의 깨끗하심과 같이
자기를 깨끗하게 하느니라"(요일 3:2, 3)라고 역시 그것에 대해서 말
한 것입니다. 우리의 운명을 아는 것은 큰 격려입니다. 혼돈 가운데서 평
안을 즐길 수 있기 위해서 뿐만 아니라 경건한 삶을 살기 위해서도 큰
격려가 되는 것입니다.

우리가 개인적으로 거하게 됨

제자들이 근심하지 말아야 할 이유로 예수님께서 제시하신 세번째 이유는 예수님께서 그들을 위한 처소를 예비하러 가신다는 것입니다. 언뜻 보면 앞에서와 같은 요점을 말하는 것 같습니다. 곧 하늘 본향이 있으며 그곳에 많은 처소가 있다고 말입니다. 그러나 그것은 단순한 반복이 아닙니다. 더 무엇인가를 첨가하고 있습니다. 하늘이라 불리우는 처소가 있읍니다. 예수님께서 그곳으로 가십니다. 그러나 예수님은 그것에다 덧붙여 일단 그 하늘에 가셔서 그 제자들을 위해서 하실 일이 있다고 말씀하고 계시는 것입니다.

제자들을 위해서 처소를 예비하려 하신다고 말씀하실 때 무엇을 뜻하고 계셨을까요? 그 질문에 대한 온전한 대답이 무엇인지 저도 확실히 알지 못하겠읍니다. 왜냐하면 제가 아는 바로는 성경의 어느 대목도 그 질문에 대한 답을 분명히 밝히지 않기 때문입니다. 제가 생각하기로 그러한 질문을 던진다는 것 자체가 그 구절의 참된 의미를 밝히는 것이 아닌가하고 생각합니다. 우리는 "내가 너희를 위해서 처소를 예비하러 가노니"라고 읽습니다. "예비한다"는 말에 초점을 맞춥니다. 만일 우리가 "너희를 위하여"라는 말에 초점을 맞춘다면 어떻게 될까요? 그 경우에는 주님께서 하늘에서 하고 계실 수 있는 건축적인 어떤 역사에 강조점이 주어지기 보다는, 그가 우리 개인을 위해서 그 일을 하고 계셨다는 사실에 강조점이 주어질 것입니다. 다른 말로 해서 아버지의 그 큰 집에 우리 각자를 위해서 한 처소가 예비되고 있다는 약속을 말씀하시는 것이 될 것입니다.

여러분은 어떤 특별한 사람을 위해서 방을 꾸며본 적이 있읍니까? 방을 꾸며 보았다면 그 특별한 사람에 걸맞게 방을 마련한다는 것이 무엇임을 알 것입니다. 만일 딸을 위해서 방을 준비한다면 방을 예쁘게 꾸밉니다. 딸의 그림을 걸어놓습니다. 또 그 딸이 좋아하는 기호품을 위해서 자리를 마련해 놓습니다. 아들이라면 그 방에는 모형비행기나 모형 자동차가 있을 것입니다. 만일 할머니를 위해서라면 할머니가 좋아하는 책을 방에다 놓아 둘 것입니다. 그런 방은 놀이방이나 어떤 어린 아이의 침대방과는 전혀 다를 것입니다. 우리는 그러한 방을 준비할 때 각별히 신경을 씁니다. 하물며 예수님께서 자기가 사랑하여 자기와 영원토록 지내어야 할 사람들을 위해서 덜 신경쓰겠다고 생각하십니까?

예수님과 함께

4절과 5절의 요점을 함께 모아볼 수 있읍니다. 그 요점들은 첫째, 예수님께서 자기가 남겨 놓은 사람들을 위해서 다시 돌아오신다는 것입니다. 둘째 요점은 그 시로부터 그 사람들은 예수님과 함께 영원히 거할 것이라는 점입니다. "내가 가서 너희를 위하여 처소를 예비하면 내가 다시 와서 너희를 내게로 영접하여 나 있는 곳에 너희도 있게 하리라"(3절)라고 말씀하셨읍니다.

주 예수님께서 오시는 것과, 주님께서 말씀하신 이른바 성령의 오심, 곧 오순절날에 성령이 오신 일을 동등하게 취급하려는 사람들이 있었읍니다. 그러나 그것은 옳지 못한 태도입니다. 성령의 경우에서 예수님은 신자에게 와서 그 신자가 예수님을 영접합니다. 그런데 이 구절에서 예수님께서는 신자들을 영접하여 하늘에서 당신과 함께 있도록 하시겠다는 것입니다. 분명히 사도 바울이 "주께서 호령과 천사장의 소리와 하나님의 나팔로 친히 하늘로 좇아 강림하시리니 그리스도 안에서 죽은 자들이 먼저 일어나고 그 후에 우리 살아남은 자도 저희와 함께 구름 속으로 끌어 올려 공중에서 주를 영접하게 하시리니 그리하여 우리가 항상 주와 함께 있으리라"(살전 4:16, 17)라고 말했을 때, 바로 그 점을 생생하게 묘사한 것입니다.

그 점에 위안을 받습니다. 실로 그래야만 마땅합니다. 왜냐하면 바울은 즉각적으로 "그러므로 이 여러 말로 서로 위로하라"는 권면을 덧붙이고 있기 때문입니다(18절).

우리도 무엇인가를 할 수 있다

이 시점에서 우리는 이 강론의 처음에 던진 질문으로 돌아옵니다. "자기가 아는 세상이 무너져내릴 때 그리스도인은 무엇을 해야 하는가? 큰 근심의 날에 그리스도인은 어떻게 해야 하는가?" 다시 한번 그 해답은,

스스로 정신을 차리고 마음을 가누고 이와 같은 위대한 진리를 기억하여 하나님을 믿는 믿음을 증가시켜야 한다는 것입니다. 그는 스스로 하나님의 위대한 능력과 약속들을 상기하고 묵상해야 합니다.

어떤 사람들은 이러한 것을 건전한 영적인 것으로 생각하지 아니하고 오히려 음울하게 배회하다가 어떤 번쩍하는 빛이 비쳐지기를 기다리는 자들이 있읍니다. 그러나 이것은 그리스도의 가르침이 아닙니다. 예수님께서 "너희의 난제를 곰곰히 생각하라"고 말씀하시지도 않았고, "나에게 그것들에 대해서 말하라"고 말씀하시지도 않았읍니다. 물론 우리는 그렇게 할 자유가 있지만 말입니다. 예수님께서는 "마음에 근심하지 말고 너희의 현재 근심하는 상태가 계속되지 못하게 하라"고 말씀하셨읍니다. 그러니 예수님께서 "너희는 마음에 근심하지 말라"라고 말씀하셨다면, 우리의 마음은 근심할 필요가 "없읍니다." 만일 우리가 그리스도에 대해서 아는 것을 스스로 생각하며 그를 의뢰하기만하면 승리할 수 있읍니다.

이것이 바로 큰 싸움에서 이기는 길입니다. 아무런 근심거리를 가지지 않는 자들은 큰 승리를 거두지 못합니다. 왜냐하면 이런 사람들은 전장에 있기보다는 집에 있기 때문이며 그런 사람들은 싸움을 하지 않기 때문입니다. '전쟁에서 지면 어떻게 하나, 모든 것이 끝나 아무 것도 할 수 없다'는 두려운 마음을 가지는 사람들은 그러한 승리를 쟁취할 수 없읍니다. 만일 그처럼 사기를 떨어뜨리는 관점이 포병병사에게 기어들어 온다면 백명의 선임하사가 바락바락 소리를 질러도 성공적인 승리를 가져오게 하는 행동을 하게 할 수 없읍니다. 그러나 결과가 확실하다는것을 알려 주면, 그 순간의 고통들을 거의 다 잊게 될 것이고 빨리 완전히 승리하기 위해서 온갖 노력을 기울일 것입니다. 오늘 아침 고통거리로 시작했다면, 이 날이 다 끝나기 전에 우리는 상실한 마음을 가지게 될 것입니다. 그러나 이생의 승리는 매우 확실하고, 의심할 여지 조차 없이 확실히 믿을 수 있고, 승리를 하게 될 것이고, 이 세상 나라는 우리 하나님과 그리스도의 나라가 되고 말 것이라는 걸 확실하게 믿을 수만 있다면, 그 큰 투쟁에서 그러한 근심거리들은 사소한 것들로 생각하게 될 것입니다.

그러니 근심하지 마십시오. 오히려 우리의 위대하신 하나님을 믿는 믿

음을 갖고 진행해나가십시요. 견고히 서서 왕중 왕이요 주의 주이신 분,
"잘하였도다 착하고 충성된 종아 …네 주인의 즐거움에 참예할지어다"(마
25:21)라고 말씀하실 분의 발 앞에 그 세상 나라의 깃발이 넘어질 때
까지 싸우십시요.

12

너희를 위한 처소

"내 아버지 집에 거할 곳이 많도다 그렇지 않으면 너희에게 일렀으
리라 내가 너희를 위하여 처소를 예비하러 가노니 가서 너희를 위하
여 처소를 예비하면 내가 다시 와서 너희를 내게로 영접하여 나 있는
곳에 너희도 있게 하리라"(요 14:2, 3).

예수 그리스도를 믿는 사람들이 역경으로 근심하지 않아야 하는 하나
의 이유는, 하늘에 본향을 가지고 있다는 데 있습니다. 그러나 우
리가 하늘에 대해서 말하기 시작하자마자 하나의 난제가 발생합니다. 왜
냐하면 거의 모든 사람들의 생각 속에서 하늘은 흥미로운 주제가 아니기
때문입니다. 그것이 언제나 그런 것은 아닙니다. 서구 사회에서 인생에
대한 여러 사상들이 인기를 얻었던 때가 있었읍니다. 그러나 우리의 시
대는 세속적이고 과학적인 시대입니다. 따라서 오늘날 하늘에 대한 생각
들이 하나의 도피주의나 단순한 사변의 형태로 간주됩니다.

하늘의 생각들

앞으로 알게 될 것이지만 우리는 순전히 세속적인 사고방식으로부터
어려움을 겪고 있습니다. 그러나 우리가 하늘에 대한 연구를 시작하면서
강조하는 요점은, 하늘이란 우리가 천성적으로 생각하는 것보다 우리에

게 **훨씬** 더 흥미로운 것이어야 한다는 점입니다. 그 한 가지 예로, 하늘은 나이를 먹어가면 갈수록 더 우리에게 흥미로운 것이 되기 쉽다는 걸 인식해야 합니다. 무디는 어떤 사람에 대해서 말하는데, 그 사람은 어렸을 때에 하늘은 주로 큰 벽으로 둘러 싸여 있고 돔(dome)과 탑들로 되어 있고, 자기 자신은 전혀 알지 못하는 수백만의 천사들이 살고 있는 큰 빛나는 도성으로 생각했었다고 간증했습니다. 그러나 그의 어린 형제가 죽었습니다. 그리고 나서 그는, 하늘이란 큰 벽으로 둘러 싸여 있고 탑들과 알지 못하는 천사들로 가득찬 큰 빛나는 도성이긴 하지만 이제는 자기가 아는 한 어린 아이가 있는 곳으로 생각했습니다. 그리고 두번째 형제가 죽었을 때 그 하늘에 자기가 아는 사람이 둘 있다고 생각했습니다. 친척들이 죽었습니다. 그리고 자기 자녀 가운데 하나가 죽어서 예수님과 함께 있게 되었습니다. 또 다른 자녀가 죽고 또 다른 자녀가 연이어 죽었습니다. 이때쯤 해서는 벽들이나 탑들에 대해서는 전혀 생각을 하지 않게 되었습니다. 그 천국 도성이 자기가 아는 사람들이 거하는 곳이라고 생각되었습니다. 하늘에 대한 그의 관심이 깊어지게 되었던 것입니다. 그가 삶을 끝마칠 때쯤해서는 자기의 친지들이 너무나 많이 하늘에 갔기 때문에 하늘에 가면 자기가 이 땅에서 알았던 자들보다 더 많은 사람들을 알게 될 것 같이 느껴지곤 했습니다. 물론 그의 생각은 갈수록 그 먼 곳에 고착되었습니다.

이 말씀을 듣고 있는 여러분 중 어떤 이들은 그와 같을 것입니다. 어릴 때 하늘에 대해서 그렇게 큰 관심을 두지 않았습니다. 그러나 많은 친구들이 그 하늘에 가 있습니다 — 아마 그 친구들 중 거의 다 가 있을 수도 있습니다 — 그러면 하늘이 자주 생각납니다.

우리가 나이를 먹어감에 따라서만 하늘에 더 관심을 가져야 되는 것만은 아닙니다. 확실히 말해서 우리가 더 어렸을 때에는 나이 많이 먹은 사람들과 또 이미 앞서간 자들 사이를 붙잡아 매주고 있는 정서의 유대가 부족한 것만은 사실입니다. 그러나 우리가 그리스도인이라면 어느 날엔가 그 하늘에 갈 것입니다. 여러분이 영원토록 보내게 될 그곳에 대해서 관심을 가져야 하지 않겠습니까?

저와 제 아내가 결혼 초기에 함께 대학원 공부를 위해서 유럽에 갈 결심을 했을 때 가졌던 큰 관심이 있었읍니다. 우리의 목적지는 스위스의 바젤이었읍니다. 사실상 그 바젤에 대해서 아는 것이 하나도 없었읍니다. 그런데 우리가 아무런 관심을 가지지 않았겠읍니까? 천만에요! 우리는 그곳에 대한 지리와 다른 정보를 담고 있는 지도와 책들을 많이 섭렵했던 기억이 납니다. 바젤이 어떠한가 알고 싶었기 때문입니다. 바젤은 얼마나 큰 도시인가? 기후는 어떠한가? 그곳은 옛 도시인가 새도시인가? 바젤의 역사는 어떠한가? 우리가 어디에 묵어야 할 것인가? 거의 모든 사람들은 바젤에 대해 기울인 우리의 관심이 바른 것이라고 인정할 것입니다. 예수께서 가셨고, 그분이 우리를 위해서 예비하고 계신 그 처소에 대해서 그리스도인은 그보다 얼마나 더 큰 관심을 기울여야겠읍니까?

주님께서 친히 하늘에 대해서 말씀하신 이 두 구절에 대해서 우리는 큰 관심을 가져야 하지 않겠읍니까? 그 문제를 연구하고 싶지 않읍니까? "내 아버지 집에 거할 곳이 많도다 그렇지 않으면 너희에게 일렀으리라 내가 너희를 위하여 처소를 예비하러 가노니 가서 너희를 위하여 처소를 예비하면 내가 다시 와서 너희를 내게로 영접하여 나 있는 곳에 너희도 있게 하리라"(2, 3절)라는 말씀을 숙고하고 싶지 않읍니까? 우리가 그렇게 하고 싶을 거라고 저는 생각합니다. 그러므로 비록 우리가 지난번에 한번 이 대목을 연구하였지만 우리는 이 강론과 다음 강론에서 이 대목을 다시 다룰 것입니다.

정말 있는 곳

우리가 이 말씀을 면밀히 살펴 보면 우리 눈에 들어 오는 첫번째 요점은 예수에 의하면 하늘이 진짜 존재하는 장소라는 점입니다. 우리가 이렇게 말한다고 해서 그 하늘을 적당히 형상화시킬 수 있다거나 어떤 성경적 상징의 도움을 힘입어 그렇게 할 수 있다는 뜻은 아닙니다. 예를 들어서 성경 속에 나오는 이른바 "황금길"의 경우입니다. 이 거리가 우리가 보는 거리와 같다거나, 거기서 말하는 황금이 원소기호표에 나타난 79 요소라고 반드시 생각할 필요는 없읍니다. 거리는 무너지거나 파손되지 않는 보배롭고 가치 있는 것의 영구성과 보배성을 말합니다. 같은 방식

으로 그러한 면류관이 문자 그대로 있을 수 있을지도 모르겠지만 반드시
하늘에 문자 그대로의 면류관이 있다고 생각하지는 않습니다. 또한 우리
가 생각하는대로 비파가 없을 수도 있읍니다. 이러한 것들은 상징적인
것들입니다. 그러니 그 상징들이 실체를 지시하고 있지만 그럼에도 불구
하고 그 실체 자체는 아닐 수 있읍니다.

그러나 그렇게 말한다고 해서, 그러니 하늘이 실제 있는 장소가 아닌
다른 어떤 것이라는 뜻은 아닙니다. 뉴욕이나 샌프란시스코와 같이 어떤
국한된 곳과 같은 그런 것과 다른 어떤 것이라는 뜻으로 이해해서도 안
됩니다. 예수님께서 다락방에서 하신 강화의 말씀 중에서 하늘을 묘사하
지 아니하셨지만, 하늘을 한 장소로 말씀하고 계십니다. 그가 가셨다가
하늘로부터 다시 오실 것이고, 어느 날엔가는 아버지께서 당신께 주신 모
든 자들을 함께 데리고 갈 곳이 바로 하늘입니다.

다른 구절들을 보면 그 점이 강화됩니다. 예를 들어서 예수님께서 앞
서서 "나는 하늘로부터 내려왔다"(요 6 : 38)고 말씀하셨읍니다. 또 제자
들더러 "하늘에 계신 우리 아버지"(마 6 : 9)라고 기도하라고 가르쳐 주
셨읍니다. 히브리서는, 예수님께서 우리의 구속의 역사를 마치신 후에
"하늘에 있는 위엄의 보좌 우편에" 앉으셨다고 말하고 있읍니다(히 8 : 1).
누가복음은 승천에 대하여 기록하면서 "축복하실 때 저희를 떠나 하늘로
올리우시니"(눅 24 : 51)라 말합니다. 구약성경에서 "내 이름으로 일컫
는 내 백성이 그 악한 길에서 떠나 스스로 겸비하고 기도하여 내 얼굴을
구하면 내가 하늘에서 듣고 그 죄를 사하고 그 땅을 고칠찌라"(대하 7 :
14)라는 말씀을 읽습니다.

"하늘"이란 말이 성경에서는 세 가지 구별되는 방식으로 쓰여졌읍니다.
우리가 새들이 날고 구름이 떠 있는 대기권이라 부르는 것을 하늘이라고
표현합니다. 또 항성과 별들이 발견되는 그 큰 공간을 가리킬 때 그 말
을 쓰기도 합니다. 그런 경우에 때때로 "궁창"이라고도 합니다. 마지막으
로 하나님의 집인 하늘을 나타낼 때 그 말이 쓰여집니다. 이 구절이 바
로 그 경우를 말하고 있읍니다 - 다른 곳들과 같은 한 장소를 말한다는
말씀입니다.

이 모든 요점은 어떤 사람들에게 난제를 불러 일으킵니다. 그 이유가

두 가지 있습니다. 첫째 하나님을 순전히 영이라고 묘사하는 부분을 관찰하는 사람들이 있습니다 - 영이란 몸의 형체를 전혀 띠고 있지 않은 채 뜻함 - 그래서 그 사람들은 하늘은 순전한 영들의 거처나 상태라고 결론 짓습니다. 그러나 하늘이 순전히 하나의 상태이고, 그러므로 어떤 장소가 한정돼 있는 것이 아니라는 개념은 성경에 따른 것이 아닙니다. 하나님께서 영이시라는 건 사실입니다. 또 구체적이고 눈에 보이는 형상을지니고 계시지도 않습니다. 그러나 예수님은 그러하십니다. 그는 영원토록 사람이 되셨습니다. 천사들도 몸을 갖고 있습니다. 우리도 이 세상에서 뿐만 아니라 오는 세상에서도 몸을 갖게 될 것입니다. 그렇지 않다면 몸의 부활에 대한 가르침은 소용이 없는 것이 됩니다. 이러한 몸들은 어디엔가가 있어야 합니다. 제가 그리스도께서 부활하신 후에 나타난 사건들의 기록을 읽어 보면, 그리스도의 하늘에 속한 몸(우리의 하늘에 속한 몸도 바로 그 그리스도의 몸의 본을 따르게 됨)이 우리가 아직 갖지 않은 특질들을 지니고 있음을 인식합니다. 예를 들어서 그 몸은 닫혀진 문을 통과할 수 있었습니다. 또 그 몸은 사라졌다가 다시 나타날 수도 있었읍니다. 그럼에도 불구하고 그 몸은 진짜 몸이요 또 어느 장소에 처해 있음에 틀림 없습니다. 하늘은 우리 몸이 있게 될 처소입니다. 아마 예수님처럼 자유롭게 움직일 수 있더라도 말입니다.

어떤 사람들이 하늘을 진짜 장소로 생각하기가 어려운 두번째 이유는, 과학적인 사고방식과 관련되어 있습니다. 이러한 사람들은 우리의 우주가 엄청나게 광대하다는 것을 깨닫고, 뿐만 아니라 우리 시대의 아무리 큰 망원경들을 사용해 본다 할지라도 하늘과 같은 것을 본 적이 없다는 사실을 알고 있습니다. 그래서 그들은 말합니다. "예수께서 주후 30년쯤 해서 하늘로 올라가기 시작하시어 계속 가속을 가하여 빛의 속도로까지 올라가셨다 할지라도, 가장 먼 별에 아직 도착하지 않았을 것이고, 그 하늘이 어디에 있든지간에 아직 예수님은 그곳에 도착하지 못했을 것이다. 그런데 하늘이 진짜 있는 것이라고 우리가 어떻게 상상하며, 예수님께서 하늘에 계시고, 그가 다시 와서 우리를 그리로 데리고 간다는 생각을 어떻게 할 수 있는가?"라고 말합니다.

이것은 하나의 중요한 난제입니다. 왜냐하면 만일 물질적이고 공간적

134 요한복음 강해 Ⅳ

인 하늘이 전혀 없다면 예수 그리스도께서는 몸을 입고 그곳에 올라가
시지 않으셨다는 결과가 되기 때문입니다. 또 그러하다면, 구세주의 몸
의 부활에 대한 생각도 버려야 할 것이고, 그 생각과 연관된 것도 다 버
려야 할 것이고, 그렇게 되면 기독교 전부를 버려야 할 판이기 때문입니
다. 실로, 바울이 "그리스도께서 다시 사신 것이 없으면 너희 믿음도 헛
되고 너희가 여전히 죄 가운데 있을 것이요"(고전 15 : 17)라고 말했는
데, 정말 우리는 그 입장에 처하게 될 것입니다. 그러나 반면에 어째서
창조주를 그런 식으로 제한시켜야 합니까? 한때 도날드 그레이 반하우스
는 빛의 속도로 올라가는 문제에 대해서 질문을 받았을 때 "어째서 당신
은 창조주가 빛의 속도로 천천히 올라갔으면 하고 바라는가? 우주를 창
조하신 분은 생각의 속도로 움직일 수 있으신 분입니다. 그리고 여기를 생
각하다 우주의 가장 먼 지점을 생각하되, 저 아래 있는 모퉁이의 약국을
생각하는 것만큼 빨리 생각할 수 있습니다." 이것이 어떻게 작용하는지
이해하지 못한다고 솔직이 인정해야 합니다. 알려진 물리적 법칙을 넘어
서서 분명하게 생각할 수는 없습니다. 그러나 하나님께서는 자기가 창조
하신 법에 얽매이지 않습니다. 따라서 모든 것 – 문자 그대로 모든 것입
니다 – 이 그에게 가능합니다.

하늘에 있는 우리의 본향

우리가 생각하고 있는 "너희를 위한 처소"라는 어구에 두번째 사상이
들어 있습니다. 왜냐하면 그 어구는 하늘은 한 장소에 불과하지만은 않
다는 걸 말해주고 있기 때문만은 아닙니다. 그곳은 하나의 가정입니다. "너
희를 위하여"라는 마지막 두 말의 요점이 바로 그것입니다.

우리가 이 어구에 대해서 생각할 때 스위스의 폴 투니어(Paul Tour-
nier) 박사를 통해서 큰 도움을 얻게 됩니다. 그분은 상담에 대한 그의
한 책의 제목을 그것으로 잡기 때문입니다. 그의 책「너희를 위한 처소」
속에서 한 장소에 대한 개념을 다루며, 우리가 그곳을 다 필요로 한다는
문제를 다루고 있습니다. 예를 들어서 그 책의 초두에 자기와 상담했던
어떤 젊은 사람의 이야기를 하고 있습니다. 그 젊은 사람은 불행한 가정
에서 태어나 실패감을 계속 발전시켜 왔읍니다. 첫째로 자기 부모와 화

해할 수 없고, 인생의 어떤 한 영역 속에 정착할 수 없다는 좌절감이 들었읍니다. 그러다가 결국 투니어에게 왔읍니다. 그들은 함께 그 젊은 사람의 난제를 파헤쳤읍니다. 한번은 그 학생이 자신을 객관적으로 보려하면서도 자기가 본 것을 말로 나타내려고 애를 쓰고 있다가 그 투니어를 올려다 보면서 "언제나 저는 한 처소를 기다리고 있었어요 - 어디엔가 있을 곳을 찾고 있어요 "라고 말했읍니다.

그 책의 내용을 따라가 보면, 인간 마음의 기본적인 소원이 그것이라고 투니어는 말합니다. 그것은 우리 자신의 순전한 처소, 우리가 소속해 있고 우리 자신이 소속한 걸로 알고 있는 한 가정과 처소를 갖고 싶어하는 소원입니다. 투니어는 말하기를, 많은 사람들이 이 장소를 발견하지 못했고 그래서 생의 많은 시간을 방황하면서 허비한다는데 문제가 있다는 것입니다.

요한복음 14 장이 성경의 대목 중에서 그처럼 많은 사람들에게 인기가가 있는 것도 아마 그 때문일 것입니다. 이 구절이 하늘에 대해서 많은 것을 말하는 것은 아닙니다. 또 무덤 너머의 삶에 대해서 마저도 많이 말하지 않고 있읍니다. 그저 짧게만 말할 뿐입니다. 하늘의 주제에 대한 더 깊은 다른 대목이 없어서 그런 것도 아닙니다. 요한계시록을 보면 하늘을 묘사하는 훨씬 더 많은 구절이 있고, 그 묘사는 대단히 생생합니다. 또 이 책이나 성경의 다른 책들을 보면 하늘은 영광스러운 도성이요, 나라요, 왕국이요, 낙원이라고 묘사합니다. 그 하늘에는 성곽과 보좌들이 있고, 값진 진주들과, 찬양대와, 천사들과, 구속받은 허다한 무리들이 있읍니다. 이처럼 더 상세하게 묘사된 대목들이 있음에도 불구하고 요한복음 14 장이 그처럼 인기있는 것은 웬일입니까? 아마 여기에서 가정에 대한 이미지가 발견되기 때문일 것입니다. 우리는 한 가정을 필요로 합니다 - 한 본향을 갈망합니다. 이 대목에서 예수님은 자기 백성들에게 조용하고 단순하게, 너희가 그 본향을 갖고 있다고 말씀하십니다.

투니어는 그 책의 많은 분량에서, 모든 사람들이 땅에서 자신의 장소를 갖고 싶어하는 소원을 다룹니다. 그러나 투니어는 우리가 영적으로 본향을 필요로 한다는데 대하여 무감각하지 않습니다. 여기서 우리는 아담과 하와가, 죄 때문에 에덴에 있는 동산 본향에서 쫓겨난 것을 생각합니

다. 가인을 생각해 봅니다. 그 사람은 자기 동생을 죽였기 때문에 일생
동안 방황하도록 저주받았읍니다. 그는 가정이 없었읍니다. 창세기 11 장에
보면 본향을 세우려고 한 성을 쌓으려고 노력하는 것을 봅니다. 그러나
바벨의 사람들은 하나님과 원수가 되었고, 그래서 하나님께서 그들을 흩
으셨읍니다. 다시 그들은 본향을 잃어버렸읍니다. 바로 이것이 창세기의
큰 주제입니다. 죄는 멀리 떨어지게 만듭니다. 그 멀리 떨어지게 하는 한
국면은 사람들이 자기들의 본향을 상실했다는 점입니다.

　아브라함에게 오면 새롭고 마음을 힘 있게 하는 요소를 발견합니다. 분
명히 하나님께서 아브라함에게 행한 첫번째 처사는 그를 그의 본향에서
취해내는 일이었읍니다. 왜냐하면 그 분향은 우상과 우상숭배로 가득한
죄악적인 곳이었기 때문입니다. 그러나 아브라함이 상실한 그곳 대신 하
나님께서는 새로운 본향을 약속하셨읍니다 – "내가 지시할 땅"입니다(창
12 : 1). 더 나아가서 하나님께서는 경계를 지어주셨고 거기에 해당하는
영토가 어디인지를 지시하셨읍니다. "그날이 여호와께서 아브라함으로 더
불어 언약을 세워 가라사대 내가 이 땅을 애굽강에서부터 그 큰 강 유브
라데까지 네 자손에게 주노니 곧 겐 족속과 그니스 족속과 그바 족속과
아모리 족속과 가나안 족속과 기르가스 족속과 여부스 족속의 땅이니라
하셨더라"(창 15 : 18 – 21). 이러한 낯선 옛 고대 족속의 명칭들을 읽고
재미 있다고 생각하십니까? 그렇다면 그 이름의 중요성들을 이해하지 못
하는 셈입니다. 우리는 그 요점을 놓치는 것입니다. 그 이름들은 구체적
입니다. 그 이름들은 실제의 이름들입니다. 역사 속에서 나타나는 이름
들입니다. 그래서 그 이름들은 하나님께서 한 사실, 곧 당신이 창조한 사
람들이 진정한 처소가 필요하다는 걸 의식했었음을 보여줍니다.

　신약성경으로 돌아오면 아브라함이 칭찬받는 걸 발견하는데, 그가 땅
의 본향에 소망을 두었기 때문이 아니라(그것이 아무리 중요하다 할지라
도), 하늘 본향을 바라보았기 때문입니다. 성경은 "이는 하나님의 경영
하시고 지으실 터가 있는 성을 바랐음이니라"(히 11 : 10). 이 말씀은,
비록 지상의 본향이 필요하고 가치가 있다 할지라도 그것은 아무리해도
영구하지 못하다는 뜻이요, 따라서 본향에 대한 근본적인 필요성은 주 예
수 그리스도께서 친히 하늘에서 우리를 위해서 본향을 예비하실 때에만

온전히 충족될 수 있다는 뜻입니다. 지금 우리는 낯선 나라, 심지어 원수의 나라에 살고 있읍니다. 그러나 그날 우리는 아버지 집에 가게 될것이고 본향에 있게 될 것입니다. 그것이 바로 우리에게 정해진 일입니다.

하늘에 대한 생각들이 다른 세계에 대한 것이라서 그리스도인들에게 합당치 못하다고 느끼는 분이 아직도 있읍니까? 하늘에 대한 생각들이 도피주의라고 생각하는 분이 있읍니까? 이 하늘의 실체성은 도피주의와는 다른 어떤 것입니다.

여기서 다시 저는 폴 투니어의 심리학에서 한 예증을 취해 보겠읍니다. 한 어린 아이를 예로 듭시다. 이제까지 자라오면서 패배하면서 자기가 소속할 수 있는 곳을 발견할 수 없고 분명히 헌신할 곳을 찾지 못하는 어린 아이가 누굽니까? 그런 어린 아이는 가정을 갖지 못한 어린 아이입니까, 아니면 가정을 가지고 있는 어린 아이입니까? 분명히 그 어린 아이는 가정을 갖지 못한 어린 아이입니다. 투니어는 이렇게 쓰고 있읍니다. "그 가정이 어린 아이가 자신을 바르게 소속시킬 수 없는 가정이라면, 다른 곳을 찾으려고 모든 곳을 두리번거리고 결국 그 어린아이는 배회하는 사람이 되어 어느 곳에든지 정착할 수 없게 된다. 그의 비극은 자기 속에서 어떤 진실에 붙임성을 둘 가능성이 전혀 없다는 이 근본적 의식을 떨쳐내지 못한다는 점이다." 반면에 "건전한 가정에서 조화있게 자라날 수 있었던 어린 아이는 어느 곳에서든지 환영을 받는다. 영아시절에 그가 필요로 하는 것은 다만 집을 만들기 위해서 두 의자 사이를 건너지르는 막대기 뿐이다. 그는 그 안에서 평온함을 느낀다. 후에 그가 어디로 가든지 그는 어느 곳이든지 자기 처소로 만들 수 있고, 자기 편에서 어떤 일을 하지 않더라도 그렇게 할 수 있다. 그에게 있어서 그것은 추구하는 문제가 아니라 선택하는 문제일 뿐이다."

영적으로도 역시 같습니다. 이 세상에서 도피하려고 추구하는 사람들은 누구입니까? 하늘에 있는 본향을 확신하는 사람들이 아닙니다. 이 세상에서 도피하려고 애쓰는 사람들은 어떤 확실한 영적 정박소를 가지지 못하고 언제나 찾고 다니는 사람들입니다. 그런 사람들이 신학을 연구할수도 있고 신학에 대해서 책을 쓸 수도 있읍니다. 그러나 그들은 상실된 마음을 갖고 있읍니다. 그들은 확실한 기초가 전혀 없읍니다. 그리고 그들

의 관점과 이해의 관심이 자꾸만 변합니다. 자기들의 본향을 갖고 있는
사람들은 도피하려고 애쓰지 않습니다. 물론 그들이 아직 그 본향에 있
지 않을 수도 있습니다. 또 본향이 정확히 무엇인가에 대해서 이해하지
못할 수도 있습니다. 왜냐하면 거울로 희미하게 보고 있기 때문입니다.
그럼에도 불구하고 그 본향은 그들을 위한 것입니다. 그러므로 그들이 이
본향을 갖고 있기 때문에 그들은 어느 곳에서나 평온함을 느낍니다. 그
들은 우정을 형성할 수 있습니다. 또 이 사람들은 삶에 재미를 붙입니다.
기독교 사역에 자신들을 헌신할 수도 있고 세속적인 일에도 그렇게 할 수
있으며, 일을 끝내지 않은 채 몇 년 동안 애를 쓸 수도 있습니다.

세상은 그처럼 지족해하는 사람들을 필요로 합니다. 세상의 악에도 불
구하고 하늘에 본향을 갖고 있기 때문에 여기 지상에서도 평온을 누릴 수
있는 사람들을 세상은 필요로 합니다.

여러분은 본향을 갖고 있읍니까?

마지막 요점을 질문형태로 놓겠읍니다. 여러분은 본향을 갖고 있읍니
까? 예수님께서 하늘에 한 처소를 예비하러 가셨는데, 예수님의 그 일이
여러분을 위한 것입니까?

이 장을 시작하면서 위대한 복음전도자 무디가 자주 얘기한 이야기를
들었을 것입니다. 여기 또 다른 사람이 있읍니다. 그 사람은 아주 부자
였읍니다. 의사가 그는 더 이상 살 수 없다고 말할 때, 변호사가 그 유언
을 듣기 위해 왔읍니다. 그 죽어가는 사람은 네살박이 어린 딸이 있었읍
니다. 그녀는 죽음이 뭘 뜻하는지 몰랐읍니다. 그러나 그녀의 어머니가
딸에게, 네 아버지가 죽어가신다고 말했을 때 그 어린 딸은 침대로 가까
이 가서 자기의 아버지의 눈을 보며 물었읍니다. "아빠, 아빠는 그 나라에
갈 집이 마련돼 있어?" 그 질문은 그 사람의 영혼에 깊이 스며들었읍니
다. 왜냐하면 그는 큰 부(富)를 쌓기 위해서 자기의 시간과 정력을 허비
했기 때문입니다. 이 세상에서 그는 대단한 평온을 누렸읍니다. 그러나
이제 그것을 떠나야 할 판입니다. 저는 여러분에게도 묻고 싶습니다. 여
러분이 지금 어디를 향해 가고 있다는 것이 확실합니다. 일단 사람이 죽
으면 그렇게 되기 때문입니다. 여러분이 갈 집이 있읍니까? 여러분의

구주인 주 예수 그리스도께서는 여러분을 위해서 그걸 준비하러 가셨읍니까?

　그 질문에 대해서 예라고 대답하고 싶으면, 예수님을 여러분의 구주로 영접하기만 하면 됩니다. 왜냐하면 자기를 믿는 모든 사람들을 위하여 처소를 예비하러 가신다고 말씀하셨기 때문입니다. 예수님의 하신 일이 아니고는 어느 누구도 하늘로 들어갈 수 없읍니다. 하늘은 거룩한 처소요 거룩한 사람 밖에는 거기서 살 수 없읍니다. 반면에 예수님의 사역을 믿는 사람, 예수님이 자기를 죄 가운데 구원한 구주로 진실로 믿는 사람, 특별히 자기를 위해서 예수님이 죽었다고 믿는 사람, 그를 구주로 믿고 죽기까지 신실한 예수님의 제자도 예수님을 따르겠다고 약속한 사람들, 그 사람들만을 위해서 하늘이 준비되어 있읍니다. 왜냐하면 이 하늘은 우리가 지금 소유한 확실하고 복된 본향이지만 그 본향은 우리의 여정의 끝에 만날 본향입니다. 만일 예수 그리스도를 결코 믿지 않았다면, 지금 예수님을 믿으십시요. 그를 여러분의 구주로 영접하시고, 그의 공교한 손으로 여러분을 위해서 예비하신 처소를 소유하는 기쁨을 누리십시요.

13

하 늘

"가서 너희를 위하여 처소를 예비하면 내가 다시 와서 너희를 내게로 영접하여 나 있는 곳에 너희도 있게 하리라 내가 가는 곳에 그 길을 너희가 알리라"(요 14 : 3 , 4).

많은 사람들은 하늘에서 자기 친구들을 알아 볼까하고 걱정합니다. 그들은 그리스도인들입니다. 때로 그 사람들은 자기들이 하늘에 가게 될 것이라는데 하등의 의심을 갖지 않습니다. 왜냐하면 "우리가 담대하여 원하는 바는 차라리 몸을 떠나 주와 함께 거하는 그것이라"(고후 5 : 8)라고 지적하기 때문입니다. 그럼에도 불구하고 이 세상에서 앞으로 어떤 일이 일어날지에 대해서 혼돈된 생각을 가지고, 자기들을 앞서 간 사람들을 알아 볼 것인지 걱정을 하곤합니다. "빌을 알아 볼 수 있다고 생각하십니까 ?" "샐리를 알아볼까요 ?" 이러한 질문들을 제게 던집니다. 저는 그 사람들의 마음을 이해한다고 생각합니다. 왜냐하면 분명히 말해서 만일 우리가 우리 친구들이나 가족을 알아보지 못할 것이면 하늘은 분명히 우리에게 많은 면에서 매력을 상실할 수 밖에 없기 때문입니다ㅡ 솔직해집시다ㅡ 우리가 거기에서 얼마나 진실로 행복할 수 있는지 알기는 어렵습니다. 아무리 그 거리가 번쩍거리고 천사들의 음악이 아무리 아름답다 할지라도 말입니다.

반면에 어떤 의미에서 저는 그러한 질문들을 이해할 수 없읍니다. 하나님의 말씀은 우리가 서로 알아본다는데 대하여 너무 명백하게 지시하기 때문에 그러합니다. 우리는 서로 알아볼 것입니다. 빌은 샐리를 알 것입니다. 샐리는 빌을 알 것입니다. 우리 모두 자녀들과 부모들과, 친구들과, 우리 앞서 주님 안에서 죽은 자들을 알아 볼 것입니다. 이러한 진리가 우리 본문 속에 암시되어 있읍니다. 그러므로 저는 다른 주제들로 나아가기 전에 다시 그 문제를 살펴 보려 합니다.

우리가 예수님을 보게 될 것입니다

그러나 이 논의를 시작하는 처소는 우리가 서로 알아 보고 서로를 기뻐하는 문제가 아니라, 우리가 예수님을 보고 예수님을 즐거워할 것이라는 사실입니다. 우리가 이 문제부터 생각하는 것은 무엇이 우선인가를 따라야 한다는 단순한 생각 때문입니다. 왜냐하면 떠난 남편이나 아내나 부모나 자녀나 조부모보다 훨씬 더 예수님을 보고 싶어할 것이기 때문입니다. 그러나 여기서부터 시작하는데 또 다른 이유가 있습니다. 만일 우리가 예수님부터 시작하면 하늘에서 우리가 재연합하게 되는 것이(그도 그럴 것이) 진정으로 영적이고 빛나는 재연합이 되기 때문입니다. 만일 우리가 이 선후관계를 망각하면 사랑하는 자들과 우리가 재연합하는 것이 그러한 인간사의 모든 실패들을 가지고 함께 가족이 만나는 것과 그리 크게 다르지 않다는 생각이 들 것이기 때문입니다.

우리는 예수님을 볼 것입니다. 우리의 재연합의 이 국면은 이 대목의 전체 흐름에서 암시됩니다. 약속의 성질 속에는, 비록 죽음으로 제자들과 주님이 잠시 떨어지겠지만 주님께서 다시 그들을 위해서 돌아 오셔서 그들을 데리고 예수님이 계신 곳에 그들이 영원토록 함께 거하게 하실 날이 오고 있다는 요점이 들어 있기 때문입니다. "내가 가서 너희를 위하여 처소를 예비하면 내가 다시 와서 너희를 내게로 영접하여 나 있는 곳에 너희도 있게 하리라"(3 절)라고 말씀하셨습니다. 이것은 개인적 재결합의 본질 속에 분명히 드러나 있읍니다. 그것은 얼굴과 얼굴을 맞대어 새로워지는 것입니다'

다시 요한은 그의 요한1 서에서 같은 것을 말합니다. "사랑하는 자들아 우리는 지금은 하나님의 자녀라 장래에 어떻게 될 것은 아직 나타나지 아니하였으나 그가 나타내심이 되면 우리가 그와 같은 줄을 아는 것은 그의 계신 그대로 볼 것을 인함이니"(요일 3 : 2). 우리가 예수님 그대로의 모습을 보게 될 것이고, 우리가 상상한대로 제한된 예수님만으로 대하지는 않을 것이라는 약속입니다.

하늘이 우리에게 진정한 본향이 되게 하는 것은 바로 그것입니다. 진실로, 그 하늘에서 우리를 사랑하는 자를 만나는 것도 하늘이 우리에게 참된 본향이 되는 것의 일부입니다. 그러나 하늘로 진정한 본향이 되게 하는 것은 예수님과 함께 있는 것입니다. 이 점에 대하여 무디는 한 어린아이의 이야기를 자주 들려주곤 했는데, 그녀의 어머니는 매우 아팠습니다. 그 어머니가 병들어 있는 동안, 이웃 사람이 그 어머니가 다시 건강해질 때까지 그 어린아이를 데리고 있으려고 자기 집으로 데려 갔습니다. 그러나 그 어머니는 좋아지기는 커녕 점점 더 악화되어 죽었습니다. 장례식이 끝날 때까지는 그 어린아이를 집에 데려다 주지 않을 것이며, 그 어머니가 죽어가고 있다는 걸 그 어린 아이에게 말하지 않을거라고 이웃들은 생각했습니다. 그래서 잠시 후에 그들은 그저 그 어린 소녀를 집으로 데려갔습니다. 즉시 그 소녀는 그 어머니를 찾았습니다. 처음에는 어머니를 찾으려고 거실에 갔습니다. 그런 다음에 어머니를 찾으려고 응접실로 갔습니다. 이곳저곳을 다 뒤져보았습니다. 그러나 거기서 어머니를 발견할 수 없었습니다. "엄마 어디 있어?"라고 결국 물었습니다. 엄마가 죽었다는 말을 했을 때 그 어린 소녀는 그 이웃의 집으로 다시 되돌아가고 싶어했습니다. 그 엄마가 더 이상 없는 그 집은 자기에게 더 이상 매력을 갖지 못했습니다. 무디는 이렇게 쓰고 있습니다. "하늘이 매력적으로 보이게 할 것은 벽옥으로 된 성벽도 아니고 진주문도 아니다. 하나님과 함께 있게 되는 것이 하늘을 매력적으로 만드는 것이다."

우리가 하늘로 가고 있다는 것을 아는 것은 놀라운 일입니다. 그러나 우리가 예수님을 보게 될 것이고, 하늘을 버려 두고 이 땅에 오셔서 우리 죄인들을 위해서 죽으신 것 때문에 그가 마땅히 받아야 할 찬양과 사랑을 예수님께 표현할 수 있다는 것이 더 놀랍습니다. 화니 크로스비(Fanny Crosby)는 이 진리에 대해서 한번 이렇게 쓴 적이 있습니다.

언젠가 은줄이 끊어지고 내가 더 이상
노래 부르지 못할 때가 올 것일세
그러나 임금의 궁정 안에서 깨어날
때 그 기쁨이랴!

내가 얼굴과 얼굴을 맞대어 그를
뵙게 되면 드릴 이야기 - 은혜로 구원받았나이다
내가 얼굴과 얼굴을 맞대어 그를 뵈오면
드릴 이야기 - 은혜로 구원받았나이다.

어느 날 내 땅에 있는 집이 무너질 것일세 -
그날이 얼마나 빨리 올지 난 말할 수 없네.
그러나 내가 아는 것은 이것,
나를 위해 하늘에 예비된 처소가 지금
내 모든 것을 다 소유하고 있네.

얼굴과 얼굴을 맞대어 그를 뵈오면
드릴 이야기 - 은혜로 구원받았나이다.
얼굴을 얼굴과 맞대어 그를 뵈오면
드릴 이야기 - 은혜로 구원받았나이다.

구속받은 하나님의 자녀가 이것을 기대하는 것은 정말 영광스러운 것입니다. 그것이 현실적으로 이루어진다는 것이 하늘이 우리에게 참된 본향이 되게 하는 것입니다. 실로 하늘은 우리가 최우선적으로 생각할 때에만 바른 본향이 됩니다.

재연합

그러나 우리가 처음에 시작한 요점은 우리가 예수님을 뵙게 되거나 알아 볼 것인지 하는 문제가 아니라, 또 서로서로간에 만나 알아 볼 것인지의 문제입니다. 우리가 서로 알아볼까요? 물론 알아 보고 말고요. 더구나 그러하다는 것을 지시하는 것들이 성경에 많습니다.

매우 용기를 북돋아주는 지시가 구약 성경에 있는데 족장들의 죽음과 관련하여 자주 사용되는 어구입니다. 그 어구는 "자기 열조에게로 돌아갔다"는 것입니다. 그 어구는 다음과 같은 본문에서 나타납니다. "그가 수가 높고 나이 많아 기운이 진하여 죽어 자기 열조에게로 돌아가매"(창

25 : 8). "이스라엘은 향년이 일백 삼십 칠세에 기운이 진하여 죽어 자기 열조에게로 돌아갔고"(창 25 : 17). "이삭의 나이 일백 팔십세라 이삭이 나이 많고 늙어 기운이 진하매 죽어 자기 열조에게로 돌아가니"(창 35 : 29). "야곱이 아들에게 명하기를 마치고 그 발을 침상에 거두고 기운이 진하여 그 열조에게 돌아갔더라"(창 49 : 33). "아론은 그 열조에게로 돌아가고 내가 이스라엘 자손에게 준 땅에는 들어가지 못하리니 이는 너희가 므리바 물에서 내 말을 거역한 연고니라"(민 20 : 24). "여호와께서 모세에게 이르시되 너는 이 아바림산에 올라가서 내가 이스라엘 자손에게 주던 땅을 바라보라 본 후에는 네 형 아론의 돌아간 것같이 너도 조상에게로 돌아가리니"(민 27 : 12 ,13)(우리 말 개역성경에서는 "열조"라고 되어 있는 것을 영어성경에서는 "사람들"〈People〉로 번역하고 있음 – 역자주).

많은 구약의 학자들은 "열조에게 돌아갔다"는 어구는 죽었다는 것을 표현하는 관습적인 방식에 불과하다고 생각합니다. 그래서 그들의 말에 의하면, 어떤 사람이 죽게 되며는 자기보다 앞서 죽은 사람들과 똑같은 묘역에 장사지냈다는 걸 생각하면 그 문제가 풀린다는 것입니다. 그러나 그 어구가 나오는 성경의 이야기의 경우에서 그런 식의 설명은 거의 만족을 주지 못합니다. 아브라함이 죽었을 때 앞으로 이스라엘 나라의 땅이 될 막벨라굴에 장사지냈는데, 그곳은 그 선조들의 묘역은 아니었읍니다. 그 선조들은 갈데아 우르로 거슬러 올라간 지점에서 장사지낸바 되었고, 그 아버지는 하란에서 장사되었읍니다. 더구나 그의 죽음에 대한 기록을 읽어보면, 창세기 24 장 8 절에서는 그 열조들에게 아브라함이 돌아갔다고 기록되어 있으나 29 절에서는 장사되었다고만 기록되어 있는데 그 사실을 간과하기 어렵습니다. 따라서 "그 열조(사람들)에게 돌아갔다"는 어구가 장사를 가리킨다고는 할 수 없고, 죽음 자체를 가리키는 것임에 틀림없읍니다. 그 죽음의 결과로 아브라함은 자기보다 앞서 간 사람들과 합류한 것입니다.

산에서 혼자 죽은 모세의 경우도 마찬가지입니다. 신명기는 심지어 "오늘날까지 그 묘를 아는 자 없으니라"(신 34 : 6)라고 말하고 있읍니다.

밧세바가 낳은 아이가 죽었다는 소식을 들은 다윗의 말도 역시 중요합니다. 왜냐하면 그 말은, 다윗이 세상을 떠난 사랑하는 사람들과 내세에서 개인적으로 연합한다는 걸 믿었음을 보여 주기 때문입니다. 하나님께서 그 아이를 쳐서 아파 병들었습니다. 그것이 다윗을 괴롭혔는데, 다윗은 자기가 책망받아야 하며, 아이를 위해서 기도하며 금식하며 온 밤을 지새워 땅에 누워 있었습니다. 그의 슬픔과 염려가 너무 커서 그 어린 아이가 죽었을 때 다윗에게 가까이 있던 사람들은 다윗에게 그 소식을 알리지 않았습니다. 그 슬픔이 한없이 나아갈까 두려워하였기 때문입니다. 다윗은 자기와 가까이 있는 사람들의 태도에 변화가 있음을 알아차렸습니다. "어린 아이가 죽었느냐?"라고 물었습니다. 그 어린 아이가 죽었다고 말했을 때, 다윗은 아침자리에서 일어나 세수를 하고 옷을 입고 나라의 지도자로서 자기의 의무를 다시 감당하기 시작함으로써 그들을 놀라게 했습니다.

종들은 다윗의 태도가 변한 것에 대해 의문을 가졌습니다. 도저히 그것을 이해할 수 없었기 때문입니다. 다윗은 이렇게 설명했습니다. "아이가 살았을 때에 내가 금식하고 운 것은 혹시 여호와께서 나를 불쌍히 여기사 아이를 살려주실는지 누가 알까 생각함이어니와 시방은 죽었으니 어찌 금식하랴 내가 다시 돌아오게 할 수 있느냐 나는 저에게로 가려니와 저는 내게로 돌아오지 아니하리라"(삼하 12 : 22 , 23). 이 말은 다윗이 자기는 결국 죽게 될 것이라고 하는 것만을 뜻하지는 않습니다. 왜냐하면 그 이야기의 초점은, 다윗이 그 어린아이 죽은 후에 자신을 위안하였다는 것이기 때문입니다. 다윗이 그 어린 아이를 되돌려 받을 수는 없지만 어느 날 그 어린아이를 하늘에서 다시 보게 될 것이라는 걸 믿지 않았다면 조금도 위안을 받지 못했을 것입니다.

만일 신약으로 넘어간다면, 변화산상에서 일어난 사건 속에서 똑같은 진리에 대한 부가적인 암시를 받게 됩니다. 이때 주 예수 그리스도께서는 세 제자, 베드로,야고보,요한을 데리고 산에 올라가셨습니다. 거기서 그의 하늘의 영광을 발산하는 형태로 변모되셨습니다. 더구나 영화롭게 된 다른 성도들인 모세와 엘리야가 그 옆에 나타났습니다. 누가는 그들을 "사람들"이라 부릅니다. 곧 육체를 이탈한 영들이 아니라는 말입니다. 그래서 누가는 베드로와, 다른 두 제자들도 아마 그들을 알아보았다고 기

록하고 있읍니다. 베드로는 "주여 우리가 여기 있는 것이 좋사오니 우리
가 초막 셋을 짓되 하나는 주를 위하여, 하나는 모세를 위하여, 하나는
엘리야를 위하여 하사이다"(눅 9 : 33). 여기에 모세와 엘리야는 다른 사
람들이 알아볼 수 있도록 자기의 개성을 지니고 있었고 그 세 제자들은
그 두 사람을 알아 보았읍니다.

부자와 나사로에 대한 그리스도의 이야기도 같은 요점을 지적합니다.
왜냐하면 그 부자가 지옥에 가서 고통 속에서 자기 눈을 들어 " "멀리서
아브라함과 아브라함 품속에 있는 나사로"를 보았다고 말씀하시기 때문
입니다(눅 16 : 23). 여기에 나타난 경우는 세상을 떠난 사람들을 알아
보게 되고, 이 세상에서 나타난 모습 뿐 아니라 장래에 서로 다른 사람
들에게 자기의 모습이 인식된다는 걸 보여 줍니다.

끝으로, 예수님의 입술로부터 직접 발해진 한 훌륭한 본문이 있는데,
하늘의 큰 재연합 속에 많은 이방인들이 믿는 유대인들과 연합하게 될 것
을 말씀하게 된 것입니다. "또 너희에게 이르노니 동서로부터 많은 사람
이 이르러 아브라함과 이삭과 야곱과 함께 천국에 앉으려니와"(마 8 : 11).
이것은 위대한 약속입니다. 그러나 죽은 사람들을 온전히 알아 보지 못
한다면 그러한 일은 불가능합니다. 분명히 말해서 족장들은 이러한 거룩
한 재연합 때 서로간에 알아 볼 것입니다. 그래서 그리스도 안에서 죽은
모든 사람들, 땅의 모든 먼 곳에서부터 재연합을 위해서 모일 모든 사람
들이 다 서로 알아 볼 것입니다. 그날에 우리는 우리가 거기에 없을 것
이라고 생각하던 많은 사람들을 하늘에서 만나게 되어 깜짝 놀랄지도 모
릅니다. 또한 우리가 생각하기에 하늘에 있을 것이라고 생각되던 많은 사
람들이 없어 놀라기도 할 것입니다.

많은 사람들이 믿는 사랑하는 자들을 잃었읍니다. 또는 만일 우리가 그
사람들을 아직 잃지 않고 오래 살고 있다면, 우리는 언젠가는 잃게 될 것
입니다. 그러나 우리는 그들을 궁극적으로 끝내 잃어버리는 것은 아닙니
다. 왜냐하면 그들이 예수님과 함께 있고, 우리도 그들과 언젠가는 함께
재연합하게 될 것이기 때문입니다.

우리 모두 있는 그대로일 것이다

우리가 예수님을 보게 될 것이고, 둘째로 우리가 서로 만나 알아 보게 될 것이라는 점을 지적한바 있습니다. 세번째 요점은, 우리가 서로를 보되 지금 현재 우리 모습대로나 이제까지 우리 모습대로가 아니라 우리의 진상 그대로 서로 보게 될 것이라는 점입니다. 앞서 언급한바, 우리가 얼굴과 얼굴로 그리스도를 만나게 될 것이라는 본문 속에 그 진리가 포함되어 있습니다. "사랑하는 자들아 우리가 지금은 하나님의 자녀라 장래에 어떻게 될 것은 아직 나타나지 아니하였으나 그가 나타내심이 되면 우리가 그와 같을 줄 아는 것은 그의 계신 그대로 볼 것을 인함이니"(요일 3:2).

최근에까지 저는 그 구절을 읽을 때마다 "우리"라는 말에 시선을 집중시켜 읽었으며, 그 구절이 "내가" 그렇게 될 것이라고 말하는 것처럼 생각이 되었습니다. "내가 그와 같을 것이라"고 읽었으며, 그것이 위안을 주었습니다. 내가 거룩에 있어서 그와 같을 것이라고 생각했으며, 그것은 놀랍게 느껴졌습니다. 왜냐하면 지금 나는 거룩하지 못하기 때문입니다. 나는 거듭해서 죄를 짓고 끊임없이 용서를 구해야 합니다. 그날에 더이상 "아버지여 나를 용서하소서"라고 기도할 필요가 없을 것입니다. 왜냐하면 그때는 나는 죄없게 되되 예수님처럼 될 것이기 때문입니다. 또한 지식에 있어서도 예수님과 함께 될 것이라고 생각했습니다. 물론 예수님과 똑같은 완벽한 지식은 아니라 할지라도 확실히 말해서(저는 여전히 유한한 존재일 것이기 때문임) 정확한 지식을 갖추게 될 것입니다. 대조적으로 제가 지금 알고 있는 것 중 많은 것 속에는 여러 가지 왜곡과 오류가 섞여 있습니다. 끝으로 제가 생각해낸 것은, 사랑에 있어서 그와 같이 될 것이라고 생각했습니다. 그의 은혜로 내가 지금 사랑한다는 것은 사실입니다. 그러나 그 사랑은 불완전합니다. 그 사랑은 망설임과 또 사랑할 대상을 고르는 홈을 가지고 있습니다. 그 날에는 예수님께서 사랑하듯이 완벽하고 혼들리지 않는 사랑을 할 수 있을 것입니다. 이러한 진리들이 제게 큰 위안을 주었습니다. 그러나 역시 진리인 또 다른 것이 제게 인상깊게 느껴졌습니다. 제가 예수님과 같이 될 뿐만 아니라, 우리 모두 예수님과 같이 될 것이라는 점입니다. 그 결과 죄와, 무지와, 분노와, 미움과, 지겨움, 왜곡등 그처럼 우리의 관계를 손상시키는 것이 이제는 제거될 것입니다.

그것은 놀라울 것입니다. 또한 우리가 여기서 아는대로는 자기들의 행동을 손상시키고 자기들의 증거를 제한시키는 성품상의 결함을 가졌던 사람들이 그렇지 않은 걸 보는 것은 복될 것입니다. 그날에는 절망도 전혀 없을 것입니다. 실로 그날은 생생하게 보게 될 것이고, 우리는 서로 보면서 우리 땅에서 서로 알았던 것처럼 우리 죄 가운데 보는 것이 아니라, 우리의 하나님께서 의도하신 존재 그대로 볼 것입니다.

더구나, 우리는 이 세상에서 신실하게 봉사했기 때문에 다른 사람이 상을 받는 것을 보게 될 것입니다. 왜냐하면 성경은 신실한 사람들에게 주어질 면류관을 말하기 때문입니다. 예수님께서 친히 "보라 내가 속히 오리니 내가 줄 상이 내게 있어 각 사람에게 그의 일한대로 갚아 주리라" (계 22:12)고 말씀하셨습니다. 상급에 대해서 그릇되게 생각하는 폐단이 있다고 저는 확신합니다. 만일 일을 잘함으로써 얻을 수 있는 것을 위해서만 섬긴다면 우리는 삯을 받고 일하는 일군에 불과합니다. 만일 우리가 이 세상에서 상급을 위해서 일한다면 - 돈이나, 다른 사람들이 우리에게 줄 수 있는(또는 줄 수 없는) 칭찬을 위해서 일한다면, 우리는 그리스도의 종이 되기에 합당치 않습니다. 이제 우리는 섬기는 생활을 하려면 이 세상의 상급을 발로 짓밟아버려야 합니다. 왜냐하면 세상은 그리스도의 영광을 바라보고 일하는 사람들을 사랑하지 않을 것이기 때문입니다. 반면에 상에 대해서 바로 생각하는 방식이 있습니다. 족장들이나 성경의 다른 인물들이 신실했던 한 가지 이유로 상받을 소망을 우리 앞에 두는 것입니다. 그들은 낙심할 많은 것을 가지고 있었습니다. 자주 그들은 격렬한 시련을 받기도 했고 고역을 당하기도 했고 매를 얻어맞기도 했고 고통을 받고 조롱을 받았습니다. 그러나 "상 주시는 이를 바라" 보았기 때문에 참아냈습니다(히 11:26).

18세기 초엽에 하인리히 쉥크가 쓴 위대한 찬송시 하나가 있는데, 그것을 프란시스 콕스가 영어로 옮겼는데, 그 찬송은 이 상급에 관한 것입니다.

하나님의 보좌 앞에 서 있는 별처럼 빛나는 사람들은 누구인가?
각각 황금 면류관을 쓰고 있는 이 영광스러운 무리는 모두 누구인가?

할렐루야 ! 그들이 노래하는 것을 들으라
그들이 하늘의 왕을 크게 찬미하는 소리를.

하나님의 진리로 차려입은 이 번쩍번쩍 빛나는 사람들은 누구인가?
가장 순결한 백색의 의복, 결코 사라지지 아니할 영광의 의복을 입고
시간에 속한 거친 손으로는 결코 만질 수 없는
그 예복을 입고 있는 그 사람들은 누구인가?
이 어디서 영광스런 무리들이 다 왔는가?

자기들의 구주의 영예를 위해서 오랫동안 싸웠던 사람들이여,
생이 끝날 때까지 씨름하며 죄악의 무리들을 따르지 않았던 사람들,
싸움을 잘 견뎌냈고 어린 양으로 말미암아 승취를 쟁취한 사람들이다.

만일 우리가 신실하다면 하늘에서 재연합되는 날 그러한 상급을 받을 것입니다. 다른 사람들의 승리를 또한 즐거워할 것입니다. 그것이 사실이니 지금은 그러한 사람들과 즐거워할 수 있다는 생각을 하지 아니하십니까? 우리는 서로 비평하는 성향을 띠고 있습니다. 물론 때로 그렇게 비평할만한 근거가 있기도 합니다. 우리가 죄를 짓고 불신실합니다. 그러나 우리는 하나님의 은혜로 때로 신실합니다. 우리는 그러한 신실함에 대해 상급을 얻을 것입니다. 만일 우리가 이것만 안다면, 우리는 서로 달리 생각들을 하게 될 것입니다. 우리는 허물을 슬퍼하기 보다는 승리를 기뻐할 것입니다. 또한 열렬히 서로를 위해서 기도할 것입니다.

그러니 우리 기도하며 일합시다. 속량받은 하나님의 온 교회가 예수님과 함께 있기 위하여 부활하고 그와 같이 될 그 날이 오기까지 그렇게 합시다.

14

"나는 길이요 진리요 생명이니"

"도마가 가로되 주여 어디로 가시는지 우리가 알지 못하거늘 그 길을
어찌 알겠삽나이까 예수께서 가라사대 내가 곧 길이요 진리요 생명이
니 나로 말미암지 않고는 아버지께로 올 자가 없느니라"(요 14 : 5 , 6).

최소한 어떤 사람들에게 있어서 기독교는 많은 거부감을 가진 것입니
다. 그러나 기독교를 가장 거부하게 만드는 이는 그 기독교의 설립
자와 그가 내거는 특이한 주장들입니다. 흔히 나사렛 예수의 주장들은 표
면적인 가치로 말해지거나 취급받지는 않은 것은 사실입니다. 그러한 일
이 일어날 때 예수님은 모든 사람의 친구가 되는 사랑받고 관대한 랍비
로 나타내는 것은 가능합니다. 그러나 어쨌든 간에 예수님께서 자신에 대
해서 주장하신 것이 알려지게 될 것이고 그러면 거부감을 갖게 될 것입
니다. 그리 오래지 않아 저는 유대인들에게 복음을 전하는 임무는 떤 히
브리인 그리스도인과 대화를 나눈 적이 있습니다. 그는 오늘날 유대인들
에게 쓰여지는 여러 접근방식에 대해서 말해주었습니다. 그 가운데 몇 가
지는 제가 방금 말씀드리는 그 거부감을 피하기 위해서 대단히 우회하는
방법입니다. 어떤 히브리 기독교 기관에서는 "예수"라는 말을 쓰지 않는
다고 지적하였읍니다. 대신 그 단체의 성원들은 "예수와" 또는 "하 마시
아(메시아)"라는 말을 씁니다. 더 나아가서 그 사람은 자신이 최근에 그

러한 일을 대단히 많이 해보았다고 설교했읍니다. 그러나 그런 다음에 그는 덧붙여 말하기를, "결국 그러한 일이 언제나 대단한 것을 이루지는 못했음을 발견했읍니다. 왜냐하면 "예수와" 또는 "하 마시아", 또는 메 시야라고 말할 때 참된 기독교의 증언을 하고 있으면 급기야는 예수님에 대해서 말하고 있는 것이 되며 그렇게 되면 또 거치는 것이 남아 있기 마 련이기 때문입니다." 저는 그 친구의 말이 흥미 있음을 알았읍니다. 왜냐 하면 그 말은 다른 지역들에서도 해당이 된다고 이미 발견했던 것을 어 떤 한 지역에서 나타냈기 때문입니다. 배타성을 가장 주장을 하는 참나 사렛 예수를 제거하고 그 자리에 다른 예수를 가져다 놓으면 기독교는 인기가 있을 것입니다. 그러나 참 예수를 전파하십시요. 그러면 어떤 사 람들은 필연적으로 거부감을 느끼게 될 것입니다.

삼중적인 해결책

요한복음을 우리가 한걸음 한걸음 연구해오다 보니 그리스도의 말씀중 에서 가장 독단적이고 거부감을 주는 말씀에 이르게 되었읍니다. 실로 어느 누가 했든지 간에 이 말씀은 가장 배타적인 진술일 것입니다.

그렇다고 해서 이 말이 예수님의 다른 말씀들을 바로 이해하기만하면 배타적이 아닐 것이라는 말씀은 아닙니다. 왜냐하면 예수님께서는 최상 의 권위의식으로 당신의 모든 것을 가르치셨고, 자기보다 앞선 다른 교 사들이 했던 것처럼 하지 않으셨기 때문입니다(마 7 : 29). 그럼에도 불 구하고 이 말씀은 요한복음에 유별나게 뛰어나 보이는 독단적인 여러 주 장들 가운데 하나입니다. 이 특이한 물리체계 안에서도 그 말씀은 예외 적인 것입니다. 제가 언급한 말씀들은 "내가"(나는)라는 진술로 시작되 는 요한복음의 말씀들입니다. 그 가운데 다섯 진술들은 한 구절 한 구절 이미 강해해 오면서 이미 연구한 바입니다. 그 첫번째 경우는 요한복음 6 : 35 , "나는 생명의 떡이니 내게 오는 자는 결코 주리지 아니할 터이요 나를 믿는 자는 영원히 목마르지 아니하리라." 이 말씀은 우리 인류의 가 장 깊은 영적 굶주림을 채워줄 수 있다는 주장입니다. 그 다음 "나는"으 로 시작하는 진술들은 다음과 같습니다. "나는 세상의 빛이니"(8 : 12 ; 9 : 5)"나는 문이니"(10 : 7 , 9); "나는 선한 목자라"(10 : 11 , 14) "나는 부활이요 생명이니"(11 : 25). 이 진술은 각각 명백하고 다른 것을 용납지 아니하는 독점적인 말씀들입니다. "나는 참 포도나무요"(15 : 1 , 5)도 역시 그러합니다. 그러나 우리가 지금 살펴 보려는 진술처럼 포괄적이고, 그래서 더 반발을 많이 받는 진술도 없읍니다.

이 구절 속에서 예수님께서는 딱 부러지게, "나는 길이요 진리요 생명이니"라고 말씀하십니다. 그런 다음에 어느 누구도 그의 하시는 말씀을 오해하지 않게 하시기 위해서 "나로 말미암지 않고는 아버지께로 올 자가 없느니라"(14 : 6)고 부연하셨읍니다.

동시에 우리는 인정해야 할 것이 있읍니다. 만일 이 말씀들이 진리라면 우리는 그리스도인들로서 비록 그 말씀이 배타적인 성격을 띠고 있다할지라도 거부감을 가져서는 안되는 말씀이라고 믿습니다. 왜냐하면 그말씀들은 우리 인간 존재들이 가장 필요로 하는 것들이기 때문입니다. 그런 말씀들을 기쁨과 큰 감사함으로 받아들여야 합니다. 무엇이 인간의 난제입니까? 죄가 세상에 들어오기 전에 첫 사람들인 아담과 하와는 하나님께 대한 관계 속에서 삼중적인 특권을 누리고 있었읍니다. 첫째 그들은 하나님과 교통하고 있었으며, 둘째로 그들은 하나님을 알았고, 하나님께로부터 나오는 진리를 알았읍니다. 세째, 영적 생명을 소유했었읍니다. 그러나 하나님을 불순종하고 죄에 빠졌을 때 이러한 특권들을 잃어버렸읍니다. 하나님과의 교통을 누리는 대신 하나님으로부터 멀리 떨어지는 걸 경험했읍니다. 진리를 아는 대신 거짓과 오류로 타락했읍니다. 생명을 소유하는 대신 사망을 알기 시작했읍니다. 왜냐하면 하나님께서 "선악을 알게 하는 실과는 먹지 말라 네가 먹는 날에는 정녕 죽으리라"(창 2 : 17)고 약속하셨기 때문입니다.

이것이 바로 우리의 인간 조건입니다. 우리는 하나님께로부터 멀어졌읍니다. 하나님의 진리를 알지 못하고 정죄를 받아 영적 사망에 처하여졌고, 급기야는 육체적인 죽음을 맛보게 되었읍니다. 그리스도의 주장의 영광은 그 말씀이 이러한 식의 차원에서 삼중적 난제에 대한 하나님의 해답이라는데 있읍니다. 멀어지는 대신 하나님께 "이르는 길"이 있읍니다. 무지와 오류가 아니고 "진리"가 있읍니다. 죽음이 아니고 사람들의 "생명"이신 그분이 계십니다. 그러므로 이 본문말씀은 실로 복음이요,

하나님의 좋은 소식입니다.

예수 안에 있는 모든 것

그 모든 것이 예수님 안에 있습니다. 왜냐하면 이 구절의 요점 - 우리
가 그것을 거의 놓칠 수 없습니다 - 은, 예수께서 이러한 차원의 난제들
에 대한 해답이라는 것입니다. 이 요점은 문맥에 있어서도 강화됩니다.
이 말씀이 발해질 때, 예수님께서는 십자가에 못박힐 일을 앞에 두고 있
었고, 그의 제자들도 최소한 부분적으로 예수님의 영혼이 그것 때문에
고민하고 계심을 눈치챘습니다. 그들은 전에는 십자가에 못박히심에 대
한 예수님의 가르침에 대해서 많은 것을 이해하지 못했습니다. 그러나 이
제 그들은, 삼년의 기간 동안 예수님과 자기들 사이에 존재했던 관계가
끊어지려 한다는 걸 인식했습니다.

제자들은 이러한 혼돈 속에서 여러 질문들을 던지기 시작했습니다. 그
중 네 가지가 예수님께서 나는 길이요 진리요 생명이라고 말씀하시는 그
문맥 전후에 나타납니다. 베드로는 첫번째 질문을 던집니다. 예수님은, 내
가 너희를 떠나야 한다고 말씀하셨습니다. 그래서 베드로가 또 여쭈었습
니다. "주여 어디로 가시나이까"(13:36)? 몇 순간이 지난 후 도마는 약
간 다른 방식으로 "주여 어디로 가시는지 우리가 알지 못하거늘 그 길을
어찌 알겠삽나이까"(14:5)? 또 빌립이 물었습니다. "주여 아버지를 우
리에게 보여 주옵소서"(14:8). 다시 말하면 "주께서 우리에게 신현(神
顯, Theophany)을 주시지 않겠습니까?" 끝으로, 보통 유다라 불리워지
는 가룟 유다 아닌 유다가 "주여 어찌하여 자기를 우리에게는 나타내시
고 세상에게는 아니하려 하시나이까?"(14:22)라고 여쭈었습니다. 이
각각 다른 사람들이 던진 네 가지 질문들은 똑같은 상황 속에서 나온 것
이고 같은 관심을 드러내고 있습니다. 더구나 각 경우에서 예수님은 사
실상 같은 방식으로 그 질문들에 답하고 계십니다. 어떤 의미에서 예수
님은 직접 그들에게 대답하고 계시지 않은 것 같습니다. 그럼에도 불구하
고 또 다른 의미에서는 그들에게 가장 심오한 차원에서 대답하고 계십니
다. 각 경우마다 예수님께서는 제자들의 생각을 예수님 당신께로 향하게
하십니다.

예수님은 베드로에게, 비록 예수님께서 지금 가시는 길을 베드로가 알수 없지만 어느 날에는 나를 따라 그리로 오리라고 말씀하십니다. 길을 묻는 도마의 질문에 대해서 "나는 길이요"라고 대답하십니다. 빌립에게는 "나를 본 자는 아버지를 보았느니라"고 말씀하십니다. 예수님께서 제자들에게 자신을 어떻게 나타내실 것인가를 묻는 유다의 질문에 대해서는, 장차 모든 신자 각각 속에 당신 자신의 영이 거하게 될 것을 가르치심으로 답변하셨읍니다. 각 경우마다 예수님께서는 관계되는 난제들에 대한 해답이십니다. 하나님께로부터 멀리 떨어져 있읍니까? 그가 길입니다. 조명받을 필요가 있읍니까? 그가 진리이십니다. 그것이 죽음입니까? 그가 생명이시고, 영적으로 거듭남의 원천이십니다.

길 : 화해

예수님의 대답마다 물론 중요합니다. 그러므로 각각의 대답을 순서에 따라 취급해 보아야 할 것입니다. 첫번째 생각할 문제는 "길"입니다. 길은 두 가지 요점을 상징합니다. 왜냐하면 길은 이 지점에서 저 지점으로 가는 통로이기 때문입니다. 이 경우에 있어서 그 길은 죄로 말미암아 전적으로 파멸한 인간이 아버지께 이르는 길입니다.

그리스도로 말미암아 우리가 죄 가운데 전적으로 파멸된 자리에서 아버지께 인도된다고 하는 말을 할 때, 그 인간의 전적 파멸은 무엇을 의미합니까? 첫째, 죄책을 의미합니다. 우리가 지금 다루는 문제는 그러한 죄가 어떻게 제거될 수 있느냐하는 것입니다. 우리는 하나님 앞에 죄인들입니다. 하나님께서는 그러하다고 선포하셨고, 우리의 양심도 하나님의 판단을 옳다고 인정합니다. 그러나 어떤 일이 행해질 것입니까? 개선을 가지고는 안됩니다. 왜냐하면 장래의 빚을 갚는다 할지라도 과거의 빚은 갚을 수 없기 때문입니다. 특별히 우리를 탄핵하는 것은 우리의 과거의 죄입니다. 어떤 사람들이 단순하게 하나님의 긍휼을 소망합니다. 그러나 공의의 주장을 동시에 만족시켜 주지 않는 긍휼의 행동은 우주의 위대한 하나님께 아무 소용이 없읍니다. 그것 말고 하나님의 긍휼이 그리스도 안에서 이미 값없이 펼쳐졌고 값없이 제공되었읍니다.

어떤 일이 이루어질 것입니까? 죄가 어떻게 옮겨질까요? 하나님께서 예수님 안에서 이미 계시하신 길 외에 다른 길이 없습니다. 하나님께서 자신의 아들을 보내사, 인간이 되게 하셔서, 자기 백성들과 언약적인 연합을 이루게 하셨고, 그래서 그 아들이 그들과 하나가 되어 그들의 죄를 당신이 담당할 수 있도록 하셨읍니다. 그는 그들의 대속물이 되어 그들 대신 죽어, 그 몸으로 죄에 대한 하나님의 공의로운 진노를 담당하셨읍니다. 그런 다음에 그의 죽음으로 말미암아 죄의 책임과 형벌을 그 백성들로부터 영원히 옮기셨읍니다. 자기 백성들 대신 그리스도께서 죽으심으로 말미암아 죄는 빽빽한 구름의 흩어짐처럼 없겨졌읍니다(사 43 : 25, 44 : 22). 그리고 "동이 서에서 먼 것처럼 옮겨졌읍니다"(시 103 : 12). 하나님의 등 뒤로 던져졌읍니다(사 38 : 17). 그리고 "바다의 깊은 속에 쳐넣었읍니다"(미 7 : 19). 우리의 죄는 용서받았고(골 2 : 13) 잊혀진바 되었읍니다(히 10 : 17). 우리 죄는 없겨졌읍니다.

여러분은 여러분의 죄와, 그 죄와 수반되는 죄책으로부터 피해 달아나렵니까? 예수님이 길입니다. 그가 완벽하고 오직 유일한 길입니다. 여러분이 예수님을 믿고 의뢰하여 거룩하신 하나님 앞에서 의롭다 함을 얻을 수 있기를 바랍니다. 이 밖에, 예수님께서는 죄의 권세로부터 벗어나 아버지께 이르는 길입니다. 이것 역시 우리의 관심입니다. 왜냐하면 우리는 의롭다 함을 받는 것만 원하지 않고, 아버지를 기쁘게 하는 삶을 살기를 원합니다. 그런 일이 어떻게 이루어질 수 있습니까? 예수님을 통해서, 예수님 안에 있는 우리의 신분에 대한 지식을 통해서 이루어집니다. 스펄전은 이것을 다음과 같이 말한 적이 있습니다. "내가 죄를 지었다고 느끼며, 장차 그 죄를 극복하려는 소원을 가질 때마다 마귀는 동시에 내게 와서 속삭이기를 '네가 이런 식으로 죄를 짓는데 어떻게 네가 하나님께 용서를 받고 열납을 받을 수 있겠는가?' 라 말합니다. 만일 내가 이 마귀의 말을 듣는다면 낙담하게 되고, 만일 그러한 상태에 계속 머무르게 되면 나는 절망에 떨어질 것입니다. 그리고 그전보다 더 자주 죄를 지을 것입니다. 그러나 하나님의 은혜가 와서 내 영혼을 향하여 '네가 죄를 졌다. 그러나 예수님께서 죄인들을 구원하시기 위해서 오셨지 않느냐? 네가 의인이기 때문에 구원받은 것이 아니다. 그리스도께서 경건치 않은 자를 위해서 죽으셨기 때문이다' 라고 말합니다. 그리고 내 믿

음은 이렇게 또 말합니다. '비록 내가 죄를 졌지만 나를 위해 아버지께
대언하실 의인 예수 그리스도를 모시고 있다. 비록 나는 죄인이지만 은
혜로 구원받았고 또한 하나님의 자녀다.' 그런 다음에는 어떠합니까? 아,
그런 다음엔 눈물이 나오기 시작하며 나는 말합니다. '내가 나에게 그처
럼 선하신 나의 하나님을 대적하여 어떻게 죄를 지을 수 있었던가? 이
제 나는 그 죄를 이기련다.' 나는 내가 하나님의 자녀라는 확신으로 말미
암아 죄와 싸울 강한 힘을 얻게 됩니다."

의심과 두려움이 그리스도인으로 하여금 죄 가운데로 더 멀리 빠져들
게 합니다. 왜냐하면 의심과 죄는 하나님을 보지 못하도록 우리 눈을 흐
려놓기 때문입니다. 하나님을 믿으면 거룩으로 나아갑니다. 왜냐하면 그
것이 우리로 하여금 죄를 대적하여 서게 하며 하나님 앞에서 우리를 위
해서 영원토록 열려진 그 길이 있음을 계속 알게 하기 때문입니다.

진리 : 조명

그리스도께서 외치신 두번째 항목은 "진리"라는 것입니다. 그 진리는
다른 모든 것을 포함하는 아버지에 관한 진리 속에 중심을 잡고 있습니
다. "내가 너희에게 아버지에 관한 진리를 말하러 왔다"고 말씀하지 아
니하셨습니다. "아버지에 관한 진리를 지적하기 위해서 왔다"고도 말씀
하지 아니하셨습니다. "나는 아버지에 대한 진리 '자체'이다" "나와 내
아버지는 하나이다"고 말씀하셨습니다(요 10 : 30). "나를 본 자는 아버
지를 보았느니라"(요 14 : 9).

예수님 안에서 하나님 아버지에 관해서 우리는 무엇을 알고 있습니까?
실체에 대해 우리가 무얼 배웁니까? 첫째, 하나님이 "인격적"인 분임을
알게 됩니다. 하나님은 한 인격이십니다. 그는 우주 내에 있는 비인격적
인 세력이나, 단순히 세상을 움직이고 어떤 추상적인 물질이나 활동의
법칙을 통해서 공평하게 세상을 다스리기만 하는 세력이 아닙니다. 그와
같은 신의 존재를 통해서는 우리가 아는 어떤 과학적인 현상을 설명할
수도 있습니다. 그러나 그것 가지고는 동물이나 사람이 가진 자의식적 생
명을 설명하지는 못합니다. 하나님께서는 비인격적인 분이 아닙니다. 하
나님은, 인격성의 모든 특성들을 다 갖추고 계신 분입니다. 인격들과 교

통하고 싶어하시며 여러분이 개인적으로 하나님을 알기를 바라시는 분이십니다. 우리는 예수님 때문에 하나님이 그것을 원하심을 압니다(오직그 예수님 때문에).

그 안에서 우리는 하나님이 "거룩"하신 분임을 압니다. 다른 어떤 방향을 쳐다보든지 하나님이 거룩하시다는 걸 배울 수는 없습니다. 세상에서 우리는 선과 악, 질서와 무질서를 보며 때로는 그 둘이 함께 섞여 있는 것을 봅니다. 하늘에서는 고작해야 불공평성을 봅니다. 어떤 차가운 냉담성이나 적대감이 아닐지라도 말입니다. 만일 우리가 세상에서나 하늘에서 보는 것을 가지고 판단한다면, 하나님은 도덕과는 관계 없으신 분이고 악에 대해서 아무런 관심을 두지 않는다고 결론을 내릴 수 밖에 없읍니다. 그러나 예수님은 거룩하십니다. 죄가 없으신 분입니다. 거룩함에 있어서 하나님이 예수님 자신과 같으신 분이라고 선언하셨읍니다.

예수님을 통해서 하나님이 "긍휼"의 하나님이신 것이 드러났읍니다. 하나님은 사랑의 하나님입니다. 하나님께서 인류의 부르짖음에 귀머거리가 아니라는 말씀을 성경에서 읽기도 하고 또 그것이 입증된 것을 발견합니다. 하나님께서 공의를 요구하십니다. 공의를 요구하시면서도 인간들을 위해서, 인간 대신 죽으시기 위해서 사람들을 찾아 오십니다. 그래서 인간들에게 평화와 기쁨과 선함과 자제력과, 그리스도인의 삶의 모든 다른 복락들을 공급하십니다. 인격적이고 거룩하시고 사랑하시는 하나님 – 예수님께서 하나님에 대해서 여러분에게 말씀하시는 것이 바로 그것입니다.

생명 : 중생

그리스도의 위대한 외침의 세번째 부분은 "생명"입니다. 그를 믿는 모든 사람들을 사망에서 해방시키시는 분이 있습니다. 아더 핑크는 이 요점에 대해서 이렇게 썼습니다. "성경 전체는, 중생하지 않는 사람이 영적으로 생명이 없다는 걸 엄숙히 증거하고 있다. 육신에 속한 사람은이 세상의 풍습을 따라 행한다. 그는 하나님께 속한 일들에 대한 애정을 전혀 갖고 있지 않다. 하나님에 대한 두려움도 그에게 임하지 않았다. 또한 하나님의 영광에 대한 관심도 전혀 없다. 그저 '자신'이 중심이요 자기 존

재의 범주이다. 그는 세상에 속한 일들에 대해서는 살아 있으나 하늘에
속한 일들에 대해서는 '죽어' 있다. 그리스도 밖에 있는 사람은 존재하긴
하나 영적 생명을 갖고 있지는 않다. 탕자가 '먼' 나라에서 돌아왔을 때
아버지는 '이 내 아들은 죽었다가 다시 살아났으며 내가 잃었다가 다시
얻었노라"(눅 15 : 24)고 말하였다." 그리스도께서 그러한 사람들을 살리
실 수 있습니다. 실로 그는 자기에게 오는 모든 자에게 생명을 주시겠다
고 약속하십니다.

이것은 오늘날 그리스도를 믿는 자들을 위한 위대한 진리입니다. 그것
을 구약시대와 대조하며는 그건 더 큰 진리가 됩니다. 구약기자들은 여호
와에 대해서 말할 때 "그는 자기 백성들을 '위하는' 분이시다"고 외칠 수
있었습니다. 다윗은 "하나님이 나를 도우신줄 아나이다"(우리 말 개역성경
에는 그렇게 번역되어 있지만 영어성경에는 '하나님이 나를 위하심인줄
아나이다'고 되어 있습니다 - 역자주)(시 56 : 9). 이것은 놀라운 확신입
니다. 그러나 그 다음의 계시의 진보가 보여주듯이 그건 한계를 가지고
있습니다. 그리스도께서 태어나시리라는 걸 요셉이 들었을 때 훨씬 더 큰
것을 약속받은 셈입니다. 왜냐하면 그 아이의 이름이 임마누엘, 하나님
이 우리와 함께 함이라는 뜻을 가지게 될 것이라고 진술하셨기 때문입니
다. 그리스도께서 지상에 머무는 기간 동안 하나님께서 자기 백성들과
"함께" 계셨습니다. 그러나 이보다 더 큰 진리가 있습니다. 오늘날 하나
님께서는 "믿는 자들" 속에 거하십니다. 그는 그 사람들 속에 들어가셔
서 자신의 생명을 그들에게 나누어 주십니다. 여러분이 그분에게 나아왔
다면 생명이신 그분이 여러분 속에 살아 계십니다.

이 모든 것은 그리스도인의 삶에 있어서 큰 용기를 북돋아 줍니다. 만
일 그리스도께서 주신 생명이 하나님의 생명이라면, 그 생명은 영원한
생명이기 때문입니다. 그리고 하나님 아버지께서 멸망받을 수 없듯이 그
리스도인도 더 이상 멸망받을 수 없습니다. 요한복음 3 : 16에서 바로 그
점을 가르치고 있습니다. 그 구절은 많은 사람들이 알고 있지요. "하나님
이 세상을 이처럼 사랑하사 독생자를 주셨으니 이는 저를 믿는 자마다 멸
망치 않고 영생을 얻게 하려 하심이라."

그것이 정말 영원한 생명을 의미합니까? 그렇고 말고요. 이 경우에서

우리는 그 점에 대해서 의심하는 경향이 있읍니다. 예수님께서 몇장 뒤에 이렇게 덧붙이셨읍니다. "내 양은 내 음성을 들으며 나는 저희를 알며 저희는 나를 따르느니라 내가 저희에게 영생을 주노니 영원히 멸망치 아니할 터이요 또 저희를 내 손에서 빼앗을 자가 없느니라"(요 10:27, 28).

다시 여기서 저는 핑크의 말을 인용합니다. "'나는 길이요'—그리스도 없이 사람들은 가인들—배회자들이다. '다 치우쳐 한 가지로 무익하게 되고'(롬 3:12). 그리스도는 사람들이 마땅히 걸어야 할 길을 보여주시기 위해서만 오신 안내자가 아니다. 그는 스스로 아버지께 이르는 '길'이다. '나는 진리요'. 그리스도가 아니고는 사람들은 '마귀의 세력 안에' 있다. 마귀는 거짓말의 아비이다. 그리스도께서는 하나님에 관한 교리를 사람들에게 밝히기 위해서만 오신 한 선생에 불과하지 않다. 그 자신이 하나님에 대한 '진리'이시다. '나를 본 자는 아버지를 보았느니라'. '나는 생명이니'—그리스도가 없이 사람들은 죄와 허물 가운데서 죽어 있다. 그리스도는 옛 본성을 약화시키고 옛 본성의 과격성을 세련되게 하고 그 결함을 수선하기 위해서만 오신 외과의가 아니시다. '내가 온 것은 양으로 생명을 얻게 하고 더 풍성히 얻게 하려는 것이라'(요 10:10)."

여러분은 오시겠읍니까?

그리스도께서 오신 것은 여러분으로 하여금 생명을 얻게하려는 것입니다. 여러분이 있는 그곳에서 오시겠읍니까? 오실 수 있읍니다. "지금"오실 수 있읍니다. 예수님께서 여러분더러 무얼 하라고 요구하시지 않읍니다. 만일 어떤 일을 하고 싶다면 무얼 할 수 있겠읍니까? 하나님께 이르는 길을 찾아 그 길로 행하려 하겠읍니까? 어떻게 할 수있겠읍니까? 그가 길이십니다. 여러분으로 하여금 그분에게 오게 하시기보다 그분 자신이 여러분에게 오셨읍니다. 여러분이 하나님을 믿기 전에 진리를 발견해내려고 연구하겠읍니까? 여러분이 그런 일을 어떻게 할 수 있읍니까? 그분이 진리입니다. 성경은 여러분의 눈 앞에 그분을 온전히 나타내 줍니다. 여러분의 자력으로 영적 나태에서 자신을 깨우치려고 노력하겠읍니까? 여러분이 그러한 일을 어떻게 할 수 있읍니까? 그는 여러분이 필요로 하는 생명입니다. 그분은 여러분에게 값없이 자신을 제공하십니다.

믿음으로 그리스도를 영접하는 길 외에 다른 할 일이 없습니다.   어떤 업적도 어떤 개선도 배워야 할 교훈도 없습니다. 다만 예수님을 믿으십시요. 그분이 말씀하시는대로 그분을 인정하십시요 – 그분이 하나님에 이르는 길이요, 하나님에 대한 진리요, 하나님의 생명이라고 말입니다. 예수님께서 "나는 하나님께 이르는 무한정 많은 여러 견고한 길 가운데 하나다. 또 진리의 한 국면이며 생명의 한 부분이다"고 말씀하지 아니하셨읍니다. "나는 길이요, 진리요, 생명이니 나로 말미암지 않고는 아버지께로 올 자가 없느니라"고 말씀하셨습니다.

15

본향에 이르는 오직 유일한 길

"예수께서 가라사대 내가 곧 길이요 진리요 생명이니 나로 말미암지
않고는 아버지께로 올 자가 없느니라"(요 14 : 6).

주 예수 그리스도께서 자신이 "길이요 진리요 생명이라"고 외치신 그
배타적인 주장이 세 어구 속에 싸여 있습니다. 예수님께서는 하나
님께 이르는 오직 유일한 길이 자기 자신이라고 말씀하셨습니다. 그리고
자신이 하나님에 관한 진리이며, 자기 자신이 진리 자체라고 말씀하셨습니
다. 또한 예수님께서는 당신이 생명에 이르는 길일 뿐 아니라 영적 생
명이라고 주장하셨습니다. 우리가 그 어구를 읽어나가면 그것만 말하면
될 것이라는 생각을 하게 됩니다. 그런데도 주님께서 하신 말씀을 읽어
보면, "나는 길이요 진리요 생명이니"라고 말씀하신 직후에 전체 요점을
다른 말로 다시 한번 되풀이 하심으로써 오해를 불식시키신 것입니다.
"나로 말미암지 않고는 아버지께로 올 자가 없느니라." 만일 주님께서 이
말씀을 두번 되풀이 하심으로써 우리로 하여금 오해하지 못하게 하셨다
면, 우리도 역시 그것을 두번 살펴 보아야 합니다.

오직 예수님으로 말미암아서만

이 두 어구를 함께 취급하면 기독교는 독단적인 주장을 한다는 의미입

니다. 우리 그리스도인들이 하나님께 이르는 오직 유일한 길은 그리스도
뿐이라고 말하면, 사람들은 때로 우리가 좁은 마음을 가지고 있다고 생
각합니다. 바로 여기에서 그러한 말을 듣는다고 우리는 고백해야 하겠읍
니다. 우리는 주 예수 그리스도만큼 좁아야 합니다. 주께서 말씀하시기
를 – 이 구절의 강조임 – 하나님께 이르는 오직 유일한 길이 당신이라고
말씀하셨읍니다. 다른 길은 결코 없읍니다. 그러니 친구들을 얻고 사람
들에게 영향을 끼치기 위해서 바로 이 점에서 얼버무려 다른 길들도 어
떤 가치를 가지고 있노라고 말하는 것이 멋 있을 줄은 모르지만 – 비록
우리가 그렇게 말하고 싶어한다 할지라도 – 우리는 그렇게 할 수 없읍니
다. 오히려 우리는 주 예수 그리스도와 성경의 모든 저자들과 함께, 예
수님을 떠나서는 구원이 없다고 확언하는 자세를 취합니다.

많은 구절이 그 점을 가르칩니다. 고린도전서 3 : 11 – "이 닦아 둔 것
외에 능히 다른 터를 닦아 둘 자가 없으니 이 터는 곧 예수 그리스도라."
사도행전 4 : 12 – "다른 이로서는 구원을 얻을 수 없나니 천하 인간에 구
원을 얻을만한 다른 이름을 우리에게 주신 일이 없음이니라."디모데전서
2 : 5 – "하나님은 한 분이시요 또 하나님과 사람 사이에 중보도 한 분이
시니 곧 사람이신 그리스도 예수라."

만일 여러분이 이 모든 말씀을 거절하며, 기독교에 관심을 가지나 그
러한 배타적인 자세를 취하지 않는다면, 또한 예수 그리스도가 하나님께
이르는 "한" 길이지만 "오직 유일한" 길은 아니라고 생각한다면, 제가 강
조하고 싶은 것이 있읍니다. 예수님의 가르침에 따라서 예수님만이 오직
유일한 길이며, 다른 길을 발견하려는 어떠한 시도도 결국 절망에 이르
며 패퇴할 수밖에 없음을 강조하여 말씀드리고 싶읍니다. 하나님의 은혜
를 떠나서는 우리 각자 어리석음과 절망과 부패의 특성을 지니고 있다는
것이 비극입니다. 우리가 또 다른 길을 찾고 있는 까닭에 우리는 어리석
습니다. 다른 길을 발견할 것이 없기 때문에 우리는 절망합니다. 길은
오직 하나 밖에 없다고 하나님께서 말씀하셨기 때문에 우리는 왜곡되어
있읍니다. 그러므로 또 다른 길을 찾으려고 하나님을 떠나는 것은 하나
님을 모독하는 처사입니다.

어리석은 자는 말하기를

첫째, 또 다른 길을 찾으려고 노력하는 어리석음이 있습니다. 어째서 그것이 어리석습니까? 만일 하나님께 이르는 길이 제시되었고, 또 다른 길을 찾는 것이 넌센스라면 또 다른 길을 찾으려 하는 것은 어리석습니다. 만일 암을 치료할 수 있는 완전 처방책이 있다면 그 처방책을 놔두고 다른 처방책을 찾는 자가 누구이겠읍니까?

영적인 문제에 있어서 인간 마음은 그러한 어리석음을 드러내고 있읍니다. 주 예수 그리스도께서는 부자에 관한 한 비유에서 그것을 말씀하셨읍니다. 이 사람은 생명에 이르는 길이 물질적인 소유를 통해서 온다고 생각했읍니다. 그래서 그는 세상의 소유를 쌓아 놓는데 평생을 보냈읍니다. 그는 농부였읍니다. 그는 많은 소출을 내었읍니다. 그의 부가 그의 창고에 가득 쌓였읍니다. 그 창고가 그가 모아 놓은 곡식을 감당하기에는 너무 작게 되어 이렇게 말했읍니다. "내 곡간을 헐고 더 크게 짓고 내 모든 곡식과 물건을 거기 쌓아 두리라." 주님께서는 그 사람의 인생에 대해서 논평하기를 "어리석은 자여 오늘밤에 네 영혼을 도로 찾으리니 그러면 네 예비한 것이 네 것이 되겠느냐?"(눅 12 : 20).

불신자를 어리석은 자로 부르는 것은 설교자가 아닙니다. 만일 그러한 경우라면 그렇게 큰 의미를 지니지 못할 것입니다. 불신자가 설교자에게 "당신처럼 그렇게 믿고 있는 것 때문에 당신은 어리석은 자요"라고 간단히 말할 수 있을 것입니다. 그러나 그런 경우가 아닙니다. 믿지 않는 자를 어리석은 자라 부르는 것은 사람들이 아닙니다. 하나님께서 예비하신 길로 하나님께 오기를 거절하는 걸 보시고 사람들을 어리석다 하시는 분은 하나님이십니다.

우리가 어째서 그러한가를 조금 더 깊이 파헤쳐 본다면, 우리가 우리 스스로 준비해야겠다고 작정하였기 때문에 그러함을 발견할 것입니다. 저는 이에 대한 제 개인의 일화를 갖고 있읍니다. 그 예화가 제가 지적하고 싶은 각 요점을 밝혀 주지는 못한다 할지라도 주요한 요점을 밝혀 주는데 공헌합니다. 2 차대전 중 아버지는 미국의 남부에서 공군군의로 복무하였읍니다. 아버지께서 군에서 제대하시면서 서부 펜실베니아에 있는 고향을 향해서 북쪽으로 자동차를 몰고 떠나기 시작했읍니다. 성탄절이 불과 얼마 안남았을 때였읍니다. 테네시의 여러 산들에 일찍 눈보라가 치는 것을 만나게 된 건 놀라운 일이 아니었읍니다. 폭풍은 더 사나워지고 거세어져 결국 우리의 가는 길을 정지시켰읍니다. 그러나 우리가 밤에 멈춰 서기 전 오른쪽에 위험스러운 절벽이 있는 작은 산악지역을 올라가고 있었읍니다. 그런데 그 어느 지점에서 차가 비스듬히 멈춰 섰읍니다. 만일 차가 비스듬히 멈춰 서면 꼼짝할 수 없겠다는 걸 아버지는 아셨고, 또 그렇게 꼼짝하지 못하면 즉각 절벽 너머로 미끄러져가기 시작할 것도 아셨읍니다. 그래서 담요를 움켜잡고 차 밖으로 뛰어나가 뒤바퀴로 돌아가서 내리 미끄러지는 걸 막기 위해 뒤바퀴 밑에다가 담요를 대었읍니다. 차에 타고 있는 우리도 꼼짝 못했읍니다. 그러나 산기슭의 폭설 속에 우리는 갇히게 되었읍니다.

제 아버지는 아일랜드 사람입니다. 이때쯤해서 아버지는 두 가지 특징을 가지고 있었읍니다. 자기의 성취에 대한 긍지와 다른 일을 훌륭하게 해내려는 결심이었읍니다. 아버지는 절벽에 미끄러져 떨어지지 못하도록 우리를 구했읍니다. 이제 그는 우리가 산을 넘게 하려고 애쓰셨읍니다. 그래서 그는 일을 시작하시고 삽으로 눈을 치우며 넓게 하였고 타이어 밑에다 담요를 깔았읍니다. 한 시간 가량 일을 했지만 많은 진척이 없었읍니다. 내 두 자매와 나와 어머니와 숙모는 계속 차 안에 있었고 갈수록 더 추워갔읍니다. 우리는 대단히 걱정이 되었읍니다. 갑자기 놀라운 견인 기구를 가진 트럭이 옆으로 지나갔읍니다. 이 트럭이 우리 앞에 가더니 섰읍니다. 그 운전수가 다시 가게 할 수 있음을 알고 있는 것이 분명했읍니다. 그는 밖으로 나와서 아버지께 이렇게 말했읍니다. "제게 체인이 있읍니다. 제 차와 선생님 차를 연결시키면 저 산위까지 올라갈 수 있을텐데요."

제 아버지가 뭐라고 하셨는지 아세요? "천만에요. 우리는 아주 훌륭히 해가고 있어요." 그리고 그가 훌륭히 해냈읍니다! 그러나 음울하고 춥기 한량없는 60 분간의 시간이 지난 다음에의 일이었읍니다.

하나님께서는 영적으로 우리가 이와 똑같다고 말씀하십니다. 우리가 한 시간을 보내든 두 시간을 보내든 1 년을 보내든 평생을 보내든 그것은 문제가 되지 않는다는 사실 이외에 말입니다. 우리는 결코 구원을 얻기 위해 그 길을 스스로 올라갈 수 없을 것입니다. 그래서 예수님께서 말씀하십니다. "보라 내가 너희의 구원의 길을 제공하기 위해서 왔다. 나는 길이다. 거만하게 나에게 등을 돌려대는 어리석음을 범하지 말라…."

출구가 전혀 없음

둘째로, 우리는 어리석을 뿐만 아니라 길을 가다가 절망합니다. 만일 예수님께서 "나는 길이요…나로 말미암지 않고는 아버지께로 올 자가 없느니라"하신 말씀이 옳다면, 다른 길을 찾을 수 없습니다. 아버지께서는 모든 복락의 원천이십니다. 아버지께 이르는 길은 예수님으로 말미암습니다. 만일 여러분이 또 다른 길을 찾으려 한다면 그러한 영적인 복락을 얻지 못할 것입니다. 어떤 다른 길로 간다고 하는 것은 출구가 하나도 없고 목적지가 하나도 없는 길을 찾아 억지를 부리는 격입니다.

바울은 그것을 로마서에서 자세히 지적하면서 사람들이 하나님께 이르기 위하여 애쓰는 다른 길들을 지적합니다. 세 부류가 있습니다. 첫째 자연신학의 방식이 있습니다. 밤에 들판에 나가 "나는 자연 속에서 하나님과 교제하려 한다"고 말하는 사람의 방식이 바로 그것입니다. 그 사람은 "나는 내 골프장에 나가 주일 오후 하나님을 예배하련다"고 말하는 사람이나 같습니다. 바울은 말하기를, 자연 속에서 하나님을 찾을 수 없으니 이 사람은 결국 죽은 사람이라고 말씀하십니다. 자연 속에서 어느 누구도 하나님을 찾지 못합니다. 자연속에서 하나님에 관한 여러 가지 것들을 찾을 수는 있지만 이것들이 여러분을 정죄합니다.

로마서는 말하기를, 자연은 하나님에 관한 두 가지를 밝혀 준다고 말합니다. 자연은 하나님의 "신성(神性)" 곧, 하나님의 존재를 밝혀 줍니다. 또한 하나님의 "능력"을 밝혀 줍니다. 왜냐하면 우리가 관찰하는 자연 뒤에는 분명히 상당히 능력을 가진 어떤 것이나 어떤 이가 서 있기 때문입니다. 자연 속에서 하나님에 대해서 알 수 있는 것은 고작 그것 뿐입니다. 그러므로 만일 여러분이 자연 속에서 하나님을 발견하려 한다면 결국 허망한 결과 밖에는 얻지 못할 것입니다. 영원한 능력을 경배할 수도 없고, 최상의 존재를 경배할 수도 없습니다. 자연법을 경배할 수도 없읍니다. 더구나 바울이 말하기를 "그렇게 하지조차 않는다"고 말합니다. 자신에게 "나는 자연 속에서 하나님을 예배하려 한다"고 말할 때 실상 하고 있는 일은 하나님을 피하기 위해서 자연을 사용하는 것에 불과하기 때문입니다. 실상은 그리스도인들과 함께 있고 싶지 않은 것이고, 말씀이 전파되는 곳에 가고 싶지 않은 것입니다. 말씀전파가 자기 마음을 흐트러 놓음을 압니다. 사실 그 사람이 하고 있는 일은 자연으로 들어가 하나님을 피하고자 하는 일입니다. 만일 어떤 것이라도 예배하고 싶다면, 예배하는 것은 자연입니다. 자연숭배는 우상숭배입니다.

제가 몇년 전에 이러한 노선을 따라 어디에선가 말한 적이 있습니다. 그 말을 들은 어떤 부인이 제게 와서 "목사님도 아시겠지만, 캘리포니아의 그 해변가에 있는 수많은 사람들에게 일하면서 그게 사실이라는걸 알았어요."

저는 "무슨 뜻이지요?"라고 물었읍니다.

"예, 우리는 해변가에서 집회를 갖곤했지요. 또 저는 파도타기하는 사람들에게 증거했어요. 제가 하나님에 관해서 그들에게 말하면 그들은 자연 속에서 하나님을 예배하러 간다고 대답했지요. 처음엔 무슨 말을 해야 할지 몰랐지요. 그러나 잠시 후에 저는 알았지요. '하나님이 그러면 어떤 분인가요?'라고 묻는 걸 배웠어요. 그러면 그들은 '내 써핑 보드가 내 하나님이죠'라고 대답하곤합니다." 그건 적어도 정직한 말입니다. 그러나 그것은 이교도요 우상숭배입니다.

물질적인 것들을 통해서 만족을 얻으려고 추구하고 있읍니까? 그것이 써핑보드든, 성공이든, 돈을 버는 것이든, 집이든(또는 집을 두채 가지든), 자동차든, 그것이 무엇이든지간에 차이가 없읍니다 – 어떤 물질적인 것을 여러분의 목표로 삼는다면, 결국 여러분의 추구는 절망으로 끝나버릴 것입니다. 왜냐하면 이러한 것들은 다 멸해질 운명을 갖고 있기 때문입니다. 주께서 "사람이 만일 온 천하를 얻고도 제 목숨을 잃으면 무엇이 유익하리요?"(막 8:36)라고 말씀하신 것도 그 때문입니다.

둘째로, 인간적 도덕성의 방식을 통해서 하나님을 발견하려고 애쓰는 사람들이 있읍니다. 이 사람들은 윤리적인 사람들입니다. 그들은 말하기를, "하나님은 선한 사람들을 분명히 좋아하신다. 그러므로 나는 선해

질 것이다. 나는 그 길로 하나님께 이를 것이다"라 합니다. 이러한 노선
은 역시 절망으로 인도할 것이라고 바울은 말합니다. 어째서요? 우리가
다음과 같은 것을 따져보면 그 해답을 알 수 있읍니다. 만일 하나님께서
선한 사람들을 사랑하신다면 – 하나님께서 선한 사람들을 사랑하신다는
것은 사실입니다 – 선한 사람들이 얼마나 선해야 할까요? 그들이 절대적
으로 선하고, 완전해야 한다는 것이 대답입니다. 왜냐하면 하나님께서는
어떠한 조그마한 결함이 있더라도 만족하실 수 없는 분이기 때문입니다.
그러나 그 어느 누구도 완전하지 못합니다. 그래서 바울은 말합니다. "너
희가 그와 같이 시작하면, 더욱더 선해짐으로써 하나님을 찬양하려고 한
다고 생각하기 시작할 때, 이 세상에서 어느 사람에게 가능한 최고의 선
함을 이룩했다 할지라도 그러한 길로는 하나님께 결코 이르지 못할 것이
다. 왜냐하면 그 정도로 충분히 선하지는 못할 것이기 때문이다."

　바울은 말합니다. "더구나 하나님만이 그런 것을 아는 것이 아니라 내
친구들도 그것을 알고 너희도 역시 그것을 알게 될 것이다." 결국 우리를
정죄하는 것은 어떠한 표준입니까? 어느 표준이든지 다 그러하다고 대
답해야 합니다. 진실로 우리는 하나님의 기준에 의해서 정죄받고 있읍니
다. 하나님의 기준은 주 예수 그리스도입니다. 우리가 그리스도처럼 선
하지 못합니다. 그러나 그 기준에 조금만 못미쳐도 똑같은 정죄를 받습
니다. 십계명을 생각해 보십시오. 여러분이 그렇게 선합니까? 아닙니까?
그렇다면 여러분은 그 기준에 의해서 정죄를 받습니다. 황금률을 생각해
보십시오 – 다른 사람들에게 대접을 받고자 하는대로 남을 대접하라는 말
씀 말입니다. 여러분은 그렇게 할 수 있읍니까? 물론 할 수 없읍니다.
매일 모든 방면에서 남에게 대접을 받고자하는대로 다른 사람을 대접한
다고 말할 수는 없읍니다. 그러므로 그러한 기준에 의해서 여러분은 정
죄받고 있읍니다. 어떠한 기준이든지 들추어내 보십시오. 그러면 그것으
로 여러분은 정죄를 받습니다. 만일 여러분 자신의 의를 통해서 하나님께
이를 것이라고 생각한다면, 여러분은 분명히 절망에 이를 것입니다.

　더 나아가서 우리가 그걸 인정하든 인정하지 않든 세상이 그것을 압니
다. 우리는 오늘날 교회에서 이상한 상황을 발견합니다. 교회는 증거할
메시지를 가지고 있읍니다. 인간의 전적 부패로부터 시작합니다. 그러나

이것이 거의 모든 사람들에게 반감을 갖게 합니다. 그래서 교회는 이 점에서 겁을 냅니다－물론 목사들이 그러합니다－그래서 교회는 이러한 것들을 전하는 걸 꺼려합니다. 목사들은 말합니다. "성경이 모든 사람들이 죄인들이라고 말하는 것은 사실이다. 모든 사람들이 죄와 허물로 죽어 있다고 성경은 말한다. 그러나 정말 그렇다는 뜻은 아니다. 그것은 과장된 말이다. 그 표현의 진정한 의도는, 우리가 조금의 도움을 필요로 할 뿐이라는 뜻이다. 사람들은 사실상 아주 좋은 선에서 약간 밑에 있다. 만일 우리가 그들의 천성적인 선함에다 호소하기만하면 그들은 와서 그리스도인들이 될 것이다. 그 밖에 그들이 우리 교회에 나와서 헌금을 할 것이다."

그러면 어떤 일이 일어났읍니까? 세상은, 교회가 세상을 추켜 세운다고 해서 교회를 추켜세우던가요? 천만에요! 세상은 이것이 진실이 아니라는 걸 알고 있습니다. 그러므로 장 폴 사르트르(Jean Paul Sart-re)나 다른 실존주의자들이 펄쩍 뛰면서 다음과 같이 말하게 될 것입니다. "만일 교회가 진리를 말해나가지 않는다면 우리가 진리를 말하련다! 당신들이 인류의 허식 아래를 긁어내고, 사회적 관습을 제거하고, 어떤 이미 존재하는 행동양식과 걸맞게 함으로써 다른 사람들에게 잘 보이려고 노력하는 소원을 없애버린다면, 그 이면에서 반드시 쓰레기 더미를 발견할 수 있다. 그리고 부패의 하수구를 발견한다." 실존주의자들은 해답을 갖고 있지 않습니다. 실존주의자들의 절망은 그의 길의 끝에 무엇이 놓여 있는가를 보여 주는 증거입니다. 그러나 적어도 그는 잠자코 있지 않고 말할 것입니다.

그런 다음 로마서 2장 하반부에서 바울은 말하기를, 사람들이 애쓰는 세번째 방식이 있다고 말합니다. 그것은 종교, 일종의 형식주의의 방식입니다. 이 사람은 "만일 내가 의로울 수 없다면 적어도 하나님께서 좋아하는 것들을 할 수 있다. 나는 세례를 받을 것이고 나는 견진을 받을 것이고 나는 성찬식에 참여할 것이다." 이것도 역시 절망에 이르게 될것이라고 바울은 말합니다. 어째서요? 그것은 하나님께 대한 거짓된 개념을 기초로 하고 있기 때문입니다. 하나님께서 외면적인 것으로 만족하실 것이라고 상상하는 것에 지나지 않습니다. 그러하신 분인가요? 천만에요! 사람들은 외면적인 것을 보고 만족합니다. 그러나 하나님은 아닙니다. 하나님은 마음을 살피십니다. 비록 세례의 의식을 통과할 수 있다 할지라도 마음의 깨끗함을 받지 못했으면 아무 것도 아님을 하나님은 아십니다. 비록 여러분이 성찬식에 참여하겠다 할지라도 믿음으로 주 예수 그리스도의 살을 먹고 예수 그리스도께서 제공하신 강수를 마시지 않는 한 그것은 아무런 의미도 없읍니다.

주 예수 그리스도 외에 다른 길을 취하기 위해서 어느 방식을 쓰고 싶습니까? 여러분이 언급한 어느 길도 절망에 이르고 맙니다. 그래서 주님께서는 "다른 모든 것에서 돌아서서 내게로 오라"고 말씀하십니다.

하나님을 욕함

그리스도 외에 다른 것을 찾으려고 두리번거리는 자는 어리석다고 말하면 모독하는 것처럼 들립니다. 또 그렇게 하는 것은 절망에 이르게 된다고 말하는 것도 모질게 들립니다. 그러나 더 나쁜 게 있읍니다. 왜냐하면 예수외 다른 길을 추구하는 것은 어리석을 뿐 아니라 절망으로 인도하고 그것을 왜곡되게 만듭니다. 그것은 하나님을 모독하는 것입니다. 그것이 어떻게 해서 모독하는 것입니까? 예수께서 "나는 길이요 진리요 생명이니 나로 말미암지 않고는 아버지께로 올 자가 없느니라"고 말씀하셨기 때문에 그러합니다. 그러므로 여러분이 만일 다른 길로 간다면 여러분 자신이 무엇을 하고 있는 것만이 아니라-그리고 그것은 확실히 말해서 칭찬받을만한 일을 하고 있는 것이 아닙니다 - 사실상 주 예수 그리스도에게 "주 예수 그리스도여 당신은 거짓말장이요!"라고 말하고 있는 셈입니다.

요한일서 5 : 10 은 그리스도인들에게 그와 유사한 논증을 하면서 이렇게 말합니다. "하나님의 일들을 믿는 자는 자기 안에 증거가 있고 하나님을 믿지 아니하는 자는 하나님을 거짓말하는 자로 만드나니 이는 하나님께서 그 아들에 관하여 증거하신 증거를 믿지 아니하였음이니라."다른 말로 해서 주 예수 그리스도를 구주로 알고 있으면서도 자기가 구원을 이룰 수 있다고 생각한다면, 하나님은 거짓말장이라고 부르는 셈입니다. 하나님께서 주신 구원은 영원하다고 말씀하셨기 때문입니다. 바로 그러한 논증입니다. 그러나 주목해 보십시요. 만일 하나님께서 그리스도를 아나 영원한 안전보장의 문제에 대해서 하신 하나님의 말씀을 기꺼이 받아들이려 하지 않는 그리스도인들에게 그러한 과격한 말씀을 하나님께서 사용하신다면, 주 예수 그리스도께 먼저 나오지 아니한 사람들에게는 얼마나 더욱 그 말이 해당되겠읍니까?

여러분이 자신의 길을 찾으려고 애쓰는 것을 보고 하나님께서 여러분을 자랑스럽게 여기신다고 생각하십니까? 그런 일을 한다고 하나님께서 칭찬하시며, 또한 사랑하시거나 감탄하신다고 생각하십니까? 그 일의 성격 때문에 하나님께서는 그러한 일을 자기의 아들 주 예수 그리스도를 모독하고 있다고 생각하십니다. 왜냐하면 그것은 "당신 주 예수 그리스도여, 아버지 하나님께서 기뻐하시는 당신은 믿을만한 분이 아닙니다"라고 말하는 것이나 같기 때문입니다.

그래서 "예수님은 선한 선생이요 훌륭한 사람이며 그 말씀 중 어느 것은 진실하다. 그의 윤리를 따르려고 노력할 것이다"라고 말하는 것을 예수님은 결코 후원하지 아니하십니다. 그리스도의 모든 가르침이 그리스도가 누구라고 하는 단순한 전제 위에 서 있기 때문에 그러한 넌센스를 찬동할 수 없읍니다. 그리스도는 하나님이십니다. 그러므로 그의 말씀은 틀림 없읍니다. 그는 하나님이십니다. 그러므로 우리 죄를 위한 그의 속죄도 참된 속죄입니다. 그가 하나님이시니 그의 약속은 신뢰받을만한 것입니다.

더 나아가서 다른 길을 찾는 것은 그리스도를 모독하는 것일 뿐만 아니라, 죄인들을 크게 사랑하셨기 때문에 구원의 길을 계획하신 하나님의 사랑을 모독하는 처사입니다. 주 예수 그리스도께서 하신 것은 그 아버지의 소원을 성취한 것입니다. 예수님께서 "나를 가리켜 기록한 것과 같이 하나님의 뜻을 행하러 왔나이다"(히 10:7). 주 예수 그리스도, 하나님의 아들이 여러분 대신 죽으신 것이 하나님의 뜻입니다. 그러므로 그것을 무시하는 것은 하나님을 모독하는 처사입니다. 하나님께서 여러분을 위해서 죽도록 주 예수 그리스도를 보내신 것이 쉬운 일이라고 생각하십니까? 아버지들에게 묻습니다. 아들이나 딸을 포기하고, 다른 사람이 구원받도록 하기위해서 자기 아들이나 딸이 죽임당하는 것을 보는 것이 쉽습니까? 어머니들에게 묻습니다. 여러분 앞에서 아들이나 딸이 죽임당하는 걸 보는 것이 쉬운 일입니까? 다른 사람이 구원받도록 하기 위해서 아들이나 딸을 구할 수 있는데도 내버려 두는 것이 쉽습니까? 물론 쉽지 않습니다! 형제들에게 묻습니다. 자매를 포기하는게 쉽습니까? 자매들에게 묻습니다. 형제를 포기하는 것이 쉽습니까? 그러한 일이 여러분에게 쉽지 않다면, 하나님께서 자기 아들을 보내서 죽게 하신 것이 쉽다고 생각하는 이유는 무엇입니까? 그럼에도 불구하고 하나님께서 여러분을 위해서 바로 그러한 일을 하셨습니다.

주 예수 그리스도께서 십자가에 못박혀 죽으실 일이 임박했을 때 제자들과 함께 서서 "나는 길이요"라고 말씀하신 것이 쉽다고 생각하십니까? 그 길이 무엇을 뜻하는지를 예수님은 아셨습니다. 예수님께서 십자가로 나가야 한다는 것을 뜻하는 것입니다. 예수님은 죽으셔야 했습니다. 고난받으셔야 했습니다. 우리를 위해서 죄로 여김을 받으실 때 아버지께서는 아들에게 등을 돌리셨는데 예수님은 그러한 아픔을 참아내셔야 했습니다. 자기 위에 쏟아지는 하나님의 진노를 받아야 했습니다. 주 예수 그리스도께서 "나는 길이요…나로 말미암지 않고는 아버지께로 올 자가 없느니라"고 말씀하실 때 바로 그것을 뜻하신 것입니다. 그럼에도 불구하고 그것을 그렇게 말씀하셨습니다.

오라…오라

그러므로 저는 묻습니다. 남자나 여자나 "참 그것은 멋지군요. 그러나 나는 다른 길로 가렵니다"라고 말하는 것이 죄악적이고 악의에 찬 왜곡된 생각이 아니고 무엇이겠습니까? 다른 길로 가는 것은 자신을 지옥에 가도록 저주하는 길입니다! 왜냐하면 다른 길은 없기 때문입니다. "하나님은 한 분이시요 또 하나님과 사람 사이의 중보도 한 분이시니 곧 사람이신 그리스도 예수라"(딤전 2:5).

그러므로 여러분 편에서 "예, 참 그것은 물론 흥미롭지요. 그러나 나는 좀 더 먼 곳을 찾아봐야겠습니다"라고 말하면서 떠나는 것은 얼마나 어리석고 얼마나 절망에 처할 일이며 얼마나 왜곡된 일입니까. "오늘은" 구원의 날이로다! 바로 이 기회가 여러분이 구원받을 수 있는 마지막 기

회인지도 모릅니다! 성령께서 지금 이 순간에 여러분에게 말씀하고 계
시다면 성령께서 다시 여러분의 마음 속에 말씀하실 것이라고 저는 약속
할 수 없습니다. 여기에 초청의 말씀을 주목하시고 오십시요! 성경은 말
합니다. "성령과 신부가 말씀하시기를 오라 하시는도다 듣는 자도 오라
할 것이요 목마른 자도 올 것이요 또 원하는 자는 값없이 생명수를 받으
라 하시더라"(계 22:17).

16

하나님을 보는 방식

"너희가 나를 알았더면 내 아버지도 알았으리로다 이제부터는 너희가 그를 알았고 또 보았느니라 빌립이 가로되 주여 아버지를 우리에게 보여 주옵소서 그리하면 족하겠나이다 예수께서 가라사대 빌립아 내가 이렇게 오래 너희와 함께 있으되 네가 나를 알지 못하느냐 나를 본 자는 아버지를 보았거늘 어찌하여 아버지를 보이라 하느냐 나는 아버지 안에 계신 것을 네가 믿지 아니하느냐 내가 너희에게 이르는 말이 스스로 하는 것이 아니라 아버지께서 내 안에 계셔 그의 일을 하시는 것이라 내가 아버지 안에 있고 아버지께서 내 안에 계심을 믿으라 그렇지 못하겠거든 행하는 그 일을 인하여 나를 믿으라"(요 14 : 7 – 11).

요한복음 14 장에 나오는 마지막 강화 가운데서, 그리스도의 제자 중 한 사람이 거의 모든 그리스도인들이 관심 있어해 하는 요청을 합니다. 그 제자는 빌립이었읍니다. 그가 한 요청은 "주여 우리에게 아버지를 보여 주시옵소서"라는 것이었읍니다. 하나님을 보여달라는 요청이었읍니다.

그것은 거의 모든 그리스도인들이 동조할 수 있는 요청입니다. 왜냐하면 그것에 대해서 많이 생각하든 그렇지 않든 우리 각자는 빌립이 주 예수 그리스도께 요구한 그 체험을 해보았으면 하고 간절히 바랄 때가 있기 때문입니다. 물론 하나님께서 어떤 만져서 알 수 있는 형태를 지니지

는 않으셨음을 알고 있읍니다. 또한 우리는 그러기를 바라는 것 뿐이고,
그랬으면 좋겠다고 생각하는 것 뿐임도 알고 있읍니다. 그러나 여전히 하
나님께서 너무 멀리 계시고 또 만져질 수 없는 분이기 때문에 우리가 그
를 볼 수 있었으면 하고 간절히 바랄 때가 있읍니다. 우리는 하나님을 쳐
다보면서 우리의 귀를 울릴 그의 음성을 듣고 싶읍니다. 그러한 순간들
에서는, 만일 우리가 이러한 체험을 한다면 이 세상 가운데서 하나님을
위해서 사는 것이 더 쉬워질 것이라고 믿습니다. 그리고 — 우리는 여기서
정직해야 합니다 — 때때로 우리는 하나님께서 우리를 밀쳐내고 계시거나
이러한 체험을 부인함으로써 우리에게 더 많은 어려움을 갖게 하신다고
상상하곤 합니다.

이러한 생각을 해보신 적이 없읍니까? 그렇다면 주 예수 그리스도께
서 이 다락방에서 빌립에게 하신 말씀은 여러분에게 큰 관심거리가 될 것
입니다.

하나님을 아는 것

그러나 우리가 그리스도에 대해 답변을 살펴 보기 전에, 빌립의 질문이
하나님을 아는 것에 관해서 말씀하신 그리스도의 가르침의 맥락 속에서
나왔다는 걸 주목해야 합니다. 그래서 이 경우에서 보면 사실상 그 빌립
이 그러한 질문을 던지도록 고무시켰다고 해야 할 것입니다. 바로 직전
에 예수님께서는 당신이 하나님께 이르는 오직 유일한 길이라고 가르치
셨읍니다. "나로 말미암지 않고는 아버지께로 올 자가 없느니라."그런 다
음에 "너희가 나를 알았더면 내 아버지도 알았으리로다 이제부터는 너희
가 그를 알았고 또 보았느니라"(7절)라고 말씀을 계속하셨읍니다. 그 진
술에 대해서 여러분은 무엇을 생각하십니까? 그 진술이 쉽게 이해될 만
한 것이라고 생각하십니까? 대번에 그 진술의 의미를 포착합니까? 아
닙니다. 이 진술은 멈춰서서 생각하게 합니다. 그러나, 역사의 이 시점
에서 그 진술이 우리로 하여금 그렇게 하게 한다면, 그 진술은 틀림없이
제자들에게도 그러한 효과를 나타냈을 것이고 바로 예수님께서는 그러한
것을 의도하시고 말씀하셨다고 저는 확신하는 바입니다.

다른 말로 해서, 그 진술의 성질이나 문맥을 볼 때, 이 주제에 대한 논

의를 격발시키기 위해서 예수님께서 그렇게 말씀하셨음이 틀림 없다는 말
씀입니다. 예수님께서 그 제자들을 떠나려 하십니다. 그들을 떠나시면 그
들 제자들은 어둡고 음울한 한 절망 속에 빠지게 될 것임을 압니다. 그들
의 절망 가운데서 하나님께서는 극히 멀리 계셔보일 것입니다. 따라서 그
들이 이미 하나님을 보았으며, 바로 그 시간 이후로 그걸 인식하든지 인
식하지 못하든지 하나님을 알아야 함을 그들에게 가르치시기 위해서 그
주제를 꺼내신 것입니다.

"이제부터 네가 그를 알았고 또 보았느니라"라고 말씀하십니다. 빌립
은 그 본다는 것에 생각을 집중시켰습니다. 우리도 흔히 그렇게 하지요.
그러면서 "주여 아버지를 우리에게 보여 주옵소서 그리하면 족하겠나이
다"(8절)라고 요청한 것입니다.

보는 것의 한계들

빌립이 이러한 질문을 던졌을 때, 빌립은 아마 한 사람이나 한 부류의
사람이 하나님을 보았다고 되어 있는 구약의 실례들을 생각하고 있었을
것입니다. 모세가 그 중의 한 사람입니다. 그는 하나님의 영광을 보여 달
라고 요청했고 하나님께서는 "내가 나의 모든 선한 형상을 네 앞으로 지
나게 하고 여호와의 이름을 네 앞에 반포하리라"(출 33:19)라 대답하
셨습니다. 그 다음에 주님께서는 모세를 바위 틈에 두시고 그 손으로 덮
으시며 지나가셨습니다. 엘리야도 비슷한 체험을 했는데 하나님께서 큰
바람과 지진과 불을 그 선지자 앞에 지나치게 했습니다. 비록 주님께서
바람 가운데서나 지진 가운데서나 불 가운데 계시지는 않으셨지만 말입
니다. 그는 엘리야가 그 다음에 들은 세미한 소리 가운데 계셨습니다(왕
상 19:11, 12). 모세와 아론, 나답, 아비후, 이스라엘의 70인 유사들
이 "이스라엘의 하나님을 보니 그 발 아래에는 청옥을 편듯하고 하늘 같
이 청명하더라"(출 24:10)고 말하는 구절도 있습니다.

그러나 이러한 대목들 중 그 어느 하나도, 거기에 관계된 사람들이 실
제로 하나님을 있는 그대로 보았다는 뜻은 아닙니다. 하나님께서 모세에
게 "네가 내 얼굴을 보지 못하리니 나를 보고 살 자가 없음이니라"(출 33
:20)고 말씀하셨습니다. 그럼에도 불구하고 다른 사람들의 체험은 위대

한 것이었고, 빌립도 그것이 무엇이든지 그러한 체험을 했으면 했었읍니다. 그러므로 그는 예수님께 하나님을 나타내 보여달라고 요구한 것입니다. 빌립은 예수님은 무엇이든지 할 수 있는 분으로 믿었읍니다.

그러나 주님께서 어떻게 대답하십니까? 그 요청을 허락하시든지, 또는 어째서 빌립의 소원이 지혜롭지 못하고 불가능한지 설명하지 않고 대신 예수님께서는 하나님을 본다는 것이 사실상 무엇을 뜻하는 것이며, 어떻게 하나님을 보는가를 가르치시기 시작하십니다. 빌립이 마음 속에서 모든 것을 생각하고 있는데, 예수님께서는 그 보는 것의 한계로부터 시작하여 그 점을 가르치십니다.

이 요점을 이해하기 위해서 우리는 그리스도께서 다음 진술에서 보여주는 대조를 알 필요가 있읍니다. 빌립은 "주여 우리가 하나님을 볼 수만 있다면 보고 싶습니다"라고 말했읍니다. 그러나 예수님께서는 대조적으로 "빌립아 네가 그렇게 말하는 것은 이상하다. 왜냐하면 내가 몇 년 동안 너희와 함께 있었고 또 그 기간 동안 죽 나를 지켜 보았다. 그런데도 너희가 아직 나를 모르니 어쩐 일이냐, 어째서 하나님을 보는 것이 하나님을 아는데 도움이 된다고 생각하느냐?" 바로 "빌립아 내가 이렇게 오래 너희와 함께 있으되 네가 나를 알지 못하느냐?"(9 절)라고 말씀하신 의미가 그것입니다. 분명히 빌립은 마음 속에 보는 것을 생각하고 있는데, 그 보는 것이 어떤 것이든지 다 아는 참다운 지식으로 인도하는 것은 아닙니다.

우리가 진실로 그 말을 이해하고 있는지 의문스럽습니다. 아마 우리는 지적으로 그걸 이해할 것입니다. 그러나 우리는 감각을 가진 피조물들입니다. 그래서 진리를 이지적으로 이해했음에도 불구하고 뒤로 물러 서서 물리적인 감각을 체험하고 싶어합니다. 만일 우리가 어떤 환상을 보거나 음성을 들을 수 있다면 하나님께 더 가까이 갈 것이고 만족하게 될 것이라고 생각합니다. 자, 때로 그 환상이나 음성이 도움을 줄 수 있다는 것을 인정합시다. 그렇지 않다면 하나님께서 모세나 엘리야나 다른 선지자들에게 그러한 것을 허락하지 아니하셨을 것입니다. 그러나 동시에 우리가 기억해야 하는 것은, 환상들이 반드시 우리에게 도움을 주는 것은 아니며, 하나님께서 우리에게 그러한 환상들을 주시지 않는다고 해서 혜택을 받고 있지 못한 것이 아니라는 것입니다. 비록 모든 종류의 환경과 긴 기간 동안 예수님을 보았음에도 아직 예수님을 알지 못하는 빌립과 같을 수 있다는 걸 알아야 합니다.

보는 것이 한계가 있다는 것을 보여주는 또 다른 실례가 베드로와 야고보와 요한의 경우입니다. 그들은 변화산상에서 예수님께서 하늘의 영광을 입으신 모습으로 변화된 것을 목격했습니다. 그것은 마땅히 그들로 하여금 그리스도의 완전한 신성을 확증케 하는데 충분하고, 영원토록 그리스도께 신실하도록 지켜 주기에 충분해야 할 것입니다. 그러나 베드로가 예수님을 부인했다는 말씀을 읽습니다. 야고보도 예수님께서 잡히시던 밤에 그 동산에서 예수님을 버려둔 자들 중에 하나입니다. 비록 요한이 예수님을 잡은 자들의 무리를 따라 예루살렘으로 갔지만, 부활하기까지 예수님을 진실로 믿은 것은 아니라고 고백했습니다(요 20 :8).

바르게 보는것

그러나 주 예수 그리스도께서는 빌립이 마음 속으로 그리고 있는 그런 류의 보는 것의 한계들만을 강조하시지 않으셨습니다. 그는 바로 보는 것에 대해서도 말씀하셨습니다. 전적으로 예수님 자신을 바라보는 것입니다. 그는 바로 보는 대상이십니다. 예수님께서 "나를 본 자는 아버지를 보았거늘 어찌하여 아버지를 보이라 하느냐?"(9 절)라고 계속하셨습니다. 실로 부적당한 봄이 있습니다. 그러나 반면에 전적으로 올바른 봄이 있습니다. 그렇게 올바르게 보는데 있어서 앞뒤 순서는 명백합니다. (1) 주 예수 그리스도를 이해로써 보는 것이고 (2) 그렇게 본 결과로 예수님을 알게 되고 (3) 예수님을 앎으로써 하나님을 알게 되고.

그러나 이것은 어떤 종류의 봄입니까? 여기에 해당되는 종류는 베드로와 요한이 예수님의 무덤가에 가는 이야기를 통해서 예증됩니다. 요한복음 20 장에 기록돼 있지요. 그 이야기 속에는 "보는"것을 위해서 세 다른 말이 쓰여져 있습니다. 물론 각각 영어성경에서는 "see"라는 똑같은 말로 번역이 되었습니다. 첫째 경우는 "블레포"입니다. 그 말은 무덤으로 달려갈 때 베드로보다 앞서 간 요한이 "구부려 세마포 놓인 것을 '보았으나'"라 할 때 그 말이 사용되었습니다. 그것은 "보는" 것을 위해서 가장 단순한 어휘입니다. 그 말은 무덤 안에 있는 수의의 모습이 요한의 눈의 망막에 들어왔다는 단순한 뜻입니다. 조금 있다 베드로가 당도했습니다. 그 사람은 무얼 안하고 가만히 둘러보는 그런 사람이 아니었습니다. 베드로는 요한을 옆으로 밀치며 무덤 안으로 들어갔습니다. 여기서 그는 수의를 관찰할 기회를 갖게 되었습니다. 그래서 이 경우에"본다"는 말이 다르게 쓰여졌습니다. 그 말은 "데오레오"입니다. 그 말은 "뚫어지게 쳐다보다" "갸우뚱거리며 쳐다보다"는 말입니다. 이 경우에서 베드로는 수의가 거기 있으나 시체는 온데간데 없다는 사실 때문에 당연히 이상하게 생각이 되었습니다. 만일 시체를 누가 가져갔다면 어째서 시체와 함께 그 수의도 가져갔을텐데 수의는 남았는가? 아니면 다른 편으로 생각해서, 시체를 싼 것을 다 풀어버리고 시체만 가져갔다면 어째서 그 시체를 싼 옷이 무덤 주위에 흩어져 있거나 그 조각들이 흩어져 있지 않은지? 오히려 그 수의들이 시체를 쌌던 모습 그대로 있었고 머리를 쌌던 것은 주님의 머리 주위에 그대로 놓여져 있었습니다. 이때 요한은 자기가 들어가서 베드로가 본 것을 보고 믿었다고 우리에게 말해주고 있습니다. 여기에서는 "데오레오"도 아니고 "블레포"도 아니고 "오라오"입니다. 그 말은 "보고 알았다"(이해심을 가지고 보았다)는 뜻입니다. 요한이 "보고 믿었다"고 말한 것도 그 때문입니다. 그는 그 몸을 쌌던 세마포가 잘 정돈된 사실을 설명해주는 오직 한 가지 요점은 예수님이 부활했다는 사실임을 알았습니다.

자, 요한복음 14장에서 정확히 그 말이 사용되었습니다. 예수님께서, "나를 본 자"는 아버지를 "보았느니라"고 말씀하셨는데, 예수님이 누군지를 깨달은 사람은 하나님을 깨달았다는 뜻입니다.

또한 그 요점을 다른 방식으로 드러낼 수 있습니다. 빌립이 아버지를 "보여 주십시요"라고 요구했습니다. 여기에서 동사는 "데이크노미"인데 사실 그 말은 하나의 과시를 요청하는 것입니다. 예수님께서 대답하시기를, 필요한 것은 과시라기보다는 이해라고 말씀하신 것입니다. 중요한 것은 보는 것이 아니라 깨닫는 것이라는 말씀입니다.

물론 이것이 우리에게 큰 의미를 가집니다. 왜냐하면 물리적으로 보는 것이 중요하다면 우리는 버림받은 사람들입니다. 우리는 하나님을 볼 수 없을 뿐만 아니라, 최소한 빌립이 누렸던 특권인 예수님을 보는 일마저 허락되지 않았습니다. 예수님은 단순하게 그 당시처럼 여기 계시지 않습니다. 우리는 예수님을 목격할 수 없습니다. 반면에 깨닫는 것이 진정으로 보는 것이라면, 우리가 혜택에서 제외된 사람이 아닙니다. 왜냐하면 우리도 예수님을 깨달을 수 있고 지각할 수 있고 하나님을 깨닫고 알 수 있기 때문입니다. 실로 우리는 주 예수님 당시에 믿었던 이 사람들과 똑같은 방식으로, 그들과 똑같은 정도로 예수님을 알 수 있습니다.

믿는 것이 보는 것이다

주님께서 "그당시 믿는 사람들"에 대해서 하신 말씀은 우리로 하여금 이 구절들의 마지막 대목에 인도해 줍니다. 왜냐하면 주의력 있는 독자는 이 문단의 전반부를 차지하고 있는 아는 것과 보는 것의 논의는 후반부에 나타나는 믿음에 관한 논의에 길을 터주고 있음을 눈치채지 않을 수 없기 때문입니다. 전반부에서 "안다"는 말이 네번 나오고, "보았다"또는 "보여주시옵소서"라는 어휘가 다섯번 나옵니다. 후반부(12 절을 포함하여)에서는 이러한 말들 중 하나도 나타나지 않습니다. 그러나 "믿는다" "믿다" "믿으라"라는 말씀이 네번이나 되풀이됩니다.

어째서요? 그것은 뭐 큰 신비가 아닙니다. 그것은 영적인 일에 있어서 믿는 것이 처음 온다는 신약성경의 또 다른 실례에 불과합니다. 믿음이 먼저 오고 그 다음에 참되게 아는 것이 뒤따라옵니다. 복음서 초두에 예수님께서 그 당대의 사람들에 대해서 "너희는 표적과 기사를 보지 못하면 도무지 믿지 아니하리라"(4:48)라고 말씀하셨습니다. 예수님 당대에 수많은 사람들의 생각을 진정으로 묘사한 말씀입니다. 우리가 그 구절을 연구하면서 지적한바 있읍니다. 세상은 "보는 것이 믿는 것이다"라는 옛 철학에 기초하여 움직이고 있습니다. 그러나 예수님은 그것을 거꾸로 돌리고 계십니다. 제가 방금 인용한 말씀이 증거될 때 예수님께서는 자기 자식의 병을 치료하기 위해서 예수님께 나왔던 한 귀인에게 가르치셨읍니다. "가라 네 아들이 살았다"(50 절). 그 말씀을 듣고 그 귀인은 믿었고, 자기가 요구한 일이 이루어진 것을 보았습니다. 같은 경우로 예수님께서 나사로를 살리기 바로 직전 요한복음 11 장에서 예수님은 믿지 아니하는 마르다를 보시면서 "내 말이 네가 믿으면 하나님의 영광을 보리라 하지 아니하였느냐?"(40 절)라고 말씀하십니다.

만일 이것이 인간적인 문제에 불과하다면, 우리가 보지 않고 믿어야 한다는 암시는 무모한 것입니다. 우리중 보지 않고 믿으려는 자가 누구이겠읍니까? 아무도 없읍니다. 어떤 사람도 그렇게 하지 않습니다. 반면에 영적인 문제에 있어서는 보지 않고 믿는 것은 완전히 합당한 일입니다. 왜냐하면 이 경우에서 우리는 단순한 인간을 대하고 있는 것이 아니라 하나님을 대하고 있기 때문입니다. 예수님은 하나님이십니다. 예수님을 믿는 것은 우주에서 가장 논리적인 행동입니다.

믿음의 대상

하나님을 보는 것의 문제는 예수님을 믿는 것에 귀착됩니다. 그러나 그렇다고 해서 믿는 것이 어떤 주관적이고 어떤 모호한 것이라고 생각해서는 안됩니다. 마치 어떤 의도적인 생각을 가지고 우리 자신을 믿게 하려는 일처럼 생각해서는 안된다는 것입니다. 그것은 전혀 성경적인 개념이 아닙니다. 따라서 예수님께서는 두 가지를 믿는 것에 대해서 계속 말씀하십니다. 또는 두 차원에 대해서 말씀하십니다. 우리도 그렇게 말할 수 있지요. 첫번째 차원은 예수님의 말씀을 믿는 것입니다. 두번째 차원은 예수님의 일을 믿는 것입니다. 다른 말로 해서 믿음은 예수님의 말씀과 일과 같은 객관적이고 분명한 것입니다.

레온 모리스(Leon Morris)는 그의 요한복음 주석에서, "믿으라"고 말씀하시는 11 절의 어구에 기초해서 이 진리에 관심을 집중시켜주고 있읍니다. 그 어구는 여기에서 천거되는 믿음의 객관적인 내용을 함축합니다. 모리스는 이렇게 쓰고 있읍니다. "현대에 있어서 믿음은 단순히 어떤 지성적인 전제에 대해서 강조점을 두기보다는 살아 있는 인격을 신뢰하는 것이라는 걸 자주 강조한다. 믿음의 내용이 중요한 것이 아니라는 걸 하나도 함축하지 않는다면 그 말이 옳을 것이다. 신약이 살아 있는 인격을 생명을 다해서 믿는 걸 요구한다는 건 사실이지만, 그것이 맹목적인 생각으로 쉽사리 믿어버리는 것을 뜻하는 것이 아님도 사실이다. 믿음은 지성적인 내용을 갖고 있다. 그러므로 여기서 예수님께서는 빌립

과 다른 사람들에게(복수로 변했음을 주목하시기 바람) 당신의 말씀을 믿
으라고 요청하신다. 단순히 당신의 말씀을 믿으라고만 하시지 않는
다. 믿음은 예수님께서 말씀하신 것이 참이라는 인식을 내포하고 있다"
더구나 만일 그들이 그렇게 할 수 없다면 그들의 관심은 최소한 이적에
쏠리게 되어 있읍니다. 왜냐하면 모리스가 말한대로 "볼 눈을 가지고 있
는 사람들을 위해서 그 이적들은 하나님을 가리켜줄 것이기 때문이다."

예수님께서는 맹목적 신앙을 요구하지 아니하셨읍니다. 생각 있는 신
앙을 요구하십니다. 그는 말씀하신 것과 행하신 것을 기초로 하여 예수
님이 하신 주장들을 시험해보라고 우리에게 요청하심으로써 여기서 믿음
에 도전하고 계십니다.

여러분은 그리스도의 말씀을 시험해 보셨읍니까? 찰스 하돈 스펄견은
죽어가고 있는 한 늙은 신자에 대한 이야기를 그의 저작 중에서 말해 줍
니다. 인니스라는 이름을 가진 스코틀랜드의 한 위대한 설교자가 그 죽
어가는 사람에게 왔읍니다. 그리고 그리스도를 믿느냐고 물어보았더니
그 노인은 이렇게 말했읍니다. "인니스 목사님, 저는 다만 하나님의 긍휼
만을 의지하고 있어요. 하나님은 자비하십니다. 그는 결코 사람을 영원
히 저주하지 않으실 것입니다." 그가 거의 병세가 더 악화되어 죽음이 임
박했을 때, 인니스 목사는 다시 그에게 갔읍니다. 이번에 그 사람이 이
렇게 말했읍니다. "오 인니스 목사님 내 소망이 사라졌어요. 하나님께서
긍휼하시며, 또한 의로우시다고 생각해왔거든요. 그런데 하나님은 저에
게 긍휼하시지 않고 공의로우셔야 한다면 어떻게 되지요? 저는 어떻게
되는 거예요? 저는 하나님의 긍휼을 믿는 제 소망을 포기해야만 해요. 구
원받는 길을 알려 주세요." 그 인니스 목사는 그리스도께서 하신 말씀
과 하신 일에 대해서 그에게 말해 주었읍니다. 그리스도께서 죄인들을 구
원하기 위해서 어떻게 세상에 오신 일을 말해 주었읍니다. 또한 죄인들을
대신하여 십자가에 죽으러 가시면서 이런 약속을 하신 것도 말해주었읍
니다. 또한 십자가에서 어떠한 일이 이루어졌으며, 아버지께서 자기에게
주신 그 어느 자도 결코 잃어버리지 않게 하실 것이라는 예수님의 약속
도 말해주었읍니다. 그 하나님을 잊지 않던 사람이 말했읍니다. "아, 인
니스 목사님, 거기에 견고한 무엇이 있군요. 저는 그것을 의뢰할 수 있읍

니다. 제가 다른 어느 것도 의뢰할 수 없다는 걸 이제 발견했어요." 다른 것이 없습니다. 믿음이 예수님의 말씀과 행하신 일을 의뢰하지 않는다면 아무 의미가 없습니다.

작은 믿음

그러나 지금 여기에서마저 여러분은 믿음이 너무 작고 그러므로 하나님을 결코 보지 못하게 될 것이라고 생각합니다. 만일 그런 경우라면, 예수님께서 다른 주제로 나아가기 전에 한 마디의 말씀이 있었음을 주목하십시오. 예수님은 따져 말씀하시기를, 너희가 내 가르침을 기초해서만 믿을 수 없을지 모른다. 그러나 너희는 내가 행한 일을 기초로 해서는 분명히 믿을 수 있을 것이다. "내가 아버지 안에 있고 아버지께서 내 안에 계심을 믿으라 그렇지 못하겠거든 행하는 그 일을 인하여 나를 믿으라"(11절). 이 점을 기초하여 믿는 것은 가장 좋은 류의 믿음은 아닙니다. 그러나 그것이 참 믿음이기는 합니다. 믿음이 전혀 없는 것보다는 낫지요.

믿음의 대상인 예수님에 대해서 생각하는 것이, 믿음 자체에 관해서 생각하는 것보다 낫습니다.

얼마 전 저는 반하우스 박사의 저작집에서 이 예화를 보게 되었습니다. 성경에서 언급되는 팔레스타인에서 아직도 자라고 있는 우슬초에 대한 이야기입니다. 반하우스 박사가 팔레스타인에 갔습니다. 산헤드린의 큰 홀에 들어가 보았습니다. 그 홀에는 통곡의 벽을 멀찌기 내다볼수 있는 창문이 있었습니다. 그 통곡의 벽에 여러 랍비들이 서서 예레미야 애가에 나오는 말씀들을 되뇌이면서 죄를 인하여 슬퍼하며 자기 가슴을 천천히 치고 있었습니다. 반하우스가 보았더니 그들의 머리 위 그 벽의 꼭대기에 성경에 나오는 우슬초라 이름하는 길게 느려뜨려진 식물이 자라난 것을 발견했습니다.

반하우스는 더 큰 호기심을 갖게 되었습니다. 그 식물에 대해서 물어보고 그 식물의 뿌리가 대단히 얕다는 것을 알았습니다. 그 식물의 뿌리는 반인치도 되지 못하는 경우도 많습니다. 그러나 이 뿌리로써 그 우슬초는 암벽을 타고 올라가, 공기와 바람과 비(언제 비가 오더라도)와 담벽에서부터 자영분을 빨아먹고 그 바위 틈에서 나오는 영양 있는 작은 부식물들로부터 영양을 섭취하고 있습니다. 이 작은 뿌리로써 그   식물은 번성하고, 때로는 12 – 14 피트까지 자랍니다. 반하우스는 심각하게 생각했읍니다. "그러한 갸날픈 뿌리로써 자라났다니 대단히 신기하군."그것은 하나님께서 요청하시는 믿음을 얼마나 상징적으로 보여주고 있는지요!

믿음 자체는 쓸모 없읍니다. 그 뿌리가 무엇인가 달라붙지 못하면 아무 쓸모 없듯이 말입니다. 만일 누가 그 우슬초의 줄기를 붙잡고 그걸 바위에서 떼내면 그 줄기는 곧 죽어 버립니다. 뿌리를 가치 있게 만드는 것은 바위에 찰싹 달라 붙는 것입니다. 그처럼 믿음 그 자체는 아무 의미가 없는데 믿음은 주 예수 그리스도, 만세반석에 찰싹 달라붙을 때 생명의 열쇠가 됩니다. 우리가 하나님을 보는 것은 하나님을 믿는 그러한 믿음으로 말미암습니다.

17

예수님이 하신 일보다 더 큰 일

"내가 진실로 진실로 너희에게 이르노니 나를 믿는 자는 나의 하는
일을 저도 할 것이요 또한 이보다 큰 것도 하리니 이는 내가 아버지
께로 감이니라"(요 14:12).

우리 중 그 어느 누구라도 백만달라를 받게 되는 일은 쉽지 않습니다.
그러나 만일 그러한 돈을 받게 된다면 숨을 쉴 수 없을 정도로 얼
마나 우리가 압도될까를 생각해 보십시오. 그러면 요한복음 14:12에 나
타난 예수님의 위대한 약속에 대해서 우리의 반응이 어떠해야 함을 이해
하기 시작할 것입니다.

예수님께서 자기 제자들을 위로하려고 애쓰고 계셨습니다. 왜냐하면 그
들은 침울해 있었고 예수님께서 그들을 떠나가신다는 말씀에 낙담하고 있
었기 때문입니다. 예수님께서 그들을 떠나가셔서 하늘에서 그들을 위해
서 본향을 예비하실 것이라고 약속하셨고, 다시 그들에게 돌아오셔서 예
수님과 함께 있도록 그들을 데려가시겠다고 말씀하셨읍니다. 빌립이 던
진 질문을 다루신 다음에 예수님은 엄숙하게, 그러나 분명하게 위로의
말씀을 하셨습니다. "내가 진실로 진실로 너희에게 이르노니 나를 믿는
자는 나의 하는 일을 저도 할 것이요 또한 이보다 큰 것도 하리니 이는
내가 아버지께로 감이니라."

예수님께서 하신 일보다 더 큰 일이라니요! 그것은 약속입니다. 그러나 우리가 그 약속에 대해서 생각할 때 그 약속을 전적으로 믿을 수 없는 것은 아니지마는 실현 가능성이 없어 보입니다. 예수님께서는 병자를 치료하셨고, 파도이는 갈릴리 바다를 잔잔케 하셨고, 작은 떡 조각과 몇 마리의 생선을 가지고 수천명을 먹이셨고, 죽은 자를 살리셨습니다. 이러한 일들이 위대한 일입니다. 뭐, 우리가 생각할 수 있는 가장 위대한 이적들이지요. 우리는 그러한 일들을 할 수 없습니다. 우리가 그런 일을 할 수 없다면 예수님은 어떻게 그런 말씀을 하실 수 있었읍니까? "나를 믿으라 믿는 자는 나의 하는 일을 저도 할 것이요 또한 이보다 큰 것도 하리니 이는 내가 아버지께로 감이니라"라고 어떻게 말씀하실 수 있었읍니까?

어떤 류의 일입니까?

예수님이 단순히 실수하고 계시지 않다고 전제할 때 이 구절에 접근하는 방식은 두 가지 밖에 없읍니다. 그 첫번째 방식은, 이 구절이 이적들을 가리키는 것이라 생각하는 것입니다. 그러나 어째서 그러한 이적이 일어나지 않느냐는 것을 설명하거나 그 경우를 한정지어 말하거나 해야 할 것입니다. 두번째 경우는 그 일이 전적으로 다른 일을 가리킨다고 하는 방식입니다.

그 구절이 이적을 가리킨다고 생각하는 사람들은 "믿으라"는 말에 하나의 상정된 수식어가 있다고 생각합니다. 그 약속은 예수님을 믿는 사람들에게만 해당된다고 그런 식으로 해석하는 사람들은 주장합니다. 따라서 오늘날 그러한 일을 하는 사람들이 하나도 없으니(최소한 한 사람도 없읍니다) 우리가 충분히 믿고 있지 못함에 분명하다는 식입니다. 우리 믿음이 부족합니다. 이러한 관점에 대해서 충분한 대답을 하려면, 우리가 예수님의 일보다 더 큰 일을 하게 되어 있으니 이 해석에 따르면 예수님의 믿음보다 더 큰 믿음을 우리가 가질 필요가 있다고 하면 될 것입니다. 그런 일은 분명히 불가능합니다. 그밖에 예수님께서 "충분한 정도로 믿음을 갖고 나를 믿는 사람"이라고 말씀하시지도 않으셨고 "깊이 나를 믿는 사람"이라고도 말씀하시지 않으셨읍니다. 다만 "나를 믿는 자는"이라고 말씀하셨으며 그것이 믿음에 강한 사람만을 나타낸 말이 아니고 모든 그리스도인을 두고 하는 말입니다.

다른 사람들은 이 진리가 그것이 사도들에 의해서만 해당되는 것이라고 말하면서 이 구절을 제한시키려고 합니다. 사도들은 이적을 행했읍니다. 따라서 이 말씀이 이루어진 것이라는 것이지요. 이 관점을 분명히 주장하는 사람이 아더 핑크입니다. 그 구절의 상반절에 대해서 최소한 그렇게 그는 주장합니다. "어떤 사람들은 이 구절이 그리스도를 따르는 모든 참된 신자들에게 해당된다고 생각한다. 그러나 이것은 분명히 잘못이다. 왜냐하면 오늘날 지상에 있는 어느 그리스도인도 그리스도께서 행하신 이적 같은 일을 할 수 없다 — 문둥이를 깨끗게 하고 눈 먼 자에게 보게 하고 죽은 자를 일으키게 하는 일을 할 수 없다… '나를 믿는 자' 라는 표현이 마가복음 16:17에 나오는 '믿는 자들' 이라는 말과 같은 것인데, 거기 마가복음 16:17에서는 어떤 이적적 표적이 따르는 사람들에 대해서 말한 것이고, 결국 그 말씀은 '특별한' 부류의 사람들에 대해서 하신 말씀이다. 이 표현은 그들에게 국한시켜 해석되어야 한다. 우리는 그 점을 주장한다." 핑크는 이 구절이 사도들이 행한 초기의 이적 속에서 성취되었음을 보여 줍니다. 히브리서 2:4가 지시하는 바와 같이 말입니다. "하나님도 표적들과 기사들과 여러가지 능력과 및 자기 뜻을 따라 성령의 나눠주신 것으로써 저희와 함께 증거하셨느니라."

이것이 그 이야기를 부분적으로 설명한 것은 될지 모릅니다. 그러나 제자들이 그 행한 이적들로 말미암아 그 제자들만 예수님의 이적을 능가했다고 말한다면 어느 경우나 의아하게 생각할 것입니다. 그렇게 설명한 것이 타당하다면, 그 해답은 전적으로 다른 방향에서 찾아야 할 것입니다.

영적인 일들

여기서 우리는, 하나님께서는 우리가 보는 대로 일들을 보지 않고, 그러므로 위대함에 대해 생각하는 우리의 관점과 하나님의 관점이 같지 않다는 것을 인식함으로 도움을 얻게 됩니다. 예를 들어서 물리적인 이적들이 아예 "큰" 것으로 생각해야 할 이유가 어디 있읍니까? 예수님께서 언급하신 것이 어째서 그것입니까? 그것이 그렇지 않다는 하나의 실마리를 누가복음 10 장에서 발견할 수 있습니다. 그 대목에는 제자들이 첫번째 임무인 전도사명을 감당한 후 돌아와서 예수님께 보고하였을 때 예수님이 나타내신 반응을 보여주고 있습니다. 우리가 말씀에서 읽기로 는, 그들은 "기뻐 돌아와 가로되 주여 주의 이름으로 귀신들도 우리에게 항복하더이다"(17 절) 하였읍니다. 다른 말로 해서 그들은 귀신들을 쫓 아낼 수 있었다는 것에 대단한 긍지를 느끼고 있었읍니다. 그러나 예수 님은 이렇게 대답하셨읍니다. "내가 너희에게 뱀과 전갈을 밟으며 원수 의 모든 능력을 제어할 권세를 주었으니 너희를 해할 자가 결단코 없으 리라 그러나 귀신들이 너희에게 항복하는 것으로 기뻐하지 말고 너희 이 름이 하늘에 기록된 것으로 기뻐하라 하시니라"(19 , 20 절).

　여기서 예수님께서는 물리적 이적의 가치를, 영적 죽음으로부터 구원 된 것의 가치와 비교하여 달아보고 서슴없이 영적 이적의 가치를 선택하 시는 모습을 노골적으로 보여 주고 계십니다. 누가복음 10 장에서 그러 하다면, 어째서 마지막 예수님의 강화에 나오는 이 본문에서 그렇지 않 아야 할 것입니까? 레온 모리스는 이 문맥 속에서 이 구절을 보는 사람 입니다. 그는 이렇게 씁니다. "우리는 사도행전의 기록 속에서 예수님이 뜻하신 것을 볼 수 있다. 거기에는 몇 가지의 병고치는 이적이 있다. 그러나 강조점은 회심의 능한 역사에 주어져 있다." 해리 아이언사이드 도 역시 그에 속합니다. "예수님께서 이적을 말씀하고 계신 것이 아니다./ 예수님이 하신 가장 주요한 일은 이적을 행하시는 것보다 아버지를 나타 내시고 아버지를 아는 지식을 갖게 하는 것이었다. 예수님께서 바로 그 것을 말씀해주셨던 것이다. 예수님의 3 년 반 동안의 공생애 결과로, 예 수님께서 이 장막세상을 떠나려 하실 때 오백여명의 제자들의 무리와 작 별인사를 하셨다. 의심할 여지없이 상당히 흩어지고 남은 사람들은 그렇게 많지 않았다. 아버지의 계시를 발견한 사람은 매우 적었다. 그러나 몇날이 지나서 – 다시 말하면 50 일이 지난 뒤에 베드로와 나머지 열 제자는 오순절날을 맞이하였고, 성삼위의 제삼위께서 능력으로 그들 에게 임하시고 그들은 예수님을 증거할 채비가 되었다. 그들은 십자가에 못박히시고 부활하신 그리스도를 전파하였다. 어떤 일이 일어났는가? 듣 는 이들이 믿었다! 아마 우리 주님의 3 년 반 동안의 공생애 기간 동안에 믿은 모든 사람들보다 그 한 날에 믿은 사람들이 더 많았을 것이다…
예수께서 이 장막을 떠나시면서 자기의 복음을 이 작은 열한 사람의 부
류 속에 맡기시어 그 복음을 땅끝까지 전하라 하셨을 때, 그당시 이스라
엘의 몇 사람을 제외하고는 온 세계가 이교의 어둠 속에서 길을 잃고 있
었다는 걸 인식한다. 그러나 300 년 내에 기독교는 이교적인 로마제국의
거의 모든 사원을 폐쇄하였고, 믿는 사람들이 수백만에 달하게 되었다.
이러한 일들은 더 큰 일들이다. 세기를 거듭함에 따라서 여전히 주님은
이러한 사역을 계속 수행하고 계시다.”

사도행전에 기록된 사도들의 사역을 말하면서, 그 약속이 모든 그리스
도인들에게 해당되는 것이 아니라 사도들에게만 해당된다고 다시 한번 생
각할만한 어떤 이유가 있습니까? 그렇게 생각한다면 우리는 실수를 범하
게 될 것입니다. 우리는 이 구절이 뜻하고 있는 것을 요약해 봅시다.

1. 그리스도께서 언급하신 그 일은 영적인 일입니다. 일차적으로 복음
이 전파되고 하나님의 성령의 권능을 힘입을 때에 일어나는 거듭남의 역
사입니다. 이 점은 두 가지 특징을 통해서 암시됩니다. 첫째 “표적”이나
“이적”이라는 말보다 “일”이라는 말이 사용되었다는 점입니다. 둘째로
“이보다 더 큰 일도 하리라”는 어구에서 “일”이란 말이 실제로 나타나지
않는다는 말입니다. 사실 이 시점에서 그런 말이 전혀 없습니다. 그러므
로 가장 훌륭한 번역이라면 “더 큰 일들(things)”이라고 해야 할 것입
니다. 요점은, 그리스도인들이 예수님의 일보다 더 큰 것을 하게 될 것
이라는 말씀입니다.

2. 이 구절에서 언급하는 바는 모든 그리스도인들에게 해당되는 것입
니다. 왜냐하면 “나를 믿는 자”라는 어구가 그런 뜻일 수밖에 없기 때문
입니다. 그렇다고 해서 모든 그리스도인이 각각 다 큰 복음전도자가 될
능력을 가지고 있다는 것은 아닙니다. 은사에는 다양성이 있습니다. 그러
나 어느 사람을 회심으로 인도하는 증거는 어떤 물리적인 이적보다 더 크
게 주님께서 보셨다는 뜻입니다. 또한 수백만의 사람들을 회심으로 인도
하는 이른바 하나님의 모든 백성들의 합치된 노력은 엄청나다는 것입니
다.

3. 끝으로, 그 구절이 모든 긍휼과 치유와 진보의 일들을 다 함축한

다고도 생각할 수 있습니다. 물론 초자연적인 의미에서의 이적적인 것은 아니라 할지라도 거의 이적적인 방식으로 복음전도 뒤에 필연적으로 따라오는 그러한 것들을 함축할 수도 있다는 말입니다.

여러 조건들

요한복음 14장 12절에 나오는 예수님의 약속은 위대한 약속입니다. 만일 그것을 우리 각자 개인에게 적용한다면 감격적인 약속입니다. 큰 일들! 예수님의 일보다 더 큰 일들이라니요! 만일 우리가 그리스도의 제자들이라면 우리가 이러한 일을 할 수 있을 것입니다. 그런데도 불구하고 우리가 멀리 벗어나지 않아야 합니다. 왜냐하면 우리가 이 본문을 더 자세히 주목하게 되면 그리스도의 약속을 실제로 누리는데 있어서 분명한 여러 조건이 있음을 발견할 것이기 때문입니다. 그 조건이 넷 있습니다.

첫째, 우리는 예수님을 믿어야 합니다. 요한복음 14:12 자체 속에서 그 점을 발견합니다. 예수님께서는 그 문장을 시작하실 때 "나를 믿는 자는"이라고 말씀하셨습니다(우리 말 개역에서는 어순이 틀림 – 역자주). 마치 그것은 "어느 누구라도 나를 믿으면", 또는 "내가 이제 말하려는 것은 나를 따르는 자들을 위한 것이다"라고 말씀하신 것과 같습니다. 여러분이 예수님을 믿습니까? "그가 존재하는 걸 믿느냐"라는 걸 뜻하고 있는 것이 아닙니다. 또한 "그가 말씀하신대로 그런 분임을 믿느냐 다시 말하면 하나님의 아들이요 세상의 구주라는 걸 믿느냐?"라고 묻고 있는 것도 아닙니다. 제가 뜻하는 바는, 그가 여러분의 개인의 구주냐? 여러분이 그렇게 그 주님을 의뢰하느냐? 특히 영적인 일에 있어서 여러분 자신의 힘을 의뢰하는 것을 떠나서 그분을 죄 가운데서 구원하시는 여러분의 구주로, 여러분의 주로 받아들였느냐? 여러분은 그분을 따르고 있느냐? 여러분의 삶이 다할 때까지 그의 제자가 되기로 힘쓰느냐? 하는 문제입니다. 이러한 우선적인 조건이 이행되지 않고는 그 약속들 중 그 어느 하나도 해당되지 않습니다.

둘째로, 우리는 기도해야 합니다. 다음 구절들(13 – 18절)에서 논의될 세 가지의 부가적인 주제들 가운데 하나가 그러합니다. 그 세 가지의 주제들은 다 중요합니다. 기도에 대한 것을 말하는 그 구절은 자체가 위대한 약속입니다. "저희가 내 이름으로 무엇을 구하든지 내가 시행하리니 이는 아버지로 하여금 아들을 인하여 영광을 얻으시게 하려 함이라 내 이름으로 무엇이든지 내게 구하면 내가 시행하리라"(13, 14절). 분명히 기도는 그 능한 일을 행하는 한 조건입니다. 우리는 그 능한 일들을 보고 싶으면 그 능한 일들을 위해서 예수님께 구해야 합니다. 불행히도 우리 중 많은 사람들이 야고보서에서 말하는 "얻지 못함은 구하지 못함"이라고 언급되는 사람들과 같습니다(약 4:2).

여러분은 여러분이 아는 사람들을 하나님께서 특별하게 돌봐 주시라고 하나님께 구하셨읍니까? 또 여러분이 회심했으면 하고 바라는 사람들을 위해서 하나님께 기도했읍니까? 보편적으로 기도했느냐?라고 묻고 있는 것이 아닙니다. 여러분은 특별히 하나님께서 여러분의 기도에 응답하기를 바라고 기도했느냐? 하는 것입니다. 토레이(R. A. Torrey)는 수천 번도 더 되풀이하여 말했을 한 경우를 우리에게 말해 줍니다. 어느 주일날 토레이가 알고 있는 아주 문제 덩어리 자세를 가진 어머니가 예배를 마친 뒤 그 토레이에게 왔읍니다. "(자기 자식의 이름을 부르면서) 목사님도 아시지요?"

토레이가 대답했읍니다. "예, 알고 말고요" 실로 누구나 그 소년을 알고 있었읍니다.

"그가 아주 착한 아이가 아니라는 것을 아실 거예요"라고 그 어머니가 말했읍니다.

"예, 나도 그가 아주 착한 아인 아니라는 걸 알고 있어요." 물론 그렇게 말한 것은 그 아이의 상태를 완만하게 표현한 것입니다. 사실은 그는 이웃 사람들을 때리고 못살게 구는 아이였읍니다.

무거운 마음을 가진 이 어머니는 그때 "어떻게 해야 돼요?"라고 말했읍니다.

토레이는 대답했읍니다. "기도하려고 애써 보았나요?"

"아, 예. 물론 제가 기도했지요."

"아니 저는 그런 것을 뜻하는 것이 아닙니다. 그 아이가 거듭나도록 하나님께 조르며 하나님께서 그렇게 해주시리라고 기대했느냐? 는 말입니다."

"저는 그렇게 분명하게 기도한 적이 없는 것 같아요."

"그래요, 오늘 곧바로 집으로 가셔서 그와 같이 한번 해보세요." 토레이는 그 다음에, 그 어머니가 그 집으로 가서 그와 똑같이 했으며, 아마 그날 이후로, 아니 그 주간부터 분명히 그 소년이 변화되기 시작해서 결국은 훌륭한 젊은 사람으로 자라났다고 말하고 있습니다.

우리는 여기서 정직해야 하는데, 어떤 경우든지 우리가 드리는 기도가 즉각적이고 결정적인 그러한 결과를 얻게 된다고 믿을 필요는 없습니다. 분명히 말해서 많은 경우가 그렇지 않습니다. 반면에 그리스도로 말미암아 진정으로 고무되고 그리스도의 이름으로 드려진 어떠한 기도라도 응답될 것이라고 믿을 수 있습니다. 그러나 문제는 우리의 기도에 응답하시는 때를 하나님께서 정하신다는데 있는 것이 아니라, 우리가 기도해야 한다는데 있습니다. "더 큰 일"은 먼저 그리스도를 믿고, 두번째로 기도하는 사람들을 위한 것입니다.

세째로, 그 약속들은 순종을 통해서 그리스도를 사랑하는 표지를 가진 삶을 영위하는 사람들을 위한 것입니다. "너희가 나를 사랑하면 나의 계명을 지키리라"(15절)라고 하시는 말씀 속에서 그 점이 표현돼 있습니다. 이 두 가지가 함께 간다는 건 흥미롭습니다. 곧 그리스도를 사랑하는 것과 그리스도의 계명을 지키는 것 말입니다. 어째서 그러한지 그 점이 명백히 드러나 있습니다. 만일 우리가 그리스도의 계명을 지키지 않는다면, 우리가 그를 사랑한다고 뻔뻔스럽게 말할 수 없습니다. 왜냐하면 우리가 사랑이라고 말하는 것은 단순한 하나의 감상이나 감흥에 지나지 않기 때문입니다. 반면에 만일 그를 우리가 사랑하지 않는다면, 그 계명들을 지키지 않을 것입니다. 우리가 그처럼 멸시하는 사람의 말을 어떻게 순종하겠습니까? 만일 우리가 그 둘 다 하지 않는다면 -그리스도인들은 때때로 이러한 입장에 처할 때가 있음- 그리스도께서 약속하신 복락을 기대할 아무런 자격도 없습니다. 만일 우리가 주님을 사랑하고, 그의 계명을 지킨다면, 우리는 그 약속들이 그리스도께서 우리에게 하라고 요청하는 일을 행해나갈 때 도움이 되고 필수적인 것이 된다는 걸 발견할 것입니다.

얼마 전에, 저는 영적인 동기 부여에 관해서 말하는 네팔 선교사의 이야기를 들은 적이 있습니다. 그 선교사의 이름은 토마스 혜일입니다. 그와 그 부인은 암프 피팔이라는 멀리 떨어진 오지의 마을에서 섬겼습니다. 그곳은 카트만두에서 백여마일 떨어진 곳이었습니다. 거기서 그들은 30개의 병상을 가진 병원에서 근무했고, 매년 2만명의 환자들을 돌보았습니다. 그는 자기가 한 일을 슬라이드에 담아서 보여 주었는데 그 슬라이드에는, 그가 일하는 곳을 둘러싸고 있는 산의 아름다운 정경이 담겨져 있었습니다. 힌두 쿠쉬라는 이름의 산이 그 슬라이드에 담겨 있었습니다. 에베레스트산의 장관도 찍혀져 있었습니다. 그러나 그 슬라이드를 계속 보여주는 일을 중단하고 그 선교사는 거기 모인 사람들에게 조용히 말했습니다. "저 정경은 아름답지요. 그러나 저 정경은 그 산이 구름으로 덮이지 않을 때의 10 퍼센트에 해당하는 시간 동안에 찍혀진 것임을 기억해야 합니다. 저 정경은 추워 떠는 사람들이나 배고픈 사람들이나 더럽고 질병에 처한 사람들을 보여 주지 않고 있습니다. 저 같은 아름다운 것만 보면 네팔에 보고 싶을 것입니다. 그러나 그리스도를 사랑하고 세계를 복음화시키려는 그의 명령에 순종해야만 그곳에서 견뎌날 것입니다." 그의 말이 옳습니다. 만일 우리가 그리스도를 위해서 큰 일을 하려 한다면, 우리는 그리스도를 위해서 대단한 사랑을 가져야 합니다. 우리는 그의 계명을 지키기로 결심해야 합니다.

끝으로, 우리는 그리스도의 영, 성령을 통해서 능력을 힘입어야 합니다. 16, 17 절에서 예수님은 그것을 말씀하십니다. "내가 아버지께 고하겠으니 그가 또 다른 보혜사를 너희에게 주사 영원토록 너희와 함께 있게 하시리니 저는 진리의 영이라 세상은 능히 저를 받지 못하나니 이는 저를 보지도 못하고 알지도 못함이라 그러나 너희는 저를 아나니 저는 너희와 함께 거하시며 또 너희 속에 계시겠음이라."

어떤 의미에서 그리스도의 영의 임재는 우리가 앞에서 말한 모든 것 속에 다 포함되어 있습니다. 왜냐하면 성령이 아니고는 그럴 수 없기 때문입니다. 성령이 아니고서는 기도할 수 없습니다. 성령이 아니고는 주님을 사랑하거나 순종할 수 없습니다. 그러나 또 다른 의미에서 볼 때 이 점은 역시 구별되는 요점입니다. 왜냐하면 예수님은 그 점을 언급하시면서 성령이 아니고서는 아무 것도 할 수 없다는 것을 우리에게 상기시키기 때문입니다. 예수님은 앞에서 "내가 너희에게 이르는 말이 스스로 하는 것이 아니라 아버지께서 내 안에 계셔 그의 일을 하시는 것이라"(10절)고 말씀하셨습니다. 이제 우리가 예수님의 가르침을 본받아 "우리가 너희에게 이르는 말은 우리 자신이 하는 것이 아니라 우리 속에 계신 성령께서 그 일을 행하시는 것이다"라고 말해야 마땅한 것이라고 말씀하시는 것 같습니다. 우리도 그렇게 말할 수 있읍니까? 우리가 그렇게 말할 수 있기 전에는 예수님께서 우리에게 맡기신 일을 결코 하지 못한다는 것은 틀림 없는 일입니다.

예수님의 말씀들

여러분은 예수님께서 하시는 말씀을 들으셨읍니까? 예수님께서 여러분을 부르시는 것을 들으셨읍니까? 예수님은 이렇게 말씀하고 계시는 것입니다. "나는 너희가 자주 어려움 가운데서 좌절을 당하는 걸 안다. 세상은 복음에 대해서 거칠고 아무런 반응을 나타내지 않음도 안다. 세상은 죄 가운데서 자리를 지키려고 하는 것 같음을 안다. 그러나 이 점을 기억하라. 나는 승천하여 하늘에 계신 내 아버지 우편에 앉게 될 것이다. 그리로서 나는 이제 다스린다. 하늘과 땅에 있는 모든 권세를 아버지께서 내게 주셨다. 이걸 기초하여, 곧 내 권위에 기초하여, 내 자신의 능력에 기초하여 나는 너희를 내 제자로 보낸다. 나는 죄와, 사망과, 지옥과, 마귀를 이긴 주님이시다. 너희는 이러한 세력들을 이기는 주(lord)들이 될 것이다.

"내가 이 땅에 있을 때 나는 약함에 싸여 있었다. 나는 불과 몇 가지의 작은 일 밖에 수행하지 않았다. 나는 병든 자를 고치고 배고픈 자를 먹이고 죽는 자를 일으켜 세웠다. 결국 나는 자신을 십자가에 못박혀 죽도록 내어 주었다. 이제 나는 부활한 주님이다. 내가 언급한 것들보다 더 큰 일을 하는 것이 내 기쁨이다. 나는 너희를 통해서 그러한 일을 하고 싶다. 나는 복음이 전파될 때 모든 사람들을 내게로 이끌겠다고 약속하였다. 자 이제 나는 너희에게 요청하노니 복음을 전파하라. 나는 너희에게 사명을 부여하노니, 온 세상에 가서 내가 너희에게 명한 것을 사람들

에게 가르치라. 내가 너희와 함께 하고, 그 메시지를 축복해주며, 너희
의 전파를 통해서 악한 것의 모든 요새들을 파괴시키겠다고 약속한다.
너 베드로, 너 야고보, 너 요한, 죠지, 메어리, 수산, 로버트, 너희가
누구든지, 나는 너희의 증거를 축복하여 너희의 증거를 듣는 사람들이 그
것을 받든지, 아니면 그것을 거절함으로써 자신들의 영적인 파멸로 떨어
지게 하든지 하겠다. 나는 그 점을 약속한다."

그러한 위대한 사명에 대해서 여러분은 어떻게 말해야 합니까? "아, 참
멋지네요. 그러나 물론 주님께서 사실 그런 걸 뜻하는 것은 아니예요. 내
가 할 수 있는 것은 아무 것도 없읍니다"라고 말하지 마십시오. 오히려
"그렇게 되기를 바랍니다. 저는 아무 것도 아닙니다. 그러나 하나님의 은
혜로 말미암아 나의 주님의 능력을 통해서 내가 모든 것을 할 것입니다"
라고 말하십시오.

$$18$$

예수님의 이름으로 기도하는 것

"너희가 내 이름으로 무엇을 구하든지 내가 시행하리니 이는 아버지
로 하여금 아들을 인하여 영광을 얻으시게 하려 함이라 내 이름으로
무엇이든지 내게 구하면 내가 시행하리라"(요 14 : 13 , 14).

요한복음 14:12 에 기록된 것보다 더 큰 약속을 주 예수 그리스도께
서는 하실 수 없어 보입니다. 우리는 14:12 의 구절을 지난 강론
에서 살펴 보았습니다. "너희가 내 이름으로 무엇을 구하든지 내가 시행
하리니 이는 아버지로 하여금 아들을 인하여 영광을 얻으시게 하려 함이
라 내 이름으로 무엇이든지 내게 구하면 내가 시행하리라"(13 , 14 절).

이 약속은 예수님께서 제자들을 떠난다는 것에 비추어 제자들을 위로
하시는 예수님의 노력의 일부로 주어진 것입니다. 예수님께서 그들을 떠
나시려 합니다. 그래서 예수님은 먼저, 당신이 가는 것은 땅위에서의 당
신의 일을 끝마치는 걸 뜻하는 것이 아니라고 약속하십니다. 제자들이
그 일을 계속해야 할 것입니다(12 절). 둘째로, 예수님이 약속하신 것은,
예수님이 떠나심으로 제자들이 예수님과 함께 교제를 누리는 것이 끝난
다는 뜻도 아니라는 것을 약속하시는 것입니다(13 , 14 절). 그는 하늘에
계실 것이고 제자들은 땅에 있을 것입니다. 그러나 기도는 그 모든 멀리
있다는 거리감을 제거시킬 것이고, 예수님께서 약속하신, 더 큰 일을 그

제자들이 행하는데 있어서 열쇠가 될 것입니다.

이 구절에는 위로가 있습니다. 그러나 이 구절을 그처럼 두드러지게 만드는 것은 사실상 위로가 아닙니다. 앞의 약속에서와 같이 우리의 호흡을 거의 멈추게 할 것 같은 것은 사실상 위로가 아닙니다.

가장 결정적인 것은 그 약속의 범위입니다. 왜냐하면 예수님의 말씀을 듣고 있었던 사람들이 기도의 특권을 가지게 될 것이라는 것을 단순하게 뜻하지도 않고, 또한 예수님께서 그들의 기도를 들으시고 그들이 요구하는 것을 때때로 허락하실 것이라는 뜻도 아니기 때문입니다. 예수님께서 그들의 기도를 들으시고 언제나 그들의 요청을 허락하시겠다는 것입니다.

토레이가 그의 책 「기도의 능력과 능력의 기도」(The power of prayer and the prayer of power)에서 지적하였듯이 오늘날 기도에 대해서 희미한 개념을 가지고 있습니다. 다시 말하면 우리가 구한 것을 우리가 얻어야 한다는 차원에서 기도를 생각하지 않고 그저 기도를 좋은 것으로만 알고 있다는 것입니다. 다시 말하면 우리가 요청한 것을 얻지 못할 수도 있다는 것이지요. 우리가 구한 바로 그 선한 것을 얻을 수도 있지만 또 어떤 경우에는 그보다 더 좋은 것을 얻을 수 있을 것이라는 것으로 생각합니다. 사실상 우리 중 많은 사람들이 우리가 기도한 것을 얻지 못하는 경우가 있는 것은 사실입니다. 왜냐하면 우리가 어리석고 이기적으로 기도하기 때문입니다. 하나님께서는 우리가 구하는 것을 허락하시지 않을 때도 종종 있습니다. 그렇게 하지 않으신 것은 좋은 일입니다. 왜냐하면 우리가 요청하는 모든 것이 다 허락된다면 우리 스스로 많은 고통을 받게 될 것이기 때문입니다. 그러나 동시에 이러한 관점이 성경에서 가르쳐지는 교리나, 특별히 말해서 여기서 가르쳐주는 기도의 교리는 아니라고 말해야 합니다. 성경에서 가르쳐지는 기도의 교리는 다음과 같습니다. "어떤 방식으로 기도할 수 있으면서도 어떤 좋은 것이나, 자기들이 구한 선한 것이나, 자기들이 구한 것보다 더 좋은 것을 얻지 못할 사람들이 분명히 있다. 다만 '그들은 자기들이 구한 바로 그것을 얻을 것이다.'" 만일 이러한 사람들이 예수님의 이름으로 "어떤 것이든지" 구한다면 그걸 얻을 것이라고 약속하시는 말씀인 것입니다.

"내 이름으로"

우리가 이렇게 말할 때, 충족되어야 하는 어떠한 조건들이 있다는 것을 인식해야 합니다. 그 첫번째가 "내 이름으로"라는 말 속에 분명히 내포되어 있습니다. 우리가 이해해야 하는 바로는, "예수님의 이름으로" 기도해야 한다는 것이지요. 그 말은 무슨 뜻입니까? 하나님께 예수님의 이름으로 무엇인가를 구해야 한다는 뜻은 무엇입니까?

그것은 여러 가지 것을 뜻하고 있습니다. 첫째로, 우리는 믿음으로 예수님과 하나된 사람들, 곧 그리스도인들로서 하나님께 나아간다는 것입니다. 이 점은 매우 중요합니다. 왜냐하면 우리는 기도에 대한 어떠한 가르침이나 기도에 대한 어떠한 연구도 기도가 그리스도인들만을 위한 것이라는 인식에서부터 출발해야 하기 때문입니다. 여러 방면에서 볼 때 그 점은 이 구절에서 명백히 드러나 있습니다. 첫째로 "너희"라는 말 때문입니다. 이 말은 제자들이나, 제자들을 믿음으로 따르는 사람들을 가리킵니다. 일반적으로 세상을 다 가리키는 것이 아닙니다. 둘째로, 바로 앞 구절의 "나를 믿는 자"라는 어구 때문입니다. 이러한 어구들은 이 구절들을 그리스도인들에게만 국한시키고 있습니다. 그밖에 우리가 지적해야 합니다만, 성경에는 비그리스도인이 드리는 어느 기도도 하나님께서 들어주신다는 약속이 전혀 없습니다.

우리는 이 시점에서 하나님께서 때로 비그리스도인의 기도도 들어주신다는 걸 덧붙여야 합니다. 옛 청교도 신학자들이 하나님의 "무차별적인 축복"이라고 불렀던 것이 바로 그것입니다. 그러나 하나님께서 그렇게 하시겠다고 약속하신 일은 없습니다. 하나님께서 믿지 아니하는 사람의 기도를 들으시고 응답하실 수 있습니다. 특히 하나님께서 그 사람의 속에서 일을 시작하여 주 예수 그리스도를 믿는 참된 신앙으로 이끌려고 하는 경우 그 사람이 드린 기도를 들어 주실 것입니다. 그러나 그리스도인들에겐 이러한 의미의 예기치 아니하는 사건들은 있을 수 없습니다. 그리스도인들에게는 하나의 약속입니다. 예수 그리스도를 믿는다는 조건을 충족시킨 사람(어느 순간에 올 수 있는 다른 조건들도 충족시킨 사람)이 기도를 응답받을 것이라고 약속하고 계십니다.

그러므로 첫번째 던진 질문은, 여러분이 예수님을 믿느냐?하는 것입니다. 지난 강론에서 지적하였듯이 "예수님이 존재하신다고 믿느냐?", 또는 "예수님이 주장하신대로 그런 분이라고 믿느냐?"라는 뜻으로 말씀드리는 것은 아닙니다. 예수님을 개인의 구주로 믿느냐? 나를 죄책과 죄의 세력에서 구원하실 오직 유일한 분은 그분이라고 생각하고 개인적으로 그분을 믿는 지점에까지 이르렀느냐?하는 것입니다. 만일 여러분이 그렇지 않다면 지혜로운 길은 오직 하나밖에 없읍니다. 지금 당장에 그렇게 하십시요. 그분에게 돌아서서 "주 예수 그리스도여, 주께서 나를 위해서 죽으신 것을 진실로 감사합니다. 나는 내 죄를 고백하며 주님이 필요하다는 것을 고백합니다. 제 개인의 구주가 되어 주십시요. 저도 이 시간 이후로부터 주님을 내 의로운 주님으로 따르기를 약속하나이다."만일 여러분이 진정한 의미에서 그렇게 말할 수 있다면 예수님이 여러분의 구주가 되고 여러분은 그리스도인이 될 것입니다.

다른 이름은 없음

"내 이름으로"라는 어구가 뜻하는 두번째 요점은, 하나님을접근하는데 있어서 주 예수 그리스도께서 행하신 일을 기초하지 않고 다른 기초로서는 불가능하다는 것입니다. 물론 이 땅 위에서 우리 그리스도인들도 고통을 당합니다. 왜냐하면 때로 우리가 기도하고 우리가 구한 것을 얻지 못할 때 우리가 예수님의 이름으로 기도하지 않고(비록 우리가그러한 말을 쓰기는 했지만), 우리 자신의 이름으로 하나님께 어떤 요구를 할 수 있다고 생각하는 방식으로 기도하는 일이 가끔 있기 때문입니다.

제가 앞에서 언급한 토레이는 이 요점을 예증하는 한 이야기를 들려줍니다. 그가 한번은 여러분의 집회를 인도하기 위해서 호주의 멜번에 간 적이 있읍니다. 어느 날 그는 말씀을 증거하기 위해서 강단에 올라가고 있었읍니다. 그런데 한 쪽지를 손에 들려주는 사람이 있어서 읽어보았더니 "사랑하는 토레이 박사님,저는 아주 곤란에 처하여 있읍니다. 제가 오랫동안 제가 확신하기로 하나님의 뜻에 합한 것을 위하여 기도해 왔지만 그것을 얻지 못했어요. 30년 동안 장로교에 출석했었고, 언제나 일관성 있는 사람이 되려고 애를 썼어요. 또 25년 동안 주일학교에서 부장으로 일을 했어요. 그리고 20년 동안 교회 장로로 시무했습니다. 그런데도 불구하고 하나님께서는 내 기도를 응답하시지 않는다니 저는 그걸 이해할 수 없어요. 그것 좀 설명해 주세요?"

토레이는 그 쪽지를 강단까지 가지고 올라가서 읽었습니다. 그런데 그가 그 쪽지에 써 있는 글의 흐름 속에서 무엇인가를 바르게 간파해내고는 그는 다음과 같이 대답했습니다. "이걸 설명하는 것은 아주 쉽습니다. 이 사람은, 30년 동안 줄곧 한 교회를 출석하였고 신실하게 주일학교 부장을 25년 동안 했고, 20년 동안 장로로 있었기 때문에 하나님이 마땅히 자기 기도를 들어주어야 한다고 생각하고 있군요. 이 사람은 자기 이름으로 기도하고 있었습니다. 하나님께서 그러한 식으로 하나님을 접근하려는 그 기도를 들어주시지 않습니다. 기도응답을 받고 싶으면 하나님께 어떤 권리가 있다는 생각일랑 아예 집어 던지십시오. 우리 중 그 어느 누구라도 하나님께로부터 어떠한 것을 받을만한 자격이 있는 사람은 하나도 없습니다. 만일 우리가 받을만한 것이 있다면 우리 각자 다 영원한 지옥에 던져져 거기서 있어야 할 것입니다. 그러나 예수 그리스도께서 하나님께 대한 큰 권리를 가지고 있습니다. 우리는 우리 자신이 행한 어떤 선한 것을 기초하여 기도할 때 하나님께 나가지 말고 주 예수 그리스도께서 하나님께 가지고 계신 당당한 권리에 의존하여 나아가야 합니다."

그 집회가 끝난 다음에 그 신사는 토레이에게 와서 이렇게 말했습니다. "제가 그 쪽지를 전해준 사람이요. 목사님은 제 머리에 못을 박았어요. 제가 30년 동안 줄곧 한 교회를 꾸준히 출석하였고, 25년 동안 주일학교 부장을 하였고, 20년 동안 장로로 있었으니, 하나님은 마땅히 내 기도를 들어주어야 하지 않느냐하는 생각을 하고 있었어요. 정말 내 실수였어요."

많은 사람들이 그와 같은 실수를 범합니다. 자기들이 하나님을 위해서 어떤 일을 했으니 하나님께서 마땅히 자기에게 무엇을 해주어야 된다하는 생각을 가지고 있습니다. 그래서 하나님께서 자기들이 요구하는 걸 들어 주지 아니하시면 크게 분내고 환멸을 느끼고 기만당하였다는 느낌을 가집니다. 그러나 우리 중 어느 누구라도 하나님께 당당한 권리를 가지

고 있지 않습니다. 오직 예수 그리스도만 그러하신 분입니다. 그러므로
예수님의 이름으로 기도하는 것은 무엇보다 먼저, 그리스도를 믿은 그리
스도인으로 하나님께 나아가는 것이고, 둘째로 우리가 하나님께 요구할
권한이 하나도 없지만 주님께서 그러한 권한을 갖고 계시므로 그것을 기
초해서만 하나님께 나아갈 수 있다는 것을 겸손히 인정하는 것입니다.

로우(Raws)의 이름으로

그러나 이 시점에서마저 예수님의 이름으로 기도한다는 것을 마술지팡
이를 흔들어 자기들의 기도를 응답받게 하는 것으로 생각하는 사람들이
있습니다. 그러한 사람들은 효과적으로 기도하기 위해서 확실히 그리스
도인이 되어야 한다고 하는 걸 인정할지 모릅니다. 또한 자신의 공로를
기초하여 하나님께 나아갈 수 없다는 걸 인정할 것입니다. 실로, 그것은
위대한 종교개혁의 원리입니다! 모든 그리스도인은 다 그것을 알고 있
지요! 그런데 그들은 그리스도의 이름을 자기들의 소원을 성취하기 위
해서 외우는 주문쯤으로 생각하려고 고집을 피웁니다. 그러므로 우리는
세번째 요점을 부연할 필요가 있습니다. 예수님의 이름으로 기도하는 것
은, 그리스도에게 속한 삶을 영위하는 자로서 기도하는 것입니다. 따
라서 그 기도는, 예수님께서 기도하신 것처럼 기도하는 것이고, 예수님
께서 소원한 것을 위해서 기도하는 것입니다.

랄프 카이퍼(Ralph L. Keiper)는 이 요점을 아주 훌륭하게 예증하
고 있습니다. 뉴저지의 케직이란 곳에 케직사경회의 모임을 위한 운동장
이 있는데 거기에 "자비의 부락"(Colony of Mercy)으로 알려진 알콜
중독자들을 위한 처소가 있다고 그는 지적합니다. 이 부락의 창설자는 윌
리암 로우(Wiliam Raws)인데 그 지도자의 아들 애디슨 로우와 손자
윌리암 A. 로우의 지도를 받아 술로 망친 사람들이 구주를 소개받고, 그
들이 자기들의 파멸의 처방책으로 예수님을 받아들일 때 사회로 복귀하
게 되곤 했습니다.

카이퍼는 이러한 것을 상상해보라고 암시합니다. 그 사람들 중 한 사
람이 그 부락의 규율에 너무 지친 나머지 가까운 마을로 도망쳐 버렸읍
니다. 그런데 그 마을에 있는 얼른 보이는 술집으로 들어갔읍니다. 거기

있는 술집 종업원에게 "내게 로우의 이름으로 술을 딱 한잔만 주시요"라고 말합니다.

그 술집 종업원이 그 주문대로 응하려 할 때 그 술집 주인이 둘러서 와서는 "무얼 원한다고 말씀하시죠"라고 물었읍니다. "로우의 이름으로 딱 술 한잔만 달라구요." 그 도망친 사람이 의자에 떡 다리를 걸쳐놓고 대답합니다.

그 술집의 주인은 손님에게 "당신은 그 자비의 부락의 애디슨 로우라는 사람을 말하는 겁니까? 그 사람은 그 부락을 설립한 사람이고 그 사람이 하는 일은 당신과 같은 부랑자를 데려다가 사람 만드는 일인데, 당신이 그 사람의 이름을 말하고 있는 것입니까?"

"아, 이 양반 기막히게 잘맞추는군요. 바로 그 사람이예요"라고 그 무책임한 사람이 말합니다.

그 주인의 얼굴은 엄한 표정으로 바뀝니다. "당신 거짓말쟁이요. 어떻게 이 술을 먹고 로우에게 계산을 떠넘기려는 것이요? 만일 당신이 그 사람의 이름으로 여기에 왔다면 이곳을 그냥 지나쳐야 했을 것이요. 만일 그렇지 않으면 당신이 여기에 들어왔다면 그 부락에 데리고 갈사람이 없나 하고 둘러보아야만 했을 것이요. 로우 박사님은 술마시는 사람이 아니예요. 그 사람의 이름을 들먹거리는 자들은 내 술집의 손님들이 아닙니다."

카이퍼는 이렇게 결론지어 말합니다. "그리스도의 이름으로 기도하는 것은 가볍게 취급할 문제가 아니라 진지한 문제다. 우리는 주님은 아랑곳하지 않고 많은 것을 고한다. 주님 자신보다 우리를 더 기쁘게 하려 하기 때문이다. 아내들은 자기들을 "집회"에 태워다 줄 돈 안드는 운전수를 갖기 위해서 남편들을 구원받게 할 것이다. 아니면 그런 아내들은 술을 먹고 곤고한 구원받지 못한 남자들을 찾아내려는 교회의 부인네들에게 더 이상 성가심을 당할 필요가 없을 판이다. 남편들도 사적으로나 공적으로 자기의 부인들을 계속 비평하기 때문에 자기 기도가 응답되지 못하는 것을 안다. 그만 그리스도께서 자기 아내인 교회를 비평한 적이 없다는 것을 잊고서 말이다(벧전 3:7). 일관성 있고 그리스도를 닮은 행실은 우리로 하여금, 하나님께서 당신의 축복으로 우리를 신뢰할 수 있도록 확신케 한다. 하나님은 분별없고 이기적인 성도에게 결코 축복이나 친절을 헛되게 베풀지 아니할 것이다."

이 복음서에 이 본문을 기록한 사도요한은 그의 첫번째 서신에서 기도에 관한 도움이 될만한 또 다른 말을 하고 있습니다. "무엇이든지 구하는 바를 그에게 받나니 이는 우리가 그의 계명들을 지키고 그 앞에서 기뻐하시는 것을 행함이라"(요일 3 : 22). 이 진술은 대단한 것입니다. 왜냐하면 요한이 말하는 것은 사실상 다음과 같기 때문입니다. 자기가 기도에 관한 그리스도의 약속을 시금석에 달아보니 그리스도는 신실하다는 걸 발견했다는 것입니다. 그러나 우리는 이 시점에서 이렇게 묻습니다. "요한이여, 어떻게 그렇게 말할 수 있는가? 우리가 많은 것을 구했으나 얻지 못했다. 당신이 구하는 것마다 다 허락받았다는 이야긴가?"

요한은 대답합니다. "물론 나는 그러한 말을 하고 있는 것이다. 정말 그렇다. 그러나 내가 어째서 그러한 말을 하는지를 주목하라. 나는 그의 계명을 지켰고, 그의 보시기에 기뻐하시는 일을 했기 때문에 그렇게 응답을 받았다. 다른 말로 해서 나는 그의 이름으로 기도를 했기 때문에 응답받은 것이다." 그렇습니다. 바로 그것이 비밀입니다. 우리가 그렇게 기도할 때 — 그리스도에 합당하게 계명에 합당한 방식으로 기도하며 — 우리도 우리의 요청되는 것이 허락되는 것을 발견하게 될 것입니다.

영화롭게 되신 하나님

또 하나의 중요한 요청이 있습니다. 이제까지 우리는 "내 이름으로"라는 어구를 살펴 보았습니다. 그리고 그 어구가 다음의 세 가지 요점을 뜻함을 발견하였습니다. (1) 우리는 그리스도인이어야 하며, (2) 그리스도께서 행한 공로에 기초해서 하나님께 접근해야지 우리 자신의 어떠한 공로를 가지고 접근해서는 안된다는 것, (3) 우리는 그리스도께서 기도하시면서 동시에 그의 바램에 합당한 삶을 영위하셨듯이, 우리도 그렇게 기도해야 한다는 것등입니다. 그러나 우리가 다루는 본문 속에 두번째 어구가 나와 있습니다. 그것은 "아버지로 하여금 영광을 얻으시게 하려 함이라"는 말씀입니다. 이 어구는 매우 중요합니다. 우리 기도가 우리 주님의 소원과 합치되어야 한다는 것을 말하고 나서 우리는 즉각적으로 "주 예수 그리스도께서 소원하는 것은 무엇인가?"라는 질문을 던져야 하기 때문입니다. 그 질문에 대한 가장 간단한 형태의 대답이 바로 이 어구입니다. 하나님으로 하여금 영광을 얻으시게 하려 함입니다. 그것을 적용한다면, 만일 예수님의 소원이 그러하다면, 우리도 그러한 소원을 가져야 함이 명백하다는 것입니다.

이것은 많은 사람들에게 있어서 생소한 것입니다. 왜냐하면 우리는 기도라는 것은 하나님께로부터 어떠한 것을 얻어낸다는 생각만 한 나머지, 기도를 통해서 하나님은 우리들로부터 어떤 것인가를 얻으신다는 생각을 거의 하지 않기 때문입니다. 하나님께서 우리로부터 원하시는 것은 영광, 다른 사람들로 하여금 하나님을 믿도록 하는 영광입니다.

여기서 저는 랄프가 제시한 또 다른 예화를 인용하고 싶습니다. 랄프는 그를 알고 있는 사람들은 누구나 다 알듯이 그의 시력이 나빠서 대단히 고생을 합니다. 우리가 100피트 밖에서 볼 수 있는 것도 10피트 내의 거리에 가야만 볼 수 있습니다. 그러니 그의 어릴 때 자기의 그 고통 때문에 하나님께 불만을 토로한 적이 여러번 있었습니다. "어째서 나는 이러한 시력상의 장애로 고통을 당해야 하는가? 만일 하나님께서 원하시기만 하면 그것에 대해서 어떠한 일도 할 수 있을텐데"라고 따져 생각했습니다. 그는 그 어려움에 대해서 기도했읍니다만 아무런 진전이 없었읍니다. 더구나 그는 하나님께서 그 기도를 지연시키는데 대한 이유를 전혀 알 수 없었읍니다. 그는 자기가 아는 한 최선을 다해서 주님을 기쁘게 하려고 노력했읍니다. 그런데 어째서 하나님은 침묵하십니까?

그런데 어느 토요일 오후 젊은 신학도로서 자기가 읽을 책에 대해서 게으름을 피우고 있을 때 성령께서는 그에게 와서 여러 가지 질문을 던지셨읍니다. "사람의 최고 된 목적이 무엇인가?"

"하나님을 영화롭게 하고 영원토록 그를 즐거워하는 것입니다!"라고 대답했읍니다.

"너는 하나님을 영화롭게 하려고 원하는가?"성령께서 다그치셨읍니다. "물론요!"그는 얼른 성령께 대답했읍니다. "네가 만일 두 가지 중 한 가지를 선택해야 한다면, 너는 하나님을 영화롭게 하는 것을 원하겠느냐 아니면 완벽한 시력을 되찾기를 원하겠느냐?"

랄프는 한동안 잠자코 있었습니다. "물론"이라는 그의 말이 약화되기 시작했습니다. 왜냐하면 그가 지적하듯이, 시력이란 대단히 가치 있는 성품이요, 그것을 갖지 않은 사람들이 특별히 더합니다. 성령께서 그의 마음을 감찰하시며 아셨기 때문에 그는 정직해야 했습니다. 성령께서는, 랄프에겐 그 시력이 하나님의 영광보다 훨씬 더 귀하다는 걸 아셨습니다. 랄프 안에서 일어나는 갈등이 극심했습니다. 그러나 랄프는 은혜를 받은 자입니다. "오직 한 가지 답변만이 있습니다. 저는 하나님을 영화롭게 하려고 하겠습니다"라고 끝내 말했습니다.

성령께서는 계속해서 그의 마음을 탐사하는 질문을 계속 던지셨습니다. "너는 정말 하나님의 영광이 네 시력보다 더 중요하다고 믿느냐?"성령께서는 대답을 빨리 하라고 재촉하지 아니하시고 곧 조용하게 기다리셨습니다.

결국 랄프는 항복했습니다. "내 시력, 그 시력이 어떠할지라도 하나님의 영광에 비하면 아무 것도 아니지요!"

성령께서 다시 물으셨습니다. "너 정말 하나님을 영화롭게 하고 싶으냐?"

"예, 그렇습니다."

"만일 그렇다면 하나님께서 당신을 영화롭게 하기 위해서 너에게 그 방식을 쓰셨는데 어째서 염려하느냐?"

기도의 목적은 우리 자신의 요청을 이루는데 있는 것이 아닙니다. 하나님을 영화롭게 하는데 있습니다. 그러나 정말 우리가 그것을 알고 있나요? 주 예수 그리스도께서 이 땅에 계실 때 아버지를 영화롭게 하셨다는 것을 기억하십시요. 그는 요한복음 17 장에 기록된 위대한 제사장의 기도에서 "아버지께서 내게 하라고 주신 일을 내가 이루어 아버지를 이 세상에서 영화롭게 하였사오니"(4 절)라고 하셨습니다. 그러나 예수님께서 이 일을 하신 것은 우리가 영광스럽다고 부르는 어떤 방식으로 행하신 것이 아닙니다. 예수님께서는 순회전도자셨습니다. 예수님께서 친히 말씀하신 것처럼 머리둘 곳이 없으셨습니다. 그분은 오해를 받으셨습니다. 조롱도 받으셨습니다. 제자들마저 그를 이해하지 못했습니다. 끝내 어떤 사람이 그를 팔았고, 또 다른 제자는 그를 부인했습니다. 모두 다 그를 버렸읍니다. 그때 그는 잡혀서 심문을 받으셨고 잔인하게 매를 맞으셨고, 처형되셨읍니다. 우리는 그러기를 원치 않습니다. 예수님을 위해서나 우리 자신을 위해서 그러한 걸 원치 않지요. 그럼에도 불구하고 예수님을 향하신 하나님의 뜻이 그러하셨읍니다. 하나님께서 바로 이 일을 통해서 영광을 받으신 것입니다.

그것이 무엇을 뜻하는지 우리가 정말 압니까? 그렇다면, 그것은 대수롭지 않은 문제가 아닐 것입니다. 오히려 그것이 우리의 삶을 변화시킬 것입니다. 우리가 삶을 영위해 나감에 따라서 우리는 의심할 여지 없이 모든 사람에게 공통적인 일들을 통해서 많은 고통을 받을 것입니다. 병도 얻게 될 것이고, 친구들이 병들어 죽게도 될 것입니다. 많은 좌절이 우리의 가정과, 일터와, 다른 영역에 찾아 올 것입니다. 급기야 우리도 죽을 것입니다. 이러한 처지에서 우리는 어떻게 반응해야겠읍니까? 하나님을 원망하고 비난해야겠읍니까? 아니면 하나님 손으로부터 온 이러한 처지를 받아들이고 그러한 처지 속에서 하나님을 영화롭게 하려고 애를 써야 될 것입니까? 우리가 후자를 택한다면, 우리는 그리스도인들에게 고통을 주는 것을 주권적으로 선택하신 하나님의 뜻에 의해서 산출된 하나님의 위대한 은혜와 평강의 실상을 드러낼 수 있을 것입니다.

슬픔이 올 때 세상은 당황해합니다. 좌절을 만나서 세상은 아무런 해결책을 갖지 못하고 죽음을 만나서는 어떠한 소망도 없읍니다. 그러나 우리는 소망을 가지고 있읍니다. 더구나 우리는 하나님께 기도로 나아갈 수 있는 특권을 가지고 있읍니다. 그럼으로써 우리의 뜻을 갈수록 하나님의 뜻에 더 합치시킬 수 있으며, 그럼으로써 다른 사람들이 우리의 증거를 보고 하나님을 영화롭게 하도록 유도됩니다.

19

"내 계명을 지키라"

"너희가 나를 사랑하면 나의 계명을 지키리라"(요 14 : 15).

요한복음 14 장 중간에 나오는 일련의 놀라운 약속들보다 더 놀라운 경우를 상상하긴 어렵습니다. 그리스도의 사람들은 예수님의 일보다 더 큰 일을 할 것이라는 약속을 하고 계십니다. 또 다른 약속은, 예수님의 이름으로 기도하며 구하는 것은 무엇이든지 행하실 것이라고 하는 약속입니다. 그러나 우리가 정직하게 말해서(우리가 이 두 약속에 대해서 앞의 강론들에서 인정한 바와 같이), 거기에는 제한조건들이 있으며, 우리가 그 조건들을 기꺼이 충족시키지 않기 때문에 그 약속의 충만함을 누릴 수 없게 되는 적이 많다는 걸 인정해야 할 것입니다.

우리가 지금 살펴 보려는 조건은 네 가지 조건 중 세번째의 경우입니다. 그 조건을 지킴으로써 예수님께서는 지상에서 당신이 행했던 것보다 더 큰 일을 우리 안에서 행하실 것입니다. 그것은 사람으로부터 흘러나오는 순종의 조건입니다. 그러나 우리가 이 연구를 시작하면서 주목하고 싶은 것은, 순종과 사랑은 예수님의 일보다 "더 큰 일"을 우리가 하기 위한 조건만이 아니라는 점입니다. 물론 조건이 되기는 하지만 말입니다. 그 조건들은 효과적인 기도의 행사를 위한 조건들이기도 합니다. 방금 한 두 구절 전에서 언급한 바와 같이 말입니다. 이 구절들에서 예수님께서 는 "내 이름으로" 기도하며 "하나님으로 하여금 영광을 얻으시게" 하는 효력 있는 기도의 조건들을 표현하셨읍니다. 예수님께서는 마치 그러한 생각들을 섬세하게 표현하시면서, 그것은 당신 자신을 사랑하고 당신 자 신의 계명을 지키는 걸 뜻하기도 한다고 덧붙이고 계신 것 같습니다. 만 일 우리가 이러한 두 가지를 무엇보다 먼저 바라지 않는다면, 우리의 모 든 다른 간구는 응답받지 못할 것입니다. 만일 우리가 그러한 것들을 원 한다면 우리의 간구제목들을 응답받을 것입니다. 요한이 아시아의 여러 교회들에게 보낸 편지 중 첫번째 편지에서 말한 바와 같습니다. "무엇이 든지 구하는 바를 그에게 받나니 이는 우리가 그의 계명들을 지키고 그 앞에서 기뻐하시는 것을 행함이라"(요일 3 : 22). 그러나 우리가 이것을 말했으니, 이 구절은 다른 것의 도움이 없이도 그 자체 나름으로 여러 교 훈들을 바로 전달한다고 지적할 수 있읍니다. 특히 이 구절은 그리스도 를 사랑하는 것과 그리스도의 계명을 지키는 것 사이의 바른 관계에 대해 서 가르쳐 주고 있읍니다. 또한 그리스도를 사랑하는 것과 그리스도의 계 명을 다 함께 지키는 것이 무엇을 증거해 주는지를 가르쳐 줍니다.

우리가 예수님을 사랑한다면

첫번째 교훈은 이 구절의 명백한 교훈입니다. 그것은, 만일 "우리가 예수님을 사랑한다면 그의 계명을 지켜야 하는(지킬 것임에 틀림 없다)" 점입니다. 이 진리는 중요합니다. 왜냐하면 그것은 대번에 반율법주의로 말미암아 기독교신앙을 왜곡시키는 그 어느 시도라도 배격시키기 때문입 니다.

반율법주의(무율법주의)는 거의 모든 사람들에게 그렇게 친숙하지 않 은 말입니다. 그러나 그것을 이해하는 것은 어렵지 않습니다. 그 관점은, 하나님의 말씀에 있는 계명들은 기독교 내에서는 별 소용이 없다는 관점 입니다. 이 관점은 율법과 은혜를 대조시키되, 율법의 가치를 전혀 없애 버리는 방식으로 모습을 드러냅니다. 그래서 은혜의 이름으로, 거룩하시 기도 하고 공의로우시기도 하신 은혜의 하나님을 없애버리는 것입니다. 사람들은, 율법은 은혜의 원수이며, 시내산의 하나님은 완고하고 사랑이 없는 신이신데, 신약성경에는 완전히 그런 하나님의 모습을 드러내지 않으며, 오늘날 윤리적 체계를 위한 오직 유일한 지침은 사랑이라는 말을 들어 왔습니다. 그도 그럴 것이, 이러한 체계 내에서는 하나님의 계명들을 아주 불순종하는 것을 용납합니다. 그래서 결혼이 파괴될 수도 있고, 음행을 인정할 수도 있고, 약혼이 파약될 수도 있고, 부모들을 배척하기도 하고, 세상의 것들을 탐하기도 하고, 무분별하게 다른 것들을 열심히 수용하기도 합니다 - 그러한 행동들이 어느 사람에게 "상처"를 주지 않고, "사랑"이 그 밑에 깔려 있는 동기로 존재하는 한 아무 관계 없다는 식이지요. 그러나 이것은 기괴하기 짝이 없는 노릇입니다. 물론 우리가 구원이란 공로로 되는 것이 아니고 은혜로만 된다는 걸 인정하고, 그것을 크게 선포해야 합니다. 이 시점에서 율법과 은혜는 "서로 적수"가 됩니다. 갈라디아서는 그 사실을 뚜렷하게 증거하는 책입니다. 그리스도인의 삶을 영위하는 바른 방식은, 어떤 일련의 규칙들을 우리 자신이나 다른 사람에게 부과함을 통해서 가능한 것이 아님을 우리는 인정해야 할 것입니다 (심지어 하나님이 주신 규례들이라 할지라도 말입니다). 그렇게 하자면 그리스도인의 성품의 어떤 외면적 모습을 외적으로 닮아가도록 종용할 수 있습니다. 그런다고 해서 마음은 변하지 않지요. 그러기 때문에 법보다는 사랑이 그리스도인의 윤리의 핵심에 있어야 합니다. 이런 경우에서 윤리를 옹호하거나 새로운 도덕성을 주창하는 사람들의 말이 옳습니다. 그러나 그렇게 우리가 말하고 나서, 대번에 덧붙여야 하는 것이 있는데, 그것은 그리스도의 명령들과 합치하는 모습을 드러내지 않는 어떠한 사랑도 그리스도께서 말씀하시는 유의 사랑은 아니라는 점입니다. 실로 그것은 사이비 사랑이요, 그 자체가 거짓된 사랑이요, 그런 것을 지지하는 자를 거짓되게 대하는 사랑입니다.

몇년 전 소위 "새 도덕성"이라는 것이 많은 사람들의 인기를 모았고, 많은 신학자들이 그것을 논의하기 위해서 이름이 난 동부의 어느 신학교에서 모이기도 했습니다. 거기에 모인 신학자들 거의 대부분이 그 새 도덕성이라는데 호감을 가졌읍니다. 그래서 규례와 규칙에서 벗어나는 것의 가치에 논의가 집중되었고, 심지어 성경에 나타나는 규례들까지도 그런 차원에서 다루었읍니다. 어떤 사람은 이렇게 말했읍니다. "그러나 어떤 기준선이 있어야 합니다." 그래서 그것을 논의했는데, 결국 오직 유일하게 인정받을 만한 지도노선은 사랑이라는 결론에 이르게 되었읍니다. 어느 것이든지 사랑에서 나온다면 용납해야 한다는 식이지요. 그것이 어느 사람의 마음에 상처를 주지 않는 한 어느 것도 다 허락해야 한다는 것입니다.

그 논의가 이러한 노선을 따라서 진행하고 있을 때, 로마 카톨릭의 한 사제가 그 토론에 초청되어 그 방에 있었는데 아주 조용한 자세를 취하게 되었읍니다. 결국 그의 침묵이 다른 사람의 눈에 띄었읍니다. 그래서 다른 사람들이 그 사제를 향하여 "어떻게 생각하십니까? 어떤 윤리적인 결정을 내리는데 있어서 오직 유일한 제한요인은 사랑이라는데 동조하지 않으십니까?"

그 사제는 "너희가 나를 사랑하면 내 계명을 지킬 것이니라"라고 대답했읍니다. 그 말이 옳습니다. 사랑이 가치 있는 기준선이 될 수 있읍니다. 그러나 그 사랑이 하나님의 사랑과 합치되고, 그럼으로써 하나님께서 계명들과 일치할 때만 그러합니다.

그렇다고 해서 사랑을 과소평가하는 것은 아닙니다. 그 둘은 함께 가야 합니다. 사실 사랑만이 우리로 하여금 계명을 지키게 하도록 성공적으로 유도할 수 있읍니다. 여기서 맥클라렌은 아주 지혜롭게 썼읍니다. "이 말씀을 뒷받침하고 있는 원리는 이것이다. 사랑은 순종의 샘이다. 순종은 사랑의 확실한 소산이요 열매다…그것은 정확히 말해서 복음의 도덕성을 구별시키고, 복음의 도덕성을 다른 체계보다 높게 만드는 것이다. 이 세상에서 가장 악한 자라도 가장 선한 자가 아는 것보다도 자기 의무에 대해서 훨씬 더 잘 알고 있다. 사람들이 마귀에게 가는 것은 지식이 모자라서가 아니다. 그것은 능력이 없고 자기들의 지식을 생활화하려는 의지가 부족해서다. 인간의무를 가장 명확하게 규정하는 도덕이 실패하는 것을, 그리스도는 행하신다. 어느 법은 어떤 모반을 일으키는 지역에서 세워 놓은 쓸모 없는 경고문과 같다. 그곳에는 그 경고문을 뒷받침할만한 군대도 없고 그 경고문을 쓴 왕의 권위도 땅에 떨어져 있다. 어떤 법은 백성들이 순종하여 권위를 가진다. 세상의 힘 없는 도덕과 예수 그리스도의 계명 사이의 차이가 그러하다. 여기에 평평하고 똑바른 길이 있다. 만일 그 길을 따라 마차를 끌고 갈 힘이 없다면 그것이 무슨 의미가 있는가? 길이 전혀 없는 경우나 매한가지일 것이다. 베를 짜는 기계를 다 세워 놓고 깨끗이 닦아주고 기계를 잘 정비했으나 보일러에 스팀이 전혀 없다고 하자. 그러면 움직이지도 않고 아무런 베도 짜지지 않는다. 우리가 원하는 것은 법이 아니라 능력이다. 복음이 우리에게 주는 것은 하나님의 뜻을 아는 지식만이 아니다. 우리에게 복음이 주는 것 중에서 그것만 뛰어나 있지 않다. 또는 우리가 마땅히 어떠한 사람이 되어야 하느냐하는 것을 분명히 밝혀주는 것만 있는 게 아니다. 그렇게 되도록 하는 능력도 준다."

"사랑은 그 일을 합니다. 사랑만이 말입니다. 우리 마음 속에 행동을 유발시키는 그 큰 힘이 그 마음에 있는 모든 반대세력과 거짓과 저급한 일들로부터 우리를 건져냅니다. 옛 신화에서 말하듯이, 아우게이스의 마굿간(Augean stable)(헬라 신화에 나오는 이야기로서, 오지어스왕의 외양간인데 30년간 한번도 청소를 안한 것을 헤라클레스가 강물을 끌어들여 하루에 말끔히 치운다 - 역자주)을 깨끗케 하는 오직 참된 방식은 그리로 강물을 끌어들이는 것이었읍니다. 삽으로 오물을 손수레에 퍼올려 나르는 일은 끝이 없는 일이 되었을 것입니다. 그러나 강물을 끌어들이면 그 모든 더러운 것들을 다 씻어낼 것입니다. 신전에 법궤가 들어오니 다곤 신상이 목이 부러져 문지방에 넘어지게 되었읍니다. 그리스도께서 내 마음 속에 들어 오시면, 마음 속에 숨어 있어 마음을 더럽혔던 모든 음란하고 혼미한 사랑의 모습은, 주님의 고요하고 순전한 임재 앞에서 사라져 없어져버리는 귀신들과 같이 없어지게 될 것입니다. 내 사랑의 문으로 내 마음 속에 들어오시는 그분, 그분만이 내 악(惡)을 지배하고 내 선을 고무시킬 것입니다. 만일 내가 그를 사랑하면 내가 그계명을 지킬 것입니다."

그러므로 우리도 그를 사랑하는가?라고 묻습니다. 만일 우리가 그러하다면, 그리스도를 기뻐하기보다는 자기가 원하는 것을 정당화시키려 하거나 이미 하고 있는 것을 정당화시키려고 애를 쓰는 사람들처럼 주님의 계명을 회피하려고 애쓰지는 않을 것입니다.

기꺼이 주님의 계명을 지키고 공평부당하고 즐겁게 주님의 계명을 지킬 것입니다. 그리고 그 계명들이 무엇을 뜻하는가를 발견해내기 위해서 그의 말씀들을 열심히 탐구할 것입니다.

이로써 우리가 아노니

이 구절에는 두번째 교훈이 있읍니다. 우리가 말해온 것의 역순으로 생각해 보면 그 결론이 나옵니다. 여기까지 우리가 말한 것은, 만일 우리가 진실로 그리스도를 사랑한다면, 여기 예수님께서 말씀하신 사랑, 예수님이 우리를 사랑하신 그 사랑으로 그분을 사랑한다면, 우리가 그의 계명을 지킬 것이라는 점이었읍니다. 그러나 우리는, "우리가 그의 계명을 지키면 우리가 예수님을 사랑할 것이다(우리가 예수님을 사랑하는 것을 알 수 있을 것이다)"라고 말할 수 있읍니다(왜냐하면 그 전제는 역순으로 될 수 있기 때문입니다). 이 역의 논리를 타당합니다. 왜냐하면 예수님께서 친히 몇 구절 뒤에서 그 점을 말씀하셨기 때문입니다. "나의 계명을 가지고 지키는 자라야 나를 사랑하는 자니 나를 사랑하는 자는 내 아버지께 사랑을 받을 것이요 나도 그를 사랑하여 그에게 나를 나타내리라"(21절). 요한은 그의 첫번째 서신에서 그 점을 지적합니다. "우리가 그의 계명을 지키면 이로써 우리가 저를 아는 줄로 알 것이요… 누구든지 그의 말씀을 지키는 자는 하나님의 사랑이 참으로 그 속에서 온전케 되었나니 이로써 우리가 저 안에 있는 줄을 아노라"(요일 2 : 3 , 5).

그러나 어떻게 그런 일이 일어납니까? 우리가 진실로 그리스도의 백성이라는 것을 순종을 통해서 어떻게 확신할 수 있읍니까? 그 대답은 사람의 본성 속에 드러납니다. 사람들은 그 본성적인 상태로는 하나님을 모반합니다. 따라서 하나님을 순종하고 싶은 생각이 그 속에는 없읍니다. 맥클라렌이, 앞에서 인용한 대목 속에서 발전시키고 있던 요점이 정확히 그것입니다. 어느 여자나 남자가 하나님을 복종하기 시작할 때, 주 예수 그리스도 안에서 베푸신 하나님의 구원의 선물에 반응을 나타내고 갈수록 그리스도를 닮는 삶을 살고 싶어한다면, 그것은 그의 생명 속에서 신적이고 초자연적인 일이 일어나고 있다는 증거입니다. 그것은, 하나님께서 그 사람과 함께 계시며, 하나님께서 이미 그 사람 속에 거듭나게 하는 역사를 시작하셨음을 나타내는 증거입니다.

그러므로 그리스도인이여, 정신을 차리고 여러분의 삶 속에서 하나님의 구원하시는 역사가 일어남을 확신하십시요. 그렇다고 해서 우리가 하나님의 백성이기 때문에 하나님을 완전히 복종한다는 뜻은 아닙니다. 우리는 여전히 죄를 짓습니다. 그래서 요한이 "만일 우리가 죄 없다하면 스스로 속이고 또 진리가 우리 속에 있지 아니할 것이요"(요일 1:8)라고 쓴 것입니다. 다만 자신 속에서 하나님을 기쁘시게 하려는 새로운 열망이 일어나는 걸 느끼거나, 죄가 마음을 아프게 하기 시작하거나, 갈수록 예수님처럼 되고 싶어하는 갈망이 일어난다면, 하나님께서 역사하고 계시다는 뜻입니다. 여러분은, "너희 속에 착한 일을 시작하신 이가 그리스도 예수의 날까지 이루실 줄을 우리가 확신하노라"(빌 1:6) 라는 진리를 즐거워해야 합니다.

서로 사랑하라

이 구절에는 세번째 진리가 있읍니다. 그 점도 명백합니다. 만일 우리가 "너희가 나를 사랑하면 내 계명을 지키리라"라는 말씀을 읽고 즉각적으로 우리가 마땅히 던져야 하는 "그러나 그리스도의 계명들은 무엇인가요?"라고 묻는다면, 우리는 모든 계명 중에서 가장 큰 계명으로 즉각 돌아가게 됩니다. 그 계명이 13장에서 발견됩니다. "새 계명을 너희에게 주노니 서로 사랑하라. 내가 너희를 사랑한 것 같이 너희도 서로 사랑하라"(34절). 다른 말로 해서, "우리가 예수님을 사랑하면 우리는 다른 그리스도인들을 사랑해야 한다는 말씀입니다(할 것입니다)."

우리 중 어떤 사람들은 많이는 아니라 할지라도 최소한 어느 누구든지 사랑해야 되는데 그렇게 하지를 않습니다. 그래서 이 말씀이 큰 도전을 줍니다. 여러분은 예수님을 사랑하노라고 고백합니까? 그렇다면 여러분은 다른 사람을 사랑해야 합니다. 그가 그것을 명했고, 그 자체가 그보다 더 근본적인 사랑에 대한 증거이기 때문입니다.

여러분이 다른 사람을 사랑합니까? 스펄전은 한번 이 주제에 대한 가치 있는 말을 한 적이 있읍니다. 우리가 자주 동물이나 단순한 대상물을 귀여워하며 아끼는 방식과, 사람들을 사랑하는 우리 자신의 연약한 사랑을 대조시켜 말하고 있읍니다. "만일 어떤 부인들이 자기들의 애완용 개를 사랑하는 것처럼 자기 이웃을 사랑한다면 좋은 일일 것입니다. 또 대지주(大地主)가 자기의 여러 마리의 사냥개를 사랑하는 것만큼만 자기 이웃을 사랑한다면 아주 훌륭한 일일 것입니다. 만일 여러분 중 어떤 사람이 여러분의 집에 있는 애완용 동물을 사랑하는 것만큼만 이웃을 사랑한다면 대단한 덕이라고 생각합니다. 그것은 언뜻보기에 얼마나 저급한 덕입니까! 그럼에도 불구하고 여러분 중 어떤 사람들은 거기에도 훨씬 못미치고 있읍니다. 여러분의 집을 사랑하는 것이나, 재산이나, 여러분이 추구하는 것을 사랑하는 만큼 이웃을 사랑하지 못합니다. 그러니 복음의 기준인 '네 이웃을 네 몸처럼 사랑하라' 는 것은 얼마나 높습니까!"

여러분이 다른 사람들을 사랑합니까? 그 질문에 대한 대답을 너무 성급하게 해서는 안됩니다. 왜냐하면 신약성경에서 예수님께서 말씀하시는 덕은 매우 실제적인 것이기 때문입니다. 그것은 적어도 세 가지 사항을 의미합니다.

첫째, 그 사랑은 **섬김**을 의미합니다. 새 계명을 주셨던 맥락 속에서 그점이 명백하게 드러납니다. 예수님께서는 스스로 겉옷을 벗으시고 수건을 두르신 다음에 제자들의 발을 씻기셨읍니다. 제자들은 의심할 여지 없이 그것이 부당한 일이라고 생각했읍니다. 베드로는 사실상 거절하면서 "내 발을 절대로 씻기지 못하시리이다"(13:8)라고 말했읍니다. 그러나 예수님께서는 베드로의 생각을 바로잡아 주시고 난 다음에 그들 모든 제자들에게 "너희가 나를 선생이라 또는 주라 하니 너희 말이 옳도다. 내가 그러하다. 내가 주와 또는 선생이 되어 너희 발을 씻겼으니 너희도 서로 발을 씻기는 것이 옳으니라 내가 너희에게 행한 것 같이 너희도 행하게 하려 하여 본을 보였노라"(13－15절)라고 말씀하셨읍니다. 그것이 바로 참된 기독교에 대해 예수님께서 그려주신 그림입니다. 그 참된 기독교는 다른 사람을 섬기기 위해서 자신의 특권을 스스로 버리는 태도입니다.

둘째로, 사랑의 실체는 **희생**을 뜻합니다. 이 말은 우리가 편리하게 그것을 할 수 있거나 우리 자신에게 아무런 희생을 요구하지 않을 때만 섬기라는 부르심을 받지 않았다는 뜻입니다. 우리는 다른 것을 하면 훨씬 더 유익될 때라도 우리의 비용을 들여 섬기라는 부르심을 받았읍니다.

예수님께서 그것을 분명히 행하셨읍니다. 왜냐하면 그가 제자들의 발을 씻기시면서 섬기시는 비유는 십자가로 나가셔서 죄의 더러움에서 제자들을 씻기시는 오직 유일한 방도인 속죄를 이루셨을 때만 완성되었기 때문입니다.

사랑은 그리스도의 비유 가운데 나오는 사마리아 사람의 일을 요청합니다. 그 사람에게 시간과 돈을 요구했읍니다. 사랑은 자기 양들을 사냥하려 하는 맹수들의 습격을 감내해내도록 목자에게 요구합니다. 또한 사랑은 베다니의 마리아에게 대가를 요구하였는데, 그녀는 사랑하는 마음으로 값비싼 향유가 든 옥합을 깨뜨리고 예수님의 발 앞에 부었읍니다. 사랑은 언제나 그 사랑을 실천하는 사람들로부터 희생을 요구할 것입니다. 그러나 그러한 대가를 지불하고 산 것은 손으로 만져질 수는 없는 것이지만 위대한 가치를 지니게 될 것입니다. 그것은 그리스도인 개인이나 또는 그걸 지켜보는 세상에 대하여, 하나님의 생명이 함께 하신다는 걸 증거하는 것이 될 것이기 때문입니다.

끝으로, 사랑의 실천은 **나눔을** 의미합니다. 한편으로는 우리 자신을 나누고 다른편으로는 예수 그리스도 안에 있는 하나님의 은혜의 복음을 나누는 것입니다. 예수님께서 "너희는 온 천하에 다니며 만민에게 복음을 전파하라"(막 16 : 15)고 말씀하셨읍니다. 그리고 "그러므로 너희는 가서 모든 족속으로 제자를 삼아 아버지와 아들과 성령의 이름으로 세례를 주고 내가 너희에게 분부한 모든 것을 가르쳐 지키게 하라 볼찌어다 내가 세상 끝날까지 너희와 항상 함께 있으리라 하시니라"(마 28 : 19, 20). 만일 우리가 다른 사람들에게 하나님의 구원하는 은혜의 복음을 나눠 줄 의향이 없다면 다른 사람들을 사랑하노라고 어떻게 말할 수 있겠읍니까? 만일 우리가 이러한 위대한 계명을 무시한다면 그리스도를 사랑한다고 어떻게 말할 수 있읍니까?

만일 우리가 다른 사람을 사랑하면

마지막 요점은, 세번째 것을 역으로 돌리는 것입니다. 두번째 요점이 첫번째 요점을 역으로 돌려본 것처럼 말입니다. '만일 우리가 다른 사람을 사랑하면 이로써 우리가 진실로 예수님을 사랑하며 우리가 예수님의 사람인 것을 알 수 있읍니다.' 요한은 그것을 분명히 말했읍니다. "형제들아 세상이 너희를 미워하거든 이상히 여기지 말라 우리가 형제를 사랑함으로 사망에서 옮겨 생명으로 들어간 줄을 알거니와 사랑치 아니하는 자는 사망에 거하느니라"(요일 3:13, 14). 이러한 말씀들에 따르면, 만일 그리스도의 계명에 복종하면서 그리스도께서 위하여 죽은 다른 사람들을 실제로 사랑하기 시작하며 실제로 그렇게 한다면 우리가 거듭난 것이 틀림 없다고 확신할 수 있읍니다.

예수께서 나를 사랑하십니다

이 시점에서 우리는 본문의 처음 어구로 돌아가 보아야 합니다. "너희가 나를 사랑하면." 다시 한번 그것은 우리가 정말 그러한가? 우리가 정말 예수님을 사랑하는가? 라는 질문을 유도합니다. 어떤 사람들은 이 질문을 듣고 대답하되, 겸손하면서도 정직하게 "예 그렇습니다. 나는 진실로 주님을 사랑합니다"라고 말할 것입니다. 만일 그러한 경우라면 여기에 하나의 위대한 도전이 있읍니다. 그것을 보여 주는 길이 있읍니다 - 다른 사람을 사랑함으로써(주님 자신 뿐만 아니라) 또 주님께서 원하는 것을 행함으로써 그걸 보여줄 수 있다는 것입니다.

다른 사람들은 자기들이 생각하는 것보다 더 많이 예수님을 실제로 사랑하고 있으면서도 그렇게 말할 수 없을 것입니다. 만일 여러분이 주님을 사랑하고 싶어는 하지만 사실상 그렇게 할 수 없었고, 최소한 여러분이 만족할만큼 그렇게 할 수 없었다면, 그것을 여러분 자신에게한 의무로 부과함으로써는 결코 사랑하는 법을 배우지 못할 것이라고 전 장담할 수 있읍니다. "나는 사랑할 것이다. 나는 사랑할 것이다, 나는 사랑할 것이다"라고 말함으로써는 사랑할 수 없읍니다. "나는 감기가 들지 않을 것이다"라고 말한다고 해서 감기가 멎는 것이 아닌 것과 같습니다. 의무의 문제로 하나님을 사랑하려고 애쓰는 사람들이 수천이나 됩니다. 그러나 그들은 결단코 그들의 시도에서 성공하지 못할 것입니다. 왜냐하면 사랑은 그런 식으로 오는 것이 아니기 **때문입니다.** 여러분이 하나님을 사랑하게 되는 방식은 오직 한 가지 뿐입니다. 그것은 여러분을 위한 하나님의 사랑을 알고 믿는 것입니다. 사랑이 사랑을 **촉발시킵니다.** 따라서 하나님을 사랑하는 법은, 하나님께서 여러분을 사랑하시되, 여러분을 구원하시기 위해서 자기 독생자를 주시기까지 사랑하셨다는 것을 배우는 것입니다.

토레이는 위대한 영국 설교자 마크 폴스에게 어떤 어린 소녀가 찾아온 이야기를 들려 주고 있습니다. 그 어린 소녀는 그 설교자의 얼굴을 빤히 쳐다보면서 "폴스 목사님, 전 예수님을 사랑하지 않고 있어요. 예수님을 사랑하고 싶은데 그렇게 할 수 없어요. 예수님을 사랑하는 법을 제게 가르쳐 주세요."

그 설교자는 그 열심 있는 어린 소녀의 눈을 내려다 보면서 "어린 소녀야, 네가 오늘 집으로 가서 자신에게 '예수님이 나를 사랑하신다 예수님이 나를 사랑하신다 예수님이 나를 사랑하신다' 라고 계속 말하려므나. 그리고 다음 주일에 오게 되면 너는 '내가 예수님을 사랑합니다' 라고 말할 것이다."

다음 주일에 그 어린 소녀가 그에게 다시 왔습니다. 이때는 행복한 눈과 빛나는 얼굴을 가지고 소리쳤습니다. "오, 폴스 목사님, 전 예수님을 사랑해요. 예수님을 사랑해요. 제가 지난 주일 집으로 돌아가면서 계속 제 자신에게 '예수님께서 나를 사랑하신다. 예수님께서 나를 사랑하신다. 예수님께서 나를 사랑하신다' 고 말했거든요. 그리고 예수님의 사랑에 대해서 생각하기 시작했고, 예수님께서 내대신 십자가에서 어떻게 못박혀 죽으셨는지도 생각했어요. 내 차가운 마음이 점점 따뜻해지는 것을 발견했어요. 처음으로 저는 알았어요. 그것이 예수님을 향한 사랑의 충만이라고요."

그것이 바로 우리 중 어느 누구든지 예수님을 사랑하는 법을 배우는 오직 유일한 방식입니다. 우리는 성경이 우리에게 말할 때 성경이 무엇을 말하든지 믿는 법을 배우는 일부터 해야 합니다. 성경은 우리가 가장 비열한 죄인 중에 죄인이지만, 그럼에도 불구하고 예수님께서 우리 대신 죽으셨으며, 불의한 자를 위해서 의인이 죽으셨다고 말합니다. 성경은 또 말합니다. 그가 "우리의 슬픔과 질고를 지셨다"고 말합니다. 성경은 "그가 찔림은 우리의 허물을 인함이요"라고 말하며, "그가 상함은 우리의 죄악을 인함이라", "그가 징계를 받음으로 우리가 평화를 누리고 그가 채찍

에 맞음으로 우리가 나음을 입었도다"라고 말합니다. 우리는 성경이 그
려주는대로 예수님을 믿는 일부터 해야 합니다. 그 다음 우리는 그의 사
랑을 알게 될 것이고, 그를 사랑하게 될 것입니다. 그런 다음에 우리가
그를 사랑하기 때문에 우리가 그 계명을 지키게 됩니다.

20

다른 보혜사

"내가 아버지께 구하겠으니 그가 또 다른 보혜사를 너희에게 주사 영
원토록 너희와 함께 있게 하시리니 저는 진리의 영이라 세상은 능히
저를 받지 못하나니 이는 저를 보지도 못하고 알지도 못함이라 그러
나 너희는 저를 아나니 저는 너희와 함께 거하심이요 또 너희 속에
계시겠음이라 내가 너희를 고아와 같이 버려두지 아니하고 너희에게
로 오리라"(요 14 : 16 - 18).

기독교회는, 사도신경을 암송할 때마다 성령을 믿는 믿음을 재확인합
니다 : "내가 성령을 믿사오며." 그러나 이러한 형식적인 인정 외에
는, 교회의 대부분의 경우에서 성삼위 중 제삼위를 언급하는 걸 발견하
기가 매우 힘이 들 것입니다.

영국의 제임스 패커(James I. Packer)는 이러한 무관심에 대해서
다음과 같이 썼습니다. "그리스도인들은 그리스도께서 행하신 일에 대해
서는 하등의 의심을 갖지 않는다. 그들은 그리스도의 속죄의 죽음을 통
해서 그리스도께서 사람들을 구속하셨다는 것을 안다. 물론 그것이 정확
히 무엇을 함축하는지에 대해서는 차이가 있기는 하지만 말이다. 그러나
보통 그리스도인은 성령께서 무슨 일을 하시는지에 대해서는 전혀 혼미
한 상태에 있다. 어떤 사람들은 그리스도의 영을, 크리스마스의 정신을

말하는 식으로 말하기도 한다 — 쾌활함과 광신적인 모습을 자아내는 희미한 문화적인 압력쯤으로 생각한다. 어떤 사람들은 성령께서 간디와 같은 불신자의 도덕적 확신을 고취시키는 것으로 생각하거나, 아니면 루돌프 스타이너(Rudolf Steiner)의 견신론(見神論)적인 신비주의를 고취시키는 것으로 생각한다. 그러나 거의 모든 사람들은 성경을 전혀 생각하지 않고, 성령이 어떠한 유의 일을 행하는지에 대한 적극적인 관점을 가지고 있지 않다. 그 적극적인 관점이란 에베소에서 바울이 만난 제자들과 같은 처지에서 실제적인 목적을 위한 것이다 — '우리는 성령이 있음도 듣지 못하였노라'(행 19 : 12)."

그 이유는 무엇입니까 ? 그 이유를 말하기는 어렵습니다. 그러나 한 가지 분명한 것이 있습니다. 그것은 비정상적인 상황입니다. 그리스도께서 가르쳐주신 교훈의 관점에서 볼 때 비정상적입니다. 왜냐하면 그리스도께서는 성령에 관해서 분명히 가르치셨기 때문입니다. 제자들은 위로하고, 교회의 전세대에 걸쳐 제자들을 따를 많은 사람들에게 위로를 주기 위해서 주님께서는 우리가 연구하고 있는 대목에서 성령에 관해서 가르쳐 주셨습니다. 성령에 대한 지식과, 성령을 의존하는 것은 12절에서 예수님께서 말씀하신 "더 큰 일"을 하기 위한 필수적인 조건들입니다.

성령의 역사를 모르는 것은 제4 복음서의 기자의 입장에서도 비정상적인 것입니다. 마지막 강화에서 예수님께서 성령에 대해서 말씀하신 많은 구절들을 포함시킴으로써 그 관심을 나타냈기 때문입니다.

물론 요한복음의 다른 곳에서도 성령을 언급합니다. 세례 요한에게 주어진 표적과 관련하여 1 장에서 성령을 세번이나 언급하고 있읍니다 — "성령이 비둘기 같이 하늘로서 내려와서 그 위에 머물렀더라"(32 , 33절). 그리고 그리스도와 나고데모의 대화가 3 장에 기록되어 있는데 그 문맥 속에서 성령을 여러번 언급하고 있습니다(5 , 6 , 8 , 34 절). 요한복음 4 장에서도 성령을 언급한다 할 수 있는 대목이 한번 나옵니다(24 절). 또 6 장과 7 장에서 지나치면서 두번 언급합니다(6 : 63 , 7 : 39). 그러나 예수님의 마지막 강화까지 성령이 언급된 경우는 그것 뿐입니다. 그러나 이 마지막 강화에서, 성령에 관한 가르침이 갑작스럽게 충만하게 모습을 드러냅니다. 네 다른 대목이 성령에 대한 교훈에 할애되고 있습니다(14 :

16 , 17 ; 14 : 26 ; 15 : 26 ; 16 : 7 - 15). 여기서 우리는 성령의 인격성과 신성(神性)에 대해서 듣습니다. 그리스도인들과 불신자들 사이 모두에 대해 세상에서 역사하시는 일과, 제자들을 인도하여 예수님의 진리에 관한 바른 이해를 주고, 신약성경에 그것을 기록하도록 한 성령의 특별한 사역에 대해서도 말하고 있읍니다.

이 시점에서 우리는 먼저 성령의 교리를 연구해 보려고 하는데, 먼저 처음 두 중요한 구절부터 시작해 봅니다.

인격이냐 능력이냐?

우리가 성령에 관해서 우리 마음 속에 먼저 정립해야 하는 첫번째 요점은, 성령이 진정한 인격으로서 우리를 사로잡아 우리를 사용하실수 있는 일을 하시는가, 아니면 성령께서 단순히 우리가 잡아 우리의 유익대로 사용할 수 있는 희미한 능력인가하는 문제입니다. 이것은 진리의 단순한 문제로써 중요합니다. 왜냐하면 성령께서 진정한 인격이든지, 아니든지 둘 중 하나가 될 것입니다. 그러나 실제적인 차원에서 볼 때도 중요합니다. 만일 우리가 성령을 하나의 신비로운 능력으로 생각한다면, 우리의 생각은 끊임 없이 "내가 성령으로부터 어떻게 더 많은 것을 얻을 수 있는가?"라는 생각을 하게 될 것이기 때문입니다. 만일 성령을 인격으로 생각한다면 "성령께서 어떻게 하면 나를 더 사로잡을 수 있을까?"라는 생각을 하게 될 것입니다. 첫번째의 경우는 완전히 이교적인 생각입니다. 두번째 경우가 신약의 기독교입니다.

성령에 관한 놀라운 책을 쓴 R. A. 토레이는 이 점을 주의깊게 파헤쳤습니다. "성령을 우리가 붙잡고 사용할 수 있는 신적 감화력이나 능력으로 생각한다면, 우리 자신을 높이거나 자신을 만족하게 하는 방향으로 이끌 것이다. 성령을 그런 식으로 생각하고 동시에 자기가 성령을 받았다고 생각하는 사람은, 틀림 없이 영적 교만에 충만해질 것이고, 자기가 어떤 우월한 그리스도인의 등급에 속해 있는 것처럼 뽐낼 것이다. 누구나 "나는 성령의 사람이다" 또는 "나는 성령의 여인이다"라고 말하는 사람들의 말을 자주 듣는다. 그러나 만일 우리가 성령을 무한하신 영광과 긍휼과 능력을 가지신 신적 위격이며, 기이하게 우리 자신에게까지 낮아지셔서 우리 마음으로 들어오셔서 거처를 삼으시고 우리의 삶을 장악하시고 우리를 사랑하시는 분이라는 생각을 일단 하게 된다면, 우리는 먼지 가운데 처할 수 밖에 없고 계속 그 먼지 가운데 있고 싶은 생각을 가질 것이다. 신적 엄위와 영광을 가지신 그 인격이 내 마음 속에 거하시며심지어 나를 사용하실 용의가 계시다는 생각을 하는 것보다 더 겸손케 하고 더 우리를 압도하는 것은 없다고 생각한다."

우리는 이 차이가 우리가 얘기하는 바대로 신약의 여러 측면에서 예증되고 있음을 압니다. 한편으로 사도행전 8:9 - 24 에 나오는 마술사 시몬의 경우입니다. 그는 분명히 사마리아에서 빌립이 전도한 결과 그리스도를 믿었읍니다. 왜냐하면 "믿고…세례받았다"(13 절)는 말씀을 듣기 때문입니다. 그러나 기독교에 대해서 별로 아는 것이 없었고, 그래서 성령을 돈 주고 살 수 있는 하나의 능력으로 생각하는 잘못에 빠지게 되었읍니다. 그는 사실상 "그것"을 받기 위해서 제자들에게 돈을 주었읍니다. 이에 대해서 그때 사마리아에 있던 베드로가 "네가 하나님의 선물을 돈 주고 살 줄로 생각하였으니 네 은과 네가 함께 망할지어다. 하나님 앞에서 네 마음이 바르지 못하니 이 도에는 네가 관계도 없고 분깃될 것도 없느니라 그러므로 너의 이 악함을 회개하고 주께 기도하라 혹 마음에 품은 것을 사하여 주시리라"(20 - 22 절).

또 다른 예증은 바울과 바나바가 관계한 선교운동의 시초에서부터 얻을 수 있읍니다. 우리는 이에 대하여 "주를 섬기어 금식할 때에 성령이 가라사대 내가 불러 시키는 일을 위하여 바나바와 사울을 따로 세우라"(행 13:2)는 말씀을 듣습니다. 첫 경우는, 한 사람이 하나님을 얻어 하나님을 사용하고 싶어합니다. 이 경우는 그 하나님을 단순히 하나의 능력으로 상상하고 있읍니다. 두번째 경우에서는 하나님께서 두 사람을 잡아 사용하셨읍니다.

말 뿐인가, 아니면 실제로 존재하는가 ?

우리가 성령을 하나의 인격(人格, Person)으로 말하기 시작할 때 말보다 실제적으로 더 큰 무엇을 그 말 속에 집어 넣으려고 시도하고 있음을 인정해야 합니다. 우리가 말하는 바는, 성령이 삼위의 한 위격이며,

성부와 성자와 모든 방면에서 동등하신 분이라는 점입니다. 그러나 그렇다고 해서 신(神)이 셋 있다는 말은 아닙니다. "인격" 또는 "위격"이라는 말이 사실 그러한 의미를 함축하는 것처럼 보이기는 하지만 말입니다. 위격(인격)은 셋입니다. 그러나 우리 이해를 초월하여 그 셋이 하나이기도 합니다. 우리는 구약성경이 고백하는대로 "이스라엘아 들으라 우리 하나님 여호와는 오직 하나인 여호와시니"(신 6 : 4)라고 고백하는대로 우리는 고백해야 합니다.

여기서 우리가 성삼위의 한 성원을 "위격"(인격)이라는 말로 사용할 때 우리가 뜻하는 것이 무엇인가를 좀더 명확히 말함으로써 도움을 얻게됩니다. 보통 영어를 말할 때 "person"(인격)이란 말은 사람을 뜻합니다. 그러나 우리가 신약적으로 그 말을 사용할 때는 분명히 그런 경우가 아님에 틀림 없읍니다. 예를 들어서 여러분이 어떤 사고를 만나 팔이나 다리를 잃었다고 생각해 봅시다. 몸의 한 지체가 없어졌읍니다. 그러나 그 사고 때문에 인격의 부분이 사라졌다고 말하는 것은 아닙니다. 실제로 인격은 언제나처럼 존재합니다. 또 다시 이것을 좀더 먼 데까지 끌고나가, 그 사고 뒤에 죽었다고 생각해 봅시다. 여러분의 멸해질 수 없는 부분이 하나님과 함께 하게 되었읍니다(만일 여러분이 그리스도인이라면). 그 부분은 여전히 온전한 인격입니다.

다른 말로 해서 우리가 인격과 몸을 동일시하는 적이 자주 있기는 하지만(우리가 볼 수 있는 것이 고작 그것이기 때문에), 더 깊은 생각을 가지게 될 때 인격은 단순한 몸의 존재보다 더 깊은 것이라는 걸 우리는 다 인정합니다. 우리는 인격은 인지하고 느끼고 의지를 가진 것으로 규정할 수 있읍니다.

우리가 성령의 경우에서 말할 때 정확히 그 경' 입니다. 우리가 다루는 본문 속에서 그 점이 암시되어 있읍니다. 이 본문 속에서 예수님께서는 성령에 대해서 말씀하시기를 "내가 아버지께 고하겠으니 그가 또 다른 보혜사를 너에게 주사 영원토록 너희와 함께 있게 하시리니 저는 진리의 영이라 세상은 능히 저를 받지 못하나니 이는 저를 보지도 못하고 알지도 못함이라 그러나 너희는 저를 아나니 저는 너희와 함께 거하시며 또 너희 속에 계시겠음이라." 이것은 큰 약속입니다. 그러나 성령의 인격성 때문에 큰 약속인 것입니다. 만일 성령께서 단순한 한 능력에 불과하다면, 그 약속은 보상의 성질을 갖게 될 것입니다—"내가 너희를 떠나가게 된다. 그러나 나는 내가 떠나 있는 대신 그걸 채울 '것' 을 너희에게 줄 것이다"라는 식으로 된다는 말씀입니다. 이 구절은 그것을 말하고 있지 않습니다. 어떤 사물이 주어지는 것이 아니라, 신적 인격을 가지신 분이 보내진다는 것입니다. 누구나 이 점을 인정해야 합니다. 왜냐하면 그분은 제자들의 고통을 아실 것이기 때문입니다. 그분은 느낌을 가지셔야 합니다. 왜냐하면 그들의 고통을 동정하시고 그들을 위로할 것이기 때문입니다. 그분은 의지를 가져야 합니다. 왜냐하면 이러한 사명을 이행하려고 결심할 것이기 때문입니다.

역시 다른 방식을 통해서 성경에서 성령의 인격성이 입증됩니다. 어떤 주석가는 다음의 여섯 가지 전제를 통해서 그 증거를 요약하고 있습니다.

1. 성령이 행하는 인격적인 활동들은 그의 인격성을 증거한다. 요한복음 14 : 16 - 18 이 한 예다. 왜냐하면 거기서 성령이 그리스도인들을 위한 보혜사일 것이라고 약속하고 있기 때문이다. 또 다른 실례는 고린도 전서 12 : 11 인데, 거기에서는 교회가 잘되는 것을 위해서 필요한 영적 은사들을 그리스도인들에게 나누어 주시는 일을 하시는 분으로 언급되어 있다.

2. 성부와 성자와 구별되신 분이고, 또 사역에 있어서도 그분이 구별되시다고 하는 점이 그분의 인격성을 입증한다. 예수께서는 "보혜사 곧 아버지께로서 나오시는 진리의 성령이 오실 때 그가 나를 증거하실 것이요"(요 15 : 26)라 말씀하심으로써 이 관계를 지시하신 것이다.

3. 성령께서 성부와 성자와 동등한 지위를 갖고 계시고 동등한 능력을 갖고 계시다는 점이 바로 그점을 증거한다. 모든 삼위일체적인 축도가 이 점을 명백히 한다. 그래서 "그러므로 너희는 가서 모든 족속으로 제자를 삼아 아버지와 아들과 성령의 이름으로 세례를 주고"(마 28 : 19). 다시 "주 예수 그리스도의 은혜와 하나님의 사랑과 성령의 교통하심이 너희 무리와 함께 있을찌어다"(고후 13 : 13).

4. 성령께서 예수님이 세례받으실 때나 오순절날에 눈에 보이게 나타나신 것이 그 점을 입증한다. 예수님이 세례받았을 때 성령께서 나타나

시되, "성령이 형체로 비둘기 같이 그의 위에 강림하시더니 하늘로서 소리가 나기를 너는 내 사랑하는 아들이라 내가 너를 기뻐하노라 하시니라" (눅 3 : 22)라고 기록되어 있다. 두번째 경우에 대해서는 "불의 혀 같이 갈라지는 것이 저희에게 보여 각 사람 위에 임하여 임하여 있더니" (행 2 :3).

5. 성령을 거역하는 죄의 문제가 바로 그 점을 입증한다. 왜냐하면 이 것은 인격성을 거스리는 범위를 시사하기 때문이다. 마태복음 12:31, 32 에 언급되어 있다.

6. 성령께서 그의 나눠 주시는 은사들과 구별되는 방식을 보면, 성령은 하나의 인격이지 단순한 하나의 영적인 세력이나 능력이 아니라는 것을 알게 된다. 그래서 고린도 전서 12 장에서 바울은 성령의 여러 은사들, 지혜와 지식과 믿음과 신유와 이적과 예언과 영들 **분별함**과 방언과 방언 통역함의 은사를 열거한 뒤 "이 모든 일은 같은 한 성령이 행하사 그 뜻대로 각 사람에게 나누어 주시느니라"라고 쓴다.

성령께서 인격이라는 것을 보여 주는 구별되고 결론적인 '6 가지의 논증이 소개된 것입니다. 그러나 우리가 가진 난제는 아마도 교리 자체보다는 성령에 대한 우리의 자세에 있다고 봅니다. 이론적으로 우리는 성령이 하나의 인격이요, 신격의 제삼위라고 믿습니다. 그러나 실제적으로 그런 식으로 성령에 대해서 생각하고 있는지요? 아마 우리는 몇년전 어느 사경회에서 성령에 관한 일련의 메시지를 들었던 한 부인이 한 것처럼 행하는 사람일 것입니다. 그녀는 주의 깊게 그 사경회에서 전파되는 메시지를 듣고는 그 강사에게 그 가르침을 인하여 감사한다고 말했읍니다. "메시지를 듣기 전에는 '그것'이 인격이라 생각하지 않았어요." 급기야 그녀는 아직도 '그분' (성령)을 한 인격으로 생각하고 있지 않았읍니다.

그래서 저는 물었읍니다. 성령이 주 예수 그리스도만큼 진정한 인격이라고 생각하십니까? 당신은 그분을 압니까? 예배 때에 성령께 찬송합니까? 성령의 교제와 동반과 위로와 친교를 압니까? 성령을 사랑합니까? 이러한 질문들은 지극히 실제적인 것들입니다. 왜냐하면 그 질문들에 대한 답변 속에는 기쁨에 가득 찬 그리스도인의 삶의 비밀이 들어 있기 때문입니다.

그가 하나님입니까?

주 예수 그리스도께서 성령에 관한 그 가르침 속에서 지적하시는 첫번째 요점은, 그가 우리가 알아본대로 한 인격이라는 것입니다. 그러나 그분은 어떠한 유의 인격입니까? 천사입니까? 그분이 천사보다 더한 분이나, 아버지와 성자보다는 못한 분입니까? 그가 아버지와 성자와 동등하신 분입니까? 그가 하나님이십니까? 실제로, 우리는 이미 성령의 인격성에 관해서 말할 때 이 질문들에 대한 해답을 제시하기 시작했읍니다. 그러나 우리가 다루는 본문 속에서 그 해답이 가르쳐지고 있읍니다.

여기서 주님께서는 성령을 "다른 보혜사"라고 말합니다. 신약성경에서 "다른"이라는 어휘가 둘 있음을 주목하는 것은 그리스도의 말씀을 이해하는데 있어서 매우 중요합니다. 하나는 "알로스"라는 말인데, 여기에 나오는 말입니다. 그 말은 "첫번째 경우와 똑같으나 다른" 것을 의미합니다. 두번째 말은 "헤테로스"라는 말인데 그 말은 "전적으로 다른" 것을 의미합니다. 두 의미를 가진 이러한 두 말들이 있기 때문에 "다른"이라는 말이 영어성경에서 나올 때 어떤 경우인지를 아는 것은 언제나 중요합니다.

예를 들어서 친구가 여러분의 집을 방문하여 저녁을 먹고 있는 동안에 그 친구를 즐겁게 하기 위해서 레코드를 틀었다고 생각해 봅시다. 그 친구가 그 레코드에 사로잡혔읍니다. 그것이 아름답다고 생각합니다. 그래서 "자, 자네가 그처럼 무척 좋아하는 걸 보니 자네에게 선물로 주어야겠어"라고 말합니다.

그런데 그 친구는 말합니다. "오, 아니야. 난 그것을 가질 수 없어. 그건 자네 것인데. 자네도 분명히 그 레코드를 좋아할 거 아냐. 그렇지 않으면야 그것을 사지 않았겠지."

"물론 그렇지. 그러나 또 다른 것을 얻을 수 있어. 그거 가져." 그 친구가 결국 그 레코드를 가지기로 하고, 다음에 여러분이 가게에 갈 기회가 있어서 그 가게에서 레코드를 사면서 판매원에게 "지난 주간에 제가 레코드 산 것을 기억하지요? 그러한 레코드를 좀 주세요."

"예"

"다른 것이 좋겠어요." 이 말의 경우에 "나는 지난 주간에 샀던 것과 정확히 같은 것으로써 다른 것을 주면 좋겠다"라는 뜻으로 말합니다. 전혀 새로운 레코드를 집으로 가지고 왔다고 상상해 봅시다. 그래서 그것을 레코드 프레이어에 놓고 틀었읍니다. 그런데 그 새 디스크가 결함이 있는 것을 즉각 발견하게 되었읍니다. 그것은 몇 가지 이유에서 홈이 충분하게 깊이 파이지를 못한 것 중 하나여서, 바늘이 그만 자꾸만 벗어나게 되었읍니다. 다음날 그것을 도로 그 가게에 가지고 가서 판매원에게 "이것이 결함이 있어서 이 레코드를 다시 가져왔어요. '다른' 것으로 주세요." 여기에서 그는 "다른"이라는 말을 다시 사용합니다. 그러나 이번에는 "제가 이미 가진 것과 정확히 같은 다른 것"을 뜻하는 것이 아니라 "종류가 다른 것"을 뜻하면서 그렇게 말한 것입니다. 요점은, 예수님께서 제자들에게 "다른 보혜사"를 보내주신다고 말씀하셨을 때 사용한 그 "다른"이란 말은 "처음 것과 정확히 같은 다른 것"을 뜻하는 의미로 쓰셨다는 점입니다.

처음 보혜사는 누구입니까? 그건 예수님 자신입니다. 그러므로 두번째 보혜사는 예수님과 똑같은 분이실 것입니다. 곧 그분은 제자들과 함께하고 제자들 속에서 살아계시는 또 다른 신적 존재일 것입니다. 그러므로 "진리의 성령"이라는 말이 11절에 나오는데, 그 어구에 그 요점이 함축되어 있읍니다. 왜냐하면 하나님은 진리이시고, 그러므로 그리스도를 따르는 자들에게 보내지시는 분은 그의 영이요, 진리의 영이십니다.

다시 한번, 성경의 다른 부분은 성령의 인격성에 관한 문제에 있어서 이 가르침을 더 강화시키고 있읍니다. 우리는 그 요점들을 이렇게 요약할 수 있읍니다.

1. 성령께서 신적 속성을 가지신 분이십니다. "거룩한"이라는 말 자체가 신적 속성인데, 최소한 가장 뛰어난 의미의 거룩에서 그러합니다. 그러므로 전지하심(고전 2:10, 11; 요 16:12, 13), 전능하심(눅 1:35), 어느 곳에나 계심(시 139:7 - 10)의 속성들도 역시 성령께 속한 것입니다.

2. 절대적으로 하나님의 일을 성령께서 하시는 것으로 되어 있읍니다. 창조가 그 한 예입니다. 욥기에 보면 "그 신으로 하늘을 단장하시고"(26:13)라는 말씀이 있고, "하나님의 신이 나를 지으셨고 전능자의 기운이

나를 살리시느니라"(33 : 4)라는 말씀이 있읍니다. 성령을 생명을 나눠 주신 분으로 묘사하고 있읍니다. 또한 또 다른 신적 역사를 행하시는 분으로 묘사되어 있읍니다(요 3 :6, 롬 8 :11). 또한 성경인 하나님의 말씀을 보내신 장본인이십니다. "예언은 언제든지 사람의 뜻으로 낸 것이 아니요 오직 성령의 감동하심을 입은 사람들이 하나님께 받아 말한 것이니라"(벧후 1 : 21).

3. 성령을 성부 하나님과 성자 하나님과 동등한 위치에 놓고 있읍니다. 앞서 인용했던 여러 축도들이 그 점을 예증하고 있읍니다.

4. 하나님의 이름을 간접적으로 성령께 쓰고 있읍니다. 이 점에 대한 가장 분명한 실례가 사도행전 5 :3, 4 입니다. 거기서 베드로는 아나니아에게 "어찌하여 사단이 네 마음에 가득하여 네가 성령을 속이고 땅값 얼마를 감추었느냐…어찌하여 이 일을 네 마음에 두었느냐 사람에게 거짓말하는 것이 아니요 하나님께로다." 또 다른 실례는 신약에서 인용된 구약성경의 여러 대목의 경우입니다. 한 편에서는 하나님을 말씀하시는 분으로, 또 다른 편에서는 성령께서 말씀하시는 분으로 이야기하는 대목입니다. 이사야 6 :8 - 10 의 예언이 사도행전 28 :25 - 27 에 예언돼 있는데 그것이 한 실례입니다. 이사야에는, "내가 또 주의 목소리를 들은즉 이르시되 내가 누구를 보내며 누가 우리를 위하여 갈꼬 그 때에 내가 가로되 내가 여기 있나이다. 나를 보내소서 여호와께서 가라사대 가서 이 백성에게 이르기를 너희가 듣기는 들어도 깨닫지 못할 것이요 보기는 보아도 알지 못하리라 하여 이 백성의 마음으로 둔하게 하며 그 귀가 막히고 눈을 감기게 하라 염려컨대 그들이 눈으로 보고 귀로 듣고 마음으로 깨닫고 다시 돌아와서 고침을 받을까 하노라."

실천적 신학

우리가 성령께서 하나님이시라는 사실을 알며 부단히 인지하는 것이 참으로 중요한 것입니까? 그렇습니다. 왜냐하면 만일 우리가 성령의 신성을 알고 끊임없이 인식한다면, 그의 일을 인식하고 의뢰하게 될 것이기 때문입니다. 만일 우리가 그렇게 하지 않으면 우리는 어리석게도 우리 자신의 제한된 지혜와, 제한된 사랑과, 제한된 힘과, 또 다른 자원을 어리석게 의뢰할 것이고, 성령께서만이 공급할 수 있는 것을 상실할 것입니다.

제임스 패커는, 이 강론 처음에 제가 언급한 성령에 관한 그의 글에서 의미심장한 다음과 같은 질문들을 던집니다. "성령을 영예롭게 하고 있는가 아니면 성령을 모름으로써 무시하고, 그럼으로써 성령 뿐아니라 성령을 보내신 주님을 모독하고 있지는 않는가? 우리의 믿음에 있어서, 성경의 권위를 인정하는가? 성령께서 감동하신 예언적인 구약성경과 사도적인 신약성경을 인정하는가? 그 신약성경을 읽거나 들을 때 경외하는 심정으로 하나님의 말씀에 합당한 태도로 받아들이는가? 그렇지 않다면 성령을 모독하고 있는 것이다. 우리의 삶 속에서, 성경의 권위를 적용하고, 성경을 따라서 살고 있는가? 사람들이 성경을 거슬러 어떠한 말을 한다 할지라도 하나님의 말씀은 진리일 수 밖에 없으며, 하나님께서 말씀하신 것은 말씀하신 그대로이며, 그러므로 그것은 언제까지나 견딜 것이라는 걸 인정하는가? 그렇지 않으면 우리에게 성경을 주신 성령을 모독하고 있는 것이다. 우리의 증거에 있어서, 성령께서만이 그 증거를 통해서 우리의 증거의 진정성을 드러내 보이며, 성령께서 우리의 증거에 권위를 주시도록 바라보고, 성령께서 그렇게 하실 것을 믿는가? 또한 바울이 한 것과 마찬가지로 인간의 영리함의 간계를 피함으로써 우리가 성령을 믿고 있는 실체를 드러내는가? 그렇지 않다면 성령을 모독하고 있는 것이다."

성령에 관한 다른 진리 뿐 아니라, 성령의 인격성과 신성은 실제적인 가르침입니다. 문제는, 우리가 고등신학의 단에서 그 가르침을 끄집어내려서 우리의 삶 속에 그것들을 적용시키는 것입니다.

21

성령의 역할

"내가 아버지께 구하겠으니 그가 또 다른 보혜사를 너희에게 주사 영원토록 너희와 함께 있게 하시리니 저는 진리의 영이라 세상은 능히 저를 받지 못하나니 이는 저를 보지도 못하고 알지도 못함이라 그러나 너희는 저를 아나니 저는 너희와 함께 거하심이요 또 너희 속에 계시겠음이라 내가 너희를 고아와 같이 버려두지 아니하고 너희에게로 오리라"(요 14:16 - 18).

우리가 처음 어떤 사람을 알게 되면 그 사람에 대해서 알고 싶은 것이 많습니다. 그러나 거의 모든 경우에서 우리가 맨 먼저 던지는 두 가지 질문이 있습니다. 당신은 누구인가? 둘째로, 무엇을 하는 사람인가? 하는 것입니다. 첫번째 질문에 대해서는 이름이 무엇이며, 당신이 어디서 왔는지, 당신과 관계하고 있는 사람에 대해 대답해 달라는 식이 될것입니다. 두번째 질문에 대한 답변은 대체적으로 직업에 관한 것입니다. 우리는 이 성령의 교리에 대한 서론적인 연구에서 그와 유사한 절차를 밟을 수 있습니다. 지난 강론에서 우리는 "당신은 누구입니까?"라고 물었습니다. 성령께서는 성부와 성자와 모든 국면에서 동등하신 하나님이심을 알았습니다. 오늘날 우리는 성령이 행하는 일을 알고 싶어합니다.

영화롭게 된 그리스도

어떤 의미에서 그 질문은 거의 대답하기 곤란한 질문 중에 속합니다. 왜냐하면 성령께서 정말 하나님이시라면, 하나님 아버지와 성자 하나님이 행하시는 모든 것을 성령께서는 행하실 것이기 때문입니다. 그래서 성령께서 우주를 창조하셨고, 위대한 구속의 역사를 계획하셨다고 말하는 것은 합당한 일이고, 주 예수 그리스도의 전체 사역에서 역사하시며, 그를 죽은 자 가운데서 일으켜 세우셨으며, 그의 교회를 생성시키고 인도하시며, 어느 날에는 만물로 하여금 만물의 아버지인 하나님께 다 복종하게 하실 것입니다. 실로 성경에는 우리가 보아왔듯이 이 요점들을 지적하는 구절들이 많습니다.

반면에 성경은 각 신적(神的) 위격(位格)의 일에 어떤 강조점을 두고 있다는 것을 인정해야 할 것입니다. 그에 따라서 우리는 예를 들어서 성부 하나님께서는 원리적으로 창조의 역사에서 주도적이고, 성자께서는 원리적으로 우리 인류를 구속하시는 데 있어서 주도적이라고 말할 수 있습니다. 그러므로 첫번째 의미에서 성령께서 행하시는 모든 일을 말하는 것은 불가능하지만, 두번째 의미에서 성령의 사역의 일차적인 강조점이 어디에 있는지 말하는 것은 가능합니다.

그러므로 성령께서 일차적으로 행하시는 것은 무엇입니까? 성령은 그리스도인의 성화에 있어서 가장 능동적으로 역사하시거나, 성경을 영감하거나, 교회 내의 어떤 사람에게 은사를 주는 일에 있어서 능동적인 일을 감당하신다고 말함으로 대답을 대신할 것입니다. 사실입니다. 그러나 그것이 가장 훌륭한 대답은 아닙니다. 가장 훌륭한 대답은 요한복음 16 : 13, 14 에서 발견됩니다. 우리 주님께서는 성령의 역사에 대해서 이렇게 말씀하십니다. "진리의 성령이 오시면 그가 너희를 모든 진리 가운데로 인도하시리니 그가 자의로 말하지 않고 오직 듣는 것을 말하시며 장래 일을 너희에게 알리시리라. 그가 내 영광을 나타내리니 내 것을 가지고 너희에게 알리겠음이니라." 이 구절들은 성령의 역할이 일차적으로 그리스도를 영화롭게 하는 것이라고 말하고 있습니다. 실로 이 구절을 바르게 이해할 때, 언급될 수 있는 모든 다른 활동들-성화, 영감, 은사를 나눠주심, 창조의 역사-은 이 위대하고 모든 것을 뛰어넘는 목적 속에 포함되어 있는 것입니다.

그러므로 우리는 아예 처음부터 여기서 한 교훈을 배울 수 있습니다.

성령께서 자신에 대해서 말씀하지 아니하시고 예수님에 대해서 말씀하신
다는 성경 말씀을 읽습니다. 그러므로 우리가 결론지어 말할 수 있는 것
은, 주 예수 그리스도의 인격과 사역을 떠나서 성령의 인격과 사역에 강
조점을 두는 것은 그 어느 의미에 있어서도 성령의 행하시는 것을 바로
보는 것이 아니라는 말입니다. 그것은 다른 영이요, 그리스도를 떠나 이
격시키는 일을 하는 적그리스도의 영입니다(요일 4 : 2 , 3 참조). 성령이
아무리 중요하다 할지라도 우리의 생각속에서 주 예수 그리스도가 차지
하는 자리를 대신 차지해서는 안됩니다. 반면에 그리스도께서 높아지는
곳마다 ― 어떠한 방식으로든지 ― 성삼위의 제삼위되신 성령께서 일하고 계
신 것이며, 우리는 그의 역사를 인정하고 그로 인하여 하나님께 감사하
는 마음을 가져야 합니다.

진리의 성령

성령께서 그러한 일을 얼마나 특별하게 행하십니까? 어떻게 주 예수
그리스도를 영화롭게 하십니까? 네 가지 영역에서 그러합니다.

첫째, 성령께서는 성경에서 주 예수 그리스도에 관해서 가르치심으로
써 예수님을 영화롭게 하셨읍니다(과거시제). 이것은 물론 이 마지막 강
화의 교훈 속에서 깊이 함축되어 있읍니다. 왜냐하면 예수님께서 지적하
시는 요점 가운데 하나는, 그가 가신 후에 성령께서 오셔서 제자들을 인
도하사 예수님 자신에 관한 진리를 알게 하실 것이라는 점입니다. 그 결
과 그들은 참된 복음을 전할 수 있고 그리스도의 교훈을 틀림 없이 기록
할 수 있고, 그리스도의 가르침과 사역을 신약 성경의 지면에 조금도 틀
림없이 기록할 수 있게 될 판이었읍니다. 예수님께서 "내가 아버지께로
서 너희에게 보낼 보혜사 곧 아버지께로서 나오시는 진리의 성령이 오실
때 그가 나를 증거하실 것이요"(요 15 : 26)라 말씀하실 때 바로 그 점을
두고 말씀하신 것입니다. 다시 "내가 아직은 너희에게 이를 것이 많으나
지금은 너희가 감당치 못하리라 그러나 진리의 성령이 오시면 그가 너
희를 모든 진리 가운데로 인도하시리니 그가 자의로 말하지 않고 오직 듣
는 것을 말하시며 장래 일을 너희에게 알리시리라"(16 : 12 , 13).

이 말씀은 제자들에게 엄청난 말씀이었읍니다. 의심할 여지 없이 그들

은 구약시대에 성령께서 어떤 선지자들이나 왕들이나 다른 지도자들에게 임하셔서, 그들을 통해서 결국 구약이 될 것을 말씀하셨음을 알았읍니다. 또한 그들은 심지어 - 비록 의심할 여지없이 그들이 부활 후에 그점을 더욱 더 확실히 알게 되었지만 - 구약의 중심적인 메시지는 구속주, 곧 주 예수 그리스도를 보내주신다는 하나님의 약속이었음을 알만하였읍니다. 그러나 그들은 확실히 그 이상을 생각하지 못했읍니다. 자 그들은, 구약을 감동하사 구약시대에 살던 사람들이 메시야를 고대하며 구원을 위해서 예수님을 바라보게 하셨던 그 성령께서 그들에게 임하신다니, 실로 그들 안에서 계셔서 그리스도의 역사와 우리 구원을 위해서 그리스도의 역사와 우리 구원을 위해서 필요한 교훈들과 교회의 성장과 질서에 대한 그 어느 것도 잃어버리지 않을 것이라는 말씀이니 그러합니다.

정확히 그러한 일이 일어났읍니다. 어떻게 거의 다 무식한 어부들이 신약을 받는 대리인들이 되었는지요? 그들이 주 예수 그리스도의 생애와 가르침에 대해서 기록한 것이 어떻게 해서 믿을 만한 것이 되었읍니까? 아마 그들은 그 신약을 틀리게 적었을텐데요! 아마 그들은 그리스도에 관한 진리를 기록하되 여러 가지 오류를 섞어 놓았을 것인데요! 이러한 반문에 대한 대답은, 실수를 하지 않았으며, 그들이 실수하지 않은 것은 성령께서 그들을 인도하사 실수를 하지 못하게 하셨다는 점입니다. 그들이 기록한 사건들과 교인들 중 어느 것들은 그들이 직접 들었고 보았고 기억했던 것입니다. 또 다른 요점들은 그후에 처음으로 자기들에게 계시된 것이었읍니다. 두 경우 다 성령의 인도를 받았읍니다. 사실 베드로가 말한 바와 같이 그들은 구약의 기자들의 경우와 마찬가지였읍니다. "예언은 언제든지 사람의 뜻으로 낸 것이 아니요 오직 성령의 감동하심을 입은 사람들이 하나님께 받아 말한 것임이니라"(벧후 1:21).

성령께서는 이러한 일을 통해서 주 예수 그리스도를 영화롭게 하셨읍니다. 왜냐하면 성령께서는 구약 성경을 영감하심으로써 그리스도의 오심을 예비하셨읍니다. 구약성경을 통해서 사람들은 무엇을 기대하고, 언제 그 분이 올 것인가를 알게 되었읍니다. 그런 다음에 그는 그리스도의 오심의 이야기를 보존하고 신약성경의 영감을 통해서 그것에 대한 오직 참된 해석을 내리셨읍니다.

하나님께로서 나서

둘째로, 성령께선 주 예수 그리스도에게 사람들을 이끌으로써 주님을 영화롭게 합니다. 이 사실은 요한복음을 강해할 때 너무 자주 논의된 나머지 지금은 자세히 언급할 필요가 없을 정도입니다. 우리는 다만, 성경의 영감을 생각하지 않더라도 이러한 성령의 역사가 없이 어느 누구도 예수님께 오지 못함을 지적할 뿐입니다.

우리가 주요하게 연구하고 있는 구절들은 이 점을 명백히 합니다. 왜냐하면 예수께서 제자들에게 성령을 보내셔서 영원토록 그들과 함께 계시게 하겠다고 말씀하신 뒤에 "저는 진리의 영이라 세상은 능히 저를 받지 못하나니 이는 저를 보도 알지도 못함이라"(요 14 : 17). 우리는 이 강해서의 앞의 여러 강론을 통해서, 요한이 여기서와 같이 "세상"에 대해서 말할 때 그리스도를 떠나 있는 끌므로써 세계를 뜻합니다. 그래서 이 말씀이 뜻하는 바는, 성령의 역사가 없이 사람들을 그리스도께 인도하려 할 때 그 어느 사람도 영적인 것을 알지도, 받지도 않는다는 것입니다. 영적으로 소경이기 때문에 아무도 볼 수 없는 것입니다. "사람이 거듭나지 아니하면 하나님 나라를 볼 수 없느니라"(요 3 : 3). 그들이 알 수 없는 것은 성령께 속한 것은 "신령한 것으로 분별되는"것이기 때문입니다(고전 2 : 14). 그들은 성령이나 주 예수 그리스도를 받을 수 없는데, 그것은 예수께서 말씀하신 대로 "나를 보내신 아버지께서 이끌지 아니하면 아무라도 내게 올 수 없기 때문"입니다(요 6 : 44).

그래서 어떤 일이 일어납니까? 성령께서 또한 눈을 열어 중생치 못한 자들이 진리를 볼 수 있게 됩니다. 그는 그들의 마음에서 안개를 걷어 자기들이 보는 것을 이해할 수 있게 하십니다. 그러면 그들은 마음의 뜻을 굽혀 구주를 믿는 믿음을 가지게 됩니다. 이런 역사가 없이 한 사람의 그리스도인도 나오지 못합니다. 그것을 통해서 성령께서 우리를 구하시고 주 예수를 영화롭게 합니다.

재산출되는 그리스도

세째로, 성령께서는 신자들 속에서 그리스도를 재산출함으로써 주 예수 그리스도를 영화롭게 하십니다. 세가지 방식으로 그리하십니다.(1) 그리스도인으로 하여금 더 크게 죄를 이기게 하십니다. (2) 그를 위해 기도하시고, 기도하는 법을 가르치십니다. (3) 그리스도인의 삶을 향해 하나님의 의도하신 것을 보여 주시고, 그 뜻을 행할 능력을 주십니다.

여기서 "위로자"(보혜사)의 뜻은 매우 중요합니다. 영어에서 오늘날 "comfort"(위로)의 의미가 하락되어서 건성으로 위안하는 것의 뜻에 불과하게 된 것은 이 어휘를 이해하려는 입장에서 볼때 불행합니다. 예를 들어서 라이너스(Linus) 담요가 있습니다. 사실 어원이 멀리 떨어진 것이 아닙니다. 왜냐하면 "위로자"라는 말의 또 다른 용도는 어떤 이불 종류를 묘사하는 것이기 때문입니다. 자주 우리가 위로를 생각할 때 마음 속에 그것을 염두에 둡니다. 얼마나 안온한지요! 우리가 담요 속에 몸을 웅크리고 들어가 이 세상의 어려운 고초로부터 우리 자신을 위로하는 것을 생각합니다.

물론 어느 정도 위로가 그런 것을 통해서 올 수도 있지만, 성경에서 그 말은 그런 뜻이 아닙니다. 성경적 의미를 위해서 우리는 그 "보혜사"(위로자)라는 말 뒤에 숨어 있는 라틴어원을 찾아가 보아야 합니다. 그 라틴어는 두 종류입니다. 하나는 쿰(cum)(그 말이 영어로 변천되어 오면서 음절이 바뀌었음) 그 말은 "함께"(with)라는 뜻입니다. 둘째는 "포르티스"라는 말인데 그 말에서 "요새화"(fortification), "요새화하다"(fortify), "포르티시모"(이태리어), "불굴의 정신"(fortitude), "요새"(fortress)라는 말을 얻었읍니다. 그 말은 "강한", 또는 "강화하다"라는 뜻을 가지고 있습니다. 그것을 함께 모으면 "위로자"의 참된 의미를 얻게 됩니다. 위로자는 추운 겨울밤을 따뜻하게 지내기 위해서 흔히 사용하는 부드러운 누비이불이 아닙니다. 또는 세상에서 여러분이 차지하고 있는 적은 지위에 대하여 잠깐 동안의 위안을 주기 위해서 여러분 주위에 둘러치고 있는 일종의 널판지 조각이 아닙니다. 보혜사(위로자)는 여러분과 함께 계시며 여러분을 강하게 하시는 분입니다. 어느 주석가가 말했듯이 "그는 진리를 위해서 꿋꿋이 서도록 등을 받혀 주며, 비록 소수의 편에 서더라도 바른 편을 택하게 하도록 붙잡아주는 지주입니다. 보혜사는 비열하고 악한 것 앞에서 굳게 서도록 힘을 주시는 분이십니다"(반하우스).

그 한 예를 들어볼 때 베드로에게 성령께서 바로 그러한 일을 하셨읍니다. 베드로는 예수님께서 잡히시던 밤에 주님을 부인했읍니다. 두려웠고 문지기에 불과한 작은 소녀를 두려워했기 때문입니다. 그러나 오순절 날 성령이 임하고 나서, 베드로는 일어서서 예수님을 십자가에 못박는 사람들 앞에 복음을 전파하면서 이렇게 말합니다. "이스라엘 사람들아이 말을 들으라 너희도 아는 바에 하나님께서 나사렛 예수로 큰 권능과 기사와 표적을 너희 가운데서 베푸사 너희 앞에서 그를 증거하셨느니라 그가 하나님의 정하신 뜻과 미리 아신 대로 내어준바 되었거늘 너희가 법 없는 자들의 손을 빌어 못 박아 죽였으나 하나님께서 사망의 고통을 풀어 살리셨으니 이는 그가 사망에게 매여 있을 수 없었음이라… 그런 즉 이스라엘 온 집이 정녕 알지니 너희가 십자가에 못 박은 이 예수를 하나님이 주와 그리스도가 되게 하셨느니라"(행 2:22 - 24, 36). 성령께서 베드로에게 등받이를 주셔서 예수님처럼 되게 하셨고, 그로 말미암아 주님께 영광을 돌리게 하셨읍니다.

여기까지 우리는, "보혜사"라는 말을 이해하려고 애써오면서 라틴어에서 파생된 영어의 의미만을 다루어왔읍니다. 우리는 영어를 벗어나서 헬라어로 나아가, 물론 상반된 것이기는 하지만 전적으로 새로운 의미의 영역을 발견해야 할 것입니다. 그 의미는 바꾸어 말해서 우리에게 성령의 사역에 대해서 더 많은 것을 가르쳐 줍니다. 이 문맥에 나타난 헬라어는 "파라크레토스"입니다. 다시 그 말은 두 어휘가 합성된 것입니다. 처음 두 음절 "파라"는 헬라어로 "옆에서 따라가며"라는 뜻을 가지고 있읍니다. 우리는 영어에서 비유나, 역설이나, 병행이나, 시차(parallax)같은 영어의 말 속에서 그 의미를 발견합니다. 두번째 나오는 그 음절 "크레토스"는 "부르심을 받은"이라는 뜻을 가지고 있는데, "교회"라는 말의 헬라어(에클레시아)는 "불러내심을 받은" 사람들을 뜻하는 바와 같습니다. 그러므로 파라크레토스는 어떤 다른 사람을 돕는 자로서 그 사람 "옆에 부르심을 받은" 자를 의미합니다.

어떻게 돼서 그런지는 모르지마는, 라틴 벌겟역에서 그 말이 "위로자"라는 영어군에 해당되는 말로 번역되지 않고 "아드보카투스"(advocat-

us)라는 말로 번역이 되었는데 그 라틴어가 우리 영어에서 "advocate"
(대변인)이라는 말로 전해졌읍니다. "ad"는 "옆에서"라는 의미입니다.
보카투스는 "부르다"라는 뜻하는 "보카레"(vocare)라는 말에서 파생된
것입니다.그러므로 아드보카토스라는 말은 다른 사람의 옆에서 그 사람을 돕
는 "자로서 부르심을 받은" 사람을 말합니다. 아드보카투스는 라틴어입
니다. 파라크레테는 헬라어입니다. 그러나 두 말의 의미는 동일합니다.

우리가 영어의 "advocate"라는 말을 얻기 위해서 라틴어를 사용하면
서도 그 의미를 제한했다는 사실은 성령께서 무엇을 하시는지를 보여주
는 좋은 실례가 됩니다. 우리가 심각한 법적인 문제에 봉착하게 되어 법
률사무소를 찾기 위해 중심가로 갔다고 생각해 봅시다. 갔더니 "아무아무
개 법률사무소"라는 표지를 발견했읍니다. 가서 우리는 그 법률사무소에
서 한 상담원을 만나 우리 이야기를 모두 했읍니다. "그린씨, 나를 도와
주시겠어요?"라고 묻습니다. 우리가 무슨 일을 했지요? 우리 "곁에서"
도울 변호사를 찾았던 것입니다. 자, 그 사람은 이제 우리의 "파라크레
테", 우리의 대변인 또는 위로자입니다. 그러나 주님께서 우리에게 한
보혜사(위로자)를 보내신다고 말씀하셨을 때 "다른" 보혜사를 말씀하신
걸 주목해야 합니다. 다시 말하면 예수님께서는 첫번째 보혜사요 성령께
서는 두번째 보혜사입니다. 그러므로 이제 우리는 이 큰 법률사무소에서
두 대변인을 얻게 될 것입니다. 성령은 이 땅의 영역에서 일을 하시는
분이요, 주 예수 그리스도는 하늘의 영역에서 변호하시는 분입니다.

요한일서 2:1에 그 개념이 상세하게 구체화되어 있읍니다. 물론 이
경우에서 그 말 "파라크레토스"는 문자 그대로 "대언자"(대변인)라고 번
역되어 있읍니다. 우리는 거기서 "나의 자녀들아 내가 너희에게 씀은 너
희로 죄를 범치 않게 하려 함이라 만일 누가 죄를 범하면 아버지 앞에서
우리에게 대언자가 있으니 곧 의로우신 예수 그리스도시라."

이 두 위가 우리를 위해서 함께 일하고 계십니다. 더구나 우리를 위해
서 함께 기도하십니다. 주 예수 그리스도께서 우리를 위해서 기도하시
는 것을 우리는 알고 있읍니다. 왜냐하면 히브리서 7:25에서 "그러므
로 자기를 힘입어 하나님께 나아가는 자들을 온전히 구원하실 수 있으니
이는 그가 항상 살아서 저희를 위하여 간구하심이라"라고 말하기 때문입

니다. 그는 하늘에서 우리를 위해서 기도하고 계십니다. 또한 우리는 성령께서 우리를 위해서 기도하시며 우리로 기도하게 하심을 알고 있읍니다. 왜냐하면 로마서 8장 26절에서 우리는 "이와 같이 성령도 우리 연약함을 도우시나니 우리가 마땅히 빌 바를 알지 못하나 오직 성령이 말할 수 없는 탄식으로 우리를 위하여 친히 간구하시느니라"라는 말씀을 듣기 때문입니다.

그러면 무엇이 우리를 괴롭게 합니까? 아무 것도 없읍니다! 우리는 우리 자신의 구원에 관해서 염려할 수 없읍니다. 왜냐하면 그리스도께서 우리를 위해서 그것을 사놓으셨기 때문입니다. 성령께서 우리 마음 속에 그것을 인치셨읍니다. 더 나아가서 그 두 위격께서 아버지 앞에서 우리의 사정을 값없이 탄원해 주십니다. "누가 능히 하나님의 택하신 자들을 송사하리요 의롭다 하신 이는 하나님이시니 누가 정죄하리요 죽으실 뿐 아니라 다시 살아나신 이는 그리스도 예수시니 그는 하나님 우편에 계신 자요 우리를 위하여 간구하시는 자시니라"(롬 8 : 33 , 34). 또한 우리가 주 예수 그리스도의 형상에까지 자라는 문제에 대해서도 염려할 필요가 없읍니다. 왜냐하면 우리 속에서 역사하시는 성령의 역사의 목표가 바로 그것이기 때문입니다. 바울은 또 이렇게 말합니다. "이는 그리스도 예수 안에 있는 생명의 성령의 법이 죄와 사망의 법에서 너를 해방하였음이라 율법이 육신으로 말미암아 할 수 없는 그것을 하나님은 하시나니 곧 죄를 인하여 자기 아들을 죄 있는 육신의 모양으로 보내어 육신의 죄를 정하사 육신을 좇지 않고 그 영을 좇아 행하는 우리에게 율법의 요구를 이루어지게 하려 하심이니라"(롬 8 : 2 - 4). 이 같은 성령께서는, 우리로 하여금 하나님의 뜻을 소원하게끔 하시면서 우리의 삶을 위한 하나님의 뜻을 우리에게 가르쳐 주십니다. 그런 다음에 우리를 하나님의 말씀을 향하여 가게 하십니다. 그 하나님의 말씀 속에서만이 하나님의 뜻이 어디 있는가를 판단할 수 있는 원리들이 나오는 것입니다.

그리스도인의 섬김

성령께서 예수 그리스도를 영화롭게 하는 네번째 방식은, 그리스도인 다운 섬김의 생활을 하게 하고, 섬길 때 그 따르는 자들을 지탱하여 주

시는 방식입니다. 이것은 제자들에게 해당되었읍니다. 마지막 예수님의
강화 속에 나오는, 성령에 관한 거의 모든 구절들이 그 점을 지시합니
다. 그는 예수님을 따르는 사람들로 하여금, 예수님께서 과거에 그 따르
는 자들을 지도하셨던 방식 그대로 미래를 바라보도록 지도하여 주십니
다. 이것은 우리 주님을 처음 따랐던 이 사람들 뒤에 오는 자들에게 해
당되는 것입니다.

그 한 실례가 제가 간단하게 언급한 대목 속에 나타나 있읍니다. 또 다
른 이유는 지난 강론에서 다룬바 있읍니다. 사도행전 13 : 2 와 그 다음
에 나오는 구절들 속에서 발견하게 됩니다. 우리는 그 구절 속에서 이러
한 말씀을 읽습니다. "주를 섬겨 금식할 때에 성령이 가라사대 내가 불
러 시키는 일을 위하여 바나바와 사울을 따로 세우라 하시니 이에 금식
하며 기도하고 두 사람에게 안수하여 보내니라 두 사람이 성령의 보내심
을 받아 실루기아에 내려가 거기서 배 타고 구브로에 가서"(2 - 4 절).
이 구절들을 통해서 우리가 명백히 알 수 있는 것은, 성령께서는 사람들
을 불러 어떤 특정한 그리스도인의 사역을 하게 하시고 그들이 그 일을
하러 갈 때 그들과 함께 하신다는 점입니다. 다시 말하면 성령께서는 보
편적인 방식으로 사람들을 기독교 사역에 부르실 뿐만 아니라 특수한 방
식으로 부르셔서 어떤 한정된 분야로 가도록 지시하십니다.

그렇다고 해서 언제나 똑같은 방식으로 그러는 것은 아닙니다. 안디옥
에 있던 제자들이 성령께서 바나바와 사울을 선교사역을 위해서 따로 세
우라는 지시를 하고 있음을 어떻게 알았는지 그 이유가 여기에 나와 있
지 않는데, 바로 그 때문인 것 같습니다. 그리고 그 말은 성령의 인도하
심을 의식적으로 살펴보아서는 안된다는 뜻은 아닙니다. 우리는 당연히
마음을 기울여 그것을 바라보아야 합니다. 왜냐하면 그들은 주를 섬겨 금
식할 때에 그러한 일이 있었기 때문입니다. 다시 말하면 그들이 진지하
게 하나님의 말씀을 취하여 그것에 파묻혀 최선의 능력과 지식을 갖게 되
었을 때, 바로 그 때 성령께서 말씀하신 것입니다. 이것이 뜻하는 바는,
성령께서는 그리스도인들을 인도하여 그리스도를 섬기도록 하시고, 그리
하여 그러한 섬김을 통해서 주 예수 그리스도를 영화롭게 하도록 하십니
다.

그분이 그러한 섬김의 생활을 하도록 여러분을 인도하셨습니까? 그분이 인도하고 계십니까? 그렇지 않다면 그러한 인도하심을 먼저 원할 필요가 있고 그 다음에 그것을 추구하고, 성령께서 인도하시기를 기대할 필요가 있습니다.

고아처럼 버려두지 아니하리라

우리가 성령에 관해서 일차적으로 연구하기 위해서 살펴보고 있는 세 구절들 중 마지막 구절 18절에서 그 분명한 생각이 떠오릅니다. 그 구절 속에서 예수님께서는 "내가 너희를 고아와 같이 버려 두지 아니하고 너희에게로 오리라"고 말씀하십니다. 이 구절에서 "위로 없이"(우리 말 개역성경에서는 "고아와 같이" - 역자주)가 우리가 앞서 살펴보았던 "보혜사"와 상관되는 어느 말과도 관련을 맺고 있지 않습니다. 오히려 그 말은 "오파누스"(고아)라는 말입니다. 예수님께서는 "내가 너희를 고아처럼 버려 두지 아니할 것이다. 내가 너희에게로 오리라"고 말씀하십니다. 우리 혼자 내버려 두면 우리는 영락없이 고아가 될 판입니다 - 이 무정하고 사랑이 없는 세상 가운데서 고아가 된다는 말씀입니다. 그러나 예수님께서 우리를 그처럼 내버려 두지 않습니다. 물론 그가 하늘로 가시고 어느날 그 하늘로부터 영광 중에 우리에게 다시 돌아오신다는 것은 사실입니다. 그러나 잠시 동안 그는 당신의 영, 성삼위의 제삼위격을 보내셔서 우리와 함께 하게 하십니다. 이 성령께서 위로자요, 능하게 하시는 분입니다. 그분이 진리의 성령입니다. 그분은 성령이십니다. 그의 사역은 우리 속에서 영원토록 그리스도를 영화롭게 하는 것입니다.

22

성령의 충만함

"내가 아버지께 구하겠으니 그가 또 다른 보혜사를 너희에게 주사 영
원토록 너희와 함께 있게 하시리니 저는 진리의 영이라 세상은 능히
저를 받지 못하나니 이는 저를 보지도 못하고 알지도 못함이라 그러
나 너희는 저를 아나니 저는 너희와 함께 거하심이요 또 너희 속에 계
시겠음이라 내가 너희를 고아와 같이 버려두지 아니하고 너희에게로
오리라"(요 14 : 16 - 18).

성령에 대해서 연구한 지난 강론에서, 우리는 어째서 성령을 그리스
도인들에게 주셨는지에 대한 여러 가지 이유 중 하나를 생각해보았
는데 그 이유는 그리스도인들 속에 그리스도의 성품을 재산출하기 위한
것입니다. 그것이 "보혜사"라는 말 뒤에 숨어 있는 사상입니다. 왜냐하
면 보혜사는 그리스도인이 그리스도인의 삶을 살아갈 때 힘을 주고 도움
을 주기 위해서 그리스도인 옆에서 계신 분이란 칭호를 가지신 분이기
때문입니다. 그는 그리스도인들로 하여금 그리스도를 무시하는 환경 속
에서 그리스도처럼 삶을 살도록 도와 주시기 위해서 계시는 분입니다. 그
러나 우리가 알기로 이런 일이 언제나 일어나는 것은 아닙니다. 따라서,
그리스도인들 중에는 영적인 그리스도인이 있는가 하면 육신적인 그리스
도인들이 있읍니다. 여러 가지 시험 중에서 그리스도를 위해서 승리하는

삶을 사는 자들이 있는가하면 패퇴당하는 사람들도 있읍니다.

그리스도인이 이 세상에서 살 때 그리스도처럼 살지 못하는 것은 무엇이 잘못되어서 입니까? 성경에 주어진 답변은, 그들이 성령으로 하여금 자기들의 삶을 인도하시도록 허락하지 못했기 때문이라고 말합니다. 그들은 "성령을 소멸하거나 근심시켰읍니다"(살전 5:19, 엡 4:30). 따라서 이런 사람들을 향하여 성령 안에서 "행하라", 또는 "성령으로 충만함을 입으라"라는 강한 권고를 하십니다(갈 5:16, 엡 5:18). 이러한 어법은, 구속의 문제에 있어서 성령께서 전적인 주권을 가지고 일하심으로써 당신이 원하는 자를 택하시고 당신이 원하는 자를 물리치시지만, 그리스도인의 성장의 문제에 있어서는 그와는 대조적으로 상당한 분량을 인간이 책임져야 함을 암시합니다. 진실로 우리 자신을 구속하지 못하는 것처럼 우리 자신을 스스로 거룩하게 할 수는 없읍니다. 두 경우 다 하나님이 하셔야 합니다. 그러나 우리가 먼저 하나님께 살리심을 받고 나서 그 다음의 성령의 자극을 거부할 수도 있고 협력할 수도 있읍니다. 더 나아가서 우리가 영위하게 되는 그리스도인의 삶이 그러한 성령의 자극에 협조하느냐 그렇지 않느냐에 따라서 크게 좌우될 것입니다. 또한 우리는 그 성령의 역사에 협력하거나 협력하지 않는 여부에 따라서 크게 그 삶의 형태가 달라질 것입니다.

이러한 진리를 이해하고, 그러한 진리를 통해서 유익을 얻기 위해서, 성경이 성령의 충만함에 대해서 무어라 말하는지 이해하고, 어째서 그것이 필요하며, 어째서 그것이 그리스도인의 모든 성장단계에 있어서 계속 체험되어야 하는지를 아는 것은 매우 중요합니다.

성령의 세례

그러나 먼저 우리는 소극적인 국면부터 생각해 보아야 합니다. 소극적인 국면은 "성령의 충만함"이 성령의 "세례"와 같은 것이 아니라는 점입니다. 우리 시대에 성령의 세례에 대해서 매우 비성경적이고 해로운 것을 많이 말하기 때문에 이것을 언급할 필요가 있읍니다. 예를 들어서, 그리스도인의 삶을 시작하기 위해서 반드시 필수적인 중생 그 다음의 은혜의 체험이 바로 성령의 세례라고 주장하는 사람들이 있읍니다. 성령의 세

레는 어떤 성령의 임재에 대한 외부적인 표지를 동반해야 함이 틀림 없
다고 말하기도 합니다. 가장 일반적으로 말해서 방언 은사를 동반하기마
련이라는 것입니다. 또한 성령 세례를 받기 위해서 기도해야 된다고 하
는 사람들도 있고, 일반적으로 안수를 하여 성령세례를 받기도 한다고
주장하기도 합니다. 이 모든 것이 비성경적입니다. 그리고 어떤 경우에
서는 해롭습니다.

성령 세례가 무엇입니까? 정직하게 그 질문에 대해서 답변할 수 있는
오직 유일한 답변은, 성경 자체가 주는 답변입니다. 그걸 위해서 우리는
"성령세례"라는 말이 나오는 구절들을 살펴보아야 합니다. 신약 성경에
서는 일곱 군데가 있습니다.

이 일곱 군데 중 다섯 군데는 복질상 예언적인 것입니다. 다시 말하면
그 대목은 이사야 32:15, 44:3, 요엘 2:28 과 같은 구약의 예언에 따
라 그의 모든 백성들에게 성령이 부어질 것을 내다보는 말씀입니다. 그러
나 그러한 대목에 있어서 특징적인 사실은, 그것이 다 주 예수 그리스도
의 사역과 연관되어 있다는 점입니다. 그래서 네번에 걸쳐서 세례 요한
의 다음과 같은 말이 인용되곤 합니다. "나는 너희로 회개케 하기 위하
여 물로 세례를 주거니와 내 뒤에 오시는 이는 나보다 능력이 많으시니
나는 그의 신들메를 풀기도 감당치 못하겠노라 그는 성령과 불로 너희에
게 세례를 주실 것이요"(마 3:11, 막 1:7,8 의 병행구절; 눅 3:16;요
1:33). 다섯번째 경우는 예수님께서 제자들에게 오순절 성령의 강림을
위해서 예루살렘에서 기다리라고 말씀하신 대목입니다. "요한은 물로 세
례를 베풀었으나 너희는 몇날이 못되어 성령으로 세례를 받으리라 하셨
느니라"(행 1:5). 이 구절들의 헬라어 원문에서 보면 예수님을 가리켜
"세례자", 또는 "세례를 주는 자"라는 말로 보고 있습니다. 왜냐하면 성
령세례를 주는 것이 예수님의 사역의 특징이기 때문입니다. 요한을 보고
"세례자"라고 부르는 것은 물로 세례를 주는 것이 그의 사역이었기 때문
인 거와 같습니다.

성령세례를 언급하는 일곱경우 중 여섯번째 경우는 역사적인 것입니다
(행 11:16). 그것은 베드로의 설교로 예수님을 믿은 결과로 고넬료의
가정들이 즉석에서 성령의 은사를 받는 걸 말하고 있습니다. 그 경우는

의미 있읍니다. 왜냐하면 성령이 전에 유대인들에게 주어진 것처럼 이방인들에게도 똑같이 주어졌음을 보여주기 때문입니다. 다른 말로 해서 교회 안에 있는 그리스도인들을 두 차원이나 또는 두 지위로 구분해서는 안된다는 것을 보여준다는 말씀입니다.

일곱번째 경우는 가장 중요한 것인데 그것은 교훈적인 것입니다. 다시 말하면 그것은 묘사적인 것이라기보다는 교훈을 목적으로 하는 대목입니다. 다른 구절들은 바로 이 경우에서 주어진 교훈을 해석하는 경우라고 할 수가 있읍니다. 이 대목은 고린도 전서 12 : 13 인데, 바울은 거기서 이렇게 쓰고 있읍니다. "우리가 유대인이나 헬라인이나 종이나 자유자나 다 한 성령으로 세례를 받아 한 몸이 되었고 또 다 한 성령을 마시게 하셨느니라." 이 구절에 즉각적으로 우리에게 부닥쳐오는 두 가지가 있읍니다. 첫째로 이 구절의 강조점은 "그리스도인들의 연합"에 있다는 점입니다(고린도 전서 12 장 전체가 사실 그 문제를 다루고 있음). 고린도에 있는 그리스도인들은 여러 신령한 은사를 강조한 나머지 분쟁에 빠지고 말았읍니다. 그러나 바울은 그들이 실제적으로는 하나임을 강조하기 위해서 편지를 쓴 것입니다. 바울의 주요 논증은, 그들이 한 성령으로 세례를 받아 그리스도의 한 몸에 연합되었다는 것입니다. 이것은 소위 "성령의 세례"에 강조점을 두는 어느 누구나 즉각적이고 명백하게 부딪쳐오는 질책입니다. 다시 말하면 성령의 세례를 은혜의 제 2 차적인 사역으로 규정지어 그리스도인들을 나누고 교제를 깨뜨리는 그런 잘못을 범한다고 이 구절은 그런 사람들을 향하여 책망하고 있읍니다.

이 구절의 두번째 연관되는 강조점은 "모든 신자가 이 성령의 세례라는 체험을 다 함께 누린다"는 보편성에 주어지고 있읍니다. 여기서 "모든"이라는 말이 결정적인 말입니다. 왜냐하면 바울은 "우리가 모두 다 세례를 받았다"고 말하고 있으며 "다 한 성령을 마시게 하셨느니라"라고 말하고 있읍니다. 다시 말하면 성령 세례는 어떤 그리스도인들을 위한 제 2 차적이고 특별한 체험이 아니냐는 것입니다. (오히려 모든 사람들이 그리스도인이 될 때 맨 먼저 내면적으로 체험하는 것이라는 점입니다. 여기서 우리는 저의 요한복음강해 제 1 권에서 물세례의 의미를 논의했던 것을 기억하며 그리로 돌아가보는 것은 크게 도움을 얻을 것입니다. 왜냐하면 거기서 우리는, 세례의 양식이 중요한 문제가 아님을 알았기 때문입니다. 그것이 물을 뿌리는 것이라든지 물 속에 담그는 것이든지 그것이 문제가 아니라 그리스도와 하나가 된다면, 이른바 세례가 의미하는 것이 중요합니다. 우리를 그리스도와 연합하게 하는 것은 성령의 역할입니다. 다시 말하면 신령한 몸인 교회에 우리를 연합시키는 것입니다. 성령께서는 우리의 마음 속에 믿음을 심고 아울러 동시에 우리를 하나님의 권속에 접붙임으로써 이러한 일을 행하시는 것입니다.

존 스타트(John R. W. Stott)는 이러한 구절들에 대한 매우 가치 있는 연구를 통해서 그 증거를 다음과 같이 요약하고 있습니다. "성령의 은사' 또는 '세례'는 새 언약의 '독특한' 특징들 가운데 하나인데, 그것은 그 언약에 참여한 모든 사람들을 위한 '보편적' 축복이다. 왜냐하면 그것은 '내면적' 축복이기 때문이다. 또한 그것은 새 시대에 속한 부분이다. 새 언약의 중보자시요 그 새 언약에 속한 복락들을 베푸시는 분이신 주 예수께서는 죄사함과 성령의 선물을 그의 언약에 들어오는 모든 사람들에게 주신다. 더 나아가 물로 세례를 받는 것은 성령으로 세례를 받은 것의 인과 표다. 물세례가 죄사함의 표인 것과 똑같이 말이다. 물세례는 그리스도인이 받는 최초의 의식인데, 그것은 성령세례가 그리스도인이 받는 최초의 체험이기 때문이다."

성령세례는 모든 그리스도인들을 위한 것입니다. 사실 어떤 사람이 그 성령세례를 받지 못했다면 그는 그리스도인이 아닙니다. 왜냐하면 성령세례는 구원얻는 믿음을 통해서 그리스도와 하나된 것과 같기 때문입니다. 더구나 우리가 이에 대해서 의문을 가지는 경우에 있어서는, 성경에서 어느 한 경우도 신자더러 성령의 세례를 받으라고 명령하거나 권고한 적이 없다는 걸 주목할 필요가 있습니다. 이미 그의 삶 속에서 일어난 것을 가지고 그걸 추구하라고 권할 수 없습니다.

성령으로 충만을 받는 것

그러나 이 요점을 지적했으니 우리는 즉각 다음으로 나아가, 비록 "성령의 세례를" 받으라는 명령은 하나도 없지만 "성령의 충만을" 받으라는 분명한 명령이 있음을 지적해야 할 것입니다. 제가 이 강론의 초두에서 지적한 바와 같이 말입니다(엡 5:18). 우리가 이제 살펴 보아야 하는 것은 성령으로 충만을 받는 이 문제입니다.

이 시점에서 어떤 사람들은, 성령으로 세례를 받는 것과 성령의 충만함을 받는 것 사이에 차이는 아무런 의미도 없다고 말할 것입니다. 어떤 사람은 이렇게 따져 말할 것입니다. "만일 연거퍼서 똑같은 문제인 성령의 충만을 받는 것을 인정해야 한다면, 성령의 세례를 받는 걸 구할 필요가 없다고 주장하는 요점은 무엇인가?" 그러나 그 둘이 같습니까? 요점은, 그 둘이 같지 않다는 점입니다. 많은 거짓된 성령에 관한 교훈은 이 두 사이의 차이를 알지 못하는데서 나온 것입니다. 예를 들어서 성령의 세례는 방언을 말하는 체험과 긴밀히 연관되어 주장되곤 했습니다. 왜냐하면 그 성령 세례라는 말이 성령 세례가 일어났던 오순절에 대해서 말할 때 자주 쓰여졌기 때문입니다. 그러나 그러한 일이 오순절에 제일 먼저 일어난 것은 새로운 세대가 시작되었음을 지시하기 위한 것입니다. 대조적으로 성령의 충만함은 매우 다양한 체험을 동반하며(방언은 그 다양한 체험들 가운데 하나에 불과함), 전적으로 다른 강조점을 가지고 있읍니다.

여기서 다시 우리는 "충만함" 또는 "성령의 충만함"이라는 말이 나오는 본문을 살펴보아야 합니다. 그러한 본문이 열 네 구절입니다. 그 중 넷은 오순절 전에 일어났던 사건들과 경우를 묘사하고 있읍니다. 그러므로 이 네 경우는 구약의 말씀과 체험과 보다 더 잘 연관되어 있읍니다. 또 나머지 열 개의 구절은 오순절 이후에 일어났던 사건들과 그 처지를 묘사합니다. 처음 넷은 다 누가복음에 나오는데, 그리스도와(4:1), 세례 요한과(1:15), 세례 요한의 어머니 엘리사벳(1:41)과, 세례요한의 아버지 사가랴(1:67)를 언급합니다. 나머지 열 개의 구절 중 아홉 구절은 다 사도행전에 나오는데 어떤 사건을 묘사하면서 나오고 있읍니다. 마지막 경우는 에베소서 5:18에 나오는데, 거기에서 "성령의 충만을 받으라"는 명령이 제시됩니다.

사도행전에 나오는 아홉 구절 가운데서 우리가 주목하는 바는 다음과 같습니다. 오순절날 다락방에서 기다리던 무리들이 성령의 충만을 받았읍니다(2:4). 또 베드로는 산헤드린 공회에 말하기 전에 특별히 충만함을 받았읍니다(4 : 8). 또 초대교인들이 기도를 하고 나서 충만함을 받은 경우가 있읍니다. 그 결과 그들은 "하나님의 말씀을 담대히" 말하기 시작했읍니다(4 : 31). 또 처음 세워진 집사들은 "성령에 충만"한 사람들이었읍니다(6 : 3). 첫번째 순교자인 스데반은, "성령의 충만을 받아" 아버지의 보좌 우편에 서신 예수님을 바라보며 그 사실을 증거하였읍니다(7 : 55). 또 아나니아가 바울에게 손을 얹을 때 바울이 성령의 충만을 받았읍니다. 바울이 다메섹 도상에서 체험한 후 주님은 아나니아를 바울에게 보내셨읍니다(9 : 17). 바울은 또 다른 경우에 "성령의 충만"을 받았는데, 그 결과로 바보에서 박수 엘루마를 대적하게 되었읍니다(13 : 6). 바나바와(11 : 24) 제자들이 안디옥에서(13 : 52) 여러번 성령의 충만을 받았읍니다.

이 아홉 구절이 묘사하는 바의 특징은 무엇입니까? 방언으로 말하는 것과 같은 어떤 외부적이거나 초자연적인 성령의 나타남이 아니라는 것입니다. 왜냐하면 오순절날 성령의 충만을 받은 걸 가리키는 대목에서만 그 방언으로 말하는 것이 언급됩니다. 아홉 대목의 오직 유일한 특징은, 매 경우마다 그 충만을 받은 어떤 개인이나 여러 사람들이 즉각적으로 그리스도의 복음을 증거하기 시작했다는 점입니다. 다시 말하면 그들은 그리스도를 증거하기 시작했다는 말입니다. 오순절날 120 명이 그러하였고, 산헤드린 앞에서 베드로가 그러하였읍니다. 또한 사도행전 4 장에 언급된 초대교회 제자들이 그러하였읍니다. 스데반, 바울, 바나바, 안디옥에 있는 제자들이 또한 그러하였읍니다. 사실상 딱 한번의 예외는 처음 세움을 받은 집사들의 경우입니다. 그러나 이것 마저 더 자세히 점검해보면 사실상 예외가 아님을 알게 됩니다. 왜냐하면 그 집사들이 성령의 충만함을 받았다는 걸 듣지 못하기 때문입니다. 다만 그들의 삶이 이미 성령충만을 받은 증거를 보여주었다는 말 밖에는 없읍니다. 의심할 여지 없이, 그들이 이미 능동적인 증인으로서 일을 하고 있었다는 사실로 그 점이 알려진 것입니다. 더구나, 이 집사들을 선택한 것을 묘사하는 진술 바로 뒤이어 스데반 집사의 죽음에 대한 이야기가 나오는데, 그 이야기 속에는 특별하게 효과적인 증거의 모습이 드러납니다.

그러므로 성령 충만의 제일되고 가장 특징적인 표지는 성령을 충만히 받은 사람이 예수 그리스도에 대해서 말할 것이라는 점입니다. 그는 자기 체험에 대해서 말하지 않을 것입니다. 그는 다른 사람들도 자기와 같은 체험을 해야 한다고 말하지 않을 것입니다. 예수님에 대해서 말할 것입니다. 이 시점에서 우리는 필연적으로 요한복음 16 : 12 - 14 의 그리스도의 말씀으로 돌아가 보아야 합니다. "내가 아직도 너희에게 이를 것이 많으나 지금은 너희가 감당치 못하리라 그러나 진리의 성령이 오시면 그가 너희를 모든 진리 가운데로 인도하시리니 그가 자의로 말하지 않고 오직 듣는 것을 말하시며 장래 일을 너희에게 알리시리라 그가 내 영광을 나타내리니 내 것을 가지고 너희에게 알리겠음이니라."

우리는 이로부터 다음과 같은 결론을 내릴 수 있습니다. 성령 충만은 어느 세대에나 교회가 그리스도를 성공적으로 증거하는 비결이라고 말입니다.

성령의 열매

그러나 우리가 오해의 소지를 바로잡을 필요가 있습니다. 어떤 사람들은 이 구절들이 증거에 강조점을 두고 있음을 주목하고, 성령 충만은 말과만 관계 있다고 대번에 결론을 내릴지도 모릅니다. 그러나 그러한 결론은 옳은 것이 아닙니다. 왜냐하면 말이란 그 말을 뒷받침 해줄만한 경건한 삶이 없으면 효과가 없기 때문입니다. 여기 에베소서 5 : 18 에서성령의 충만을 받으라는 명령이 그리스도인의 삶의 문제를 다루는 에베소서 5 장의 맥락 속에서 나타나기 때문입니다.

확실히 말해서 그것은 말과도 연관을 가지고 있습니다. 왜냐하면 바울이 "성령의 충만을 받으라"고 말하고 난 바로 뒤이어 "시와 찬미와 신령한 노래들로 서로 화답하며 너희의 마음으로 주께 노래하며 찬송하며 범사에 우리 주 예수 그리스도의 이름으로 항상 아버지 하나님께 감사하며" (19 - 20 절)라 부연해 나가기 때문입니다. 그러나 그것은 역시 윤리적입니다. 성령 충만과 술취함을 서로 대조하고 있습니다. 술주정뱅이와 관련되어 따라다닐 그러한 유의 충만함은, 에베소 그리스도인들이 살고 있던 사회 문화적인 특징이었습니다. 그 밖에 많은 실제적인 교훈이 그 권면 뒤에 나오고 있습니다. 남편들과 아내들의 그리스도인적인 결혼생활에서 서로 어떻게 살아야 하는지 그 방식을 알려 주고, 자녀들이 부모들에게 복종할 필요성과, 종들의 의무와, 그리스도인들이 사단과 싸워야 할 문제와, 중보기도의 문제를 다루고 있습니다. 그 문맥은 우리로 하여금, 갈라디아서에서 상세히 나와 있는 성령의 열매에 대해서 생각하도록 유도합니다. "오직 성령의 열매는 사랑과 희락과 화평과 오래 참음과 자비와 양선과 충성과 온유와 절제니 이같은 것을 금지할 법이 없느니라" (5:22, 23).

에베소서 5장에 그려져 있는 성령의 충만함의 결과들은 두 부분으로 나눌 수 있습니다. 스타트는 그 대목을 다루면서 그런 식으로 했습니다. 하나님을 향한 부분인데, 경배와 증거를 포함하는 부분입니다. 또 경건한 삶과 교제로 표현되는 이른바 사람을 향한 부분입니다. 스타트는 이렇게 씁니다. "초자연적인 현상에서가 아니라 성령 충만의 증거를 이러한 영적인 성품들과 활동들에서 찾아야 한다. 그것이, 사도가 고린도 서신에서나 갈라디아서에서나 에베소서에서 그 문제를 다룰 때 언제나 강조하는 요점이다"라고 지적함으로써 결론을 내리고 있습니다.

성령 충만을 받는 방법

성령의 "세례"와 성령의 "충만" 또는 "충만함"의 차이를 구분해 보았고, 성령 충만이 의미하는 바를 묘사했으니, 우리는 이제 실제적인 문제로 나아가 봅시다. 어떻게 하면 내가 성령의 충만을 받을 수 있는가? 무엇이 내가 해야 할 책임인가? 어떠한 단계들이 있는가? 우리가 지혜로운 자로서 해답을 발견하기 위해서 성경으로 시선을 돌린다면, 성령 충만에 대한 조건이 셋 있다는 걸 발견합니다. 첫째 성령을 "소멸하지" 말아야 합니다(살전 5:19). 둘째, 성령을 "근심시키지" 말아야 합니다 (엡 4:30). 세째, 성령으로 "성령 안에서 행해야" 합니다(갈 5:16). 처음 두 경우가 중요하지만 소극적입니다. 세번째는 그 세 경우 중에서 가장 중요한 것입니다.

첫째 우리는 성령을 소멸치 말라 (살전 5:19)라는 경고를 받고 있읍니다. "소멸하다"는 말과 같은 어휘는 그 문맥에서 분명하게 설명되지 않습니다. 어떤 경우에 그 말은 "끄다"라는 것을 의미합니다. 어떤 사람이 불을 끄거나, "악한 자의 모든 불화살을 소멸할 수" 있는 경우와 같이 말입니다(엡 6 : 16). 그러나 여기서는 그러한 의미가 아닙니다. 실제적으로 그 문맥은 그 어휘를 "억누르다" 또는 "묶다"는 말로 번역할 수 있게끔 하기에 충분합니다. 분명히 말해서 우리는 절대적인 의미에서 성령을 없이 할 수 없습니다. 왜냐하면 우리가 절대적인 의미에서 성령을 끌 수 없습니다. 왜냐하면 그는 멸할 수 있는 분이 아니고, 모든 그리스도인들을 위해서 그의 임재가 확실하기 때문입니다. 그럼에도 불구하고 우리가 그를 반대하고 급기야 그의 간절한 호소에 갈수록 더 무감각해질 수 있습니다. 우리가 옳다고 생각하는 것에 대해서 끊임없이 무관심하면 양심의 소리에 대해서 갈수록 귀머거리가 될 수 있는 것과 같습니다. 그러므로 문제는 하나님께서 인도하시는대로 따르겠다는 기꺼운 자세를 가지는데 있습니다. 성령께 "아니요"라고 말하지 말고 성령께 굴복해야 한다는 말씀입니다. 달라스 신학교의 왈보드(John F. Walvoord)는 이러한 주제들에 대한 탁월한 논의에서, 성령께 복종하는 것은 "하나님의 말씀의 명백한 교훈에 복종하고, 성령의 인도하심에 순종하고, 하나님의 섭리적인 행사를 믿음으로 받아들이는 것을 포함한다"고 결론지어 말합니다. 분명히 말해서 만일 우리가 성령께 굴복하지 않고 우리의 삶에서 자극을 주시는 성령님의 그 감화를 몰아내려고 애쓰고 있다면 성령의 충만함을 받을 수 없습니다.

성령의 충만을 받는 두번째 조건은 **우리가 그를 근심시키지 말아야 합니다.** 문제의 구절은 "하나님의 성령을 근심하게 하지 말라 그안에서너희가 구속의 날까지 인치심을 받았느니라"(엡 4 : 30)라고 말하고 있습니다. 여기서 문맥이 보여 주듯이, 주요한 개념은 거룩한 삶을 살려는결심에 있습니다. 왜냐하면 죄는 하나님을 슬프게 하는 것이기 때문입니다. 우리는 죄로부터 돌아섬으로써만 "거룩한"이라고 말이 붙은 그 성령을 슬프게 하지 않습니다. 만일 우리가 성령을 근심시키지 않으려면 아는죄를 고백할 자세를 언제나 가져야 하며, "만일 우리가 우리 죄를 자백하면 저는 미쁘시고 의로우사 우리 죄를 사하시며 모든 불의에서 우리를 깨끗게 하실 것이라"(요일 1 : 9)라는 말씀을 인정할 기꺼운 의향을 언제나 가지고 있어야 합니다. 결국, 우리는 성령을 좇아 행해야 합니다. 그럼으로써 "육체의 소욕을 이루지 않게 될 것입니다"(갈 5 : 16). 이것은 세 조건 가운데 가장 중요한 것입니다. 우리가 성령 안에서 계속 행한다고 하는 것은, 우리의 일상생활 속에서 성령께 복종하고 성령의 인도하심을 따른다는 것을 뜻합니다.

이러한 일이 모든 경우에서 행해져 나가는 방식을 누구든지 말할 수 없읍니다. 왜냐하면 하나님의 사람들은 다 차이가 있고 기능적으로도 차이가 있기 때문입니다. 그러나 그것은 최소한도로, 여러분이 하나님과 늘 가깝게 있기를 원해야 된다는 뜻을 의미합니다. 아마 여러분은 하루를 시작하면서 지난밤 동안 잘 자게 해주신 것을 간단하게 감사하면서 하루의 일상생활을 통해서 인도해 주실 것을 요청할 것입니다. 그리고 황급히 아침을 먹고 일터로 나가든지 아니면 집에서 일을 하고 있을 때 하나님과 함께 하는 하루를 생각해 볼 수 있을 것입니다. 그날 동안 여러 문제들이 일어날 때 이러한 문제들을 가지고 하나님께 아뢸 것입니다. 때로는 짧은 기도로 아뢸 것입니다(왜냐하면 우리가 일을 하고 있을 때에는 기도할만한 많은 시간을 언제나 갖지 못하기 때문임). 그리고 인도하심을 구하고 그러한 상황에서 주 예수 그리스도께서라면 어떻게 하셨을까를 생각하고 그렇게 살 능력을 간구할 것입니다. 밤에는 성경을 읽고 기도할 것입니다. 만일 여러분이 한 가족의 일원이라면 함께 기도하며 하나님의 말씀의 빛에 비추어서 그날의 사건들을 이야기할 것입니다. 끝으로 밤에 잠자리에 들어가기 전에 그 하루를 하나님 앞에 내놓고, 죄를 고백하며 하나님께 부족한 것을 아뢸 것입니다. 그런 다음에 휴식을 취하며, 하나님께서 자기를 지켜주며 자기의 사랑하는 자들을 지켜주심을 인정할 것입니다.

이 말은, 여러분이 성령 하나님과 함께 행하되, 마치 그분이 온 종일 동안 눈에 보이는 함께 하는 사람처럼 확실하게 함께 행할 것을 의미합니다. 그리고 여러분은 그의 능력과 권고를 원할 것입니다. 만일 이러한 일을 한다면―그에게 복종하고 아는 죄를 고백하고 순간순간 그에게 순종한다면―그러면 그는 여러분을 충만하게 하여 주님을 신실하게 증거하는 증거자가 되게 할 것입니다.

23

은사들과 열매들

"내가 아버지께 구하겠으니 그가 또 다른 보혜사를 너희에게 주사 영
원토록 너희와 함께 있게 하시리니 저는 진리의 영이라 세상은 능히
저를 받지 못하나니 이는 저를 보지도 못하고 알지도 못함이라 그러
나 너희는 저를 아나니 저는 너희와 함께 거하심이요 또 너희 속에
계시겠음이라 내가 너희를 고아와 같이 버려두지 아니하고 너희에게
로 오리라"(요 14:16-18).

몇년 전, 차 범퍼에 기독교 문구를 쓰는 것이 유행이었을 때, 한 그
리스도인이 "당신이 예수를 알면 크락션을 울리시요"라는 스티카가
붙여 있는 차 뒤에서 운전을 하고 있었읍니다. 그는 전에 그와 같은 것
을 전혀 본 적이 없었지만 그것은 아주 재치 있는 아이디어라고 생각했
읍니다. 그래서 그는 크락션을 눌렀읍니다. 그러면서 앞에 있는 운전사
가 뒤를 돌아다 보면서 미소를 짓거나 아니면 "오직 유일한 길"을 알리
는 엄지손가락을 들어 표할 줄 알았읍니다. 그런데 그 운전수는 창문을
내리더니 "당신 그 쓸데 없이 크락션을 누르지 마시요. 내가 지금 빨간
불 때문에 기다리고 있는 것을 당신 모르오?"
그 이야기를 우습습니다. 그러나 만일 어떤 사람이 자신을 그리스도인
이라고 고백한다면 그 사람에게 어떤 표정과 행동을 기대해도 옳다는 것

을 인정하기 때문에 그것이 우스운 것입니다. 우리는 그런 사람이 완벽하기를 바라지는 않습니다. 그러나 주 예수 그리스도께서 그처럼 주목할 만하게 모범을 보이신 그리스도인의 성품의 열매 중 어떤 것을 보이리라 기대합니다. 그리고 그런 사람은 성령의 열매를 나타낼 것을 기대합니다. 바울은 갈라디아서에서 이렇게 말합니다. "오직 성령의 열매는 사랑과 희락과 화평과 오래 참음과 자비와 양선과 온유와 절제니 이같은 것을 금지할 법이 없느니라"(갈 5 : 22, 23). 더 나아가서 우리가 그것을 기대해도 잘하는 것입니다. 왜냐하면 사람이 그리스도인 되기 위해서는 하나님의 성령의 인도하심을 받아야 되는데 그 성령이 의도하는 것 중 하나는 이러한 성품, 주 예수 그리스도의 성품을 우리 속에서 재산출하는 것이기 때문입니다. 우리는 성령에 대한 두번째 강론에서 그 문제를 취급했었습니다. 거기서 성령께서 그리스도를 높이는 한 가지 방식은 개인 신자들 속에서 그리스도의 성품을 재산출하는 것임을 알았기 때문입니다. 이제 그 주제는 세번째 강론에도 연관이 됩니다. 왜냐하면 만일 우리가 성령의 충만을 받는다면, 우리는 육체의 소원을 이루지 않을 것이고(갈 5 : 16), 성령의 열매가 넘치게 될 것이기 때문입니다.

그러나 이런 일이 어떻게 일어납니까? 그 질문에 대한 충분한 대답은, 발전되어야 할 열매의 본질을 바라보게 하고, 교회의 건덕을 위한 성령의 은사들을 생각하도록 합니다.

한 열매

성령의 열매에 관해서 말할 수 있는 가장 중요한 일은, 제가 인용한 갈라디아서의 몇 구절 속에서 윤곽적으로 그려져 있는데, 그것은 "한"열매입니다. 그러므로 각 그리스도인 속에서 그 열매가 모습을 드러내야 합니다. 그러기 때문에 그 말은 단수("열매")이지 복수로 "열매들"이 아닌 것입니다. 이것은 우리가 그 다음에 다룰 성령의 "은사들"에게는 해당되지 않습니다. 왜냐하면 그 성령의 은사들은 성령이 뜻하시는대로 각각의 그리스도인들에게 나눠 주는 것이기 때문입니다. 그래서 어떤 사람은 교사가 될 수 있고 어떤 사람은 목회자, 또 다른 사람은 복음전도자등이 되는 것입니다. 은사는 다릅니다. 모든 것을 다 가진 사람은 한 사람도 없습니다. 대조적으로 각자의 그리스도인은 모든 성령의 열매를 소유해야 합니다. 이에 대한 이유는 열매의 성질 자체 속에 들어 있습니다. 왜냐하면 우리가 "이 열매가 무엇이냐?"라고 물어본다면, 가장 확실한 대답은 그리스도를 따르는 자들 속에서 드러나는 주 예수 그리스도를 닮은 모습입니다. 그리스도께서 나눠질 수 없습니다. 또한 그리스도를 닮은 것도 나눠질 수 없습니다. 그러므로 만일 그리스도께서 속에 임재해 계시다면 그리스도의 성품은 충만한 모습으로 자체를 드러내기 시작할 것입니다.

1. **사랑**이 성령의 열매의 목록 중 가장 먼저 나오는 것은 합당한 일입니다. 왜냐하면 "하나님은 사랑이시기 때문입니다"(요일 4 : 8). 그러므로 그리스도인의 모든 덕 가운데서 가장 큰 것은 사랑입니다(고전 13 : 13). 신적 사랑은 그 사랑이라는 말에 신적 사랑의 특성을 부여하고 있습니다. 왜냐하면 하나님의 사랑은 공로 없이 주어지기 때문이며(롬 5 : 8), 위대하며(엡 2 : 4), 변화시키며(롬 5 : 5), 변하지 않기 때문입니다(롬 8 : 35 - 39). 하나님의 사랑은 그리스도를 보내사 우리의 죄를 위해 죽게 하였습니다. 자, 사랑으로 특징지어지는 그리스도의 영이 그리스도 안에 심어지기 때문에, 믿는 자는 그리스도인들이나 세상 사람들에게 위대하고 변화시키고 희생적이고 공로 없는 사랑을 보여 주어야 합니다. 세상이 그리스도인들을 보고 진실로 저들은 그리스도를 따르는 자들이구나 하고 알아보는 것은 바로 그 사랑을 통해서입니다(요 13 : 35).

2. 그리스도인의 삶 속에서 세상에 있는 행복과 상응하는 덕은 **희락**(기쁨) 입니다. 언뜻 보면 그 둘이 서로 연관되어 보입니다. 그러나 행복은 환경에 매여 있습니다 - 좋았던 환경이 사라지면 행복도 그와 함께 사라져 버립니다 - 그러나 기쁨은 그러한 환경에 달려 있는 것이 아닙니다. 그러므로 그리스도인은 큰 고통 가운데서도 기뻐할 수 있습니다.

3. **평화**는 하나님께서 인류에게 주신 선물로서 그리스도의 십자가에서 하나님이 이루신 것입니다. 십자가가 있기 전에 우리는 하나님과 원수된 상태에 있었습니다. 그러나 이제 우리는 화평을 누리게 되었고, 하나님께서 우리와 더불어 화평하게 되셨습니다. 우리는 모든 환경 속에서 우리가 "마음의 평화"라 부르는 것을 통해서 그 평안을 보여 주어야

합니다(빌 4:6, 7). 또한 그 화평은 가정 안에서 왕노릇해야 하며(고
전 7:12 - 16), 유대인과 이방인 사이에서 왕노릇해야 하며(엡 2:14 -
17), 교회 안에서 역시 왕노릇해야 하며(엡 4:3; 골 3:15), 모든 사
람들에 대한 신자의 관계 속에서 왕노릇해야 합니다(히 12:14).

   4. 오래 참음은, 자기가 지독하게 시련을 받을 때라도 다른 사람들
을 참아내는 덕입니다. 하나님께서 타락하고 패역한 사람들을 다루실 때
큰 인내를 보여 주시는데, 그때 그 말이 자주 사용됩니다.

   5. 자비는 하나님께서 사람들을 향하여 행하실 때 가지는 친절함의
자세입니다. 만일 그리스도인이 자비를 보여 준다면, 그는 하나님께서 자
기에게 행하신 것처럼 다른 사람들에게도 행해야 할 것입니다.

   6. 양선은 친절과 유사하나, 그러한 선을 받는 측에서 그 선을 받
을만한 자격이나 공로가 없는 상황에 가장 자주 쓰여지고 있읍니다. 그것
은 관대함과 관련되어 있읍니다.

   7. 믿음은 실제적으로 '미쁘심'인데, 진실되고 믿을만하다는 것을
뜻합니다. 그 덕은 아주 중요합니다. 왜냐하면 그 덕은 바꾸어 말하면
하나님의 성품의 일부를 함축하기 때문입니다. 그 덕은, 그리스도의 종
들로 하여금 자기 신앙고백을 버리거나 아니면 그것을 더 낮아진 위치에
놓기 보다는 차라리 죽게 만드는 덕이고, 자기 말에 책임지지 않기 보다
는 큰 불편을 감수하게 만드는 덕입니다. 신실한 사람은 언제나 자기가
하겠다고 한 것을 할 것입니다. 그 사람은 처지가 곤란해져도 중도에 그
만두지 않습니다. 또한 "믿음"(신실함)은 역시 그리스도의 성품을 묘사
하기도 하고, 신실한 증인(계 1:5), 자기 백성들에게 언제나 신실하게
행하시는 하나님 아버지의 성품을 묘사하기 위해서도 쓰여집니다(고전 1
:9; 10:13; 살전 5:24; 살후 3:3).

   8. 온유는, 바르게 분을 내야 할 때는 언제나 분을 내고(죄에 대해
서 처럼) 분을 내지 않아야 할 때는 결코 분을 내지 않을 정도로 자신을
통제하는 사람의 덕입니다. 그것은 모세의 뛰어난 덕이었읍니다. 그 사
람은 지면에 살았던 사람 중에서 가장 온유한 사람이라는 칭찬을 받았읍
니다(민 12:3).

   9. 성령의 열매의 가장 마지막 항목은 절제인데, 그 성품은 육체의

소욕을 이기게 하고, 그럼으로써 마음과 행실을 통제하는 것과 깊이 관련되어 있는 덕입니다. 바클레이는 이렇게 논평합니다. "그 덕은 그리스도를 마음에 둔 사람에게 오는 큰 성품이요, 그런 사람으로 하여금 세상에서 살며 행하면서도 그 옷을 세상으로 더럽히지 않게 하는 덕이다."

열매 있는 그리스도인들

그러나 이 아홉 가지 덕의 목록이 성령의 역사의 여러 국면들이요, 처음 이야기할 때 지적했듯이 성령께서 신자들 속에서 그러한 역사를 하시니 으례 그러한 것을 기대하는 것이 옳다고 생각해서는 안됩니다. 그런 일이 언제나 일어나는 것은 아닙니다. 사실상 때로는 그 정확히 반대의 특성들이 나타나기도 합니다("육체의 소욕"이라고 표현한). 그래서 육체를 따라 행하지 말고 "성령을 좇아 행하라"는 권면을 받고 있는 것입니다 (갈 5:16).

열매 있는 그리스도인과 열매 없는 그리스도인 사이의 차이, 또는 다르게 말해서 성령의 열매를 산출하는 그리스도인과 육체의 소욕만을 드러내는 그리스도인 사이의 차이는 어디서 오는 것입니까? 그 질문에 대한 한 가지 대답은 지난번 강론 속에 나타났습니다. 열매 있는 그리스도인은 성령이 충만한 그리스도인입니다. 성령 충만하기 때문에 그 사람은 성령으로 행해야 합니다.

그럼에도 불구하고 본질상은 같은 것이긴 하지만, 두번째 대답은 열매를 맺는 일이 어떠한 것인가를 살펴 보면 나옵니다. 우리는 여기서 주 예수 그리스도께서 자기 제자들에게 말씀하셨던 요한복음 15 장으로 돌아가 봅니다. "내가 참 포도나무요 내 아버지는 그 농부라 무릇 내게 있어 과실을 맺지 아니하는 가지는 아버지께서 이를 제해 버리시고 무릇 과실을 맺는 가지는 더 과실을 맺게 하려 하여 이를 깨끗하게 하시느니라…내 안에 거하라 나도 너희 안에 거하리라 가지가 포도나무에 붙어 있지 아니하면 절로 과실을 맺을 수 없음 같이 너희도 내 안에 있지 아니하면그러하리라 나는 포도나무요 너희는 가지니 저가 내 안에, 내가 저안에 있으면 이 사람은 과실을 많이 맺나니 나를 떠나서는 너희가 아무 것도 할 수 없음이라"(1, 2, 4, 5 절). 이 해답은 세 부분으로 나뉘어져 있읍니다.

첫째, 열매를 맺기 위해서 열매를 맺는 가지가 포도나무에 붙어 있어야 합니다. 다시 말하면, 그 가지는 "살아 있어야"하는 것이지 단순히 나무의 죽은 가지여서는 안된다는 말씀입니다. 영적인 차원에서, 각인은 무엇보다 먼저 그리스도인이어야 한다는 것을 뜻하는 것입니다. 그 속에 그리스도의 생명이 없다면 육체의 소욕만이 나타날 수 있읍니다. 곧 음행과 더러운 것과 호색과 우상숭배와 술수와 원수를 맺는 것과 분쟁과 시기와 분냄과 당 짓는 것과 분리함과 이단과 투기와 술취함과 방탕함과 또한 그와 같은 것입들입니다(갈 5 : 19 - 21). 그리스도의 영을 통해서 전달되는 그리스도의 생명이 그리스도인을 통해서 흘러 나올 때만 성령의 열매를 맺을 수 있는 것입니다.

둘째, "경작"이 있어야 합니다. 이 요점은 그리스도께서 아버지를 "포도원의 농부"라고 말씀하신 첫번째 진술의 요점입니다. 이 말씀은, 하나님께서 우리를 돌보시고 우리를 파헤쳐 그의 임재의 태양빛 아래 노출시킨다는 뜻입니다. 그리고 우리가 심겨지는 토양을 풍성하게 하고, 우리가 영적 깊은 잠에 빠지지 않도록 언제나 확인한다는 뜻입니다. 만일 우리가 열매를 맺으려면, 기도를 통해서 늘 하나님께 가까이 있어야 하며, 그의 말씀을 먹고 있어야 하며, 다른 그리스도인들과 밀접한 교제를 유지해야 합니다.

끝으로, "가지치기"를 해주어야 합니다. 때로 그러한 일은 우리가 알듯이 유쾌한 일이 아닐 수 있읍니다. 왜냐하면 우리가 보배롭게 생각하는 것들이 우리의 삶 속에서 없어질 것이라는 것을 뜻하기 때문입니다. 때로 그것은 고통을 수반할 수 있읍니다. 그러나 그 속에는 하나의 목적이 있읍니다. 그러므로 모든 그리스도인은 자연히 그렇게 소중히 여기는 것들을 지니고 있을 것입니다. 우리는 가지치기를 하고 있읍니다. 그러한 것이 큰 차이를 가져옵니다. 목적은 우리의 삶 속에서 더 많은 열매를 맺기 위한 것입니다. 윌리암 피치는 이 주제에 대해서 이렇게 썼읍니다."관목을 그대로 자라게 내버려 두라.그러면 그 관목에서 얻을 수 있는 가장 큰 잠재력을 전혀 얻지 못할 것이다. 가지치기는 오직 위대한 주인만이 채용할 수 있는 기술이다. 하나님은 그러한 기술자이시다. 그는 각 움에 열매 맺지 아니하는 가지들이 무엇인가를 아신다. 그는 그것을 잘라내신다. 우리는 그저 놀라운 보살핌을 우리에게 주시는 것을 감사하게 생각해야 한다. 그는 결국 포기하지 아니하신다. 그는 자기의 자녀들이 '은혜 안에서' 자라고, 그럼으로써 모든 순전과 영광을 지닌 그리스도의 은혜 열매를 나타내게 해야겠다고 결심하신다. 그래서 하늘 농부께서는 우리에게 일을 하시고, 우리를 정결케 하시고, 필요할 때 가지를 쳐주시고, 곡식을 심으시는 것이다. 우리가 가죽을 벗기는 고통을 받고 있는가? 아마 그럴 것이다. 그러나 우리의 고통속에 목적이 있다는 것을 알게 될 때 용기를 잃지 않게 되는 것이다."

우리는 하나님께서 친히 심으시고 가꾸심을 통해서 성령 안에서 자라나야 합니다. 우리는 이러한 열매를 스스로 맺을 수 없습니다. 그러나 우리를 위해서 그러한 열매를 맺으시는 성령께 복종할 수는 있습니다. 예수님께서 "내 안에 거하라"고 말씀하심으로써 그 점을 표현하신 것입니다. 바울은 "성령으로 행하라"고 말했읍니다. 같은 요점입니다. 그 말씀은 우리가 자신을 하나님께 복종시켜야 한다는 것을 뜻합니다.

성령의 은사들

그러나 하나님께서는 우리 각자 속에서 단순하게 일만 하시는 그런 분은 아닙니다. 그는 외부적인 도움으로 우리를 둘러 주십니다. 기독교의 여러 사역의 형태를 통해서 그러한 일을 거의 우리에게 주시고 계십니다. 이것들은 성령의 은사들입니다. 그러므로 성령의 은사들(성령 열매와 같이)도 연구되어야 합니다. 이러한 은사들을 논의하는 신약의 대목은 세 군데입니다. 로마서 12:6 - 8 , 고린도 전서 12 장(14 장에서는 방언의 은사가 더 상세하게 다루어져 있음), 에베소서 4:7 - 16 입니다.

우리가 이러한 장들을 살펴 볼 때 먼저 주목해야 하는 것은, 각 부분에서 언급된 은사들이 각각 다르다는 점입니다. 예를 들어서 그 세 대목에 똑같이 다 언급되는 은사들은 두 가지 뿐입니다. 예언의 은사("선포"를 의미하는)와 가르치는 은사입니다. 사도가 되는 은사는 고린도 전서 12:28 과 에베소서 4:11에서 언급됩니다. 또 은사들 가운데 몇 가지는 표현에 있어서만 달리 나타납니다. "권위하는 자면 권위하는일로"(롬

12 : 8), "서로 돕는 것"(고전 12 : 28)으로 표현하고 있는데, 같은 것을 말하고 있습니다. 그러나 이런 몇 가지의 반복과 가능한 몇 가지의 예외를 제외하고는 모든 은사들 — 최소한 스무 가지는 될 것임 — 이 다릅니다. 다른 말로 해서 여러 대목의 강조점은 어느 교회 역사의 어느 시점에서나 또는 어떤 지역에서 나타내기 마련인 은사들의 목록이 주어진 것이 아니라, 성령께서 어느 교회 역사이든지 교회가 필요로 하는 은사들을 주신다는 사실에 주어져 있는 것입니다.

분명히 말해서, 이런 은사들 중 몇 가지는 항상 나타나기 마련입니다. 복음전도의 은사, 가르치는 은사, 믿음의 은사, 지혜와, 돕는 은사등은 그러합니다. 교회의 존재의 본질상 그러한 것들이 있어야 합니다. 사도가 되는 은사와 같은 두번째 부류의 은사들은 중단될 것입니다. 또 병을 고치거나 방언하는 것과 같은 다른 은사들은 나타날 수도 있고 나타나지 않을 수도 있습니다. 그 목록은 가장 중요한 것은 아닙니다. 오히려 요점은, 성령께서 교회가 필요로 하는 것을 주실 것이라는 걸 확신할 수 있다는 점입니다.

우리가 이러한 여러 장들을 읽어나가면서 주목해야 할 두번째 요점은, 비록 모든 사람들이 같은 은사를 가지고 있지 않지만 각 신자가 최소한 한 가지 은사를 가지고 있다는 점입니다. 이것은 은사들이 다양하다는 사실만큼 분명하지는 않습니다. 그럼에도 불구하고 자세히 읽어 보면 그 점이 드러납니다. 그래서 바울은 로마에 있는 모든 신자들에게 "우리에게 주신 은혜대로 받은 은사가 각각 다르니 혹 예언이면 믿음의 분수대로, 혹 섬기는 일이면 섬기는 일로, 혹 가르치는 자면 가르치는 일로, 혹 권위하는 자면 권위하는 일로, 구제하는 자는 성실함으로…"라고 말하고 있습니다(12 : 6 , 7). 우리는 그 말씀을 적용하여, 우리 각자는 은사를 가지고 있으며 그것을 사용해야 한다고 말할 수 있습니다. 그와 유사하게 바울은 고린도 전서에서 "각 사람에게 성령의 나타남을 주심은 유익하게 하려 하심이라"(12 : 7)라 쓰고 있습니다. 그리고 다시 "이 모든 일은 같은 한 성령이 행하사 그 뜻대로 각 사람에게 나누어 주셨느니라" (11 절).

이 진리는 대단히 중요합니다. 왜냐하면 그 진리는 우리로 하여금 우

리 자신의 책임이 무엇인가를 생각나게 하기 때문입니다. 만일 성령의 은
사들이 모든 그리스도인들에게 주어지지 않았다면, 우리가 가만히 있어
도 될 것이고, 우리에게 은사가 주어지지 않았을 것이며 그럴 필요도 없
었을 것이라고 단정할 수 있습니다. 그러나 그렇지 않으니 하나님께서 각
사람에게 은사를 주셨고 분명히 우리는 그 은사를 필요로 하고 있습니다.
만일 우리에게 맡겨진 일을 사용하는 것을 게을리한다면 하나님께서 우리
를 통해서 하시고자하는 일이 어려움을 겪을 것입니다. 하나님의 일에 있
어서 모든 것이 다 중요합니다. 우리 각 신자는 하나님께서 우리에게 주
신 것을 발견하고 행사하는 책임을 가지고 있습니다.

　그리스도의 달란트 교훈은 여기서 언급하는 것을 함축하고 있습니다.
그 비유 속에서 주인은 어떤 종에게는 다섯 달란트를, 어떤 종에게는 두
달란트를, 또 다른 종에게는 세 달란트를 주었읍니다. 그는 한 달란트를
받은 종이 그것을 사용하여 후에 이문을 남기리라고 생각했읍니다. 다섯
달란트 받은 사람이 그것을 잘 사용하여 좋은 계산을 나중에 하리라고기
대했던 것과 똑같이 말입니다. 주인은 한 달란트 밖에 받지 않은 사람으
로부터 다섯 달란트의 이익을 기대하지 않았읍니다. 그러나 한 달란트를
받은 자로부터는 한 달란트를 기대했읍니다. 그와 유사하게, 두 달란트
받은 자에게는 두 달란트의 이문을 기대했고, 다섯 달란트를 받은 자에
게는 다섯 달란트의 이문을 기대했읍니다. 자기의 은사들을 사용하는데
신실했던 사람들에게 주인은 "잘 하였도다 착하고 충성된 종아 네가 작
은 일에 충성하였으매 내가 많은 것으로 네게 맡기리니 네 주인의 즐거
움에 참예할찌어다"(마25:21). 그리고 신실치 못한 사람에게는 "악하고
게으른 종아"(26절)라고 말하였으며, 그로부터 그 한 달란트마저 빼앗
었읍니다.

　이 성령의 은사를 다룬 세 대목의 세번째 강조점은 **교회의 연합**에
주어져 있읍니다. 진실로 하나님께서 주셨고 하나님을 섬기기 위해서 행
사되는 은사들은 그리스도의 몸을 나누는 것이 아니라 그리스도의 몸을
하나로 연합시킬 것입니다. 모든 대목에서 그 강조점이 분명히 드러나 있
읍니다. 특별히 고린도 전서 12장 전편에 그것이 나타나 있읍니다. 거기
서 그것이 강조된 것은, 어떤 영적 은사들에 대하여 비영적인 강조점을

둠으로써 고린도 교회가 나뉘어질 위험이 있었기 때문입니다. 네번째 강
조점은 은사들의 주요 목적에 주어져 있습니다. 교회를 세워 안에 있
는 그리스도의 성품을 발전시키고 섬기게 하기 위해서 교회를 무장시키
는 것입니다. 에베소서 본문이 여기에서 가장 분명한 모습을 취하고 있
읍니다. "그가 혹은 사도로, 혹은 선지자로, 혹은 복음전하는 자로, 혹
은 목사와 교사로 주셨으니 이는 성도를 온전케 하며 봉사의 일을 하게
하며 그리스도의 몸을 세우려 하심이라 우리가 다 하나님의 아들을 믿는
것과 아는 일에 하나가 되어 온전한 사람을 이루어 그리스도의 장성한
분량이 충만한데까지 이르리니"(엡 4:11 - 13). 교회는 복잡한 유기체
입니다. 자라고 건강하기 위해 많은 것을 필요로하고 있습니다. 마치 우리
의 몸이 많은 종류의 식물과 강하게 자라게 하기 위해서 많은 운동을 필
요로 하는 것과 같습니다. 만일 몸이 지방질만 섭취한다면 뚱뚱해질 것
입니다. 또한 육체의 운동만 한다면 근육은 강해지나 마음은 비례적으로
왜소해질 것입니다. 몸은 여러 가지 욕구를 갖고 있습니다. 여러 기능이
균형이 이루어져야 합니다. 같은 방식으로 그리스도의 몸도 다양한 필요
를 갖고 있습니다. 그리스도의 몸을 돌보시는 하나님께서는 그것을 아시
고 필요한 다양한 은사들을 주님을 따르는 제자들에게 나누어 주십니다.

어떤 교회에 있는 모든 사람들이 다 복음전도자가 되거나, 다 성경교
사가 되거나, 다 교회 행정가가 되기를 원한다면 그건 언제나 슬픈 일입
니다. 때때로 이러한 여러 직무들 중 다른 것보다 더 필요로 하는 경우
가 있을 수 있습니다. 그 필요를 채우기 위해서 많은 사람들이 일으킴
을 받을 수 있습니다. 그러나 정상적이고 건전한 상황 속에서 많은 은사
들이 나타나고 그것은 균형을 이루어야 합니다. 그러니 우리는 다른 사
람이 가진 은사를 가지고 있지 않다면 그 사람의 은사를 가지려고 노력
해서는 안됩니다. 다만 우리 자신에게 은사를 행사하는데 신실하려고 노
력하며, 다른 사람들도 자기들이 하나님께로부터 받은 것을 잘 사용하도
록 도와주는 데 애써야 합니다.

하나님이 기뻐하심

하나님께서는 지상에 있는 자기 교회가 열매를 맺도록 하기 위해서 얼

마나 애를 쓰십니까! 하나님께서는 모든 사람이 다 성령의 열매를 맺도록 하기 위해서 모든 사람에게 성령의 열매를 주셨읍니다. 또 각 그리스도인에게 이런 저런 신령한 은사들을 나누어 줘서 그리스도의 몸을 안에서 세우고 섬김을 위해서 무장하도록 하셨읍니다. 그러니 우리가 그의 성령에 대해서 어떻게 반응하든지 하나님은 아무런 관심을 두지 않는다고 생각할 수 있겠읍니까?

하나님께서 어떻게 느끼시는가를 함축적으로 보여주는 제 개인의 이야기를 해야겠읍니다. 제가 작은 소년이었을 때 제 할머니 가족으로는 두 어린 손자가 있었읍니다. 이 할머니(플로리다에 사셨던)는 당신이 사는 집 앞 뜨락에 작은 두 그루의 귤나무를 심었읍니다. 하나는 저를 위해서, 또 하나는 제 조카를 위해서입니다. 저는 그 나무를 전혀 본 적이 없었읍니다. 왜냐하면 제 가족은 북쪽에서 살고 있었기 때문입니다. 그러나 매년 크리스마스 때가 되면 제 할머니는 제 나무에서 딴 오렌지 잎들을 제게 보내주셨고 또 제 조카를 위해서 심어 놓은 오렌지 나무에서 딴 것은 그 조카에게 보내 주셨읍니다. 그러면서 할머니는 그렇게 하는 것은 플로리다의 날씨가 얼마나 좋은지 보여주어 너희들이 나를 찾아 올 마음을 갖도록 하기 위함이라고 말씀하셨읍니다. 제가 제 나무에 대해서 얼마나 관심을 가졌는지 가히 말할 수 없을 정도입니다. 그것은 제 나무였읍니다. 그러므로 저는 그 나무가 맺은 그 여러 개의 고급 오렌지에 대단한 관심을 가졌읍니다. 그 오렌지가 아주 훌륭한 오렌지였을 때 저는 자랑스러웠읍니다. 그 나무가 아주 못난 오렌지를 맺기 시작할 때 저는 실망했읍니다(몇년 뒤에 그렇게 되었읍니다). 또는 그 오렌지가 서리에 맞고, 적당한 성장을 하는데 어려움을 주는 다른 장애를 만났을 때에도 낙담했읍니다.

같은 방식으로 하나님 아버지께서도 당신의 자녀인 우리들을 특별한 관심을 가지고 보시며, 우리가 진실로 열매를 맺을 때 특별히 기뻐하신다는 것을 저는 확신할 수 있읍니다. 그러니 우리도 최선을 다합시다. 하나님께서 우리가 필요로하는 모든 것을 우리에게 공급해주셨읍니다. 우리는 그분에게 복종하여 성령 안에서 행하기로 결심해야 합니다.

24

방언은 어떠한가?

"내가 아버지께 구하겠으니 그가 또 다른 보혜사를 너희에게 주사 영
원토록 너희와 함께 있게 하시리니 저는 진리의 영이라 세상은 능히
저를 받지 못하나니 이는 저를 보지도 못하고 알지도 못함이라 그러
나 너희는 저를 아나니 저는 너희와 함께 거하심이요 또 너희 속에 계
시겠음이라 내가 너희를 고아와 같이 버려두지 아니하고 너희에게로
오리라"(요 14 : 16 - 18).

성령에 대한 여러 연구를 위한 우리의 발판이 되었던 요한복음 14 장
의 몇 구절은 성령께서 교회에게 주시는 여러 은사들 가운데 하나인
방언 은사에 대해서 전혀 말하지 않습니다. 이 자체가 의미가 있습니다.
그러나 오늘날 방언에 대해서 조금도 생각지 않고 성경에 대해서 말하는
것은 거의 불가능합니다. 방언현상에 대해서 우리가 어떻게 생각해야 합
니까? 그것이 하나님께 속한 것입니까? 아니면 마귀에게 속한 것입니
까? 아니면 마귀에게 속한 것입니까? 아니면 그것이 그러한 체험을 했
다고 주장하는 사람들의 자기 기만에 불과합니까? 만일 그것이 하나님
에게 속하지 않았다면 우리가 그것에 대해서 어떻게 해야 할 것입니까?
만일 그것이 하나님께 속해 있다면 그리스도인과 기독교회들의 삶과
체험 속에서 그것이 어떠한 위치를 차지해야 합니까? 분명히 말해서 이

문제들은 대단히 중요합니다. 만일 20 세기 기독교회에 있어서 오순절주의의 영향이 크게 급증한다는 이유 때문에 그 문제들은 대단히 중요합니다. 오순절주의는 이러저러한 형태로 언제나 우리와 함께 있읍니다. 그러나 현대운동은 찰스 파함(Charles Parham)의 방언 체험으로부터 시작되었읍니다. 그때가 1900년의 송구영신예배를 드릴 때였읍니다. 그런 체험을 한 다음에 한 동안 그 은사를 구하고 있었던 파함은 오순절주의의 메시지를 전하는 복음전도자가 되었읍니다. 이러한 그의 영향과 다른 사람들의 영향 아래서 그 운동은 급속히 퍼져나가서 그 결과 오순절 총회, 하나님의 성회, 하나님의 교회들이 설립되었읍니다. 20 세기의 더 나은 부분에 속한 기간 동안에 이 교단들은 옛 프로테스탄트 교단들로부터 떨어져나갔읍니다. 그들이 생각하기를 그 옛 프로테스탄트 교단들은 하나님의 능력과 접촉을 하지 못하고 있다고 생각하였읍니다. 그러나 그들은 여러 종류의 성경적인 신학을 강하게 선포하였고 끊임없이 그 교단들은 자라나고 있읍니다. 오늘날 그들은 기독교계에서 "제삼의 세력"으로 인식되고 있는데 그것은 올바른 일입니다. 남아메리카와 같은 지역에서는 그 교단들이 지배적입니다.

1950 년 이후 새로운 요소는 주도적인 교회들에 미치는 오순절주의의 놀랄만한 영향이었읍니다. 그래서 성공회, 감리교(메도디스트), 루터교, 장로교, 회중교회 교단들(다른 많은 군소 교단들도 역시) 다 이 오순절적인 요소들을 갖고 있읍니다.

주권적인 하나님

이러한 현상에 대해서 우리는 무엇이라 말해야 하겠읍니까? 우리가 말해야 되는 한 가지가 있읍니다 - 우리는 그것을 이러한 상황 속에서 분명히 말해야 됩니다 - 그것은 성경의 주권적인 하나님께서는 당신이 원하시는 것은 어떤 일이든지 할 수 있으며, 만일 그것이 "방언"이라면 그것도 하실 수 있다는 점입니다. "주권적"이라는 말이 뜻하는 바가 그러합니다. 우리 하나님께서는 주권적인 하나님이십니다. 그러므로 잘 발전된 신학 체계의 유익을 얻고 있는 사람들을 위해서는, 비록 우리 지혜가 좋을 수 있지만 그럼에도 불구하고 하나님께서는 그러한 체계들로 만족하실 수 없다는 것을 상기하는 것은 언제나 좋습니다. 특히, 우리는 그러한 체계의 기초에 근거하여(방언의 세대가 끝났기 때문에) 하나님께서 오늘날에는 방언의 은사를 주실 수 없다고 말할 수는 없읍니다.

어떤 사람들은 고린도 전서 13 : 8 을 기초하여서 그렇게 말하려는 사람들이 있읍니다. "사랑은 언제까지든지 떨어지지 아니하나 예언도 폐하고 방언도 그치고 지식도 폐하리라 우리가 부분적으로 알고 부분적으로 예언하니 온전한 것이 올 때에는 부분적으로 하던 것이 폐하리라." 그러나 그렇게 하는 것은 본문을 잘못 사용하는 것입니다. 만일 그 본문이, 방언의 은사는 그 다음의 교회 세대에서 멈춰졌음을 의미하는 것으로 취급된다면, 분명히 지식의 은사도 멈춰져야만 했을 것입니다. 왜냐하면 그 구절은 동등하게 "방언도 그치고 지식도 폐하리라"고 말하고 있기 때문입니다. 지식이 완전히 사라지지 않았고, 우리의 생각 없고 주관적인 성향을 보이고 있는 20 세기에서마저도 그렇지 않다고 봅니다. 실로, 그 말씀은 그리스도께서 다시 오실 때를 내다보고 있으며, 모든 것의 완성의 때를 바라보고 있읍니다. 그러면서 오늘날의 모든 제한적인 체험들은 그 날 우리가 예수님과 함께 거하게 될 때에는 다 사라지게 될 것이라고 경고하고 있읍니다. 고린도 전서 13 : 10 의 요점이 바로 그것입니다. "온전한 것이 올 때에는 부분적으로 하던 것이 폐하리라." 그러므로 이 대목에서 그 어느 것도, 방언은 하나님을 위해서 제쳐졌으며 그 결과 오늘날 방언의 은사를 위해서 행해지는 그 어느 것도 자기 기만적인 심리학적인 현상이나 마귀적인 것이라고 생각할 수 있는 대목이 하나도 없읍니다. 하나님께서는 당신이 원하시는 것은 어떤 일이든지 합니다. 만일 그가 방언의 은사를 세계 각처에 주기로 작정하셨다면 그렇게 될 것입니다. 사실 하나님께서 그렇게 하실 이유를 우리는 볼 수 있읍니다. 하나님은 의심할 여지 없이 새로운 생명을 가져왔고, 그렇지 않으면 죽었거나 죽어가는 교회들을 살렸다는 것입니다. 동시에 하나님께서 어느 것이든지 행할 수 있다는 것은, 그러므로 최소한 모든 상황에서 그것을 하나님께서 행하셨다는 의미는 아님을 말해야 합니다. 우리가 그것을 약간 다른 차원에서 표현하자면, 하나님의 성령에 속한 것이라고 주장하는 모든 것은 당연히 하나님께 속한 것이라는 것은 아닙니다. 물론 그것이 하나님께 속한 것으로 가정한다고 할지라도, 그렇다고 해서 그것이 하나님의 소원과 일치하여 실천이 된다거나 성경적으로 묘사되고 있다는 뜻은 아닙니다.

고린도전서 12장과 14장

여기서 우리는 성경으로 돌아가 보아야 합니다. 왜냐하면 우리의 생각을 지배하는 것은 성경의 하나님의 말씀의 명백한 교훈이지 체험이 아니기 때문입니다. 이 문제에 대해서 고린도 전서에 분명한 대목들이 있읍니다. 바울은 그러한 문제를 그 대목들에서 길게 다루고 있읍니다. 의미심장하게도 - 왜냐하면 우리는 먼저 가장 광범한 관찰로부터 시작해야 합니다 - 바울이 그 현상을 정죄하지는 않는다는 것입니다. 그럴 수도 있었읍니다. 왜냐하면 방언을 행하는 실제가 거짓된 것임을 드러내기도 했기 때문이며, 바울은 이러한 경향을 불식시키려고 분명히 노력하고 있었기 때문입니다. 그런데도 불구하고 그것을 정죄하지 않았읍니다. 사실 그는 자신이 방언을 말하는 것을 인정하고 "너희보다 더" 방언을 말한다는 말을 하고 있읍니다(고전 14:18). 반면에, 성령의 인도를 따라서 행해졌다고 사람들이 주장하는 것들이 전부 다 성령에 속한 것은 아니었읍니다. 그래서 바울은 방언의 은사를 평가하고, 그 방언을 다룰 방식을 행하는 기준이 될만한 광범위한 안내노선을 제시한 것입니다.

고린도 전서에 이 중요한 장들을 내리읽어 내려가면(12, 14장) 우리는 여섯 가지의 원리를 발견하게 됩니다.

고린도 전서 12:1 - 3에서 첫번째 원리가 나타납니다. 그 원리는, 방언은사가 가짜일 수 있다는 것입니다. 진짜 방언은사가 있기는 하지만, 다른 영들에 의해서 그 은사처럼 보이게 하는 것이 있다는 것입니다. 그 영이 사단에 속해 있든지 아니면 그 사람 개인의 영이든지 문제가 되지 않습니다. 바울이 고린도 그리스도인들에게, 그들이 회심하기 전에 "말 못하는 우상에게로" 끄는대로 끌려갔다는 사실을 상기시켜 주면서 얘기하는 것이 분명히 그 문제입니다. 그러면서 그들이 신앙고백을 기초하여서 그 영들을 시험할 필요가 있으며, 또는 그리스도의 신앙고백이 있느냐 없느냐를 가지고 따질 필요가 있음을 경고하고 있읍니다. "그러므로

내가 너희에게 알게 하노니 하나님의 영으로 말하는 자는 누구든지 예수
를 저주할 자라 하지 않고 또 성령으로 아니하고는 누구든지 예수를 주
시라 할 수 없느니라"(3 절). 분명히 말해서 고린도에 있던 그리스도인
들은 그리스도께 회심하기 이전에 이교도의 사제들이 환각상태에서 중얼
거리는 것을 통해서 기만을 당했었읍니다. 더 나아가서 바울이 그들에게
편지를 쓸 당시에도, 성령의 능력으로 말한다고 주장하면서도 사실은
성령에 의해서 능력을 입은 것이 아닌 사람들을 통해서 기만을 당
하고 있었던 것입니다.

세계의 여러 곳에서 방언은사(방언으로 말하는 것)가 오늘날에서마저
비그리스도인의 부류 속에서 잘 알려져 있다는 것을 주목할 필요가 있읍
니다. 그래서 유니테리안(삼위일체를 부정하는 사람들 – 역자주) 들의 부
류들도 때로는 방언으로 말합니다. 불교의 승려들이나 일본의 신도를 섬
기는 사제들도 황홀경에 빠졌을 때 방언으로 말합니다. 그 현상은 남아
메리카나 인디아나 호주의 여러 비기독교의 환경 속에서도 많이 존
재하고 있읍니다. 그러므로 단순히 방언으로 말하는 것 그 자체가 성령
의 임재를 나타내는 증거는 될 수 없읍니다.

여기서 하나의 예가 그 점을 이해하는데 도움을 줄 수 있을 것입니다.
윌리암 피취(William Fitch)는 성령에 관한 그의 훌륭한 저서에서 레
이먼드 후레임(Raymond W. Frame)의 체험을 보고하고 있읍니다. 그
후레임은 중국 내의 해외선교회(Overseas Missionary Fellowship)
의 회원이었읍니다. 한 은사를 받은 중국 설교자가 상하이에 이르게 되
었는데, 그는 그 상하이에서 그의 여러 은사들과 방언으로 유창하게 말
하는 것 때문에 아주 놀라운 인상을 남겼읍니다. 그가 입으로 말하면 다
른 중국의 그리스도인이 통역을 맡았는데 그의 말을 기록해 보았읍니다.
그 후레임씨가 그 기록들을 연구해 보니 그 통역 가운데 어떤 것들은 서
로 앞뒤가 맞지 않는 것을 알게 되었읍니다. 그는 바울이 고린도전서 12
:3 에서 권면한 것으로 "영을 시험해" 볼 결심을 가졌읍니다. 그래서 그
중국 설교자가 알지 못하는 방언으로 그의 메시지를 다시 전할 때, 그 선
교사는 물었읍니다. "너 알지 못하는 방언으로 말하는 영이여, 네가 예수
는 육체로 오신 그리스도라고 고백하느뇨 ?"라고 물었읍니다.

대번에 그 설교자 속에 있던 영이 그 질문을 전적으로 무시하는 것 같았습니다. 그러나 그 질문을 거듭 반복했을 때, 그 말하는 자의 소리 속에서 초조함을 드러내는 분명한 조짐이 나타났습니다. 결국 이해할 수 있는 중국 방언으로 본을 드러내게 되었습니다. "너는 어째서 믿지 않느냐? 내가 큰 일을 행하려 왔다는 걸 너는 알지 못하느냐?"그때 크게 웃음바다가 되었습니다. 그 설교자 속에 있던 영은 그리스도를 한번도 증거하지 않았습니다. 이 시험의 결과로, 그 설교자는 거짓 선지자로 낙인찍혔고 교회에서 추방되었습니다. 그는 역시 상하이의 다른 교회들에서도 불신당하게 되었습니다.

방언으로 말하는 것 자체는 성령의 임재를 나타내는 하등의 증거가 되지를 못합니다. 성령께서 물론 그러한 방식으로 일할 수도 있지만 성령께서 그러한 방식으로만 일하는 것도 아니고 그것이 성령의 필연적인 방식도 아닌 것입니다. 물론 기만을 당하거나 기만을 하고 있는 어떤 사람들이나 귀신에 의해서 그 방언은사를 모방할 수는 있습니다.

바울이 설정해 주는 두번째 원리는 성령의 은사에는 다양한 여러 은사가 있으며 방언은사는 그 중의 한 가지에 불과하다는 것입니다. 사도행전 12 장 4 – 11 절에서 교회는 여러 다른 필요들이 있으며, 성령께서 그러한 영역에서 일하라고 부르심을 받은 각개의 그리스도인들에게 필요한 은사와 능력을 줌으로써 그러한 필요를 충족시키는 것은 성령의 특권이라고 강조하고 있습니다. 바울의 강조점은, 같은 성령께서 그러한 여러 은사들을 주신다는 사실에 주어져 있는 것 같습니다. "어떤 이에게는 성령으로 말미암아 지혜의 말씀을, 어떤 이에게는 같은 성령을 따라 지식의 말씀을, 다른 이에게는 같은 성령으로 믿음을, 어떤 이에게는 한 성령으로 병고치는 은사를, 어떤 이에게는 능력 행함을, 어떤 이에게는 예언함을, 어떤 이에게는 영들을 분별함을, 다른 이에게는 각종 방언 말함을, 어떤 이에게는 방언을 통역함을 주시나니 이 모든 일은 같은 한 성령이 행하사 그 뜻대로 각 사람에게 나누어 주시느니라"(8 - 11 절).

하나님이 "한" 성령께서 그러한 은사를 나누어 주신다는 것을 바울이 어째서 강조하고 있습니까? 분명히 말해서 자랑하지 못하게 하기 위함입니다. 왜냐하면 성령께서 각 그리스도인들에게 은사들을 나누어 주는 것이 사실이라면(7 절에서 "각사람"이란 말이 있음), 또한 성령께서 자신의 의도를 가지시고 그러한 일을 하신다면, 우리는 분명히 우리가 가지고 있는 특별한 은사가 다른 사람이 받은 은사보다 더 낫다고 자랑할 수 없게 되기 때문입니다. 바울이 뒤에 가서 방언의 은사를 작게 평가한다는 사실 자체가, 교만이 고린도 교회 내에서 이러한 은사를 소유한 자들의 특별한 위험이었음을 지시해 줍니다.

성장과 연합

바울의 세번째 원리는, 성령의 은사들은 한 목적을 위하여 존재한다는 것이고, 광범위하게 말해서 이러한 은사들은 교회의 덕과 연합을 위한 것이라는 점입니다(12 : 12 - 17). 어떤 의미에서 그 의도를 두 가지로 나누어 볼 수 있읍니다. 바울은 각지체가 속해 있는 몸이라는 상징을 통해서 그 둘을 다루고 있읍니다. 여기서 그가 강조하는 바는 (1) "몸에는 여러 지체들이 있다"(12 절)는 것이요, (2) 모든 지체에 "다 필요하다" (22 절), (3) "몸 가운데 분쟁이 있어서는 안된다"(25 절)는 점입니다. 이로부터 분명한 것은, 만일 방언의 은사를 행사하는 것이 성장을 도모하지 않고 더욱 성장을 악화시킨다면, 또한 그것이 분쟁에 이르게 한다면, 그러한 은사는 하나님께 속한 것이 아니거나 하나님께서 의도하신 것과는 정반대의 방식으로 그 은사를 행사하고 있는 것임에 틀림없읍니다.

한 예증이 이 문맥에서 도움이 될 것입니다. 어느 주일날 저녁에 필라델피아의 제가 시무하는 제 10 장로교회 회중들에게 설교를 하고 예배를 끝마치고 났더니, 어떤 한 젊은 사람이 와서 흥미 있는 이야기를 제게 들려 주었읍니다. 그가 2 년전 여름에 미국의 어느 큰 대학의 지원을 받는 여름 음악캠프에서 활동하고 있었읍니다. 그는 그리스도인으로서 음악을 좋아하는 학생들에게 효과적인 그리스도인의 증거를 하기 위해 간절한 마음을 가졌읍니다. 그래서 다른 그리스도인 학생들의 도움과 그 대학 당국의 허가를 받아서 성경 연구 그룹을 시작할 수 있고 주일예배를 드릴 수 있게 되었을 때 기뻤읍니다. 그의 판단으로 그러한 일이 매우 효과적일 것이라고 생각되었던 것입니다. 어쨌든 그 결과로 몇 사람의 학생들이 그리스도인들이 되었읍니다.

그 다음 여름 그 일은 새롭게 시작되었고, 더 큰 기대를 걸고 있었읍니다. 왜냐하면 학생들은 그 학생 오케스트라의 새로운 지휘자가 그리스도인이라고 자처하는 사람임을 알았기 때문입니다. 제게 이 이야기를 들려 주던 그 젊은 청년은, 자기가 그 지휘자를 성경연구모임에 초청했고 예배를 함께 보자고 하였으며, 또 함께 그 일에 참여하자고 했었다는 것을 알려 주었읍니다. 그런데 불행히도 그 지휘자는 참여하는 것보다 더 많은 일을 하였읍니다. 너무 도가 지나치게 하였던 것이지요. 그는 그 집회를 소위 "많은 카리스마적인 은사들"이 드러나는 예배의 형태로 바꿔 놓고 말았읍니다. 그 효과는 좋기는 커녕 분쟁을 일으켰읍니다. 그리스도인들간의 교제가 깨어졌읍니다. 많은 열려진 문들이 닫혀졌읍니다. 결국 그러한 지나침 때문에 대학 당국에서는 그 여름 집회에 그리스도인의 모임을 전혀 갖지 못하게 금해버렸읍니다. 그 지휘자는, 자기가 핍박을 받고 있다고 생각하였읍니다. 제게 온 그 젊은 사람은 지난 여름에는 어떤 문제도 없이 그리스도인의 일을 잘 행해나갔었노라고 항의를 했을 때, 그 지휘자는 당신이 충분히 담대하지도 못했고 증거에 있어서 영적이지도 못했기 때문에 그러했던 것이라고 되려 이 사람을 공격하였읍니다.

그 오케스트라 지휘자의 노력이 마귀에게 속한 것이라고 말할 입장에는 제가 처해 있지는 않습니다. 그렇지 않을지도 모릅니다. 그러나 만일 그 은사가 성령에 속한 진정한 은사라면 최소한 그 은사를 바르게 행사하지 못하고 있었던 것입니다. 그것은 분쟁을 일으켰지 덕을 세우지는 못했읍니다. 그러나 그와 대조적으로 바울이 말하는 바는, 성령의 은사는 교회를 강하게 하고 연합시키기 위하여 취해진 것입니다.

네째로, (이 경우에서는 방언은사를 떠벌이며 자랑하는 사람들을 겸비케 하기 위하여), 만일 그 은사들을 중요한 순서로 나열해 놓는다면 방언 은사는 언제나 상대적으로 그 나열 순서의 맨 밑바닥에 올 것이라는 점을 바울이 지적하고 있읍니다(12 : 28 - 14 : 12). 우리는 이것을 여러 방면에서 볼 수 있읍니다. 바울이 여러번이나 은사들을 나열할 때 방언 은사와 그 방언을 통역하는 은사를 가장 뒤에다 두고 있다는 점입니다. 12 : 28 에서 그점이 가장 잘 드러나 있읍니다. 바울은 사실상 여러 은사들을 나열하고 있읍니다. "하나님의 교회 중에 몇을 세우셨으니 첫째는 사도요 둘째는 선지자요 세째는 교사요 그 다음은 능력이요 그 다음은 병고치는 은사와 서로 돕는 것과 다스리는 것과 각종 방언을 하는 것이라." 이러한 나열 순서에서 방언의 은사는 다섯번째 항목에 들어옵니다. 그 항목에서마저 병고치는 은사와 돕는 은사와 다스리는 은사 다음에 오게 되는 것입니다. 바울이 이 점을 지적하는 두번째 방식은, 사랑이 최고 중요하다는 것을 강하게 강조하는 것입니다. 이 점에 대한 바울의 관심이 어찌나 큰지 그는 은사의 문제를 거론하다 말고 사랑에 대한 위대한 찬송시를 발하고 있습니다. 우리 성경 고린도 전서 13장이 바로 그것입니다. 결국, 만일 은사 가운데 정말 추구할 것이 있다면 바람직한 은사는 방언의 은사라기보다는 예언의 은사라고 결론짓고 있습니다(여기서 예언의 은사는 설교할 수 있고 말씀을 분명하게 가르칠 수 있는 은사를 말함)(고전 14:1). 그는 그 자신의 경우를 들어 선언합니다. 비록 자기가 방언으로 말하기는 하지마는 알지 못하는 방언으로 일만마디 하는 것보다 알아들을 수 있는 다섯 마디를 하는 걸 택하겠다고 말합니다(14:19).

우리 경우에 있어서 그것을 적용하자면, 복음에 대해서 관심을 갖고있는 사람에게 복음을 분명히 나타낼 수 있는 것이 덕을 세우지 못하는 소위 이적적인 여러 가지 일들을 행할 수 있는 것보다 훨씬 더 낫습니다.

위험과 안전장치들

바울의 다섯번째 원리는, 방언의 은사는 **특별한 위험을 동반하니, 극히 조심해서 그 은사를 사용해야 한다는** 것입니다. 14장 13 – 38 절에서 그 문제를 논의하고 있습니다.

첫번째 위험은 혼돈과 무질서의 위험입니다. 바울은 그것을 원치 않습니다. 왜냐하면 하나님의 일을 시끄러운 방식으로 행하는 것은 은혜스럽지 못하고 최소한 유익하지 못한 것으로 바울이 여기고 있는 것 같기 때문입니다. 여기서 그는 가이드라인을 설정해 놓습니다. 첫째, 그 어느 누구라도 교회 안에서 한꺼번에 말하지 못하게 하라는 것입니다. 그들은 한 사람씩 말해야 합니다. 둘째로, 누구나 다 말하게 하지 말라는 것입니다. 두, 세 사람만 말하라는 것입니다. 통역의 은사를 가지고 있어 통역하는 사람이 없으면 방언으로 말하지 못하게 하라는 것입니다. 분명히 이 구절에서 바울은 성령의 소리를 소멸하지 못하게 하는데 관심을 가지고 있읍니다만(그 성령의 소리가 소멸되기를 조금도 바라지 않음), 동시에 똑같은 이유에서 성령께서 말씀하신다면 그 성령의 소리를 모인 회에서 들어야 함을 보증하고 있읍니다. 모든 사람들이 소리를 치며 동시에 성령의 감동을 받는다고 악을 쓰며는 성령께서 하시는 소리를 전혀 들을 수 없을 것임에 틀림 없읍니다.

두번째 위험은 내용 없는 기독교에 대한 위험입니다. 바울은 통역을 주장함으로써 그걸 지적하고 있읍니다. 그때 당시에 기독교는 체험을 중심에 놓고 그리 큰 중요성을 가지지 않는 내용을 강조하는 사고방식에 의해서 위협을 받고 있었읍니다. 이러한 접근방식 속에서는 그저 감정적으로 "흥분"만 하면 되었읍니다. 그러나 바울은 그것을 허락지 않습니다. 사실 그는 기독교의 진리에 부합한 어떤 합당한 정서적 반응을 억누르고 싶지는 않았읍니다. 우리도 절대 그래서는 안됩니다. 기독교 내에서 정서가 있어야 하고 있읍니다. 그러나 이것을 기독교 신앙의 기초로 삼도록 해서는 안됩니다. 그것은 기초가 아닙니다. 기초는 역사와 성경 속에 나타나 있는 하나님의 객관적인 계시입니다. 만일 감정을 믿는다면, 의심할 여지 없이 참된 기독교는 왜곡되고 극단으로 치달을 것입니다.

물론 오늘날 우리는 이것을 많이 봅니다. 방언운동에서만 보는 것이 아닙니다. 체험이 모든 것이라고 생각하는 유의 감정적인 기독교의 모습 속에서 그런 것을 봅니다. 이러한 것을 보면서 바울의 실례를 따라서 우리는 내용을 거듭거듭 강조해야 합니다. 프란시스쉐퍼는 이렇게 쓰고 있읍니다. "우리 믿음에 대한 '기초'는 체험이나 감정이 아니라 성경에서 말로 교훈적인 형태로 제시한 진리임을 우리는 강조해야 한다. 그 진리는 먼저 우리의 이지로 받아들여야 한다 — 물론 전인이 그 진리에 따라 행동해야 하지만." 스타트(John R. W. Stott)는 "생각 없는 기독교"라고 이름 붙였던 것을 반대하는 논증에서 이 점을 지적하고 있읍니다.

방언 문제를 거론하면서 바울이 지적한 마지막 요점을 생각해 봅시다. 우리는 그것도 역시 주목할 필요가 있읍니다. 이 은사의 위험에도 불구하고 어느 그리스도인도 그 방언은사를 행사하는 것을 금해서는 안된다는 점입니다. 특별히 그는 "그런즉 내 형제들아 예언하기를 사모하며 방언 말하기를 금하지 말라"(14:39)고 말합니다. 만일 방언은사를 받지 못했으면 그것을 소원해서는 안됩니다 - 최소한 다른 어느 은사, 예언의 은사보다 더 받아서는 안됩니다. 그러나 반면에 만일 다른 이가 은사를 받았으면 그 방언은사를 행하기를 금해서는 안됩니다. 하나님께서 주신 것을 사용할 수 없다고 다른 사람에게 말하는 당신은 누굽니까? 반대로 만약 하나님께서 진정으로 그것을 주었다면 그걸 금지하는 것은 교회를 해롭게 하고 교회에 손해를 끼치는 일이 될 것입니다.

각사람에게 주어지는 은사

마지막 질문은, 방언은사가 그릇될 수 있느냐? 하는 것입니다. 대답은 그렇다입니다. 바울이 고린도 전서에서 제시한 가이드라인을 무시할 때는 그러합니다. 또 다른 이유에서도 그러합니다. 방언으로 말하는 것이 성령의 임재에 있어서 본질적인 증거라고 말하면서 방언은사를 행하는 실제는 잘못된 것입니다. 회심하면 성령의 세례가 그 다음에 필요하다고 그리스도인들더러 말하는 것도 잘못입니다. 개인 그리스도인에게 역사하시는 하나님의 영의 충만함에 있어서 그 방언은사가 진수가 된다고 말하는 것도 잘못입니다. 무엇보다도 방언은사에 강조점을 둔 나머지 예수 그리스도를 바라보는 것을 흐려 놓을 때는 언제나 잘못된 것입니다. 왜냐하면 성령의 역사는 무엇보다 먼저 예수 그리스도를 지시하고 높이는 것이기 때문입니다(요 16:13 - 16).

반면에, 이 은사를 행사하는 위험과 오류들을 핑계로 삼아 다른 은사들을 가진 자들이 그 은사를 게을리 행사해서는 안됩니다. 그것은 그 자체가 잘못이요 독선적인 행동입니다. 여러분의 은사가 무엇입니까? 그것이 무엇이든지 그것을 사용해야 합니다. 예언입니까? "믿음의 분량대로 예언합시다." 그것이 섬기는 일입니까? "혹 섬기는 일이면 섬기는 일로, 혹 가르치는 자면 가르치는 일로, 혹 권면하는 자면 권면하는 일로, 구제하는 자는 성실함으로, 다스리는 자는 부지런함으로, 긍휼을 베푸는 자는 즐거움으로 할 것이니라"(롬 12:6 - 8). 우리가 이러한 일을 할 때만이 교회는 덕을 세워가고, 불신자들을 얻게 되고, 그리스도께서 온전히 영광을 받으시게 됩니다.

25

네 가지 약속

"조금 있으면 세상은 다시 나를 보지 못할 터이로되 너희는 나를 보리니 이는 내가 살았고 너희도 살겠음이라 그 날에는 내가 아버지 안에, 너희가 내 안에, 내가 너희 안에 있는 것을 너희가 알리라 나의 계명을 가지고 지키는 자라야 나를 사랑하는 자니 나를 사랑하는 자는 내 아버지께 사랑을 받을 것이요 나도 그를 사랑하여 그에게 나를 나타내리라 가룟인 아닌 유다가 가로되 주여 어찌하여 자기를 우리에게는 나타내시고 세상에게는 아니하려 하시나이까 예수께서 대답하여 가라사대 사람이 나를 사랑하면 내 말을 지키리니 내 아버지께서 저를 사랑하실 것이요 우리가 저에게 와서 거처를 저와 함께 하리라 나를 사랑하지 아니하는 자는 내 말을 지키지 아니하나니 너희의 듣는 말은 내 말이 아니요 나를 보내신 아버지의 말씀이니라"(요 14:19 – 24).

만일 놀이를 하다가 다친 어린 아이를 위로할 기회가 자주 있다면, 이 대목에서 주 예수 그리스도의 여러 동기들을 이해할 준비가 되어 있는 사람입니다. 아이가 다쳐서 여러분에게 왔다고 생각해 봅시다. 그 어린 아이가 여러분에게 왔다는 사실은 많은 것을 의미합니다. 여러분이 있다는 것 자체가 중요합니다. 그러나 그것 외에 여러분이 하시는 여러 가지 일들도 있습니다. 사랑을 보여 줄 수 있습니다. 곧, 그 어린 아이의 뺨에 입을 맞춰줄 수도 있고 팔로 그를 안을 수도 있습니다. 또 "괜찮다. 괜찮아. 자, 괜찮아. 피가 나지 않는구나. 조금 쓸렸을 뿐이야"라고 말할 수도 있습니다. 만일 그 상처가 심각하다면 그를 병원으로 데려갈 수 있습니다. 끝내 그 모든 잘못이 잘 될 것이라고 약속할 수 있습니다. "자, 좀 그곳에 찬 물을 좀 끼얹자. 그러면 아마 상처를 멎게 할꺼야. 아마 내일이면 아주 깨끗이 낫게 될 것이다." 어린 아이를 위로해 본 적이 있는 사람은 이러한 것들이 각자 제자리에서 바로 사용되어온 가치가 있으며, 최소한 많은 경우에서 그 약속들은 모든 것 중에서 가장 가치 있다는 걸 알 것입니다.

어떤 의미에서 주 예수 그리스도께서 우리가 연구하는 이 장에서 그 제자들에게 그런 일을 하고 계십니다. 그는, 당신이 아버지께 돌아가기 위해서 그 제자들을 떠나야 한다는 걸 발표하셨습니다. 이것이 그들을 크게 낙담시켰습니다. 왜냐하면 그들에게 있어서 예수님은 모든 것이었기 때문입니다. 그들은 자빠졌고 괴로워했습니다. 아니 심지어 무서워했습니다. 그래서 예수님께서는 그들을 위로하기 시작했습니다. 첫째, 예수님의 사랑을 그들에게 확증시켜 주시고, 여러 가지 일들을 알려 주시고, 끝으로 몇 가지 복된 약속을 그들에게 주십니다. 아마 이 요한복음 14장이 그리스도인들에게 그처럼 사랑을 받는 것도 다른 어느 것보다 바로 그 약속들 때문일 것입니다.

이 약속들은 무엇입니까? 예수께서 하늘에서 자기 백성들을 위해서 처소를 예비한다는 약속이요, 그 처소를 예비하면 그들을 위해서 다시 돌아오신다는 약속입니다. 예수님께서 그들을 떠나신다는 것이 그리스도의 일에 있어서 마지막이 아님을 약속하셨습니다. 왜냐하면 만일 그들이 진실로 그를 믿는다면 그들은 그리스도의 일을 계속 행해나갈 수 있을 것이며, 사실 예수님께서 행한 일보다 더 큰 일을 행할 것이기 때문입니다. 또한 기도를 응답해 주실 것이라고 약속해 주셨습니다. 그런 다음에 가장 큰 것을 약속하셨는데, 그가 보내주셔서 영원토록 우리와 함께 하게 하실 성령에 대해서 말씀하셨습니다. 우리가 따르는 본문 뒤에 나오는 여러 구절들에서 예수님께서는 네 가지 약속을 더해 주십니다. 그 모든 약속들은 제자들과 예수님의 장래의 관계를 말해 주고 있습니다.

첫번째 약속은 하나의 사실인데 그것은 부활입니다. 두번째 약속은 그 사실의 귀추입니다. 그를 아는 확실한 지식, 그가 누구인지 아는 확실한 지식입니다. 세번째는 장래의 계시에 대한 약속입니다. 그분은 제자들에게 자신을 명백히 드러내실 것입니다. 끝으로 앞으로 올 그 계시가 어떻게 가능할까에 대한 설명입니다. 서로 함께 내주함으로써 그러한 일이 가능하다고 설명하십니다.

이중적 부활

이 약속들 가운데 첫번째 것은 장차 오는 부활에 대한 약속입니다. 그러나 여러 중요한 차원에서 부활을 암시하는 어투로 그 약속이 주어졌읍니다. 그 한 예로, 그것은 분명히 예수 그리스도 자신의 부활을 이야기합니다. 왜냐하면 그 약속은, 세상은 더이상 예수님을 보지 못할 것이지만(왜냐하면 예수님께서 죽을 것이기 때문임) 제자들은 계속 그를 보게 될 것이라는 배경 속에서 주어지기 때문입니다(다시 말하면 예수믿는사람들은 그 당시의 순간 뿐만 아니라 부활 후에도 예수님을 계속 알게 될 것임). 예수님께서는 "조금 있으면 세상은 다시 나를 보지 못할 터이로되 너희는 나를 보리니 이는 내가 살았고 너희도 살겠음이라"(19 절).

그러나 예수님은 부활만 여기서 말하는 것이 아닙니다. 그 마지막 구절은 "너희도 살겠음이라"인데 그 어구는 제자들의 부활에 대해서도 분명히 언급하고 있읍니다. 더 나아나서, 그 구절이 계속 예수님이 부활하신 다음에 제자들이 예수님을 알게 될 것을 분명히 말해나가고 있고, 예수님께서 그들 속에 거하실 것을 말하고 있으니, 예수께서 단순히 그들이 육체적으로 어떤 미래의 시점에서 부활하게 될 것만을 암시하는 것이 아님에 틀림이 없읍니다. 오히려 예수님께서는, 그들이 부활생명의 체험 속에 들어가게 될 것임을 암시하고 있는 것입니다. 다른 말로 해서 그 약속은 그리스도의 부활 다음에 새로운 의미에서 "살게 된다"는 것입니다.

그것은 위대한 약속입니다. 특별히 그리스도의 죽음이라는 잔인한 공포를 금방 맞게 될 그 사람들에게 있어서는 그러합니다. 그 시간에 그들이 무얼 생각해야만 했읍니까? 그들은 진정 하나님이 보내신 메시야요 그 백성들의 구원이신 분으로 그리스도를 믿었읍니다. 그러나 그들은 십

자가의 본질을 전혀 이해하지 못했읍니다. 예수님에 대한 그들의 모든소
망이 다 산산조각이 날 판입니다. 그들이 낙담해 있었다고 생각하는 것
이 옳고, 정신을 차리지 못하고 심지어는 조롱섞인 투의 자세를 가지고
있었다고 생각하는 것도 옳을 것입니다. 엠마오의 제자들의 대답 속에서
우리는 그러한 정신에 대한 희미한 조짐을 저는 포착합니다－"우리는 이
사람이 이스라엘을 구속할 자라고 '바랐노라'"(눅 24：21). 도마의 분
이 섞인 불신앙 속에서도 그것이 드러납니다－"내가 그 손의 못자국을
보며 내 손가락을 그 못자국에 넣으며 내 손을 그 옆구리에 넣어 보지 않
고는 '믿지 아니하겠노라' 하리라"(요 20：25).

　이 각진술들은 처참한 암담 속에서 나타난 것입니다. 그러나 바로 이
사람들, 죽음에 대한 공포로 금방 타격을 입게 될 이 사람들에게 그리스
도께서는 사실 다음과 같은 약속을 하셨던 것입니다. "나를 위해서나 너
희를 위해서 죽음이 끝이 아니다. 더구나 너희는 그 약속이 이루어질 때
를 위해서 내세에까지 기다릴 필요가 없다. 왜냐하면 너희는 이 생 속에
서도 그 부활의 생명의 실체 속에 들어가기 시작할 것이기 때문이다."그
리스도께서 말씀하신 그 체험을 여러분은 하셨읍니까? 예수님께서 사시
는 것처럼 여러분도 살 것임을 압니까? 지금이라도 영적으로 살게 되었
음을 여러분은 아십니까?

분명한 지식

　두번째 약속은, 그 이중적 부활에 기초한 그리스도를 아는 확실한 지
식에 대한 약속입니다. 우리가 그가 누구인가를 적나라하게 아는 것은,
예수께서 부활하셨기 때문이요 예수님께서 우리에게 새로운 생명을 주셨
기 때문입니다. 예수님께서 "그날에는 내가 아버지 안에 있는 것을 너희
가 알리라"(20 절)라고 말씀하실 때 그러한 의도로 말씀하신 것입니다.

　이 지식의 내용은, 나사렛 예수가 성육신하신 하나님이시요, 다시 말
하면 예수님은 완전히 하나님이시요 다른 모든 것이 그로부터 나왔다
는 지식입니다. 이 지식의 기초 없이 우리는 행할 수도 알 수도 없는데,
이 지식의 기초는 이중적인 계시입니다. 반면에 그것은 그리스도 자신의
부활에 기초하고 있읍니다. 이것이 아니고서는 진정 주님께서 말씀하신

대로 그런 분인지를 믿을 수도 없고 알 수도 없었을 것입니다. 그는 당신이 하나님이시라고 주장하셨습니다. 그러나 만일 아무리 그가 이기심이 없이 말하거나 아니면 용기 있게 말했다 할지라도 부활하시지 않고 그저 죽어버리고 마셨다면, 그분은 이기심이 없고 진지한 사람 외에 다른 어느 누구로 인정받지 못할 것이 뻔합니다. 그는 선한 선생이요 선한 친구는 될 수 있습니다. 그러나 믿음과 지식은 바로 그 시점에서 멈춰버리고 말 것입니다. 그리스도께서 죽은 자 가운데 일어나셨을 때에 비로소 그의 생명은 온전히 특이해보였고 그의 무엄해 보이는 주장들이 입증된 것입니다. 그러기 때문에 바울은 로마서 1장 초두에서 모든 기독교 증거 중에서 가장 큰 것이 부활이라고 말할 수 있었습니다. 그리스도는 "육신으로는 다윗의 혈통으로 나셨고 성결의 영으로는 죽은 자 가운데서 부활하여 능력으로 하나님의 아들로 인정되셨으니 곧 우리 주 예수 그리스도시니라"(1 : 3 , 4).

반면에 영적으로 죽은 사람들이 영적 생명에 부응하는 부활이 없었다면 이러한 위대한 기적마저도 우리로 하여금 그리스도가 누구인지를 알게 하는데 충분하지는 못했을 것입니다. 하나님께서 우리 안에 자신의 생명을 넣으시고 우리로 하여금 그의 진리를 이해하고 그리스도에게 마땅한 자세를 보일 수 있도록 하셨을 때만, 비로소 우리가 그리스도를 진정으로 알고 우리 구원의 근거로 그리스도를 기쁘게 영접하는 것입니다.

또 다른 계시

세번째 약속은 극히 중요합니다. 왜냐하면 그 약속은 그리스도께서 그리스도를 믿는 사람들에게 자신을 계속 드러내는 일과 관련되어 있기 때문입니다. 그는 이렇게 말씀하십니다. "나의 계명을 가지고 지키는 자라야 나를 사랑하는 자니 나를 사랑하는 자는 내 아버지께 사랑을 받을 것이요 나도 그를 사랑하여 그에게 나를 나타내리라"(21 절).

자세히 읽어 보면, 이것은 예수님이 누구인지에 대한 확실한 지식을 갖게 될 것이라는 약속 바로 너머에 있는 단계입니다. 예수님께서 역사적으로 부활하셨고, 성령을 우리에게 선물로 주심으로써 복음을 이해하고 예수님을 믿을 수 있게 하셨다는 사실이 순서상 처음이요 중요합니다.

그러나 예수께서 누구인지를 알게 되고, 예수님을 믿게 된 후, 그리스도인은 예수님을 보다 더 알기를 원합니다. 이런 경우에서 그 지식은 믿음으로 인도하는 그에 "관한" 지식이라기보다는, 제자들이 가장 충만하고 가장 개인적인 방식으로 주님을 체험하게 되었던 이른바 깊은 "주님을" 아는 지식입니다. 만일 그리스도께서 그러한 지식을 친히 제공하시지 않는다면 어떻게 그런 일이 가능할 수 있겠읍니까? 예수님이 살아 계신 분이요 가까운 친구라는 것을 우리가 온전히 알 수 있는 길이 없었을 것입니다. 우리가 그를 그렇게 알도록 하기 위해서 예수님이 존재하신 것은 아닙니다. 예수님께서 친히 자신을 우리에게 계시하지 않는 한 우리는 그를 알 수 없읍니다. 그러나 그가 행하신 일이 정확히 그 자신을 드러냅니다. 이 대목 끝에 나오는 구절들은 계속해서, 장차 성령의 온전한 행사가 이루어질 때 제자들은 예수님을 더 잘 알되, 예수님께서 몸을 입고 그들 가운데 계실 때보다 더 잘 알게 될 것이라고 말하고 있읍니다.

주님께서 제자들과 자기를 사랑하는 자들에게 자신을 나타내신다는 약속을 어떤 방식으로 하셨읍니까? 분명히 몸으로 하신 것은 아닙니다. 왜냐하면 예수님의 강화의 모든 요점은, 예수님께서 몸을 입고 그들 가운데 계신 것을 이제 그만 두시려 하시는데 바로 그들이 그걸 준비하게 하기 위함입니다. 예수님께서 눈에 보이는 방식을 통해서 그들에게 자신을 나타내지 아니하실 것입니다. 복음서에는 그러한 것을 제시한 것이 하나도 없기 때문입니다. 그러면 어떻게 그가 보여지게 됩니까? 영적인 의미에서 그러할 것입니다. 성경에서 자신을 계시하고자, 제자들의 마음과 제자들을 따르는 사람들의 마음 속에 성령께서 그 성경에 나타난 계시를 증거해 주시는 방식을 통해서 예수님은 생생하게 나타날 것입니다. 이 점은 거듭나게 하지 않은 사람들에게는 혼미하게 될 것입니다. 그러나 하나님의 성령에 의해서 살리심을 받은 사람들에게 있어서 그리스도의 임재는 그들이 육체적으로 볼 수 있는 다른 어떤 것보다 더 실재적이고, 그들 자신의 손이나 발보다도 더욱 더 확실합니다.

어떤 사람은 "그러나 나는 그리스도인이지만 예수께서 나에게 그처럼 확실하게 나타나시지 않았다"고 말할지 모릅니다. 물론 그럴 수 있지요. 그러나 예수께서 자신에 대한 더많은 계시에 대한 약속을 하시는 그 같은 구절 속에서, 그러한 계속적인 예수님의 나타남을 받기 위한 조건들을 제시하는 것을 주목해야 합니다. 그 조건들은 (1) 그의 계명들을 지키고 (2) 사랑해야 합니다.

여러분은 그러한 조건들을 충족시켰습니까? 제가 자주 상상해 보는것이지만, 우리는 그리스도를 열렬히 사랑하지 않고, 그리스도인의 충만한 삶을 누릴 수 있다고 가정하기도 하고, 그리스도를 순종하지 않고도 사랑할 수 있다고 가정하곤합니다. 또한 "우리가 믿음으로 말미암아 의롭다 하심을 얻었으니" 그 이후에 순종의 삶을 살 필요가 전혀 없다고 상상하기도 합니다. 그러나 그러한 것은 진리가 아닙니다. 이 구절 하나만으로도 그러한 태도는 반박당합니다. 실로 우리는 믿음으로 구원받았읍니다. 그리고 사랑으로 말미암아 그리스도인의 삶을 행해나가야 합니다. 그러나 참된 사랑은 참된 만큼 순종으로 그 모습을 드러내기 마련입니다. 만일 그렇지 않다면 그것은 우리가 성경에서 읽는 사랑이나 믿음은 아닙니다. 야고보가 그것에 대해서 무얼 말합니까? "행함이 없는 믿음은 그 자체가 죽은 것이라"(약 2:17). 요한1서에서는 무어라 말합니까? "하나님을 사랑하는 것은 이것이니 우리가 그의 계명들을 지키는 것이라 그의 계명들은 무거운 것이 아니로다"(요일 5:3). 그리스도께서 제자들에게 자신을 충만하게 나타내신 것은, 바로 제자들이 그러한 요소를 온전히 지켰을 때만입니다.

여기서 아더 핑크는 지혜롭게 쓰고 있읍니다. "그리스도를 진정으로 사랑하는 자에게만 그리스도는 나타나게 된다. 그리고 그를 사랑하는 증거는 어떤 감정적인 격발이 아니라 그리스도의 뜻에 자신을 복종시킨 것이다. 감상과 실천적인 실제 사이에는 엄청난 차이가 있다. 주님께서는 '불순종'의 길에 있는 사람들에게는 자신을 직접적으로 드러내지 않을 것이다. '내 계명을 가지고'라는 말은 마음으로 내 계명을 가진다는 것을 뜻하는 것이다. 그리고 '그것들을 지키는' 그것이 바로 진정한 시금석이다. 우리는 듣는다(hear). 그러나 우리는 지키는가(heed)? 우리는 알고 있다. 그러나 우리가 그 그리스도의 뜻을 행하고 있는가?"

우리는 이 점에 대해서 진지합니까? 그렇지 않다면 더 이상 나갈 필요가 없읍니다. 우리는 그리스도의 계명으로부터 시작해야 합니다. 그러

나 만일 반면에 우리가 진지하다면 다음에 나오는 구절 속에 또 다른 것
이 있읍니다. 21 절과 가까운 병행을 이루는 23 절에서 '계명'이라는말
이 없어지고 '말'이라는 말이 나옵니다. 이것은 헬라어를 가지고 이 복
음서를 쓰는 요한이 예수께서 말씀하셨던 아람어를 기억하여 번역할 때
문체적인 다양성을 구사하는 것 밖에 다른 것이 아닐 수도 있읍니다. 그
러나 단어를 바꾸어 쓰는 일들이 복음서에서 자주 의미심장할 때가 있읍
니다. 바로 여기서도 그런 경우입니다.

저는 "계명"과 "말"의 가능한 차이를 다음과 같은 방식으로 예증해 보
겠읍니다. 해리 아이언사이드가 생각해낸 예화입니다. 마리아라 이름하
는 어린 소녀 하나를 자식으로 두고 살고 있는 한 과부 어머니를 생각해
봅시다. 그 둘은 너무 끔찍이 사랑합니다. 서로 돕고 싶어합니다. 마리아
는 학교에 가서 대단히 어려운 공부를 많이 해야 합니다. 그래서 그 어
머니는 그 어린 딸을 도울 수 있는 것은 무엇이든지 합니다. 그럼에도 불
구하고 그 어린 딸이 집 주위에 있는 여러가지 일들을 감당할 수 있을
정도로 자라나는 것이 좋다는 것을 압니다. 그래서 비록 그가 그녀를 위
해서 많은 것을 할 수는 있지만 그럼에도 불구하고 그녀는 그 딸에게 어
떤 의무들을 할당해 줍니다. 어머니가 딸에게 말합니다. "너 네 방좀 치
울 수 있지 ? 옷도 걸고 침대도 정돈하고 또 일주일에 한번씩은 먼지를
털어내고 카페트를 청소해야지."

어느날 그 마리아가 막 학교에 가려고 하다가 자기 방이 어지러져 있
는 것을 발견하였읍니다. 그래서 황급히 나가고 싶기는 하였지마는 자기
스스로에게 말했읍니다. "그렇지, 내 방에 있는 옷은 내가 책임지라고
어머니께서 말씀하셨지. 내가 지금도 학교에 갈 시간이 늦었기는 하지만
그 일을 하는 것이 좋다." 그래서 그 '방을 치웠읍니다.

그날 이후 마리아는 집에 와서 친구가 놀자는 청에 끌려 테니스 경기
를 하고 싶었읍니다. 그가 집으로 빨리 들어와서 2 층으로 올라가 테니
스복으로 막 갈아입으려고 하는데 전화하는 어머니 목소리를 들었읍니다.
"난 내가 어떻게 해야 할지 모르겠어. 난 정말 몸이 좋지 않아요. 나
는 회사에 가야 하는데 난 저녁을 준비하기가 참 힘들다고 생각해요."
마리아가 그것을 듣고 테니스 게임을 할 생각을 집어치우고 저녁을 준비

하는 일에 어머니를 돕겠다고 자원하여 나섰읍니다.

어머니는 소리쳤읍니다. "얘, 그러지 말아라. 너 테니스치고 싶은 걸 난 알고 있는데."

마리아는 대답했읍니다. "저는 어머니께서 편치 못하시고 이 일을 다 하셔야 하는 걸 알고 테니스 게임을 즐겨봐도 아무런 행복이 없을 거예요. 어머니가 나를 필요로 하기 때문에 저는 어머니를 위해서 이러한 일을 하고 싶은 거예요."

여러분이 이 두 행동 사이의 차이를 아시겠읍니까? 아침에 마리아는 어머니의 계명을 지켰읍니다. 저녁 때는 어머니의 말을 지키고 있었읍니다. 물론 그는 두 경우 중 두번째 경우에는 어머니에게 더 친밀해 있었읍니다. 아이언사이드는 이렇게 결론짓고 있읍니다. "그리스도인에게 있어서 분명한 어떤 계명을 지키는 것이 문제가 아닐 때도 있다. 그가 성경을 읽고, 성경을 읽으면서 하나님께서 당신의 마음을 표현하시되 주의 뜻이 무엇인지를 순종한 그리스도인만이 알 수 있는 방식으로 표현하시는 경우를 만나기도 한다. 그래서 순종하는 그리스도인은 그의 말을 즐거이 지키고 그래서 경건하게 하나님을 섬기는 것이다."

많은 그리스도인은, 그러한 방식으로 그리스도께 더 가까이 나올 수 있다면 특별한 일을 해야겠다는 마음의 각오를 가지고 있을 것입니다. 그러나 단순한 순종에 함축돼 있는 이러한 상식적인 일들을 하고 싶어하지는 않습니다. 여러분은 그러한 일을 하고 싶습니까? 그렇다면 여러분은 분명히 하나님의 은혜 가운데서 자라나실 것입니다. 만일 여러분이 순종하면 그리스도께서는 당신에게 그리스도의 마음을 갈수록 더 많이 열어 보여 주실 것입니다. 그러면 여러분은 그에 관해서만 아는 것이 아니라 그를 알게 될 것입니다. 반면에 만일 여러분이 순종하지 못한다면 그리스도께서는 자신을 여러분에게 드러내시지 않을 것이고 여러분 자신이 주님을 사랑하는 그 사랑은 약해질 것입니다.

안에 계신 그리스도

그리스도의 마지막 약속은 23 절에 있읍니다. 그 약속은 예수님께서 친히 성령을 통해서 그리스도 안에 계시겠다는 것입니다. "사람이 나를 사랑하면 내 말을 지키리니 내 아버지께서 저를 사랑하실 것이요 우리가 저에게 와서 거처를 저와 함께 하리라"(23절). 이 말씀의 의미는 성령이 오셔서 각 그리스도인 안에 내주해 계시리라는 약속을 하시는데. 성령의 사역에 대한 앞선 언급에서 발견됩니다(17절).

이것은 그리스도께서 그걸 약속할 때는 전적으로 새로운 것이었읍니다. 하나님의 성령께서 하나님의 백성들과 '함께' 계시다는 개념은 새로운 것이 아니었읍니다. 왜냐하면 구약의 여러 세기 동안 그러한 일은 사실적으로 나타났기 때문입니다. 성령께서 노아와 함께 하셨읍니다. 베드로는, 노아가 방주를 예비하는 동안 성령으로 설교했다고 말하기 때문입니다 (벧전 3:18 - 20). 성령께서 히브리의 여러 족장들 각 개인과 함께 계셨읍니다. 또 광야에 있던 이스라엘 사람들과 함께 계셨읍니다. 다윗은 "성령을 거두어 가지 마소서"라고 기도했읍니다- 그 기도는 그 시대에 있어서 아주 바른 기도였읍니다. 그러나 교회시대에 사는 하나님의 자녀가 드리는 기도로서는 합당치 못한 기도입니다. 이러한 각 경우에서 하나님의 성령께서는 그의 백성들과 "함께" 계셨읍니다. 그러나 예수께서 선언하시기를, 과거에 그러한 백성들과 함께 계셨던 분이 훨씬 더 충만한 방식으로 장래에는 그 백성들 "안에" 계시겠다고 선언하십니다. 더구나 예수님께서 그들 안에 계실 것이니 아버지와 아들이 역시 그 백성들 안에 계시다고 말해도 무방할 것입니다.

그 백성들 안에 주님께서 내주하시는 것은 오늘 현재에 있어서 영광스러운 특징입니다. 그러므로 이 시대에서 우리는 하나님께 나아가서 성령을 달라고 구할 필요는 없읍니다. 그는 그리스도를 따르는 각 사람에게 성령을 주셨읍니다. 오히려 성령의 내주를 인식하고 성령께서 우리의 삶을 인도하시도록 해드리는 것이 우리가 할 일입니다.

심판자냐 구세주냐?

자 위대한 네 가지 약속을 들었읍니다 : 우리는 영적으로 살아날 것이며, 예수께서 부활하신 것처럼 부활하실 것입니다. 우리는 그를 하나님으로 알 것입니다. 또한 갈수록 우리는 그리스도의 온전한 계시를 받을 것입니다(만일 우리가 계속 그를 순종하고 더욱 더 주님의 사랑 안에서 자라난다면). 또한 성령으로 말미암아 그분이 우리 가운데 계실 것입니다. 이 약속 가운데 어떤 것은 다소간 자동적입니다. 다시 말하면 그 약속들은 순전한 은혜의 산물이고, 우리의 반응과 순종에 무관하게 우리 안에서 이루어집니다. 그러나 어떤 약속, 그리스도께서 자신을 더 충만하게 드러내신다는 약속은 조건적입니다. 그것은 우리의 순종과 사랑 가운데서 우리가 자라난 것에 달려 있읍니다. 그러면 어떻게 하지요? 우리가 이 세 약속은 받아들이고 나머지 한 약속은 무시할까요? 우리가 대가를 지불해야 하는 약속은 무시할까요? 아니면 우리가 모든 대가를 지불하더라도 그 약속을 추구하기 위해서 결심하며, 우리가 그렇게 하면 전적으로 사랑이시고 당신의 그 큰 사랑 가운데서 우리를 위해서 자신을 주신 분을 더 알게 될 것이라는 걸 알고 결심해야 하지 않을까요? 그보다 못한 일을 하는 것은 은혜에 보답하는 길도 아니고 어리석은 일입니다. 그렇게 하면 세상적인 팥죽과 우리의 장자권을 바꾸는 격이 됩니다.

　아직도 그리스도인이 아닌 사람들에게는, 비록 예수께서 세상이 더 이상 그를 보지 못하는 이 세대에 대해서 말씀하셨지만 그럼에도 불구하고 세상은 예수님께서 보좌 위에 높아지셔서 악한 행실 때문에 모든 사람들을 심판하실 어느 날 그를 보게 될 것이라고 꼭 말해주어야 합니다. 만일 여러분이 지금 그분을 보지 못한다면 그날 심판자로서의 그분을 보게 될 것입니다. 만일 여러분이 심판자로서 그분을 만나게 되면 여러분의 죄 때문에 여러분을 심판하시는 그의 의로운 심판을 받게 될 것입니다. 어째서 그 심판을 기다립니까? 지금 그분께서 돌아서서 여러분의 구원의 근거로 자신을 주실 때 그분을 향하여 "주 예수 그리스도여, 저의 죄를 고백합니다. 저는 그리스도께서 제 구세주가 되어 주시기를 원하나이다"라고 말하는 것이 얼마나 더 훨씬 현명한 일입니까!

26

교사로서의 성령

"내가 아직 너희와 함께 있어서 이 말을 너희에게 하였거니와 보혜
사 곧 아버지께서 내 이름으로 보내실 성령 그가 너희에게 모든 것을
가르치고 내가 너희에게 말한 모든 것을 생각나게 하시리라"(요14
: 25, 26).

요한복음 14 : 26 은 성령에 대해서 말씀하시는 예수님의 마지막 강화
의 여러 대목 중에서 가장 짧은 대목입니다. 그럼에도 불구하고 그
것이 우리에게 가장 충만한 정의를 내려준다는 것은 사실일 것입니다. 성
령을 "보혜사"(위로자)로 묘사하고 계십니다. 우리는 이미 16 – 18 절을
논의하면서 그 뜻이 무엇인지를 알아 보았습니다. 성령을 "거룩한" 분 –
"거룩한 영"으로 묘사하셨습니다. 마지막으로 예수님은 성령을 "교사"로
묘사하고 계십니다. 그래서 성령에 대해서 세 가지 정의가 내려진 셈입
니다. 보혜사, 거룩한 분, 교사(가르치시는 분)입니다. 그럼에도 불구하
고 이 구절을 면밀히 살펴보면, 의심할 여지 없이 성령은 가르치시는 분
이라는 사실이 이 마지막에서 강조되고 있다는 점입니다. 보혜사로서의
성령의 역할에 대해서는 앞의 대목 속에서 강조된바 있읍니다. 거룩의 문
제는 16 : 7 – 11 에서 강조되었읍니다. 그러나 여기(15 : 26 , 27 에서와16
: 12 – 15 에서)는 교사로서의 성령의 특별한 사역이 부각되고 있읍니다.

성령은 "너희에게 모든 것을 가르치시리라"고 예수님께서 말씀하실 때, 일차적으로 사도들을 보고 "너희"라고 말씀하신 것입니다. 그 사람들은 예수님께서 계시하신 진리를 위하여 권위있는 대변인들로 선택하신 사람들입니다. 그들은 그것을 기억하고 나중에 신약성경이 된 책에다 그것을 기록하였습니다. 더구나 이러한 가르침은 교회를 위해서 규범이 되었습니다. 이 똑같은 생각이 주님께서 "진리의 성령이 오시면 너희를 모든 진리 가운데로 인도하실 것이라"고 말씀하신 구절 속에서 분명히 드러나 있읍니다. 예수님께서는, 알려질 수 있는 모든 것을 그들에게 계시해 주실 것이라는 뜻은 아닙니다. 알려질 수 있는 모든 것을 아시는 분은 오직 하나님 뿐입니다. 다만 예수님께서 뜻하신 것은, 성령께서는 예수님의 삶과 죽음과 부활을 중심축으로 삼는 복음의 온전한 진리를 그들에게 계시하실 것이라는 뜻입니다. 예수님께서 그렇게 하셨읍니다. 이것이 사도들에 대한 성령의 독특한 사역이었읍니다.

그러나 동시에 우리가 인정해야 하는 바는, 이 말씀들이 오늘날 살고 있는 그리스도인들에게도 적용된다는 제2차적인 의미가 있다는 점입니다. 성령께서 역시 우리를 가르치시는 분입니다. 성령께서는, 이러한 것들을 우리의 기억 속에 떠오르게 하시는 분입니다.

가르칠 필요성

그러나 우리는 먼저 제자들을 살펴볼 필요가 있읍니다. 여기 분명히 가르침받을 필요가 있는 사람들이 있읍니다. 그들은 3년 동안 주 예수 그리스도와 함께 있었읍니다. 어떤 사람들은 생각하기를, 그들은 예수님의 사역과 복음의 진술을 이해했을 것이라고 생각할지 모릅니다. 예수님께서는 이러한 것들에 대해서 그들에게 말씀하셨읍니다. 그러나 진상은, 비록 그들이 예수님으로부터 그러한 것을 들었지만 예수님의 말씀을 이해하지 못했다는 것입니다. 25절이 말하는 것은 의미심장합니다. "내가 아직 너희와 함께 있어서 이 말을 너희에게 하였거니와." 예수님께서 그들에게 말씀하셨읍니다. 그러나 예수님께서 그들에게 가르치셨다고 말하는 것과는 똑같은 말씀은 아닙니다. 분명히 예수님께서 제자들을 가르치시려고 애썼고, 그들에게 다른 많은 것을 가르쳐 주셨읍니다. 그러나 그들은 복음의 위대한 진리들을 아직 진실로 배우지는 못했읍니다. 실로, 그들은 성령의 가르침을 필요로했던 혼돈된 사람들이었읍니다.

그들은 역시 이 경우에 있어서 배우는데 있어서 특별한 문제점을 가지고 있었읍니다. 왜냐하면 주님께서 죽어 제자들을 떠나실 것을 발표하셨기 때문이며, 이것이 그들의 마음을 얼마나 사로잡았던지 예수님께서 말씀하시는 것을 사실상 듣고 있지 않았기 때문입니다. 예수님께서는 다른 보혜사에 대해서 말씀하셨지만, 그들은 그 다른 보혜사에 대해서 배운만큼 그 보혜사에 대하여 깊은 관심을 갖지 못했읍니다. 그들이 다만 파악했다는 한 가지 요점은, 예수님께서 자기들을 떠나시려 한다는 것이었읍니다.

어린 아이가 있는 가정에서 이에 대한 실례를 발견할 수 있읍니다. 우리는 그 어린 아이를 죠니라고 합시다. 어머니는 저녁에 밖으로 나갈 채비를 하고 있읍니다. 몇 달에 한번 말입니다. 그래서 그 어머니는 일찍 저녁을 준비해 놓고 저녁 먹는 중에 "죠니야, 네가 어서 먹었으면 좋겠다. 오늘밤에는 조금 더 일찍 저녁을 끝내야겠어." 죠니는 무슨 일이 일어나고 있는지 알지 못합니다. 그러나 그는 이 밤은 다른 밤과는 다르다는 것을 알기 시작하고는, 그것을 좋아하지 않습니다. 결국 저녁 식사가 끝나고 어머니는 그 식탁을 깨끗이 청소하였읍니다. 그런 다음에 어머니께서는 2층으로 올라가 마지막으로 머리를 손질합니다. 어머니께서 내려와서 핸드백을 들고 장갑을 듭니다. 이 때쯤 죠니는 매우 걱정이 되었읍니다. 결국 어머니께서 장갑을 끼고 있을 때 초인종이 울립니다. 아이를 보는 사람입니다. 아이를 보는 사람이 앞문에서 들어 옵니다. 어머니는 "자 죠니, 어머니는 오늘밤 밖에 나가야 해. 자 이분이 너를 돌봐줄거야. 아주 멋있는 아주머니지." 죠니는 "와ー" 울기 시작합니다.

"아니 아주 멋진 아주머니지 않니? 그 아주머니를 무서워해서는 안된다. 네가 내 안에서 일년 반을 배웠던 것을 이 아주머니 한테서는 5초만에 배울 수 있다는 확신을 가져야 해."

주님께서 제자들을 떠나려 하신다는 말씀을 하셨을 때 바로 그와 비슷한 일이 일어났읍니다. 예수님께서는 한 동안 그들을 떠나게 될 일을 위해서 그들을 준비시키고 계셨던 것입니다. 그러나 예수님을 이해하지 못했읍니다. 무엇이 일어나는지 알지 못했읍니다. 그런데 그 다락방에서 예수님께서 떠나려 할 지금 그 밤에 나가야 하며, 아이를 돌보는 아주머니 – 성령께서 – 가 오신다고 말씀해 주셨읍니다. 그들은 소스라쳐 놀라 어쩔줄을 몰랐읍니다. 그들은 그 자기들을 돌보게 될 다른 위로자에 관심이 없었읍니다. 그들은 예수님께서 떠난다는 사실에 사로잡혀 있어서, 그들은 배우지 못하고 있었읍니다.

주님께서 제자들에게 여기서 다음과 같이 말씀하셨읍니다. "너희는 가르침을 필요로 한다. 너희는 정말 그러하다. 너희가 많은 것을 들었지만 그것을 이해하지 못한다. 너희가 가르침을 받을 필요가 있다. 나는 가려 한다. 그러나 성령께서 오셨고, 성령의 여러 가지 직임중 하나는(매우 중요한 역할) 너희를 가르치는 것이다."

성령의 가르침에 대해서 흥미 있는 두번째 요점은, 하나님께서 친히 제자들을 가르치시기를 간절히 원하셨다는 점입니다. 우리는 이 점을, 이 구절에서 성삼위 전체가 다 언급된다는 사실 속에서 발견됩니다. "보혜사 곧 아버지께서 내 이름으로 보내실 성령 그가 너희에게 모든 것을 가르치시고 내가 너희에게 말한 모든 것을 생각나게 하시리라." 다른 말로 해서 주 예수 그리스도의 이름으로 아버지께서는 성령을 보내사 제자들을 가르치시려 하십니다. 그래서 아버지께서는 예수님에 관한 진리를 그들이 알도록 하는데 관심을 크게 가지고 있었읍니다.

만일 우리가 주 예수 그리스도였다면 우리는 이 시점에서 "오, 이 미련한 제자들아 ! "라고 말했을 것이라고 저는 상상해 봅니다. 우리는 우리의 가르침의 성질에 대해서 뽐낼 수도 있습니다. "그들이 모셨던 그 가르치는 분보다 더 훌륭한 선생을 생각해낸다는 것은 불가능하다. 더구나 그들은 3 년 동안 온전한 신학 과정을 거쳤고, 그 공식적인 가르침과 야전 체험과를 결합시켰다. 그들은 직접 목격되는 모본을 받는 유익을 취했었다. 그러므로 만일 그들이 그것을 얻고 있지 않다면 나는 그들을 단념할 것이다." 우리는 그렇게 말했었을 것입니다. 그러나 하나님은 그런 태도를 취하지 않으셨읍니다. 반면에 제자들이 가르침을 필요로 하다는 것을 인식하신 바로 그 하나님께서, 그들로 배우게 하기 위해서 성령을 보내신 것입니다.

만일 우리가 이 시점에서 "우리가 배웠느냐?"라고 하는 질문을 던진다면 우리는 예라고 대답해야 할 것입니다. 물론 그들이 배웠습니다. 그 증거는 바로 우리의 성경입니다. 더구나 성령께서 일단 오시고 나서 사람들은 그것을 재빨리 얻게 되었습니다. 왜냐하면 오순절날 베드로는 예수님께서 십자가에 못박혀 죽으실 것이라는 걸 친히 공포하실 때 "주여 그리 마옵소서 일이 결코 주에게 미치지 아니하리이다"라고 말했었는데, 그는 그때 예수님을 전혀 이해하지 못했었습니다. 바로 그 베드로가 일어서서 큰 담대함을 가지고 6주 전에 예루살렘에서 일어났던 일은 하나님의 예정에 의해서 일어난 일이라고 말했읍니다. 다른 말로 해서 그리스도께서 십자가에 못박히신 일은 하나님의 완벽한 계획과 맞아 떨어지며, 그것이 바로 구속의 핵심입니다. 그때 베드로는 그리스도를 십자가에 못박은 바로 그 사람들에게 그리스도를 설교하였읍니다. 성령께서 그 메시지를 축복하사 많은 사람들이 그때에 믿음을 갖게 되었읍니다. 제자들은 성령을 통해서 배웠읍니다. 실로 성령께서 그들을 인도하사 나중에 신약성경의 책이 된 내용들을 쓰게 하셨읍니다.

주 예수 그리스도께서 말씀하시고 행하신 것을 이 책에 기록하였고, 그것을 설명하고 결론짓습니다. 이런 의미에서 이 복음서는 순수한 전기(傳記)가 아니라, 즉 객관적이고 역사적 전기가 아니라는 논평가들의 말이 옳습니다. 이 책들은 해석이 붙은 전기입니다. 그러나 전기 뿐만 아니라 해석도 성령께서 주신 것입니다.

우리의 교사도

이러한 것을 일차적으로 제자들에게 적용됩니다. 그러나 그것은 아주 더 친밀한 방식으로 우리에게 다가옵니다. 왜냐하면 우리는 가르침받을 필요가 있고, 그 제자들을 가르치신 성령께서 우리의 교사도 되시기 때문입니다.

바울은 그것을 고린도 사람들에게 썼읍니다. 바울은 우리 자신들 속에서는 그것이 하나님의 말씀의 지면에 기록돼 있다 할지라도 그 영적인 진리를 이해할 수 없다는 사실의 첫번째 요점을 말씀하셨읍니다. 그러나 그는 덧붙여서 "성령, 성경을 감동한 진리의 성령께서 그 책의 내용을 이

해케 하도록 우리에게 말씀하신다"고 합니다. "기록된바 하나님이 자기를 사랑하는 자들을 위하여 예비하신 모든 것을 눈으로 보지 못하고 귀로 듣지 못하고 사람의 마음으로 생각지 못하겠다 함과 같으니라 오직 하나님이 성령으로 이것을 보이셨으니 성령은 모든 것 곧 하나님의 깊은 것이라도 통달하시느니라 사람의 일을 사람의 속에 있는 영 외에 누가 알리요 이와 같이 하나님의 사정도 하나님의 영 외에는 아무 것도 알지 못하느니라 우리가 세상의 영을 받지 아니하고 오직 하나님께로 온 영을 받았으니 이는 우리로 하여금 하나님께서 우리에게 은혜를 주신 것들을 알게하려 하심이라 우리가 이것을 말하거니와 사람의 지혜의 가르친 말로 아니하고 오직 성령의 가르친 것으로 하니 신령한 일은 신령한 것으로 분별하느니라"(고전 2 :9 - 13).

여기에서 가르치는 교사로서의 성령의 사역을 설명하고 있습니다. 제자들에게 주신 하나님의 계시와, 하나님께서 신약에 계시하신 것들을 기록할 때 바로 그 사역을 감당하신 것입니다. 두번째 경우는 같은 성령께서 그 제자들이 기록한 것을 가지고 우리를 가르치는 면에서 그 사역이 행사되는 것입니다.

기억나게 함

요한복음 14 : 26 의 첫번째 부분은 성령의 가르치는 사역에 대해서 말합니다. 그러나 두번째 부분은 생각나게 하는 것(기억나게 하는 것)입니다. "보혜사 곧 아버지께서 내 이름으로 보내실 성령 그가 너희에게 모든 것을 가르치시고 내가 너희에게 말한 모든 것을 '생각나게' 하시리라." 만일 그들이 그 모든 것을 가르침 받았다면 어째서 그들로 하여금 생각나게 하는 것이 필요합니까? 우리가 이 말씀을 상고하기 시작할 때부터, 성령께서 우리로 하여금 기억나게 돕는 사역이 필요함을 알았습니다. 왜냐하면 우리의 존재의 양태 때문이며 우리의 생각의 연약함 때문에 중요한 교훈들을 담아놓지 못합니다. 그러니 아주 잘 배우고 아주 명석하게 가르침 받았는데도 불구하고 잊어버릴 가능성이 있습니다. 제자들의 경우에도 그리스도의 사역의 의미에 대해서 배웠지만 그것을 밑받침하고있는 것이 무엇인지를 망각하였습니다. 주님께서 기억나게 하시는 데 강조점을 두시는 것은 우리에게 두 가지 별 개의 진리를 가르칩니다. 첫째로, 하나님의 지혜는 새로운 것이 아니라는 것을 가르칩니다. 하나님께서 과거에 계시하신 것이나 지금 계시하시는 것이나 같다는 것입니다. 왜냐하면 그분은 같은 분이기 때문입니다. 우리는 특별히 미국에서 그러하지만, 우리 세대에 언제나 신학을 만들어내려는 경향성을 가지고 있읍니다. 교회 사람들은 "과정신학"이라는 것에 대해서 말합니다. 이것은 "진화하는" 신학이라는 뜻입니다. 그러나 그것은 성경의 사고방식이 아닙니다. 어떤 주석가들은 언제나 신문이나 인기 있는 책에 성경을 비추어 탐사하고 있는 것 같습니다. 그렇게 함으로써 그 전에 어느 누구도 듣지 못했던 것을 가지고 회중 앞에 나가려 합니다. 그들이 그렇게 하고, 그것에 대해서 책을 쓸 때, 그들의 말을 듣습니다. 그것이 바로「유월절 책략, 거룩한 버섯과 십자가」(The Passover Plot, the Sacred Mushroom and the Cross)의 본질이기도 하고, 다른 인기 있는 종교서적들의 성질이기도 합니다. 사람들은 그것들을 사면서 "우리는 그 전에 전혀 그러한 것을 들어보지 못했다! 그러므로 그것은 실제임에 틀림 없다!"라고 말합니다. 그러나 그것은 진리가 아닙니다. 또한 성령의 사역의 산물도 아닙니다. 성령께서 우리에게 새로운 교리를 주시지 않습니다. 오히려 옛 진리들을 우리로 생각나게 하십니다.

그러므로 우리가 전파하고 있는 것은 새로운 교리가 아니라 성도들에게 영단번에 전해졌던 옛 교리입니다. 그것은 인간이 스스로 영적으로 도울 수 있는 능력이 전적으로 없다는 교리이며, 예수 그리스도 안에서의 하나님의 은혜의 교리요, 이러한 진리들을 가지고 우리의 마음이 부닥치게 해서 그것들을 이해하게 하는 성령의 사역에 대한 교리요, 하나님께서 자기 백성들을 결코 놓치지 아니하신다는 교리입니다. 하나님께서 우리를 버리지 아니하시며, 일단 우리를 그러한 기이한 방식으로 구원하시기 시작하시고 새로운 영을 주시고 새로운 혼을 창조하신 바로 그 하나님께서는 끝까지 우리를 보존하실 것이라고 우리는 설교합니다. 다시 말하면 그분은 우리들에게 우리가 새로운 몸을 입고 영원토록 주예수그리스도와 같아질 바로 그 순간까지 우리들을 지키실 것입니다. 이러한 것들은 새로운 교리들이 아닙니다. 옛 교리들입니다. 그러한 것들은 성령께서 우리의 기억이 되살아나게 하는 교리들입니다.

"생각나게 함"(기억)이라는 어휘가 보여주는 두번째 진리는, 우리는 이러한 교훈들을 잊기 쉬운 경향을 가지고 있다는 것입니다. 심지어 우리가 여러번 그것을 들었어도 말입니다. 교회의 역사는 성령을 통한 큰 축복의 역사라고 할 수 있습니다. 종교개혁과 부흥의 때를 알리는 역사입니다. 그 부흥은 그 메시지를 좀체로 잊은 다음에 있었읍니다. 이러한 일이 거듭거듭됩니다. 그러므로 목사의 임무 중 하나는 회중들로 하여금 옛 진리를 생각나게 하는 것입니다. 그리스도인들이 해야 할 일 중 하나는 각자 서로 그러한 진리들을 생각나게 하고, 또 기독교 교회가 해야 할 임무 중 하나는 이러한 옛 교리들을 세상 사람들이 생각하게 해야 합니다. 비록 그들이 그러한 교리들을 거부할지라도 말입니다.

그가 나를 증거할 것이요

이 구절은 역시 다른 것을 말해주고 있읍니다. 우리는 그 요점도 놓치고 싶지 않습니다. 가르치는 내용은 그리스도라고 말하고 있읍니다. 이 본문에 있어서 그것은 사실입니다. "내가 너희에게 말한 모든 것을 생각나게 하시리라." 15장과 16장에 성령에 관해서 말하는 구절에서도 역시 마찬가지입니다. "내가 아버지께로서 너희에게 보낼 보혜사 곧 아버지께로서 나오시는 진리의 성령이 오실 때에 그가 나를 증거하실 것이요 너희도 처음부터 나와 함께 있었으므로 증거하느니라"(15:26, 27). "내가 아직도 너희에게 이를 것이 많으나 지금은 너희가 감당치 못하리라그러하나 진리의 성령이 오시면 그가 너희를 모든 진리 가운데로 인도하시리니 그가 자의로 말하지 않고 오직 듣는 것을 말하시며 장래 일을 너희에게 알리시리라 그가 내 영광을 나타내리니 내 것을 가지고 너희에게 알리겠음이니라"(16:12-14).

우리는 성경 그 자체를 목적으로 삼는 위험에 직면하고 있읍니다. 심지어 복음주의적인 사람들마저도 그러합니다. 우리는 성경을 교과서를 연구하듯이 연구합니다. 또한 데이타를 암송합니다. 그러나 성경의 목적은 그 존재 자체에 목적이 있는 것이 아니라는 것을 잊는 위험에 우리는 항상 처합니다. 물론 그 성경이 영원토록 없어지지 않지만 말입니다—"천지는 없어져도 내 말은 없어지지 아니하리라." 성경의 목적은 그리스도를 찾는 마음과 생각에 그리스도를 보여주는데 있읍니다.

얼마 전 저는 이 강론을 준비하는 과정에 〈성경연구시간〉 때문에 여행을 떠나야만 했읍니다. 어느 날 아침 우리는 마이애미에 도착했읍니다. 그리고 나서 해변을 따라서 포트 로더데일로 차를 몰았읍니다. 제가 필라델피아를 떠날 때 제 아이들은 제게 이렇게 말할 수도 있었다고 상상해 보았읍니다. "아빠 큰 바다를 보러 가시지요. 돌아와서 그 바다가 어떻게 생겼는지 말해 주세요." 제가 다시 돌아와서 그들에게 "나 큰 바다를 보았단다"라고 말한다고 생각해 봅시다. 그 바다가 어떻게 생겼느냐고 물었을 때 나는 "우리는 포트 로더데일에 있는 헐리데이 호텔에 숙박했지. 거기에 아주 큰 창이 있었어. 그 넓은 대양(大洋)을 막바로 바라볼 수 있는 창이었어. 아주 멋진 창문이었지. 내가 거기에 있을 때 그것을 재보았어. 왜냐하면 너희가 이런 유의 일을 알고 싶어할 것을 알기 때문이지 그 창문은 높이가 3 피이트 2 인치였고 넓이는 그보다 더 넓었어ー 6 피이트 6 인치였으니까. 그리고 그 창문은 유리로 되어 있었어. 이중 유리로 되어서 소음을 방지했었지. 그리고 그 유리문의 틀은 쇠로 되어 있었어. 그 어디서 만들었는지 자세히 보았더니 그 회사 이름이 써 있더구나. 그리고 그 유리가 그 금속틀에 직접 붙어 있지 않았다는 걸 알았지. 작은 고무판박이에 끼워져 있었어…." 자 그런 일이 있었다면 어린 아이들은 어리둥절했을 것입니다. 아니면 그들이 있었던 일을 이해했다 할지라도 그런 말의 어리석음이 무엇인지를 알았을 것입니다. 창문은 대양이 아닙니다. 창문은 이 특별한 경우에서 거기 있어서 그 창문을 통해서 대양을 내다 볼 수 있었을 따름입니다.

성경이 바로 우리에게 그러한 것이 되어야 합니다. 우리는 성경의 중요성을 축소해서는 결코 안됩니다. 대단히 중요합니다. 아주 정말 필요 불가결한 것이지요! 그러나 그 성경을 그 자체로 목적을 삼는 위험이 있다는 것을 이해해야 합니다. 마치 창문틀을 분석하듯이 분석하고, 그 성경을 통해서 주 예수 그리스도를 보지 못한 어리석음을 범하는 위험이 있다는 말입니다. 성령께서 그 창문을 만드셨읍니다. 그러나 성령께서 그렇게 하신 것은 그 창문을 통해서 우리가 예수 그리스도를 바라볼 수 있도록 하기 위함입니다.

하나님의 능력

우리가 말해왔던 것에 속한 마지막 요점이 있습니다. 성령께서는 우리로 하여금 이러한 진리를 다른 사람들에게 가르칠 수 있도록 하시는 분입니다. 영적 진리를 가르친다는 것은 육체의 힘으로는 불가능합니다. 바울은 일찌기 한번 인용한바 있었던 고린도전서의 말씀 바로 앞에 있는 말씀 속에서 그것에 대해서 쓰고 있습니다. "형제들아 내가 너희에게 나아가 하나님의 증거를 전할 때에 말과 지혜의 아름다운 것으로 아니하였나니 내가 너희 중에서 예수 그리스도와 그의 십자가에 못 박히신 것 외에는 아무 것도 알지 아니하기로 작정하였음이라…내 말과 내 전도함이 지혜의 권하는 말로 하지 아니하고 다만 성령의 나타남과 능력으로 하여…" (2:1 , 2, 4).

만일 하나님의 진리를 바르게 전하여 한다면 세 가지 사항이 요청됩니다. 첫째로 성령을 통해서 사도들에게 진리가 계시되는 일이 있어야 합니다. 이런 일은 이미 있었습니다. 둘째로 우리 마음속에 성령께서 가르치셔서 우리가 그 말씀을 읽을 때에 그 말씀이 기록하는바 주 예수 그리스도를 만나야 합니다. 세째 성령께서 끊임없이 역사하셔서 이 말씀에 대해 우리가 증거하도록 하고 아직 그것을 듣거나 이해하지 못하는 사람들의 마음 속에 그것을 심어주는 일이 있어야 합니다. 세 위대한 단계들이여 !

그러나 각 경우마다 오류가 있을 수 있습니다. 성경으로부터 시작하지 않는 사람들이 있습니다. 그들은 성경은 성령께서 사도들에게 가르치신 말씀이라기보다는 사람들의 말을 포함하고 있는 것으로 생각합니다. 그들은 기초를 내던져 버려서 서야 할 근거가 전혀 없으며, 그래서 그들의 신학은 단순히 사변적인 것이 되는 것입니다. 성경을 하나님의 말씀으로 받아들이나 성령께 배우려고 들지를 않는 사람들이 있습니다. 그들은 학문적인 방식으로 성경을 연구합니다. 비록 그들이 성경에 관한 고등한 관점을 가지고 있다 할지라도 그 성경의 지면 속에서 주 예수 그리스도를 알기 위해 애를 쓰지 않습니다. 그런 다음에 성경을 하나님의 말씀으로 인정하며 예수 그리스도와 만나는 사람들이 있읍니다. 그러나 그들이 그들 자신의 능력으로 증거한 나머지 자기 스스로를 높이는 자들이 있읍니다. 그래서 많은 사람을 얻지 못합니다. 이런 일이 우리에게 일어나서는 안됩니다.

농부의 일을 한다 합시다. 첫째 우리는 땅을 준비하지요. 그다음에 씨를 가지고 거기에 뿌립니다. 물을 줍니다. 또 자라기까지 기다립니다. 그러나 씨에 생명을 주는 것은 아니지요. 씨는 이미 그 생명을 가지고 있었읍니다. 더구나, 우리는 골을 파서 거기에 씨를 심습니다. 그러나 하나님께서 그 땅에 두신 자양분이 있어야 합니다. 거기서 마저 하나님의 일은 끝나지 않습니다. 왜냐하면 그 씨는 햇빛이 비치기까지는 자라나지 않기 때문입니다. 성령께서 우리의 증거에 태양과 같은 역할을 해야 합니다. 우리는 골을 파고 물을 주고 또 잡초를 뽑아내는 일에 있어서 신실해야 합니다. 그러나 우리는 생명을 얻기 위해서 하나님을 바라보아야 합니다.

여러분은 하나님의 말씀의 뿌림을 받은 사람들일 것입니다. 말씀이 여러분 속에 뿌려졌읍니다. 하나님의 여러 구절의 말씀들이 심겨졌읍니다. 그것을 여러분은 뽑아내버릴 수 없읍니다. 그것이 좋은 일이지요.

성령께서는 그 말씀에 빛을 비추십니다. 성령께서 그렇게 하게 하십시오. 어떤 일이 일어났는지 인식하십시오. 그리고 "감사합니다, 하나님. 이렇게 제 삶 가운데서 행하시는 일을 생각하니 말입니다. 하나님은 심으셨고, 열매를 맺게 하시고 계십니다. 그런 일이 하루속히 일어나도록 허락하여 주시옵소서. 예수의 이름을 위해서 나를 가르치소서"라고 말하십시오.

27

평강이 두려움을 몰아내고

"평안을 너희에게 끼치노니 곧 나의 평안을 너희에게 주노라 내가 너
희에게 주는 것은 세상이 주는 것 같지 아니하니라 너희는 마음에 근
심도 말고 두려워하지도 말라 내가 갔다가 너희에게로 온다 하는 말
을 너희가 들었나니 나를 사랑하였더면 나의 아버지께로 감을 기뻐하
였으리라 아버지는 나보다 크심이니라 이제 일이 이루기 전에 너희에
게 말한 것은 일이 이룰 때에 너희로 믿게 하려 함이라 이 후에는 내
가 너희와 말을 많이 하지 아니하리니 이 세상 임금이 오겠음이라 그
러나 저는 내게 관계할 것이 없으니 오직 내가 아버지를 사랑하는 것
과 아버지의 명하신 대로 행하는 것을 세상으로 알게 하려 함이로라
일어나라 여기를 떠나자 하시니라"(요 14 : 27 - 31).

어떤 의미에서 우리가 다룰 본문말씀은 우리로 하여금 전적으로 새로
운 대목에 접어들게 합니다. 왜냐하면 그리스도의 마지막 강화에서
그 전에 평강에 대해서 한번도 언급한 적이 없었기 때문입니다. 실로 그
런 일은 전적으로 예측되지 못했던 것이 아닙니다. 그 한 예로 성령께서
그리스도를 따르는 사람들에게 오시면 자연스럽게 열리는 열매가 평강이
기 때문입니다. 예수님께서는 바로 그 일에 대해서 말씀하셨읍니다. 또
다른 예로는 - 하늘에서 자기 백성들을 위해서 처소를 예비하실 것이고,
처소를 예비하면 다시 돌아오실 것과, 그가 그들 안에서, 그들을 통해서

계속 일하시며, 그들의 기도에 응답하신다는 그의 사역, 성령께서 영원
토록 그들과 함께 있도록 보내신다는 약속과 같이 - 그들이 위안을 받게
되는 하나의 큰 이유입니다. 이 말씀들은 14 장의 처음 주제를 지적해내
기까지 합니다. 이 경우에는 "너희는 마음에 근심도 말고 두려워하지도
말라"(27 절).

제자들이 두려워하지 않아야 할 마지막 이유는, 예수님께서 그들에게
평안을 끼치고 계시기 때문입니다. 만일 그렇다면 평안은 그리스도의 죽
음이 그 제자들에게 닥쳐온다 할지라도 얼마간은 남아 있을 것입니다. 그
것은 예수님의 유언이었습니다. 그는 죽어가고 계십니다. 그는 아버지께
로 가실 것입니다. 그러나 뒤에 그 평안을 남기고 계십니다.

우리가 그것에 대해서 무어라고 말한다 할지라도 그것은 확실한 평강
입니다. 왜냐하면 주 예수 그리스도의 유언은 효력이 있을 것이기 때문
입니다. 찰스 하돈 스펄전은 이것에 대해서 다음과 같이 말합니다. "우리
는 주 예수 그리스도의 이 진술이 견고하다는 것을 확신할 수 있습니다.
예수님은 여기서 자신의 서명을 하십니다. 그 서명은 열 한 제자들의 앞
에서 날인되고 전달되었습니다. 그 열한 제자들은 진실하고 참된 증인들
입니다. 이 유언은 그 유언자가 살아 있는 동안에는 효력이 없습니다. 그
러나 주 예수 그리스도께서 일단 죽으셨고, 이제 어느 누구도 그의 유언
을 논박할 수 없습니다. 그 유언은 효력이 있을 것입니다. 왜냐하면 바로
그 유언자는 죽었기 때문입니다. 그러나 그 유언자는 의중이 무시를 당
하는 적도 가끔 있을 수 있습니다. 유언자가 무덤 밑에서 힘이 없어 스스
로 일어날 수 없고 그의 마지막 의지가 이행되어야 한다는 것을 요구할
수도 없습니다. 그러나 우리 주 예수 그리스도께서는 죽으심으로써 그 뜻
이 견고케 되었고 다시 살아나셔서 이제는 그것의 모든 조목이 다 이루
어지도록 조치하십니다."

폭풍 속의 평강

그리스도께서 끼치시는 평안의 아름다운 성질은, 이 말씀이 발해진 그
고통스러운 처지를 주목할 때에 확 드러나게 되며, 그리스도의 평안을 받
게 된 사람들의 조건을 살펴 보면 드러납니다. 그 상황은 외적인 평안

으로 나타날 상황이 아니었읍니다. 그리스도께서는 처참하게 죽임을 받을 그 언저리에서 그 말씀을 하셨읍니다. 또 이미 평강에 처한 사람들이나 예수님께서 절박하게 잡히셔서 죽으시는 일을 보고 아무런 감동을 느끼지 못하던 사람들에게 말씀하신 것이 아닙니다. 오히려 그들은 이미 깊이 상심하고 두려워 떨고 있었읍니다. 밖에서 오는 고통! 안에서 일어나는 걱정! 유언이 바로 그러한 상황 속에서 주어졌던 것입니다.

그 이야기는, 예술가들이 자기가 이해하는대로 평강에 대한 그림과 조각을 제출해놓고 경연을 벌이는 콘테스트를 연상시키는 것 같다고 가끔 말해집니다. 어떤 사람들은 아름다운 석양을 보여 주었읍니다. 또 다른 사람들은 전원풍경을 보여 주었읍니다. 그러나 둥우리에 있는 새를 그린 예술가에게 상이 돌아갔읍니다. 그 둥우리는 천둥치는 것 같은 폭포수의 언저리에 뻗어 있는 가지에 맞붙어 있는 둥주리였읍니다. 그리스도의 예언 속에 바로 그러한 개념이 포함되어 있읍니다. 외면적 평강에 대해 어느 누구도 평안할 수 있고, 최소한 많은 사람이 그럴 수 있읍니다. 그러나 외적인 고통과 내적인 비통함이 팽만할 때에 평강을 가진다는 것은 아주 극히 예외적인 것이고 초자연적인 것입니다. 그리스도의 평강은 바로 그 예화에서 처럼 예외적이고 초자연적인 것입니다. 이 여러 구절들에서 예수님께서 설명하듯이, 그 평안은 자기 백성들 속에 있어야 하는 평강으로서, 그들 주위에 있는 세상의 혼들리는 성질과, 예수님 자신의 떠나가시는 것과, 마귀와 악한 사람들의 표독스런 행동에도 불구하고 그 백성들이 가지고 있어야 할 평강입니다.

요동하는 세상

그리스도께서 주신 평안은 세상의 혼들림에도 불구하고 존재하는 평강입니다. 우리는 그 평강을, 세상이 주는 방식과 그리스도께서 주시는 방식 사이의 차이를 통해서 두드러지게 봅니다. 예수님께서 그것에 대해서 말씀하시기를 "내가 너희에게 주는 것은 세상이 주는 것과 같지 아니하니라"고 말씀하십니다.

세상이 주는 것들이 무엇이든지간에 세상이 주는 것들의 특징있는 것은 무엇입니까? "진실하지 못한" 특징을 갖고 있읍니다. 사람들이 줍니다마는 사람들이 선물을 줄 때 가지고 있는 것처럼 보이는 그러한 동기들을 갖기가 어렵습니다. 때로 그 선물은 어떤 것을 기대하는 마음으로 드려질 때가 있습니다. 또한 우리가 다른 사람들에게 선물주는 것을 특징짓는 또 다른 요소는 "아무런 힘이 없다"는 점입니다. 다시 말하면 우리가 무엇을 대해서 진지하다 할지라도 우리는 우리가 하고 싶은 모든것을 일반적으로 할 수 없습니다. 만일 우리가 어떤 평안을 원하면, 우리가 바라는 것은 고작 소원일 뿐입니다. 그 자체로는 어느 것도 이루지를 못합니다. 세상이 주는 것은 "불충분합니다." 다시 말하면 그것은 언제나 세상이 줄 수 있다고 생각되는 수준보다 못합니다. 사랑스러운 동기에서 주는 경우에도 분명히 그러한 점이 드러납니다. 세상은 "이기적인 동기"로써 줍니다. 때로 자기를 잘 생각해주도록 하기 위해서 줍니다. 때로 그 것은 총애를 되돌려 받고 싶은 생각에서 주기도 합니다. 아마 모든 것 중에서 가장 거부감이 가는 것은, 대부분 세상은, 필요 없거나 그 선물을 "원하지 않는 사람들에게" 준다는 점입니다. 거의 자기 친구들에게 주는데, 그 친구들은 이미 자기들의 필요한 것을 가지고 있거나, 아니면 부자거나 중요한 인물이라고 생각되는 사람들에게 그러한 것이 주어지는 것입니다. 이러한 모든 특징들에다 더하여, 세상이 주지만 "다시 되돌려" 받는 경우가 혼합니다.

그리스도께서 주시는 것은 그러한 것이 아닙니다. 예수님께서는 당신의 사람들을 진실로 사랑하는 마음에서, 효과적으로, 넘치도록, 당신 자신의 인격을 희생하고서 주십니다(평강을 주시기 위해서 십자가에서 자신을 희생시키셨습니다). 또한 무엇보다도 당신의 선물을 정말 필요로 하는 사람들에게 주십니다.

세상이 줄 때 나타나는 그 특징들은 그 세상이 주는 평안의 성질 속에서 확연하게 드러납니다. 세상은 평안을 줄 수 있는 능력이 전혀 없는 것은 아닙니다. "마음의 평강", "우리 시대의 평안", 또는 그와 비슷한 유의 슬로건에 어느 정도의 내용이 있는 것만은 사실입니다. 어느 정도까지 이 슬로건들이 평강에 대해서 말합니다. 그러나 그리스도께서 말씀하신 깊이의 평강에까지 이르지는 못합니다. 우리에게 있어서 평강은 본질적으로 소극적인 것입니다. 사전(辭典)은 그 말을 "적대감을 종식시키고 자 조약을 맺는 것", "조용한", "내란이나 시민의 소동에서 자유로와지는 것", "두려움에서 자유로움을 얻는 것" 등으로 규정하고 있읍니다. 성경에서 일반적으로 나타나는 바와 같이, 예수님의 입에서 나오는 그 평강은 적극적인 복락입니다. 특별히 모든 다른 좋은 것이 나오는 하나님과 바른 관계를 맺는 것입니다.

여기서 우리는, 믿음으로 의롭다하심을 얻은 결과로 "하나님과 더불어 화평을 이룹니다"(롬 5 : 1). 여기서 언급되는 화평과, "하나님의 평강"이라는 어구에서 언급된 화평(빌 4 : 7) 사이를 대조함으로써 도움을 얻을 수 있읍니다. 그 "하나님의 평강"은 처음 올 수는 없고 두번째 오는 것입니다. 첫번째 종류의 화평을 언급하는 의중에는, 사람들은 자기들 대로 내버려 두면 하나님과 원수 관계에 있다는 것입니다. 그들은 자기들을 주관하시는 하나님의 정당한 권위를 거부했고, 비합법적인 나라로 밖에 없는 묘사될 수 없는 나라를 세웠읍니다. 하나님께서는 그러한 반역에 대해서 진노하십니다. 그러나 예수님께서는 당신의 십자가의 피로써 화평을 이루셨읍니다. 예수님께서는 우리의 반역을 위해서 온전한 희생을 지불하셨고, 그럼으로써 그의 희생을 믿음으로 말미암아 하나님께 나오는 모든 사람들을 위해서 화평을 이루셨읍니다. 이 사람들은 이제 "그러므로 의롭다 하심을 얻었은즉 우리 주 예수 그리스도로 말미암아 하나님과 더불어 화평을 누리자"(롬 5 : 1)고 말할 수 있읍니다.

해리 아이언사이드는 되어진 일을 예증하는 한 이야기를 들려주곤 합니다. 남북전쟁이 끝날 무렵, 연방군 포병부대가 버지니아의 리치몬드와 워싱턴 직할시 사이를 잇는 길을 달려가고 있었읍니다. 그런데 갑자기 그들은 한 불쌍하고 곤고한 군인을 발견하였읍니다. 그는 동맹군 유니폼을 입고 있었고 그 사람이 수풀 속에 나오고 있었읍니다. 그는, 말고삐를 쥐고 자기를 쳐다보고 있는 포병대장에게 "저를 도와줄 수 있어요?"라고 소리쳤읍니다. "나는 배고파 죽겠어요. 뭐 먹을 것이 없나요?"

그 포병대장은 "배고파 죽겠다고요? 어째서 리치몬드로 들어가서 당신이 필요로 하는 것을 얻고 있지 않습니까?"

그 군인은 설명했읍니다. "감히 리치몬드에 들어갈 수 없어요. 거기 가면 잡힐거예요. 3 주일 전에 저는 큰 패배를 만나 너무 낙담한 나머지 남군으로부터 도망쳤어요. 나는 그 이후 이 숲속에서 숨어 있었지요. 점점 북을 향하여 나아가서 북군과 합류할 기회를 바랬어요. 남군에게 붙잡힌다면 나는 전쟁 때에 남군을 탈영했기 때문에 총살당할거예요."

그 포대장은 그를 쳐다보면서 "당신, 소식을 듣지 못했소?"

"무슨 소식요?"

"전쟁이 끝났단 말예요. 평화가 이루어졌어요. 리 장군이 2주일 전에 아포매톡스에서 그랜트 장군에게 항복했소. 이제 남부동맹정부는 끝이 난 것이요."

"뭐라고요? 두 주일 전에 화평이 이루어졌다고요? 그것도 알지 못하고 숲속에서 굶고 있었다니!."

하나님과 더불어 화평을 이룬다는 것은 그것을 뜻하는 것입니다. 주 예수 그리스도께서는 2000년 전에, 아버지께서 당신에게 주신 자들을 위하여 화평을 이루셨습니다. 그들은 하나님과 더불어 화평을 이룰 필요가 없습니다. 실은 그들이 아무리 노력해도 그런 화평을 이룰 수 없을 것입니다. 자기들의 죄를 위해서 속할 수 없습니다. 그러나 주 예수 그리스도께서 완전한 속죄제물로 자신을 드리심으로, 예수님을 믿는 모든 사람들은 그 적대감의 근거가 옮겨지고 아버지의 풍성한 보고 속에 자기들이 필요한 모든 것을 얻을 수 있다는 걸 알고 하나님께 담대히 나갈 수 있게 되었습니다.

그러나 그것은 이야기의 반밖에 되지 못합니다. 왜냐하면 하나님과 더불어 화평을 이룬 이 사람들은 풍성한 "하나님의 평강"으로 들어갈 수 있기 때문입니다. "하나님의 평강"은 무엇입니까? 그것은 예수님께서 친히 이 땅에 계실 동안에 누리셨던 바로 그 평강입니다. 그 평강을 특징짓는 요점이 둘 있습니다. 첫째로 그 평강은 하나님을 아는 친밀한 지식을 기초한 평강입니다. 하나님께서 모든 만물을 통제하시는 분이시라는 걸 아는 것을 기초한다는 말입니다. 둘째로 그 하나님의 평강은 여러 환경에 절대 매이지 않습니다. 여러 환경이 예수님을 둘러 에워쌌습니다. 그러나 예수님께서는 그러한 것들에 의해서 결코 요동되지 아니하셨습니다. 그 원수들이 그를 죽이려고 갖은 발악을 다하여 벼르고 달라들었습니다. 그러나 그럼에도 불구하고 예수님께서는 그의 길을 가셨습니다. 당신의 생명과 때는 전적으로 사랑하시고 지혜로우시고 모든 능력을 갖추신 하늘 아버지의 손에 달려 있다는 것을 아셨기 때문입니다.

"내가 너희에게 평안을 끼치노니." 여러분이 그러한 평안을 받으셨읍니까? 받지 않았다면 여러분이 그분의 발 앞에 여러분의 무거운 짐을 부려놓음으로써 그러한 평강을 구할 수 있읍니다.

떠나신 그리스도

그리스도께서 말씀하신 평강은, 우리 주위에 있는 요동하고 고난에 찬 세상에도 불구하고 존재하는 평강입니다. 그러나 그리스도께서 육체적으로 떠나 계심에도 불구하고 그 평강은 존재해야 합니다. 28절과 29절을 그 앞에 있는 구절과 서로 연결시키면 그러합니다. 왜냐하면 예수님께서 지금 제자들을 떠나려 한다는 사실을 말씀하고 계시기 때문입니다. "내가 갔다가 너희에게 온다 하는 말을 너희가 들었나니 나를 사랑하였더면 나의 아버지께로 감을 기뻐하였으리라 아버지는 나보다 크심이니라 이제 일이 이루기 전에 너희에게 말한 것은 일이 이룰 때 저희로 믿게 하려 함이라."

예수님께서 육체적으로 제자들을 떠난다 할지라도 제자들이 평강을 누리고 있어야 할 두 가지 이유가 있읍니다. 첫째로 그것은 예수님을 위해서도 좋을 것이기 때문입니다. 예수님께서 다시 한 번 아버지와 함께 계시기 위해서 가려 하시기 때문에 그것은 예수님을 위해서 좋은 일입니다. 결국 그 일은 28절 마지막에 있는 그 문장의 참된 의미이기도 합니다ㅡ "내 아버지는 나보다 크심이라." 이것은 삼위일체를 부정하는 일신론자들이 좋아하는 구절입니다. 여호와의 증인이나 다른 이단들은 예수님의 절대적인 신성을 부인하고 예수님을 아버지보다 못하게 만드는 사람들입니다. 그 사람들은 이 문장을 사용하여서, 예수님께서 친히 자신이 아버지보다 못하시고, 창조된 분이라고 고백했다고 가르칩니다. 비록 그분 자신이 중요한 자로 자신을 내세웠다 할지라도 말입니다. 그러나 그 구절을 겉으로만 보면 그러한 의미처럼 보입니다. 그러나 만일 그것을 내용의 차원에서 바라본다면 그런 의미가 아닙니다. 열쇠 구절은 "왜냐하면"(우리 말 개역성경에서는 그 접속사가 나타나 있지 않고 다만 문맥으

로써 그 접속사의 느낌을 가지게 함 - 역자주) 이라는 접속사입니다. 예수
님께서는 제자들에게 말씀하시기를, 너희는 내가 떠나는 것과 너희가 나
를 사랑하는 것을 보고 기뻐해야 한다고 말씀하십니다. 그는 그 이유를
제시하십니다. "이는 아버지는 나보다 크심이니라." 다른 말로 해서 예수
님께서 성육신하시는 날 동안에 외면적인 영광과 직무적인 입장에 있어
서 아버지보다 아래로 내려오셨다는 말씀입니다. 그러나 이제 그는 아버
지께로 돌아가셔서 그가 원래 소유하고 계셨던 그 큰·영광과 지위를 차
지하려 하시는 것입니다. 제자들은 이제 목전에 당도한 우리 주님의 절
대적인 높아지심을 즐거워해야 했습니다.

이 구절은 바울이 빌립보서 2 : 5 - 11 에 기록한 것과 병행을 이루는
진술입니다. 이 빌립보서에 나오는 구절들은 예수님께서 하나님 아버지
와 동등하게 가지셨던 충만한 신적인 원래의 영광을 말하고 있습니다. 그
러나 예수님께서는 사람이 되셔서 우리 구원을 위해서 죽기 위해서 그 영
광을 잠깐 비켜놓았던 것입니다. 이 결과로 다음의 구절들에서 말하는 내
용이 따라오게 된 것입니다. "이러므로 하나님이 그를 지극히 높여 모든
이름 위에 뛰어난 이름을 주사 하늘에 있는 자들과 땅에 있는 자들과 땅
아래 있는 자들로 모든 무릎을 예수의 이름에 꿇게 하시고 모든 입으로
예수 그리스도를 주라 시인하여 하나님 아버지께 영광을 돌리게 하셨느
니라"(9 - 11 절). 제자들은, 예수님께서 가시는 것이 예수님을 위해서
더 낫다는 걸 인식해야만 했습니다.

우리는 이것을 주님 안에서 죽는 모든 사람들에게 적용시켜야 합니다.
그들이 예수님과 똑같은 영광을 취하지 못할 것은 뻔합니다 - 그분은 하
나님이시고 그들은 하나님이 아닙니다 - 그럼에도 불구하고 그들이 죽는
다고 하는 것은 그들이 높아지고 완전하게 되는 것을 의미합니다. 그들
이 떠남은 우리에게 있어서 손실입니다. 우리는 그들을 잃고 그들이 죽
기 때문에 우리는 더 가련해집니다. 반면에 그들이 자기들의 경주를 끝
내고 예수님과 함께 있게 되고, 예수님과 같이 된다는 사실을 즐거워합
니다. 우리는 그러한 지식으로부터 큰 내면적 평안을 가질 수 있는 것입
니다.

예수님께서 제자들을 떠난다 할지라도 제자들이 평강을 갖고 있어야할

두번째 이유는, 결국 그들 자신들을 위해서도 그러한 일이 좋다는 데 있읍니다. 그들은 사실상 예수님께서 육체로 그들과 함께 계시는것보다 더 나은 것을 상상할 수는 없읍니다. 그러나 예수님께서 거듭 가르치시기를, 예수님께서 그들을 떠나가시는 것이 더 좋으며, 성령께서 예수님 대신으로 오시게 될 것이라고 말씀하셨읍니다. 어째서요? 그런 경우에 그들이 "믿게 될 것이기" 때문입니다(29 절). 예수님께서 이 말씀을 하실 때 제자들은 자기들이 틀림 없이 믿고 있다고 생각했읍니다. 최소한 그들은 자기들이 이해하는 모든 것을 믿었읍니다. 그러나 예수님의 죽음의 이유는 이해하지 못했읍니다. 또 예수님의 죽으심 다음에 부활이 온다는 것도 이해하지 못했읍니다. 두 위대한 진리 위에 서있는 구원의 복음이 예수님이 다시 오시기까지 전세계에 전파되어야 한다는 것도 이해하지 못했읍니다. 그들로 하여금 이 위대한 진리를 이해하도록 하고 그 진리를 믿도록 하시는 것은 성령이 하시는 일입니다. 이러한 일이 있을 때만 그들은 믿음에서 강해지고, 다른 사람들에게 그 복음을 전할 수 있게 될 것입니다. 우리의 믿음도 그러해야 합니다. 예수님께서는 제자들에게 말씀하시기를, 어떤 일이 온다 할지라도 그것이 아무리 비극적으로 보인다 할지라도 너희 자신의 선을 위해서 좋은 것이라고 말씀하고 계셨던 것입니다 — 그들이 믿음 안에서 자라나고 그들의 삶에 있어서 복락을 얻고 다른 사람들의 삶을 위해서 그것이 좋다는 것입니다. 그러니 우리 모두도 그래야만 합니다. 우리를 괴롭히는 것이 어느 것이라 할지라도 — 어떠한 일이 일어난다 할지라도 — 하나님께서 우리의 선을 위해서 보내시는 것임을 알아야 합니다. 그러므로 우리는 가장 어려운 역경을 만나더라도 평강을 가지고 있어야 합니다.

기를 쓰는 마귀

14 장 마지막 두 절은 역시 평안과 관계 있읍니다. 왜냐하면 그 구절들은, 그리스도의 평안은 사단이 기를 쓰고 활동하는 경우에서도 존재할 것이라는 걸 지시하기 때문입니다. 요동하는 세상과, 그리스도가 떠나는 일과, 마귀가 기를 쓰는 그런 모든 일, 어느 것도 우리를 넘어지게 할 수는 없읍니다. 예수님께서 다음과 같이 공표하실 때 기를 쓰고 우리를 넘

어지게 하려는 마귀에 대해서 말씀하고 계셨던 것입니다. "이후에는 내가 너희와 말을 많이 하지 아니하리니 이 세상 임금이 오겠음이라 그러나 저는 내게 관계할 것이 없으니 오직 내가 아버지를 사랑하는 것과 아버지의 명하신대로 행하는 것을 세상으로 알게 하려 함이러라 일어나라 여기를 떠나자 하시니라"(30, 31절).

"이 세상 임금이 왔다"고 말씀하시는 예수님의 의도는 무엇입니까? 이 세상의 임금은 마귀입니다(요 12:31, 16:11). 그리고 예수님께서 그가 온다고 말씀하셨으니 틀림 없이 유다를 움직여 예수님을 원수들의 손에 팔도록 하는 마귀의 행동을 언급하고 계셨습니다. 아마 유다는 바로 그 순간에 그러한 일을 하고 있었을 것입니다(13:27, 30). 사단은 유다의 인격 속에서 글자 그대로 와서 그리스도를 붙잡아 십자가에 못박았읍니다. 그러나 이것이 예수님을 괴롭게 하지 않았습니다. 왜냐하면 사단의 역사를 맞고서도 예수님은 평강을 지키셨기 때문입니다.

사단은 그리스도께 아무 일도 할 수 없었습니다. 왜냐하면 사단은 "예수님께 관계할 것이 없기" 때문입니다. 영어에서 이 어구를 관용구적으로 옮기는 것이 대단히 어렵습니다. 그러나 사단이 한 호리도 꼬투리를 잡을만한 죄가 예수 그리스도께 하나도 없다고 말하면 그 의미를 가장 잘 포착하게 될 것입니다. 사단은 있는 힘을 다해서 그리스도를 무너뜨리려고 애를 썼을 것입니다. 그러나 예수님께서는 가장 적대적인 군중들 틈을 그 전에도 빠져나가셨던 거와 마찬가지로 사단의 손아귀에서 빠져나갈 수 있었을 것입니다. 만일 우리가 그리스도 안에 있으면 그러할 것입니다. 예수님께서 "이 세상 임금이 오겠음이라 그러나 저는 내게 관계할 것이 없으니"라고 말씀하신 것처럼 말할 수는 없습니다. 우리 속에는 정말 죄가 많아 사단이 관계할 것이 많습니다. 그러나 만일 우리가 그리스도 안에 있다면 우리는 그리스도와 함께 서서 승리를 쟁취할 수 있습니다.

평강 속에서 지킨바 됨

주님은 위대한 유언, 평화의 유언을 남기셨습니다. 그러나 우리가 그 유언의 분깃이 있습니까? 우리가 그 유언을 우리 것으로 만들기 위해서 우리는 이 선물이 주어지는 사람들 속에 들어 있어야 합니다. 우리는 그리스도의 사람, 그리스도를 따르는 사람들이어야 합니다. 그러나 우리가 그런다 할지라도, 물질적인 유산의 차원에서와 같이 어떤 것은 충분히 우리가 누리지 못하는 것이 간혹 있을 수가 있습니다.

지상적인 개념에서 육체의 죽음을 당하거나, 질병을 당하거나, 다른 어떤 종류의 일을 할 수 없는 것 때문에 그 유산을 충분히 누리지 못할 수도 있습니다. 영적인 차원에서는 다른 것들이 우리로 하여금 그렇게 그 유업을 누리지 못하게 할 수 있습니다. 시험과 그 다음에 따라오는 여러 가지 시련들이 우리에게서 평강을 빼앗아 갈 수 있습니다. 시험에 너무 사로잡힌 나머지 하나님의 은사들을 잊을 수가 있습니다. 무지가 우리로부터 평강을 빼앗아갈 수 있습니다. 만일 우리가 하나님을 주권적인 하나님이시며 하나님의 완벽한 계획에 따라 모든 일을 행하시는 분으로 알지 못하면, 우리 하나님은 우리에게 너무 작게 보이실 것이고, 우리는 하나님과 우리 자신을 위해서 떨게 될 것입니다. 죄가 역시 우리의 평강을 깨뜨립니다. 왜냐하면 우리는 고의적으로 죄를 질 때 하나님과 온전한 교제를 누릴 수 없기 때문입니다. 불신앙이 그 평강을 깨뜨립니다. 이러한 모든 차원들은 우리로 하여금 그 유산을 보존하지 못하도록 합니다. 그러나 만일 반면에 우리가 이사야가 그 예언서 26 장에서 언급한 바대로 행한다면 그 평강을 온전히 알게 될 것입니다. 이사야는 "주께서 심지가 견고한 자를 평강에 평강으로 지키시리니 이는 그가 주를 의뢰함이니이다"(3 절)라고 완전한 확신으로 말합니다. 필요한 것이 무엇입니까? 하나님을 의뢰하는 것입니다 ! 마음을 그분에게 기울이는 것입니다 ! 만일 우리가 우리 주위에서 출렁이는 바다를 바라본다면 베드로처럼 가라앉기 시작할 것입니다. 만일 우리가 예수님께 시선을 집중시킨다면 가장 거센 풍랑의 바닷속에서도 그 위를 걷고 있는 자신을 발견할 것입니다.

예수님께서는 돌고 있는 우주 가운데에 있는 우리의 북극성입니다. 그분은 출렁이는 시간의 폭포수 속에 있는 우리의 반석입니다. 육체적이고 영적인 죽음 가운데서 우리의 생명이십니다. 그분에게 고착되어 있는 사람은 인도함을 얻을 것이고 안전함을 누릴 것이고 생명을 얻게 될 것입

니다. 그런 사람은 인간의 지각을 초월하는 바로 그러한 평강 속에 들어
갈 것입니다.

28

"나는 참 포도나무요"

"내가 참 포도나무요 내 아버지는 그 농부라 무릇 내게 있어 과실을 맺지 아니하는 가지는 아버지께서 이를 제해 버리시고 무릇 과실을 맺는 가지는 더 과실을 맺게 하려하여 이를 깨끗케 하시느니라 너희 는 내가 일러 준 말로 이미 깨끗하였으니 내 안에 거하라 나도 너희 안에 거하리라 가지가 포도나무에 붙어있지 아니하면 절로 과실을 맺을 수 없음 같이 너희도 내 안에 있지 아니하면 그러하리라 나는 포도나무요 너희는 가지니 저가 내 안에, 내가 저 안에 있으면 이 사람은 과실을 많이 맺나니 나를 떠나서는 너희가 아무 것도 할 수 없음 이라"(요 15:1 – 5).

요한복음 15 장 전반부를 차지하고 있는, 포도나무와 그 가지에 대한 그리스도의 비유의 말씀이 나오게 된 경로에 대하여 구구한 추측이 오갔습니다. 앞장이, "일어나라 여기를 떠나자 하시니라"로 끝나는 것을 보고는, 주님과 그 제자들이 이 시점에서 그 다락방을 떠나서, 예루살렘 도성을 가로질러 기드온 시내를 통과하여 감람산의 겟세마네 동산에 이르는 길을 조용하게 걷기 시작하였다고 추측할 만합니다. 만일 그러한 경우라면, 그들은 성전의 거룩한 장소에 이르는 문을 장식하고 있는 큰 황금의 포도나무나, 아니면 성의 큰 성벽에 붙어서 연하여 자라고 있는 포도나무를 지나쳤을 가능성이 많습니다. 그러나 이것도 확실하지 아니한 것은, 그리스도의 진술이 끝나고 나서도 그 다락방에 남아 있는 사람들이 있었기 때문입니다. 어떤 사람들은 다른 여러 가지의 이유를 제시하며 이러한 식으로 생각하여, 성전에 연하여 있는 포도나무가 그 방의 창을 통하여 보였거나, 아니면 정말 그 근방에 포도나무가 있었을 지도 모른다는 추측을 합니다.

제가 말씀드리는 것입니다만, 우리는 이 비유가 어떤 경우에 발하여졌는지 알지 못합니다. 다만 포도나무가 유대 지방의 어느 곳에서나 눈에 띄었고, 포도나무로 이스라엘을 상징한 예는 이미 널리 알려 졌었다는 것만 알 뿐입니다. 그러니 그리스도의 제자들에게는 그리스도께서 포도나무를 들어서 가르치시는 것을 처음 대하는 것이지만, 그 관념은 제자들에게 새로운 것이 아니었읍니다. 그는, "나는 참 포도나무요"라고 말하였읍니다. 그런 다음에 주님은 이제 뒤에 남기시고 떠나게 될 교회의 본질과, 인간의 어떤 성취에서 나오지 아니하고 그리스도 자신과 영적으로 연합하여 나오는 결과인 교회의 열매맺음의 본질에 대하여 가르쳐 나가셨읍니다. "내 안에…내 안에… 내안에!" 그것이 바로 이 비유와, 그 비유를 시작하는 "나는"이라는 위대한 어법의 테마입니다.

참 포도나무

이 비유의 첫번째 요점은, "나는"이라는 말씀 자체입니다. 그리고 "참"이라는 말에 명백한 강조점이 주어져 있읍니다. 예수님은 "나는 '참' 포도나무요"라고 말씀하십니다. 이 말씀은 그리스도 자신은 거짓된 것에 반대되는 개념으로 참되시다는 것이 아닙니다. 오히려 그 전의 모든 다른 포도나무들은 완전하고 유일하고 영구한 포도나무인 자신을 그림자로 비추어 준다는 의미에서 "참되다"는 것입니다. 예수님을 "참 빛"(1:9)이라고 하셨고, "참 떡"이라고 하셨고(6:32), "참 장막"이라고하였는데(히 8:2) 정확히 그런 의미에서 "참"이라고 하였던 것입니다.

그러나 제자들의 생각에서 반드시 지워지지 아니하였을 보다 더 직접적인 언급이 있읍니다. 포도나무는 탁월한 이스라엘의 상징입니다. 그래서 구약에서는 거듭하여 이스라엘을 하나님의 택하신 포도나무, 또는 하나님의 포도원으로 그려지고 있는 것입니다. 이사야는 이렇게 기록하고 있읍니다. "내가 나의 사랑하는 자를 위하여 노래하되 나의 사랑하는 자의 포도원을 노래하리라 나의 사랑하는 자에게 포도원이 있음이여 심히 기름진 산에로다 땅을 파서 돌을 제하고 극상품 포도나무를 심었었도다. 그 중에 망대를 세웠고 그 안에 술틀을 팠었도다…대저 만군의 여호와의 포도원은 이스라엘 족속이요 그의 기뻐하시는 나무는 유다 사람이라 그들에게 공평을 바라셨더니 도리어 포학이요 그들에게 의로움을 바라셨더니 도리어 부르짖음이었도다"(사 5 : 1, 2, 7). 그와 유사하게 예레미야는 이렇게 기록하였읍니다. "내가 너를 순전한 참 종자 곧 귀한 포도나무로 심었거늘 내게 대하여 이방 포도나무의 악한 가지가 됨은 어찜이뇨"(렘 2 : 21). 에스겔은 15 장에서 이스라엘을 역시 포도나무에 비유하고 있읍니다. 에스겔 19 장도 마찬 가지입니다. "네 피의 어미는 물 가에심긴 포도나무 같아서 물이 많으므로 실과가 많고 가지가 무성하며"(10 절). 호세아도 이렇게 쓰고 있읍니다. "이스라엘은 열매 맺는 무성한 포도나무라 그 열매가 많을 수록 제단을 많게하며 그 땅이 아름다울수록 주상을 아름답게 하도다"(10 : 1). 그 중에서 가장 유명한 대목 중 하나는 시편의 말씀입니다. "주께서 한 포도나무를 애굽에서 가져다가 열방을 쫓아내시고 이를 심으셨나이다 주께서 그 앞서 준비하셨으므로 그 뿌리가 깊이 박혀서 땅에 편만하여 그 그늘이 산들을 가리우고 그 가지는 하나님의 백향목 같으며"(시 80 : 8 - 1).

그러니 이 포도나무는 이스라엘의 상징으로 널리 알려져 있었읍니다. 실로 포도나무에서 따낸 포도송이는 오늘날도 이스라엘에서 보이는 상징물입니다. 그러나 구약에서 이 상징어법을 사용한 것에 대하여 참으로 특이한 것은, 그것이 언제나 이스라엘이 풍성하게 열매 맺는 일 보다는 이스라엘의 쇠퇴를 상징하는 것으로 언제나 드러나 있다는 것입니다. 이사야가 그 포도나무를 언급할 때의 요점을 보면, 포도나무가 들포도를 맺었다는 것입니다. 하나님께서는 "내가 포도나무를 위하여 행한 것 외에 무엇을 더할 것이 있었으랴?"고 묻습니다. 그러나 그만"들 포도"를 맺은 것입니다(4 절). 예레미야는 이스라엘더러 "쇠하는" 포도나무와 "이방" 포도나무라고 말하고 있읍니다. 호세아는 이스라엘 더러 "빈", 다시 말하면 쓸모없이 버려진 포도나무라고 말하고 있읍니다. 시편 80 편은,

포도나무가 불살라지고 울타리가 작벌 당하고 난 뒤에 하나님께서 다시
은혜를 베푸시겠다는 언약의 배경을 가지고 있는 시편입니다.

그러니 여기 하나님께서 열매를 맺으라고 심어 놓으신 포도나무가 있
는데, 열매가 없읍니다. 대조적으로 여기에 또한 참포도나무이신 주 예
수 그리스도께서 계십니다. 그는 마른 땅에서 자랐읍니다. 그러나 주 앞
에서 자라나기를 "연한 풀"같이 자라났읍니다(사 53:2). 그는 사람들에
게 멸시를 당하였읍니다. 그러나 그는 완전하고 아버지께 사랑받는 자였
읍니다. 그를 향하여 아버지께서는 "이는 내 사랑하는 자요 내 기뻐하는
자라"고 하셨읍니다(마 3:17; 17:5; 막 9:7; 눅 9:35). 예수님은 참
포도나무의 본질을 갖추고 계신 분으로 아버지께 열매를 맺어드리는 분
이십니다.

포도나무를 손질하시는 이

그리스도의 비유의 다음 요점은, 아버지는 포도나무를 손질하시는 분이
시라는 것입니다. 그러나 이 행동은 다음에 올 요점을 아는데 있어서 선
행조건입니다. 우리가 더 읽어나가지 아니하면, 하나님께서 포도나무를
혼자 돌보시는데 - 죽은 가지를 배어내고 깨끗하게 하는 일을 포함하여 -
그 일을 그리스도께만 하신다고 생각하기 쉽읍니다. 물론 어떤 의미에서
이러한 일이 행해졌다고 말할 수 있읍니다 - "그가 아들이시라도 받으신
고난으로 순종함을 배워서"(히 5:8). 그러나 여기서 포도나무 가지를 쳐주
시는 분으로서의 아버지와 예수님의 관계의 차원에서는 생각할 수 없읍니
다. 예수님은 죽은 가지를 제거하거나 죄에서 깨끗하게 될 필요가 없으신
분입니다. 아니, 여기서 첨가하여 말씀드려야 할 요점은, 믿음으로 말미암아
그리스도와 연합한 우리들이 가지들이라는 것입니다. 그러므로 그리스도
께서 육신을 입고 여기 계시지 아니한 동안에 열매를 맺어야 하는 우리
들에게 하나님 아버지의 돌보시는 일이 해당되는 것입니다.

아버지께서 포도나무를 돌보시는 일을 하실 때 행하시는 두 가지 일이
언급되고 있읍니다. 첫째로, 아버지께서는 열매를 맺지 아니하는 가지마
다 다 "제하여 버리신다"는 것입니다. 일반적으로 말해서 6절에서 가지
들이 "버리워져" "불사름"이 된다고 말하는 경우와 정확하게 같은 의미

에서 죽은 가지들을 제하여 주는 것으로 이해해야 합니다. 그러나 거의 모든 번역자가 이 경우에 "제하여 버리다"는 어구의 진정한 의미를 놓쳐 버리고 있다고 확신하는 바입니다. 의심할 여지 없이 대부분의 번역자들 은 자기들이 알거나 믿고 있는 바로, 6절에 나오는 것에 일치하여 번역 을 하고 있읍니다. 그러나 그 뒤에 나오는 "아이로"라는 헬라어의 가장 일반적인 의미나 가장 최선의 의미는 아닙니다. "아이로"라는 말은 네 가 지 기본적인 의미들을 가지고 있읍니다. 가장 근본적인 의미에서 가장 형 용적 의미로까지 나아갑니다. (1) 들다, 또는 집다. (2) 목소리나 눈을 높 이는 것과 같이 형용적으로 드는 것을 의미합니다. 그리고 (3) 집어던지 기 위하여 들어내겠다는 생각을 가지고 쳐드는 것을 의미하고 (4) 제거하 여 버리는 것을 의미합니다. "제하여 버리다"라는 동사로 이 말을 번역 할 때 대다수의 번역자들은 분명하게 네 번째 의미를 택한 것이 분명합 니다. 위에서 제시된 이유를 들어서 말입니다. 그러나 그 말의 첫번째 의 미를 취하면 그 구절은 더 나은 의미를 가지게 될 것이며 그 동사들의 전후 순서관계도 더 나아질 것입니다. 이런 경우에서 그 문장은, "내 안 에 있어 열매를 맺지 아니하는 가지마다 들어"로 될 것입니다. 다시 말 하면 땅에 치렁거리지 못하게 말입니다.

이 번역은 모든 방면에서 그 대목의 의미를 더 낫게 만듭니다. 그리고 첨가하여 신학적으로는 훨씬 낫게 만듭니다. 첫째, 이 비유의 처음 대목 은 아버지에 의해서 포도나무가 돌보심을 받는다는 것을 강조하고 있읍 니다. 만일 처음에 언급된 것이 열매를 맺지 아니하는 가지들을 제하여 버리는 것이라고 한다면, 이러한 강조점을 인정한다 할지라도 이상한 것 이 될 것입니다. 그러나 먼저 포도나무를 다듬어 주시는 이가 가지들을 쳐들어서 그것들이 햇빛을 잘 받아서 열매를 적당하게 맺게 할 것이라고 강조해도 전혀 이상한 것이 아닐 것입니다.

둘째로, 이렇게 쳐들어 주는 것은 포도나무에 대하여 가장 먼저 행하 는 바로 그 일입니다. 포도나무를 돌보는 책임을 맡은 사람은 누구든지 아는 바입니다. 포도송이는 땅에 깔려서도 잘 자라는 호박류와 같은 것 이 아니기 때문입니다. 포도나무는 땅에서 떨어져 있게 걸쳐 주어야 합 니다. 따라서 땅에 떨어져 있는 가지는 어느 것이든지 열매를 맺지 못합니다. 포도나무를 돌보는 사람이 그러한 가지에 적당하게 발육할 아무런 기회도 주지 아니하고 잘라낸다면, 그 사람은 이상한 포도원지기가 될 것입니다. 그러나 포도나무를 다듬어 주는 사람이 포도나무를 어떤 지주에 걸쳐 놓거나 아니면 다른 방편을 사용하여 쳐들어 주어 포도나무 가지가 공기나 햇빛을 잘 받게 하는 것은 지혜롭고 상습적인 일입니다. 물론 포도원이 언제나 정확히 그런 모양으로 보입니다. 왜냐하면 포도나무는 언제나 장대와 장대사이에 매 놓은 줄을 따라 늘어져 있기 때문입니다.

세째로, '아이로'라는 말을 "쳐 들다"로 번역하면 아버지께서 포도원을 돌보는 일에 적당한 관계를 보여줍니다. 다음에 나오는 동사가 지시하는 아버지의 행위 말입니다. 그래서 아버지께서는 무엇보다 먼저 포도나무를 쳐들어 줍니다. 그런 다음에 열매를 맺지 못하게 하는 요소들을 잘라내 줍니다. 그것도 그렇게 하지 아니하면 나무가 자라는데 장애가될 벌레 먹은 가지와 부식된 가지와 기생충에 먹힌 가지를 조심스럽게 제하여 주시는 것입니다. 기생충에 먹힌 가지를 제하여 주는 작업은 오늘날에 있어서 살충제를 살포하여 주는 일과 같은 것입니다.

이러한 이유들로 볼때, "쳐들어 주다"로 번역하는 것이 좋을 것 같습니다. 그리고 만일 이 경우가 합당한 것이라면, 아버지께서 가장 먼저 하시는 일은 그리스도인으로 하여금 아버지 당신께 더 가까이 오게 들어 주시는 일이라고 말해야 할 것입니다. 그것을 영적인 차원으로 옮겨 보면, 아버지께서 처음에는 그리스도인 속에 참된 헌신의 의식을 불어넣어 주신다는 의미가 됩니다.

가지 쳐주시는 일

포도나무를 돌보시는 아버지의 두번째 일은 가지를 쳐주거나 다듬어주는 일이라고 말합니다. 헬라어에서 이 말은 "카타리조"인데, 그 말은 깨끗하게 하다, 정하게 하다, 청결하게 하다는 의미를 가집니다. 그말에서 영어의 catharsis라는 말이 나왔습니다. 정상적으로 이 말은 포도나무를 해롭게 하는 것은 무엇이든지 제하여 버리는 행동을 지시한 것입니다. 벌레 먹은 것이나 부식된 것이나 하여튼 포도나무를 해롭게 하는 모든 것을 말입니다. 그러나 그 단어가 포도나무와 그 가지들에게 적용되어 쓰여지고 있으니, 가지를 쳐주는 일을 염두에 두고 계신다는 생각을 가지지 아니할 수 없습니다. 어쨌든 간에, 여기서 하나님 아버지께서는 가장 풍성한 수확을 거두는데 장애가 될 만한 모든 것을 제거하고 깨끗하게하는 일을 하신다고 말씀하고 있는 것입니다.

영적인 차원에서 이것은 분명하게 그리스도인의 주어진 삶에서 영적으로 해롭게 하는 것을 제하시는 하나님의 일을 언급하는 것입니다. 그 말은 나쁜 습관들을 제하여 버리신다는 뜻입니다. 그리고 중요한 것의 우선 순위를 재정립하고, 가치관들을 바꾼다는 의미입니다. 때로 그것은 우리들의 영적인 성장을 돕기 보다는 방해하는 친구들을 제하여 버린다는 의미일 수 있습니다.

아버지의 이 두 행동의 순서는 매우 중요합니다. 왜냐하면, 그리스도인이 그리스도께 헌신하도록 들림 받는일이 먼저있고, 그 다음에 열매를 맺지 못하게하는 요소들을 제거받게 된다는 것을 발견하기 때문입니다. 어째서 이것이 중요합니까? 그것이 중요한 것은 순서를 거꾸로 하면 외식을 낳기 때문입니다. 우리들이 먼저 참된 헌신의 의미에서 하나님께 가까이 이끌림을 받지 아니하고 비영적인 실제들이라고 하는 것으로 나아가면, 우리 자신이 아주 성자다운 사람이라고 스스로 생각하는 일이 일어나게 됩니다. 사실은 그렇지 아니한데 말입니다. 더구나 우리의 삶이 그리스도로 말미암아 먼저 충만하게 되지 못하고 우리 자신에게서 이러한 요소들을 제거하면, 우리의 속이 텅비게 되며, 전혀 그리스도인에게 합당하지 아니한 다른 것으로 속 마음을 가득 채우게 되는 것을 발견하게 됩니다. 다른 말로 해서, 그리스도께 말씀하신 바, 어떤 귀신 들린 사람에게서 귀신이 나가고 난 뒤에 다른 일곱 귀신을 더 데리고 다시 돌아와서 그를 사로잡으니, 그만 그 사람이 더 큰 어려움을 겪는 경우나 마찬 가지입니다. 그리스도의 삶을 그렇게 잘 시작하였던 것 처럼 보이던 사람이 그렇게 무섭게 실족하여 넘어지게 되는 이유 하나가 바로 그것입니다.

무엇 보다 먼저 우리는 하나님께 가까이 나아가야 하고, 그런 다음에 열매를 맺을 능력을 갖게 되는 것입니다. 그런 다음에 해로운 일이 제거되어 나가기 시작할 때, 우리는 그러한 일이 되어져 나가는 것을 느끼기가 어렵게 됩니다. 그것이 성숙입니다. 마치 어린 소녀가 장난감을 버리는 일이나 매 한가지입니다. 어느 누구도 그 어린 아이에게 장난감을 가지고 놀지 말라고 요구하지 않았습니다. 어릴 때에는 장난감을 가지고 놉니다. 그러나 그 어린 소녀가 나이를 먹어가면 소년에게 관심을 가지게 됩니다. 그런 후에는 장난감들은 고작해야 "어린 아이의 잡동사니" 쯤으로 여겨지게 됩니다. 그 소녀가 장난감을 "포기 한게 아니라", 장난감이 그 소녀를 포기한 것입니다. 왜냐하면 그녀는 더 높은 체험의 영역으로 자라났기 때문입니다. 같은 방식으로 우리들이 주 예수 그리스도께 가까이 자라날 수록 죽은 나무나 장애가 되는 것들은 저절로 떨어지기 시작합니다.

깨끗하게 하는 일과 관련되어 한 가지 더 지적할 것이 있습니다. 우리들이 깨끗하게 함을 받는 방편의 문제입니다. 그 방편은 하나님의 말씀입니다. 우리를 깨끗하게 하는 것은 언제나 말씀입니다. 그렇지 아니하면 깨끗하게 한다는 우리들의 모든 생각들은 사람이 만들어낸 것이지 하나님께로 온 것이 아닙니다. 더구나, 그러한 것들은 아무런 효과도 없습니다. 다윗은 이러한 질문을 던졌습니다. "청년이 무엇으로 그행실을 깨끗게 하리이까?" 그런 다음에 이렇게 대답합니다. "주의 말씀을 따라 삼갈 것이니이다"(시 119:9). 같은 방식으로 예수님은 제자들에게, "너희는 내가 일러준 말로 이미 깨끗하였으니"라고 말씀하셨습니다(3 절). 하나님의 말씀에 주의깊게 시선을 고정시키고 그 말씀을 적용하지 아니하고는 죄를 짓지 아니하게 우리를 지켜줄 것이 없습니다. 다른 어느 것도 우리들을 깨끗하게 하지 못합니다.

내 안에 거하라

그리스도 비유의 세번째 요점은, 열매 맺는 것의 비결입니다. 그것은 그리스도 안에 거하는 것입니다. 예수님은 여기서, "내 안에 거하라나도 너희안에 거하리라 가지가 포도나무에 붙어있지 아니하면 절로과실을 맺을 수 없음 같이 너희도 내 안에 있지 아니하면 그러하리라 나는 포도나무요 너희는 가지니 저가 내 안에 내가 저 안에 있으면 이 사람은 과실을 많이 맺나니 나를 떠나서는 너희가 아무것도 할 수 없음이라"(4, 5

절).

이 두 구절을 이해하는 열쇠와 같은 문장이 다음의 세가지 의미 중 하나를 뜻할 수 있습니다. 그것이 단순한 선언적인 의미일 수 있습니다. 그래서 그 의미가 "너희는 내 안에 거해야한다. 나도 너희 안에 거해야 한다"는 의미로 말입니다. 또한 그것이 약속일 수 있습니다. "내 안에 거하라. 그리하면 나도 너희 안에 거하리라." 그렇지 아니하면 다음과 같은 의미의 명령일 수 있습니다. "내 안에 거하라. 그래서 내 편에서 너희안에 거하도록 조처하겠다." 아마 레온 모리스가 지적하는 바대로 이 중 세 번째가 가장 좋을 듯합니다. "예수께서는, 제자들이 삶을 영위하되 예수님이 그들 안에 계속 거하시도록 하라는 뜻으로 말씀하신다. 이 '거하라' 는 말이 분리할 수 없다. 그것은 열매를 맺기 위하여 필요 불가결한 전제이다. 따로 떨어진 가지는 그 어느 것이라도 열매를 맺지 못한다. 가지는 포도나무에 생명있는 관계를 유지하고 있어야 한다. 그러니 그리스도 안에 거하는 것은 그리스도인의 열매 맺는 삶을 위하여 불가피한 전제이다."

기독교에 있어서 진수가 되는 요소는 새 생명입니다. 종교는 신체장애자를 내려다 보며 "너는 바르게 걷지못한다. 사실, 너는 전혀 걷지않고 있다. 네가 어떻게 걸어야 하는지를 보여주마"라고 말합니다. 그러나 신체장애자는 여전히 거기에 누워 있습니다. 기독교는 그의 손을 잡으면서, "예수 그리스도의 이름으로 일어나 걸으라"고 말합니다. 그 결과 새 생명이 그의 꼬인 몸에 흘러들어가 그는 일어나서 걷게 될 수 있습니다. 우리가 이 세상에서 경건하게 살고 열매있는 삶을 살게하는 능을 주는 것은 그리스도와 연합하는 그 길 외에는 없습니다.

우리가 다음 강론에서 살펴보려고 합니다만 이 거하는 것과 관련하여 덧붙여 말해야 할 것이 더 있습니다. 그러나 우리는 여기서는 다만, 우리가 그리스도 안에 거하기만 하면, 위대한 약속이 우리에게 주어져 있다는 것을 주목할 필요가 있습니다. 여러분이 그리스도의 일을 하거나 그리스도를 증거하는 일을 하면서 언제나 낙담하게 되는 일이 있는지 저는 모르겠습니다. 그러나 저는 그러하다는 것을 여러분에게 분명하게 말씀 드립니다. 우리가 낙담하게될 때 이와 같은 구절의 말씀으로 시선을 돌려서,

그리스도께서 말씀하신대로 그리스도안에 우리가 거하면, 우리의 노력의 열매가 보이지 않든지 보이든지 우리는 열매를 맺을 것이라고 그리스도께서 말씀하심을 발견하는 것은 좋습니다.

저는 원예가는 아닙니다. 그러나 그러한 일을 아는 이로부터 들은 이야기입니다만, 열매를 맺게하려면 먼저 최소한 3년 동안은 그 나무를 잘 가꾸어 주어야 한다고 합니다. 다시 말하면 순을 따주어 자라게 해주고 하는 일을 상당기간 동안 해주어야 한다는 것입니다. 이러한 일을 하고 난 뒤에 열매를 맺기에 소용되는 나무가 된다는 것이지요. 그와 유사하게, 우리의 삶 속에는 상당한 기간 동안 아버지의 손에서 근본적으로 처치를 받고 있는 것 같은 때가 있습니다. 그러한 경우에는 열매가 거의 보이지 않습니다. 그러한 때에 정말 열매를 맺게 될 것인지 의심하게 됩니다. 그러나 하나님이 아시는 것 같이 알지 못하기 때문에 그런 생각이 드는 것 뿐이지요. 우리는 하나님의 안목을 갖지 못하였습니다. 만일 그러한 일이 여러분에게 일어난다 할지라도 실망하지 마십시요. 오히려, 만일 우리가 진실로 친밀한 방식으로 그리스도 안에 거하면 때가 되면 열매가 맺힐 것이라고 예수님께서 약속하신 것을 기억하십시요. 우리는 증거하며, 그리스도인의 삶을 살면서 어떤 의미에서 결과에 대하여 걱정하기를 마다 할 수 있습니다. 왜냐하면 궁극적으로 하나님이 그 포도원을 책임져 주시는 분이기 때문입니다.

너희는 아무 일도 할 수 없다

이 대목의 마지막 문장은 경고를 이끌어 줍니다. 하나님을 위하여 열매를 맺게하려는 열심을 내다가 예수님 없이 그러한 일을 하지 않도록 하라는 것입니다. 예수님은, "너희가 나를 떠나서는 아무것도 할 수 없다"고 말씀하십니다.

이 진술은 두 방식으로 적용시킬 수 있습니다. 한편으로는, 그리스도인들에게 적용하여 말할 수 있습니다. 그렇게 그 진술을 그리스도인들에게 적용시킨다면, 다음과 같이 될 것입니다. (1) 큰 일을 하려고 함, (2) 그러한 일을 그리스도 없이 하려고 하는 시도의 가능성, (3) 그러한 시도로 부터 나올 수 밖에 없는 실패. 이 말씀을 본문으로 삼아서 기이한 설교를 하는 스펄젼은 이렇게 관찰하였읍니다. "예수님 없이 어떤 많은 일을 할 수도 있읍니다. 그러나 예수님 없이 어느 일도 할 수 없읍니다. 예수님 없이 행하는 아주 훌륭한 강론은 (담배)연기에 지나지 아니할 것입니다. 여러분이 계획을 세우고 여러분의 기구를 동원하고 여러분의 설계를 동원할 것입니다만 주님 없이는 아무 일도 할 수 없읍니다. 말로 할 수 없이 많은 제안의 이상향이 있으면서도 한 점 견고하게 행하는 것이 없는 것은 비둘기의 발이 쉴 정도 밖에는 아무것도 아닙니다. 그것이 전부일 뿐입니다." 그렇게 되는 것이 좋은 일입니다. 왜냐하면 그렇지 아니하면 제가 아는 대로 교회에서 주님 없이 그 모든 일을 하려고 애를 쓰게 될까 두렵습니다. 만일 우리의 행하는 일이 그리스도께서 행하시는 것이 아니면 우리의 노력으로는 아무것도 나오지 아니할 것입니다.

반면에, 이 구절에는 그리스도의 원수들에게 적용해도 용기를 북돋아 주는 것이 있읍니다. "우리가 그리스도 없이는 아무 것도 할 수 없다." 그 말씀은 사람들을 겸비하게 하는 말씀입니다. 그러나 만일 믿음으로 그리스도와 연합하여 그리스도께서 내주하시는 사람들에게 그러하다면, 그리스도와 전혀 연합하지 아니한 사람들에게는 얼마나 더욱 그러하겠읍니까. 그들은 복음을 대적하는 일을 하려고 무진 애를 쓸 수도 있읍니다. 그리고 그리스도의 일을 무너뜨리려고 애쓸 수도 있읍니다. 그러나 그러한 그들의 모든 노력들은 아무 것도 이루지 못할 것입니다. (하나님의 손이 아닌) 사람의 손 만이 그들 안에 있을 뿐이기 때문입니다.

29

거하는 것과 거하지 않는 것

"사람이 내 안에 거하지 아니하면 가지처럼 밖에 버리워 말라지나니
사람들이 이것을 모아다가 불에 던져 사르느니라 너희가 내 안에 거
하고 내 말이 너희 안에 거하면 무엇이든지 원하는 대로 구하라 그리
하면 이루리라"(요 15:6, 7).

주예수 그리스도께서 포도나무와 그 가지의 비유를 말씀하실 때, 무엇
에 대해서 말씀하고 계신지 주님은 알고 계셨습니다. 왜냐하면 예
수님께서는 그 제자들이 열매를 맺어야 함을 강조하고 싶으셨기 때문입
니다. 또한 열매를 맺는 것을 제외하고 포도나무에게 있어서 좋은 특징
이 전혀 없기 때문입니다. 만일 포도나무가 열매를 맺지 않는다면 그 포
도나무는 값어치가 없습니다.

이에 대한 예화는, 포도나무는 어떠한 다른 목적을 위해서는 너무나 연
한 나무라는데 있습니다. 다른 나무 같으면 베어내어 송판을 만들어서 가
구를 만든다든지 집을 짓는 데 사용할 수도 있습니다. 그러나 포도나무
는 언제나 꼬여 있고 울퉁불퉁 마디가 나 있습니다. 그 밖에 포도나무는
나무의 성질이 무릅니다. 그 포도나무를 가지고 만든 것은 그 사용하는
사람의 손을 들어가면 금방 부서질 것이고, 그래서 가치가 없을 것입니
다. 또 불쏘시개를 위해서도 별로 좋지 않습니다. 윌리암 바클레이가 그

의 주석에서 지적하듯이, 매년 어떤 때에 백성들이 제단 불을 지피기 위해서 제단에 나무를 들여야 하는 일이 율법에 의해서 정해져 있었읍니다. 그러나 포도나무를 가져와서는 안된다는 규정이 있었읍니다. 왜냐하면그 목적을 위해서는 아무런 소용이 없기 때문입니다. 그 나무는 너무 쉽게 타버렸읍니다. 그 나무를 가지고 할 수 있는 일이란 그 나무를 옆에다 뉘어 놓는 일이 아니면 고작해야 화톳불 정도 밖에는 될 수가 없고 금방 사그라들고 맙니다.

이것은 에스겔 15 장의 기초가 되는 요점이기도 합니다. 왜냐하면 그 장에서 에스겔 선지자는 이스라엘이 아주 열매 없는 상태에 처해 있으면 아무런 소용이 없다는 것을 강조하기 때문입니다. 그는 이렇게 쓰고 있읍니다. "인자야 포도나무가 모든 나무보다 나은 것이 무엇이랴 삼림 중 여러 나무 가운데 있는 그 포도나무 가지가 나은 것이 무엇이랴 그 나무를 가지고 무엇을 제조할 수 있겠느냐 그것으로 무슨 그릇을 걸 못을 만들 수 있겠느냐 불에 던진 화목이 될 뿐이라 불이 그 두 끝을 사르고 그 가운데도 태웠으면 제조에 무슨 소용이 있겠느냐"(2 - 4 절).

예수님께서는 구원얻는 믿음을 가지고 예수님과 연합한 사람들을 가리키기 위해서 그 상징을 사용하십니다. 그러므로 즉각적으로 이러한 의문이 떠오릅니다. 그리스도와 연합한 우리가 열매를 맺고 있는가? 우리가 그분에게 소용되는가? 아니면 우리가 단순히 잎파리만 무성하고 죽은 나무가 아닌가? 그저 모아 불에 살라버리는 그러한 가치 밖에는 없는 자들이 아닌가 하는 것을 살펴 보아야 한다는 것입니다.

바로 이 강론은 열매가 없으나 있기를 원하는 사람들과, 또한 열매는 있으나 주 예수께 더 유용하게 되기를 원하는 사람들을 다룰 것입니다.

그리스도 안에 거하는 것

우리는 먼저 "사람이 내 안에 거하지 아니하면"이라는 어구부터 시작해야 하겠읍니다. 그러나 시작하는 요점은 소극적인 부정적인 국면이 아닙니다. 적극적인 긍정적인 국면입니다. 거하는 것부터 생각해 봅시다. 그리스도 안에 거하는 것이 요한복음 13 장으로부터 시작되는 이 대목의 주요한 개념이기 때문에 그러합니다. "거하다"라는 말이 일곱 구절 가운데 무려 아홉번이나 나옵니다(4 – 10 절). 그 사상은 그보다 더 많이 암시되고 있습니다. 왜냐하면 소극적인(부정적인) – "거하지 않는다"는 것은 두 긍정적인(적극적인) 진술 사이에 끼어 있기 때문에 그러합니다. 5 절은 "너희는 가지니 저가 내 안에, 내가 저 안에 있으면 이 사람은 과실을 많이 맺나니 나를 떠나서는 너희가 아무 것도 할 수 없음이라"라고 되어 있고 7 절은 "너희가 내 안에 거하고…"라고 되어 있습니다. 그밖에 우리는 거한다는 것이 무엇인지를 알기까지는 그리스도 안에 거하지 못하는 것이 어떠한 의미인지를 이해하기 어려울 것입니다.

먼저 그리스도 안에 거하는 것은 – 우리는 이 점을 주목해야 합니다 – 이미 "그리스도 안에" 있는 자들에게 해당되는 것입니다. 다시 말하면 그리스도의 도전의 말씀은 그리스도인들이 된 사람, 그리스도를 하나님의 아들로, 구주로 믿으며 그들 자신을 주님께 의탁하고 그 주님을 자기들의 삶에 구주와 주로 영접한 사람들을 위한 것입니다. 이것이 여러분을 묘사합니까? 그렇다면 여러분은 예수님께서 바로 이 충만하고 열매 있는 삶의 차원에서 말씀해나가시는 것을 계속 공부해 나갈 수 있습니다. 그렇지 않다면 여러분은 먼저 이 시점에서 멈추어 서서 먼저 그분에게 나아가는 일(그분을 영접하는 일)을 해야 합니다. 예수님께서 예수님과 어떤 관계를 맺든지 모든 사람들이 충만하고 열매 맺는 삶을 위한 하나의 공식을 제공하고 있다고 생각하지 마십시오. 예수님께서 그렇게 하시지 않습니다. 그는 그리스도인에게 말씀하고 계십니다. 그는 그리스도인들에게만 이 약속을 주고 계시는 것입니다. 만일 여러분이 먼저 그리스도께 나오지 않았다면 그분에게 나와야 합니다. "주 예수 그리스도여, 저는 제 삶이 열매 없음을 인정하나이다. 저는 제 스스로 제 삶으로 하여금 도저히 열매 맺게 할 수 없습니다. 저는 주님을 필요로 합니다. 저는 주께서 저를 오라고 부르신 방식 그대로 예수님께 나옵니다. 저를 받아 주십시요. 제 자신의 공로가 아니라(제가 아무 것도 가진 것이 없기 때문입니다) 저를 위해서 죽으신 주님의 죽으심을 기초로 하여 저를 받아 주십시요. 저를 당신을 따르는 제자로 받아 주십시요. 주님을 기쁘게 하지 못하고 저로 하여금 주님을 멀리 하게 하는 모든 것으로부터 제가 지금

돌아서오니 받아 주시옵소서. 아멘"이라고 말씀하십시요. 만일 여러분이
기도를 하고 정말 진정으로 그것을 원한다면, 예수님께서 이미 여러분을
자신에게 연합시키셨다고 확신할 수 있습니다.

이 가르침의 두번째 요점은 예수님께서 이미 보여 주신 바대로(4 절)
상호간에 물려 있는 것으로 나타난 "거하는"것의 문제입니다. 첫번째는
능동적인 것입니다. 우리가 그리스도 안에서 거해야 합니다. 그것은 의
식적인 결정, 그리스도인의 삶을 살려고 하는 결심을 가리킵니다. 두번
째 부분은 수동적인 것입니다. 우리는 예수님으로 하여금 우리 안에 거
하시게 해야 합니다. 이것은 예수님을 의지하는 자세를 넌지시 가리키고
있읍니다.

레이 스테드맨(Ray Stedman)은 이 대목을 분석하면서 이렇게 쓰고
있읍니다. "우리 주님께서 '내 안에 거하라'라고 말씀하실 때 예수님께서
는 의지, 선택, 우리가 내리는 결정에 대해서 말씀하고 계시는 것이다.
우리는 우리 자신들을 예수님께 노출시키고 예수님과 우리 자신을 접촉
하게 하는 것들을 할 마음의 결심을 해야 한다. 바로 예수님 안에 거한
다는 것은 바로 그것을 의미하는 것이다. 우리는 성령으로 말미암아 그
리스도 안에 놓인 바 되었다. 이제 우리는 우리가 내리는 결정을 통해서
그 관계를 유지하려고 마음에 작정해야 한다 - 우리 자신을 그 말씀에 노
출시킴으로써 그분에 대해서 배우고, 우리가 그분과 대화하는 기도로써
그분과 관계를 맺을 결심을 해야 하는 것이다. 그리고 몸의 생활(교회생
활)이라는 체험을 통해서 다른 신자들과 관련을 맺으려고 하는 그러한
결정을 내리는 것을 뜻하는 것이다. 다시 말하면 다른 사람의 짐을 서로
지고 서로 간에 자신들의 허물을 고백하며 서로 교제하며, 그럼으로써 그
리스도에 대해서 배우고 다른 사람 속에서 그리스도를 보게 되는 것이다.
이 모든 것은 그분과 관계를 맺기 위해서 의도된 것이다 - '내 안에 거하
라.' 만일 우리가 그렇게 한다면 우리는 이러한 능동적이고 필요한 의지
의 결심, 곧 그의 말씀을 순종하고 그가 말씀하신대로 행하고 그분과 계
속 접촉을 유지하려는 결심을 이루어나가고 있는 것이다."

그러나 이것이 다가 아닙니다. 또 다른 측면이 있읍니다. "그리하면 내
가 너희 안에 거하리라." 이것은 역시 필요합니다. 왜냐하면 비록 그리

스도인의 삶 속에서 바른 결심을 내릴 수 있다 할지라도 그리스도께서 우리 안에 거하심으로써 능하게 해 주시지 않는다면 그러한 결심들을 이행할 수 없기 때문입니다. 그리스도의 힘이 아니고서는 5 절에서 말씀하신대로 우리가 아무 것도 할 수 없습니다.

7 절에서 발견되는 세번째 요점이 있습니다. 거기서 예수님께서는 "너희가 내 안에 거하고 내 말이 너희 안에 거하면 무엇이든지 원하는대로 구하라 그리하면 이루리라"라고 말씀하십니다. 이 요점은 우리가 앞에서 다른 문맥을 통해서 본 요점입니다. 예를 들어서 14 장에 그 요점이 있습니다. 14 장에서 그리스도께서는 사랑을 말씀하시고, 그의 계명을 준행함을 통해서 사랑을 나타내는 것에 대해서 말씀하십니다. "사람이 나를 사랑하면 내 말을 지키리니 내 아버지께서 저를 사랑하실 것이요 우리가 저에게 와서 거처를 저와 함께 하리라"(23 절).

어떤 사람들은 상상하기를, 자기들은 그리스도의 교리가 없어도 그리스도의 인격을 가질 수 있다고 상상합니다. 그들은 예수님에 대한 개념은 좋아합니다. 그러나 그들은 예수님의 가르침을 부끄러워하여 멀리합니다. 심지어 어떤 사람들은 그 예수님의 가르침을 반역합니다. 그러나 그들의 목적은 불가능합니다. 예수님께서 선언하시기를, 당신의 계명을 지키는 사람들에게만 오셔서 함께 거하시지 그 외에 다른 사람들에게 오셔서 거하시지 않을 것이라고 말씀하셨기 때문입니다. 스펄전은 이 주제에 대해서 한번 이렇게 썼습니다. "우리는 말씀으로부터 그리스도를 분리시킬 수 없습니다. 왜냐하면 먼저 그는 말씀이시기 때문입니다. 그 다음에 어떻게 감히 우리가 예수님께서 말씀하신 것을 행하지 않고 예수님께서 가르치시는 진리를 거부하고 나서도 그를 보고 선생이요 주라 할 수 있겠읍니까? 우리는 그의 교훈을 순종해야 합니다. 그렇지 않으면 그리스도께서 우리를 제자로 받아들이지 않으실 것입니다. 특별히 그의 모든 말씀의 진수가 되는 사랑에 대한 교훈을 순종해야 합니다…만일 그대가 그리스도와 그의 말씀을 존중하지 않으면 그리스도께서는 그대와 그대의 말도 존중히 여기지 아니하실 것입니다."

이 대목을 요약하기 위해서 우리는 다음과 같이 중요합니다. (1) 그리스도 안에 거하기 위해서 우리는 먼저 그리스도 안에 있어야 합니다. 다시 말하면 우리가 그의 백성 중 하나가 되어야 한다는 것입니다. (2) 우리는 그리스도 안에 거하는데 있어서 이중적인 과정에 순응해야 합니다. 첫째로 우리의 삶의 중요한 목적을 영적인 데로 기울여야 하고, 둘째로 그 모든 목적들을 이루는 힘을 위해서 그리스도를 신뢰해야 합니다. (3) 우리는 그의 말씀으로 충만해야 합니다. 다시 말하면 성경으로 충만해야 합니다. 성경을 통해서 살아야 합니다. 실로 이 마지막 요점은 모든 영적인 생명력과 영적 성장에 대해서 뿐만 아니라 구원 자체에 있어서도 열쇠와 같은 요점입니다.

거하지 않는 모습

이 용기를 북돋아 주는 교훈의 말씀 속에는 깜짝 놀랄만한 요점이 있습니다. 왜냐하면 예수님께서 그 정반대의 가능성, 그리스도 안에 거하지 않는 가능성에 대해서 말씀하고 계시기 때문입니다. 우리가 앞에서 언급한 바이지요. 이 경우에서 예수님께서는 이렇게 말씀하십니다. "사람이 내 안에 거하지 아니하면 가지처럼 밖에 버리워 말라지나니 사람들이 이것을 모아다가 불에 던져 사르느니라"(6 절).

여기에 모든 그리스도인의 문제가 있습니다(저는 확신합니다). 다만 칼빈주의자들에게만 문제가 되는 것이 아닙니다. 그것이 무엇입니까? 그것은 이 구절의 어법입니다. 예수님께서 단순히 만일 우리가 그리스도안에 거하지 못하면 우리가 열매를 맺지 못할 것이라고만 말씀하고 계시지 않다는 것입니다. 물론 우리가 그리스도 안에 있지 않으면 열매맺지 못하지요. 또한 바울이 고린도전서 3 : 15 에서 분명하게 말하듯이, 우리가 모든 것을 잃어버리는 아픔을 당함에도 불구하고 구원을 받을 것이다라고 말씀하고 계시지 않는다는 말씀입니다. 오히려 예수님께서 말씀하시는 것은, 만일 사람이 예수님 안에 거하지 않는다면 그는 포도나무에 대해서 끊겨지고, 역시 끊겨진 다른 가지들과 함께 모아져 불에 던져지게 될 것이라고 말씀하고 계신 것 같습니다. 마지막 동사(動詞)는 지옥불에서 타는 것을 연상케 합니다. 그러므로 그 본문말씀은 사실이 아니라 할지라도 일단 구원을 받은 사람이 급기야는 구원을 잃어버리고 영원한 고통에 처해질 가능성이 있음을 가르쳐 주는 것 같습니다. 정말 그렇습니까? 만일 그렇지 않다면 5절을 어떻게 취급해야 할까요?

이 구절의 말씀을 어떻게 해석하느냐는 여러 학자들의 견해를 본다면, 세 가지 기본적인 관점이 있습니다. 첫째로 비칼빈주의 신학자나 사상가들이 주장하는 것인데, 이 말씀의 의미는 제가 윤곽적으로 말씀드린 것과 정확히 같다는 것이지요. 다시 말하면 영원한 구원의 안전성에 대한 교리나 성도의 견인에 대한 교리가 비성경적인 것으로 거절당해야 한다는 것입니다.

그러나 이 관점이 정말 견고한 관점일까요? 그 질문에 대한 답을 찾기 위해서 거기에 함축된 모든 것을 다 살펴 보아야 합니다. 이 본문이나 다른 어떤 본문의 의미가 그러하다고 가정해 놓는다면 성경적인 계시에 있어서 훨씬 더 비중 있는 다른 본문들과 많이 모순되게 됩니다. 다시 말하면 그러한 관점에 상충되는 본문과 부닥치게 된다는 것입니다. 만일 우리가 요한복음 15:6을 그러한 식으로 해석한다면 그러한 구절들을 거부해야 할 것입니다. 예를 들어서 빌립보서 1:6을 거부해야할 것입니다. 왜냐하면 빌립보 사람들 속에 선한 일을 시작하신 이가 그리스도의 날까지 그것을 이루실 것을 바울이 어떻게 확신할 수 있느냐 말입니다. 다시 말하면 그들이 어느 시점에 가서 열매를 맺지 못한다고 끊겨져 나간다면 말입니다. 우리는 또한 로마서 8장도 거부해야 합니다. 왜냐하면 이 경우에 대해서 로마서 8장이 "우리를 우리 주 예수 그리스도 안에 있는 하나님의 사랑에서 끊을 자가 없다"고 말하기 때문입니다. 심지어 우리가 주목해야 하는 바는, 요한복음 자체에 있는 여러 구절들을 거절해야 합니다. 왜냐하면 신자의 구원의 안전성에 대한 가장 분명한 진술들 중 몇이 바로 이 요한복음에 나오기 때문입니다. 예를 들어서 요한복음 10:27-29를 보십시요. "내 양은 내 음성을 들으며 나는 저희를 알며 저희는 나를 따르느니라 내가 저희에게 영생을 주노니 영원히 멸망치 아니할 터이요 또 저희를 내 안에서 빼앗을 자가 없느니라 저희를 주신 내 아버지는 만유보다 크시매 아무도 아버지 손에서 빼앗을 수 없느니라." 우리는 요한복음 15:6이 신자의 구원의 안전성을 논박한다면 그러한 모든 구절들을 다 거절해야 합니다.

더 나아가서 그리스도인이 이러한 해석을 진실로 받아들일 수 있다고 저는 믿지 않습니다. 최소한 그것을 면밀히 검토해 보면 말입니다. 보통 알미니안 사람들은 요한복음 10 : 27 - 29 의 말씀을 보고는 이렇게 반응을 나타냅니다. 비록 하나님께서 당신의 손에서 우리를 나꾸어 채가는 어느 누구의 수작도 허락지 않으신다 할지라도 우리가 우리 자신의 의지를 가지고 튀어나가는 것을 막지는 아니하실 것이다. 다시 말하면 주님의 손에서 빠져나가는 것이 진정으로 우리의 소원이라면 말이다. 그런 식으로 그들은 주장하지요. 그러나 요한복음 15 : 6 이 말하고 있는 것은 그것이 아님을 주목하십시요. 요한복음 15 : 6 은 우리가 그렇게 하기만 원하기만 하면 하나님의 손에서 뛰쳐나갈 수 있도록 말하고 있지 않습니다. 오히려 하나님께서 친히 우리를 밀어내실 것이라고 말하고 있읍니다 - 그보다 더 나아가서 하나님의 아들과의 살아 있는 연합에서 우리를 떼어내겠다고 말씀하십니다 - 우리가 주목해야 하는 것은 그것은 어떤 심각한 죄 때문에 그런 것이 아니라(신성모독, 살인, 간음, 그밖의 더 나쁜일) 단순히 우리가 열매 맺기를 중단했기 때문에 그렇게 하신다는 것입니다. 바로 이러한 일이 우리를 모든 원수의 송사에서 지켜주시겠다고 스스로 맹세하신 바로 그 하나님께서 하신다는 것입니다.

저는 이렇게 묻습니다. 어느 그리스도인들이 그것을 진실로 믿을 수 있읍니까? 그럴 수 있다고 저는 믿지 않습니다. 최소한 그가 그것을 심사숙고하며 생각해 보면 말입니다. 그렇다면 우리는 오래지 않아 다 잘려 나가 버림받을 것입니다. 우리는 모두 지옥에 있을 판입니다. 그러나 우리의 본문은 그것이 아닌 다른 것을 가르칩니다. 하나님께서는 우리의 열매 없음을 실제로 참아내셨읍니다. 심지어 우리 죄와 우리의 불신앙도 참아내시고 그 위대한 사랑에서 끊임없이 우리에게 역사하사 그리스도인의 삶을 살아나가게 하십니다. 그러므로 이 첫번째 관점을 받아들이는것은 우리 하나님의 성품을 중상모략하는 것이고, 우리의 체험에 거짓말을 하는 것입니다.

이 구절에 대한 두번째 해석 관점은, 그 구절의 말씀은 명목상의 그리스도인들에게만 해당된다는 것입니다. 칼빈주의를 신봉하는 저자들의 관점의 거의 대부분이 그것입니다 - 매튜 헨리나 찰스 스펄전이나 여러 청교도들이나 그밖에 다른 사람들입니다. 이 사람들은 바로 이 말씀에 나오는 문맥 속에서 그러한 관점에 대한 지원을 받습니다. 첫째로, 바울이 로마서 11장에서 가르치는 바에 의하면 그 잘려진 옛 가지는 이스라엘 사람들이라는 것이지요. 그래서 돌 감람나무가지(이방 사람들을 상징하는)를 거기에 접붙이게 되었다는 것이지요. 그리고 둘째, 바로 그날 저녁에 잘리움받고 "곧 불사름에" 내어 줄 그 유다를 가리키는 것이라고 말합니다. 이렇게 해석하는 사람들은 지적하여 말하기를, 6절에서 사용된 말은 "가지"라는 말입니다. "사람"이라는 것이지요 - "사람이 내 안에 거하지 아니하면."

이 접근방식에 있어서 문제점은 여기에서 말해지는 것이 그리스도 안에 있는 신자들, 참된 가지들이 아니라고 믿기가 어렵다는 것이지요. 그한 예로 "사람" "가지"에 관한 논증이 바로 서지 못합니다. 이 구절의 헬라 원문에는 두 말 다 나타나지 않습니다. 그 헬라어 원문에는 "티스"라는 말이 나오는데 부정관사지요. 그 의미는 "어느"(다시 말하면 앞에서 말한 어떠한 존재, 가지나 참된 신자이든지 간에) 것이든지 내 안에 있지 아니하면 그는 버리워질 것이다라는 뜻입니다. 그밖의 문맥에서는 어떤 새로운 계층의 사람들, 그리스도인들이라고 주장은 하지마는 실제로 중생하지 아니하는 사람들을 갑작스럽게 도입시켜 말하는 흔적이 전혀 보이지 않습니다. 칼빈주의적인 해석자들이 주목한 그 상황이 실지 있었다는 것을 지적할 수도 있지요 - 그리스도인들이라고 고백을 하면서도 그리스도인들이 아니고 끝내는 참교회에서 분리되어서 결국 버림을 받을 사람들이 있지요. 그러나 여기에서의 요점은 그것이 아닙니다.

세번째 관점은, 만일 신자들의 행실이 그리스도에게 속한 것이 아니라면 불태움을 받는 것은 신자들의 행실이라는 것입니다. 또한 여기 이 대목에서 논의되는 것은 열매를 맺는 그리스도인의 역할에 대해서 말하는 것이지 그의 구원에 대해서 말하는 것은 아니라는 것이지요.

여러 방면에서 관찰을 해보면 바로 이 관점이 옳은 것을 발견합니다. 첫째로, 여기 이 요한복음 15장의 대목에서 주로 나타나는 관점은 구원의 문제보다도 열매 맺는 문제입니다. 실로, 불사름의 문제는 자주 지옥과 관련이 되고, 그러므로 구원을 잃어버리거나 구원을 전혀 소유하지 않았던 것과 연관이 됩니다. 그러나 그렇다고 해서 그 불사름이 언제나 그 지옥과 관련이 되는 것도 아니고, 여기서도 그러한 의미에서 말하는 것도 아닙니다. 오히려 불사름은 언제나 지옥을 가리키면서 사용되는 것은 아니라는 것입니다. 고린도 전서에서 공력이 증험을 받는 문제를 거론하는 대목에서와 같이 말입니다. 이 대목을 가장 합당하게 보는 방식은, 이 대목이 구원의 상실에 대한 문제보다는 가치가 없는 행실이 결국 아무 짝에도 못쓰게 된다는 것을 말하고 있는 것이라 할 수 있습니다. 어떠한 비유를 그 비유에 가장 기본적인 요점과 관련된 차원에서가 아닌 다른 차원에서 해석하려고 노력하는 것은 언제나 위험합니다.

또한 다른 관찰은 이 구절의 실제적인 어법에 관한 것입니다. 예를 들어서 버리움을 받는 자가 당하는 어려움은 "가지로서" 그 버리움을 받는 것이지요. 버리움을 받는 것은 "아들로서"가 아니라, 열매맺는 자로서 신분을 가지고 버림을 받는다는 것이지요. 그러므로 그 점에 관한 한 그리스도인이라 할지라도 그리스도와 그리스도의 사역을 위해서 소용이 없을 수 있습니다. 결국 그 문장의 상반부와 하반부 사이에 명사의 단수 복수의 변화가 있다는 것을 주목하게 됩니다. 전반부에는 중요한 용어가 단수로 되어 있습니다. "사람이(단수) 내 안에 거하지 아니하면"이라고 되어 있고 후반부에는 중요한 열쇠와 같은 어휘가 복수로 되어 있습니다. "사람들이(복수) 이것을 모아다가(우리 말 개역성경에는 이렇게 단수로 되어 있지마는 영어성경에는 them〈저희들〉이라는 말로 되어 있음 - 역자주) 불에 던져 사르느니라" "이것(들)과 저희"는 소용없기 때문에 던지움을 받은 "자"로 부터 나오는 어떤 것일 수 있습니다. 그런 경우라면 멸해지는 것은 그리스도인 자신이라기 보다는 그리스도인의 행실이지요.

여기에서 아더 핑크가 이에 대한 증거 자료로서 지적한대로 롯을 예로 들을 수 있습니다. "롯은 주님과 교제를 하고 있지 않았었다. 그는 그 영광을 위해서 열매를 맺는 것을 멈추고 있었고 그의 죽은 행실은 소돔 가운데서 모두 다 불에 탔다. 그러나 그 자신은 구원을 받았다!"

열매 없는 그리스도인이라니요?

그러나 우리가 세번째 해석을 받아들일 수 있고 그러므로 우리 자신이 안전하구나 하는 생각을 다시 함으로써 기뻐하고만 있어야 할까요? 또 우리가 우리의 열매 없음 때문에 지옥에 던져질 정도로 정죄받지는 않는다는 것 때문에 마음을 놓아야 될까요? 그러한 태도는 아주 끔찍한 것입니다. 우리의 반응은 정말 두려워 떠는 것이어야 합니다. 그리스도께 구원을 받고 하늘 농부되시는 하나님에 의해서 가꿈을 받고 돌보심을 받고 사랑하심을 받고 하늘을 위해서 예비되었으면서도, 우리를 위해서 그 모든 일을 하신 분에게 진심으로 바른 태도를 나타내 열매를 맺지 않는다고 생각하는 건 그 얼마나 끔찍한 일입니까? 구원을 받으면서 열매를 맺지 못할 수가 있다고요? 어느 그리스도인도 그러한 상태로 만족해서는 안됩니다. 그렇다면 우리의 수치지요.

그건 또한 우리의 어리석음이기도 합니다. 왜냐하면 만일 우리가 그리스도 안에 거하지를 못한다면 우리에게 약속된 두 가지의 위대한 축복을 박탈당하는 것입니다. 첫째 우리가 거듭거듭 말했지마는 열매맺는 그러한 놀라운 축복을 잃어버리는 것입니다. 열매 맺지 못하는 것이 지혜로운 것인가요? 우리가 우리 자신이나 우리 주위에 있는 사람들을 위해서 축복이 되는 놀라운 그러한 열매 맺는 능력을 가질 수 있으면서도 그리스도인의 삶 속에서 열매를 맺지 못한다는 것이 의식 있는 일일까요? 참된 그리스도인들 치고 그렇게 하는 것이 지혜로운 일이라고 찬동할 사람은 한 사람도 없을 것입니다.

두번째 위대한 축복이 또한 있습니다. 그것은 기도를 응답받는 특권이지요. 예수님께서 7절에서 그점에 대해서 노골적으로 말씀하신 것은 아주 흥미롭습니다. "너희가 내 안에 거하고 내 말이 너희 안에 거하면 무엇이든지 원하는대로 구하라 그리하면 이루리라." 이 구절은 세 요소를 내포하고 있습니다. 첫째로 예수님께서는 기도의 **기회**를 말씀하십니다—"너희가 구하라." 우리는 기도로 하나님께 접근할 기회를 가지게 될 것입니다—이것은 로마서 5 : 2에 따르면 우리가 의롭다 함을 입은 결과들 중에 하나입니다—또한 우리가 실제 그리스도 안에 거하면 이러한 기회를 이용하게 될 것입니다. 둘째로 예수님께서는 기도를 할 때의 위대한 **자유로움**에 대해서 말씀하셨습니다. 왜냐하면 "우리가 무엇이든지 원하는 대로 구하라"고 말씀하셨기 때문입니다. 제한이 없습니다. 그리스도 안에 있는 사람들을 위해서 은밀한 비망록이 공개되었습니다. 이 구절은 우리로 하여금 앞에서 본 그와 관계되는 언약을 생각나게 합니다. "너희가 내 이름으로 무엇을 구하든지 내가 시행하리니 이는 아버지로 하여금 아들을 인하여 영광을 얻으시게 하려 함이라 내 이름으로 무엇이든지 내게 구하면 내가 시행하리라"(14:13, 14). 세째로 그러한 기도가 응답받을 것이라는 **약속**이 있읍니다 - "그리하면 이루리라."

그리스도 안에 거하는 사람들에게 축복이 되는 그 위대한 두 영역이 바로 그것입니다 - 열매 맺음과 기도가 응답되는 특권 말입니다. 그리스도에게 속한 각 사람은 하나님께서 지정하신 그 역사(役事)의 영역을 향하여 마음을 고쳐해야 합니다.

30

"너희가 과실을 많이 맺으면 내 아버지께서 영광을 받으실 것이요"

"너희가 과실을 많이 맺으면 내 아버지께서 영광을 받으실 것이요 너
희가 내 제자가 되리라 아버지께서 나를 사랑하신 것 같이 나도 너희
를 사랑하였으니 나의 사랑 안에 거하라 내가 아버지의 계명을 지켜
그의 사랑 안에 거하는 것 같이 너희도 내 계명을 지키면 내 사랑 안
에 거하리라 내가 이것을 너희에게 이름은 내 기쁨이 너희 안에 있어
너희 기쁨을 충만케 하려 함이니라"(요 15 : 8 - 11).

요한복음 15 : 7 과 요한복음 15 : 8 의 관계는, 하나님의 뜻을 따라 기
도하는 것과 하나님의 영광 사이의 관계요, 우리가 이미 요한복음
14 : 13, 14 에서 보았던 관계입니다. "너희가 내 이름으로 무엇을 구하
든지 내가 시행하리니 이는 아버지로 하여금 아들을 인하여 영광을 얻으
시게 하려 함이라 내 이름으로 무엇이든지 내게 구하면 내가 시행하리라."
그러나 여기에서의 강조점은 다릅니다. 요한복음 14 장에서는 기도 자체
에 강조점이 주어졌습니다. 기도와 응답받는다는 것을 통해서 제자들을
위로하기 위해서 그렇게 강조하셨던 것입니다. 그러나 요한복음 15 장에
서는 하나님의 영광에 강조점이 주어졌습니다.

이 본문에서 하나님의 영광은 네 요소와 연결되어 있읍니다. 그 각 요소마다 그리스도인의 삶에 있어서 풍성하게 나타나야 합니다. 그 요소들은 **열매 맺음, 사랑, 순종, 기쁨**입니다. 각 요소는 이 요한복음 15 장의 중심 주제와 연관되어 있읍니다. 그리스도인들은 의식적으로 그리스도 안에 거할 필요성을 느끼고 언제나 그에 관심을 가져야 한다는 것 ― 그 것이 요한복음 15 장의 중심 주제입니다.

열매 맺음

이러한 개념들 가운데 첫번째는 열매 맺음인데, 예수님께서는 "너희가 과실을 많이 맺으면 내 아버지께서 "영광을 받으실 것이요 너희가 내 제자가 되리라"(8 절)라고 말씀하심으로써 그 점을 밝혀 주십니다. 그 생각의 흐름은, 만일 우리가 그리스도의 것이요 그리스도 안에 거한다면, 우리가 그리스도인의 삶 속에서 열매를 맺게 될 것이고, 하나님께서는 우리가 열매 맺는 것을 통해서 영광을 얻으리라는 점입니다. 더구나 우리가 열매 맺고 있다는 사실은 우리가 그리스도의 진정한 제자라는 증거입니다.

이 시점에서 우리는 아마 열매 맺음의 진정한 의미에 대해서 말해야 할 것입니다. 왜냐하면 우리가 그렇게 하지 못하거나, 아니면 우리가 열매를 그릇되게 규정한다면 ― 우리는 필연적으로 그래서는 안되는데 ― 어떤 그리스도인들을 좌절시키게 될 것이기 때문입니다. 제가 뜻하는 바를 설명해드리지요. 만일 우리가 로마서를 쓸 때 바울의 기대하는 바를 나타냈던 말씀의 어구와 같은 것으로부터 시작한다면 ― "이는 너희 중에서도 다른 이방인 중에서와 같이 열매를 맺게 하려 함이로되"(롬 1 : 13) ― 그럼으로써 우리가 그리스도인의 삶의 열매를 그리스도께 회심하고 돌아오는 사람들로 규정지어 버린다면, 우리는 어떤 이유에서든지 많은 사람들을 주님 앞에 돌아오게 하지 아니한 사람은 어느 누구든지 실망시킬 것입니다. 그리고 병들거나 늙거나 아니면 그렇게 좋지 아니하는 환경 때문에 많은 것을 행하지 못하고, 그래서 자기들은 쓸모 없다고 느끼는 사람들을 낙담케 할 것입니다.

물론 어떤 확실한 의미에서 이러한 다른 차원을 열매로 볼 수 있다는

것은 사실입니다. 성경 자체가 그렇게 합니다. 그러나 진정한 열매는 갈
라디아서 5 : 22, 23 에 완벽하게 나열돼 있는 성령의 열매입니다 - "오직
성령의 열매는 사랑과 희락과 화평과 오래 참음과 자비와 양선과 충성과
온유와 절제니 이같은 것을 금지할 법이 없느니라." 이 열매는 우리 속에
나타나는 그리스도의 성품의 열매입니다. 그것은 그리스도의 사랑과 기
쁨과 평안이 그리스도 안에서 이루어져가는 것입니다. 일단 우리가 그것
을 보면, 열매 있는 생활은 나이나 환경이 어떠하다 할지라도 하나님의
어느 자녀에게나 해당될 수 있음을 알게 됩니다. 역경이나 고통의 시절
때문에 마음이 오무라들 필요는 없습니다. 사실 그런 것들을 통해서 용
기를 더 얻을 수도 있습니다. 왜냐하면 주님의 성품이 가장 밝게 빛나는
것이 바로 그러한 환경 속에서이며, 다른 사람들이 그가 진정으로 그리
스도의 제자들임을 보는 것도 그러한 환경 속에서 이기 때문입니다.

이러한 접근방식을 취한다고 해서 제가 회심자들이 돌아온다는 의미에
서의 열매의 필요성을 부정하고 있다고 생각지는 마십시요. 우리는 분명
히 그러한 것들도 필요합니다. 그러나 출발점, 그리스도를 증거하는 사
람이 가져야 할 불가피한 마음은 이 신적 성품입니다. 그것이 아니고서는
다른 사람을 구원하려는 노력은 마치 사과나무가 다른 사과나무들을 맺
으려고 노력하는 것과 같습니다. 그러한 방식으로 그런 일이 이루어질 수
없습니다. 첫째 사과나무는 실과를 맺어야 합니다. 그리고 나서 그 사과
씨를 가지고 있는 사과들이 다른 사과나무를 내는 것입니다

사 랑

그리스도의 두번째 강조점은 사랑입니다. 사랑은 성령의 열매이기 때
문에 필연적으로 자연스럽게 따라오는 것이지요. 사실상 그것은 가장 중
요한 열매입니다. 왜냐하면 "그 중의 제일은 사랑이기 때문입니다"(고전
13 : 13). 예수께서 그것에 대해서 말씀하시면서 "아버지께서 나를 사랑
하신 것 같이 나도 너희를 사랑했으니 나의 사랑 안에 거하라"(9 절) 라
고 말씀하십니다.

제가 이 구절을 살펴 볼 때 세 부분으로 나누어 봅니다. 첫번째 부분은
사랑의 선포입니다 : "내가 너희를 사랑하였다." 만일 그 말씀이 진실이

라면 이 말씀은 어느 때 들어도 놀라운 말씀입니다. "내가 당신을 사랑합니다. 내가 당신을 처음 본 순간부터 줄곧 사랑해왔읍니다." "나는 당신을 언제나 사랑합니다." 이것은 좋은 결혼이라면 어느 결혼이든지 가지고 있어야 하는 기초입니다. 그 표현되는 사랑이 충만한 정도의 사랑일 때 말입니다. 그것은 부모들과 자녀들 사이의 사랑이 나타나는 그리스도인의 가정의 기초입니다. 다른 의미에서 그것은 우정의 기초요, 확실히 교회 내에서의 교제의 기초입니다. 그러나 그런 말을 단순한 사람들도 하는게 사실이라면, 주 예수 그리스도께서 여기와 같은 때에 그런 말을 하셨다면 그 말은 얼마나 더 놀라운 말씀이겠읍니까. 우리가 그분에게 사랑을 받는 자들인데 말입니다. 이것은 놀라운 사랑입니다. 우리 안에는 그 사랑을 받을만한 아무런 자격이 없읍니다. 우리는 죄인들입니다. 예수님은 거룩하십니다. 우리는 하나님을 배역했읍니다. 그럼에도 불구하고 예수님은 우리를 사랑하십니다.

예수님의 사랑이 나타나는 단계들이 이러합니다. 처음에는 선택적인 사랑으로 우리를 사랑하십니다. 그것이 이스라엘과 하나님의 관계에 대해서 나타난 이른바 신명기 7 장의 사랑의 단계입니다. "너는 여호와 네 하나님의 성민이라 네 하나님 여호와께서 지상 만민 중에서 너를 자기 기업의 백성으로 택하셨나니 여호와께서 너희를 기뻐하시고 너희를 택하심은 너희가 다른 민족보다 수효가 많은 연고가 아니라 너희는 모든 민족 중에 가장 적으니라 여호와께서 다만 너희를 사랑하심을 인하여, 또는 너희 열조에게 하신 맹세를 지키려 하심을 인하여…"(6 – 8 절). 그분이 여러분을 사랑하셨기 때문에 여러분을 사랑한 것입니다. 그것이 바로 그 사랑의 핵심이요 본질 전체입니다. 스펄전은 "선택은 애정에 기초한 것이다. 애정은 그 자체가 샘이다"라고 썼읍니다.

다음에, 주님께서는 우리와 같은 사람이 되셨읍니다. 그러므로 우리를 향하신 그분의 사랑은 그처럼 위대했읍니다. 결혼의 사랑에 대해서 이렇게 써 있읍니다. "이러므로 남자가 부모를 떠나 그 아내와 연합하여 둘이 한 몸을 이룰찌로다"(창 2 : 24). 영원한 아들께서 바로 그렇게 하셨읍니다. 그는 하늘에 계신 그의 아버지의 본향을 떠나서 땅으로 내려오셔서 그의 신부, 교회와 결혼하셨읍니다. 또한 교회를 구속하셨읍니다.

성육신이란 예수님께서 우리와 같이 되셔서 우리도 그와 같게 하신 것을 뜻하는 것입니다. 끝으로, 사랑 가운데서 우리를 선택하시고, 우리와 똑같이 인성을 취하신 예수님께서는 우리를 위해서 죽으셨습니다. 세 구절을 더 나아가면 예수님께서는 "사람이 친구를 위하여 자기 목숨을 버리면 이에서 더 큰 사랑이 없나니"(13절)라고 말씀해 나가실 것입니다. 물론 그것은 사실입니다. 그 사랑에 대한 가장 위대한 모본이 주 예수 그리스도 자신의 죽음이지만 말입니다. 스펄젼은 이렇게 말했습니다. "우리 주님의 경우에 있어서 목숨을 버리는 것은 특별히 사랑의 증거입니다. 왜냐하면 그분은 자원하여 죽으셨기 때문입니다. 그분은 우리처럼 꼭 죽어야 할 필요성이 있었던 것은 아닙니다. 만일 다른 사람들이 우리를 위해서 죽었다면 그 다른 사람들은 그러기에 앞서 본성의 빚을 청산했을 따름일 것입니다. 그러나 예수님께서는 죽을 필요가 없으신데도 죽으셨습니다. 그분에 관한 한 죽으실 필요가 없었습니다. 그분은 또한 그 죽음을 특별히 쓰리게 만들었던 고통과 수치와 저버림의 상황들 속에서 죽으셨습니다. 십자가의 죽음은 우리를 향하신 우리 구세주의 무한한 사랑의 가장 높은 증거입니다. 그는 두 강도 사이에서 악당의 죽음을 죽으셔야 했습니다. 전혀 인정머리 없는 누구나 다 조소하는 자의 죽음을 죽어야 했습니다. 자기 몸으로 우리의 죄를 담당하심으로써 그러한 죽음을 죽으셔야 했습니다. 이 모든 것은 우리로 하여금 '그가 얼마나 우리를 사랑하셨는가!'라고 말하게 만듭니다. 오 그 사랑이여! 그리스도께서 자신의 목숨을 버리셨으니 우리는 그리스도의 사랑을 어떻게 의심할 수 있습니까…?"

우리가 이 구절 속에서 발견하는 것은 사랑에 대한 고상한 한 헌장에 불과하지 않습니다. 우리는 역시 **그 사랑의 분량**을 발견합니다. 예수님께서는 "'아버지께서 나를 사랑하신 것 같이' 나도 너희를 사랑하였으니"라고 말씀하시기 때문입니다. 만일 그리스도의 사랑이 어느 일정한 시간 동안만 사랑한 것이었거나 아니면 온전한 마음을 기울인 사랑이 아니었다 할지라도 우리를 향하신 그리스도의 그 사랑을 기뻐할 수 있다고 저는 생각합니다. 왜냐하면 그가 우리를 사랑하신다는 것은 정말 주목할 만한 일이 될 것이기 때문입니다. 그러나 예수님께서는 그렇게 말씀하시지 않으셨읍니다. 또 그러한 경우도 아닙니다. 예수께서 우리를 사랑하시되 불완전하거나 "온전한" 인간적인 사랑으로써 사랑한 것이 아니라, 가장 큰 사랑으로써 사랑하셨다고 말씀하십니다. 다시 말하면 영원 전부터 신격의 존재 속에서 있었던 사랑, 그리고 영혼까지 존재하는 사랑, 그리스도를 향하신 아버지의 사랑(우리가 명백히 덧붙여야 하는), 그리스도께서 아버지를 향하신 바로 그 사랑으로 사랑하셨다고 말씀하십니다. 그 사랑보다 더 큰 사랑이 있읍니까? 그런 일이 있을 수 없읍니다. 이 사랑은 시작도 끝도 없는 사랑입니다. 그 사랑은 한없는 사랑입니다. 변화하지 않는 사랑입니다. 이 큰 사랑의 분량에 따라서, 또한 그와 일치되게 그 사랑 자체로 그리스도께서 우리를 사랑하십니다.

한 가지 더 중요한 것이 있읍니다. 첫번째 요점은 우리를 향하신 그리스도의 사랑을 예수님께서 선언하셨다는 점입니다. 두번째 요점은 그 사랑의 분량입니다. 세번째 요점은 **사랑의 도전**인데, 그것은 이 경우에서 그 사랑을 "계속하라"는 것입니다. 만일 우리가 그리스도의 사랑 가운데 계속 거하면, 우리는 그 안에서 거하게 될 것이고 결국 열매 있는 사람으로 드러날 것입니다.

순 종

하나님의 영광을 위하는 요소들을 나열한 이 목록에서 세번째 나타나는 말은 "순종"입니다. 물론 그 말은 다른 곳에서와 같이 그리스도와 계명을 지키라는 도전으로 표현됩니다. "내가 아버지의 계명을 지키고 그의 사랑 안에 거하는 것 같이 너희도 내 계명을 지키면 내 사랑 안에 거하리라"(10 절).

지금쯤 그리스도의 계명을 이처럼 강조하는 것을 보고 진력이 났읍니까? 아마 그러리라고 생각합니다. 그러나 만일 우리가 그렇게 진력이 났다면 실수는 우리 속에 있는 것이지 계명에 있는 것이 아닙니다. 요한은 그의 첫번째 서신에서 "그의 계명은 무거운 것이 아니로다"(요일 5 : 3)라고 말씀했듯이 예수님께서도 "내 멍에는 쉽고 내 짐은 가벼움이라"(마 11 : 30)라고 말씀하십니다. 그런데 무엇이 잘못입니까? 우리에게 있어서 잘못은, 우리 스스로 그렇게 하는 것처럼 생각을 하고 있는 것 만큼 그리스도의 계명을 지키고 싶은 간절한 마음을 실상은 갖고 있지 않다는데 있는 것입니다. 따라서 순종의 강조(우리는 이미 지난 강론들에서 여러 번 그 점을 강조했으며 앞으로도 더 여러번 강조할 것임)는 우리가 그리스도의 뜻에 따르려는 마음이 반절 밖에 되지 않음을 드러내고 있으며, 결국 그 강조는 우리에게 참된 정죄감을 일으킵니다.

부활하신 후에 주님께서 베드로에게 나타나셔서 섬기라는 사명을 다시 주셨을 때 베드로에게 일어난 바로 그 일이 우리에게도 일어납니다. 베드로는 대제사장의 뜰에서 하인들과 군인들 앞에서 세번이나 주님을 부인했었습니다. 그래서 그리스도께서는 세번 거듭해서 그에게 사명을 다시 부여합니다. "요나의 아들 시몬아 네가 나를 이 사람들보다 더 사랑하느냐?"라고 물으셨습니다.

베드로는 최근에 저지른 자기의 실수를 알고 있었습니다. 그러나 그는 예수님을 사랑합니다. 그래서 제가 믿기로 참된 겸비함의 모습을 띠고서 대답합니다. "예 주님 제가 당신을 사랑하시는 줄 주께서 아시나이다."

예수님께서 "내 어린 양을 먹이라"고 말씀하십니다.

잠시 후에 예수님께서는 베드로에게 다시 "요나의 아들 시몬아 네가 나를 사랑하느냐?"라고 물으셨습니다. 베드로는 그렇다고 대답했습니다. 다시 그리스도께서 사명을 부여하십니다. "내 양떼를 먹이라."

끝으로 주님께서는 베드로에게 세번째 "요나의 아들 시몬아 네가 나를 사랑하느냐?"고 물으셨습니다. 이번에는 "요한의 아들 시몬아 네가 나를 사랑하느냐 하시니 주께서 세번째 네가 나를 사랑하느냐 하심으로 베드로가 근심하여 가로되 주여 모든 것을 아시오매 내가 주를 사랑하는 줄을 주께서 아시나이다"라고 되어 있습니다.

예수께서 "내 양을 먹이라"고 말씀했읍니다(요 21 : 15 - 17).

어째서 베드로는 근심했읍니까? 세번 반복해서 물으시는 예수님의 질문은 자신이 예수님을 세번 부인했던 것을 생각나게 하기 때문이었고, 그래서 그는 슬픔이 있어났고 자기가 행한 일에 대한 참된 죄책감을 느끼게 되었던 것입니다. 그래서 그는 근심하였읍니다. 더구나 그 질문을 던지시는 것이 아마 베드로가 한 첫번째 심정을 토로하는 대답 "예 주님 주께서 내가 주님을 사랑하시는 줄을 아시나이다"라는 말이 표면상에 나타나 있는 것처럼 그대로 받아들이기는 곤란하다는 식으로 들렸을 것입니다. 베드로는 언제나 어떤 것이든지 밖으로 터뜨려 내려는 성향을 가지고 있읍니다. 그러나 그가 진실로 그것을 의미했읍니까? 그리스도의 양떼들을 돌보는 종의 역할을 감당하기에 충분하다는 뜻으로 말했을까요? 또한 이 직무를 감당하거나 그리스도의 다른 명령들을 목숨을 다할 때까지 계속 감당하기에 충분하다는 뜻이었을까요? 그것은 전혀 다른 문제입니다. 우리처럼 베드로도 그의 연약을 생각해내는 걸 즐거워하지 않았읍니다.

그러나 우리는 어느 방식으로든지 우리 자신을 되새겨 볼 필요가 있읍니다. 그것이 바로 예수님의 반복적인 진술의 요점입니다. "너희가 나를 사랑하면 내 계명을 지키리라"(14 : 15). "나의 계명을 가지고 지키는 자라야 나를 사랑하는 자니"(14 : 21). "사람이 나를 사랑하면 내 말을 지키리니"(14 : 23). "너희도 내 계명을 지키면 내 사랑 안에 거하리라"(15 : 10). "너희가 나의 명하는대로 행하면 곧 나의 친구라"(15 : 14). 그 요점은 분명합니다. 그리스도의 제자들이 되고 그 안에서 자라나려 한다면 그리스도의 계명을 지켜야 합니다.

한 가지 더 주목해 봅시다. 우리가, 교훈의 방식을 통해서 예수님께서 우리에게 주신 모든 것을 순종하기 위해서 재음미해 보아야 한다는 것은 사실입니다. 그러나 예수님께서 그것을 우리에게 말씀하실 때조차 그가 이미 요구하셨고 자신을 주신 것만큼만 우리에게 요구하고 계시다는 것을 지적하고 계시는 것입니다. "내가 아버지의 계명을 지켜 그의 사랑 안에 거하는 것 같이"라는 말씀은 그의 비교법입니다. 우리는 이것을 통해서 용기를 얻고, 우리에게 교훈하시는 분이 스스로 그 교훈의 본을 보이셨으며 그의 요구하시는 대로 행할 힘을 우리에게 주실 수 있는 분이라는 걸 알 수 있게 됩니다.

기 쁨

11 절에서 예수님께서는 네번째이자 마지막 요소를 소개하시는데, 그것이 우리 안에 있어야 되고 바로 그 요소를 통해서 아버지께서 영광을 받으실 것입니다. 그것은 기쁨입니다. 그리스도께서 그것을 덧붙여 말

쓸하신 것은, 그의 계명은 사실상 무거운 것과는 정반대로 인도할 것임을 지시하기 위한 것입니다. 그리스도의 계명은 하나님께 속한 큰 기쁨의 충만으로 인도할 것이며, 그 기쁨은 갈라디아서에 나타나는 성령의 열매들의 목록 중에서 두번째 덕목으로 바로 소개가 되고 있습니다. 예수님께서 이 덕을 말씀하시면서 "내가 이것을 너희에게 이름은 내 기쁨이 너희 안에 있어 너희 기쁨을 충만하게 하려 함이라"(11 절)라고 말씀하십니다.

이 문장은 세 가지 의미에서 그리스도인의 기쁨에 대해서 말하고 있습니다. 얻어지는 기쁨, 거하는 기쁨, 흘러 넘치는 기쁨입니다. 기쁨은 예수님께서 가르치고 계셨던 것들의 결과로 **얻어지는** 것입니다. 그 때문에 그리스도인은 그 안에 거하여야 합니다. 그럼으로써 그 선생의 관점과 사고방식과 고무하신 것들이 또한 제자들의 것들이 될 것입니다. "기쁨"이라는 말을 두번이나 반복한 이유도 바로 거기에 있습니다ㅡ"내 기쁨"과 "너희 기쁨"이라고 말씀하십니다. 예수님의 기쁨은 제자들의 기쁨이어야 합니다. 예수님의 기쁨은 놀라운 것이었습니다. 왜냐하면 그 기쁨은 관원과 그 어느 다른 환경에 의해서도 자지러지지 않습니다. 사실 그 기쁨은 역경 속에서도 즐거워하는 기쁨입니다. 왜냐하면 하나님의 말씀 속에 예수님은 "그 앞에 있는 즐거움을 위하여 십자가를 참으셨다"(히 12 : 2)고 말씀하기 때문입니다. 그 기쁨을 예수님은 어디서 얻으셨습니까? 아버지의 온전한 뜻을 행하려는 그의 간절한 소원 속에서 입니다. "내가 여호와를 항상 내 앞에 모시며 그가 내 우편에 계시므로 내가 요동치 아니하리로다 이러므로 내 마음이 기쁘고 내 영광도 즐거워하며 내 육체도 안전히 거하리니"(시 16 : 8, 9).

둘째로, 그 구절은 **거하는** 기쁨을 말합니다. "내 기쁨이 너희 안에 있어." 이 어구의 요점은, 기쁨은 필연적으로 있는 것이 아니라는 점입니다. 많은 것들이 그 기쁨을 무너뜨릴 수 있습니다. 불순종이나 불신앙도 그렇게 할 수 있습니다. 다윗은 저 위대한 시편 51 편에서 그 점을 고백하면서 하나님께 이렇게 부르짖고 있습니다. "내게 구원의 즐거움을 회복시키소서"(12 절). 물론 그의 구원을 잃어버렸다는 말은 아닙니다. 다만 기쁨이 날아가 버렸다는 말씀입니다. 우리가 가지고 있던 교제가 일단 깨어진다는 의미에서 그리스도로부터 떠나게 되면 그러한 일이 언제나 일어납니다. 이것에 대비하여 우리는 그리스도 안에 거해야 합니다. 왜냐하면 그 안에 거할 때 기쁨이 역시 거하기 때문입니다.

끝으로, 11절은 **흘러 넘치는 기쁨**을 말합니다. 이것은 "너희 기쁨을 충만하게 하려 함이니라"라는 소절의 의미입니다. 나는 그리스도인들이 더 많은 기쁨을 가지기를 원합니다. 제가 이 구절을 읽을 때 주님께서도 역시 그것을 원하신다는 걸 느낍니다. 불행히도 많은 사람들의 얼굴이 해쓱해 있고 뚱해 있습니다. 또한 너무 많은 실패감과 불행감을 가지고 있습니다. 그런 방식으로 있을 필요는 없습니다. 오히려 우리는 그리스도 안에서 즐거울 수 있어야 합니다. 예수님께서 그렇게 하셨듯이 잡히거나 매를 맞거나 십자가에 못을 박히거나 죽음을 맞서 예수님께서 하신대로 말입니다. 그건 얼마나 놀라운 특권입니까!

그리스도인의 삶 속에서 열매맺음과 사랑과 순종과 연관돼 있는 기쁨이 발견될 때 모든 사람들은 그것을 보고 그 원천이 신적임을 알게 될 것입니다. 우리는 이러한 것들을 결코 스스로 낼 수는 없을 것입니다. 우리는 성령의 열매를 산출할 수 없습니다. 사랑을 산출할 수 없습니다. 우리는 기쁨을 내지 못합니다. 그러나 우리가 예수님 안에 거하면 그분이 기쁨을 산출하실 수 있습니다.

31

더 없는 사랑

"내 계명은 곧 내가 너희를 사랑한 것 같이 너희도 서로 사랑하라 하
는 이것이니라 사람이 친구를 위하여 자기 목숨을 버리면 이에서 더
큰 사랑이 없나니 너희가 나의 명하는 대로 행하면 곧 나의 친구라"
(요 15 : 12 - 14).

"친구"나 "우정"이라는 말에 특별히 매력적인 것이 있습니다. 그것은
한편으로는 가까운 친구와 친구들을 향한 우리의 바램에 기인되
는 것이고, 또 한편으로는 그 친구들을 기억하는 것에 기인하는 것입니
다. 우리는 과거를 돌아보면서 우리 삶의 주요한 어느 기간들을 우리가
사귀었던 친구들을 통해서 특징지워 말할 수 있기도 합니다. 우리와 함께
상급학교에 올라갔던 친구들이나, 그들과 했던 일들을 생각합니다. 아마
고등학교에 올라갈 때쯤해서 우리는 다른 친구들을 사귀었습니다. 우리는
때로 그 친구들 뿐만 아니라 우리가 경험했던 모험들도 생각합니다 — 때
로는 선생들이나 다른 어른들이 전혀 이해하지 못했던 모험도 생각합니
다. 우리는 대학 친구도 있습니다. 또한 삶의 후반부에 사귄 친구도 있
습니다. 우리는 우정을 높이 평가합니다. 그리고 만일 우리가 전혀 친구
를 가지고 있지 않다면 우리가 많은 퇴보를 하였을 것입니다.

우리가 이제 특별한 주의를 기울이려 하는 본문말씀에 그러한 의식이

제공되고 있습니다. 왜냐하면 그 본문 말씀 속에서 우주의 위대한 성육
신하신 하나님이신 주 예수 그리스도께서 우리와 자기와의 관계의 차원
에서 우정에 대해서 말씀하셨기 때문입니다. 그는 우리를 친구로 부르시
면서 "사람이 친구를 위하여 자기 목숨을 버리면 이에서 더 큰 사랑이
없느니라"고 말씀하십니다.

이 우정에 강조점이 주어져 있습니다. 우리가 이 본문 말씀을 호기심
으로 읽는다 할지라도 그렇게 말할 수 있습니다. 이 구절보다 앞서서 "친
구"라는 말이 이 요한복음에서는 딱 한번 쓰여졌습니다. 예수님께서 병
들어 죽게 되었던 "우리 친구 나사로"에 대해서 말씀하시던 11장에서 그
말이 나타난 것입니다. 13절에서 처음 나타난 그 말은 세번이나 나타납
니다. 예수님께서 먼저 그 주제를 소개하실 때 나타나고 그 다음에 그
주제를 섬세하게 설명하실 때 나타납니다.

"너희는 내 친구라." 우리가 그 진술을 읽을 때 우리 마음은 당연히 감
동됩니다. 우리 스스로 "예수께서 내 친구란 말인가?"라는 의문이 떠오
르게 됩니다. 그렇지 않으면 강조점이 약간 달라져서 "내가 예수님의 친
구란 말인가?"라는 의문이 솟아납니다.

인간의 친구관계

예수님께서는 "너희는 내 친구라" 말씀하실 때, 분명히 우리가 분명하
게 이해할 수 있는 용어로 인간적인 수준에서 말씀하고 계셨던 것입니다.
예수님께서 그렇게 하신 것은 ― 우리가 그 점을 놓쳐서는 안됨 ― 우리로
하여금 위대하고 완전한 그리스도의 우정과, 우리가 알 수 있는 다른 우
정들 중의 최고의 우정 사이를 대조해 볼 수 있게하려 하셨던 것입니다.
불행히도, 이와 같은 연구를 통해서 우리가 인격적으로 가졌던 우정들에
대해서 초점을 모을 수 없습니다. 왜냐하면 우리의 우정에 대한 체험은
전혀 다르기 때문입니다. 그러나 우리는 보통 일상적으로 알려진 여러
가지 경우를 통해서 같은 대조를 해볼 수 있습니다. 성경적인 일 가운데
가장 잘 알려진 예는 사울 왕의 아들 요나단과, 이스라엘의 청년 영웅이
었던 다윗 사이의 우정입니다. 요나단은 왕자를 이어받을 혈통에 서 있
었습니다. 그러나 다윗이 하나님께 너무나 명백하게 축복을 받은 나머지

사람들은 다윗이 그 다음 왕이 되어야 한다고 말하고 있었읍니다. 여기에 큰 적대감의 요소가 있었읍니다. 다시 말하면 당연히 왕통을 이어받을 권리를 가진 사람과, 왕통을 이어받을만 하다고 다른 사람들에게 인정을 받는 사람 사이의 적대의 요소입니다. 그러나 아무런 적대감이 없었읍니다. 오히려 위대하고 아름다운 우정이 있었읍니다. 그 경우는 상대방의 이해관계를 자기 자신의 이해관계보다 앞세우기 위해서 각각 희생을 했던 경우입니다.

때로 어떤 친구 사이에 존재하는 사랑은 결국 궁극적인 희생, 죽음을 가져오기도 합니다. 내 친구 중 어떤 사람은, 자기가 자라고 있을 때 자기 희생의 숭고한 순간을 맞은 어떤 사람이 자기 손자를 위해서 자기 목숨을 버렸다는 이야기를 들려 주었읍니다. 두 사람은 서버지니아의 모노가헬라강에서 보트를 타고 있었읍니다. 그 둘 중 어느 누구도 헤엄을 칠 수 없었읍니다. 그런데 이런 저런 이유로 인해서 어린 아이가 강물에 빠져서 익사해가고 있었읍니다. 그래서 그 사람이 그 어린 아이를 따라 강물에 뛰어들었읍니다. 둘 다 익사한 것입니다. 그러나 후에 시체를 건져 놓고 보니 할아버지는 자기 어린 손자를 팔에 끌어 안고 있었읍니다. 그 할아버지는 자기의 손자를 건지려는 간절한 열망이 있었던 나머지 자신을 구원하기 위해서 헤엄치려고 자기 팔을 젖는 것마저 하지 않았던 것입니다.

우리가 그와 같은 이야기를 들을 때 우리는 침묵하는 경향이 있읍니다. 왜냐하면 우리가 숭고한 것 앞에 서 있음을 알기 때문입니다. 그것은 숭고한 사랑입니다. 자신의 목숨을 희생한 사람입니다. 그러한 사랑 때문에 우리는 주께서 자신의 희생을 명백히 예기하시면서 선언하시는 말씀이 무엇인가를 이해하게 되는 것입니다. "사람이 친구를 위하여 자기 목숨을 버리면 이에서 더 큰 사랑이 없나니."

죄인들의 친구

반면에, 주님의 희생을 순전히 인간적인 차원에서만 말하는 것은 정말 공정치 못합니다. 왜냐하면 그리스도의 죽으심은 우리가 상상하는 어떤 것을 다 초월하기 때문입니다. 그러한 일이 자주 일어날 수는 없지마는 어떤 경우에는 인간존재라도 다른 사람을 위해서 자기 목숨을 버릴 수 있 읍니다. 이러한 선물은 그리스도의 희생과 동등하거나 병행을 이루지는 못하는 것입니다. 예수님의 죽으심을 깊이 상고해 볼 때 그걸 알게 됩니 다.

첫째, 우리가 예수님의 죽음을 회상할 때, 예수께서 죽으실 필요가 없었기 때문이라는 한 가지 이유만 가지고도 예수님의 죽음은 예외적이 었음을 인식하게 됩니다. 물론 우리에게는 해당되는 말이 아닙니다. 우리 는 죽을 사람들입니다. 우리는 죽어야 합니다. 그러나 예수님께서는 죽 지 않으시는 분입니다. 그러므로 죽으실 필요가 없었읍니다. 실로 그는 생명 자체이셨읍니다. 왜냐하면 "나는 길이요 진리요 생명이니"(요 14 : 6) 라고 말씀하셨기 때문입니다. 그가 이 세상에 오셔서 온전하고 다양한 여 러 가지 사역을 이루신 다음에, 죽음을 체험하지 않고도 하늘로 돌아가 실 수 있었읍니다. 반면에 우리에 대해서는 "한번 죽는 것은 사람에게 정 하신 것이요 그후에는 심판이 있으리니"(히 9 : 27) 라고 말하고 있읍니 다. 자기 희생의 차원에서 이것은 무슨 의미가 있읍니까 ? 단순히 다음 과 같은 것이지요. 만일 여러분이나 제가 어떤 다른 사람을 위해서 목숨 을 버리려 한다면, 그것은 의심할 여지 없이 위대하고 영웅적인 희생이 지만, 그럼에도 불구하고 언젠가는 어떤 방식으로든지 와야 하는 것을 미리 당긴 것에 지나지 않습니다. 만일 우리가 그렇게 하지 않았다면 당 하지 않을 죽음을 예상보다 조금 빨리 죽는 것 뿐이지요. 주님께서는 이 세상에 오셔서 어떠한 경우에서든지 반드시 하실 필요가 없으셨던 일을 하셨읍니다.

둘째, 주 예수 그리스도의 죽으심은 자기가 죽을 것을 아셨다는 의미에서 예외적입니다. 다시 이것은 단순히 사람이 자기의 목숨을 다른 사람을 위해서 주는 그런 보통의 경우와 같지 않습니다. 자기가 앞으로 그런 식 으로 죽을 것이라고 생각하고 다른 사람을 위하여 죽는 사람이 거의 없 을 것이라고 저는 확신합니다. 오히려 비록 그 행동이 모험적이고 죽을 가능성이 있다 할지라도 사람들은 죽음을 피하고서 자기 친구를 구할 길 이 없는가하고 생각하는 게 보통 상례이지요. 사람들은 모험을 계산에 넣기도 하고 때로는 죽을 것까지 생각합니다. 그러나 자원하여 죽는 경우는 혼하지 않습니다. 예수님께서는 자신의 증거를 통해서 일부러 우리 구원을 위해서 죽기 위해 십자가로 나아가셨읍니다.

우리 주 예수 그리스도께서 자기 친구들을 사랑하신 그 사랑이 우리가 할 수 있는 그 어느 사랑보다 더 밝게 빛나는 또 다른 영역이 있습니다. 본문은, 우리가 그리스도의 친구들이며, 그리스도께서 자기 친구들을 위해서 자기 목숨을 버리실 것을 말하고 있습니다. 그러나 만일 우리가 이 점을 면밀하고 정직하게 생각해 본다면, 주 예수께서 자기의 목숨을 우리를 위해서 주실 때, 엄격히 말해서 **우리는 주 예수님의 친구들**이 아니었음을 인식해야 합니다. 실로 그는 우리더러 친구라고 하십니다. 우리가 그의 친구들이 되는 것은 사실입니다. 그러나 그의 행실 때문에 우리가 친구들이 된 것입니다. 우리를 향하신 그의 선택적인 은혜가 속죄와 그의 성령의 역사 속에서 드러났기 때문에 친구가 된 것입니다. 우리는 그의 성령의 사역을 통해서 하나님을 배역하는 우리 본성적인 악을 극복하게 되고, 우리 마음은 사랑으로 이끌리고 예수님을 섬기게 됩니다. 예수님께서 우리를 위해서 죽으셨을 때, 또는(우리는 그 점을 뒤로더 미뤄 볼 수 있다면) 영원 전 과거에 예수님께서는 우리를 위해서 죽으시기로 작정하셨을 때, 주님은 우리의 친구가 되셨던 것입니다. 그때아직 우리들은 원수들이었거나, 아니면 주님은 우리가 원수들임을 미리 아셨던 것입니다. "우리가 아직 죄인 되었을 때에 그리스도께서 우리를 위하여 죽으셨다"(롬 5 : 8)는 말씀입니다. 여기에 특별히 우리는 주 예수 그리스도의 놀라운 사랑을 보게 됩니다. 우리가 하나님의 보시기에 무언가선한 존재로 우리 자신을 생각하는 한 우리는 그걸 보지 못합니다. 그러나 우리가 하나님께서 우리를 보듯이 우리 자신을 볼 때에, 그리스도의 사랑의 뛰어난 가치는 명백하게 드러납니다.

그 점은 제가 방금 인용한 말씀, 곧 로마서에서 인간 상황을 다루는 바울의 논술로 인도해 줍니다. 로마서의 첫 장에는 인간의 죄를 다루면서, 모든 남녀가 하나님을 아는 확실한 지식을 지니고 있으나 자신들이 고안해낸 신(神)을 섬기기 위해서 그 지식에서 등을 돌렸음을 보여 주고 있읍니다. 하나님의 존재와 능력에 대한 확실한 지식이 모든 인간들의 본성과 양심 속에 숨어 있다고 바울은 말하고 있읍니다. 그러나 우리는 그 지식을 거절합니다. 바울은 이렇게 말합니다. "하나님을 알되 하나님으로 영화롭게도 아니하며 감사치도 아니하고 오히려 그 생각이 허망하여지며 미련한 마음이 어두워졌나니 스스로 지혜 있다 하나 우준하게 되어 썩어지지 아니하는 하나님의 영광을 썩어질 사람과 금수와 버러지 형상의 우상으로 바꾸었느니라"(롬 1 : 21 - 23).

로마서 1 장에 계속 보여 주듯이 이에 대한 확실한 결과들이 있습니다. 우리는 하나님을 버렸습니다. 그래서 바울이 말하듯이 어떤 의미에서 하나님께서 우리를 버리셨습니다. 왜냐하면 우리로 하여금 어떠한 결과들을 만나도록 내버려 두셨습니다. 이 로마서 1 장에서 "하나님께서 저희를 버려두셨으니"라는 말씀을 세번이나 읽게 됩니다. 그러나 모든 경우마다 하나님께서 그들을 버려 두셨다는 말씀을 읽게 됩니다. 이 점은 중요합니다. 하나님께서 마치 인생을 손아귀에 붙잡아 인간이 단순히 어느 곳에도 그냥 흘러내려가지 않도록 붙잡는 일을 안하신 것 같이 들리기 때문입니다. 만일 제가 어느 사물을 손에 들고 있다가 놓으면 그 사물은 떨어지게 되어 있습니다. 제가 그 사물을 무(無, nothing)로 버려둔 것이 아닙니다. 저는 그것을 중력의 법칙에 내버려 두었고, 그 중력의 법은 그것을 아래로 떨어뜨렸습니다. 같은 방식으로 하나님께서는 우리가 우리 자신의 악한 반역의 서글픈 결과를 당하도록 내버려 두신 것입니다.

무엇보다 먼저, 하나님께서 우리를 "부정함"(24 절)에 버려 두셨다고 하나님께서 말씀하십니다. 다시 말하면 완결하게 순결하신 하나님에게 등을 돌리려 우리는 필연적으로 영적인 차원에서 더럽게 됩니다. 둘째로 하나님께서는 "부끄러운 욕심"(26 절)에 내어버려 두셨다고 말씀하십니다. 다시 말하면 우리가 가지고 바르게 누릴 선한 애정이, 그 근원에서부터 꼬여 있기 때문에 아주 왜곡되었다는 말입니다. 사랑이 정욕이 되어 버렸습니다. 마땅한 책임감이 개인의 야심을 충동적으로 자랑하는 것이 되어 버렸습니다. 자기 희생이 이기심이 되어 버렸습니다.

세째로, 하나님께서는 우리를 "상실한 마음"대로 내버려 두셨습니다 (28 절). 이 말은, 우리가 하나님께 반대되는 사고방식을 발전시킨 나머지 우리 삶에서 하나님의 임재를 불식시키는 철학들과 행동들을 부단히 만들어내고 있다는 뜻입니다.

로마서에 있는 이 중요한 구절들은 인간에 대한 하나님의 평가가 어떠한 지를 보여 줍니다. 하나님께서 우리를 만드셨습니다. 이보다 더 나아가서 하나님께서는 자신의 형상대로 우리를 지으셨습니다. 그러나 우리가 하나님을 대적하여 배역하였고 그 형상을 일그러뜨렸습니다. 하나님의 영광은 생각지 않고 인간의 부패를 진전시켰습니다. 하나님의 주권 대신 인간의 자율성을 추구했습니다. 거룩 대신 죄를 가지게 되었습니다. 사랑 대신 미움을 가지게 되었습니다. 이런 일을 우리가 하였습니다. 우리의 배역과 그에 따른 부패에도 불구하고 주 예수 그리스도께서는 우리의 친구가 되러 오셨고, 우리를 위해서 스스로 죽으심으로써 그 우정을 증거하셨습니다. 바울이 로마서에서 결론지어 말하듯이 바로 그러하기 때문에, "우리가 아직 연약할 때에 기약대로 그리스도께서 경건치 않은 자를 위하여 죽으셨도다. 의인을 위하여 죽는 자가 쉽지 않고 선인을 위하여 용감히 죽는 자가 혹 있거니와 우리가 아직 죄인 되었을 때에 그리스도께서 우리를 위하여 죽으심으로 하나님께서 우리에게 대한 자기의 사랑을 확증하셨느니라"(5:6-8).

영적인 죽음

우리를 위해서 그리스도께서 죽으심을 통해서 나타난, 그의 친구들을 향하신 주 예수 그리스도의 사랑이 모든 인간적인 사랑을 능가하는 또 다른 이유가 있습니다. 우리는 이미, 예수께서 죽으실 필요가 없으셨다는 점과, 그가 죽으실 것을 확신하고 계셨다는 점과 죽으시기로 작정하셨을 때 그가 위하여 죽는 그들은 그의 친구들이라기 보다는 원수들이었다는 점을 통해서 그 사랑이 우월함을 알아보았습니다. 이러한 요점들은 중요합니다. 그러나 이러한 요점들에 덧붙여서, 만일 우리가 그리스도인이라 할지라도 우리의 죽음은 육체적인 죽음에 불과한데 비하여 **주님의 죽음은 영적인 죽음**이라는 데 있습니다. "만일 우리가 다른 사람을 위해서 우리의 목숨을 내어 준다면, 우리가 당하는 그 죽음은 다만 육체적인 것일 뿐입니다. 그 이유는, 우리는 영적으로 다른 사람 대신 죽을 수 없기 때문입니다. 그러나 예수 그리스도께서는 영적으로 다른 인격을 위해서 죽으셨읍니다. 죽음은 분리입니다. 육체적인 죽음은 혼과 영이 몸에서 분리되는 것입니다. 영적인 죽음은 혼과 영이 하나님과 분리되는 것입니다. 지옥을 그처럼 무서운 곳으로 만드는 것도 바로 그 점입니다. 지옥에 있는 사람들은 하나님과 분리되어 있는 사람들입니다. 하나님께서 모든 삶의 원천이시니 – 모든 기쁨, 평화, 사랑, 다른 모든 복락들의 원천이시니 – 지옥은 그 정반대입니다. 그 지옥은 비참과 쉬지 못함과, 미움과, 그와 같은 것들입니다. 예수께서 우리를 위해서 당하신 그 분리는 바로 그것입니다. 그는 육체적으로도 죽으셨읍니다. 물론 그것도 사실입니다. 그의 죽음은 특별히 고통스럽고 처참한 것이었읍니다. 그러나 진실로 그 죽음이 가공스러운 것은, 그 죽음이 아버지와 분리되는 것이었다는 점입니다. 예수님께서 우리를 위해서 죄로 삼으신바 되고 우리 죄의 형벌을 담당하셨을 때 바로 그러한 분리의 아픔을 당하신 것입니다.

이것이 바로 그 순간 그의 입술에서 터져나온 울부짖음의 의미입니다. "나의 하나님 나의 하나님 어찌 나를 버리셨나이까?" 저는 그것을 어떻게 설명해야 할지 모르겠읍니다. 또한 신격의 제2위 되시는 분이 신격의 제1위 되시는 분과 분리되는 것이 어떻게 가능한지 모르겠읍니다. 예수님이 죽으실 당시와 같이 그 아무리 짧은 순간이라도 말입니다. 그러나 예수께서 궁극적인 영적인 죽음을 당하사 우리로 하여금 그 영적인 죽음을 당하지 않도록 하셨을 때, 바로 그러한 일이 일어났던 것입니다. 우리가 아무리 잘 이해한다 할지라도 그와 같은 사랑을 이해할 수 없읍니다.

"사람이 친구를 위하여 자기 목숨을 버리면 이에서 더 큰 사랑이 없나니"라는 그리스도의 진술 속에는 이러한 진리들과 그 외의 더 많은 진리들이 함축되어 있읍니다. 우리는 그 말씀을 읽고 그 진리를 인정합니다. 그러나 그 다음에 우리는 계속해서 "그렇습니다. 영광의 주님, 주 예수 그리스도께서 우리 죄인들을 위해서 영적인 죽음을 죽으셔야 했던 것보다 더 큰 사랑이 없읍니다. 어느 누구도 그러한 사랑을 행하지 못했읍니다. 사람이나 마귀나 천사라도."라고 말하게 됩니다.

여러분은 그분을 알되, 그렇게 죽음으로써 여러분을 향하신 사랑과 우정을 입증하신 분으로 알고 계십니까? 그분은 그러한 의미에서 여러분의 친구입니까? 그렇지 않다면 여러분은 진실로 아직 그리스도인이 되지 못했읍니다. 그러나 여러분도 그리스도인이 될 수 있읍니다. 그분을 여러분의 친구로, 초월적인 친구로 삼을 수 있읍니다. 찬송가 가사가 말하듯이 말입니다.

> 겸손한 이 예수와 같으신 친구 없네
> 아무도 없네 아무도 없네.

여러분은 그분에게 나오기만 하면 됩니다. 그리고 여러분의 죄를 고백하시고 그분이 여러분의 구주가 될 필요성을 아뢰기만 하면 됩니다.

예수님의 친구들

우리가 다루는 본문에서 야기되는 또 다른 질문이 있읍니다. 물론 보다 더 간단하게라도 그것을 생각할 필요가 있읍니다. "예수님이 여러분의 친구냐?"라고 저는 물었읍니다. 예수님께서 자기의 사랑과, 또 우리를 향하신 자기 우정에 대해서 말씀하시는 13절로부터 떠오르는 질문이 바로 그것입니다. 그러나 14절에서 그 질문은 다른 측면으로 행해질 수 있는 것을 대하게 됩니다. "여러분이 그리스도의 친구냐?"라는 질문입니다. 예수님께서는 "너희가 나의 명하는대로 행하면 곧 나의 친구라" 선언하시면서 그 점을 암시하셨읍니다(14절).

주님께서 그렇게 표현하신 것이 참 기쁩니다. 만일 우리가 그분에게 나아가서 "주여 주께서는 친히 우리에게 친구가 되셨음을 보여 주셨읍니다. 어떻게 하면 우리가 당신의 친구가 되겠읍니까?"라고 물었다면 어떠했을까라는 상상이 들기 때문입니다. "너희가 참된 친구가 되려면 어떠해야 하는지를 내가 보여주었는데 그대로 행하면 된다"라고 대답하실 수 있었읍니다. 그러나 만일 그가 그렇게 말씀하셨다면 우리는 다 낙담하게 되었을 것입니다. 어떻게 저와 여러분이 그렇게 할 수 있읍니까? 그분이 사랑하신 것처럼 우리가 어떻게 사랑할 수 있읍니까? 그분이 자신을 주신 것처럼 우리 자신을 어떻게 줄 수 있읍니까? 그 말의 가장 충만한 의미로 다른 사람을 위해서 영적인 죽음을 죽을 수가 없읍니다. 만일 예수님께서 우리더러 당신이 행한 모든 것을 하라고 요구하셨다면, 그의 친

구가 될 가능성은 전혀 완전히 사라져 버리고 맙니다. 그러나 그렇게 말
씀하시지 않으셨습니다. 오히려 우리의 수준에서 요구하십니다. "너희가
나의 명하는대로 행하면 곧 나의 친구라." 이 말씀은, 단순한 순종을 통
해서 그분에게 우리가 친구 됨을 보여 주어야 한다는 뜻입니다.

"단순하다"고 제가 말했지요? 그렇습니다. 단순합니다. 그러나 그것
은 단순한 **순종**입니다. 그 말은 우리가 능동적이고 계속적이고, 모든
범사에 그래야 한다는 것을 뜻하는 것입니다. 우리의 순종은 "능동적"이
어야 합니다. 왜냐하면 예수님께서 "너희가 행하면 내 친구라'"라고 말
씀하셨기 때문입니다. 불행히도 어떤 그리스도인들은 그리스도인의 삶이
마치 어떤 것들을 행하지 않는 것으로만 이루어진 것처럼 말합니다.만일
우리가 그러한 사고방식에 떨어지게 된다면, 우리가 술을 마시지 않았거
나,어떤 카드 놀이를 하지 않았거나, 어떠한 의도적인 오입을 하지 않았
거나, 다른 사람에게 사기를 치지 않았으면 우리가 대단한 일을 한 것이
라고 생각합니다. 그러나 그렇지 않습니다. 소극적으로 순종한 것이지 적
극적으로 순종한 것이 아닙니다. 이것은 불행합니다. 왜냐하면 할 일이
대단히 많기 때문입니다. 그 한 예로 그리스도께서는 우리더러 서로 사
랑하라 말씀하셨는데,어떤 실제적인 방식을 제외하고 그러한 일이 행해질
수는 없는 것입니다. 우리는 또한 기도해야 합니다. 다른 그리스도인들
과 함께 예배를 드려야 합니다. 우리의 삶은 선한 행실로 특징지워져야
합니다. 만일 성경을 읽고 매일 기도하면서 주 예수께서 하라고 하신 실
제들을 생각하기 위해서 자기들의 경건의 시간의 일부를 떼어 놓는다면,
많은 그리스도인들의 삶 속에서 대단한 변화를 가져오게 될 것입니다.

둘째로 우리의 순종은 **계속적**이어야합니다. 왜냐하면 예수님께서
"너희가 나의 명하는대로 한 다음에 말면" 또는 "너희가 주일날에만 그
일을 행한다면" 또는 "너희가 하고 싶을 때만 그렇게 한다면"이라고 말
씀하지 아니하셨습니다. 예수님께서는 "하다"는 동사를 현재가정형으로
놓고 있습니다. 그것은 "너희가 (항상) 하고 있으면"이라는 뜻입니다. 그
것은 계속적인 행동, 매일, 매년 행하는 것을 의미합니다. 주님의 제자
가 되는 길에는 방학이 없습니다.

끝으로, 우리는 순종이란 **범사에** 그의 명령을 준행하는 것임을 알

필요가 있읍니다. 왜냐하면 "내가 너희에게 명하는 대로 (명하는것은 무엇이든지) 행하면"이라고 말씀하셨기 때문입니다. 그리스도의 친구들이 된다는 것은 무엇을 뜻합니까? 그것은 사랑 가운데서 그리스도에게 나와서 그리스도께서 우리에게 무엇을 명하시든지 그것을 한다는 것을 뜻합니다. 모든 사람이 행하는 것처럼 이것저것 골라서 행하는 것이 아닙니다. 또 우리가 좋아하는 그리스도의 신앙의 어떤 국면들만을 높이고 우리가 싫어하는 다른 국면들은 낮추는 그런 것도 아닙니다. 오히려 그것은 마음과 몸을 온전히 겸손하게 복종시켜드리면서 그의 복되신 발 앞에 앉아서 그 위치에서 "주여 주께서 제가 무엇을 행하기를 원하시나이까?"라고 묻는 것을 뜻합니다. 우리가 그러한 질문을 던지고, 우리가 그 질문의 의도대로 마음 속에 먹고 있을 때만 우리는 진실로 우리의 왕에 대한 심부름을 행하는 사람들로 높이 들려지고, 단순한 노예로서가 아니라 예수님의 친구로서 높이 들려지게 됩니다.

앞서서 저는 "예수님이 여러분의 친구냐?"라고 물었읍니다.   지금은 "여러분이 이러한 정의대로 그리스도의 친구들이냐?"라고 물어야겠읍니다. 하나님께서 여러분으로 하여금 그렇게 되게 하시기를 바라며, 여러분 자신의 큰 기쁨과 그 영광의 찬송이 되게 하시기를 원하나이다.

32

과실, 더 많은 과실

"이제부터는 너희를 종이라 하지 아니하리니 종은 주인의 하는 것을 알지 못함이라 너희를 친구라 하였노니 내가 내 아버지께 들은 것을 다 너희에게 알게 하였음이니라 너희가 나를 택한 것이 아니요 내가 너희를 택하여 세웠나니 이는 너희로 가서 과실을 맺게 하고 또 너희 과실이 항상 있게 하여 내 이름으로 아버지께 무엇을 구하든지 다 받게 하려 함이니라 내가 이것을 너희에게 명함은 너희로 서로 사랑하게 하려함이로라"(요 15 : 15 – 17).

주예수께서 자기 제자들더러 친구라고 부르시는 이 요한복음 15 장을 제외하고, 아브라함 외에 하나님의 친구로 불리운 인물들을 성경에서 발견하지 못합니다. 그러나 이 한 경우는 의미심장 합니다. 왜냐하면 하나님과 아브라함의 관계의 본질이 여기 그리스도께서 가르치시는 말씀의 주요 요점을 예증하고 있기 때문입니다. 야고보서 2 장 23 절에서 아브라함은 "하나님의 친구"로 일컬어지고 있습니다. 야고보가 그렇게 말하는 것은 역대하 20 : 7 (거기서 아브라함은 "너희 친구" 또는 "너희 친구는 하나님이라"는 말씀이 있음) 또는 이사야서 41 : 8(아브라함더러 내 친구라고 부르고 있음) 의 말씀이나 아니면 둘 다를 가리켜 말하고 있는 것입니다. 그 용어의 의미는, 하나님께서 아브라함에게 기탄없이 말씀하셨고, 그래서 반복적으로 하나님의 마음을 아브라함에게 열어 보여주었다는 사실 속에 드러나 있습니다. 그 고전적인 실례는, 하나님께서 소돔과 고모라를 멸망시키기 직전에 아브라함과 대화를 나누신 일입니다. 이 대화에서 하나님께서는 "여호와께서 가라사대 나의 하려는 것을 아브라함에게 숨기느냐?"(창 18 : 17)라고 하나님께서 말씀하셨습니다. 그 하나님의 질문에 대한 대답은 "아니요"였습니다. 왜냐하면 그 이야기는 계속해서 하나님께서 아브라함에게 앞으로 다가올 그 멸망에 대해서 열어 보여 주신 것과, 아브라함이 롯이 소돔에 있는 것을 보고 그 도성에 사는 의인들을 위해서 중보의 기도를 드린 사실을 기록해 나가고 있기 때문입니다.

서로 교통하는 것은 우정에 있어서 본질적인 것입니다. 친구들은 서로 간에 말하며, 자기들이 행하고 있는 것을 서로에게 말해 줍니다. 그들은 자기들의 영혼을 털어 넣고 자기들의 고통을 말합니다. 또 서로 느끼는 느낌을 나눕니다. 그러니 다락방에서 예수님께서 자기 제자들을 친구라 부르시는 그 대화 속에서 영광의 주님께서 당신이 생각하는 것을 제자들에게 말씀하신 것은 놀라운 일이 아닙니다. 이미 예수님께서는 자기의 죽으심과 부활하심과, 하늘과, 승천하신 다음에 성령의 오심과, 다른 교리들에 대해서 말씀하실 때 이러한 일을 하신 것입니다. 이제 그는 열매 있는 섬김의 직무를 그들에게 특별하게 부여하시면서 당신의 생각을 그들에게 보여 주십니다.

예수님께서는, 그들이 당신의 친구들이 된 것은 "아버지께 드린 것을 다 너희에게 알게 하였음이라"(15 절)라고 선언하십니다.

종들이 아닌 친구들

우리가 그러나 이 구절의 특별한 계시를 생각하기 전에, 그 계시가 기초하고 있는 그 우정의 본질을 생각할 필요가 있습니다. 왜냐하면 그 우정은 특별한 유의 우정이기 때문입니다. 그 우정은 참된 우정입니다. 그 우정에 맞설만한 것이 없습니다. 그러나 우리가 아는 우정과 정확히 같지 않습니다. 이 경우에서는 사람과 하나님 사이의 우정이기 때문입니다.

우리의 우정을 특징짓는 한 가지 요점은, 우리가 누구를 친구로 삼고 누구를 친구로 삼지 않는 면에서 자유롭다는 점입니다. 일반적으로 말해서 거기에 관계된 사람들은 그 자유를 서로 행사하지요. 예를 들어서, 우리가 서로 만나면 친구관계에 관한 한 세 가지의 가능성이 나타나게 됩니다. 첫째로 그 사람을 좋아하지 않거나, 아니면 그 사람이 우리를 좋아하지 않을 수 있습니다. 그런 경우에 우리는 상대방에 대해서 정중하게 하려고 노력하지마는 우정관계가 발전되지는 않습니다. 둘째로, 우리가 다른 사람을 좋아할 수 있으나 다른 사람이 우리를 좋아하지 않을 수 있고 그 정반대일 수 있습니다. 그런 경우에는 물론 상대방을 좋아하지 않는 사람이 자기 마음을 바꾸지 않는 한 우정관계는 발전되지 않습니다. 세째로 상호 끌리는 일이 있을 수 있습니다. 이러한 상황에서만 거기에 관계된 사람들이 친구가 되는 것입니다. 그러나 이것은 무엇을 뜻합니까? 우리가 그 문제에서 하나의 선택권을 가지고 있다는 것을 뜻합니다. 또는 상대방도 그렇지요. 우리는 우정관계에 있어서 이것을 진수로 생각합니다. 그런데 그 우정에 관한 우리의 이해와는 너무나 결정적인 대조를 이루는 것이 여기에 우리가 예수님과 친구가 되어야 한다고 강조하시는 이 구절 속에 나타나 있읍니다. 예수님을 우리의 친구로 삼기를 우리가 선택해서가 아니라(우리가 그렇게 하지 않았기 때문임), 예수님께서 위대한 긍휼과 은혜 속에서 우리를 당신의 친구로 삼기로 정하셨기 때문입니다.

우리가 그를 선택했다고 여러분은 생각하십니까? 그렇다면 우리 자신의 부패의 깊이나 하나님의 은혜를 받을만한 아무런 공로가 없다는 우리 자신의 깊은 속을 충분히 인식하지 못한 것입니다. 진정한 상황은, 우리는 그분을 친구로 삼지 않을 뿐 아니라 사실상 그분의 원수가 되었고, 그분의 정당한 우리를 향하신 통치를 반역했으며, 그의 사랑을 배반하였읍니다. 우리의 죄는 우리 자신과 하나님 사이에 큰 장벽을 세워 놓았읍니다. 그러므로 하나님께서 그리스도 안에서 그 장벽을 제거하시는 일을 하시고, 우리로 하여금 그 큰 특권적인 지위를 갖도록 우리를 선택하셨을 때만 그 친구관계가 서는 것입니다. 주 예수께서 자기 제자들을 친구라고 말씀하신 것은, 당신이 자기 목숨을 우리를 위해서 내어 놓으시겠다고 말씀하신 그 다음의 일이었읍니다.

그러니 친구가 되기로 결정한 것은 우리 편에 있었던 것이 아닙니다.

아무리 순전한 인간적인 수준에서 그 경우를 따지더라도 말입니다. 오히려 그리스도께서 우리를 "당신의" 친구들로 삼으시기로 결정하셨습니다. 우리는 그를 택하지 않으셨습니다. 여기에 우리가 아는 모든 우정관계와, 이 우정관계 사이에 큰 차이가 있는 것입니다.

역시 두번째 차이가 있습니다. 16절에 그것이 나타나 보입니다("내가 너희를 택하여 세웠나니 이는 너희로 '가서' 과실을 맺게 하고"). 다음에 나오는 명령형에서 또한 그 점이 드러납니다("내가 이것을 너희에게 명함은 너희로 서로 사랑하게 하려 함이로다"). 우리의 우정 개념에 입각해서 보면, 당신의 친구들로 삼았다는 자들을 보고 어떤 것을 하게 하려고 그렇게 친구를 삼았노라고 예수님이 말씀하시는 것이 이상하지 않습니까? 더 이상한 것은 바로 뒤이어서 그 친구를 삼은 사람들이 무엇인가를 행해야 된다는 명령을 가지고 우정관계를 선언하니 정말 야릇하게 보이지 않습니까? 어떤 사람이 무엇을 할 수 있다는 것을 기초로 하여 친구를 삼는 것을 우리는 생각하지 않습니다. 그것은 계산적이고 고상하지 못해보입니다. 그것은 우정에 있어서 가치가 없는 것입니다. 더구나 우리 친구더러 무엇을 하라고 명령하는 것은 생각지도 못하지요. 최소한 우리 친구도 그 사람을 계속 사귀고 싶어한다면 더욱 그러하지요.

그런데 예수님께서 어떻게 그렇게 하실 수 있읍니까? 인간적인 우정관계보다 못하시단 말입니까? 아니면 실제로 친구가 아닌데도 친구인것처럼 가장한 것은 아닌가요? 우리가 이미 보아왔듯이 그 대답은 여기에 함축된 우정의 본질 속에 들어 있습니다. 왜냐하면 이것이 참된 우정이기는 하면서도 우정은 동등한 두 사람 사이의 우정이 아니라, 죄악적이고 제한된 인간 존재와 하나님 사이의 우정이기 때문입니다. 따라서 그 우정의 온전한 차원들(그 우정이나 하나님 자신의 거룩이나 전지전능하심이나 전적인 주권 뿐만 아니라 우리의 죄와 무지와 유한성을 함축하기 마련임)이 다 관계되어 있습니다. 우리는 하나님의 친구들입니다 — 은혜로 말입니다. 그러나 그렇다고 해서, 우리가 그분과 동등한 위치로 그분에게 접근한다든지 친구사이에 하는 투로 얘기할 수 있다는 것은 아닙니다. 우리는 언제나 그가 우리의 위치에까지 자세를 굽혔기때문에 친구관계가 존재한다는 것을 항상 마음 속에 생각하면서 감사하는 마음으로 그분에게 접근해야 한다는 뜻입니다.

과실이 많은 그리스도인들

그러나 주님께서는, 그 우정의 문제를 바른 조망 앞에 갖다 놓고 그 우정의 특권들을 열매 있는 그리스도인의 섬김의 생활의 차원에서 밝혀나가고 계십니다. 그러므로 여기에서의 목적절은 그 우정의 본질을 수식한 것으로서 나타난 것이 아니라(어떤 의미에서 그렇기도 하지만) 주 예수 그리스도께서 친구로 삼는 모든 사람들의 영광스러운 특권과 운명을 보여 주기 위해서 드러난 것입니다. "너희가 나를 택한 것이 아니요 내가 너희를 택하여 세웠나니 이는 너희로 가서 과실을 맺게 하고 또 너희 과실이 항상 있게 하여 내 이름으로 아버지께 무엇을 구하든지 다 받게 하려 함이니라"(16절). 이 목적진술은 두 가지 부분으로 나뉘어져 있습니다. 각 부분은 중요한 헬라어 "히나"("위하여"⟨in order that⟩) 라는 말로 시작이 됩니다. 그들로 하여금 과실을 맺게 하고 둘째로 그들의 기도가 응답받게 하기 위함이라는 것입니다.

"과실"(열매)이라는 말이 2장에서 여기에서 처음 나타나는 것은 아닙니다. 여기에 나타나는 "과실"이라는 말은 앞에서 나타났던 여러 어떤 경우보다도 열매맺음에 필요한 단계를 더 많이 이야기합니다. 이 구절들에서는 네 가지의 진전과정이 있습니다.

1. 2절의 전반부에서 주님께서는 단순히 "열매"(과실)를 말씀하십니다. 거기에 그 과실을 수식하는 형용어가 하나도 없습니다. 주님께서는, 포도나무가지의 목적은 열매를 맺는 데 있는 것이며, 또 그들이 그 열매를 맺는 일에 관심을 가지신다고 가르치고 계십니다. 이 구절과 (14장에서) 성령의 열매에 대해서 연구하면서, 우리는 그 열매는 일차적으로 성령께서 신자들의 삶 속에서 산출해내게 되는 성품의 국면임을 알았습니다. 갈라디아서 5장은 그것을 "사랑과 희락과 화평과 오래 참음과 자비와 양선과 믿음과 온유와 절제"로 묘사합니다(22, 23절). 두번째 의미에서 "과실"(열매)은 이러한 성품들의 특성들에서 흘러나오는 선한 행실을 가리키고, 더 나아가 기독교로 회심하는 사람들을 가리킵니다.

2. 2절 하반부에서 주님께서는 "열매"라는 말을 좀더 수식하여 "무

롯 과실을 맺는 가지는 더 과실을 맺게 하려 하여 이를 깨끗케 하시느니
라"라고 말씀하십니다. "더"라는 말이 매우 탐사적인 말입니다. 앤드류
머레이(Andrew Murray)가 그의 가치 있는 경건한 연구인「참 포도나
무」(The True Vine)라는 책에서 지적하였듯이 말입니다. 그 말이 탐
사적인 것은 "교회나 개인들로서의 우리는 자기만족 이상은 나가지 못하
는 위험에 처하여 있기 때문이며, 라오디게아의 은밀한 정신 - 우리는 부
요하여 부족한 것이 없다는 정신 - 은 의심되지 않는 곳에서 편만해 있을
수 있기 때문이다. 불쌍하고 곤고하고 가련하게도 하나님의 경고를 가장
필요로 하는 사람들이 가장 적은 반응을 나타내는 것이다." 그러니 우리
는 적은 열매로 만족하지 맙시다. 이 말의 중요성은, 과거 복락이 어떠
하든지 하나님께서는 우리로 하여금 그리스도인의 성품과 섬김과 전도와
다른 모든 복락들에서 더 항상 자라게 한다는 데 있읍니다.

3. 8절에서는 또 다른 수식을 발견합니다. 이때 예수님께서는 "너희
가 과실을 많이 맺으면 내 아버지께서 영광을 받으실 것이요 너희가 내
제자가 되리라"고 말씀하십니다. 그리스도인은 흔히 적은 일이 일어나는
것을 원하는 것 같습니다 - 왜냐하면 영적인 성장이나 성공을 내포하여
세상적으로 어느 것이든지 "많은 것"을 생각하기 때문입니다. 그러나 이
유야 어찌 되었든 그리스도께서 여기서는 다른 차원에서 생각하고 계심
이 확실합니다. 왜냐하면 여기서 그리스도께서는 "많은 과실"을 말씀하
시며 그저 단순히 "과실" 또는 "더 많은 과실"이라기 보다는 "많은 과실"
이 하나님께 영광이 된다는 사실을 말씀하고 계시기 때문입니다. 우리가
그의 말씀을 믿습니까? 우리는 많은 것을 성취하려고 애를 써야 합니다.
적은 과실은 아버지와 아들에게 적게 밖에 영광을 돌리지 못한다는 걸 알
아야 합니다.

4. 끝으로, 우리가 연구하고 있는 이 구절 속에서 우리는 이 진전의
마지막 단계에 이르게 됩니다. "너희 과실이 항상 있게 하여"라는 것입
니다(16절). 과실이 항상 있는 것은 아닙니다. 사실 순전히 농업적인 차
원에서 과실이 하나도 안 남을 수도 있읍니다. 복숭아도 다 썩어버리고
사과도 부패하게 되고 딸기나 오렌지나 포도열매도 다 문드러집니다. 인
간적인 차원에서 우리가 행하는 많은 것들이 이러한 범주에 속하기도 합

니다. 우리가 일을 합니다. 또 우리의 일의 많은 분량이나 또한 우리가 일한 것으로서 얻은 그 열매가 사라져 버립니다. 때가 되면 우리 자신도 사라져 버릴 것입니다. 아무 것도 남지 않습니까? 모든 것이 다 지나가나요? 한 가지 남는 게 있습니다. 그것은 주 예수 그리스도로 말미암아 그리스도의 삶 속에서 산출되는 열매입니다. 그리스도는 영원하십니다. 따라서 그의 일도 영원하고, 결코 없어지지 않을 것입니다. 우리는 다음과 같이 말하는 한 연의 서투른 싯귀를 통해서 그 점을 아주 가깝게 묘사합니다.

> 오직 하나만 있는 목숨!
> 그것도 금방 사라질 것인데,
> 그리스도께서 위하여 행한 일만이
> 영원히 남을 것일세.

그러나 그리스도를 위해서 행해질 수 있는 많은 것도 실상 영구하지 못할 수 있다는 점을 지적하는 것이 좋을 것입니다. 왜냐하면 그러한 일을 행하는 우리 속에서 역사하시는 분이 그리스도 예수 자신이 아니어서 그런 경우가 있다는 것입니다.

그리스도께서 여러분 안에서 일하고 계십니까? 단순히 여러분이 일하는 것이 아닙니까? 아무리 그리스도의 이름으로 행해진다 할지라도 말입니다. 여기서 모든 그리스도의 일을 하는 사람들은 멈춰 서서 영혼의 빛에 비추어서 자기가 성취하고 있는 것을 생각해 보아야 합니다. 짚이나 나무나 지푸라기로 큰 건축물을 지을 수 있다는 걸 기억해야 합니다. 건초더미가 아주 큰 것일 수 있습니다. 그러나 이러한 것들은 남아나지 못합니다. 오히려 금이나 은이나 보배로운 돌, 하나님께서 예비하시고 하나님의 청사진에 따라서 주 예수 그리스도에 의해서 모아진 그런 것들로 집을 지어야 합니다.

중보기도

그리스도께서 우리더러 친구라고 부르시는 두번째 목적은 "내 이름으로 아버지께 무엇을 구하든지 다 받게 하려는데" 있읍니다. 사실 제가 이 소절을 처음 살펴 보았을 때 어째서 이렇게 반복적인 방식으로 그 구절이 소개되어야 하는지 의아했음을 인정해야겠습니다. 기도로 유도하는 일은 새로운 일이 아닙니다. 우리는 그것을 이미 여러번 보았읍니다(14 : 13, 14; 15 : 7). 또한 그 조건도 새로운 것이 아닙니다. 곧 우리가 그리스도의 이름으로 구하고 그리스도 안에 거하고, 하나님께 영광이 돌아갈 것을 구하라는 그런 조건도 새로운 것이 아닙니다. 그런데 어째서 같은 약속이 여기에서 나와 있읍니까?

그 약속이 반복되는 것은 우리가 그 약속을 들을 필요가 있기 때문이며 우리의 기도생활에 있어서 너무 느슨해지기 때문이라고 말하면 충분한 답변이 될 것입니다. 그러나 예수님께서 이 새로운 친구관계와, 우리가 서로 사랑해야 한다는 그의 계명을 말씀하시는 문맥을 생각해 보면, 아마 예수님께서는 여기서 중보기도로 알려진 특별한 기도형태를 생각하고 계셨던 것처럼 보입니다. 중보기도는 다른 사람들을 위해서 드려지는 기도입니다. 이 위대한 기독교의 형제애와 자매애에 다른 사람과 함께연결돼 있는 사람에게 있어서, 그리스도의 친구들이 된 그 다른 사람들을 위해서 간절히 기도해주는 것보다 더 자연스러운 것이 무엇이겠읍니까? 만일 그들이 그리스도의 친구들이라면, 그들은 또한 우리의 친구들입니다. 우리는 그들을 위해서 기도해야 합니다. 그들이 또한 우리를 위해서 기도해야 하는 것처럼 말입니다. 이 방면에서 우리는 줄을 타고 올라가는 포도나무와 같아야 합니다. 우리가 땅에 발을 딛고 있지만 우리는 하늘의 저 찬란한 힘을 북돋아주는 분위기를 향해서 뻗어 올라가야 하는 것입니다. 거기서 우리는 주님을 만나게 되고 주님은 우리를 영접하게 될 것입니다.

이 구절에서 우리는 참된 사랑이 뜻하는 바가 무엇인가를 마무리지어 듣게 됩니다. 사랑은 다른 사람을 위해서 자신을 주는 것입니다(13 절). 그것은 나누는 것입니다(15 절). 또한 서로를 위해서 기도하는 것을 뜻합니다(16 절). 각 경우에서 우리는 주고, 나누시고, 우리를 위해서 중보의 기도를 드리신 주 예수 그리스도의 본을 대합니다.

서로 사랑하라

이 대목의 마지막 17 절의 말씀은 12 절로부터 다루기 시작했던 테마로 돌아갑니다. 방금 제가 그것을 넌지시 암시해드렸지요. 그것은 "서로 사랑하라"는 명령입니다. 우리가 알기로 이 명령이 처음 발해진 것은 아닙니다. 만일 이 시점에서 우리가 예민하다면, 그리스도께서 반복하시는 것에 약간 진력을 느낄 가능성이 있습니다. 앞에서도 예수님께서 당신의 계명을 지키시는 것에 대해서 강조하시는 것을 보고 그럴 수 있다는 걸 지적한바 있습니다. 여기서도 그러합니다. 요한복음 13 : 34 , 35에서 예수님은 "새 계명을 너희에게 주노니 서로 사랑하라 내가 너희를 사랑한 것 같이 너희도 서로 사랑하라 너희가 서로 사랑하면 이로써 모든 사람이 너희가 내 제자인줄 알리라"라고 말씀하셨습니다. 14 장에서는 우리가 그리스도를 사랑할 필요성을 자주 말씀하십니다. 15 장에서는 "내 계명은 곧 내가 너희를 사랑한 것 같이 너희도 서로 사랑하라 하는 것이니라"(12 절)라고 말씀하십니다. 어째서 이처럼 부단히 반복이 계속됩니까? 어째서 우리가 진력을 냅니까? 그 두 질문에 대한 대답은 같습니다. 우리는 서로 사랑하지 않습니다. 그러므로 우리는 그것에 대해서 정죄감을 느끼고 우리가 계속 상기해야 할 필요성을 알기 때문입니다.

요한 자신이 이 점을 배웠습니다. 예수님을 본받아 그는 아시아 교회들에게 보낸 첫번째 서신에서 그 계명을 거듭 반복해서 말하고 있습니다. "서로 사랑하라"고 4 : 7 에서 말하고 있습니다. 바로 네 구절 지나서 11 절에서 "서로 사랑하라"고 다시 말하고 있습니다. 그런 다음에 세번째로 12 절에서 "서로 사랑하라"고 말하고 있습니다. 우리는 서로 사랑해야 합니다. 왜냐하면 우리를 향하신 하나님의 위대한 사랑과 그리스도의 계명 때문입니다.

우리는 그렇게 합니까? 주 예수 그리스도로 말미암아 생기는 우정의 띠 안에서, 그리스도 자신의 사랑과 기준을 따라서 서로 사랑합니까? 서로 친구간에 사랑할 때 행해야 하는 몇 가지 일을 뽑아서 제시해 보겠습니다.

1 . 사랑은 다른 사람을 위해서 기도합니다. 여기서 욥은 의미 있는 실례입니다. 욥은 자기가 귀하게 여겼던 모든 것을 다 잃어버렸습니다. 자기의 가족과 건강과 재산을 다 잃어버렸습니다. 비참한 가운데 그의 친

구들이 그를 대적하여 참소했고, 위로하는 척하면서도 그릇된 자세로 그
당하는 고통과 네가 지은 죄를 하나하나 따져서 생각해 보라고 말하면서
큰 죄를 졌다고 송사하였읍니다. 사실상 만일 어느 누구든지 그 우정을
끊을 권리가 있었다면 그 욥이었을 것입니다. 그럼에도 불구하고 그 이
야기의 끝을 보십시오. 하나님께서 하나님의 참된 의도를 욥에게 알리시
려고 나타나셔서 욥의 친구들의 생각을 향하여 진노를 나타내셨을 때, 욥
은 기도했고, 하나님께서 욥에게 크게 축복하심으로써 그 기도에 대한 응
답을 내리셨읍니다. 욥이 누구를 위해서 기도했읍니까? "욥이 그 벗들
을 위하여 빌매 여호와께서 욥의 곤경을 돌이키시고 욥에게 그전 소유보
다 갑절이나 주신지라"(욥 42 : 10).

2. 사랑은 친구가 곤경에 빠져 있을 때 그 친구에게 친밀하게 대하게
합니다. 솔로몬은 친밀하게 대하는 친구를 가진다는 것이 무엇인가를 알
았읍니까? 알았던 것 같습니다. 아마 개인적으로 그래서 다음과 같이
쓴 것 같습니다. "많은 친구를 얻는 자는 해를 당하게 되거니와 어떤 친
구는 형제보다 친밀하니라"(잠 18 : 24). 바로 한 장 앞에서도 같은 것
을 말하고 있읍니다. "친구는 사랑이 끊이지 아니하고 형제는 위급할 때
까지 위하여 났느니라"(잠 17 : 17).

3. 끝으로, 사랑은 주고 또한 얻습니다. 이 이중적인 행동은 두 친구에
대한 그리스도의 비유 속에서 드러납니다. 그 중 한 친구가 밤중에 다른
친구들을 찾아갔읍니다. "벗이여 떡 세 덩이를 내게 빌리라 내 벗이 여
행 중에 내게 왔으나 내가 먹일 것이 없노라"(눅 11 : 5 , 6). 그리스도의
비유의 문맥을 보면, 침소에 누웠던 친구가 일어나 자기에게 그 먹을
것을 요구하는 걸 친구에게 주기를 꺼려하고 있읍니다. 그러나 급기야는
일어나 주었읍니다. 왜냐하면 그리스도의 요점은 하나님의 우정의 탁월
한 가치를 지적하는 데 있었기 때문입니다. 하나님께서는 모든 사람들에
게 값없이 주십니다. 그리고 하나님은 간청하는 사람에게 주시기를 꺼려
하시는 분이 아닙니다. 그 비유는 이렇게 끝납니다. "내가 또 너희에게
이르노니 구하라 그러면 너희에게 주실 것이요 찾으라 그러면 찾을 것이
요 문을 두드리라 그러면 너희에게 열릴 것이니"(9 절). 그러나 제가 그
이야기를 하는 것은 하나님께서 주실 의향이 언제나 있다는 것을 강조하

기 위함보다는(물론 그것도 가치 있는 교훈이지만), 어떤 친구의 궁핍을 채워주려고 그 친구가 필요로 하는 것을 얻기 위해 자리에서 일어난 우정의 본질을 보여주기 위한 것입니다.

두번째로 생각할 것은 주시는데 있어서 아버지의 역할은 불가피한 것입니다. 궁핍에 처해 있는 우리 친구들에게 주는 권한이 우리 자신에게 있을 때 기도회로 시간을 보내고 싶어하지 않을 것입니다. 그것은 마치 부모들은 궁핍해 있는데 하나님께 드림이 되었다고 하는것(고르반)과 같습니다. 반면에 만일 우리가 영적으로 생각한다면, 우리 스스로 줄만한 아무 것도 가지고 있지 않음을 압니다. 우리는 다른 사람의 영적인 궁핍을 채울 수 없습니다. 그럼에도 불구하고 우리는 하나님의 은혜로 말미암아 하실 수 있는 친구 주 예수 그리스도를 모시고 있습니다.

"벗이여 … 내 벗이 여행 중에 내게 왔으나 내가 먹일 것이 없노라." 우리가 우리 자신의 궁핍을 인식하고 그런 식으로 기도한다면 예수께서 우리 친구들에게 부족한 모든 것을 풍성하게 예비하시지 않을 것이라고 생각하십니까? (그 우리 친구는 그분의 친구이기도 합니다) 물론 그렇지 않습니다. 그러므로 우리는 사랑하고 자꾸 기도해야 합니다. 우리는 서로가 친구일 뿐만 아니라 그리스도의 친구들임에 틀림 없습니다.

33

까닭없이 미워함

"세상이 너희를 미워하면 너희보다 먼저 나를 미워한 줄을 알라 너희
가 세상에 속하였으면 세상이 자기의 것을 사랑할 터이나 너희는 세
상에 속한 자가 아니요 도리어 세상에서 나의 택함을 입은 자인고로
세상이 너희를 미워하느니라 내가 너희더러 종이 주인보다 더 크지
못하다 한 말을 기억하라 사람들이 나를 핍박하였은즉 너희도 핍박할
터이요 내 말을 지켰은즉 너희 말도 지킬터이라 그러나 사람들이 내
이름을 인하여 이 모든 일을 너희에게 하리니 이는 나 보내신 이를
알지 못함이니라 내가 와서 저희에게 말하지 아니하였더면 죄가 없었
으려니와 지금은 그 죄를 핑계할 수 없느니라 나를 미워하는 자는 또
내 아버지를 미워하느니라 내가 아무도 못한 일을 저희 중에서 하지
아니하였더면 저희가 죄 없었으려니와 지금은 저희가 나와 및 내 아버
지를 보았고 또 미워하였도다 그러나 이는 저희 율법에 기록된 바 저
희가 연고 없이 나를 미워하였다 한 말을 응하게 하려 함이니라" (요
15 : 18 - 25).

어떤 미국의 복음전도자들을 향해서 가끔 불평할 때가 있는데, 그것
은 그들이 기독교의 이점(利點)들을 신실하게 선포하면서도 인간
적인 관점에서 기독교를 믿으면 돌아올 수 있는 불이익을 바르게 털어놓
지 않는다는 것입니다. 특별히 그들은 제자의 길에서 지불해야 할 대가
에 대해서 강조하지 않거나, 아니면 신실하게 그리스도를 따르는 사람들

은 핍박을 받을 것이라는 사실을 강조하지 않습니다. 저는 이 비평이 얼마나 진리가 될지는 말할 수 없읍니다. 몇년 전보다 아마 오늘날에는 덜 그러한 것 같습니다. 그러나 경우가 어떠하든지 간에 그러한 실수(만일 그것이 실수라면)는 예수님으로부터 나온 것은 아닙니다. 예수님께서는 제자의 길에 대해 전적으로 정직하셨읍니다. 진실로 그는, 예수님을 따르는 데서 오는 많고 위대한 이점들— 영생, 기도를 통해서 아버지께 나아감, 성령의 은사, 하늘에서 예수님께서 예비하신 본향 등에 대해서 가르치셨읍니다. 그러나 동시에 그는 결코 예수님을 사랑하는 것이 세상의 미움을 받는다는 걸 뜻한다는 사실을 간과하지 아니하셨읍니다.

우리는 요한복음 15장 하반부를 형성하고 있는 대목에서 이에 대한 뛰어난 실례를 발견합니다. 이때까지 예수님께서는 모든 것을 버려 두고 자기를 좇는 사람에게 자연적으로 따라 올 복락을 강조하셨읍니다. 그렇게 하신 것은 제자들을 위로하기 위함이었읍니다. 왜냐하면 그들은 사실상 자기들의 주님이 금방 떠나신다는 걸 생각하고 당연하게 마음에 근심을 하고 있었읍니다. 그러나 이제 강조점은 달라졌읍니다. 그 특권 대신 그리스도께서는 핍박에 대해서 말씀하십니다. 이제 주요한 주제는, 세상이 그리스도와 그를 따르는 사도들을 대적할 것이라는 점입니다. "미워하다" 또는 "미움을 받다"는 말이 일곱번이나 거듭되어 있읍니다. 예수님은 앞에서 "자기 사람들"에 대해서 말씀하셨지만 이제는 "세상"에 대해서 말씀하십니다. 전에는 "친구들"에 대해서 말씀하셨지만 이제는 "원수들"에 대해서 말씀하십니다. 먼저 그는 자기 친구들을 향한 "당신의 사랑"을 선언하셨고, 그들더러 서로 사랑하라고 권고하셨읍니다. 그러나 이 대목에서 그는 세상의 "혐오"에 대해서 경고하십니다.

이 구절들은 대단히 중요합니다. 그 외의 다른 이유가 아니라도 그리스도의 사람들과 세상 사이의 큰 구렁에 대해서 배울 수 있기 때문입니다. 만일 우리가 그것을 이해한다면 이러저러한 모양으로 해를 받는 것에 대해서 많은 의문을 일으키지 않을 것입니다. 또한 우리가 얼마나 세상적일 수 있는가에 대해서도 묻지 않을 것입니다. 오히려 범사에 하나님의 뜻을 구하고 하나님의 영광을 위해서 살려고 애를 쓸 것입니다.

364 요한복음 강해 Ⅳ

세상의 혐오

그리스도께서는 먼저 제자들을 세상이 미워하는 것에 대해서 말씀하기 시작하십니다. 그러나 이 본문의 주요 핵심은, 제자들이 미움을 받게 될 것이라는 걸 말하는 것만이 아닙니다. 어째서 그러한 미움을 받는지도 보여 줍니다. 이유가 셋 있습니다.

첫째, 그리스도의 제자들은 "세상에" 속해 있지 않다는 단순한 이유 때문에 세상으로부터 미움을 받습니다(19절). 요한이 "세상"이라는 중요한 어휘를 사용할 때(바로 이 한 구절 속에서 다섯번이나 그 어구를 사용하고 있음), 그것은 지구나 땅이나 그 땅에 편만해 있는 인류를 가리켜 말하는 것이 아닙니다. 오히려 세상의 정신체계를 묘사하는 말로 사용하고 있는 것입니다. 그것은 하나님을 반역하는 사람들의 세계를 뜻합니다. 따라서 그것은 세상의 가치관과 쾌락과 세상의 유희나 세상이 좋아하는 것들을 다 포함하는 말입니다. 세상이 하나님을 알지 못한다는 이러한 의미에서 세상이라는 말을 사용한 것입니다(요일 3 : 1). 그리고 세상은 예수님을 거부했읍니다(요 1 : 10). 그리스도의 제자들을 미워하는 것이 바로 이러한 세상입니다. 세상이 그 제자들을 미워하는 것은 그 제자들이 세상에 속해 있지 않기 때문입니다. 그들은 독특한 사람들입니다. 세상은 그 차이 때문에 그들을 미워하는 것입니다.

바클레이는 요한복음 주석에서 이 원리에 대한 여러 가지의 실례를 제시하고 있읍니다. 모두 다 순전히 세속적인 자료에서 뽑아온 것입니다. 첫번째 예화는 우산을 발명한 사람에 관한 것입니다. 오늘날 우산은 어느 곳에서나 볼 수 있으며 또한 이상한 것도 아닙니다. 그러나 요나스 한웨이(Jonas Hanway)가 처음 그 우산을 영국에서 소개하고 그 우산을 쓰고 길거리를 걸어갈 때 사람들은 그에게 오물과 돌을 던졌읍니다. 그는 사실상 핍박을 받았읍니다. 다시, 아덴에 아리스티데스라는 사람이 있었읍니다. 아리스티데스는 아덴이 위대한 황금시대를 맞고 있던 시절에 살고 있었는데, 아주 걸출한 인물이었읍니다. 그는 의인 아리스티데스라는 이름으로 불리워졌읍니다. 그럼에도 불구하고 그가 아덴에서 축출당했읍니다. 어째서요? 그 후에 아리스티데스는 추방하는 결정에 찬동표를 던졌다는 어느 시민에게 이유를 물어보았더니 그 시민은, "그가 언제나 의인이라고 불리우는 소리에 진력이 났었기 때문이지요"라고 대답했읍니다. 세번째 예는 소크라테스입니다. 소크라테스는 사람을 귀찮게 하는 인물이었읍니다. 왜냐하면 그는 언제나 다른 사람들더러 자기 자신을 시험해 보고 깊이 숙고해 보라고 요청하였기 때문입니다. 그러나 이 때문에 그들은 그 소크라테스를 미워했고 죽였읍니다. 바클레이는 결론지어 말합니다. "그것을 가장 광범한 의미에서 표현한다면 – 세상은 언제나 자기와 일치하지 않는 것을 의심합니다. 세상은 하나의 패턴을 좋아합니다. 세상은 어떤 사람에게 꼬리표를 달아주고 그 사람을 분류할 수 있고, 그래서 사람을 비둘기장에 넣기를 좋아한다. 그 패턴에 따르지 아니하면 어느 누구든지 분명히 고통을 받을 것이다."

만일 차이를 가진 어느 사람이거나 이러한 고통을 맞는다고 생각해 봅시다. 사실 그러한 것 같습니다. 그러면 성령과 예수 그리스도의 능력으로 변화를 받은 개인의 근본적인 차이를 드러낼 때 얼마나 더욱 그러하겠읍니까? 한웨이나 아리스티데스나 소크라테스가 가진 비상한 성질이 상대적으로 차이를 가져왔읍니다. 그리스도인들은 예수님을 만나서 부분적으로 예수님을 닮게 되었읍니다. 그들은 세상과 같지 않습니다 – 아무리해도 그들은 세상과 같지 않습니다. 그들은 다른 체험을 가지고 있고, 다른 충성을 서약하고 있고, 다른 목표를 가지고 있읍니다. 그래서 세상은 그리스도인들을 미워하는 것입니다.

세상이 자기 제자들을 미워할 것이라고 예수님께서 말씀하시면서 지시한 두번째 이유가 있읍니다. 그것은 예수님께서 세상에서 그들을 "불러내어 선택하셨기 때문입니다.""너희가 세상에 속하였으면 세상이 자기의 것을 사랑할 터이나 너희는 세상에 속한 자가 아니요 도리어 세상에서 나의 택함을 입은 자인고로 세상이 너희를 미워하느니라"(19절). 이 말씀의 의미는 무엇입니까? 다시 한번 선택의 옛 주제를 말하고 있는 것입니다. 그리스도께서 제자들을 구원받도록 선택하셨읍니다. 그들을 택하사 이 세상에서 특별한 일을 맡기셨읍니다. 그러므로 세상이 그리스도의 구원을 거절하고 그리스도의 사역을 멸시했다 할지라도, 그 그리스도의 사역을 감당하도록 그리스도께 선택을 받은 사람들도 미워합니다.

아마 선택의 교리처럼 세상이 미워하는 것도 없을 것입니다. 그리스도께서 지상사역을 감당하실 동안 세상이 그처럼 그리스도를 미워하게 된 것은 다른 어느 것보다 이런 이유에서였음에 틀림없습니다. 요한복음에는 이미 이 혐오에 대한 두 실례가 나타나 있습니다. 첫째로 요한복음 6장에 보면, 예수님께서 선택에 대해서 말씀하기 시작하시면서 아버지께서 이끌지 아니하시면 아무라도 자기에게 올 수 없으며, 자기에게 오지 않는 사람들은 스스로 그러한 일을 할 수 없기 때문에 오지 않는 것이라고 지적하셨습니다. 그런데 그후에 보면 그 제자들 중 많은 사람들이 "돌아가고 다시는 그와 함께 다니지 아니하였다"(66절)라는 말씀이 나옵니다. 유사하게 요한복음 8장에서도 같은 것을 예수님이 가르치신 다음에 보면, "저희가 돌을 들어 치려 하거늘 예수께서 숨어 성전에서 나가시니라"(59절)라는 말씀이 나옵니다.

누가복음에 보아도 그리스도에 대해서 거의 동일한 반응을 나타내고 있습니다. 누가복음에서 그리스도께서는 가난한 사람들에게 복음을 전하고 상한 심령들을 고치라고 자신이 하나님께 기름부으심을 받았다는 사실을 말씀하셨습니다. 그러나 아주 악하게도 그 말씀을 듣는 사람들이 분을 내었습니다. 그 사람들은 "이가 요셉의 아들이 아니냐?"라고 말했습니다. 예수님께서는 계속해서 선택에 대해서 말씀해 나가시면서 "내가 참으로 너희에게 이르노니 엘리야 시대에 하늘이 세 해 여섯달을 닫히어 온 땅에 큰 흉년이 들었을 때에 이스라엘에 많은 과부가 있었으되 엘리야가 그 중 한 사람에게도 보내심을 받지 않고 오직 시돈 땅에 있는 사렙다의 한 과부에게 뿐이었으며 또 선지자 엘리사 때에 이스라엘에 많은 문둥이가 있었으되 그 중에 한 사람도 깨끗함을 얻지 못하고 오직 수리아 사람 나아만 뿐이니라 회당에 있는 자들이 이것을 듣고 분이 가득하여"(4:25-28). 오늘날도 역시 마찬가지입니다. 하나님께서 주권적인 은혜로 어떤 사람들은 선택하시고 어떤 사람들은 선택하지 아니 하신다는 가르침보다 세상 사람들의 마음에 혐오감을 불러 일으키는 것이 없습니다.

세상이 그리스도인들을 미워하는 세번째 이유는, 그리스도인들이 그리스도와 함께 한 사람들이고, 세상 사람들이 그리스도를 미워한다는 데 있읍니다. 이 진리는 우리 본문 19절에도 나타나 있읍니다. 그 구절을 읽어내려가면 "내가"라는 말에 강조점이 주어져 있는 것을 발견하게 됩니다. "도리어 세상에서 나의 택함을 입은 자인고로 세상이 너희를 미워하느니라." 그 강조점은 정당합니다. 왜냐하면 다음에 나오는 구절들의 흐름 때문입니다. 다음에 나오는 구절들에서 그리스도께서는, "내가 너희더러 종이 주인보다 더 크지 못하다 한 말을 기억하라 사람들이 나를 핍박하였은즉 너희도 핍박할 터이요 내 말을 지켰은즉 너희 말도 지킬 터이라 그러나 사람들이 내 이름을 인하여 이 모든 일을 너희에게 하리니 이는 나 보내신 이를 알지 못함이니라"(20 , 21 절).

여기에 문제의 정수가 있습니다. 어째서 세상이 그리스도인을 미워합니까? 세상이 그리스도인의 선생을 미워하기 때문에 그리스도인들을 미워하는 것입니다. 그리스도인들 그 자체 때문에 그러한 미움이 존재하는 것은 아닙니다. 그리스도인들은 스스로라면 아무 것도 아닙니다. 또한 그리스도인들이 한 일 때문에 그리스도인들을 미워하는 것도 아닙니다. 그리스도인들은 아무런 해도 끼치지 않습니다(마땅히 그래야지요). 세상이 그리스도인들을 미워하는 것은, 예수님을 미워하고, 그리스도인들이 그리스도의 부름을 힘입어 그리스도와 연합하였기 때문입니다.

미움받은 그리스도

세상이 그리스도인들을 미워하는 궁극적인 이유는, 세상이 예수님을 미워한다는 데 있읍니다. 그러나 어떤 의미에서 이것은 그 문제를 한 단계 뒤로 물려줍니다. 왜냐하면 예수님을 미워하는 사람들이 가진 그 첫번째 혐오감을 설명한 다음에 즉시 우리 마음 속에서는 '그러나 어째서 세상이 예수님을 미워할까' 라는 의문이 솟아나게 됩니다. 그것은 분명히 좋은 질문입니다. 예수님께서 22 - 24 절에서 그 질문에 대한 답을 하고 계십니다.

다시 한번, 여러 이유들이 있습니다. 그 첫번째 이유는, 세상이 그리스도의 말씀 때문에 그리스도를 미워한다는 것입니다. 예수님께서, "내가 와서 저희에게 말하지 아니하였더면 죄가 없었으려니와 지금은 그 죄를 핑계할 수 없느니라 나를 미워하는 자는 또 내 아버지를 미워하느니라"(22 , 23 절). 어째서 그들이 예수님의 말씀 때문에 예수님을 미워해야 합니까? 어떤 사람들의 말을 들어 보면 응당 미움을 받을 사람들이 있읍니다. 그러나 예수님의 경우에는 그런 경우가 아닙니다. 어떤 사람들의 말은 과격하기도 합니다. 어떤 사람들은 그 과격함 때문에 사람들로부터 반대를 받습니다. 우리는 우리 자신에 대해서는 예외로 하고 모두 다 거만을 미워하고, 그 거만에 동조를 표하지 않습니다. 그러나 예수님께서는 과격하지 아니하였읍니다. 오히려 그는 완전히 겸손하셨읍니다. 지상에 살았던 모든 사람들 중에서 가장 완전한 겸손을 가지신 분이요, 그가 곤욕을 당할 때도 "입지 열지 아니하신" 분이십니다(사 53 : 7). 어떤 사람들의 말은 이기적입니다. 모든 것을 자기 중심으로 생각합니다. 마땅히 그것 때문에 무시를 당해야지요. 그러나 예수님께서는 이기적이지 않으셨읍니다. 예수님은 당신의 영광과 특권을 버리시고 우리와 같이 되사 우리의 구원을 위해서 죽으셨읍니다. 어떤 사람의 말은 별로 의미가 없읍니다. 그래서 미움을 받습니다. 그러나 어째서 그리스도의 말씀 때문에 그리스도를 미워할 수 있읍니까? 그리스도는 차원이 낮은 그런 분이 아닙니다. 오히려 그분은 사랑하시고 온유하신 분입니다. "수고하고 무거운 짐진 자들아 다 내게로 오라 내가 너희를 쉬게 하리라"(마11 : 28)라고 말씀하셨읍니다. 또 다른 경우들에서 사람들이 하는 말은 위선적입니다. 그것 때문에 사람들이 미움을 받습니다. 그러나 주님께서는 위선적이지 않으십니다. 오히려 그분은 이 세상에 살았던 사람들 중에서 말에 신용을 을 가지신 오직 유일한 분이시며 마음의 뜻과 다른 말을 한 마디도 하지 않으셨읍니다.

그런데 그리스도의 말씀이 사람들에게 미움을 받는 한 가지 이유가 된다고 예수님께서 말씀하실 때 어떤 뜻으로 말씀하신 것입니까? 만일 그 말씀들이 과격하거나 이기적이거나 또는 말과 마음의 의중이 다르거나 위선적인 그런 경우가 아니라면 어떻게 그럴 수 있읍니까? 바로 그것이 난제입니다. 그리스도께서 오셔서 말씀하시기 전에, 사람들은 상대적인 선으로 인정받을 수 있었읍니다. 사람들은 약간 과격할 수 있었읍니다. 그러나 많이는 과격하지 않습니다. 또한 약간 이기적일 수 있으나 그렇게 지나치게 이기적인 것은 아니고, 약간 마음의 생각과 말이 다를 수도 있겠지만 그렇게 큰 것도 아니고 또 큰 죄를 드러낸 것도 아니었읍니다.

더구나 그들은 그러한 모양들 때문에 선한 사람들로 여김을 받을 수 있었습니다. 그리스도께서 오신 다음에 그것의 진상이 드러나고 말았습니다. 그것은 죄였습니다. 자기들이 노출되는 것을 사람들이 미워하는 것은 이해할만 합니다.

아이언사이드는 이 요점을 예증하기 위해서 한 이야기를 들려 줍니다. 몇년 전, 선교사들을 통해서 아프리카 내지가 열려지기 시작하던 시점에 한 아프리카 추장의 아내가 선교국을 방문하게 되었읍니다. 선교사는 작은 거울을 이 집밖 어느 나무에 걸어 놓고 있었습니다. 그 추장 부인이 그 거울을 들여다 보게 되었읍니다. 그녀는 이교도의 환경 속에서 지금 막 와서, 자기 얼굴에 칠해져 있는 그 끔찍한 그림을 한번도 본 적이 없었고 자기의 흉칙한 모습을 본 적도 없읍니다. 그런데 자기 얼굴을 보자 그는 깜짝 놀라게 되었읍니다. 그 선교사에게 물었읍니다. "저 나무 속에 무섭게 생긴 사람이 누구요?"

그녀는 자기 손에 그 거울을 받아 들기까지는 그걸 믿을 수가 없었읍니다. 그녀가 그것을 알았을 때 그 선교사에게 "거울을 가져야겠어요. 그 거울을 사려면 얼마나 많은 돈을 주어야 되나요"라고 말했읍니다.

그 선교사는 자기 거울을 팔고 싶지 않았읍니다. 그러나 그녀가 어찌나 집요하게 팔라고 떼를 쓰던지 차라리 팔아서 괴로움을 당하지 않는 것이 낫겠다고 생각했읍니다. 값이 결정되어 그녀가 그 거울을 가지게 되었읍니다. 그런데 무섭게도 그녀는 이렇게 말했읍니다. "나는 다시 이 거울이 나를 그런 얼굴로 만들지 못하게 하겠어요." 그리고 그녀는 그것을 땅바닥에 내던지며 산산조각 내었읍니다.

사람들은 그와 방불한 이유로써 주 예수 그리스도를 미워합니다. 그러기 때문에 사람들은 오늘날도 예수님을 미워하고 성경을 미워합니다. 그리스도와 하나님의 말씀은 우리 자신을 적나라하게 드러냅니다. 우리는 드러나는 것을 싫어합니다.

세상이 그리스도를 미워하는 두번째 이유가 있습니다. 그것은 그리스도의 일 때문입니다. 그리스도께서는 "내가 아무도 못할 일을 저희 중에서 하지 아니하였더면 저희가 죄 없었으려니와 지금은 저희가 나와 및 내 아버지를 보았고 또 미워하였도다"(24 절)라고 말씀하심으로써 그 점을

지적해 주셨읍니다. 이 경우에서 앞의 여러 구절들에서와 마찬가지로 그
리스도께서 오시기 전에 사람들이 정말 죄 없었던 것은 아니었읍니다.
결코 그렇지 않았지요. 그런데 그의 말씀과 같이 그리스도의 일은 죄를
드러나게 하고야 말았읍니다.

"일"이란 이 말은 요한복음에서 매우 의미가 있읍니다. 이 강해서의 앞
부분에서 우리는 "표적"이라는 중요한 어휘를 살펴 보았고, 이적을 나타
낼 때에 요한이 특징적으로 사용하는 어휘임을 알았읍니다. 그러나 "표적"
보다도 더 중요한 것이 있다면 "일"이라는 어휘입니다. 요한은 "표적"이
라는 말을 열 일곱번 사용했읍니다. 그러나 "일"이라는 말은 스물 일곱
번이나 사용했읍니다. 그 스물 일곱번 중에서 열 여덟번이 예수께서 행
하신 일을 나타내는 데만 쓰여졌읍니다. 이 말이 어떤 경우에는 우리가
이적이라고 부르는 것에 사용되었읍니다. 예를 들어서 "내가 한 가지 일
을 행하매 너희가 다 이를 인하여 괴이히 여기는도다"(7 : 21)라는 말씀이
있듯이 말입니다. 그러나 그 말은 그리스도께서 행하신 모든 것을 가리
키기도 합니다. 그리스도께서 아버지께 기도하실 때 "아버지께서 내게
하라고 주신 일을 내가 이루어 아버지를 이 세상에서 영화롭게 하였사오
니"라 말씀하셨읍니다. 이 어휘의 독특한 특징은, 그 일들이 하나님의
일들이라는 점입니다. 그래서 그리스도께서 "내가 진실로 진실로 너희에
게 이르노니 아들이 아버지의 하시는 일을 보지 않고는 아무 것도 스스
로 할 수 없나니 아버지께서 행하시는 그것을 아들도 그와 같이 행하느
니라"(5 : 19)라고 말씀하시는 것을 발견하게 됩니다. 나면서부터 소경되
었던 사람을 치유하기 바로 직전에 예수님께서는 "때가 아직 낮이매 나
를 보내신 이의 일을 우리가 하여야 하리라 밤이 오리니 그때는 아무도
일할 수 없느니라"(9 : 4)라고 말씀하셨읍니다. 우리가 이것을 가장 광
범한 맥락 속에 놓아 보면, 예수님의 일은 하나님의 일이요, 그러므로 하
나님의 계시임을 알게 됩니다. 하나님의 일과 하나님의 계시는 예수 그
리스도의 사역 안에서 그 절정에 이르고 완성되어졌읍니다.

물론 주 예수께서 바로 그 사실 때문에 미움을 받으셨읍니다. 세상은
예수님을 미워합니다. 왜냐하면 예수님께서 하나님의 일을 하시고 계셨
기 때문입니다. 하나님의 말씀과 같이 하나님의 일은 우리의 영적불능을

드러냅니다. 우리가 그리스도의 일을 상대적으로 생각한다면 우리의 일은 매우 훌륭해 보입니다. 그러나 다음에 그의 행실 앞에다가 우리의 가장 선한 일을 가져다 놓으면 초라해 보입니다. 하나님 앞에서 모든 인간적인 것은 초라하게 보입니다. 그보다 더한 것은 그것이 발가벗은 것처럼 보입니다. 왜냐하면 "지으신 것이 하나라도 그 앞에 나타나지 않음이 없고 오직 만물이 우리를 상관하시는 자의 눈 앞에 벌거벗은 것 같이 드러나느니라"(히 4 : 13).

분석한 것을 최종적으로 종합해 볼 때 그리스도를 따르는 사람들을 세상이 미워한 것을 다음과 같이 요약할 수 있습니다. 세상이 그리스도를 미워하기 때문에 그리스도를 따르는 자들을 미워합니다. 세상이 하나님 아버지를 미워하기 때문에 그리스도를 또한 미워하는 것입니다.

두번의 심판

그 점에 대한 우리의 반응은 어떠합니까? 만일 그것이 세상의 반응이라면, 우리는 제자의 길을 투자 전망이 좋지 않은 것으로 계산을 끝내야 할지 모릅니다. 제자 정신요? 만일 그리스도와 함께 영광을 누리는 면에서 생각하면 아주 좋지요. 그러나 미움을 받고 핍박을 받는다고요? 십자가가 있다고요? 누가 그러한 것들을 원합니까? 단순히 세상을 좀더 가까이 대하고 그 길에 좀더 가까이 하면서 세상의 판단을 회피하는 것이 더 낫지 않을까요? 그렇게 반응하는 것이 지혜롭게 보입니다. 그 상황에 대한 하나님의 평가를 생각지 아니하면 말입니다. 하나님을 지워버리십시오. 그러면 인생이 제공하는 유쾌함과 호의가 더 좋아보일 것입니다. 그러나 그 도표에 하나님을 넣어 보십시오. 그리고 하나님의 심판을 생각하십시오. 그러면 그 저울의 움직임은 달라지게 될 것입니다. 하나님의 판단은 어떠합니까? 이 대목의 마지막에서 보면 예수님께서 구약의 말씀 속에서 인용한 한 구절이 나오는데 바로 그 심판을 암시해 줍니다. "그러나 이는 저희 율법이 기록된바 저희가 연고 없이 나를 미워하였다 한 말을 응하게 하려 함이니라"(25 절). 여기에서 인용한 것은 시편 35 : 19 나 시편 69 : 4 에서 인용한 말씀일 것입니다. 그러나 그 출처는 분명 의미가 없습니다. 의미 있는 것은, 이 구절들 속에서   하나님께서는 세상이 그리스도를 미워하고 그리스도를 따르는 사람들을 미워하시는 것을 심판하실 것이라는 점입니다. 까닭없이 아무런 타당성이나 어떠한 공정한 정당성 없이 그런 일을 했다고 하나님께서 말씀하고 계시는 것입니다. 그 때문에 책망을 받을만하고 비난을 받을만합니다.

그러한 상황을 맞아서 하나님께서 어떻게 하실 것입니까? 그러한 부당성을 모른체 하실까요? 그러실 수 있읍니까? 절대 그럴 수 없읍니다. 오히려 그는 자기 아들을 미워했고 무시한 자들을 대적하여 역사하실 것입니다. 그들을 심판하실 것입니다. 그리고 예수님과 자리를 같이했던 사람들과 예수님과 함께 세상의 조롱을 받았던 사람들을 영접하시고 영예롭게 하실 것입니다.

끝으로, 예수님과 자리를 함께 하면서 세상의 혐오를 받았던 사람들을 위한 한 말씀이 또한 있읍니다. 만일 여러분에게 그 말씀이 해당된다면 이 세상의 호의는 자기 백성을 향하신 예수님의 호의와 비교하여 아무런 가치도 없다는 것을 알게 될 것입니다. 세상의 교제는 아무리 유쾌하게 보이려 한다 할지라도 우리가 주님과 누리는 교제에 비교될 수 없음을 또한 알게 될 것입니다. 여러분은 예수님을 만나기 전에 여러분의 사람됨으로 돌아갈 것을 생각하지 않을 것입니다. 그러나 다른사람들로부터 미움을 받는 것이 어떤 사람을 강퍅하게 할 수 있는 효과를 발할 수 있으며, 그러한 강퍅함 속에서 맹렬한 보복으로 되주고 싶은 간절한 소원이 일어날 수도 있읍니다. 그러나 그것은 그리스도의 방식이 아닙니다. 그러므로 만일 여러분이 이러한 위험에 처해 있다면 그리스도에 대한 말씀, "저희가 '까닭 없이' 나를 미워하였다"는 말씀을 기억하십시요. 그리고 그를 본받아서, 미워할만한 까닭을 주지 않도록 조심하십시요. 그러한적의가 있다면, 여러분과 여러분 주님이 교제하는 것 때문에서만 그러한 적의를 갖도록 하십시요.

34

그가 증거할 것이요…
너희도 증거하느니라

"내가 아버지께로서 너희에게 보낼 보혜사 곧 아버지께로서 나오시는
진리의 성령이 오실 때에 그가 나를 증거하실 것이요 너희도 처음부
터 나와 함께 있었으므로 증거하느니라"(요 15 : 26 , 27).

하나님과 동역자가 된다는 것처럼 더 감격적인 일이 있을 수 있습니
까? 저는 결코 그런 일이 있을 수 없다고 생각합니다. 그럼에도 불
구하고 하나님의 말씀을 기록한 성경의 지면마다 모든 신실한 그리스도
인에게 약속한 것이 이것입니다. 만일 여러분의 주인이 내일 아침 여러
분을 불러내면서 "난 당신이 일하는 것을 보아왔고 그것을 매우 만족해
서 나는 당신이 이 회사를 이끌어 나가는 중역에 나와 함께 일하는 사람
이 되었으면 좋겠소"라고 말한다면, 대단히 큰 감격을 느낄 것입니다.
만일 그러한 부름이 미국 대통령으로부터 와서 그의 각료 중 한 사람이
되거나, 아니면 어떠한 전문적인 영역에서 자문을 하는 역할을 해달라는
요청이었다면, 더욱 더 감격적이고 더 크게 기뻐할 것입니다. 그런데 주
권적인 영원한 하나님께서 구원의 복음을 이 세상에 전하는데 나와 함께
일하자고 부르신다면 그야말로 얼마나 더욱 더 기뻐해야 할 일이겠읍니
까 !

우리가 하나님이나 주 예수 그리스도와 함께 이러한 사역을 하는 동역자로 지명받았다고 하나님께서 어디서 말씀하십니까? 그 하나님과 동역자라는 말을 사용할 때 제가 생각하는 대목은 고린도 후서 6 : 1 입니다. 바울은 거기서 "우리가 하나님과 함께 일하는 자로서 너희를 권하노니 하나님의 은혜를 헛되이 받지 말라." 신국제역(NIV, New International Version)은 그 첫번째 나타나는 말들을 "하나님의 동역자"(God's fellow workers)로 번역하고 있읍니다.

그러나 그 개념이 나타나는 것은 바울의 서신에서만이 아닙니다. 그 개념은 성령의 오심에 대해서 제자들에게 가르쳐 주시는, 그리스도의 마지막 강화의 말씀 속에서도 드러납니다. 여기서 그리스도께서는 "내가 아버지께로서 너희에게 보낼 보혜사 곧 아버지께로서 나오시는 진리의 성령이 … 나를 증거하실 것이요 너희도 처음부터 나와 함께 있었으므로 증거하느니라"(요 15 : 26, 27) 말씀하십니다. 그가 증거할 것이고 … 너희도 증거할 것이다. 그가 증거할 것이고 너희가 증인이 될 것이다. 이 두 증거의 결합을 보십시요. 그것이 아무리 이상하게 보인다 할지라도 하나님께서 그리스도를 높이시고 사람들을 그리스도께 인도하시기 위해서 사용하는 그 두 증거의 결합입니다. 그럼에도 불구하고 우리가 하나님과 동역자가 된다는 것에 대한 생각을 할 때 너무 멀리 나가지 않도록 조심해야 합니다. 주님께서 성령의 증거를 먼저 말씀하시고 그 다음에야 우리의 증거를 말씀하셨다는 걸 주목할 필요가 있읍니다. 우리의 증거도 필요합니다. 적어도 하나님께서 그것을 원하십니다. 그러나 하나님 자신의 성령의 임재가 초자연적인 역사가 아니고서는 우리의 증거는 아무런 능력이 없읍니다. 다만 그 성령께서만이 중생하지 않은 심령에 빛을 비추고 사람의 패역한 뜻을 움직여 구세주를 영접하게 할 수 있읍니다.

성령의 증거

이 대목은 두 증거를 다루고 있읍니다. 성령의 증거와 그리스도의 제자들의 증거입니다. 그 둘 중에서 가장 중요한 것은 분명히 성령의 증거입니다. 성령께서 어떻게 그리스도를 증거하십니까? 아니면 그것을 약간 다른 말로 표현해서, 성령의 증거는 어떤 것으로 이루어집니까? 대답이 둘 있읍니다. 하나는, 성령께서는 성경의 책들을 쓰도록 인도하심으로써 일을 하신다는 것입니다. 또 다른 것은, 성령께서는 그 객관적인 진리들이 개인 그리스도인의 주관적인 체험이 되게 한다는 것입니다.

성령께서 성경을 쓰게 하신 것이 분명히 이 대목에 함축되어 있읍니다. 왜냐하면 다음 16 장은 계속해서 그것을 노골적으로 말하고 있기 때문입니다. "그러하나 진리의 성령이 오시면 그가 너희를 모든 진리 가운데로 인도하시리니 그가 자의로 말하지 않고 오직 듣는 것을 말하시며 장래 일을 너희에게 알리시리라 그가 내 영광을 나타내리니 내 것을 가지고 너희에게 알리겠음이니라"(16 : 13 , 14). 계시될 "진리"는 그리스도의 사역을 중심에 둔 그리스도 복음의 진리입니다. 그것은 과거를 함축합니다 ("그가…내가 너희에게 말하는 모든 것을 생각나게 하시리라"〈14 : 26〉). 그리고 미래를 함축합니다("그가 너희를 모든 진리 가운데로 인도하시리니"〈16 : 13 〉). 이 사역에 있어서 증거를 받은 사도들의 직무적인 역할을 특별하게 언급한 것이 있읍니다.

성경의 다른 곳에서와 같은 대목 속에서 그 점이 여러번 가르쳐지고 있읍니다. 예를 들어서 디모데후서 3 : 16 에서 성경영감에 대한 위대한 구절이 나옵니다. "모든 성경은 하나님의 감동으로 된 것으로 교훈과 책망과 바르게 함과 의로 교육하기에 유익하니 이는 하나님의 사람으로 온전케 하며 모든 선한 일을 행하기에 온전케 하려 함이니라." "하나님의 감동으로 된 것으로"라는 말씀은 헬라 본문에서는 한 단어로 되어진 것입니다. "데오프뉴스토스"인데 그 말은 "영"(프뉴마)이라는 헬라어를 포함하고 있다는 데 뜻이 있읍니다. 그 단어는 문자 그대로 "하나님께서 영감하셨다"는 뜻입니다. 또는 더 나은 번역을 한다면 "하나님께서 호흡을 불어 넣으셨다"입니다. "하나님께서 호흡을 불어 넣으셨다"는 말이 적당합니다. 왜냐하면 영이라는 말은 역시 "호흡"이라는 말도 되고 "바람" 또는 "공기"라는 것을 뜻하기 때문입니다. 다른 말로 해서 이 구절은, 신구약 성경은 하나님께서 직접 호흡을 불어 넣으신 결과라는 것입니다. 그리고 그 신적 영감을 전달하신 이는 성령이라는 것입니다.

그와 유사하게 베드로 후서 1 : 21 도 성령께서 성경의 인간저자들을 감동하사, 그들이 산출한 일이 어떤 의미에서 사람의 일이기는 하지만 그럼에도 불구하고 하나님께서 원하시는 바로 그 일이었음을 가르치고 있습니다. 그 구절은 "예언은 언제든지 사람의 뜻으로 낸 것이 아니요 오직 성령의 감동하심을 입은 사람들이 하나님께 받아 말한 것임이니라."

이 점은 성경을 홀로 서게 만듭니다. 왜냐하면 성경은 다른 책과 다르기 때문입니다. 인간적인 수준에서만 말한다면 때때로 인간 저자들이 우리가 부르는 바 영감받았다는 상태에 들어간다는 것은 사실입니다. 다시 말하면, 그 저자들이 어떠한 문제를 가지고 씨름하다가 갑자기 큰 해결책을 얻게 되거나, 아니면 자기들이 말하고 싶었던 것에 대한 특이할 만한 진술방식을 만나게 된다는 말씀입니다. 그래서 그것을 씁니다. 후에, 그들이 행한 일을 우리가 볼 때 우리가 어찌나 인상을 깊게 받든지 "자, 그 사람은 분명히 이것을 쓸 때 영감을 받는 것이 틀림 없어"라고 말하지요. 그러나 이것은 말을 너무 헤프게 쓰는 것입니다. 성경이 영감되었다고 말할 때 우리는 그러한 것을 말하고 있는 것이 아닙니다. 성경이 영감되었다고 말할 때 우리가 뜻하는 바는, 성령께서 독특한 방식으로 인간 저자들에게 임하셔서 하나님께서 소원하신 것을 그대로 산출하였다는 의미로 말하고 있는 것입니다. 곧 전체적으로나 그 부분에 있어서까지말입니다. 성경을 독특하게 만드는 것이 바로 그것입니다.

내면적 증거

성령께서 주 예수 그리스도를 증거하는 두번째 방식이 있습니다. 먼저는 신구약 성경이 기록되도록 하는 것을 통해서 증거를 하셨습니다. 그것은 과거에 있었던 일입니다. 그러나 성령께서는 계속해서 성경을 통해서 말씀하심으로써 증거를 해나가시는데(현재시제로) 성경의 진리를 개인의 마음과 생각 속에 부딪히게 해주는 일입니다.

이 진리의 체험은, 종교개혁의 핵심에 자리잡고 있었던 것입니다. 종교개혁에 있어서 전혀 새로운 것이 있었던 것은 아닙니다. 종교개혁자들은 성경의 독특한 영감에 대해서 말할 때 "Sola Scriptura"(오직 성경)에 대해서 말했습니다. 그러나 이것은, 하나님께서 성경을 통해서 사람들에게 친히 자신을 계시하셨다는 단순한 개념 이상을 뜻했습니다. 물론 그것도 진리이고 또 그렇게 말하기도 했습니다. 그러나 새로운 요소는,

하나님께서 성령을 통로로 하여 주셨던 성경이 하나님 자신의 권위로 말한다는 것이 아니었읍니다. 로마 교회도 종교개혁자들과 똑같이 그 점을 주장했읍니다. 새로운 요소는 종교개혁자들의 믿음이었는데, 그 성경의 노골적인 가르침이나 성경연구를 통해서 그들이 개인적으로 한 체험으로 실증이 되었읍니다. 그들의 믿음을 말하면 이러합니다. 성경은 하나님의 백성들에게 속에서부터 그 자체를 해석해 준다. 성령께서 하나님의 백성들의 마음 속에 성경을 통해서 끊임 없이 말한다는 사실에 기인하여 말이다. 그들이 전통과 교회공회의 선언들의 부당하고 애매한 자세를 의존하는 것으로부터 탈피했던 것이 바로 그러한 발견 때문이었읍니다. 전통들이나 교회회의의 선언들도 가치 있을 수 있읍니다. 그러나 그러한 것들이 궁극적으로 불필요했읍니다. 왜냐하면 하나님께서는 그것들이 아니고도 자기 백성들을 가르치실 수 있을 수 있을 뿐만 아니라 또한 가르치시기도 하기 때문입니다.

하나님의 성령의 이러한 역사는 무엇입니까? 종교개혁자들은 "성령의 내적 증거"라고 불렀읍니다. 왜냐하면 그것은 하나님의 말씀이 성경의 지면에 구체화 되어 있는 객관적이거나 외면적인 계시에 대한 주관적이거나 내면적인 반사임을 그들이 강조하고 있었기 때문입니다.

그들 자신이 성경을 연구함으로써 체험한 것을 통해서 우리가 지적한 바와 같이 그 점을 배우게 되었읍니다. 그러나 그들이 주목한 또 하나의 요점은, 이 특별한 성령의 기능이 하나님의 말씀 속에 반복적으로 계시되어 있다는 사실입니다. "바람이 임의로 불매 네가 그 소리를 들어도 어디서 오며 어디로 가는지 알지 못하니 성령으로 난 사람은 다 이러하니라"(요 3 : 8). 다시 예수님의 마지막 강화의 말씀 속에서, "보혜사 곧 아버지께서 내 이름으로 보내실 성령 그가 너희에게 모든 것을 가르치시고 내가 너희에게 말한 모든 것을 생각나게 하시리라"(요 14 : 26)라 말씀하십니다. 그와 유사하게 요한은 그의 첫번째 서신에서 이 점에 대해서 쓰면서 사도들을 향한 성령의 특별한 역사로부터 모든 신자들에 대한 보다 보편적인 사역에 이르기까지 그 원리를 확장시켜서 이렇게 말하고 있읍니다. "너희는 거룩하신 자에게서 기름부음을 받고 모든 것을 아느니라…너희는 주께 받은바 기름부음이 너희 안에 거하나니 아무도 너희를 가르칠 필요도 없고 오직 그의 기름부음이 모든 것을 너희에게 가르치며, 또 참되고 거짓이 없으니 너희를 가르치신 그대로 주 안에 거하라"(2 : 20 , 27). 후에 같은 서신에서 요한은 "증거하는 이는 성령이시니 성령은 진리니라"(5 : 7)라고 덧붙입니다.

바울은 똑같은 내용을 이렇게 쓰고 있습니다. "우리가 세상의 영을 받지 아니하고 오직 하나님께로 온 영을 받았으니 이는 우리로 하여금 하나님께서 우리에게 은혜로 주신 것들을 알게 하려 하심이라 우리가 이것을 말하거니와 사람의 지혜의 가르친 말로 아니하고 오직 성령의 가르치신 것으로 하니 신령한 일은 신령한 것으로 분별하느니라"(고전 2 : 12 , 13).

이해, 확신, 신뢰

우리는 이 점을 조금 밑으로 내려서 다음과 같이 질문을 던져 볼 수 있읍니다. "성령께서 성경을 통해서 개인 마음에 말씀하신다고 할 때 성령께서 정확히 어떠한 일을 하시는가? 그의 사역의 결과들은 무엇인가?" 여기에 대해서 여러 가지 대답이 나옵니다.

첫째, 성령께서는 이해(comprehenion)를 줍니다. 성령의 역사가 아니고서는 어떠한 이해도 없읍니다. 다시 말하면 영적인 것들을 이해하지 못한다는 것입니다. 성경을 가르치지만 사람들이 그것을 이해하지 못합니다. 복음이 힘 있게 전파되지만 중생치 못한 사람은 그것을 넌센스로 생각합니다. 무엇이 잘못돼 있읍니까? 성경의 본질이 잘못돼 있읍니까? 아니면 교사가 무능해서입니까? 전혀 아닙니다. 문제는 성령께서 아직 그 사람들에게 이해를 허락하지 아니하셨다는 것입니다. 바울이 고린도전서 2 장에서 "육에 속한 사람은 하나님의 성령의 일을 받지 아니하나니 저희에게는 미련하게 보이며 또 깨닫지도 못하나니 이런 일은 영적으로라야 분변함이니라"(14 절)라고 말했는데 바로 그점을 지적하고 있는 것입니다. 이러한 성령의 내면적 증거가 없이는, 중생치 못한 어느 사람도 복음에 속한 어느 것도 이해하지 못합니다. 반면에 성령께서 역사하실 때 그 다음에 이해가 따라옵니다. 이해하기 곤란한 장애가 어떠한 것이라 할지라도 이 점은 진리입니다.

  토레이(R. A. Torrey)는 이 주제를 논의하면서, 그것이야말로 모든 체험 있는 그리스도의 사역자들이 주목했던 바를 설명해 준다고 말했읍니다. 그는 그리스도로 말미암은 구원에 대해서 보다 더 알고 싶어하는 사람 옆에서 그런 사람에게 복음을 설명하려고 노력하는 것에 대해서 말합니다. 성경을 폅니다. 예수님을 기름부음 받은 구주요 부활하시고 다시 오신 구세주로 말하는 본문을 보여줍니다. 그러나 구원에 대해서 알고 싶은 사람이 그것을 알지 못합니다. 구원을 받기 위해서 그 사람이 알고 믿을 필요가 있는 진리이지만 그는 멍하니 앉아 있기만 합니다. 그리고 아무 것도 알지 못합니다. 아무 것도 포착하지 못합니다. 사역자가거듭해서 그것을 말합니다. 그러나 여전히 그것들을 알지 못합니다. 세번째도 그렇게 합니다! 그런데 갑자기 그 얼굴이 빛나더니 "오, 알았어요! 알았어요! 예수님이 하나님이시고 그가 나를 위해서 죽으셨군요. 구원을 받기 위해서 그것을 믿기만하면 된다고요." 그는 그것을 믿었고, 한순간에 구원을 받았읍니다. 어떤 일이 일어났읍니까? 토레이는 이렇게 쓰고 있습니다. "단순히 이것이다. 성령께서 증거를 하셨고, 전에는 밤처럼 어두웠던 것이 이제는 낮처럼 밝게 되었다. 이것은 어째서 그렇게 오랫 동안 예수 그리스도에 대해서 어둠 속에 싸여 있던 사람이 갑자기 진리를 알게 되고 그 뜻을 하나님께 굽히고 하나님께로부터 오는 빛을 구했는지 그 이유를 설명해 준다."

  성령께서 행하시는 두번째 일은 죄에 대한 확신(깨달음)입니다. 이것이 필요한 것은 영적인 것들을 이해하는 것만으로는 충분하지 못하기 때문입니다. 이해하는 것이 필요합니다. 그러나 만일 우리가 바른 이해를 가지고 있다면 그것은 우리 자신이 죄를 이해한다는 것을 함축할 것이고, 우리가 우리 죄에 대해서 뉘우침을 가질 필요를 느끼게 될 것입니다. 다음 장에 이 점에 대해서 말합니다. 예수님께서 성령에 대해서 말씀하시기를 "그가 와서 죄에 대하여, 의에 대하여, 심판에 대하여 세상을 책망하시리라 죄에 대해서라 함은 저희가 나를 믿지 아니함이요 의에 대하여라 함은 내가 아버지께로서 가니 너희가 다시 나를 보지못함이요 심판에 대하여라 함은 이 세상 임금이 심판을 받았음이니라"(요 16:8-11).

  미국은 개인적이고 국가적인 죄를 가슴 아프게 깊이 인식하고 고백하기까지 큰 부흥을 결코 체험하지 못할 것입니다. 그러한 죄의 각성으로 인도하는 것은 성령의 역사입니다. 종교적인 일에 대해서 새로운 관심이 확산될 수도 있습니다. 그리고 피상적인 차원에서 많은 증거가 있을 수도 있습니다. 그러한 일이 부흥의 준비단계일 수는 있습니다. 그러나 그것이 부흥 자체는 아닙니다. 또한 이러한 깊은 차원에서 죄에 대한 깨달음이 없으면 그러한 것은 오래 지속되지 못할 것입니다. 참된부흥은, 수많은 사람들이 모여 있는 중에서 어떤 개인들이 죄를 알고 하나님의 성령의 깨우쳐 주시는 책망 아래 들어와서 하나님께 전적으로 순종하고 하나님께 전적으로 반응을 하는 그러한 지점에까지 나아가게 될 때에 일어나는 것입니다. 사람들이 저 오순절날 수천명의 사람들이 "형제들아 우리가 어찌할꼬?"라고 물었던 것처럼 질문을 던지게 되는 것은 그들 마음 속에서 고통을 느낄 때 뿐인 것입니다. 그런 다음에 그 사람들은 복음을 믿었고 구원을 받았습니다(행 2 : 37).

세째로, 성령께서는 주 예수 그리스도에 대한 **신뢰**(위탁)를 가져옵니다. 복음을 이해했고 죄를 깊이 뉘우치며 회개의 단계까지 도달하게 된 그 사람은, 성령의 증거를 통해서 이제는 그리스도를 주님과 구주로 믿고 자신을 그리스도께 의탁하게 되는 것입니다.

빌립과 국고를 맡은 에디오피아 내시의 이야기 속에서 그 실례를 발견하게 됩니다. 에디오피아 사람은 하나님을 경배하기 위해서 예루살렘에 왔었읍니다. 그리고 거기서 이사야 예언서의 두루마리를 샀던 것입니다. 그는 그것을 탐구하는 데 진지했읍니다. 그러나 영적인 것들을 이해하지 못해서 자기가 에디오피아로 돌아가면서 길에서 읽은 것에 대해서 어리둥절했읍니다. 빌립이 그 사람에게 갔을 때 그 사람은 이사야서 53장을 펴들고 있었읍니다. "저가 사지로 가는 양과 같이 끌리었고 털 깎는 자 앞에 있는 어린 양의 잠잠함과 같이 그 입을 열지 아니하였도다 낮을 때에 공변된 판단을 받지 못하였으니 누가 가히 그 세대를 말하리요 그 생명이 땅에서 빼앗김이로다"(행 8 : 32 , 33; 사 53 : 7 - 8 은 참조). 그 선지자가 누구에 대해서 말하는지 그는 알고 싶었읍니다.

빌립은 예수 그리스도에 대해서 그에게 가르쳐 주었고, 예수님께서 이사야가 지시한대로 우리 죄를 위해서 죽으신 사실을 가르쳐 주기 시작했읍니다. 이 시점에서 그 에디오피아 사람은 이해를 얻게 되었고 자기 죄에 대해서 깨닫게 되었으며 자기가 믿는 표로써 세례를 받게 해달라고 요청했읍니다 : "예수 그리스도는 하나님의 아들이라고 나는 믿는다"(37절)(우리 말 개역성경에서는 본문 속에서는 37절을 적어 놓지 않고 다만 난하주에서 사본상의 차이를 지적하고 있음 - 역자주).

성령께서 바로 그 시점에서 역사하고 계셨던 것입니다.

여러분의 마음 속에 성령께서 역사하고 계십니까? 여러분은 지금 주 예수 그리스도의 인격과 사역에 대해서 성령께서 이렇게 증거하시는 어느 단계에 와 있읍니까? 여러분은 예수님께서 당신이야말로 하나님의 아들이라고 말씀하신 그대로 예수 그리스도가 하나님의 아들이시라고 믿고 있읍니까? 또한 여러분이 죄에서 구원받도록 하기 위해서 의인이신 그분이 불의한 여러분을 대신하여 죽으셨음을 이해하시겠읍니까? 여러분은 자신이 죄인임을 깨닫고 더 이상 하나님 앞에 나아가서 자기의 선을 떠벌릴 수가 없고 오히려 죄에 대해 송구한 마음을 가지고 그 죄로부터 돌아설 의향을 가지게 되었읍니까? 여러분 자신을 예수님께 의탁하는 지점까지 이르렀읍니까? 아직 그렇지 않다면 다음과 같은 말씀대로 하면 그렇게 자신을 의탁할 수 있지요: "주 예수 그리스도여, 나는 죄인입니다. 또한 예수님은 하나님의 아들이요 나를 위해서 죽으셨음을 저는 믿습니다. 자, 저를 이제 당신의 자녀로 받아 주시고, 저를 도와서 목숨 다하기까지 진실하게 주님을 따르도록 하소서." 하나님께서 여러분이 그렇게 말씀하시고 여러분이 기도할 때와 같이 진정으로 그렇게 하시게 은혜를 베푸시기를 바랍니다.

인간의 증거

끝으로, 여기에 이미 성령의 증거와 그 성령의 증거에 대해서 반응을 나타내는 사람들에 대한 말씀이 또 하나 있읍니다. 성령께서는 예수 그리스도를 증거하고 계십니다 - 그는 여러분 안에서 그렇게 하셨고 또 다른 사람에 대해서도 그렇게 하고 계십니다 - 그러나 그가 그렇게 하시니 여러분은 아무 일도 하지 아니하고 팔짱만 끼고 있으면 된다는 뜻은 아닙니다. 오히려 그가 증거하고 계시니 여러분도 증거해야 합니다. 여러분의 증거가 성공한다는 전망을 가질 수 있는 것도 그가 증거하시기 때문에서만입니다. 바로 그 때문에 예수님께서는 "성령께서 나를 증거하시리라"라고 말씀하신 다음에 "너희도…증거하느니라"(27 절)고 말씀하셨던 것입니다.

더구나 효과적인 인간증거를 구성하고 있는 것을 생각나게 하는 것이 있읍니다. 세 가지 요소가 있읍니다. 첫째로 복음이 진실로 사실이라는 확신이 있어야 합니다. 성령을 진리의 성령으로 말씀하신 그리스도의 진술 속에 그 점이 드러나 있읍니다. 왜냐하면 만일 진리의 성령이 여러분의 마음과 생각 속에 증거하신다면, 피할 수 없는 결과들 중 하나는, 그리스도에 관해서 성령께서 여러분에게 증거하시는 것은 사실임을 확신하게 된다는 것입니다. 그것이 아니고서는 여러분 편에서 참된 증거가 있을 수 없읍니다. 런던의 올소울 교회의 원로 목사인 존 스타트는 다음과 같이 바르게 말했읍니다. "지성적으로 회심하지 않은 사람은 어느 누구라도 참되게 회심한 사람이 아니다." 그러니 증인이 진정으로 마음 속으로 그 증거하는 사실이 의심할 여지 없이 진리라는 생각을 가지고 선포하지 않는한 참된 증거는 있을 수 없읍니다.

둘째로, 그 진리에 대한 **개인적 체험**이 있어야 합니다. 다른 말로 해서 어떤 것에 대해서 지성적으로 확신하는 것만 가지고는 충분하지 못하다는 것입니다. 물론 그것도 중요하지만 말입니다. 개인적으로 그것의 실상 속으로 들어가 보는 일이 필요합니다. 예수님께서 사도들의 증거를 언급하면서 "너희도 처음부터 함께 있었으므로 증거하느니라"고 말씀하실 때 그 점을 지시하신 것입니다. 오늘날 저나 여러분은 사도들의 체험을 재현할 수는 없읍니다. 그러나 우리가 사도들이 한 것처럼 그리스도를 체험해야 한다고 말하는 것은 전혀 다른 문제지요. 확실히 우리는 개인적인 성경연구나 기도함을 통해서 그리스도와 함께 시간을 보내야 합니다. 그러한 시기 동안에 그리스도에 대해서 배운 것을 실제 생활에서 옮기려고 노력해야 합니다.

끝으로, **입으로 증거하는** 일이 있어야 합니다. 다시 말하면 이러한 것들에 대해서 다른 사람에게 말을 해주어야 한다는 것입니다. 단순히 그리스도를 믿는 믿음에 속한 진리를 확신하고 그것을 혼자 스스로만 체험하는 것만 가지고는 충분하지 못합니다. 여러분이 알았고 체험한 것을 다른 사람에게 말해주려고 애를 써야 합니다.

우리는 우리의 증거에 있어서 신실해야 할 것을 요청받고 있읍니다. 우리가 할 수 있는 모든 일을 다한 다음에, 우리는 다시 한번 성령께 자신을 드리면서, 하나님의 은혜로 말미암아 하나님의 성령께서 우리를 앞서서 준비하셔서 사람들의 마음을 열지 않는 한 어느 일도 할 수 없다는 사실을 고백해야 합니다.

35

이상할 것 없는 시련

"내가 이것을 너희에게 이름은 너희로 실족치 않게 하려 함이니 사람
들이 너희를 출회할 뿐 아니라 때가 이르면 무릇 너희를 죽이는 자가
생각하기를 이것이 하나님을 섬기는 예라 하리라 저희가 이런 일을
할 것은 아버지와 나를 알지 못함이라 오직 너희에게 이 말을   이른
것은 너희로 그 때를 당하면 내가 너희에게 이 말 한 것을 기억나게
하려 함이요 처음부터 이 말을 하지 아니한 것은 내가 너희와 함께
있었음이니라"(요 16 : 1 - 4).

제가 목회사역을 하면서 여러번 저는 자유주의신학에 빠진 교회를,
"세속적 교회"라고 말할 기회가 있었습니다. 그러나 정말 정직하게
말해서 복음적인 교회도 역시 세속적인 국면들이 여럿 있다고 지적해야
만 하겠습니다. 이 가운데 하나는 복음전도 형태에서 나타납니다. 제가 뜻
하는 바는, 우리는 복음을 아주 그럴듯한 빛으로 채색하여 나타내는 경
향이 있어서, 그리스도를 따르는 데 오는 불리(인간적인 관점에서 볼 때)
를 망각한다는 말씀입니다. 영적인 차원에서 불이익이 없다는 것을 전제
해 둡시다. 영적으로 말해서 우리가 잃어버리는 것은 죄요, 그 대신 하
나님의 구원의 충만함을 얻게 됩니다. 그럼에도 불구하고 중생치 아니한
사람의 관점에서 볼 때는 제자의 길을 따르려면 치러야 할 대가가 있습
니다. 왜냐하면 그것은 우리로 하여금 우리의 삶을 향하신 하나님의 뜻

을 방해하는 것은 어느 것이든지 떠나, 우리 십자가를 지고 예수님을 좇는다는 걸 뜻하기 때문입니다.

주 예수 그리스도께서는 우리가 알듯이 그 대가에 대해서 분명히 말씀해 주셨습니다. 그 예로 산상설교 초두에 자기 제자들이 되어야 할 사람들의 특성에 대해서 윤곽적으로 그려주는 구절이 있는데, 예수님은 거기서 "의를 위하여 핍박을 받는 자는 복이 있나니 천국이 저희 것임이라 나를 인하여 너희를 욕하고 핍박하고 거짓으로 너희를 거스려 모든 악한 말을 할 때에는 너희에게 복이 있나니 기뻐하고 즐거워하라 하늘에서 너희의 상이 크니라 너희 전에 있던 선지자들을 이같이 핍박하였느니라"(마 5 : 10- 12)고 말씀하십니다. 이 대목에서 예수님께서 지시하신 것은, 예수님을 따르는 자는 누구든지 핍박받을 것을 당연히 생각하라는 것입니다.

더구나, 그때 예수님의 말씀을 듣던 제자들은 예수님으로부터 바로 그것을 배우고 그것을 생생하게 기억하였읍니다. 그래서 베드로는 그의 첫번째 서신에서 핍박에 대해서 말하면서 그 팔복의 말씀을 두번 인용하여 말하고 있읍니다.

한번은 3 장에서입니다. "그러나 의를 위하여 고난을 받으면 복 있는 자니 저희의 두려워함을 두려워 말며 소동치 말고"(14 절). 그리고 4 장에서 또 한번 그렇게 하고 있읍니다. "너희가 그리스도의 이름으로 욕을 받으면 복 있는 자로다"(14 절). 그는 더 덧붙여서 "사랑하는 자들아 너희를 시련하려고 오는 불시험을 이상한 일 당하는 것 같이 이상히 여기지 말고 오직 너희가 그리스도의 고난에 참예하는 것으로 즐거워하라 이는 그의 영광을 나타내실 때에 너희로 즐거워하고 기뻐하게 하려 함이라"(4 : 12 , 13). 자신이 그러한 많은 핍박을 받았던 바울은(고후 11 : 22 - 33 참조) 디모데에게, "무릇 그리스도 안에서 경건하게 살고자 하는 자는 핍박을 받으리라"(딤후 3 : 12)고 말합니다. 빌립보 사람들에게는 "그리스도를 위하여 너희에게 은혜를 주신 것은 다만 그를 믿을 뿐 아니라 또한 그를 위하여 고난도 받게 하심이라"(1 : 29)고 말하고 있읍니다. 또한 데살로니가 교인들에게는 용기를 북돋아주는 방식을 통해서 "누구든지 이 여러 환난 중에 요동치 않게 하려 함이라 우리로 이것을 당하게 세우신 줄을 너희가 친히 알리라 우리가 너희와 함께 있을 때에 장차 받을 환난을 너희에게 미리 말하였더니 과연 그렇게 된것을 너희가 아느니라"
(살전 3 : 3 , 4)고 선언하였읍니다.

미리 경고를 받고 미리 무장함

주 예수 그리스도께서 요한복음 16 장 초두에 나오는 몇 구절 속에서
핍박에 대해서 말씀하실 때 바로 그러한 노선을 따라 말씀하시는 것입니
다. 그는 이미 한번 언젠가 핍박에 대해서 말씀하신 적이 있읍니다(15 :
18 - 25). 그는 이제 다시 똑같은 주제로 돌아오셔서 그가 그렇게 말씀
하시는 것은 그들로 하여금 미리 경고를 받고 미리 무장하게 하기 위함
이라고 설명하십니다. "내가 이것을 너희에게 이름은 너희로 실족지 않
게 하려 함이니 사람들이 너희를 출회할 뿐 아니라 때가 이르면 무릇 너
희를 죽이는 자가 생각하기를 이것이 하나님을 섬기는 예라 하리라 저희
가 이런 일을 할 것은 아버지와 나를 알지 못함이라 오직 너희에게 이 말
을 이른 것은 너희로 그 때를 당하면 내가 너희에게 이 말한 것을 기억
나게 하려 함이요 처음부터 이 말을 하지 아니한 것은 내가 너희와 함께
있었음이니라"(요 16 : 1 - 4)고 말씀하십니다.

분명히 이 구절은 앞 장에 기록되었던 바, 그리스도를 따르는 사람들
을 세상이 장차 미워하실 것에 대해서 계속 말씀하시는 것입니다. 그러
나 이 구절의 말씀들은 앞에서 말한 것에 대한 단순한 반복은 아닙니다.
이 구절에서는 그 나름의 강조점이 있읍니다. 앞으로 다가올 핍박의 특
수한 상황에 대한 새로운 강조점입니다. 출회와 살인입니다. 또 다른 강
조점은 깜짝 놀랄만한 계시인데 이러한 출회와 살인을 제자들이 당할 것
이며, 그것도 세속적인 사회에서가 아니라 종교적인 사람들을 통해서 당
할 것이라고 하는 점입니다.

출 회

첫번째 문제는 그리스도께서 "사람들이 너희를 공회에서 쫓아내리라"
(출회하리라) (2 절)라고 말씀하심으로써 지적하신 출교의 벌책입니다. 이
것이 무슨 의미를 가지고 있는가를 충분히 알기 위해서, 우리는 회당에
서 쫓겨나간 것이 오늘날 지역교회에 가입하는 것을 허락받지 못하는 사

람과 전혀 같지 않다는 것을 이해해야 합니다. 현대의 미국교회에 들어 오는 것을 허락받지 못한 사람들, 이런저런 이유로 인해서 그 교회에서 쫓겨나는 것은 심각한 것이 아닙니다. 언제나 다른 교단이 있읍니다. 그 리고 같은 교단 내에서도 태도를 달리하는 다른 교회들이 있기 마련입니 다(우리 나라나 미국이나 교회의 권위가 없는 것은 마찬가지인 것 같음 -역자주). 만일 더 나빠져서 더 상태가 악하게 되어 어느 교회에도 들 어갈 허락을 받지 못한다 할지라도 그건 큰 손실이 아닙니다. 왜냐하면 어떤 교회가 아니라도 미국사회에서는 그저 잘 살아갈 수 있기 때문입니 다.

그러나 유대인의 회당에서 쫓겨나는 것은 그런 경우가 아니었읍니다. 그 한 예로 출교처분은 이스라엘의 종교 생활에서 완전히 분리되는 것을 의미합니다. 왜냐하면 출교처분을 받는 사람에게는 예배를 드리거나 제 사를 드리거나 성경을 읽는 것마저 허락되지 않았읍니다-왜냐하면 성경 은 일반적인 사람들이 이용할 수 있었던 것은 아니었기 때문입니다. 성경 은 예배당에만 놓여 있었고 거기서만 그 성경말씀을 들을 수 있었읍니다. 그러므로 출교처분을 당한다는 것은 그러한 이익을 상실한다는 것이요 그 이상을 놓친다는 것을 의미합니다. 그것은 바울이 로마서에서 말했던 모 든 것을 상실한 것입니다. 유대 사람들에게 대해서 말할 때 바울은 이렇 게 말했지요. "저희는 이스라엘 사람이라 저희에게는 양자 됨과 영광과 언약들과 율법을 세우신 것과 예배와 약속들이 있고"(롬 9 : 4). 더 나아 가 공회에서 어느 한 사람을 추방하는 것은 그 사람의 사회생활과 그 사 람의 경제적인 복지에 있어서 중대한 타격을 가져옵니다. 그전에 자기와 친구였던 사람들이 자기들에게서 얼굴을 돌리면서 그 사람을 이교도보다 더 나쁜 사람으로 취급합니다. 그리고 그 가족에게서 축출당할 것이고 그 사람을 제쳐 놓을 것입니다. 만일 그렇지 않고 그 사람이 어떤 가게를 운영하고 있다면 손님들도 찾아오지 않을 것입니다. 또한 영예로운 무덤 에 장사지내는 것도 허락받지 못합니다. 그러니 공회에서 쫓겨나는 것에 대해서 예수님께서 말씀하실 때 제자들에게 경고하기를, 그런 무서운 결 과를 가져오는 위협에 대비하라고 말씀하고 계셨던 것입니다.

이 점에 있어서 진정으로 독특한 것은(다음에 나오는 살인의 예와 함께) 다음과 같은 것입니다. 그리스도에 따르면 핍박은 종교적인 사람들, 이 경우에서는 유대교의 영적 지도자들로부터 온다는 사실입니다. 이 점에 대해서 생각할만한 가치가 있읍니다. 왜냐하면 그처럼 섬뜩하게 만드는 것은 그 핍박이 종교적인 높은 위치에 있는 사람들로부터 온다는 사실입니다. 만일 핍박이 세속적인 사회에서 온다고 할지라도 그것은 굉장히 나쁜 것일 수 있지요. 그러나 그것은 동시에 우리에게 큰 타격은 주지 않습니다. 그것은 외면적인 것입니다. 핍박이 종교적인 권위자들로부터 올 때 그것은 내면적인 타격을 줍니다. 왜냐하면 우리가 아닌 그들이 참된 교회요 참된 종교라는 논리가 언제나 주장되기 때문입니다. 핍박받는 사람들은 언제나 이단으로 지칭받습니다.

가끔 그렇지요. 따라서 핍박받는 사람(만일 그 사람이 정직하거나 아니면 조금이라도 겸손하다 한다면)은 분명히 자신에게 질문을 던지게 될 것입니다. "당국자들이 옳은가? 내가 바른 노선을 계속 견지하면서 나를 거스리는 이 과중한 여론과 전통에 맞서 나갈 수 있는가?"

저는 이 시점에서 마틴 루터의 요한복음 16장 강해를 읽고 크게 도움을 얻었읍니다. 왜냐하면 루터는 16세기에 로마 교회에 의해서 출교처분을 받았을 때 그러한 여론의 압력을 느꼈기 때문입니다. 우리는 통상적으로 루터가 가장 강력한 순간 속에 있었다고 생각합니다. 왜냐하면 그는 종교개혁의 영웅이기 때문입니다. 우리는 그 사람이야말로 교황의 위협에 대해서 아무런 요동도 하지 않았다고 생각할 것입니다. 그러나 루터는 아무런 요동도 하지 않은 게 아닙니다. 오히려 그는 자신이야말로 예레미야의 입장에 서 있다고 스스로를 묘사했읍니다. 예레미야는 자기 당대의 유대교 앞에 서서 하나님의 심판이 유다와 예루살렘을 향해서 온다고 하는 것이 거짓이라고 선언하라는 요청을 받았으나 하나님의 심판이 유다와 예루살렘 성을 향하여 속히 올 것이라고 덧붙였읍니다. 그러나 그 사람은 자기 자신의 서 있는 위치와 설교에 의해서 흔들렸읍니다. 지도자들이 그를 꾸짖어 말하되 그 사람들은 하나님의 백성들이라고 말했읍니다. 그들은 성경을 인용하여 예레미야의 예언을 논박했읍니다. 하나님께서 다윗에게, 네 위에 유다의 왕이 끊어지지 않을 것이라고 약속하지 않았는가? 루터는 자신에게 질문을 던졌읍니다. 예레미야가 질문을

던진 것처럼 말입니다. "주여 당신의 백성들과 당신의 나라와 당신의 제
사장들과 당신의 말씀을 거역하여 나 혼자 서서 설교를 해야 합니까?
물론 바로 이 나라는 당신의 이름이 붙어 있는 나라입니다. 이 나라 사람
들은 당신의 율법을 가지고 있으며 당신의 성전을 가지고 있으며 하나님
당신 자신에 의해서 세워진 영적이고 세상적인 정부를 갖고 있습니다. 제
가 누구관대 하나님께 속한 그 모든 것을 혼자서 대적해야 하겠습니까?
차라리 그 사람들이 옳다, 내 설교를 취소하겠다, 그렇지 않으면 침묵하겠다,
그렇게 말하고 싶습니다." 분명히 루터는 자기를 거스리는 비웃음의 세력
을 이해했습니다. "너는 이단이요 마귀의 사도다. 너는 하나님의 백성들과
교회, 아니 하나님 자신을 거스려 설교하고 있다." 의식 있는 그리스도인
마다 이러한 소리가 들려오면 분명히 어떤 영향을 받기 마련입니다. 따라
서 이러한 특별한 핍박의 고통이 바로 거기에서 느껴지는 것입니다. 이러
한 환경 속에서 사람이 어떻게 하겠습니까? 다행히도 루터는 종교개혁
을 위해서 이 시점에서 의식이 있었습니다 - 성경에 대한 의식이 있었습
니다 - 왜냐하면 하나님의 참된 종이 그러한 논리에 대해 자신의 주장을
펼 수 있는 오직 유일한 근거는 바울이 로마서 9 : 6 - 7 에서 전제해
놓은 그 근거라고 대답했기 때문입니다 - "이스라엘에서 난 그들이 다 이
스라엘인이 아니요 또한 아브라함의 씨가 다 그 자녀가 아니라." 핍박자
들은 언제나 자기들이 참된 교회요, 자기들이 하나님의 백성들이라고 주
장합니다. 그러나 그 주장만 가지고는 그 주장이 옳다고 할 수 없습니다.
옛 독일 속담에 "긴 칼을 가지고 있다고 해서 다 요리사는 아니다"
는 말이 있습니다. 같은 방식으로 "교회"라는 칭호를 가지고 주장한다고
해서 모든 사람들이 다 "교회"는 아닙니다. 교회적인 복장을 하고 있고
설교를 한다고 해서 그 사람들이 다 하나님의 사역자들은 아닙니다. 하나
님의 사역자들은 누구입니까? 루터가 말하듯이 그리스도와 그의 사역을
성경이 말하는대로 고백하는 사람들입니다. 참된 교회는 그렇게 믿는 사
람들로 구성되어 있습니다. 그래서 하나님의 말씀 곧 성경이 기준입니다.
그 기준에 따라서 어느 누구도 바르게 물을 수 있습니다. 많은 사람들이
어떤 교리를 어떻게 가르치고, 그 교리를 가르치는 사람들이 얼마나 중
요하냐고 묻지 말고 "그들이 가르치는 교리가 무엇이냐?"라고 물을 수

있읍니다.

우리는 오늘날 그러한 질문을 던지고 성경이 가르치는 것 편에 서 있는 사람들을 필요로 합니다. 오늘날 우리 시대의 교회의 연약성은, 여러 교단 내에 있는 사람들이 그러한 교단들의 견해나 프로그램들을 하나님의 말씀으로 재평가 해보지 않고, 그 하나님의 말씀에 배치되는 모든 것을 거스리지 않는다는 데 있는 것입니다. 이러고 있는 한 교회들은 결코 강해지지 못할 것입니다. 더구나 앞으로 핍박이 있을 것입니다.

그러면 그 때 어떻게 하겠읍니까? 예, 하나님께서 만일 그 무한한 지혜로 "교회"라는 이름을 주장하는 사람들이 성경의 권위에 입각해서 살 마음의 결심을 가지고 있는 사람들을 출교처분을 하거나 핍박을 하거나, 아니면 옆으로 제쳐 놓도록 하신다면—당연히 일어나고야 말지요—미리 경고를 받고 믿음을 지키는 것이 우리의 임무일 뿐입니다.

하나님을 섬기다 죽임을 당하는 핍박

주 예수 그리스도께서 특별하게 언급하신 두번째 요점은 살인입니다. 분명히 이것은 그리스도를 따르는 사람들이 언제나 체험하는 것은 아니지요—예수께서는 이러한 일이 일어날 "때"만을 말씀하신 것입니다—그러나 거의 모든 사람들이 생각하는 것보다 그런 일은 더 보편적으로 있어왔읍니다. 초대교회 시절의 몇 사람의 사도들과 또 많은 정상적인 신자들이 유대 당국자들이나 유대인들의 선동에 있어서 죽임을 당하였읍니다. 후에 로마 사람들에게 죽임을 당하는 고통을 받게 되었읍니다. 처음에는 마구잡이로 잡아들였지만 나중에는 조직적인 방식으로 남프랑스의 리용이나 비엔느 같은 도시에서 사람들을 잡아들였읍니다. 데시우스나 디오크레티안 황제 밑에서는 그리스도인들을 죽이는 것이 그 로마제국의 정책이 되었읍니다. 중세기에 핍박자들이 또한 굉장했읍니다. 종교개혁을 할 당시에 그것은 절정에 이르렀읍니다. 보다 더 현대에 이교도 나라에서 죽임을 받기도 하였고, 부족사회에서 그런 일을 당하기도 하였읍니다. 보다 더 근대적인 동서양의 보다 문화적인 나라에서마저 그런 일이 있었읍니다.

그러나 이 모든 일에 있어서 좀 흥미로운 차원은, 그리스도인들을 죽인 것이 종교적인 이유로 거의 종교인에 의해 행해졌다는 점입니다. 그리스도께서 "무릇 너희를 죽이는 자가 생각하기를 이것이 하나님을 섬기는 일이라 하리라"(2 절)라고 말씀하신 것과 같이 말입니다. 루터는 아주 격렬한 자세로, "그러한 고통을 당하는 그리스도인들이 어떠한 동정도 받지도 않고 죽어야 할 뿐 아니라 가장 큰 모욕과 기만과 조롱을 받으면서 죽어야 한다는 것은 정말 한없는 고통이다. 더구나 세상의 기쁨과 즐거워하는 속에서 죽어야 한다니 말이다. 또한 그러한 일이 일어날 때 그들은 〈하나님의 은혜〉와 〈하나님을 찬양하자〉라는 찬송을 부르는 것이다"라고 말하였읍니다.

기뻐하라 ! 기뻐하라 !

주님께서는 이러한 것들을 말씀하셨는데, 그렇게 그 제자들에게 미리 경고하고 미리 대비케 하기 위해서 뿐만 아니라, 일어날 일에 대한 이유를 설명해주고, 그럼으로써 그러한 핍박 가운데서도 즐거워할 수 있도록 하게 하시려고 그렇게 말씀하신 것입니다. "너희는 복되도다 ! " "기뻐하고 크게 즐거워하라"(마 5 : 11 , 12).

그리스도인으로 하여금 핍박, 그리스도께서 언급하신 이와 같은 격렬한 핍박 가운데서도 즐거워하게 만들 수 있는 것이 무엇입니까? 그 대답도 여러 가지입니다. 첫째, 핍박은 그리스도인이나 다른 사람들에게 그리스도인은 그리스도와 한편임을 입증해 줍니다. 이 점은 그리스도께서 3 절에서 세상의 행실을 설명하실 때 나타나 있습니다. "저희가 이런 일을 할 것은 아버지와 나를 알지 못함이라." 다른 말로 해서 그리스도의 사람들과 세상 사이의 그 근본적인 차별에 대한 또 다른 진술이 여기에 있는 것입니다. 사실 그 차이는 13 장 처음부터 말하기 시작하여서 요한복음의 이 대목에 기록된 예수님의 가르침의 거의 대부분을 특징지우고 있읍니다. 한 쪽에는 자신을 아나 하나님을 알지 못하는 세상이 있읍니다. 또 다른 한편에는, 하나님께 알린바 되고 하나님을 알고 있으나 세상에 의해서 알려지지 않고, 사실상 세상에 의해서 미움을 받는 그리스도인들이 있읍니다. 하나님 아버지나 그리스도를 알지 못하는 세상에 의해서 미움을 받는다는 것은, 하나님 아버지와 그리스도 편에 속해 있다는 것의 표지입니다.

오늘날 세상의 어느 지역에서 미국인들이 미움을 받는 방식을 통해서 이 점을 예증할 수 있습니다. 만일 여러분이 이러한 곳 중 어느 곳을 방문하게 된다면 여러분은 혹독하게 무시를 당하든지 때로는 위험에 처하기도 할 것입니다. 그러나 문제는 여러분에게 있는 것이 아닙니다. 여러분이 만나는 사람들이 여러분을 알지 못합니다. 문제는 여러분이 미국인이요, 또 그 미국 정책이 그러한 지역에서 혐오를 받고 있다는 점입니다. 여러분이 체험할 그 혐오감은 여러분이 미국시민이라는 하나의 표지입니다. 같은 방식으로 그리스도인들을 세상이 미워한다는 것은 세상이 멸시하는 예수님과 그 그리스도인들이 하나 되어 있다는 사실을 표하는 것입니다.

둘째로, 그리스도인은 핍박 가운데서도 즐거워할 수 있습니다. 왜냐하면 그 핍박이 우연한 것이 아니라 하나님께서 자기 삶을 향하여 그 핍박을 통해서 어떤 확실한 목적을 갖고 계심을 알기 때문입니다. 이 대목에서 그리스도께서 가르치신 전체 요점이 바로 그것입니다. 왜냐하면 여기서 그리스도께서는 다가올 핍박에 대해서 말씀하심으로써 제자들이 "어리둥절하지 않게 하고", 그런 때가 올 때 그들이 "내가 너희에게 이 말한 것을 기억나게 하려 함이니라". 이것은, 다가오는 핍박을 통해서 제자들의 믿음이 강화될 것임을 뜻하고 있습니다.

또 다른 목적은 실천적인 거룩에서 자라나게 하는 것입니다. 왜냐하면 핍박은 우리의 삶 속에서 불필요한 찌꺼를 벗겨내고, 우리로 하여금 예수님께 더 가까이 가도록 하기 때문입니다. 베드로는 이 점을 알았습니다. 그는 그리스도께서 그것을 가르치실 때 들었던 사람들입니다. 그런데 그는 자기의 삶 속에서 그것을 체험했고, 자기의 사역을 통해서 믿음을 갖게 된 사람들의 삶 속에서 그 점을 보았습니다. 그래서 이 사람 베드로는 어떤 사람들이 핍박을 통과하고 있을 때 그것에 대해서 그들에게 편지를 쓰면서 "그러므로 너희가 여러 가지 시험을 인하여 잠간 근심하게 되지 않을 수 없었으나 오히려 크게 기뻐하도다 너희 믿음의 시련이 불로 연단하여도 없어질 금보다 더 귀하여 예수 그리스도의 나타나실 때에 칭찬과 영광과 존귀를 얻게 하려 함이라 예수를 너희가 보지 못하였으나 사랑하는도다 이제도 보지 못하나 믿고 말할 수 없는 영광스러운 즐거움으로 기뻐하니"(벧전 1 : 6 – 8)라 썼습니다. 베드로는, 하나님께서 모든 그리스도인 삶 속에 있는 보배로운 것을 정결케 하는 처방책으로 핍박을 채용하시는 걸 지적하고 있었던 것입니다.

제가 이전에 쓴 어느 책에서 빌리 그래함이 이 원리를 나타내기 위해서 자주 썼던 예화를 든 적이 있습니다. 그는 1920 년대의 경제공황을 겪으며 직업을 잃고 불행하게 되고 아내와 가정도 잃게 된 한 친구에 대해서 말합니다. 그러나 그 사람은 그리스도를 믿는 사람이었습니다. 그래서 그는 침체되었고 또 여러 가지 환경에 의해서 버림을 받기는 했지만 그 믿음을 집요하게 붙잡았습니다. 어느 날 그가 고뇌에 처해 있는데 길거리를 가다가 그 도시의 어떤 큰 교회를 짓기 위해서 석공일을 하는 사람들을 멈춰서서 바라보게 되었습니다. "당신 그거 가지고 뭐할려고 그래요?" 그는 삼각형 모양의 돌조각을 열심히 다듬고 있는 사람에게 물었습니다.

그 석공은 멈춰 서더니 뾰족탑 꼭대기 근방에 작은 구멍을 가리켰습니다. "저 꼭대기 근방에 작은 구멍이 보이지요? 이것을 깎아가지고 거기다 맞추려고 해요." 그 친구는 그 석공에게서 얼굴을 돌리며 걸어 나오면서 눈물이 범벅이 되었습니다. 왜냐하면 하나님께서 개인적으로 자기에게 말씀하시는 것 같았기 때문입니다. '너희 지상의 호된 시련을 통하여 네가 하늘에 합당하게 온전한 사람으로 만들고 있노라.'

그리스도인이 핍박 가운데서 즐거워할 수 있는 세번째 이유는, 다른 어느 것보다도 핍박이 신자로 하여금 **그리스도인 삶의 초자연적인 광채**를 잘 드러낸다는 데 있습니다. 만일 삶 속에서 모든 것이 다 잘 돼나가고 그래서 좋아한다면, 그것에 대해서 그렇게 주목할 만한 것이 무엇입니까? 세상도 그러한 환경 속에서 즐거워할 수 있습니다. 그러나 만일 모든 것이 나빠지고 그런데도 불구하고 즐거워한다면, 그것은 괄목할만한 일이고 다른 사람도 주목하게 될 것입니다. 그 한 예를 볼까요?

바울과 실라는 빌립보 감옥에 갇혀서 밤중에 하나님을 찬미했습니다. 그 간수는 많은 죄수들을 보아왔습니다. 시무룩한 죄수, 반역적인 죄수, 희망에 찬 죄수, 낙담한 죄수들을 보았습니다. 그러나 제가 확신하기로는, 그처럼 심하게 매를 맞고 포로로 잡혀 있는 중에서 바울과 실라처럼 기뻐할 수 있었던 죄수들을 그전에 한번도 보지 못했을 것입니다. 그래서 주께서 결국 그 옥문을 열고 그 신실한 선교사들이 그 길을 떠나도록 허락했을 때 그 감옥의 간수는 그들의 발을 붙잡으면서 엎드려 "선생들아 내가 어떻게 해야 구원을 얻으리이까?"라고 물었던 것입니다. 그는 주 예수 그리스도의 초자연적인 광채가 그들의 고통이라는 어두운 배경 속에서 반사되는 것을 보았던 것입니다.

그리스도에게서 결코 떨어지지 아니함

끝으로, 그리스도인은 이 환난이 예수 그리스도 안에 있는 하나님의 사랑에서 나를 끊을 수 없다는 사실을 알고 환난 가운데서도 즐거워 할 수 있습니다. 바울은 제가 방금 지적했듯이 그 핍박을 경험했습니다. 고린도 후서 11장에 보면 이러한 체험들에 대해서 쓰면서 이렇게 말합니다. "유대인들에게 사십에 하나 감한 매를 다섯번 맞았으며 세번 태장으로 맞고 한번 돌로 맞고 세번 파선하는데 일주야를 깊음에서 지냈으며 여러번 여행에 강의 위험과 강도의 위험과 동족의 위험과 이방인의 위험과 시내의 위험과 광야의 위험과 바다의 위험과 거짓 형제 중의 위험을 당하고 또 수고하며 애쓰고 여러번 자지 못하고 주리며 목마르고 여러번 굶고 춥고 헐벗었노라"(24 - 27절). 그럼에도 불구하고 바로 그 사람이 다음과 같이 쓰고 있습니다. "내가 확신하노니 사망이나 생명이나 천사들이나 권세자들이나 현재 일이나 장래 일이나 능력이나 높음이나 기쁨이나 다른 아무 피조물이라도 우리를 우리 주 그리스도 예수 안에 있는 하나님의 사랑에서 끊을 수 없으리라"(롬 8:38, 39).

핍박이 올 것입니다. 그리스도께서 미리 말씀하셨습니다. 그러나 이러한 핍박마저도 우리의 삶을 향하신 하나님의 목적을 좌절시키거나 우리를 하나님으로부터 떼어내지 못하리라고 확신할 수 있습니다.

36

핍박을 증거함

"지금 내가 나를 보내신 이에게로 가는데 너희 중에서 나더러 어디로 가느냐 묻는 자가 없고 도리어 내가 이 말을 하므로 너희 마음에 근심이 가득하였도다 그러나 내가 너희에게 실상을 말하노니 내가 떠나 가는 것이 너희에게 유익이라 내가 떠나가지 아니하면 보혜사가 너희에게로 오시지 아니할 것이요 가면 내가 그를 너희에게로 보내리니 그가 와서 죄에 대하여, 의에 대하여, 심판에 대하여 세상을 책망하시리라 죄에 대하여라 함은 저희가 나를 믿지 아니함이요 의에 대하여라 함은 내가 아버지께로 가니 너희가 다시 나를 보지 못함이요 심판에 대하여라 함은 이 세상 임금이 심판을 받았음이니라"(요 16 : 5 – 11).

하나님 말씀의 한 위대한 가르침은, 신자들이 자기들의 가장 위대한 소득을 얻는 가운데서도 손해를 계산에 넣을 수 있다는 것입니다. 궁극적인 의미에서 그것은 사실입니다. 예수님께서 "누구든지 제 목숨을 구원코자 하면 잃을 것이요 누구든지 나와 복음을 위하여 제 목숨을 잃으면 구원하리라"(막 8 : 35)고 말씀하셨기 때문입니다. 그러나 보다 못한 것들, 낙담과 병들과 재정적인 어려움과 핍박과 같은 것들에 있어서 그것은 사실입니다. 문제는, 우리가 자주 이 사실을 믿지 않아서 큰 소실을 당하는 것 같을 때 너무 슬퍼한다는 데 있습니다.

이것은 우리 본문이 지시하는 것과 마찬가지로 첫 제자들에게 해당되는 일이었읍니다. 하나님께서는 그리스도가 그들을 떠나신 후에 그들에게 성령을 보내시려 하셨읍니다. 그런데도 불구하고 그들은 슬퍼하였읍니다. 하나님께서는 그들을 위해서 큰 선물을 준비하셨읍니다. 그러나 그들은 자기들이 잃어버린 것만 생각할 수 있었읍니다. 그들은 절망했읍니다. 그들의 슬픔을 아는 예수님께서는 다시 한번 성령에 대해서 그들에게 가르쳐주시기 시작했읍니다. 앞에서는 예수님께서 그들과 함께 계셨던 때에 대해서 말씀하셨읍니다. 그는 "지금 내가 나를 보내신 이에게 가는데 너희 중에서 나더러 어디로 가느냐 묻는 자가 없고 도리어 내가 이 말을 하므로 너희 마음에 근심이 가득하였도다 그러나 내가 너희에게 실상을 말하노니 내가 떠나가는 것이 너희에게 유익이라 내가 떠나가지 아니하면 보혜사가 너희에게로 오시지 아니할 것이요 가면 내가 그를 너희에게로 보내리니"(5 - 7 절)라 말씀하십니다. 이 대목의 말씀은 요한복음에서 성령의 사역에 대해서 말씀하시는 논의중에서 가장 긴 부분과 연결되어 있읍니다. 이 논의 속에는 성령의 이중적인 사역이 드러나 있읍니다. 첫째로 세상을 향한 성령의 사역이요, 두번째는 사도들을 향한 성령의 사역입니다. 이 강론은 이 두 성령의 역사 중 첫번째 것을 다룹니다.

성령과 세상

우리에게 있어서 문제는, 성령께서 이 세상과 어떠한 관계를 가지고 계신가? 하는 것입니다. 분명히 대답은 8 절과, 그 다음에 나오는 구절들에 있읍니다 — "그가 와서 죄에 대하여, 의에 대하여, 심판에 대하여 세상을 책망하시리라." 그러나 그것은 무엇을 뜻합니까? 성령께서 세상의 어떤 것에 대하여 어떻게 "책망"하십니까?

우리 말의 "책망하다"는 말 뒤에는 두 가지 주요한 뜻이 있읍니다 : "책망하다" 또는 "깨우치다." 그 문맥에 따라서 결정해야 합니다. 만일 "책망하다"라는 말로 번역한다면, 어떤 한 개인이나 어떤 사람이 그 전에 저지른 그릇된 행동이나 그 전에 주장했던 잘못을 지적하며 힐책하는 것을 가리킵니다. 만일 "깨우치다"라는 식으로 번역한다면, 사람들로 하여금

그 전에 알지 못했거나 인식하지 못했던 어떤 진리들을 깨우치는 것을 뜻
합니다. 그러므로 이 대목에서는 구원의 필요성에 대한 생각을 전혀 갖
지 못하는 세상에 대하여 그가 짓고 있는 죄를 책망하시는 성령의 역사
나, 아니면 진상에 관해서 깨우침으로써 세상이 죄를 떠나서 예수님을
구주로 믿도록 하시는 역사 중 둘 중 하나일 것입니다.

어느 것을 선택해야 할까요? 책망의 편을 들어 말한다면, 여기서 말해
지는 것은 "세상"이라는 사실입니다. 요한복음에서 "세상"이라는 말은
하나님을 반대하는 사람들의 세계를 지적하는 말로 가장 자주 쓰여졌읍
니다. 다시 말하면 그리스도인이 아닌 사람들을 두고 하는 말입니다. 만
일 여기서 그런 경우라면 죄에 대해서 세상을 책망하는 것이 합당해 보
입니다. 그런데 불행히도 그 문제는 그렇게 단순하지가 않습니다. 그 한
예로, 성경 어느 곳에서고 성령을, 중생하지 아니하는 세상에 그런 식의
사역을 감당하시는 분으로 묘사된 적이 없읍니다. 세상의 악을 제어하기
는 합니다. 또한 하나님께서 자기 백성들로 선택한 사람들로 하여금 자
기들의 죄를 알도록 깨우쳐 주고, 그래서 회개와 믿음을 갖도록 인도해
주시는 일을 하신다고 성경은 말하고 있읍니다. 그러나 죄에 대해서 세상
을 책망하는 역사는 항상, 오늘날의 성령의 사역과 관계되는 것이 아니
라, 그리스도의 심판보좌 앞에서 하나님에 의해서 죄가 폭로될 것과 관
련되어 있읍니다. 둘째로 이 다음에 나오는 구절들에서 언급되는 모든 어
휘들이 그러한 방향으로서는 이해가 되지 않습니다. 그러므로 그 말을 책
망의 개념을 나타내는 말로 하기에는 합당치 않습니다. 실로 세상은 주
예수 그리스도를 믿지 못하는 데 대한 책망을 받을 수 있읍니다(9절).
그러나 그리스도께서 "아버지께" 가시기 때문에 의에 대해서 세상이 책
망을 받을 수는 없는 것입니다(10절). 또는 이 세상 임금이 심판을 받
았기 때문에 "심판에 대해서 책망하기란 곤란한 것입니다"(11절). 대조
적으로 세상은 자기 죄를 "깨닫고" 의와 심판에 대해서 깨우침을 받을 수
있읍니다. 그들이 이러한 차원과 관련될 때 말입니다.

이러한 여러 가지 이유로 볼 때 이 대목은 요한이 "세상"이라는 말을
사용하는 일상적인 방식과 달리 보는 것이 좋을 듯합니다. 사실 하나님
을 대적하는 사람들의 세계를 향해서 성령께서 역사하시는 것이지요. 그

러나 그 역사는, 육적 마음을 가진 사람들의 어둠과 고집스러움에도 불구하고 하나님께서 그리스도께 주셔서 회개케 할 자들을 깨우치는 능력입니다. 이러한 빛에 비추어서 볼 때, 이 대목은 성경 가운데서 깨우치시는 일과 중생시키시는 일을 하시는 성령의 사역에 대한 가장 위대한 진술이 됩니다. 또한 의심할 여지 없이 사도들에게도 그러하였겠지만 우리에게도 위대한 격려의 근거가 되는 것입니다.

죄를 깨우침

성령께서 세상으로 하여금 깨우치는 첫번째 실체는 죄입니다. 예수님께서는 즉각 뒤이어 설명을 덧붙이십니다. "저희가 나를 믿지 아니하며"(9절). 이 말씀은 "그가 오셔서, 세상이 믿지 아니함으로 말미암아 가지는 죄에 대한 그릇된 개념들을 알도록 깨우쳐 주실 것이다,""이러한 깨우침이 아니고서는 세상이 믿지 않을 것이기 때문에 세상으로 하여금 자기 죄 됨을 알도록 깨우쳐 주실 것이다," 또는 "세상으로 하여금 불신앙의 죄를 깨우쳐 주실 것이다." 이 번역 중 어느 번역도 가능합니다. 요한은 그의 방식대로 이 말을 하면서 한 가지 이상의 의미를 함축적으로 암시하고 있을 수도 있습니다. 그러나 만일 구원에 관한 이 깨우침의 개념이 이 대목의 주요한 사상이라면, 두번째 해석이 가장 우선적이겠지요. 왜냐하면 근본적인 죄는 자신을 일의 중심에다 놓고 믿음을 부끄럽게 여기는 것이기 때문입니다. 이것을 밝힐 때에만 구원이 있습니다.

성령께서는 세상으로 하여금 두 의미에서 깨우쳐 주십니다. 첫째로, 검사처럼 성령께서는 세상을 대하여 "정죄"의 판결을 선언합니다. 그러나 둘째로, 성령께서는 역시 이 죄를 그 사람의 양심에 깨닫게 해서 죄로 마음이 괴로움을 당하게 하고 그 괴로움에서 벗어난 일을 추구하도록 하십니다.

오순절날 성령께서 능력 있게 임하실 때 바로 그러한 일이 일어났습니다. 제자들은 성령이 임하시기를 기다리며 한 곳에 모여 있었습니다. 성령께서 그들에게 눈에 보이게 임하셨고, 그 결과로 베드로가 설교하게 되었던 예루살렘 거리로 나가게 되었습니다. 베드로는 성령께서 임하심으로써 요엘의 예언이 어떻게 이루어졌으며 하나님께서 성령을 주신 것은 사람들이 그리스도를 믿어 구원받게 하려 함이라는 것을 말했습니다. 그는 그때 예수님을 전하면서 그의 설교를 이렇게 끝냈습니다. "그런 즉 이스라엘 온 집이 정녕 알찌니 너희가 십자가에 못 박은 이 예수를 하나님이 주와 그리스도가 되게 하셨느니라 하리라 저희가 이 말을 듣고 마음에 찔려 베드로와 다른 사도들에게 물어 가로되 형제들아 우리가 어찌할꼬 하거늘"(행 2:36, 37), 베드로가 그들의 질문에 대해서 대답했을 때 삼천 명이나 믿고 구원받았습니다.

이것은 주목할만한 반응이었습니다. 그러나 그것은 복음에 대한 베드로의 명석한 분석이나 그의 웅변력의 결과가 아니었습니다. 만일 그가 그 전날에 이러한 설교를 했다 하면 아무 일도 일어나지 않았을 것입니다. 어떤 사람도 믿지 않았을 것입니다. 그와 다른 사람들이 아마 비웃었을 것입니다. 그러면 어째서 오순절날 삼천 명이 믿었습니까? 성령께서 임하셨고, 세상 속에서 죄를 깨우쳐 주시는 역사를 시작하셨기 때문입니다. 그래서 그들은 "가슴을 치며" "형제들아 우리가 어찌할꼬?"라고 물었던 것입니다.

우리는 사람들로 하여금 죄를 깨우칠 수는 없습니다. 또는 복음 전함을 받는 사람들 스스로가 그 죄를 깨닫지도 못합니다. 펠라기우스와 어거스틴, 그 후에 나타난 알미니우스(Arminius)와 칼빈의 추종자들 사이에 일어났던 논쟁의 핵심도 바로 그것입니다. 펠라기우스나 알미니우스는, 구원이 은혜로 된다는 걸 부인하는 것은 아니었습니다. 왜냐하면 그들도 예수께서 죽지 아니하셨다거나, 성경이 하나님께로부터 온 것이 아니라거나, 성령께서 보내지신 것이 아니라고 주장하는 건 아니기 때문 때문입니다. 다만 그들이 부인하는 것은 하나님께서 먼저 사람으로 하여금 죄를 깨닫게 하고 그를 이끌지 아니하면 그 사람이 한 발자욱도 하나님을 향하여 움직이지 않는다는 의미에서 구원이 전적으로 은혜라는 그 논리를 부인하는 것입니다. 펠라기우스는 그것을 이렇게 표현하였습니다. 사람의 의지는 언제나 자유롭다. 그 의지 앞에 제시되는 것을 선택할 수도 있고 거부할 수도 있다. 복음에 관하여 은혜는 선물이다. 그러나 어느 개인이 구원을 받느냐 받지 못하느냐는 궁극적인 결정권은 그의 의지에 달려 있는 것이다. 펠라기우스는, 성령께서 먼저 초자연적으로 그 사람

의 삶 속에서 역사하지 않으면 자기의 죄를 알지 못하고, 복음을 이해하
거나 복음에 대해서 반응을 나타낼 수 없다는 걸 이해하지 못한 것입니
다. 물론 사람이 의지를 가지고 있습니다. 그러나 성령의 역사가 아니고
는 그 의지는 언제나 하나님을 등지고 자신의 멸망으로 기울어집니다.

토레이는 그의 한 책에서 자기 자신의 체험을 통해서 그 점을 예증합
니다. 자기가 섬기던 시카고 애베뉴 교회의 직원 몇 사람이, 집회에 죄
를 깨닫는 일이 그리 깊지 못하다는 사실로 근심을 하고 있었습니다. 물
론 회심하는 일도 있었습니다마는 아주 압도적인 죄의 각성을 하면서 앞
으로 나오는 사람은 불과 몇 사람 밖에 안되었다고 토레이는 지적했습
니다. 그런데 어느 날 밤 그 직원 중 한 사람이 말했습니다. "우리 집회
모임에서 죄에 대한 각성이 조금 밖에 없다는 사실로 크게 고민했습니다.
물론 회심자들이 있고 또 교회에 등록하는 사람도 많이 있지만 제가 보
고 싶어하는 그 죄에 대한 깊은 깨달음이 없었어요. 그래서 다음과 같이
제안했지요. 우리 교회 직원들(교역자들)이 밤마다 모여서 집회에서 죄에
대한 보다 더 많은 각성이 일어날 수 있도록 기도하자고 제안했지요.

"그 제안은 받아들여졌고 그러한 모임이 시작되었습니다. 몇 날 후에
주일 밤에 토레이는 자기가 전에 보지 못하던 사람이 그 회중 가운데 있
는 것을 주목했습니다. 아주 눈에 띄는 옷을 입고 있었습니다. 또 그 사
람은 셔츠를 입은 가슴팍에 아주 번쩍이는 큰 다이아몬드를 차고 있었습
니다. 아마 그 사람은 도박사 일거라고 생각했는데 토레이 생각이 맞았
습니다. 그 설교자가 설교를 시작하자 이 사람은 설교자를 뚫어지게 바
라보았습니다. 예배가 끝난 후 토레이는 자기 설교를 듣고 구원에 대해
서 더 관심 깊이 알기 원하는 사람들이 모인 방에 갔더니 그 노름꾼이 있
는 것을 발견했습니다. 그는 대단히 격해 있었습니다. '저는 제게 문제
되는 것이 무엇인지 알지 못하고 있어요. 저는 제 삶 가운데서 이렇게
느껴본 적이 없어요. 저는 오늘 오후 몇 사람을 만나서 오후에 도박을
하려고 카티지그로브 애베뉴로 가려고 맘먹고 출발했었지요. 그러나 내
가 이 공원을 지나는데 당신 교회 젊은 사람들이 노천집회를 열고 있었
어요. 멈춰서 그것을 경청했어요. 그런데 어떤 사람이 증거를 하고 있는
데 그 사람은 제가 죄의 삶을 살다가 안 사람이지요. 그가 무얼 말하려

는지 듣고 있었어요. 그 간증이 다 끝나고 나서 저는 거리를 향해서 내려 갔지요. 그때 나는 더 이상 갈 수 없었어요. 왜냐하면 어떤 이상한 힘이 나를 잡아 붙들고 있는 것을 느꼈기 때문이예요. 저는 그 집회에 머물렀지요. 그런데 그 사람이 저에게 말하면서 목사님의 교회 한번 가보자고 그러더군요. 목사님께서 설교하는 것을 들었어요.' 그는 탄식하면서 말했습니다. 그가 여기쯤 말했을 때 멈춰 서서 흐느끼면서 '오, 저는 제게 무엇이 문제가 되는지 모르겠어요. 저는 무서워요. 제 삶의 이전에 이처럼 느껴본 적이 없었어요.'

토레이는 대답했습니다. "나는 당신에게 무엇이 문제가 되는지를 알고 있어요. 당신은 지금 죄를 깨우침받고 있는 것입니다. 왜냐하면 성령께서 당신을 다루고 계십니다." 그런 다음에 토레이는 그 사람에게 그리스도를 가르쳐 주었습니다. 그 사람은 예수님께 자기 죄를 용서해 달라고 구했고 거듭났습니다. 시카고 애베뉴 교회가 놀랄만큼 부흥되고 그 지역 사람들이 크게 일어나기 시작한 것이 바로 그 일이 있고부터 입니다.

죄와 관련하여 성령의 이 깨우치는 역사에 대해서 한 가지 더 말할 것이 있습니다. 성령께서 죄에 대해서 사람들에게 깨우쳐 주는 것 중 하나는 불신앙의 죄입니다. 예수께서는 "죄에 대하여라 함은 저희가 나를 믿지 아니함이요"라고 말씀하십니다. 그것이 도박을 하는 죄가 아니라는 걸 주목해야 합니다. 물론 때가 되면 그러한 문제도 문제가 될 수도 있지요. 그러나 일차적으로 음행이나 술취함, 교만이나 훔치는 것이 죄가 아니라, 예수님을 믿지 않는 것이 **죄입니다. 어째서 그렇습니까?** 다른 죄들은 죄가 아니기 때문에 그렇게 **말한 것이거나, 아니면** 뭐 회개할 필요가 없다든지 또는 버릴 필요가 없어서 그런 것이 아닙니다. 물론 그런 것도 버려야 되고 회개해야 됩니다. 다만 하나님께서 구원을 위해서 요구하시는 한 가지 일, 곧 그리스도를 믿는 믿음이야 말로 자연인(중생치 않은 사람)이 혼자서 알기가 가장 어려운 문제이기 때문입니다. 보통 불신자가 자기의 불신을 죄로 여깁니까? 천만에요! 사실을 말하자면 그 정반대지요. 믿지 아니하는 보통 사람은 자기가 믿지 않는 것을 무슨 지성적인 현학의 표로 생각합니다. 그는 아주 유식하다는 식으로 뽐내면서 "네가 그러한 것들을 믿을 수 있다는 걸 참 난 기쁘게 생각한다(사실상 그가 말하는 것은 "네가 그러한 넌센스를 믿을 수 있다니 참 우습다"는 말이겠지요). 그러나 난 믿을 수 없어." 보통 믿지 않는 사람은 자기가 불가지론자나 무신론자가 된 것을 자랑 거리로 생각합니다. 만일 그가 그러한 모습을 취하지 않는다 할지라도 믿는 사람을 불쌍히 여기는 눈으로 보면서 "나도 너처럼 믿을 수 있으면 좋겠는데 난 그럴 수 없어. 나에게 무슨 잘못이 있는가봐"라고 말합니다.

참된 회심이란, 이러한 핑계가 성령의 감동으로 물러나는 때에 일어나는 것입니다. 토레이는 말합니다. "성령께서 사람의 마음을 감동하실 때 사람은 더 이상 불신앙을 지성적 우월의 표지로 보지 아니한다. 또한 단순한 불행으로도 보지 아니한다. 그 불신앙이야말로 가장 무엄하고, 모든 죄 가운데서 가장 결정적이고 저주 받을 죄로 여긴다. 또한 그 사람은 자기가 하나님의 독생하신 아들의 이름을 믿지 않았다는 점에서 자기의 무서운 죄책감으로 압도당한다."

그리스도의 의

둘째로, 성령께서는 사람들에게 의를 깨우쳐 주신다고 예수님은 말씀하십니다. "의에 대하여라 함은 내가 아버지께로 가니 너희가 다시 나를 보지 못함이요"(10절). 이것을 두 가지 방식으로 생각할 수 있습니다.

한편 그 말씀은 성령께서 세상에게 참된 의가 무엇인지를 보여 주실 것이며, 그리스도께서 더 이상 지상에 계셔서 자기 자신의 인격을 통해서 의미를 밝혀 주시는 일을 하시지 않을 것이라는 사실로 인하여 마땅히 어떻게 해야 할 것인지를 보여 주실 것이라는 뜻일 수도 있습니다. 그리스도가 없이 우리 중 어느 누구도 하나님의 의가 무엇인지에 대해서 바른 이해를 갖지 못합니다. 우리는 의를 인간적인 차원에서 생각합니다. 왜냐하면 어떤 사람이 10퍼센트 선하고 다른 사람이 30퍼센트 선하고 또 다른 사람이 60내지 70퍼센트 선하고, 그 다음 예수님은 그 모든 경우 중에서 가장 선한 분으로 100퍼센트 선하시다고 상상합니다. 그러나 하나님의 선이란 그런 것이 아닙니다. 만일 그런 경우라면 그리스도를 만나게 되면 우리는 더욱 더 열심히 노력하고 싶어할 것입니다.

우리가 그리스도만큼 선하지 못하다는 것을 알게 되었고 그리스도께서 무엇이 가능한 것인가를 우리에게 보여 주심을 알 것입니다. 그래서 우리는 더 선해지려고 노력할 것입니다. 그러나 사람들이 예수님을 만나면 이러한 일이 일어나는 것이 아닙니다. 그들은 예수님의 의의 전적으로 다른 특성들에 깊은 인상을 받고, 그들에게 있어서 전적으로 도달할 수 없는 의라고 하는 사실을 깊이 인식하게 되는 것입니다. 그 반응은 더 열심히 선해지려고 새롭게 결심하는 것보다는 절망적인 것이 됩니다. "오 주여 나를 떠나소서 나는 죄인이로소이다." 주 예수 그리스도는 지상에 더 이상 계시지 않기 때문에 이러한 의식을 세상에서 창출하신 또 다른 인격은 성령이십니다.

반면에, 이 말씀들을 다르게 생각할 수도 있습니다. 일차적으로 의가 무엇인지를 보여 주는 뜻으로가 아니라, 그 의를 어디서 발견할 수 있는지를 보여 주는 말씀으로 생각할 수 있다는 말입니다. 이 세상에서는 그 의를 발견할 수 없습니다. 우리는 다만 인간적인 의만을 알고 있을 뿐입니다. 그러나 그 의는 그리스도 안에서 발견할 수 있습니다. 이 세상에 계셨다가 지금은 아버지 우편에 계신 그분 안에서 말입니다.

이것 중 어느 것을 더 우선해서 취해야 하는지 저는 알지 못합니다. 그러나 이차적인 의미에서 두번째 경우가 더 합당하다면, 그것은 흥미 있는 것을 암시합니다. 스펄전이 그 설교 가운데서 알았고 책으로 남긴 것이지요. 스펄전은 인간사에서 일어나는 일을 가지고, 어떤 사람이 악행에 대해서 고소를 받으면 그 다음은 재판이라고 지적했습니다. 만일 배심원이 죄 있다고 판결을 내리면 그 다음은 재판장의 말이 떨어집니다. "보안관은 피고를 데려가시오. 이 법정은 다음 화요일날 선고공판으로 다시 열리겠습니다." 그러나 하나님의 절차를 주목하십시요. 송사를 받으면 다음에 재판이 따라온다는 것은 사실입니다 — 11절은 9절 다음에 왔습니다. 그러나 하나님께서는 한 절차를 그 가운데 삽입시킵니다. 그것은 그리스도 안에서 의를 제공하는 일입니다. 그러므로 그리스도를 믿는 사람들은 그 심판에서 건짐받을 수 있도록 한 것입니다. 스펄전은 이렇게 말하고 있습니다. "주께서는 그 사람이 죄인이고 죄를 의식하고 있을 때라도, 그 사람을 위한 의를 행한 다른 사람의 합당함으로 그에게 온 의, 곧 믿음의 의로 말미암아 그 사람의 죄를 도말하고 의롭다 하심으써 그 사람을 의인 되게 하십니다."

여기에 위대한 약속이 있읍니다. 성령께서는 세상에 대하여 죄를 깨닫게 하실 것입니다. 여러분이나 제가 할 수 없는 것을 말입니다. 그러나 그는 역시 또 세상 사람들로 하여금 참 의, 우리가 우리에게 다 없는 오직 유일하게 그 의를 갖고 계시는 그리스도께 인도하시리라는 약속입니다.

심판받은 사단

이 본문 속에 언급된 성령의 사역의 마지막 국면은, 세상으로 하여금 "심판에 대하여" 알도록 깨우쳐 주시는 일입니다. "왜냐하면 이 세상 임금이 심판을 받았기 때문입니다"(11절). 다시 한번 해석상의 어려움이 있읍니다. 그러나 성령께서 세상을 깨우쳐, 심판이 있음을 알게 하시되, 십자가에서 사단을 심판하고 사단의 능력을 깨뜨려 부숨으로써 심판이 입증되었다」보는 것이 가장 좋은 듯합니다.

아무도 심판을 믿고 싶어하지 않읍니다. 우리는 하고 싶은 일을 해도 아무 일도 당하지 않는다고 생각하기 원합니다. 또한 우리의 행실을 계산할 날이 결코 오지 않는다고 생각하기 원합니다. 때로 하나님께서는 즉시 심판하는 것처럼 보이지 않고 악이 때로는 득세하는 것처럼 보인다는 사상으로 인하여 이러한 태도에서 담대하기 조차합니다. 그러나 그것은 거짓된 사상입니다. 하나님께서 죄인에게 즉각 심판을 내리지는 아니하시고, 악이 때로는 심판받지 않은 채 있는 것처럼 보이는 것이 사실입니다. 하나님께서 그 심판을 오래 유보해 두시고 계신 것입니다. 그러나 그 심판은 결국 피할 수 없는 것입니다. 하나님께서 사단을 심판한 것이 그 증거지요. 베드로는 베드로 후서에서 거짓 선지자들에 관해서 말하면서 이 점을 지적하였읍니다. 아울러 하나님께서 타락한 천사들과, 노아시대의 세상과, 소돔과 고모라성을 심판하신 일을 보여 주었읍니다. 그런 다음에 이런 결론을 내립니다. "주께서 경건한 자는 시험에서 건지시고 불의한 자는 형벌 아래 두어 심판날까지 지키시며"(벧후 2:9).

만일 어떤 사람이 그리스도에게 오지 않는다면, 다시 말하면 그의 죄의 형벌의 값을 갚아 하나님의 의를 그 사람의 것으로 적용시키기 위해서 죽으신 그리스도에게 오지 않는다면, 그는 그러한 심판을 받을 것입니다. 지금 같은 은혜의 날에 그리스도께 오는 것이 얼마나 좋습니까!

인간적 통로

마지막으로 말씀드릴 요점이 있습니다. 이 대목은 일차적으로 죄에 대해서 세상을 책망하심으로써 사람들이 예수 그리스도를 구주로 영접하도록 하시는 성령의 역사에 대해서 일차적으로 말하고 있는 것은 사실입니다. 그러나 사람들로 하여금 죄를 깨우치게 하는 분이 성령이신 것만은 사실이지만 그럼에도 불구하고 그러한 일을 우리를 통해서 하신다는 걸 주목해야 합니다. 예수님께서는 이 구절 속에서 이 점을 지적하여 "그러하나 내가 '너희'에게 실상을 말하노니 내가 떠나가는 것이 '너희'에게 유익이라 내가 떠나가지 아니하면 보혜사가 너희에게로 오시지 아니할 것이요 가면 내가 그를 '너희'에게로 보내리니 그가 와서 죄에 대하여 의에 대하여 심판에 대하여 세상을 책망하시리라"(7, 8절). 이 말씀은, 주님께서 신자들에게 성령을 보내신다는 뜻이며, 또한 성령께서 세상을 깨우치실 때 바로 그러한 신자들을 통해서 역사하신다고 말씀하고 계신 것입니다.

사도행전에 기록된 모든 회심의 기록은 이미 구원받은 어떤 사람의 중개로써 이루어진 것입니다. 예수님께서 열 두 사람에게 증거하셨습니다. 그들이 오순절날에 증거하였고 그 다음에도 증거하였지요. 그런데 그리스도인들을 핍박하기 위해서 다메섹 도상에 있을 때 비상한 체험을 하였던 위대한 증거자 바울마저도 다른 사람을 통해서 회심하게 되었읍니다. 왜냐하면 그가 체험하는 것을 거슬러 올라가면 그는 스데반이 돌에 맞는 것을 보았고 7장에 기록된 바 그의 위대한 설교를 들었읍니다. 심지어 그가 체험한 후 다메섹에 있을 때 성령께서 역사하시는 도구로 아나니아를 그 사람에게 보내셨던 것입니다. 고넬료도 역시 이러한 경우입니다. 진실로 그는 천사를 목격했지만 천사가 그에게 복음을 전하지 않았읍니다. 오히려 천사는 이렇게 말했읍니다. "네가 사람을 욥바에 보내어 베드로라 하는 시몬을 청하라 그가 너와 네 온 집의 구원 얻을 말씀을 네게 이르리라"(행 11:13, 14).

이것이 하나님의 방식입니다. 여러분과 저처럼 인간적인 통로를 통해서 일하시는 하나님의 성령의 능력으로 말미암아 역사하시는 이가 하나님이십니다. 여러분이 그의 도구십니까? 도구가 될 수 있읍니다. 그분에게 가까이 하십시요. 그분에게 여러분을 깨끗케 해달라고 구하십시요. 또 그의 은혜가 거침없이 흘러가는 통로가 되도록 해달라고 구하십시요.

37

더 이를 말씀

"내가 아직도 너희에게 이를 것이 많으나 지금은 너희가 감당치 못하리라 그러하나 진리의 성령이 오시면 그가 너희를 모든 진리 가운데로 인도하시리니 그가 자의로 말하지 않고 오직 듣는 것을 말하시며 장래 일을 너희에게 알리시리라 그가 내 영광을 나타내리니 내 것을 가지고 너희에게 알리겠음이니라 무릇 아버지께 있는 것은 다 내 것이라 그러므로 내가 말하기를 그가 내 것을 가지고 너희에게 알리리라 하였노라"(요 16 : 12 – 15).

요한복음 2 장에는 매우 흥미 있는 구분선이 들어 있는 이야기가 있습니다. 불행히도 이 구분선을 자주 간과하는데, 그것은 그 다음에 나오는 중요한 구절 때문이며, 거의 모든 사람들은 거기에 그만 시선을 빼앗기기 때문입니다. 그 이야기는 갈릴리 가나의 한 혼인잔치에서 예수님께서 여섯 항아리에 든 물을 변하여 포도주가 되게 하는 이야기입니다. 그 이야기는 그 연회장이 예수님께서 만든 포도주를 마신 후에 그 신랑에게 논평하는 것으로 끝납니다. "사람마다 먼저 좋은 포도주를 내고 취하면 낮은 것을 내거늘 그대는 지금까지 좋은 포도주를 두었도다"(10절). 예수님께서 끝까지 최선을 지키셨습니다. 요한복음 16 장 12 – 15 절에서 발견되는 상황과 같은 상황입니다.

우리는 이제 이 구절을 통해서 예수님의 마지막 강화의 말씀이 끝에 도달한 것입니다. 다만 한 요약이 그 다음에 계속될 뿐입니다. 그래서 깜짝 놀랄만한 일이 있는데, 그것은 예수께서 새롭고 전혀 예기치 아니한 주제를 소개하신다는 것입니다. 더구나, 그것은 어떤 의미에서 예수께서 말씀하신 주제들 가운데서 가장 좋은 것입니다.

어떻게 그것이 가장 좋은 것일 수 있습니까? 예수님께서 가르쳐 오셨던 것, 특별히 지난 구절에서 가르쳐주셨던 것을 생각해 보면 그 질문에 대한 답을 찾기가 어려울 것입니다. 예수님께서는 하늘에 대해서 가르치셨고, 어떻게 하면 하늘에 올까에 대해서 가르쳐 주셨습니다. 그런 다음에 자기 제자들이 해야 하는 일들에 대해서도 가르쳐 주셨고, 기도에 대해서 가르쳐 주시면서는 제자들이 그의 이름으로 무엇이든지 구하면 이루리라고 말씀해 주셨습니다. 모든 것 가운데서 가장 좋은 것은 그가 성령에 대해서 가르쳐 주셨다는 점입니다. 성령께서 그리스도께서 친히 하늘로 떠나가신 후에 어떻게 임하시며, 또한 그 성령께서 제자들을 위로하시고 가르치시고, 제자들로 하여금 영적으로 과실을 맺게 하고, 끝으로 세상으로 하여금 죄를 깨닫게 해서 그리스도 안에서 의를 얻고 하나님의 심판을 피하도록 하실 것에 대해서 말씀해 주셨습니다. 그 모든 가르침이 끝난 바로 이 시점에서 우리가 연구하려는 말씀이 나온 것입니다.

그러니 어떻게 이 마지막 주제가 모든 것 중에서 가장 훌륭한 것일 수 있습니까? 그 대답은 그 주제의 성질 자체에 있습니다. 다시 말하면 그 주제는, 그리스도께서 앞으로 이를 말씀이 더 있다는 약속입니다. "내가 아직도 너희에게 이를 것이 많으나 지금은 너희가 감당치 못하리라 그러하나 진리의 성령이 오시면 그가 너희를 모든 진리 가운데로 인도하시리니 그가 자의로 말하지 않고 오직 듣는 것을 말하시며 장래 일을 너희에게 알리시리라"(12, 13절). 다른 말로 해서 예수께서 의미심장한 많은 교리들로 보이는 것을 제자들에게 가르쳐 주셨지만, 그럼에도 불구하고 그들이 배워야 할 것들이 아직 더 많이 있다는 것입니다. 예수님께서 떠나가시지마는 이러한 교훈들을 성령께서 전달해 주시는 일을 하실 것입니다.

새 계시

　그러나 이 시점에서마저 우리는 그리스도의 약속의 기이함을 온전히 다 포착하지는 못한 상태입니다. 왜냐하면 우리가 이 구절들을 자세히, 원어를 읽어보면 단순히 성령께서 같은 의미에서 제자들을 가르치실 것이라는 것이 아님을 발견하게 됩니다. 또는 성령께서 우리를 가르쳐 주시는 분일 것이라고 말씀하는 것도 아닙니다. 성령께서는 제자들이나 우리에게 바로 그러한 일을 행하실 것이라고 생각되지요. 그러나 그것이 이 구절들의 의미는 아닙니다. 흠정역 성경에서는 13 절에 중요한 단어가 빠져 있음을 발견할 것입니다. 그것을 알 때 참된 의미가 떠오릅니다. 그 말은 the(정관사) (그) 라는 말입니다. 그 말이 "진리"라는 말 앞에 옵니다. 우리가 이 말을 이해하게 될 때 성령께서 사도들을 인도하기 위해서 오신다는 어떤 단순한 진리에 대한 개념을 말하는 것이 아니라, 모든 "그 진리", 다시 말하면 그리스도를 중심에 놓은 어떤 제한된 체계로 인도하신다는 의미에서 말하고 있습니다. 우리가 알기로 다름 아니라 그것이 바로 신약성경입니다. 그러니 그 약속은 이 신약성경입니다. 그러니 그 약속은 성령이 신약성경을 기록하는 특별하게 사명을 부여받은 자들을 통해서 새로운 계시를 전달하시는 분이 될 것이라는 것입니다. 표준개정역(R-SV)와 새 영어성경(NEB)은 이 구절을 바르게 번역하고 있습니다.

　이 요점은 깜짝 놀랄만한 요점입니다. 만일 제자들이 예수님께서 말씀하시는 것이 무엇이었음을 이해한다면, 그들에게 깜짝 놀라운 요점이었을 것입니다. 왜냐하면 그들은 유대인들이었을 것이고 그러므로 구약성경의 독특성과 신적 성격을 잘 알고 있었기 때문입니다. 그들은 히브리서에서 말하듯이 "옛적에 하나님께서 선지자들로 여러 부분과 여러 모양으로 자기 조상들에게 말씀하신 것을" 알고 있었읍니다(1 : 1). 그들은 율법은 "모세를 통해서" 온 것임을 알았읍니다(요 1 : 17). 또한 율법은 "거룩하고 의로우며 선함을" 알았읍니다(롬 7 : 12). 이 율법은 모든 유대인의 회당에 있었읍니다. 그것은 하나님께서 이스라엘에게 주신 최대의 선물이었읍니다. 어떻게 그 외에 더 많은 계시가 있을 수 있겠읍니까? 그런 일을 불필요한 것처럼 보였고 또 더 많은 계시를 준다 할지라도 믿기지 않을만한 일처럼 보였읍니다. 그럼에도 불구하고 그리스도께서는 바로 더 많은 계시를 주시겠다고 약속하고 계셨던 것입니다.

이것은 교회시대의 모든 그리스도인들에게 일반적으로 주어진 영감에 대한 약속은 아닙니다. 만일 그렇게 생각한다면 윌리암 바클레이가 바로 이 시점에서 지지하는 오류에 빠져들게 됩니다. 만일 여러분이 이 대목에 대한 바클레이의 해석으로 시선을 돌리면 바클레이가 두 가지 것을 말하고 있다는 걸 발견할 것입니다. 첫째 이 구절이 "계시는 점진적인 과정을 거치게 되었을"음 가르치고 있다고 그는 주장합니다. 바르게 표현하자면 사실 그것은 진리이지요. 하나님께서는 어떤 의미에서 우리가 가지고 있는 이 성경을 구성하는 여러 책들을 점진적으로 계시해 주셨읍니다. 그러나 바클레이는 그것을 다음과 같은 의미로 생각하고 있읍니다. 그 전에 있었던 계시는 불완전하거나 그릇되며(최소한 부분쪽으로), 둘째로 하나님의 계시는 끝이 없다는 식으로 생각하는 것입니다. 이 둘을 합해 보면 예수님께서 여전히 오늘날도 진리를 나눠 주고 계시고 이 진리는 수정될 수 있고 또 고칠 수도 있고 이제까지 주어진 진리를 능가하는 진리일 수 있다는 뜻이 됩니다. 그러나 그리스도께서는 그렇게 가르치고 계시지 않습니다. 이 대목을 통해서 그러한 해석이 암시되거나 허용되지 않습니다. 오히려 예수님께서는 성령이 오시면 제자들에게 더 많은 것을알려 주실 것이나 이후에 그리스도의 교회에서 교리의 권위있는 표준이 될 어떤 한정적인 새로운 계시를 주실 것이라고 가르치고 계십니다.

바클레이가 그 주석에서 말하는 두번째 요점은, 성령께서 우리를 진리 가운데로 인도하시는 그 작용은 모든 영역에서 나타난다는 것입니다. 몇 가지 설명을 하고 있읍니다. 첫째로, 라이트(H. F. Lyte)가 "나와 함께 거하소서"라는 찬송가를 작시하면서 그 여러 연을 작시해나갈 때 사실상 아무런 느낌을 가지지 않았다고 지적하고 있습니다. 오히려 마치 "누가 옆에서 불러" 그것을 받아 쓴 것처럼 썼다는 것입니다 — 바클레이가 그렇게 말하고 있음. 둘째로 바클레이는 음악에 대해서 말하면서, 헨델은 그의 메시아에 나오는 할렐루야 합창을 쓴 것에 대해서 말하면서 "나는 하늘이 열리는 것을 보았고, 위대하신 빛난 하나님께서 보좌에 앉으신 것을 보았다"라고 말했다는 걸 지적했읍니다. 결국 세계에 도움을 주고 사람들에게 보다 더 나은 문명의 이기가 될만한 것을 발견하였던 과학자들에게도 역시 같은 것이 해당된다고 바클레이는 덧붙입니다.

그러나 우리는 여기서 구분을 해야 합니다. 왜냐하면 "나와 함께 거하소서"라는 찬송가가 아름답지 못한 찬송가라든지, 할렐루야 합창이 영감에 의해서 작곡된 것이 아니라든지, 아니면 과학자들이 인류에게 유익을 줄 수 있는 것을 발견할 때 하나님의 인도를 받지 않을 수 있다는 말은 아니기 때문입니다. 분명히 성령께서는 그러한 식으로 일하십니다. 성령께서는 삶의 모든 부문에서 일하십니다. 그러나 주님께서 요한복음 16 : 12 - 15 에서 말씀하고 계시는 것과 그러한 것들은 다른 범주로 취급해야 합니다. 여기서 주님께서 약속하시는 것은, 우리에게 신약성경을 주시기 위해서 성령께서 사도들을 통해서 일하시는 것입니다. 그러므로 이 계시는 절대적으로 권위 있고 틀림이 없습니다. 다른 것들("계시" 또는 "영감"이라는 어휘로써 가리켜 말하는 것이라 할지라도) 이 절대적인 권위와 절대적인 무오함을 가진 것은 아닙니다.

우리는 하나님의 말씀의 전체적인 무게를 가늠해 보아야 하는 바로 그 시점에 도달한 것입니다. 토레이는 그의 책 "성령의 인격과 사역"(*The Person and Work of the Holy Spirit*)이라는 책에서 이 점에 대해서 아주 훌륭한 논의를 합니다. 그는 먼저, 하나님의 말씀에 따르면 은사가 다양하고, 이 은사의 다양성은 교회와 교회 역사의 여러 다른 상황과 연관되어 있다고 지적합니다. 토레이는 이 점을 보여 주기 위해서 고린도전서로 돌아갑니다. 그래서 바울은 12 : 4 - 6 에서 "은사는 여러 가지나 성령은 같고 직임은 여러 가지나 주는 같으며 또 역사는 여러 가지나 모든 것을 모든 사람 가운데서 역사하시는 하나님은 같으니"라고 말합니다. 그 고린도 전서 12 장을 더 읽어나가보면 이러한 은사들에 대해서 여전히 생각하면서 거기에 관계된 여러 다양한 사람들에 대해서 바울이 말하기 시작합니다. "하나님이 교회 중에 몇을 세우셨으니 첫째는 사도요 둘째는 선지자요 세째는 교사요 그 다음은 능력이요 그 다음은 병고치는 은사와 서로 돕는 것과 다스리는 것과 각종 방언을 하는 것이라 다 사도겠느냐 다 선지자겠느냐 다 교사겠느냐 다 능력을 행하는 자겠느냐 다 병고치는 은사를 가진 자겠느냐 다 방언을 말하는 자겠느냐 다 통역하는 자겠느냐"(28 - 30 절). 바울은 이 구절에서 은사들과 다른 여러 가지 직임을 관련시켜서 말하면서, 어떤 은사들은 어떤 직임, 또 다른 은사들은 또 다른 직임에 해당된다고 말하고 있습니다. 그러므로 하나님께서 사도들마다 그 나름의 크기와 기능과 은사를 주셨다고 생각하는 것이 옳습니다.

토레이가 말하는대로, 둘째는, 사도들의 특별한 그 나름의 경우들 중 하나는 새로운 계시를 받는 것임을 가르치는 구절이 있다는 것입니다. 그 한 예로 에베소서 3 : 2 - 5 입니다. 다시 바울은 이렇게 쓰고 있습니다. "너희를 위하여 내게 주신 하나님의 그 은혜의 경륜을 너희가 들었을터이라 곧 계시로 내게 비밀을 알게 하신 것은 내가 이미 대강 기록함과 같으니 이것을 읽으면 그리스도의 비밀을 내가 깨달은 것을 너희가 알 수 있으리라 이제 그의 거룩한 사도들과 선지자들에게 성령으로 나타내신것 같이 다른 세대에서는 사람의 아들들에게 알게 하지 아니하셨으니." 바울의 요점인즉, 자기의 가르침이 심오한 것은 자기가 특별히 명석한 사람이라서기보다는 하나님께서 자기에게 이 가르침을 계시하기 때문이라는 것입니다. 그의 독특한 역할(다른 사도들과 함께)은 이 계시를 받아 기록하는 것이었습니다.

끝으로, 토레이는 이 계시는 말씀을 통해서 구체화되었다는 요점을 지적하고 있습니다. 고린도 전서 2 : 13 에서 이 점을 발견합니다ー"우리가 이것을 말하거니와 사람의 지혜의 가르친 말로 아니하고 오직 성령의 가르치신 것으로 하니 신령한 일은 신령한 것으로 분별하느니라." 이것이 성경적인 묘사입니다. 그러므로 요한복음 16 장에서 주 예수 그리스도께서 바로 그날을 가리키고 계셨다고 이해해야 합니다ー그 순간에서부터 그리 멀리 떨어지지 않은 때입니다. 그날에 성령께서는 사도들을 통해서 말씀하시기를, "옛적에 선지자들을 통해서 조상들에게 말씀하신 것과 같이"하실 그 때를 가리켜 말하고 계시다는 말씀입니다. 다른 말로 해서 사람들을 다루시는 하나님의 행사의 역사 속에서 새로운 장이 열리는 때, 곧 신약성경이 있을 것이라는 것입니다.

다른 계시

이 구절들은 역시 또 다른 것을 말하고 있습니다. 그 구절들은 이 새로운 계시의 본질에 대해서 말하면서 그 내용의 일반적인 규범들을 말하고 있습니다. 이 규범들은 세 가지입니다. 때로 스코필드 성경 속에 있는 주해들을 읽어 보면 저는 거기서 써 있는 것에 그렇게 특별한 인상을 받지 못합니다. 그러나 바로 이 경우에 있어서 그 스코필드 박사의 성경 속에 있는 노트는 주목할만합니다. 이 성경의 지면 난하주에 보면, 예수께서는 신약에서의 일반적인 범주들을 윤곽적으로 그려나가고 계시다고 하는 말이 나옵니다. 처음에는 역사적인, 그 다음에는 교리적인, 그 다음에는 예언적인 범주들이라는 것입니다. 그것은 정확히 옳습니다. 신약성경은 정확히 이 양식을 취하고 있입 있습니다.

가장 먼저, 신약성경에는 **역사적** 요소가 있습니다. 이것이 13 절에 나타나 있는데, 예수님께서 13 절에서 성령에 대해서 말씀하시기를 "그가 너희를 모든 진리 가운데로 인도하시리니"라고 말씀하십니다. 다시 말하면 "그가 너희를 나에 관한 진리로 인도할 것이다"고 말씀하고 계시는 것입니다. 요한복음 14 : 26 에는 역사적인 요소가 분명하게 나타나 있습니다. 왜냐하면 그리스도께서는 "보혜사 곧 아버지께서 내 이름으로 보내실 성령 그가 너희에게 모든 것을 가르치시고 내가 너희에게 말한 모든 것을 생각나게 하시리라"라고 말씀하시기 때문입니다. 다른 말로 해서 제자들은 일어났던 어떤 일들을 망각하기가 쉽습니다. 그러나 성령께서는 이 역사적인 사건들을 생각나게 하실 것입니다. 이 사건들은 무슨 사건들입니까? 분명히 주 예수 그리스도의 생애와 죽음과 부활과 관련된 사건들입니다. 우리는 신약성경에서 그러한 것을 만나지요? 물론 그렇습니다. 이것이 바로 4 복음서의 실질적인 내용들이고 사도행전의 내용들입니다.

기독교는 역사적인 계시로부터 출발합니다. 기독교는 역사적인 사실에 기초한 하나의 역사적인 계시입니다. 신약성경은 하나님께서 예수 그리스도 안에서 역사 속에 개입하여 들어 오셔서 어떤 일을 하신 일로부터 시작합니다. 기독교와 다른 종교들을 구별시키는 요점이 바로 그것입니다. 기독교를 또한 신화들에서 구별시킨 것도 바로 그것이고 또한 그것이 바로 철학과 기독교를 다르게 만듭니다. 이러한 사상체계들은 종교를 주로, 어떤 사상패턴이나, 아니면 어떤 것들을 배워 구원얻는 것으로 생각합니다. 그러나 이것은 기독교의 진수가 아닙니다. 기독교도 물론 여러 가지 개념들을 가지고 있습니다. 그러나 그 개념들은 사실에 기초하고 있고, 그 사실이 결정적인 요인이 되는 것입니다.

역사적인 기초 위에 기독교가 섰다는 것이 진화론적 종교와 기독교를 다르게 만드는 것입니다. 수천년 전부터 사람들이 하나님에 대하여 가지고 있던 생각이 그것이었는데, 사람들이 지식을 더 많이 갖게 되자 하나님에 대한 개념이 더 자라나고 하나님에 대한 글들이 더 많이 진보를 보였다는 그러한 사상이 바로 진화론적 종교사상입니다. 그러다가 이러한 것이 계속 더 발전하여서 신약시대에 이르게 되었고, 신약시대를 넘어서 우리가 살고 있는 오늘날의 시대에 들어와서는 어떤 것들을 떼어내버리고 하나님에 대한 참된 개념들이 무엇인지에 대해서 생각할 필요조차 없으며, 우리가 가치 있다고 생각하는 다른 것들을 첨가한다는 식입니다. 기독교의 역사적인 기반은 그 모든 것을 밑둥부터 잘라내 버립니다. 계시의 기초는 역사 속에서 행하신 하나님의 역사적인 행동입니다. 이러한 일은 일차적으로 그리스도의 십자가에 그 중심을 두고 있습니다. 하나님께서는 십자가에서 어떤 일인가를 하셨습니다. 하나님께서 십자가에서 어떤 개념만을 가지신 것이 아닙니다. 또 어떤 희미한 방식으로 자신을 보여준 것만도 아닙니다. 십자가에서 죄를 속하셨습니다. 그분은 당신의 사랑을 나타내 보여 주셨고 그의 판단을 보여 주셨습니다. 그러한 역사적인 기초를 떠나서 신앙을 이해하는 것은 어느 것이든지 이단입니다.

교 리

둘째로, 신약성경에는 **교리적** 요소가 있도록 되어 있었습니다. 예수님께서 성령에 대해서 말씀하시면서 "내 것을 가지고 너희에게 알리겠음이니라"라고 말씀하시기도 하였고, 또는 14 : 26 에서 "그가 모든 것을 너희에게 가르치시리라"고 말씀하실 때 그 점을 시사하신 것입니다. 여러분은 신약성경에서 그것을 보지 않습니까? 물론 그렇습니다. 우리는 서신서에서 그것을 대합니다. 가장 충만한 형태로 기독교 교리를 펼쳐 보이는 대 로마서로부터 시작하여 어떤 특별한 난제들을 신학적으로 다루는 서신들 전체와, 더 나아가서 본질상 목회적인 다른 책들 속에서도 여전히 그러한 것을 대합니다— 곧 디모데전후서와 디도서, 요한 1, 2

3 서, 베드로전후서, 유다서 등입니다.

이 점은 또한 중요합니다. 우리가 사실들을 강조해야 한다는 것은 진리이지만, 기독교가 다른 종교들과 다른 것은 하나님께서 역사 속에서 어떤 일을 하셨다는 사실 때문이라고 말해야 하는 것도 진리이기 때문입니다. 그럼에도 불구하고 하나님께서 중요한 어떤 것을 행하셨다는 단순한 사실만이 아닙니다. 그 사실들이 무엇을 의미하느냐가 문제입니다. 그래서 하나님께서 주 예수 그리스도 안에서 오셨다고 말하는 것입니다. 그러나 그 의미는, 하나님께서 어떠한 범주들 안에 계시되었다는 점입니다. 우리는 주 예수 그리스도 때문에 하나님이 사랑이신 것을 압니다. 주 예수 그리스도 때문에 하나님이 공의로우시며, 주 예수 그리스도 때문에 하나님의 긍휼이 풍성하시고 자비하시고 다른 많은 속성들을 가지고 계심을 압니다. 그리스도께서 죽으셨음을 압니다. 정말이고 말고요! 그러나 그 자체는 의미가 없습니다. 모든 사람들이 죽습니다. 예수님께서 어째서 죽으셨습니까? 이 시점에서 우리는 가르침을 필요로 합니다. 그래서 주 예수 그리스도가 죽으신 이유와, 그것이 뜻하는 충만한 함축적인 의미가 무엇인지를 보여 주기 위해서 서신들을 주신 것입니다. 그리스도께서 죄를 위해서 죽으셨습니다. 우리 대신 우리 죄를 위해서 죽으셨습니다. 더구나 그가 죽으신 것은 어떤 사람들을 불러내사 당신의 복되신 형상을 닮게 하고 영원토록 당신과 함께 있도록 하기 위한 것이었읍니다. 서신들은 우리가 배울 필요가 있는 다른 교리들 뿐만 아니라 이러한 것들을 가르칩니다.

장차 올일

끝으로, 예언적 요소가 있습니다. 예수님께서 13절 끝에서 "장래일을 너희에게 알리시리라"고 말씀하실 때 그 점을 시사하신 것입니다. 우리는 신약성경에서 그것을 대하지 않습니까? 그렇습니다. 우리는 신약성경 여기저기에 그 요소가 흩어져 있는 것을 발견합니다(마 24장, 25장, 막 13장, 롬 11장, 고전 15장 등). 그러나 특별히 계시록에 그러한 요소가 많이 나타나 있습니다.

주님께서 말세에 능력으로 다시 오실 때 어떤 일이 일어날까요? 그 설명이 계시록에 나타나 있습니다. 우리를 두렵게 하는 예언에 미리 마음이 사로잡힐 수 있다고 생각합니다. 어떤 사람은 장차 올 일에 너무 마음이 사로잡힌 나머지 지금 그리스도를 위해서 살지 않습니다. 때로 그러한 일이 일어납니다. 그러나 예언의 중요성은 하나님께서 여전히 역사 속에서 일하고 계시다는 걸 지적하는 데 있습니다. 하나님께서 어떤 정적인 방식으로 우리를 다루어 우리가 살고 있는 이 역사시기가 이전시기에 살던 사람들과 절대적으로 동일하도록 하시거나, 장차 올 사람들과 절대적으로 같도록 만드시는 그러한 분이 아니십니다. 오히려 하나님께서는 역사 속에서 지금도 그 역사 나름의 독특한 일을 하고 계십니다ㅡ사람들과 함께 일하시며 한 계획을 펼쳐나가고 계십니다. 그래서 각 사람이 행하는 일은 중요합니다. 더구나 이러한 일들은 주께서 다시 돌아오실 그날까지 계속 연결이 됩니다. 그때 하나님께서는 세상 가운데서 자기 백성들을 다 불러 모아 그리스도를 믿는 신앙의 실체를 드러내시되, 주님의 방식은 어느 누구든지 개인적으로 완성되고 어떤 누구든지 참된 복락을 얻을 수 있는 오직 유일한 방식임이 모든 사람에게 드러나게 되도록 하실 것입니다.

이 구절들은, 어째서 이 계시ㅡ역사와 교리와 예언을 포함한ㅡ가 주어졌는지 그 이유를 설명해 줍니다. 주님께서는 "그가 내 영광을 나타내리니 내 것을 가지고 너희에게 알리겠음이니라"(14절)라고 말씀하심으로써 이것을 시사하신 것입니다. 우리가 어떤 것들을 알 수 있도록 하기 위해서 어떤 교리들을 배우는 것만은 아닙니다. 또한 우리가 단순히 내면적으로 개인적인 역사의 의미를 생각하고 있을 수 있도록 하기 위해서만 그 말세가 계시된 것이 아닙니다. 이러한 것들을 우리에게 가르쳐 주신 것은 주 예수 그리스도를 영화롭게 하기 위함입니다. 바로 그것이 성령의 사역입니다. "그가 자의로 말하지 않고⋯내 것을 가지고 너희에게 알리겠음이니라"(13, 14절).

여러분이 성경을 연구해나갈 때, 성령께서는 신약책들을 영감할 때 권위있는 방식으로 시작하시던 바로 그 일을 계속해서 행하실 것입니다. 이 책의 참된 저자이신 성령께서는 여러분을 인도하사 주 예수 그리스도를 알게 하시고, 여러분을 이끄사 갈수록 더 순종하고 그리스도께 복종하도록 하실 것입니다.

38

아침의 기쁨

"조금 있으면 너희가 나를 보지 못하겠고 또 조금 있으면 나를 보리라 하신대 제자 중에서 서로 말하되 우리에게 말씀하신바 조금 있으면 나를 보지 못하겠고 또 조금 있으면 나를 보리라 하시며 또 내가 아버지께로 감이라 하신 것이 무슨 말씀이뇨 하고 또 말하되 조금 있으면이라 한 말씀이 무슨 말씀이뇨 무엇을 말씀하시는지 알지 못하노라 하거늘 예수께서 그 묻고자 함을 아시고 가라사대 내 말이 조금 있으면 나를 보지 못하겠고 또 조금 있으면 나를 보리라 하므로 서로 문의하느냐 내가 진실로 진실로 너희에게 이르노니 너희는 곡하고 애통하겠으나 세상은 기뻐하리라 너희는 근심하겠으나 너희 근심이 도리어 기쁨이 되리라 여자가 해산하게 되면 그 때가 이르렀으므로 근심하나 아이를 낳으면 세상에 사람 난 기쁨을 인하여 그 고통을 다시 기억지 아니하느니라 지금은 너희가 근심하나 내가 다시 너희를 보리니 너희 마음이 기쁠 것이요 너희 기쁨을 빼앗을 자가 없느니라"(요 16 : 16 – 22).

저는 여러분이 아침에 일어날 때 언제나 얼굴에 미소를 띠며 마음에 쾌활한 느낌을 가지고 일어나는 사람인지 모르겠습니다. 저는 그렇지 않습니다. 그래서 저는 솔직히 고백합니다. 시편 30 : 5 와 같은 말씀을 대하면 저는 그것을 시인의 차원에서 이해해야 한다고 말입니다."그노염은 잠간이요 그 은총은 평생이로다 저녁에는 울음이 기숙할 지라

도 아침에는 기쁨이 오리로다." 어쨌든 아침에 일어날 때 기쁜 얼굴로 일
어나려고 애를 쓰는 것은 좋은 일입니다. 왜냐하면 저녁에 슬픔으로 기
숙할지라도 아침에 기쁨으로 일어난다는 개념은 중요한 성경적인 테마이
기 때문입니다. 제가 지적한대로 구약성경에 그것이 나옵니다. 우리가 이
제 연구하려는 요한복음 16 장의 대목 속에서도 그 점을 발견합니다. 이
대목의 주요한 구절은 20 절입니다. "내가 진실로 진실로 너희에게 이르
노니 너희는 곡하고 애통하겠으나 세상은 기뻐하리라 너희는 근심하겠으
나 너희 근심이 도리어 기쁨이 되리라."

일반적인 차원에서 이것이 뜻하는 것이 무엇인지를 우리는 이해합니다.
그리스도인에게 있어서 슬픔은 잠시 동안 견뎌내야 하는 일이고 결국은
어느 누구도 우리로부터 빼앗을 수 없는 기쁨을 가지게 될 것이라는 뜻
이지요. 불행히도 우리가 이 전체 대목을 보다 더 특별하게 연구하기 시
작하면 예수께서 무얼 말씀하고 계시는지 약간 의문이 생긴다는 걸 발견
하게 됩니다. 이 대목의 첫번째 부분은 "잠시" 동안의 기간에 대해서 말
합니다. 곧 제자들이 예수님을 보지 못할 때를 말합니다. 그러나 "다시
잠시 후에" 그들이 예수님을 보게 될 것입니다. 그러나 이것이 여러 가
지 가능한 해석으로 나타날 수 있기 때문에, 그 대목을 읽고 나면 제자
들이 말할 때 가지고 있었던 생각과 똑같은 생각을 우리 자신도 갖게 될
것입니다. "조금 있으면이라 한 말씀이 무슨 말씀이뇨 무엇을 말씀하시
는지 알지 못하노라"(18 절).

제가 이 말씀을 살펴 보면 이 모호함이 의도적인 것이 아닌가 하는 생
각을 갖게 됩니다. 물론 주님께서 희미하게 가르치실 분이 아닙니다. 주
님께서는 할 수 있는 한 그들에게 분명하게 가르치십니다. 주님께서 그
러한 모호한 방식을 통해서 한 가지 이상을 뜻하고 계시다고 보아야 합
니다. 여기서 주님께서는 제자들이 예수님을 보지 못하고 슬픔에 겨웠다
가, 다시 어느 기간이 지나면 다시 예수님을 보게 되어서 기쁨을 갖게 된
다고 말씀하셨는데, 바로 그 잠깐 동안의 기간에 대해서 말씀하시는 것
입니다. 이처럼 특별하게 의도적으로 모호하게 말씀하신 것은 세 가지 다
른 차원의 해석을 암시해 줍니다. 첫째로 그것은 주 예수 그리스도의 죽
으심과 무덤에 장사지냄을 가리켜 말씀하실 수도 있습니다. 그 기간 동

안에 예수님의 모습은 보이지 않았읍니다. 그런 다음 예수님께서 부활하심으로써 새롭게 예수님을 보게 되었읍니다. 둘째로 그 말씀은 오순절 전후 기간 동안을 가리킬 수도 있읍니다. 성령의 역사로 말미암아 그 전에는 불가능했던 영적인 방식으로 예수님을 보기 때문입니다. 앞에 나오는 구절들과 이 대목을 서로 끈으로 연결시켜 보면 그러한 생각이 듭니다. 끝으로 그 말씀은 교회시대를 묘사할 수도 있읍니다. 우리는 이 짧은 교회시대 중에 우리 육신의 눈으로 그리스도를 보지 못하지만 그 시대가 지나 주님께서 영광 중에 다시 오실 때 얼굴과 얼굴을 대하여 그를 볼 것이며, 이 땅에서의 모든 슬픔은 영원한 기쁨으로 바뀌어지게 될 것입니다.

저는 그러한 의미들을 다 좋아하고 싶읍니다. 그리고 문맥에 따르면그러한 의미들을 각각 다 지지를 받고 있음을 보여 주고 그 각각의 중요성을 부각시키고 싶읍니다.

죽음과 부활

무엇보다 먼저 이 구절들은 예수님의 죽으심과 부활을 가리켜 말하고 있읍니다. 이것이 제일되고 가장 명백한 해석이 되는 것은, 그리스도께서 여기서 제자들에게 말씀하시되, 그가 잡히셔서 그들을 떠나가시는 밤에 그들을 위로하려고 애쓰셨다는 단순한 사실 때문입니다. 그들은 갈수록 슬픔이 더해갔읍니다. 그러나 예수께서는 잠시 후 예수님이 다시 살아나신 이후에 그들이 다시 기뻐할 것임을 보여 주고 싶으십니다.

예수님은 이미 그러한 노선을 따라서 말씀해오셨읍니다. 예를 들어서 요한복음 13 장에서 주님께서는 당신의 영화롭게 되심을 말씀하셨읍니다. "지금 인자가 영광을 얻었고 하나님도 인자를 인하여 영광을 얻으셨도다"(31 절). 이 말씀은 예수님이 십자가에 못박히심과 죽으심과 부활하심과 승천하심을 통하여 하늘로 높아지심을 말씀합니다. 그러나 그 말씀 뒤에 즉각적으로 "소자들아 내가 아직 잠시 너희와 함께 있겠노라 너희가 나를 찾을 터이나 그러나 일찍 내가 유대인들에게 너희는 나의 가는 곳에 올 수 없다고 말한 것과 같이 지금 너희에게도 이르노라"(33 절)라고 말씀하셨읍니다. 베드로는 이 "잠시"라는 말은, 비록 그가 그보다 더 많은 것을 이해하지는 못했지만 절박함을 뜻하는 것으로 이해했읍니다. "주여 어디로 가시나이까 ?"라고 예수님께 여쭈어 보았기 때문입니다. 예수님 께서는 "나의 가는 곳에 네가 지금은 따라올 수 없으나 후에는 따라오 리라"(36 절)고 대답하셨읍니다.

우리가 이러한 의미로 이 대목을 취급할 때, 바로 이 첫 제자들의 체험 은 바로 그것임을 인식하게 됩니다. 예수님께서 그들의 친구셨읍니다. 그 들은 예수님을 사랑하되, 갈수록 더 깊어지는 사랑으로 예수님을 사랑했 읍니다. 왜냐하면 그들을 향하신 예수님의 사랑과 3 년이라는 기간 동안 의 예수님의 사역 속에서 교제를 하였기 때문입니다. 그런데 비록 예수 님께서 그 일을 위해서 그들을 준비시키려고 애쓰셨다 할지라도, 예수님 은 갑자기 그들을 떠나 십자가에 못박히셨읍니다. 그들은 당황해했고 정 말 자지러질 것 같았읍니다.

그들이 그러한 큰 슬픔을 가진데는 여러 가지 많은 이유가 있었읍니다. 첫째, 그들은 자기들이 당하는 개인적인 손실 때문에 슬퍼했읍니다. 그들 은 예수님께 따뜻하게 항상 가까이 있었읍니다. 그런데 예수님이 가버리 십니다ㅡ영원히 가버리십니다. 그들은 그렇게 생각하고 있었읍니다. 그 들이 모든 것을 버려 두고 예수님을 좇았고, 또 예수님께서는 그 제자들 이 잃어버린 것 대신 그들의 모든 것이 되셨기 때문에(그밖에 더 많은 것을 잃어버렸음), 그들은 이제 빈털털이가 된 셈입니다. 우리가 어떤 크게 사랑하는 자가 죽을 때 그러한 유의 슬픔을 가지곤 하지요. 그럼에도 불 구하고 이 경우는 그보다도 훨씬 더 깊은 것입니다. 왜냐하면 이 경우에 서 떠나가시는 분은 예수 그리스도, 영광의 주님이시기 때문입니다.

둘째로, 그들이 또 슬펐던 것은, 그리스도께서 십자가에 못박히신 일 에 대한 세상의 태도 때문입니다. 주님께서는 요한복음 16 : 20 에서 그 점을 넌지시 비추어 말씀하십니다. "너희는 곡하고 애통하겠으나 세상 은 기뻐하리라." 다른 말로 해서 제자들의 슬픔은 더 깊어지게 될 것입니다. 왜냐하면 예수님을 잃어버린 슬픔에 대해서 세상은 아랑곳하 지 않고 오히려 예수님께서 자기들의 길에서 이제 떠나 더 이상 자기들 을 성가시게 하지 않는다는 것을 생각하고 기뻐하였기 때문입니다. 제자 들은 알았읍니다. 자기들이 이 기간 동안에 슬퍼하고 있을 동안 서기관들과 바리새인들은 세상의 정신을 나타내는 자들이었는데 사실상 그들은 손바닥을 치며 즐거워하였기 때문입니다. "결국 우리는 그를 제거했어. 우리는 더 이상 그가 우리를 노출시키지 못하게 한거야. 모든 일은 정상으로 돌아갈 것이다"라고 말하고 있었읍니다. 제자들의 슬픔은 바로 그것 때문에 더 깊어졌읍니다.

세째로, 그 기간 동안의 제자들의 슬픔은 그들의 절망감 때문에 특별히 더 예리했읍니다. 제자들이 이 기간 동안에 당할 일을 생각하고 있을 때 무얼 생각했는지 가만히 들여다 보면, 그들이 얼마나 절망적이었을까를 느끼게 됩니다. 엠마오로 가는 제자들의 이야기가 있읍니다. 그들은 집으로 돌아가고 있었읍니다. 주님께서 그 길에서 나타나셔서 어째서 내려가느냐고 물으셨읍니다. 그들은 예수님께, 예수님에 대해서 들려 주면서 백성들의 지도자들이 예수님을 십자가에 못박은 일을 설명했읍니다. 그런 다음에 성경에서 가장 중요한 요점이 되는 구절 하나를 말하였읍니다. "그러나 우리는 이 사람이 이스라엘을 구속할 자라고 바랐노라"(눅 24 : 21)라고 말합니다. 그들은 예수님께 그처럼 큰 소망을 두었었는데, 예수님께서 갑자기 그들을 떠나가셨읍니다. 그래서 그들의 소망이 무너져 버린 것입니다.

그 사람들이 낙담했다는 그 사실은 도마의 태도를 설명해 줍니다. "내가 그 손의 못자국을 보며 내 손가락을 그 못자국에 넣으며 내 손을 그 옆구리에 넣어 보지 않고는 믿지 아니하겠노라"(요 20 : 25). 도마만이 특별하게 의심하고 있었던 것은 아닙니다. 다른 제자들 중 그 어느 누구도 그리스도를 보기까지는 그걸 믿지 않았읍니다. 그들이 믿게 된 것은 예수님께서 나타나신 이후였읍니다. 그러나 도마는 예리한 절망의 격동 속에서 "너희는 어떤 신비로운 부활 얘기로 슬픔을 극복하지 못할 것이다. 나는 '주께서 예루살렘으로 올라가신다면 그는 죽을 것인데 우리도 그와 함께 가서 죽을 준비를 하자'고 말했던 자임을 잊어서는 안될 것이다. 나는 그것에 대해서 너희에게 경고한다. 그는 죽었다. 그러므로 이 상한 이야기를 가지고 나를 희롱하려 들지 말라." 그처럼 말하게 한 것은 바로 그 절망이었읍니다.

제자들은 그들의 상실과, 세상의 기뻐함과, 절망감 때문에 예리한 슬품의 고통을 겪었읍니다. 그러나 그 다음에 부활이 왔고, 그들의 슬픔은 기쁨으로 변했읍니다. 그들의 슬픔 자체가 기쁨으로 변했다는 것을 이해하십니까? 그들의 슬픔 다음에 기쁨이 왔다거나, 기쁨이 왔는데 여전히 슬퍼했던 것이 남아 있었다는 말이 아닙니다. 그것이 아니라 슬픔 그 자체가 기쁨으로 변하게 되어, 그들이 전에 슬퍼했던 원인이 이제는 그와 똑같은 분량으로 기쁨이 되었다는 말입니다. 부활 전에 그리스도의 죽음은 가장 큰 비극으로 보였읍니다. 제자들은 세상 죄를 속하시는 하나님의 방식이 그것임을 이해하지 못했기 때문에 그 그리스도의 죽음은 전혀 의미가 없어 보였읍니다. 그것은 그들이 깊이 사랑했던 자의 죽음에 불과하였읍니다. 그러나 예수께서 죽은 자 가운데서 다시 살아나셨을 때 십자가는 비극이 아니라 승리라고 하는 걸 이해했읍니다. 여러분이 신약성경을 읽어갈 때 그리스도의 십자가가 슬픔의 어조로 이야기되는 경우를 본 적이 있읍니까? 복음서에서 보는대로 십자가에 못박히시고 나서 부활하시기까지의 3일 동안의 기간 동안에 제자들이 자신들의 느낌에 대해서 말할 때 그 당시 슬펐던 일을 역사적인 방식으로 회상하는 것만은 사실입니다. 그러나 그후에 그들이 십자가에 대해서 쓸 때마다 십자가를 슬픔의 요소로 말하지 않고 기쁨의 요소로 말하고 있읍니다. 바울은 심지어 십자가를 자기의 "영광"으로 말하고 있읍니다(갈 6:14). 우리도 그래야 합니다! 십자가에 못박힌 것이 아무리 영광스럽다 할지라도 십자가 밖에 없다면 우리는 그 십자가를 이해하지 못했을 것이고 그것이 우리의 슬픔의 이유가 되었을 것입니다. 그러나 성경이 말하는대로, 부활이 있고 십자가에 못박혀서 장사지낸바 된 분이 3일만에 다시 살아나셨다는 것을 아는 우리는 십자가가 이제 승리로 보여지게 된 것을 즐거워합니다.

급기야 바로 이 점은 사순절 기간 동안에 어떤 교단들에서 행하는 특이하고 과장적인 성격을 가져서는 안되는 이유가 바로 그것입니다. 어떤 사람에게 있어선 사순절 기간은 일종의 그리스도를 조롱하며 장사지내는 기간입니다. 그런 기간 동안에 그들은 그들 스스로가 침체된 상태를 가지고 고난의 금요일까지 가려고 애를 씁니다. 그것은 다 인위적인 것입니다. 그것은 진실한 것이 하나도 없읍니다. 예수님이 살아계시고 죽으시지 않기 때문입니다. 그럼에도 불구하고 우리는 십자가와 그 고뇌를 기억해야 하고, 그것을 우리의 구원을 확보한 위대한 행위로 기억해야 하며, 우리는 그것을 즐거워해야 하는 것입니다.

영적인 안목

우리는 또한 이 구절들이 오순절과, 교회시대에 성령께서 오심을 가리키는 것으로 생각해야 합니다. 그렇게 읽는다 할지라도 이 대목에 무리를 가하는 것은 아닙니다. 왜냐하면 문맥이 그것을 암시하고 있기 때문입니다. 이 요한복음 16 장 전반부에서 주님께서는 성령에 대해서 말씀하셨읍니다. 그는 먼저 세상에 대한 성령의 사역에 대해서 말씀하셨읍니다—그래서 어떤 사람으로 하여금 주 예수 그리스도를 믿게 하고, 죄와 의와 심판에 대해서 깨우쳐 알게 하십니다(7-11 절)—그런 다음에 두번째로,성령께서 사도들에게 특별한 의미로 역사하셔서, 그들이 주 예수 그리스도께서 행하신 것을 기억하고 이해하고 해석하고 기록할 때 신약 계시의 전달자들이 되게 하셨읍니다(12-15 절). 그리고 그 대목의 마지막에 와보면, 성령께서 오실 때 그가 자의로 말씀하지 아니하시고 예수님에 대해서 말씀하시고 예수님을 알게 하실 것이라고 하십니다. 그런 다음에 즉각 뒤이어 같은 문맥 속에서 주님은 잠시 동안의 기간에 대해서 말씀하기 시작합니다. 곧 우리가 예수님을 보지 못할 잠시간의 기간입니다. 그 잠시간의 기간이 지나면 우리는 예수님을 보게 될 것입니다. 그러므로 우리는 이 문맥 속에서 자연적으로 성령께서 주 예수 그리스도를 그리스도인들에게 보여 주시는 교회시대를 생각하게 됩니다. 물론 육체적으로가 아니라 영적으로입니다. 성령께서는 하나님의 말씀의 지면을 통해서 우리에게 주님을 밝혀 주십니다.

어떤 사람은 아마 이 시점에서 이렇게 말할 것입니다. "그러나 나는 영적인 방식으로마저 주 예수 그리스도를 보지 못했어요. 그분이 나를 떠날 때가 자주 있어요. 나는 그를 보고 싶습니다. 그를 더 가까이 느끼고 싶습니다. 그러나 주 예수께서 멀리 계시는 것 같아서 무서워요. 그분은 역사의 이전시대에 갇혀 계신 것 같아요." 만일 그러한 경우라면 여러분은 이 시대에 주님을 만날 수 있는 오직 유일한 방식으로 주님을 접근해야 합니다. 다시 말하면 말씀을 연구함을 통해서 말입니다. 그것이 바로 제가 이해하기로 이 대목의 핵심입니다.

더 나아가, 그 점에 대해 두번째 부분이 있읍니다. 우리가 성경에 접근하되 어떤 학문적인 방식으로 접근하여서 연구하는 것이 아무리 중요하다 할지라도 그것만으로는 부족합니다. 오히려 성경 속에서 주님께서 우리에게 나타나시는 걸 발견하면, 우리로 하여금 그의 거룩을 대면하도록 이끌어 주는 그분과의 개인적인 관계가 있어야 합니다. 그 개인적인 그분과의 관계는 우리로 하여금 죄 가운데서 돌아서서 그의 길을 걷도록 유도합니다.

저는 확신합니다. 이것이 바로 히브리서기자가 히브리서 12 장에서 "우리의 믿음의 주요 온전케 하시는 이인 예수를 바라보자"라고 말할 때 마음 속에 생각하고 있던 것이라고 확신합니다. 히브리서 11 장은 위대한 믿음의 장입니다. 히브리서 기자가 그 11 장을 다 써서, 구약의 위대한 믿음의 영웅들을 인용하고 나서 멈춰서 깊은 숨을 들이마시면서 전적으로 다른 것을 써나가기 시작했을 것이라고 여러분은 생각할 것입니다. 그러나 그런 식으로 생각지 않았읍니다. 그는 그것을 현재 적용시킬 것을 생각합니다. 그에 따라서 우리는 이전의 영웅들처럼 죄 가운데서 돌아서서 예수님께서 우리 앞에 놓으신 것을 잡으려고 좇아가야 한다는 것입니다. "이러므로 우리에게 구름 같이 둘러 싼 허다한 증인들이 있으니 모든 무거운 것과 얽매이기 쉬운 죄를 벗어버리고 인내로써 우리 앞에 당한 경주를 경주하며 믿음의 주요 또 온전케 하시는 이인 예수를 바라보자 저는 그 앞에 있는 즐거움을 위하여 십자가를 참으사 부끄러움을 개의치 아니하시더니 하나님 보좌 우편에 앉으셨느니라"(히 12 : 1, 2). 현시대에 슬픔을 기쁨으로 바꾸게 하는 그 그리스도에 대한 참된 깨달음은, 무엇보다 먼저 성경연구를 기초로 하고 있는 깨달음입니다. 둘째로 그 깨달음은 주님의 제자로서의 길을 가는데 방해가 되는 것은 무엇이든지 피하려고 하는 것을 기초로 하는 깨달음입니다. 그것은 우리가 우리 앞에 당한 경주를 경주하기 위해서 죄로부터 벗어나는 것을 의미합니다.

우리가 그 노선을 따라서 말하면서 히브리서 12 장의 이 위대한 구절을 읽어 나갈 때, 사도 바울이 자기 간증을 말하면서 같은 것을 지적하고 있는 빌립보서의 말씀을 생각지 않을 수 없읍니다. 그는 이미 빌립보서 3 장에서 자기에게 있어서 그리스도인이 된다는 것이 무엇인지를 말했습니다. 그것은 그리스도를 알게 된 것을 뜻합니다. 이제 그는 그리스도를 더잘 알기 위한 간절한 소원을 나타냅니다. "내가 그리스도와 그 부활의 권능과 그 고난에 참예함을 알려 하여 그의 죽으심을 본받아"(3:10). 그런 다음에 다음과 같은 말씀으로 그 대목을 결론짓습니다. "형제들아 나는 아직 내가 잡은 줄로 여기지 아니하고 오직 한 일 즉 뒤에 있는 것은 잊어버리고 앞에 있는 것을 잡으려고 푯대를 향하여 그리스도 예수 안에서 하나님이 위에서 부르신 부름의 상을 위하여 좇아가노라"(3:13, 14).

우리는 바로 이렇게 하라고 부르심을 받은 사람들입니다. 성경을 연구하여 죄로부터 벗어나 그리스도를 더 잘 알기 위해 좇아가야 합니다.

우리의 복되신 소망

세째로, 어떤 의미에서 이 20 절의 말씀이 예수님의 재림을 가리킨다고 할 수 있습니다. 예수께서 제자들에게 이 말씀을 하실 때 재림을 염두에 두셨는지는 확실치 않습니다만 그럼에도 불구하고 그 말씀들은 그 점을 함축합니다. 사실상 히브리서에는 "잠시동안"이라는 어구를 사용해 그것을 그런 의미로 사용한 곳도 있습니다. 히브리서 10:37 은 "잠시 잠간 후면 오실 이가 오시리니 지체하지 아니하시리라"라고 말합니다.

이 시대에 마저 성령을 통해서 그리스도를 보게 됨에도 불구하고 슬퍼할 커다란 이유가 있읍니다. 왜냐하면 우리는 절망하기도 하고 개인적인 손실을 당하기도 하고 죄를 짓기도 하기 때문입니다. 그것이 우리를 하나님께로부터 멀리 떠나게 합니다. 그러나 그것은 영구한 것이 아닙니다. 예수님께서 오십니다. 잠시 잠간 후면 오실 것입니다. 그때 슬픔은 기쁨이 될 것입니다. 주 예수 그리스도께서 다시 오시는 것이 더디다고 생각하는 경향이 있읍니다ㅡ우리가 시간 속에 매여 있기 때문입니다. 그러나 "잠시 잠깐"이라는 어구가 그처럼 중요한 것이 바로 그것 때문입니다. 어떤 때는 회의주의자가 생각하는 것처럼 "만물이 처음 창조할 때와 같이 그냥 있는 것 같이"(벧후 3:4) 생각되기도 합니다. 그러나 이

"잠시 잠깐"이라는 어구는 현재의 상태는 잠시적인 것에 불과하다는 걸 말합니다. 그 기간은 짧습니다. 그 모든 기간에 끝나면 현재의 모든 슬픔들은 기쁨으로 바뀌어질 것입니다. "잠시후면"이라는 어구는 이 한 대목에서 일곱번이나 나옵니다.

여기에 명백한 하나의 진보가 있습니다. 예수 그리스도의 계시의 진보입니다. 첫째로, 부활 때에 주님의 계시가 있었읍니다. 그것은 제자들이 그 전에 전혀 알지 못했던 계시입니다. 둘째로, 이 시대 동안 예수께서 자기 백성들에게 주시는 계시입니다. 그것은 더 진전된 계시지요. 예수께서는 "내가 너희에게 실상을 말하노니 내가 떠나가는 것이 너희에게 유익이라 내가 떠나가지 아니하면 보혜사가 너희에게로 오시지 아니할 것이요 가면 내가 그를 너희에게로 보내리니"(요 16 : 7)라고 말씀하셨읍니다. 끝으로, 세상 끝날에 예수님이 영광 중에 재림하실 때 예수님의 완전한 계시가 있읍니다. 여러분은 그 진보를 보십니까? 만일 그 진보가 그러한 역사적인 의미로 적용된다면, 또한 우리 자신이 예수님과 가진 개인적인 관계와 예수님을 아는 지식에도 적용되어야 합니다. 우리는 작년보다 올해에, 올해보다 내년에 예수님을 더 잘 알아야 합니다. 바로 우리는 이것을 소원해야 합니다. 하나님의 은혜로 말미암아 우리의 성경을 연구하고 우리 주님을 아는 충만한 지식을 얻기 위해서 추구할 때 바로 그러한 일이 이루어지는 것을 보도록 합시다.

39

기도에 대한 또 다른 약속

"그 날에는 너희가 아무 것도 내게 묻지 아니하리라 내가 진실로 진
실로 너희에게 이르노니 너희가 무엇이든지 아버지께 구하는 것을 내
이름으로 주시리라 지금까지는 너희가 내 이름으로 아무 것도 구하지
아니하였으나 구하라 그리하면 받으리니 너희 기쁨이 충만하리라 이
것을 비사로 너희에게 일렀거니와 때가 이르면 다시 비사로 너희에게
이르지 않고 아버지에 대한 것을 밝히 이르리라 그 날에 너희가 내
이름으로 구할 것이요 내가 너희를 위하여 아버지께 구하겠다 하는
말이 아니니 이는 너희가 나를 사랑하고 또 나를 하나님께로서 온줄
믿은 고로 아버지께서 친히 너희를 사랑하심이니라"(요 16 : 23 - 27).

요한복음 16 장을 끝맺는 구절들은 그러므로 예수님께서 자기 제자들
에게 하신 최종적인 강화의 말씀이 되는데, 그 구절들은 요약의 형
태를 띠고 있습니다. 다시 말하면, 그 구절들은 새로운 주제를 보여 주
지 않고 오히려 약간 형식을 달리하여 이미 가르쳐졌던 것을 반복하고있
읍니다. 그렇다고 해서 이 주제들이 중요하지 않다는 말은 아닙니다. 오
히려 그 주제들이 가장 중요한 것이라는 뜻입니다. 왜냐하면 예수님께서
잡히신 후 십자가에 못박히시기 전에 하신 그 최종적인 말씀 속에서 거
듭 제시하며 강조했던 주제는 다른 주제가 아니라 바로 이 강화의 말씀
속에서 가르치셨던 것들이었기 때문입니다.

이 주제들은 무엇입니까? 그 하나는 당신 자신의 기원과 가야 할 목적
지입니다. 다시 말하면 예수님은 성육신하기 전이나, 성육신한 기간 이
후에도 충만한 신성(神性)을 갖고 계시다는 것입니다. 28－30 절에서
그 주제를 발견합니다. 두번째 주제는, 그리스도를 따르는 사람들이 가
질 수 있는 확신입니다. 제자들의 경우에서와 같이 그리스도께서 성전지
도자들에게 잡히실 때 흩어졌음에도 불구하고 그러한 평안을 가질 수 있
다는 것입니다. 이 평안은 세상을 이기신 주님의 승리에 기초한 것인데
31－33에서 논의되고 있습니다. 우리가 이제 연구하려는 대목 속에서 예
수님은 다시 한번 기도에 대하여 제자들에게 가르치십니다. 어째서 기도
가 중요합니까? 토레이는 그 질문에 대하여 "어떻게 기도할까"(How to
Pray)라는 작은 책에서 함축적이고 지혜롭게 대답했습니다. 거기에 열
한 가지 이유를 밝혔습니다. (1) 마귀를 전제하고 있으며 하나님께서 마
귀를 저항할 수 있는 방편으로 기도를 지정해 주셨기 때문임. (2) 기도는
우리가 하나님으로부터 필요로 하는 것을 얻도록 우리를 위해서 열어 놓
으신 길이기 때문임. (3) 하나님께서 우리를 위한 하나의 본으로 세워 주
신 사도들이 기도를 자기들의 생애 중 가장 중요한 임무로 생각하셨기 때
문임. (4) 기도는 우리 주님의 지상생애에 있어서 탁월한 위치를 차지하
고 있었고 매우 중요한 부분이었기 때문임. (5) 기도는 현재 우리 주님께
서 하시는 역사에 있어서 가장 중요한 부분이기 때문임. 왜냐하면 히브리
서 7장 25절에 따르면 주님은 지금도 우리를 위해서 중보의 기도를 드
리고 계심. (6) 우리가 하나님께로부터 긍휼을 얻고 때를 따라 돕는 은혜
를 얻기 위해서 하나님이 우리를 위해서 지정해 놓으신 방편이기 때문임.
(7) 기도는 하나님의 충만한 기쁨을 얻는 방편이기 때문임. (8) 감사로 기
도하는 것은 염려로부터 자유로움을 얻는 방편이고 염려 대신 지각이 뛰
어난 평강을 얻는 방편이기 때문임. (9) 기도는 하나님의 성령의 충만함
을 얻도록 지정해 놓으신 방식이기 때문임. (10) 기도를 통해서 우리는 깨
어서 그리스도가 다시 오실 것을 대비할 수 있기 때문임. (11) 하나님께서
는 기도를 사용하셔서 우리의 영적인 성장을 촉진시키시며, 우리의 일에
능력을 주시며, 다른 사람들을 인도하여 그리스도를 믿게 하는데 우리를
사용하시며, 그 기도를 통해서 다른 모든 복락들을 그리스도의 교회에 몰

아오도록 하시기 때문임.

기도는 대단히 중요합니다. 그러므로 우리가 이 그리스도의 강화가 끝나가는 이 대목 속에서 다시 한번 그 기도의 문제가 거론된다는 걸 보고 놀랄 필요가 없습니다. 또한 그것이 함축적으로 논의되는 것을 보면서 우리는 네 가지 요소를 발견합니다. (1) 기도의 본질, (2) 기도의 특권, (3) 효과적인 기도의 조건들, (4) 기도에 대한 새로운 약속 등입니다.

기도의 본질

다섯번이나 반복되는 "구하라"라는 말을 통해서 기도의 본질이 멋지게 지적되었습니다. 한번은 그것은 예수님께 어떤 것을 구하라는 걸 가리키고 있습니다. 다시 말하면 제자들이 주님께서 그들을 가르치고 계시는 동안에 하고 있었던 일을 언급하고 있습니다. 그 남은 네번의 경우는 그리스도의 이름으로 아버지께 무엇을 구하는 걸 가리킵니다. 흥미로운 요점은, 이 구하는 두 경우가 마치 평행선처럼 그려져 있다는 것입니다. 이 것은 예수님이 아버지께 기도하는 것은 제자들이 그리스도와 나눴던 대화와 본질적으로 동일한 성질을 가지고 있는 것으로 생각하고 계시다는 걸 뜻합니다.

만일 우리가 이 점을 분명히 알게 되면, 기도를 종교적인 의식이나 종교적인 실제의 신비로운 영역 속에서 끌어내야 함을 알게 될 것입니다. 그런 신비로운 종교적인 예식의 경우에는 어떤 특별한 사람들만이 나아갈 수 있는 것입니다. 그러나 기도를 그런데서 끌어 내어 보통 사람들의 일상적인 체험의 차원으로 내려 놓아야 합니다. 또한 그것은 기도가 본질적으로 우리가 하나님께 하는 대화라는 뜻입니다. 예수님께서 "내가 너희가 함께 있을 때에 너희가 내게 질문을 던졌던 것과 같은 똑같은 방식으로 내가 하늘로 떠난 후에도 하나님 아버지께 구해야 할 것이다." 이 말은 그리스도인이 주 예수 그리스도께 직접적으로 기도할 수 없다는 뜻은 아닙니다. 물론 우리가 다른 곳에서 배우듯이 기도의 정상적인 표현은 성령 안에서 예수 그리스도의 이름으로 하나님 아버지께 기도하는 것임을 암시하기는 하지만 말입니다. 다만 이 예수님의 말씀은, 기도는 매우 자연스러운 것이어야 한다는 뜻입니다. 말하는 것처럼 자연스러워야 합니다.

앞장들에서 제자들이 말할 수 밖에 없었던 것을 살펴 보면 우리가 아버지께 어떤 유의 질문들을 던질 수 있는가에 대한 감을 잡게 됩니다."주여, 어디로 가시나이까?"(13 : 36). "주여 지금은 어찌하여 따를 수 없나이까"(13 : 37). "주여 어디로 가시는지 우리가 알지 못하거늘 그 길을 어찌 알겠삽나이까"(14 : 5). "주여 우리에게 아버지를 보여 주옵소서"(14 : 8). "주여 어찌하여 자기를 우리에게는 나타내시고 세상에게는 아니하려 하시나이까"(14 : 22). "우리에게 말씀하신바 조금 있으면 나를 보지 못하겠고 조금 있으면 나를 보리라 하시며 또 내가 아버지께로 감이라 하신 것이 무슨 말씀이뇨?"(16 : 17). 이 질문들은 매우 지각 있는 질문들은 아닙니다. 많은 무지를 드러냅니다. 그러나 자연스럽고 아주 거침이 없습니다. 바로 그것입니다. 우리 자신의 기도의 율조가 어떠해야 함을 바로 그 질문들은 드러내주고 있습니다.

기도의 특권

둘째로, 이 구절들은 기도의 특권에 대해서 무엇인가를 지시하고 있읍니다. 기도의 본질에 대해서 우리가 말해왔던 것을 통해서 그 점이 드러납니다. 왜냐하면 그리스도의 요점은, 이제 당신의 죽으심과 부활의 결과로 말미암아 당신의 이름으로 나아올 자들은 아버지께 나아갈 수 있되, 지상생애기간 동안 당신의 제자들이 당신께 접근했던 방식을 특징지었던 그 자유로움과 담대함을 가지고 나아올 수 있다는 것입니다. 더 나아가서, 이 구절들에서 독특한 특권을 강조하는데 바로 그러한 개념을 가지고 강조하고 있읍니다. 왜냐하면 제자들은 그리스도께서 부활하시기 이전에 하나님 아버지께 기도하지 않았다고 생각해서는 안되기 때문입니다. 의심할 여지 없이 모리스가 지적하는대로 제자들은 자주 어떤 것들을 예수님께 직접 아뢰었던 것과 똑같은 방식으로 직접 아버지께 어떤 것들을 구했읍니다. 예수님께서 심지어 그들에게 기도의 패턴을 보여 주셨읍니다. "하늘에 계신 우리 아버지"라고 시작되는 주기도문을 말하는 것입니다. "우리에게 일용할 양식을 주옵시고 … 우리의 죄를 사해 주시오며 … 시험에 들게 하지 마옵시며"(마 6 : 9 - 13). 그러나 이러한 그리스도의 죽으심과 부활 이전에 제자들은 그리스도의 이름으로 아버지께 어떤 것을 구하지는 않았읍니다. 이제 그들은 그렇게 해야 하며, 그것을 기초로 삼아서 그리스도의 이름으로 아버지께 무엇을 구하든지 아버지께서 주시리라는 걸 알아야 합니다(23 절). 그 다음 구절은 종용하여 말하고 있읍니다. "지금까지는 너희가 내 이름으로 아무것도 구하지 아니하였으나 구하라 그리하면 받으리니 너희 기쁨이 충만하리라"(24 절).

이 구절은 기도의 특권은, 우리가 앞에서 생각했던 14 장에 있는 위대한 구절들과 똑같은 차원에 놓고 있읍니다. "너희가 내 이름으로 무엇을 구하든지 내가 시행하리니 이는 아버지로 하여금 아들을 인하여 영광을 얻으시게 하려 함이라 내 이름으로 무엇이든지 내게 구하면 내가 시행하리라"(13 , 14 절).

효과적인 기도의 조건들

이 구절의 세번째 요소는, "내 이름으로"라는 세번이나 반복되는 어구 속에 구체화된 효과적인 기도의 조건들을 강조한 것입니다(23 , 24 , 26 절). 그 내 이름으로라는 어구는 정신적으로 또 하나의 부연설명을 받는다고 할 수 있읍니다(24 절에서 "구하라"라고 한 다음에 나오는 말씀). 예수님께서는 "그 날에는 너희가 아무 것도 내게 묻지 아니하리라 내가 진실로 진실로 너희에게 이르노니 너희가 무엇이든지 아버지께 구하는 것을 내 이름으로 주시리라 지금까지는 너희가 내 이름으로 아무 것도 구하지 아니하였으나 구하라 그리하면 받으리니 너희 기쁨이 충만하리라"(23 , 24 절). 그런 다음에 다시 "그 날에 너희가 내 이름으로 구할 것이요"(26 절)라 말하고 있읍니다.

그리스도의 이름으로 아버지께 접근한다는 것은 무엇을 뜻합니까? 그것은 여러 가지를 의미하고 있는데, 요한복음 14 : 13 , 14 를 연구할 때 지적된 바 여러 가지의 경우입니다. 첫째로 그것은 **믿음으로 말미암아 예수 그리스도와 하나된 자로서** 그리스도께 나간다는 걸 뜻합니다. 다시 말하면 구원받은 사람으로서 나간다는 것입니다. 예수님의 이름에 대해서 우리가 말할 때, 단순한 인간적인 이름을 뜻하는 것은 아닙니다. 마치 "예수"라는 이름이 전부인 것처럼 우리가 말하거나, 다른 어떤 이름과 별로 다르지 않는 이름처럼 말하는 것이 아닙니다. 곧 요셉이나 윌리암이나 데이비드나 마리아나 엘리자베스등과 같은 그러한 이름과 동등한 것으로 취급하지 않는다는 말입니다. 예수의 온전한 이름은 "주 예수 그리스도"입니다. 이 말은 "여호와, 구주, 하나님의 기름부음 받은 자"라는 뜻입니다. 영어에서 "Lord"(주)라고 번역된 말은 구역성경에서 하나님을 지칭하는 "여호와"라는 히브리어나, 하나님을 가리켜 말하는 "아도나이"라는 히브리어의 영어 번역어입니다. 그러니 "주 예수 그리스도"라고 말하는 것은 전적으로 신적이고 성육신하신 하나님을 가리켜 말하는 것입니다. 초대 그리스도인들이 가이사가 주라는 것을 인정하지 않았다는 걸 기억하면 이 칭호의 의미에 대한 어떤 인상을 받게 될 것입니다 (가이사가 주라는 말은 헬라어로 "큐리어스 가이사"임). 그렇게 가이사더러 주라고 하는 것은 그리스도에게만 속해 있는 신성을 그 황제에게 부여한 것을 뜻하기 때문에 그들은 반대했읍니다.

"예수"라는 다음 부분은 히브리 말의 "여호수아"(여호와는 구원이시라)라는 말을 헬라어로 옮긴 것입니다. 예수님께서 태어나시기 전에 요셉에게서 그리스도의 이름을 천사가 먼저 알려 주면서 "아들을 낳으리니 이름을 예수라 하라 이는 그가 자기 백성을 저희 죄에서 구원할 자이심이라"(1 : 21)라고 말하였읍니다.

끝으로 그 이름의 마지막 부분인 "그리스도"라는 말은 히브리어의 "마시아흐"("메시야")라는 것과 같은데 그 말은 둘 다 문자 그대로 번역하면 구속의 역사를 수행하도록 하나님께 "기름부음을 받은 자"를 가리킵니다.

우리는 이 이름들을 다 함께 모아보면 주 예수 그리스도의 이름으로 아버지께 나아가는 것은 다음과 같은 것을 믿으면서 하나님께 나아간다는 것을 뜻하는 것입니다. (1) 예수님은 진실로 하나님의 독생하신 신적 아들이시다. (2) 그는 죽으심과, 부활을 통해서 사람들을 온전히 구원하시는 그 일을 이루셨다. 그분은 바로 하나님께 그러한 일을 하도록 기름부음을 받은 것이다. 이것이 바로 그리스도인이 된다는 것을 가장 요약적으로 정의한 것입니다. 또는 기도는 그리스도인들만을 위한 것이라고 하는 것이나 같은 소리지요. 그것은 가족들에게만 부여되는 특권입니다.

하나님께서 그의 독생하신 사랑하는 아들의 인격과 사역을 믿지 않는다면, 그 다른 어떤 방식으로 아버지께 나오는 어느 누구의 기도든지 다 들어주신다고 약속한 적이 없으십니다.

둘째로, 주 예수 그리스도의 이름으로 기도한다는 것은 우리 자신에게 어떤 공로를 힘입고 기도한다는 것이 아니라 그의 공로를 힘입고 기도한다는 것을 뜻하는 것입니다. 통상적으로 공로의 문제나, 공로의 부족의 문제는 의롭다 함을 받는 일과 연관되어 거론됩니다. 참 옳은 일이지요. 왜냐하면 우리가 우리 자신 편에서 있을 수 있는 공로에 대한 모든 소망을 다 버리고 그대신 그리스도의 완전한 공로를 기초하여 하나님께 나올 때만이 구원을 받기 때문입니다. 우리가 그렇게 할 때 하나님께서 우리의 죄를 용서하시고 대신 그리스도의 완전한 의를 우리의 것으로 여겨주십니다. 그러나 구원은 받았으면서도 자기 자신의 행한 어떤 일에 대한 상급으로 자기 기도를 하나님께서 들어주셔야 한다고 생각하면서 하나님께 나아가는 사람의 기도에 대해서도 그 공로문제를 이야기할 수가 있습니다. 많은 사람들이 그렇게 하지요. 그러나 그것은 잘못된 것이고 전적으로 효과가 없는 기도가 되어 버립니다. 예수님의 이름으로 기도한다는 것은 예수님의 공로만을 힘입고 기도한다는 걸 뜻하는 것입니다. 이와 관련해서 은행에 맡긴 돈을 찾는 것을 생각하면 아주 좋은 예화가 될 것입니다. 왜냐하면 그 일은 어느 사람의 이름을 수반해야 하기 때문입니다. 만일 제가 서명을 하였고 은행에서 그 얼마간의 돈을 지급받기 원하여 통장을 가지고 은행에 가면 저는 제 이름으로 구하고 있는 것이지요. 만일 제가 원하는 돈의 액수를 능히 감당할 수 있는 잔액이 있다면 청구한 것을 돈으로 되돌려받을 수 있습니다. 만일 그러한 충분한 잔액이 없거나 거기 예입한 것이 없다면 현금 결재를 받지 못할 것입니다. 반면에 내가 다른 사람의 이름으로 서명하여 청구서를 냈고, 그 사람이 그 예입란에 대단히 많은 액수를 가지고 있다면, 내가 내 통장에 잔액이 있느냐 없느냐는 문제가 되지 않습니다. 그 사람의 이름과 그 사람의 예입 금액 때문에 그 청구서는 효력이 있습니다.

그리스도의 공로를 힘입고 하나님께 나온다는 것은 바로 그러한 것을 뜻하는 것입니다. 제가 앞에서 인용한 책에서 토레이는 이 예화를 사용

하면서 이렇게 결론짓습니다. "그러니 내가 하늘 은행에 가서 기도로
하나님께 나아갈 때도 그러해야 한다. 나는 거기에 맡겨 놓은 금액이 하
나도 없다. 나는 이미 거기에 절대적으로 아무 신용이 없다. 만일 내 이
름으로 간다면 절대적으로 나는 아무 것도 얻지 못할 것이다. 그러나 나
의 주 예수 그리스도는 하늘에 무한한 신용을 갖고 계시다. 그는 내 통장
에 당신의 이름으로 은행에 가서 청구할 권한을 내게 허락하여 주셨다.
내가 그런 식으로 하면 내 기도는 아무리 큰 것이라도 존귀함을 받을 것
이다.

"그러니 그리스도의 이름으로 기도한다는 것은 내 자신의 신용을 근거
해서 기도하지 않고 주님의 신용을 근거로 해서 기도한다는 것을 뜻한 것
이다. 내가 하나님께 어떠한 것을 요구할 권한이 있다는 그러한 생각을
다 집어던지고 오직 그리스도의 권한에 기초해서 그에게 나아가는 것을
의미하는 것이다." 만일 우리가 그렇게 한다면 기도로 하나님께 나아갈
때 우리가 주일학교에서 봉사했거나 매일 성경을 읽었거나 교회당에서
봉사하였거나, 아니면 어떤 구제부에서 일을 했거나, 아니면 선교분야에
서 일을 했다 할지라도 그것을 공로로 삼아 우리 요구를 하나님께서 들
어주셔야 한다는 식으로 생각하지는 않을 것입니다. 오히려 우리는 그러
한 봉사는 하나님께 어떠한 권리를 요구할 아무런 자격이 없다는 것을
인식하게 될 것입니다. 그러므로 이러한 것들이 어떻게 공로가 될 수가
없을까 하는 그러한 생각을 다 집어 던지고 우리는 다만 예수님께서 우
리에게 주신 그 특권에 기초해서만 하나님께 호소하게 될 것입니다. 진지
한 그리스도인들이 드리는 많은 현대 기도가 심지어 쓸모없고 효과가 없
는 이유가 있습니다. 그 사람들은 하나님께 나아가면서 하나님은 자기들
이 하나님을 위해서 행한 어떤 것 때문에 자기들의 요구를 마땅히 들어
주어야 한다는 식으로 생각하고 있습니다.

그리스도의 이름으로 기도한다는 의미가 또 하나 있습니다. 그것은 그
리스도의 성품과 그리스도의 목적에 부합하게 기도한다는 것을 뜻하는
것입니다. 다시 말하면 그리스도께서 동일한 처지에 나와 함께 하실 것
이라는 생각을 가지고 기도하는 것을 뜻하는 것입니다. 그것은 그리스도
의 뜻과 부합하게 기도하는 것을 뜻합니다. 스테드만을 이 점에 대해서

이렇게 쓰고 있읍니다. "어떤 사람의 이름으로 구한다 하면 마치 당신이 그 사람인 것처럼 구한다는 것을 뜻하는 것이다. 이것은, 예수께서 원하는 것을 구하고, 예수님께서 추구하는 것을 구하는 것을 뜻하는 것이지 우리 자신의 소원을 뜻하는 것은 아니다."

그리스도께서 바라는 것을 진정으로 우리가 알 수 있읍니까? 그의 뜻을 알 수 있읍니까? 알 수 있지요. 먼저 하나님의 말씀을 통해서 알 수 있고 둘째로는 말씀을 우리에게 해석해 주시고 우리의 간구를 바르게 인도해 주시는 성령의 사역을 통해서 알 수 있읍니다.

만일 우리가 하나님의 뜻을 알려면 성경을 알고 연구하는 것의 중요성을 아무리 강조해도 지나칠 수 없읍니다. 그 어느 것도 그보다 더 중요한 것이 있을 수 없고 그것을 대치할만한 다른 것이 있을 수 없읍니다. 정말 때를 따라 자주자주 하나님께서는 특이한 방식으로 우리에게 당신의 뜻을 계시하십니다. 마치 불타는 가시덤불 속에서 모세에게 행하셨던 것이나, 양털에 이슬이 촉촉하게 젖게 하는 방법을 통해서 기드온에게 보여 주셨거나, 아니면 선지자의 목소리를 통해서 다윗에게 당신의 뜻을 보여 주신 것 같이 하는 경우들이 있다는 것입니다. 그러나 이러한 것들은 통상적인 방식이 아닙니다. 하나님의 뜻을 아는 정상적인 방식은 하나님께서 당신의 의도와 성품을 성경에서 어떻게 계시했느냐를 아는 것입니다. 또 거기 성경에 기록된 것을 가지고 그 의미를 깨닫게 해 주시고 지금 현재 우리에게 그것이 어떠한 의미를 가지는지 마음과 양심에 깨우쳐 주시는 성령의 역사로 아는 것입니다. 바울은 로마서 8 : 26, 27 에서 하나님의 뜻대로 기도하게 하시는 성령의 역사 중 우리의 양심과 마음에 그 하나님의 뜻을 이해하도록 적용시켜 주시는 일을 이렇게 말하고 있읍니다. "이와 같이 성령도 우리 연약함을 도우시나니 우리가 마땅히 빌바를 알지 못하나 오직 성령이 말할 수 없는 탄식으로 우리를 위하여 친히 간구하시느니라 마음을 감찰하시는 이가 성령의 생각을 아시나니 이는 성령이 하나님의 뜻대로 성도를 위하여 간구하심이니라."

하나님의 뜻을 모를 때가 많이 있읍니다. 이럴 때 우리는 성령께서 우리의 기도를 바르게 인도하여 주십사고 간절히 기도해야 합니다. 그러나 그 하나님의 뜻이 성경의 계시된 한에서 우리가 하나님의 뜻을 알게 되

었을 때는, 확신있게 주 예수 그리스도의 이름으로 기도해야 하며, 우리
가 하나님께 고한 그 간구들을 받을 것임을 알아야 합니다.

기도에 대한 또 하나의 새로운 약속

이 대목의 네번째 중 마지막 요소는 기도에 관해 제시된 새로운 약속
입니다. 그것은 두 부분으로 나뉘어져 있습니다. 첫째는 하나님께서 당
신에게 구하는 자들에게 영적인 총명을 주실 것이라는 약속입니다. 25 절
의 요점이 바로 그것입니다. 언뜻 보면 그 25 절은 그 대목의 주요 사상
을 어지럽히는 것처럼 보입니다. 25 절에서 예수님께서는 "이것을 비사
로 너희에게 일렀거니와 때가 이르면 다시 비사로 너희에게 이르지 않고
아버지에 대한 것을 밝히 이르리라"고 말씀하십니다. 우리는 그 구절을
읽고, 갑자기 그 강화의 주제가 방해를 받았다는 느낌을 갖습니다. 첫째,
예수님께서 기도에 대해서 말씀해 오셨는데 이제는 당신의 가르침의 본
질에 대해서 말씀하고 계시기 때문입니다. 그러나 그것은 변화를 뜻하는
것은 아닙니다. 오히려 예수님께서 말씀하시면서 제자들은 당신의 가르
침을 진정으로 이해하지 못하고 있으며, 당신이 말씀하신 것 중 많은 것
들이 그들에게 "어두운 말"(잘 모르는 말)임을 인식하고 계셨던 것입니
다. 예수님께서는, "그러한 일이 영구히 계속되지는 않을 것이다. 왜냐하
면 너희가 기도로 구할 수 있는 여러 가지 것 중 하나는 총명이기 때문
이다. 만일 너희가 구하면 너희는 그것을 받으리라"고 말씀하시고 계시
기 때문입니다. 우리가 총명이 부족합니까? 성경이 때로 우리에게 닫혀
진 것처럼 보입니까? 그리스도의 어떤 말씀이나 어떤 교리가 "어려워"
보입니까? 그렇다면 이 위대한 약속, 구하면 우리가 총명을 얻을 것이
라는 약속을 우리는 받고 있읍니다. 예수님께서는 말씀하시기를, 내가
"아버지에 대한 것을 밝히" 보여 주실 것이라고 말씀하셨읍니다.

그런 다음에 이 대목의 약속은 기쁨에 대한 것입니다. 왜냐하면 예수님
께서는 "구하라 그리하면 받으리니 너희 기쁨이 충만하리라"(24 절). 어
떻게 그 기도가 기쁨을 촉진시킵니까? 우리가 구한 것을 얻을 때 우리
는 자연히 만족스럽게 되고 우리를 향하신 하나님의 위대한 호의를 의식
하게 되기 때문입니다. 그러나 그것은 이야기의 한 부분에 지나지 않습

니다. 또 다른 부분이 있읍니다. 기도는 하나님 당신으로 하여금 구체적인 분이 되게 하시되, 우리가 기도하고 우리가 구한 것을 받음에 따라 하나님은 사실상 거기서 은사를 나누어 주시고 개인적인 차원에서 우리와 만나고 계신 그러한 것으로 되기 때문입니다.

얼마 되지 않았읍니다마는 한 죽어가는 여인에게 말하면서 그 점을 체험했읍니다. 그녀는 암을 앓고 있었고, 그녀가 얼마 살지 못할 것이라는 것을 알게 되었을 바로 그때 저는 그녀와 얘기를 나누었읍니다. 우리는 서로 그리스도와 천국과, 고난을 주시는 하나님의 의도에 대해서 얘기했읍니다. 그러고 난 다음에 함께 기도했읍니다. 저는 정말 특별하게 간절히 기도했읍니다. 그러나 그녀는 더 잘 기도했읍니다. 그녀는 기도하면서 바로 이 여러 날 동안 하나님께서 특별하게 자기와 함께 계시다는 것을 생생하게 느끼도록 해 주신데 대해서 고맙고 감사했읍니다. 그러면서 여러 가지 예를 들어서 말했읍니다. 그러면서 하나님 안에 있는 그녀의 기쁨을 표현했읍니다. 그녀가 기도할 때, 하나님께서 그녀와 정말 함께 계시며, 그녀가 하나님을 즐거워하되 암에 대한 자기의 염려를 온전히 압도할 정도로 기뻐하고 있다는 것이 분명하게 나타나 보였읍니다.

예수님의 이름으로 하나님 앞에 서서 하나님께 구한 것을 받는다고 하는 것은 큰 기쁨입니다. 여러분도 그러한 기쁨을 가지고 있읍니까? 그렇지 않다면 특별히 하나님의 임재 속에 들어가 기도하는 법을 배우기 위해서 시간을 가져야 합니다. 도움이 필요하면 하나님께서 도우실 것입니다. 예수님께서 언급하신대로 (27절) 하나님께서 여러분을 사랑하시고 또 여러분이 하나님 자신을 알기를 원하시기 때문에 여러분을 도우실 것입니다.

40

위대한 기원과 위대한 목적지

"내가 아버지께로 나와서 세상에 왔고 다시 세상을 떠나 아버지께로
가노라 하시니 제자들이 말하되 지금은 밝히 말씀하시고 아무 비사도
하지 아니하시니 우리가 지금에야 주께서 모든 것을 아시고 또 사람
의 물음을 기다리시지 않는 줄 아나이다 이로써 하나님께로서 나오심
을 우리가 믿삽나이다"(요 16 : 28 - 30).

얼마 전에 카나다의 토론토시에서 저는 어떤 젊은 사람과 함께 신학
에 있어서 여러 가지 오류에 대해서 대화를 나눈 적이 있습니다. 흔
히 거의 모든 이단은 성경 진리의 한 부분을 너무 강조한 나머지 성경진
리의 다른 부분들을 훼손시켜서 나오는 것이라고 지적했읍니다. 그 결과
어떤 성경 진리가 완전히 왜곡되어 버린다는 말씀입니다. 그는 "그것이
삼위일체 교리에도 통합니다"라고 말했읍니다. 저도 그 말에 동조했읍니
다. 왜냐하면 바로 이 시점에서 하나님의 단일성을 강조하다가 위격의 복
합성을 무시해 버리고, 또는 위격의 복합성을 강조하다가 단일성을 훼손
시켜 버리는 오류가 있기 때문입니다. 그 처음 경우에 해당하는 이단은
유니테리안주의(일신론자)입니다. 두번째 이단은 아리우스주의나 다신론
(多神論)입니다. 우리의 대화가 계속 진전돼 나감에 따라서 그리스도의
인격의 교리에도 그 점이 해당된다고 지적했읍니다. 어떤 사람들은 그리

스도의 신성을 너무 강조합니다. 어떤 사람들은 또 인성을 너무 강조합니다. 그리스도는 한 인격을 가지신 하나님이시며 사람이라고 말하는 것이 옳습니다.

신학자들은 난제에 대해서 생각하면서 위대한 기독교 교리를 바르게하고 균형을 잡아야 하는 것입니다. 성경에서 난제가 결코 드러나 보이지 않는다는 것을 발견하는 것은 언제나 놀랍고 기이한 일입니다. 교리들이 그 성경에 있습니다. 하나님께서 셋이면서 하나이십니다. 그리스도는 하나님이시면서 사람이십니다. 그러나 이러한 진리들이 어떤 정련되거나 고도화된 전문적인 형태로 진술된 적이 없습니다. 오히려 그러한 진리들은 어떤 다른 진리만큼 쉽게 책의 교리적이거나 해석적인 대목들로부터 흘러나오는 것 같습니다.

우리는 우리가 다루는 요한복음의 대목에서 이에 대한 실례를 발견하게 됩니다. 16 장을 끝마금하는 마지막 강화의 끝에서 그것이 나타나 있습니다. 물론 주님께서 말씀하고 계십니다. "내가 아버지께로 나와서 세상에 왔고 다시 세상을 떠나 아버지께로 가노라"(28 절). 예수님의 참된 본성과, 그가 하늘로부터 오셨고 하늘로 돌아가신다는 것에 대한 이 진술은 심오합니다. 그러나 동시에 너무나 단순한 나머지 제자들은 예수님의 말씀을 들으면서 "말하되 지금은 밝히 말씀하시고 아무 비사도 하지 아니하시니 우리가 지금에야 주께서 모든 것을 아시고 또 사람의 물음을 기다리시지 않는 줄 아나이다 이로써 하나님께로서 나오심을 우리가 믿삽나이다"(29 , 30 절) 라고 소리치지 않으면 안되었던 것입니다. 의심할 여지 없이 제자들은 그리스도께서 말씀하고 계시던 모든 것을 이해한 것은 아니지만, 예수님께서는 자기들의 질문을 던지기 전에 그들이 가진 의문을 아셨고 그 의문들에 대해서 간단히 대답하실 수 있다는 것을 알고 대단히 깊은 인상을 받게 되었습니다. 우리도 그리스도의 진술 속에 포함된 모든 것을 알기 시작할 때 그러한 인상을 받아야 합니다.

28 절에는 네 부분이 있는 것을 발견합니다. 첫째로, 예수님께서 하늘로부터 오셨다는 교리입니다. 그것은 그리스도의 선재성과 그의 충만한 신성을 함축합니다. 둘째로 성육신의 교리입니다. 자원하여 육신을 취하셨다는 교리입니다. 세째로 그가 자원하여 하나님께로 돌아가시되, 십자

가에 못박혀 죽으시고 장사지낸 다음, 부활하셔서 승천하시는 일을 통해서 그렇게 하신다는 것입니다. 네째로, 그가 아버지께로 돌아가실 것에 대한 문제를 다루는 부분입니다. 각각 다 중요합니다. 그것은 그리스도의 인격을 바로 이해하기 위해서 뿐만 아니라 그 진리들이 우리 각자에게 가지는 관계 때문입니다.

하늘로서 오신 그리스도

그리스도께서 진술하시는 말씀의 첫번째 부분은 하늘로부터 오심을 다루고 있읍니다. 왜냐하면 "내가 아버지께로부터 왔다"라고 말씀하시기 때문입니다. 정말 흥미롭게도, 이것은 제자들이 이해했던 것 중 중요한 부분입니다. 왜냐하면 그들의 반응은 "이로써 하나님께로서 나오심을 우리가 믿삽나이다"(30 절)이었기 때문입니다.

그러면 이 말이 무슨 뜻입니까? 그들이 그리스도께서 말씀하시는 것을 들으면서 어떻게 이해했읍니까? 그들은 의심할 여지 없이 예수님께서 메시야라고 자신을 소개하고 계시다는 걸 이해했읍니다 – 최소한 이 점만은 말입니다 – 왜냐하면 메시야가 세상에 오심에 대해서 말하는 통상적인 방법이 그것이기 때문입니다. 니고데모가 예수님을 만나서 "랍비여, 우리가 당신은 하나님께로서 오신 선생인 줄 아나이다 하나님이 함께 하시지 아니하시면 당신이 행하신 이 표적을 아무라도 할 수 없음이니이다"(3 : 2). 갈릴리에서 오병이어의 기적을 목격한 사람들은 소리쳤읍니다. "이는 참으로 세상에 오실 그 선지자라"(요 6 : 14). 그 문장의 진술을 통해서 그들이 메시야에 대해서 말하고 있다는 것은, 그들이 그 다음에 그를 왕으로 삼고자 했다는 사실을 통해서 입증됩니다. 우리는 바로 그 다음 구절인 요한복음 6 : 15에서 그 사실을 읽게 됩니다. 그와 유사하게 말하자면 "주는 그리스도시요 세상에 오시는 하나님의 아들이신줄 내가 믿나이다"(요 11 : 27)라고 고백했읍니다. 최소한 이 문장은, 예수님께서 하나님이 기름부으신 자이시며, 구속의 일을 하라고 하나님께 보내심받아 세상에 오신 분이라는 걸 시사합니다. 그러나 그것은 그 이상의 의미를 가지고 있읍니다. 마르다가 "하나님의 아들"이란 말을 덧붙인 거와 같이 말입니다. 왜냐하면 예수님은 하나님의 특별한 종에 지나지 않는 분이 아니라, 영원 전부터 하나님과 함께 함께 계셨고, 친히 하나님이 되신다는 것을 가리키기 때문입니다. 제자들이 이 점을 전적으로 이해했는지 저는 잘 모르겠습니다. 그러나 다른 병행진술들이 보여 주듯이 그리스도의 가르침은 그 점을 분명히 드러내 주고 있습니다.

예를 들어서, 예수님께서 한번은 유대인들에게 성육신하시기 전에도 하늘에 계셨다는 것을 말씀하신 적이 있습니다. "아브라함이 나기 전부터 내가 있느니라"(요 8 : 58). 그의 말씀을 듣는 사람들은 그것이 하나님을 모독하는 참람한 말이라고 생각했습니다. 그래서 그들은 즉각 예수님을 돌로 쳐 죽이려 했던 것입니다. 어떤 때에 예수님께서는 "너희가 나를 선생이라 또는 주라 하니 너희 말이 옳도다 내가 그러하도다"(요 3 : 13)라고 말씀하셨습니다. 그리고 "그러면 너희가 인자의 이전 있던 곳으로 올라가는 것을 볼 것 같으면 어찌하려느냐?"(요 6 : 62). "내가 하늘로서 내려온 것은 내 뜻을 행하려 함이 아니요"(요 6 : 38). 이러한 진술보다도 더 큰 인상을 주는 것은 17 장에 나오는 위대한 역설입니다. "아버지께서 내게 하라고 주신 일을 내가 이루어 아버지를 이 세상에서 영화롭게 하였사오니 아버지여 창세 전에 내가 아버지와 함께 가졌던 영화로써 지금도 아버지와 함께 나를 영화롭게 하옵소서"(4, 5 절).

여기에는 예수님께서 선재하셨으며 하나님이시라는 주장이 나와 있는 것입니다. 그러한 주장은 그리스도의 공적인 가르침과 제자들만을 모아놓고 가르친 사적인 가르침을 통해서 너무 자주 나타나기 때문에, 예수님에 대한 그 점을 우리가 알지 못하면 사실상 아무 것도 알지 못하는 것이라고 말해도 과언이 아닐 것입니다. 예수님께서 자신이 하나님이시며, 하나님께로부터 왔다고 말씀하셨습니다. 그것이 사실인가요? 그것이 거짓되어 마귀적인 가르침인가요? 알렉산더 맥클라렌은 한 세대 전의 사람인데 그 점을 분명하게 지적하면서 다음과 같이 표현했습니다. "종교적 교사들 가운데 가장 온유하고 가장 겸손하고 가장 지혜롭고 가장 현철한 분이 의도적으로 이 점을 거듭거듭 강조하셨다. 그것은 절대적으로 진리로서 그를 하나님의 차원으로 끌어 올렸다. 그렇지 않으면 그것은 가장 온유하거나 가장 겸비하거나 지혜롭거나 현철한 체하는 그의 위선에 치명적인 상처를 주었을 것이다. 아니면 우리가 귀를 기울여 들을만한 한 종교적인 선생인체하는 그의 위선에 치명적인 것이 될 것이다."

예수님이 자신의 하나님이라는 주장은 간단하면서도 엄청난 것입니다. 그러한 진술의 진술성이나 거짓성을 스스로 판명해 보지 않고는 그리스도에 대한 정직한 평가가 있을 수 없습니다.

성육신(成肉身)

28절의 두번째 부분은 성육신으로 알려진 진리를 표현하는 것입니다. 왜냐하면 예수님께서 "세상에 왔고"라고 말씀하시기 때문입니다. 이 문장에 있어서 흥미로운 여러 국면이 있습니다. 첫째로 거기에 쓰여진 동사("왔고"라는 동사)는 완료시제인데, 그것은 "나와서"라는 앞에 있는 동사형, 곧 부정과거형과 대조를 이루는 용법입니다. 부정과거시제는 한번 일어나서 영원토록 변치 아니하는 것을 나타내는 용법입니다. 그러기 때문에 그리스도께서 아버지를 떠나 오셨던 것을 표현하는 동사가 그 형태입니다. 여기에 사용된 완료시제는 일단 한번 있었던 일이지만 그 결과가 계속되는 것을 나타내는 말입니다. 이 경우에 있어서 성육신을 가리킵니다. 그리스도께서는 어떤 과거의 사람이 되셨을 뿐만 아니라 그는 계속 사람이시고, 영원토록 인성을 취하고 계십니다.

이 문장에 있어서 두번째로 흥미로운 요점은, 예수님께서 "보내심을 받았다"는 것보다 "오셨다"는 사실에 대해서 말씀하고 계셨다는 점입니다. 그리스도께서 보내심을 받았다는 것도 사실입니다. 다른 곳에서 그는 "하나님이여 보시옵소서 두루마리 책에 나를 가리켜 기록한 것과 같이 하나님의 뜻을 행하러 왔나이다"(히 10 : 7)라고 말씀합니다. 또 주님은 "나를 보내신 아버지"(요 12 : 49)라고 말씀하십니다. 그러나 이것은 예수님이 여기서 강조하고자 하는 요점이 아닙니다. 그분의 강조점은 그의 성육신의 자발성입니다. 다른 말로 하면, 그는 태어날 필요가 없었습니다. 그는 그가 원했기 때문에 태어난 것입니다. 이것도 독특합니다. 왜냐하면 어느 누구도 그렇게 말할 수 있는 사람은 없기 때문입니다.

그러나 이는 더 큰 의문을 불러일으킵니다. 우리는 즉각적으로 왜 그가 그렇게 하셨는지 묻고 싶어집니다. 왜 하나님이 인간이 되셨는가? 거기에는 두 가지 중요한 대답이 있습니다. 첫째, 그는 우리의 구세주가 되시기 위해서, 우리의 자리에서 우리 죄의 대가를 치르셔서 우리가 형벌과 죄의 능력으로부터 구원받도록 하시기 위해서 인간이 되셨읍니다. 이것이 앞서 인용한 히브리서 10 : 7 의 요점입니다. 그러나 그 구절을 말하기 전에 앞에 나온 다른 구절들이 있는데 그 다른 구절들은 그리스도의 희생이 구약시대의 유대인의 희생제사 제도 속에서 죽었던 동물들의 효력 없는 제사를 끝마친 방식에 대해서 말합니다. "이는 황소와 염소의 피가 능히 죄를 없이 하지 못함이라 그러므로 세상에 임하실 때에 가라사대 하나님이 제사와 예물을 원치 아니하시고 오직 나를 위하여 한 몸을 예비하셨도다 전체로 번제함과 속죄제는 기뻐하지 아니하시나니"(4 -6 절). 더구나 제가 인용한 구절 다음에 다음과 같은 대목이 계속됩니다. "그 후에 말씀하시기를 보시옵소서 내가 하나님의 뜻을 행하러 왔나이다 하셨으니 그 첫 것을 폐하심은 둘째 것을 세우려 하심이라 이 뜻을 좇아 예수 그리스도의 몸을 단번에 드리심으로 말미암아 우리가 거룩함을 얻었노라"(9 , 10 절).

여러분은 그리스도 예수께서 사람이 되시는 것이 어째서 그처럼 필연적이었는가를 아십니까? 그가 우리 대신 죽으시기 위해서 그렇게 하셨던 것입니다. 그래서 우리 죄 때문에 형벌을 받으신 것입니다. 한번은 도날드 그레이 반하우스 박사가 속죄에 대해서 어떤 학생들과 이야기를 나눈 적이 있었는데, 그는 그때 법규 위반 운전을 한 것으로 고소당한 자기 아들을 앞에 놓고 재판을 하는 한 재판장의 예를 들었읍니다. 그 아들의 범죄 사실은 분명히 증거가 되었읍니다. 그 재판장은 법이 정하는대로의 벌금을 그 젊은 사람에게 부과하였읍니다. 그 이음 그 재판장은 공판을 끝내고, 그 판사석에서 내려와 그 아들의 벌금을 물어 주었읍니다. 그것을 듣고 있던 한 소녀가 매우 완강하게 반론을 제기했읍니다. "그러나 하나님께서는 그 재판석에서 내려올 수 없잖아요 !"

반하우스는 대답했읍니다. "아, 자네는 성육신에 대해서 내가 가질 수 있는 가장 좋은 예화를 말해 주었군. 왜냐하면 주 예수 그리스도는 다름 아닌 하나님이셔. 그분은 그 재판석에서 내려와서 우리에게 당신께서 부과한 벌금을 지불하셨던거야."

"성육신의 이유"에 대해서도 가지는 우리의 의문에 답하면서, 하나님의 아들이 사람이 되셨던 두번째 이유가 있다고 말해야 합니다. 이 본문의 말씀이 요한복음의 다른 곳에서 어떻게 쓰여졌는지를 유심히 주의 깊게 연구해보면, 요한이 가장 강조하는 것이 바로 이 두번째 대답임을 인정해야 합니다. 예수께서 세상에 하나님을 나타내시려고 오셨다는 점입니다.

예수님께서 당신이 세상에 "온 것"이나 하나님께 "보내져" 세상에 오셨던 것에 대해서 말씀하시는 여러 경우들을 시험해 보면 그 점을 간단하게 알 수 있습니다. 요한복음을 그냥 죽 훑어내려 읽어간다 할지라도 그러한 문장을 쉽게 발견할 수 있을 정도로 여러 군데 널려 있습니다. "진실로 진실로 네게 이르노니 우리 아는 것을 말하고 본 것을 증거하노라 그러나 너희가 우리 증거를 받지 아니하는도다"(3 : 11). "위로부터 오시는 이는 만물 위에 계시고 땅에서 난 이는 땅에 속하여 땅에 속한 것을 말하느니라 하늘로서 오시는 이는 만물 위에 계시나니 그가 그 보고 들은 것을 증거하되 그의 증거를 받는 이가 없도다 그의 증거를 받는 이는 하나님을 참되시다 하여 인쳤느니라 하나님의 보내신 이는 하나님의 말씀을 하나니 이는 하나님이 성령을 한량 없이 주심이니라"(3 : 31 - 34). "내 교훈은 내 것이 아니요 나를 보내신 이의 것이니라"(7 : 16). "나는 내 아버지에게서 본 것을 말하고 너는 너희 아비에게서 들은 것을 행하느니라"(8 : 38). "지금 하나님께 들은 진리를 말한 사람인 나를 죽이려 하는도다"(8 : 40). "내가 내 자의로 말하는 것이 아니요 나를 보내신 아버지께서 나의 말할 것과 이를 것을 친히 명령하여 주셨으니… 나의 이르는 것은(무엇이든지) 내 아버지께서 내게 말씀하신 그대로 이르노라 하시니라"(12 : 49, 50). "나를 사랑하지 아니하는 자는 내 말을 지키지 아니하노니 너희의 듣는 말은 내 말이 아니요 나를 보내신 아버지의 말씀이니라"(14 : 24). 요한복음의 위대한 기도에서 예수님께서는 아버지를 부르면서 직접 이렇게 말하고 있읍니다. "나는 아버지께서 내게 주신 말씀들을 저희에게 주었사오며"(8 절). 그리고 "내가 아버지의 말씀을 저희에게 주었사오매"(14 절).

요점인즉, 예수님께서 하나님으로부터 직접 정보를 받으셨다는 것이며, 그러므로 예수님께서 영적인 것들에 대해서 말씀하실 때 그 예수님의 말씀을 믿고 신뢰해야 한다는 것입니다.

만일 미국 대통령에 관한 신뢰할만한 정보를 원한다면, 그것을 얻는 가장 좋은 길은 직접 그 대통령과 함께 살고 있는 가족을 만나보는 일입니다. 신문기자도 대통령에 대해서 중요한 것을 알 수도 있읍니다. 그러나 친밀한 것들에 대해서는 알지 못할 것입니다. 자기가 안다고 생각하는 것에도 오류가 있을 수 있읍니다. 가족은 아주 정확한 지식을 갖고 있을 것입니다. 같은 방식으로 예수님을 보면 하나님 아버지가 어떠한 분인가를 알게 됩니다. 그리고 그가 죄에 대해서 얼마나 가득한 진노를 갖고계신지도 알게 됩니다. 그러나 그가 죄인들을 향해서 얼마나 충만한 사랑을 갖고 계시고, 우리를 죄로부터 구원하시기 위해서 한 길을 예비하셨다는 것도 배우게 됩니다.

자원하여 떠나심

28 절의 세번째 부분은, 그리스도께서 자원하여 이 세상을 떠나는 것을 다룹니다. 왜냐하면 예수님께서는 "다시 세상을 떠나"라고 말씀하시기 때문입니다. 이 점은 예수 그리스도의 십자가에 못박힘의 성질에 대해 큰 빛을 던져 주고 있읍니다. 왜냐하면 우리가 그 말을 진지하게 숙고해 본다면, 십자가에 못박힘은 예수님의 뜻과는 배치되게 억지로 부여된 것이 아니라는 것을 뜻하기 때문입니다(우리가 만일 예수님의 위치에 있었다면 아마 그런 경우였을 것임). 예수님의 전체 사역은 바로 그 십자가에 못박혀 죽으시는 것을 향하여 있었고, 예수님께서는 그걸 기쁨으로 받아들이셨읍니다. "아버지께서 나를 사랑하시는 것은 내가 다시 목숨을 얻기 위하여 목숨을 버림이라 이를 내게서 빼앗는 자가 있는 것이 아니라 내가 스스로 버리노라 나는 버릴 권세도 있고 다시 얻을 권세도 있으니 이 계명은 내 아버지께서 받았노라 하시니라"(요 10 : 17 , 18).

그리스도께서 이 땅에 오셔서 아버지를 나타내시고 십자가에 못박혀 죽으심으로써 세상을 떠나 장사지낸 바 되고 부활하셔서 승천하신 그 모든 건 자원하는 성질을 가졌다는 점에서 하나입니다. 그리스도께서 반드시 세상에 올 필요가 없으셨읍니다. 또한 죽으실 필요도 없었읍니다. 그러나 그는 세상에 오셨고 죽으셨읍니다. 세상에 오셔서 죽으신 그 이유는,

그가 우리를 사랑하사 우리를 죄의 어떤 결과에서 구원하시고 싶으셨기 때문입니다.

오늘날 우리는 사랑에 대해서 많은 것을 듣습니다. 하나님을 사랑이라고 말하고 있습니다. 그러나 그리스도의 십자가, 자원하여 우리를 위해서 죽으신 그 십자가를 통해서만 하나님께서 진정으로 사랑이심을 배우게 됩니다. 사랑이 십자가에서 나타났습니다. 이 때문에 한 문맥이나, 아니면 한 구절 속에서 그리스도의 자원하는 희생의 죽음에 대해서 말하지 않고 하나님의 사랑을 언급하는 성경 구절이 거의 없는 것입니다. 요한복음 3 : 16 은 "하나님이 세상을 이처럼 사랑하사 독생자를 주셨으니 이는 저를 믿는 자마다 멸망치 않고 영생을 얻게 하려 하심이라." 또 갈라디아서 2 : 20 은 "내가 그리스도와 함께 십자가에 못 박혔나니 그런 즉 이제는 내가 산 것이 아니라 오직 내 안에 그리스도께서 산 것이라 이제 내가 육체 가운데 사는 것은 나를 사랑하사 나를 위하여 자기 몸을 버리신 하나님의 아들을 믿는 믿음 안에서 사는 것이라." 요한일서 4 : 10 은 이렇게 선언하고 있읍니다. "사랑은 여기 있으니 우리가 하나님을 사랑한 것이 아니요 오직 하나님이 우리를 사랑하사 우리 죄를 위하여 화목제로 그 아들을 보내셨음이니라."

그리스도의 목적지

28 절의 마지막 부분은, 그리스도께서 하늘로 돌아가시는 것을 다루고 있습니다. "아버지께로 가노라." 이 대목은 하늘에서 땅으로, 땅에서 하늘로 연결되는 파장을 완결짓고 있는데, 바울은 빌립보서 2 : 5 - 11 에서 그와 같은 방식으로 그 과정을 완성지어 표현하고 있습니다. "너희 안에 이 마음을 품으라 곧 그리스도 예수의 마음이니 그는 근본 하나님의 본체시나 하나님과 동등됨을 취할 것으로 여기지 아니하시고 오히려 자기를 비어 종의 형체를 가져 사람들과 같이 되었고 사람의 모양으로 나타나셨으매 자기를 낮추시고 죽기까지 복종하셨으니 곧 십자가의 죽으심이라 이러므로 하나님이 그를 지극히 높여 모든 이름 위에 뛰어난 이름을 주사 하늘에 있는 자들과 땅에 있는 자들과 땅 아래 있는 자들로 모든 무릎을 예수의 이름에 꿇게 하시고 모든 입으로 예수 그리스도를 주라 시

인하여 하나님 아버지께 영광을 돌리게 하셨느니라."

예수님께서 이 세상에 오셔서 우리의 구원을 위해서 죽으셨다가 아버지께로 돌아간다는 것은 우리에게 어떠한 의미를 가집니까? 그 질문에 대해 여러 가지 답변이 나옵니다. 첫째로, 구속의 위대한 역사가 마쳐졌다는 것을 보여 주며, 그리스도의 그 완성된 사역을 기초로 하여 우리가 담대하게 하나님께 나아갈 수 있다는 것을 보여 줍니다. 만일 그 구속의 역사가 다 이루어지지 못했다면 여전히 그 구속의 역사를 이루고 있어야 할 것입니다. 그러나 그 일은 다 끝났습니다. 그래서 그는 아버지 우편에 보좌를 차지할 그 하늘로 돌아가신 것입니다. 히브리서 기자는 앞에서 언급한 대목에서 그 점을 논의하고 있습니다. 왜냐하면 그 대목의 구절은 계속해서 이렇게 말하고 있기 때문입니다. "오직 그리스도는 죄를 위하여 한 영원한 제사를 드리고 하나님 우편에 앉으사 그 후에 자기 원수들로 자기 발등상이 되게 하실 때까지 기다리시나니 저가 한 제물로 거룩하게 된 자들을 영원히 온전케 하셨느니라"(10 : 12 - 14).

둘째로 그리스도께서 하늘로 다시 돌아가셨다는 사실은, 그가 우리를 보시고 우리에게 필요하다고 여기시는 모든 영적인 은사들과 복락들을 나눠 주실 수 있는 곳에 계심을 보여 주는 것입니다. 이 은사들 중 가장 중요한 것은 성령이십니다. 예수님께서 "내가 너희에게 실상을 말하노니 내가 떠나가는 것이 너희에게 유익이라 내가 떠나가지 아니하면 보혜사가 너희에게로 오시지 아니할 터이요 가면 내가 그를 너희에게 보내리니"(요 16 : 7)라고 말씀하셨기 때문입니다. 또 다른 은사들도 있습니다. 그래서 에베소서에는 이런 말씀이 있습니다. "우리 각 사람에게 그리스도의 선물의 분량대로 은혜를 주셨나니 그러므로 이르기를 그가 위로 올라가실 때에 사로잡힌 자를 사로잡고 사람들에게 선물을 주셨다 하였도다"(엡 4 : 7 , 8; 시 68 : 18 은 참조).

세째로 지금 그리스도께서 하나님 우편에 계시다는 것은 지금 그곳에서 당신의 백성들을 위해서 대언의 기도를 드리고 계시다는 것을 보여 줍니다. 바울은 로마서에서 그것을 말하며 그리스도께서 "또한 우리를 위하여 간구하시느니라"(롬 8 : 34)고 말하고 있습니다. 히브리서 기자는 "그러므로 자기를 힘입어 하나님께 나아가는 자들을 온전히 구원하실 수

있으니 이는 그가 항상 살아서 저희를 위하여 간구하심이니라"(히 7 : 25)
고 말하고 있습니다. 그러니 그 어느 것도 우리를 참소할 수 없습니다.
사단이 우리에게 어떤 흠을 발견하고 그것을 노출시켜서 하나님으로 하
여금 우리를 등지게 할까 두려워할 필요가 조금도 없습니다. 예수님께서
우리를 위해서 지금 간구하고 계십니다. 단 우리가 당신의 백성이며, 그
가 십자가에 죽으심으로써 우리의 구속을 위한 값을 치르셨다는 것을 지
적하고 계십니다. 그래서 우리는 이렇게 노래할 수 있습니다.

> 내 영혼아 떨쳐 일어나서 네 죄책의 두려움을 떨어 버리라.
> 나를 위한 피흘림의 희생제사가 나타났네.
> 보좌 앞에 내 보증자 서시고 내 이름 그 손바닥에 써 있네.

> 언제나 하늘에 살아계셔서 나를 위해서 간구하시는 분
> 그의 구속하신 놀라운 사랑 그의 보배 피가 나를 위해 간구하시네
> 그의 피 모든 인류 위해 속죄하였고
> 지금도 은혜의 보좌 앞에 뿌려지네.

우리가 구원의 확신을 가지고 기도할 때나 예배할 때 담대하게 하나님
께 나아갈 수 있는 것은 그리스도께서 지금 하늘에 계시기 때문입니다.

끝으로, 그리스도께서 하늘에 계시다는 것은, 그가 다시 오신다는 표
증입니다. 그때는 큰 능력과 영광으로 그의 거룩한 천사들과 함께 오십
니다. 예수님이 오고 계십니다. 그가 한번 오셔서 우리의 구원을 위해서
죽으셨던 것과 똑같이 확실하게 오십니다. 여러분은 그를 맞을 준비가 돼
있습니까? 그를 여러분의 사랑하는 구주로 맞아들이겠습니까? 아니면
그분의 사랑을 거절하고 그분의 희생을 받아들이지 않겠다는 자세로 그
분을 맞겠습니까?

그리스도를 위대한 사람, 위대한 선생으로 믿는다고 말할지 모릅니다.
좋습니다! 그보다 더 좋은 말이 있나요? 그러나 그것이 여러분을 구원
하기에는 충분하지 못합니다. 거기서 어째서 머물러 서 있습니까? 어째
서 인간 예수로만 생각하십니까? 어째서 여기 성경에 나타나 있는대로
의 그리스도를 온전히 받아들이지 못합니까? 맥클라렌은 이렇게 쓴 적
이 있습니다. "이 네 가지, 아버지 안에 거하는 것, 그분이 아버지 안에

거하다가 자원하여 땅에 오셨고, 자원하여 땅을 떠나셨고, 다시 아버지
와 함께 거하시는 것, 예수님의 이 요점들은 우리가 피하여 안전하게 숨
을 수 있는 강한 요새의 성벽들입니다. 어디서 불어오는 바람이든지 그
네 벽으로 만들어진 방이 있으면 안전합니다." 그것 중 하나를 떼어 버
리면 그만 그 요새는 무너져 버립니다. 그리스도를 믿되 온전한 그리스
도를 믿으시기 바랍니다. 왜냐하면 온전한 그리스도, "성령으로 잉태하
사 동정녀 마리아에게 낳으시고 십자가에 못박혀 죽으시고 장사지낸바 되
시고 하늘로 올라가셔서 하나님 우편에 앉아 계신", 그 그리스도가 아니
고서는 여러분의 연약을 도울만큼 충분히 강력하지 못하고, 여러분의 소
원을 만족시킬만큼 광대하지 못하고, 여러분이 필요로 하는 것만큼 여러
분을 사랑하는 그런 충분한 사랑이 되지 못하고, 여러분을 죄에서 건질
만큼 충분하지 못하고, 그 그리스도의 보좌의 영광에 여러분을 끌어 올
릴만큼 강하지 못합니다. 온전한 그리스도를 믿으십시요.

정확히 바로 그러한 경우입니다. 바로 그러한 분을 발견하시고 여러분
의 영혼의 유익과 그분의 은혜의 영광을 찬미키 위해 온전히 그분에게 나
아가 신뢰하시기를 바랍니다.

41

흩어진 그리스도의 제자들

"예수께서 대답하시되 이제는 너희가 믿느냐 보라 너희가 다 각각 제
곳으로 흩어지고 나를 혼자 둘 때가 오나니 벌써 왔도다 그러나 내가
혼자 있는 것이 아니라 아버지께서 나와 함께 계시느니라 이것을 너
희에게 이름은 너희로 내 안에서 평안을 누리게 하려 함이라 세상에
서는 너희가 환난을 당하나 담대하라 내가 세상을 이기었노라 하시니
라"(요 16 : 31 - 33).

주 예수 그리스도께서 제자들 자신들이 생각하는 것처럼 그들의 신앙
고백을 그렇게 크게 생각하지 않은 데는 두 가지 이유가 있습니다.
첫째로, 그들의 믿음이 오래 되었습니다. 둘째로 그들의 믿음이 증발 위
기에 있었습니다. 요한복음 16 장을 끝마감하는 대목에서, 예수님께서는
제자들이 실제 자기들의 의문 속에 있는 것을 나타내 질문을 던지지 않
았음에도 그 의문에 대한 대답을 하셨습니다. 그래서 제자들은 이렇게 소
리쳤습니다. "우리가 지금에야 주께서 모든 것을 아시고 사람의 물음을
기다리시지 않는 줄 아나이다 이로써 하나님께서 나오심을 우리가 믿삽
나이다"(30 절)라고 외쳤습니다. 이러한 외침은 정직했으나 사실상 그 진
정한 의미를 알지 못하고 한 소리입니다. 자기들은 믿는다고 외쳐댔습니
다. 또 자기들의 믿음은 확실하다고 말했읍니다. 그들은 사실상 믿음의
실제 행동인 위탁에 있어서는 약했읍니다. 그래서 주님께서는 제자들의

믿음을 크게 생각하는 대신 그들의 연약을 노출시킬 양으로 한 질문을 던지십니다. "'이제는' 너희가 믿느냐?"(31 절). 그런 다음에 그리스도 께서는 당신이 십자가에 못박히실 때 그들이 혼란을 겪으며 흩어지게 될 것을 미리 말씀해 주십니다.

이처럼 그리스도와 제자들 사이의 대화는 그리스도인에게 한 교훈을 줍 니다. 왜냐하면 우리는 흔히 확실한 믿음을 가지고 있다고 생각합니다. 그러나 우리가 상상한 것처럼 그렇게 강하지가 못합니다. 우리는 "이제 믿습니다. 이제는 확실합니다"라고 말합니다. 그러나 잠시후에 우리는 우리가 확언했던 바로 그것을 의심하는 자리에 처하게 됩니다. 베드 로가 "내가 주와 함께 죽을지언정 주를 부인하지 않겠나이다"(마 26 : 35) 라고 말합니다. 그런 다음에 우리는 우리의 말과 생각과 행동을 통해서 그리스도를 부인하고 맙니다.

그리스도께서 마지막으로 강화하시는 말씀이 끝마쳐지는 바로 이 대목 에 위대한 교훈들이 있읍니다. 우리의 연약에 대한 교훈이 있읍니다. 그 러나 그런 다음에 그리스도께서 떠나시면서 하신 유언의 말씀이 있읍니 다. "이것을 너희에게 이름은 너희로 내 안에서 평안을 누리게 하려 함이 라 세상에서는 너희가 환난을 당하나 담대하라 내가 세상을 이기었노라 하시니라"(33 절). 우리는 이 강론에서 그 두 가지를 다함께 살펴 보고 싶 습니다.

사실주의적인 평가

수년 전 제 10 장로교회에서 저와 함께 일하는 협동 목사가 자기의 어 릴 때에 일어났던, 항상 기억하고 있는 한 가지 일을 말해 주었읍니다. 아버지를 도와서 저녁 식탁에 무엇인가를 놓고 있었읍니다. 어떤 것을 나 르려 했는데 그 아버지가 보니 너무 무거워서 나르기가 곤란하다는 것을 알았읍니다. 그는 자기 아버지께 따지면서 여러 가지 항변을 했읍니다. "제발, 아버지, 내가 나를 수 있어요. 내가 할 수 있음을 저는 확신해요." 결국 그 아버지는 그럼 어디 해보라고 허락했읍니다. 그는 확신 있고 조 심성 있게 시작을 했읍니다. 그런데 갑자기 그는 그릇을 땅에 떨어뜨리 고 그만 그 속에 들어 있는 국물을 다 엎질러 버렸읍니다. 엎질러진 음식과 깨진 그릇 조각을 주어 담으면서 인생에 대한 큰 교훈 중 하나를 얻었다고 말했읍니다. 그는 정말 섭섭하게 생각했읍니다. 자신에 대해서 정말로 확신하고 있었읍니다. 그러나 그 아버지가 결국 옳았다는 것이 판명되었읍니다. 그가 잘못이었읍니다.

물론 어느 누구나 그러한 체험을 하게 됩니다. 그러한 체험들을 하였기 때문에 제자들의 큰 소리를 이해할만하고, 예수께서 장래 일을 그들에게 온유하게 나타나실 때 그들이 어떠한 느낌이었을까를 알만합니다. 그들은 자기들의 믿음에 대해서 대단한 확신을 가지고 있었읍니다. 그러나 잠시 후에 – 사실 몇 시간만에 – 그들의 믿음은 사라져버릴 참입니다.

예수께서 그들에 관해서 예언하신 세 가지 요점을 주목하십시오. 첫째, 그들이 곧 **흩어질 것이다**라고 밝히셨읍니다. 지금은 그들이 함께 있읍니다. 흔히 그러하듯이 여럿이 함께 있으면 용기를 얻습니다. 사실 서기관이나 바리새인들, 적대적인 백성들의 지도자보다 수에 있어서 훨씬 못하였읍니다. 거의 모든 백성들이 예수님의 사역에 대해서 냉담하였고, 최소한 거의 모든 백성들이 예수님의 사역에 크게 관여하지 않고 있었읍니다. 그런데 그들은 열 두 명 밖에 안되었읍니다. 물론 그 자리에 예수님이 계셨읍니다. 만일 그들이 "용감한 사람 열 사람만 주면 난 네게 일만을 더 주겠다"는 노래를 알고 있었다면 그 노래를 불렀을지도 모릅니다. 그러나 그들은 자신들을 진정으로 알지 못했읍니다. 일이 벌어지자 그들은 겟세마네 동산에서 그리스도께서 잡히시던 순간에 감람산으로 뒷걸음질 쳐 베다니로 나아갔읍니다. 베드로는 예수님을 잡은 무리들을 따라 예루살렘으로 되돌아 갔읍니다. 그러나 멀찍이 따라갔읍니다. 십자가에 못박히신 후에 글로바와 마리아가 엠마오로 돌아갔고, 다른 사람들은 의심어린 생각을 가지고 떠나기 위한 궁리를 하기 시작하고 있었읍니다.

둘째로, 예수님께서 그들이 **혼돈**될 것을 예고하셨읍니다. 그들의 믿음에 대해서 물어 보시는 말씀 속에 그 점이 함축되어 있읍니다. 왜냐하면 예수님께서 "'이제는' 너희가 믿느냐?"라고 물으실 때 마치 예수님께서는 더 이상 너희들이 믿지 않고 모든 것이 혼돈될 때가 온다고 말씀하시는 것과 방불하기 때문입니다. 그들은 혼돈되었읍니다. 지금은 예수님이 메시야요 하나님께로부터 오셨다는 것을 확실히 하고 있읍니다. 그러나 그리스도께서 십자가에 못박히시는 그 어려운 사실을 보면서 어떻게 그들이 그 점을 확신할 수 있었읍니까? 엠마오 제자들처럼 그들은 "우리는 이 사람이 이스라엘을 구속할 자라고 바랐노라"(눅 24 : 21) 라고 말했을 것입니다.

세째로, 예수님은 그들이 곧 **각자 혼자** 떨어져 있게 될 것이라는 걸 보여 주셨읍니다. 왜냐하면 각자 흩어져 "제 갈 길로" 갈 것이기 때문입니다. 처음 그 어구를 읽으면 "제 곳으로 흩어지다니? 제 집으로 흩어진다는 말인가? 아니면 성으로 흩어진다는 건가? 친구들에게 간다는 말인가?"라는 의문이 일어납니다. 그 예언이 불필요할 정도로 희미하게 보입니다. 그러나 그것을 주의 깊게 읽어 보면 예수님이 말씀하시는 요점을 알게 됩니다. 각자 자기 자신의 적은 세계로 돌아가고 그 세계 속에서 각자 혼자 있게 될 것이라고 말씀하고 계신 것입니다. 중심을 잃으니 그 적은 표류하는 작은 무리들을 묶어맬 끈이 없어지게 될 것입니다. 그것은 마치 분열케 하는 자인 마귀가 제멋대로 놀아나고, 죄악적이고 흩어진 아담의 후손들을 교회라는 그 영광스러운 새로운 연합체로 묶어매려는 이 영웅적인 노력이 파쇄되는 것 같은 모습이었을 것입니다.

자 그러면 어떻게 되는 것입니까? 많은 제자들이 금방 흩어져 혼돈을 겪고 각각 혼자 떨어지게 되면 어떻게 됩니까? 자 분명히 우리의 경우는 그렇지 않습니다. 지금은 십자가의 의미를 이해하고 그리스도의 부활 사건이 있은 이후에 살고 있읍니다. 그러나 그것이면 답니까? 우리는 결코 흩어지지 않나요? 혼돈을 겪지 않나요? 혼자 떨어지게 되지 않나요? 물론 우리는 흩어지기도 하고 혼돈을 겪기도 하고 혼자 떨어지기도 합니다! 분명히 교회가 흩어집니다. 오늘날 큰 난제 중 하나는, 어느누구와도 함께 일할 수 없는 것처럼 보인다는 점입니다. 우리는 때로 핍박이나, 때로는 교단간의 분열이나, 때로는 다른 그리스도인을 의심하는 것으로 말미암아 흩어지기도 합니다. 또 혼돈도 겪습니다. 심지어 신자들이 속에 있는 소망에 대한 이유를 묻는 자들에게 확실한 대답을 항상 예비하지 못하기 때문입니다. 환경이나 질병이나 다른 고통들이 우리를 놀라게 합니다. 우리는 혼자 떨어져 있기도 합니다. 왜냐하면 그리스도인들이 자주 무섭게도 혼자일 경우들이 있기 때문입니다. 여러 그리스도인들이 제게 문제점을 가지고 편지를 써오는 경우가 있습니다. 제 "Bible Study Hour" 방송시간의 설교를 듣고서 말입니다. "얘기할 상대가 없어요. 내 문제를 함께 얘기하며 의견을 들어 볼 그런 사람이 없어요."

만일 여러분이 그런 경우라면(그런 경우가 아니라 할지라도 그게 잘되어 나갈 것 같지 않은 생각이 들거든), 이러한 국면마다 예수님은 제자들과 정반대였다는 걸 주목하길 바랍니다. 그들은 예수님이 잡히실 때 흩어졌지만 예수님은 든든히 서 계셨습니다. 심지어 죽는 순간에도 든든히 서 계셨습니다. 그 결과 예수님이 부활하신 다음에 예수님은 그들이 함께 모이는 자력적 구심점이 되셨습니다. 그들이 흩어졌지만 예수님은 믿음에 굳게 섰습니다. 그 결과로 그들은 예수님을 통해서 믿음을 회복했읍니다. 그들은 혼자 뿔뿔이 흩어졌읍니다. 그러나 그들에게 버림을 받을 때라도 예수님은 "아버지께서 나와 함께 계시니 내가 혼자가 아니다"라고 말씀하실 수 있었던 것입니다. 예수님께서 부활하신 다음에 다시 그들에게 오셨을 때 그들이 서로 떨어진 그러한 고독의 상태에서 벗어나게 된 것입니다.

주님께서 연약하고 더듬거리고, 심지어는 무지한 믿음마저 용납하신다는 걸 생각하니 기쁩니다. 만일 그렇게 하지 않으면 우리는 어떻게 되겠읍니까? 누가 구원받을 수 있겠읍니까? 그러나 그렇게 말하였으니, 우리의 믿음이나 지각이 가장 중차대한 요소라고 생각하지는 맙시다. 왜냐하면 "약하고 더듬거리고 무지하다"하는 것이 우리 믿음에 대한 정확한 묘사이기 때문입니다. 우리의 강함은 우리의 믿음에 있는 것이 아니라, 그 믿음의 대상이신 주님께 있는 것입니다. 우리의 강함은 예수님 안에 있읍니다.

그리스도께서 남기신 말

이 대목의 두번째 교훈은 그리스도께서 제자들에게 남기신 유언의 말씀입니다. 예수님께서는 자기들의 믿음이 강하다고 생각하는 제자들의 연약을 온유하게 드러내셨읍니다. 그러나 예수님은 그들의 연약을 드러내는 데 관심이 있었던 것이 아닙니다. 예수님께서는 진정으로 강하고 환난 중에도 견뎌낼 것에 대해서 즉시 말해나가십니다. 그는 평안, 당신의 평안에 대해서 말씀하십니다. 그가 14 장에서 말씀하시던 바로 그 평안입니다. "평안을 너희에게 끼치노니 곧 나의 평안을 너희에게 주노라 내가 너희에게 주는 것은 세상이 주는 것 같지 아니하니라 너희는 마음에 근심도 말고 두려워하지도 말라"(14 : 27). 그리스도께서 탄생하실 때 그리스도는 평안을 가져오시는 분이라고 천사들이 공포했습니다 - "땅에서는 기뻐하심을 입은 자들에게 평화로다." 예수님은 그렇게 하셨고, 예수님이 떠나실 때에도 그 평안을 남겨 주셨읍니다.

이 평안이 무엇인가를 우리는 이해해야 합니다. 어떤 사람들은 갈등과 고통이 다 사라진 것이 평안이라고 생각합니다. 나라가 전쟁상태를 벗어나 평화로운 상태에 있을 때 우리가 흔히 말하듯이 말입니다. 그러나 예수님께서 마음에 생각하고 계셨던 것은 그것이 아닙니다. 이 구절들을 보면 그 점이 명백합니다. 왜냐하면 제가 지적한 바와 같이 곧 흩어지고 혼돈을 겪을 사람들에게 평안을 나눠주고 계시기 때문입니다. 더구나 그는 바로 이어서 "세상에서는 너희가 환난을 당하나 담대하라 내가 세상을 이기었노라"고 말씀하십니다. 그러면 그 평안은 무엇입니까? 그것은 그러한 처지 속에서도 하나님을 의뢰하고 신뢰하는 것입니다.

한 예화를 들지요. 1874 년에 "빌레 드 하브레"(Ville de Havre)라고 불리우는 큰 프랑스 증기선이 미국에서 프랑스를 향하여 출항하다가 그만 항해하는 보트보다 큰 배와 충돌하는 사고가 일어나고 말았읍니다. 그 증기선은 치명적 피해를 입었읍니다. 그 때문에 그 증기선이 갑자기 가라앉아 그 배에 타고 있던 거의 모든 사람들이 목숨을 잃었읍니다. 시카고의 한 변호사의 아내인 호라티오 스패포드 부인이 네 자녀와 함께 유럽에 가기 위해 그 배를 타고 있었읍니다. 그 배가 가라앉고 있다는 것을 안 그녀는 자기 자녀들과 함께 무릎을 꿇고 구원해 주십사고 기도 드렸읍니다. 구조받지 못하는 것이 하나님의 뜻이라면 기꺼이 죽을 수 있도록 해달라고 기도했읍니다. 배가 그만 물 속에 가라앉고 자녀들은 다 목숨을 잃었읍니다. 스패포드 부인은 한 선원에 의해서 구출되었는데, 그 선원은 배가 가라앉는 지점으로 노를 저어가서 물에 허우적거리는 그녀를 발견했던 것입니다. 열흘 후 카딮에 도착해서 그녀는 그녀의 남편에게 "나만 혼자 살았어요"라는 메시지를 보냈읍니다. 이것은 자녀를 잃어

보지 않은 사람이라면 정말 견디기 힘든 큰 타격이었고 큰 슬픔이었읍니다. 그러나 큰 타격에도 불구하고 두 부모 다 그리스도인이어서 예수님께 받은 그 평안은 깨어지지 않았읍니다. 그래서 스패포드는 좌절과 낙담에 빠지는 당신 자기 체험 속에 나타난 하나님의 은혜를 간증하는 찬송시를 썼읍니다.

> 강 같은 평화 내 길에 넘치네
> 바다의 격랑 같은 슬픔 소용돌이칠 때 ―
> 내가 아무리 많은 것을 잃어버린다 할지라도 좋아요.
> 내 영혼에는 문제가 없다고 말하도록
> 주께서 가르치셨나이다.
> 사단이 들메고 시련이 온다 할지라도
> 이 복된 확신,
> 그리스도께서 내 힘 없는 상태를 아시고
> 내 영혼을 위해 자기의 피를 흘려
> 주셨다는 확신이 이기게 하소서.

바로 그것이 그리스도의 평안의 의미입니다. 그리스도의 평안이란 갈등이나 시련이나 어떤 낙담이 전혀 없는 상태를 말하는 것이 아닙니다. 오히려 그리스도의 평안은 그러한 처지에도 불구하고 그리스도를 의뢰하고 신뢰하는 것입니다.

두 가지 조건들

그러나 그것은 자동적인 것은 아닙니다. 다시 말하면 우리가 이 기업을 얻기 위해 그리스도께서 제시하신 조건을 만족시키든지 아니든지 아무런 관계가 없는 그런 것이 아닙니다. 이 대목에서 그리스도께서 주신 조건들이 둘 있읍니다.

첫째, 그리스도께서 주시는 평안은, "그분 안에" 있는 자들만을 위한 것입니다. 이 말은 그 평화는 그리스도인만을 위한 것이라는 단순한 뜻일 수 있읍니다. 왜냐하면 우리가 그리스도인일 때 어떤 의미에서 하나님께서는 우리를 그리스도 안에 있게 하사, 우리가 그와 함께 죽고 부활했노라고 바르게 말할 수 있고, 하늘에서 그와 함께 앉힌바 되었다고 말할 수 있도록 하셨기 때문입니다. 바울은 그 점을 에베소서에서 말했읍니다. 바울은 하나님께서 "함께 일으키사 그리스도 예수 안에서 함께 하늘에 앉히시니"(2 : 6)라고 말합니다. 그러나 여기서 그리스도께서 말씀하시는 것은 그것이 아닙니다. 이 구절을 해석할 때 우리가 기억해야 하는 바는, 그러한 두 가지 조건들이 나타나는 강화의 말씀 속에서는 그리스도를 "믿으라", 더 중요하게 "그리스도 안에 거하라"는 권고들로 충만해 있다는 점입니다. 특히 15 장은 그것으로 가득 차 있습니다. 그 15장에서 "내 안에 거하라"(4 절). "내 사랑 안에 거하라"(10 절). 그것은 구원을 받아 그리스도 "안에" 있다는 말이 아니라 의식적으로 그를 의지하고 그에게 친근히 하여 그리스도인의 삶 속에서 기쁨과 열매를 맺게 하는 선결 조건을 갖추라는 말입니다. 그리스도께서 이 강화의 말씀을 끝마쳤을 때 바로 그런 생각을 하고 계신 것입니다. 예수님이 평안을 주십니다. 그러나 그 평안의 선물은 예수님을 믿고, 의뢰하고, 그리스도인의 삶을 영위하면서 예수님께 친근이 있는 사람들에게만 해당되는 것입니다.

더구나, 그리스도 "안에" 있다는 것을 그런 식으로 해석하는 것이 옳음을, 두 조건 중 두번째 조건을 보면 더 확실히 알 수 있습니다. 그리스도의 말씀이 그를 따르는 속에 있어야 한다는 것입니다. 예수께서 이 것을 너희에게 이름은(말함은) 너희로 내 안에서 평안을 누리게 하려 함이라"(33 절)라고 말씀하실 때 그 점을 지적하신 것입니다. 예수님께서 말씀해 주신 "이것"은 무엇입니까 ? 이 대목에서 말하는 교리들입니다. 우리는 이 대목을 연구하는 첫 시간부터 그 교리들을 미리 알아보았었읍니다.

첫째로, 그리스도께서 제자들을 사랑하신다는 사실입니다. 13 장은 이 진리로부터 시작합니다. "유월절 전에 예수께서 자기가 세상을 떠나 아버지께로 돌아가실 때가 이른줄 아시고 세상에 있는 자기 사람들을 사랑하시되 끝까지 사랑하시니라"(1 절). 그 구절로 시작되는 요한복음 13장은 자기 백성들을 향한 그리스도의 사랑의 위대한 증거를 나타내고 있읍니다. 발을 씻기는 일을 보여 주고 있읍니다. 그 일은 한꺼번에 그리스도께서 자신을 낮추시고 사랑하신 것을 진정으로 나타내 보이기도 하고 십자가에 나아가기 위해서 자신을 겸비하게 낮추는 그러한 모습에 대한 한 예증이기도 합니다. 이 강화의 말씀 전체를 통해서 그리스도께서 자

기 백성들을 향해 가지는 관심의 증거가 거듭 나타나고 있읍니다. 그는
그들을 가르치시고 싶으셨으며, 그들에게 경고하고 싶으셨으며, 당신이
떠날 일을 그들이 미리 준비하도록 해 주고 싶으셨읍니다. 우리 중 그
어느 누구도 이러한 특별한 사랑을 받을만한 자격이 없읍니다.

둘째로, 예수께서 하늘에 대해서 말씀하셨읍니다. 예수님께서 자기 백
성들의 처소를 예비하러 천국에 가시며, 만일 그렇게 하시면 다시 돌아
와서 그들을 예수님 있는 데로 데리고 가 그들도 거기에 함께 있게 할 것
이라고 말씀하셨읍니다(14:2, 3). 의심할 여지 없이 제자들은 천국을
믿었읍니다. 그 시대의 현대주의자들이었던 사두개파들은 믿지 않았읍니
다. 그러나 이 사람들은 경건한 유대인들입니다. 바리새인들과 같이 내
세의 삶을 믿었읍니다. 그러므로 이러한 가르침에 있어서 새로운 요점은
하늘이 있다는 단순한 사실이 아니라, 예수께서 그 하늘에 분깃을 갖고
계시고 자기를 따르는 자들을 위해서 하늘에서 개인적으로 소유하게 될
처소를 보증하실 것이라는 점입니다.

세째로, 예수님께서는 성령의 오심에 대해서 말씀하셨읍니다. 이것은
정말 엄청나게 새로운 요점입니다. 왜냐하면 비록 구약성경이 하나님의
성령에 대해서 많이 말하고 있으며 구약의 여러 예언들이 성령께서 정말
놀라운 힘으로 부어지게 될 날을 언급했다 할지라도, 어느 누구도 자기
백성을 향하신 그리스도의 사역과 은사들에 그 성령의 일을 연관시키고
있지는 않았읍니다. 그런데 그리스도께서는 제자들에게, 그리스도 자신
이 성령을 보내 주실 것이며, 그 성령께서 그들에게 오셔서 그들 안에 거
하시고 그들을 통해서 역사하실 것이라고 말씀하십니다. 예수님은 "내가
아버지께 고하겠으니 그가 또 다른 보혜사를 너희에게 주사 영원토록 너
희와 함께 있게 하시리니 저는 진리의 영이라 세상은 능히 저를 받지 못
하나니 이는 저를 보지도 못하고 알지도 못함이라 그러나 너희는 저를 아
나니 저는 너희와 함께 거하시며 또 너희 속에 계시겠음이라"(14:16,
17). 예수님에 의하면 성령께서 제자들을 위로하실 것입니다. 그리고 세
상을 향한 한 사역을 행사하실 것입니다. 왜냐하면 성령께서는 "죄에 대
하여 의에 대하여 심판에 대하여" 세상을 책망하실 것이기 때문입니다
(16:8).

네째로, 예수님께서는 제자들이 수행해야 하고, 예수님께서 세상에 있는 제자들에게 남기고 가신 일에 대해서 말씀하십니다. 그는 그것을 다른 여러 가지 방식으로 말씀하십니다. 14 장에서는 당신의 일과 비교하여 그 일을 말씀하시면서 제자들이 당신의 하시는 일보다 더 큰 일을 할 것이라고 말씀하십니다. "내가 진실로 진실로 너희에게 이르노니 나를 믿는 자는 나의 하는 일을 저도 할 것이요 또한 이보다 큰 것도 하리니 이는 내가 아버지께로 감이니라"(12 절). 15 장에서는 열매 있는 섬김의 일을 그들에게 사명으로 맡기시는 차원에서 그것을 말씀하십니다. "너희가 나를 택한 것이 아니요 내가 너희를 택하여 세웠나니 이는 너희로 가서 과실을 맺게 하고 또 너희 과실이 항상 있게 하여 내 이름으로 아버지께 무엇을 구하든지 다 받게 하려 함이니라"(15 : 16). 요점은 그들이 이 세상에서 할 일이 있으니 그들의 삶은 의미있을거라는 점입니다.

다섯째로, 주님께서는 기도에 대해서 말씀하셨읍니다. 실로 기도에 대해서 말씀하시면서 그 기도에 관해서 성경에서 가장 흥미진진한 약속 가운데 몇을 우리에게 말씀해 주셨읍니다. "너희가 내 이름으로 무엇을 구하든지 내가 시행하리니 이는 아버지로 하여금 아들을 인하여 영광을 얻으시게 하려 함이라 내 이름으로 무엇이든지 내게 구하면 내가 시행하리라"(14 : 13 , 14). "너희가 내 안에 거하고 내 말이 너희 안에 거하면 무엇이든지 원하는대로 구하라 그리하면 이루리라"(15 : 7). "지금까지는 너희가 내 이름으로 아무 것도 구하지 아니하였으나 구하라 그리하면 받으리니 너희 기쁨이 충만하리라"(16 : 24). 주님께서는 또한 그들을 위해서 기도할 것이라고 말씀하셨읍니다. 17 장에서 우리는 그러한 중보기도의 장대한 한 예를 발견합니다.

끝으로, 예수님께서 이미 가르쳐 주신 것을 제자들에게 상기시켜 주듯이 또 다른 교훈을 덧붙입니다. "너희가 환난을 당하나 담대하라 내가 세상을 이기었노라"(16 : 33).

선지자로서의 그리스도

이제 우리가 이 강론을 끝마칠 시점에 놓여 있읍니다. 이 시점은 그리스도의 승리의 시점입니다. 그가 어떻게 세상을 이기셨읍니까 ? 세 영역에서 세상을 이기셨읍니다. 삶과 죽음과 부활에서 말입니다. 삶에서 세상을 이기신 것은 말로 할 수 없는 슬픔과 시험에도 불구하고 그는 하나님께서 자기 앞에 두신 길을 초지일관 죄나 오류 없이 따르셨읍니다. 예수님은 사단에 대해서 말씀하시기를 "이 세상 임금이 오겠음이라 그러나 저는 내게 상관할 것이 없으니"(요 14 : 30)라고 말씀하셨읍니다. 죽음에 있어서 세상을 이기신 것은 그의 죽음은 죄값이었고, 그래서 우리에 대한 죄의 족쇄를 끊어 버렸기 때문입니다. 부활을 통해서 세상을 이기셨다 함은, 부활을 통해서 하늘 보좌로 돌아가시기 시작하셨으며, 그 하늘 보좌에서 지금 교회를 다스리시고 모든 권위와 능력을 나타내기 위해서 다시 그 하늘로부터 오실 것이기 때문입니다.

"내가 세상을 이기었노라."이 말씀은 말하자면 십자가의 밑에 있는 골고다의 그늘 속에서 발해지는 것입니다. 그 말은 보기에 분명한 패배와 같은 그러한 지점에서 나온 것입니다. 그러나 그 때에 그 말은 진리였읍니다. 그리고 만일 그때 그 말이 진리였다면, 지금 그 말이 진리라는 것은 보다 더 확실히 증명이 되는 것입니다. 여러분은 그 말을 믿습니까? 그리스도가 선지자입니까? 여러분이 그 말을 믿고, 그리스도가 선지자라면, 그와 함께 이김으로 서십시요. 그가 주신 평안을 가지고, 여러분 차원에서도 세상을 이기십시요. 세상이 그리스도의 복음을 조롱합니까? 세상은 그렇게 나쁩니다. 모든 사람들이 우리를 거스립니까? 만일 그리스도가 우리 편이라면 그게 문제입니까? 환경이 압박해 옵니까? 그는 환경을 이기셨읍니다. 그런 때에도 그리스도와 함께 서십시요. 그분은 왕입니다. 그분은 모든 것을 다스리는 하나님이시고 그 이름이 영원토록 복되십니다.

42

진실한 주님의 기도

"예수께서 이 말씀을 하시고 눈을 들어 하늘을 우러러 가라사대 아버지여 때가 이르렀사오니 아들을 영화롭게 하사 아들로 아버지를 영화롭게 하게 하옵소서 아버지께서 아들에게 주신 모든 자에게 영생을 주게하시려고 만민을 다스리는 권세를 아들에게 주셨음이로소이다 영생은 곧 유일하신 참 하나님과 그의 보내신 자 예수 그리스도를 아는 것이니이다 아버지께서 내게 하라고 주신 일을 내가 이루어 아버지를 이 세상에서 영화롭게 하였사오니 아버지여 창세 전에 내가 아버지와 함께 가졌던 영화로써 지금도 아버지와 함께 나를 영화롭게 하옵소서"(요 17 : 1 – 5).

위대한 개혁자요 신학자인 존 칼빈은 그의 「기독교 강요」나 다른 여러 글 가운데서 하나님께서 자신을 성경에 계시하시되, 마치 사랑하는 어머니와 어린 유아가 뜻을 통할 때 쓰는 것 같은 어법으로 자신을 계시하신다고 말합니다. 칼빈이 의미하는 바는, 하나님께서 우리들에게 어떤 뜻을 전할 때 그 말은 하나님의 관점에서 볼 때 가장 단순하고 가장 기본적인 언어임에 틀림없다는 것입니다. 하나님의 생각과 우리의 생각은 같지 아니합니다. 그의 길은 우리 길과 다릅니다. 따라서 하나님께서는 우리에게 말씀하실 때는 우리가 하나님의 생각을 이해하도록 하기 위하여 어린 아이들이 쓰는 언어로 낮추어 말씀하셔야 한다는 말입니다. 성경이 우리에게 말할 때에 어떤 어법을 사용해야 한다면, 성경은 가장 기본적인 방법을 사용한 계시임에 틀림없읍니다.

우리가 이러한 노선을 따라서 생각하면 신격의 세 위 간에 존재하는 진실되고 깊은 교통이 어떠한 대조로 나타날 수 있는지 곰곰히 생각하게 되는 것이 자연스러운 일입니다. 하나님께서 우리에게 어린 아이가 쓰는 언어를 사용하셔야 한다는 것을 전제해 두어야 한다 할지라도, 아버지와 아들 간의 대화, 아버지와 아들과 성령 간의 대화는 얼마나 깊고 얼마나 심오하고 얼마나 끝이 없을 것입니까! 이러한 생각을 한다해도 바르지요? 어떤 의미에서 분명히 옳습니다. 그럼에도 불구하고 우리가 이제 생각하려는 대목은 이러한 노선을 따라서 생각하는 것이 대번에 난관에 봉착하게 된다는 것을 발견하게 됩니다. 이 대목이야 말로 두 위 간에 가장 직접적으로 말로 서로 교통하는 것에 대한 성경의 실례 중에서 가장 순전하고 가장 깊은 예입니다만, 그러면서도 이 대목에 나타나는 두 위 간의 교통이 가장 함축적인 어구와 소절과 말로 표현되어 있읍니다.

예를 들어서 그것을 누가가 쓴 산문적인 표현과 비교하여 봅시다. 누가는 사도행전을 아름다운 헬라어 문체로 이렇게 시작합니다. "데오빌로여 내가 먼저 쓴 글에는 무릇 예수의 행하시며 가르치시기를 시작 하심부터 그의 택하신 사도들에게 성령으로 명하시고 승천하신 날까지의 일을 기록하였노라 해 받으신 후에 또한 저희에게 확실한 많은 증거로 친히 사심을 나타내사 사십일 동안 저희에게 보이시며 하나님 나라의 일을 말씀 하시니라…"(1:1-3). 사도행전은 그러한 조로 진행되어 나갑니다. 그러나 요한복음 17 장의 말씀을 들어보십시오. "아버지여 때가 이르렀사오니 아들을 영화롭게 하사 아들로 아버지를 영화롭게 하게 하옵소서. 아버지께서 아들에게 주신 모든 자에게 영생을 주게 하시려고 만민을 다스리는 권세를 아들에게 주셨음이로소이다. 영생은 곧 유일하신 참 하나님과 그의 보내신 자 예수 그리스도를 아는 것이니이다"(1-3). 기도는 그러한 식으로 계속 되어나갑니다. "내가 저희를 위하여 비옵나니 내가 비옵는 것은 세상을 위함이 아니요 내게 주신 자들을 위함이니이다 저희는 아버지의 것이로소이다 내 것은 다 아버지의 것이요 아버지의 것은 내 것이온데 내가 저희로 말미암아 영광을 받았나이다…저희를 진리로

거룩하게 하옵소서 아버지의 말씀은 진리니이다…아버지여 내게 주신 자
도 나 있는 곳에 나와 함께 있어 아버지께서 창세전 부터 나를 사랑하시
므로 내게 주신 나의 영광을 저희로 보게 하시기를 원하옵나이다(9, 10,
17, 24 절).

　이 기도는 가장 단순한 문장들을 포함하고 있읍니다. 비록 그 사상들
은 심오하다 할지라도 말입니다. 하나님의 진리를 이해하는데 우리가 어
려움을 겪는 것은 진리 그 자체가 복잡하거나 그 진리를 전하는 언어가
복잡해서라기 보다는(무슨 대수표나 독일 철학 같이 말입니다), 우리 자
신의 무지와 죄와 영적인 무기력 때문임을 증거하는 것이지요.

제사장의 기도

　이 기도는 얼마나 놀라운 기도입니까? 이 기도는 세 부분으로 되어 있
읍니다. 그리스도 자신을 위한 기도(1 - 5 절), 당신의 제자들을 위한 기
도(6 - 19절), 오는 여러 세기 중에 제자들의 말을 듣고 믿을 모든 사람
들을 위한 기도(20 - 26 절) 등입니다. 그 중에 가장 짧은 부분은 그리
스도 자신의 영광을 위한 기도입니다. 대조적으로 자기 제자들이나 그의
신비적인 몸의 지체들인 우리 자신들을 위한 기도는 깁니다. 이 기도는
다섯 가지의 간구제목을 가지고 있읍니다. 하나는 그리스도 자신을 위한
것이고, 다른 넷은 우리를 위한 것입니다. 두번째 부분과 세번째 부분은
여섯 가지의 교회의 독특한 표지를 열거하고 있읍니다. 우리는 앞으로
강론하여 나가면서 여섯 표지를 각각 살펴보려고 합니다. 기쁨, 거룩, 진
리, 선교, 연합, 사랑입니다.

　우리는 이 구절들을 연구하여 나감에 따라서, 이 기도야 말로 참 주님
의 기도로서, "하늘에 계신 우리 아버지여 이름이 거룩히 여김을 받으시
오며 …"(마 6 : 9 - 13)라고 시작되는 다른 기도 보다 참으로 주님의 기
도라고 할 수 있다는 것을 인식하게 됩니다. 그 주께서 가르쳐 주신 기
도는 엄격하게 말한다면 제자들의 기도라고 이름 붙이는 것이 더 좋을 듯
합니다. 이 요한복음에 나와있는 기도는 주 예수 그리스도의 기도 바로
그것입니다. 이 기도는 주님의 대제사장적인 기도라고 불리워지는 데 좋은
일입니다. 왜냐하면 그는 여기서 아버지의 보좌 앞에서 우리의 대제사장

으로 우리를 위해서 간구하고 계시니 말입니다.

루터는 이 기도에 대하여 이렇게 말했읍니다. "이 기도는 진정 한량 없는 따뜻함과 온전한 마음을 기울인 기도이다. 그는 아버지와 우리를 언급할 때는 그 마음의 깊은 것을 여시고 모든 것을 쏟아 내신다. 그 기도는 너무나 정직하고, 너무나 순전하고, 너무나 깊고, 너무나 부요하고, 너무나 넓어서 아무라도 그 밑을 잴 수가 없구나." 루터의 친구이자 루터와 함께 일하였던 동료 멜랑톤은 이렇게 썼읍니다. "이제까지 하늘에서나 땅에서 성자께서 하나님께 직접 드린 이 기도 만큼 고차원적이고, 그 만큼 거룩하고, 그 만큼 열매 있고, 그 만큼 고상하게 들렸던 기도는 없었다." 스코틀랜드의 종교 개혁자인 존 낙스도 병들어 마지막 삶을 살 때 매일 이 기도문을 읽고, 그의 삶이 다 끝나가는 순간 속에서 그는 이 기도의 말씀들이 계속 큰 위로가 되었고 갈등을 겪을 때에 큰 힘의 원천이 되어 왔음을 증거하였읍니다.

이 기도는 우리에게 있어서 모세의 가시 떨기나무 불꽃과 같은 것이어야 합니다. 왜냐하면 여기서 우리는 하나님께서 우리에게 말씀하시는 것을 듣기 때문입니다. 그러니 우리는 우리의 신을 벗고 겸손하게 엎드려, 우리가 가장 거룩한 땅을 밟고 있다는 것을 인정해야 합니다.

첫번째 간구

우리는 이제 그리스도의 간구 중 첫번째 것을 생각하여 봅니다. 그것은 1절과 5절에서 발견됩니다. 그 간구는, 아버지께서 예수님을 "영화롭게" 하시기 위한 간구입니다. 예수님께서 아버지를 "영화롭게" 하신결과입니다. "아버지의 때가 이르렀사오니 아들을 영화롭게 하사 아들로 아버지를 영화롭게 하게 하옵소서…아버지여 창세 전에 내가 아버지와 함께 가졌던 영화로써 지금도 아버지와 함께 나를 영화롭게 하옵소서."

이 간구를 이해하는 데 있어서 대번에 하나의 난관에 봉착하게 됩니다. 왜냐하면 독특한 성경의 어휘 가운데서 "영광"이라는 어휘 만큼 이해 하기가 어려운 말도 그리 많지 않기 때문입니다. 더구나, 완전하게 바른정의를 내린다 할지라도 그 정의가 숙고하고 있는 대목에 언제나 딱 들어맞는 것은 아니기 때문입니다. 이 대목 자체가 이 두번째 난관에 대한 완전한 실례가 됩니다. 왜냐하면 처음 다섯 구절에서 우리는 하나님의 영광에 대한 서로 일치하지 아니하는 것과 같은 네 가지의 요점을 대하기 때문입니다. 처음에, 예수님은 성육신하기 전에 하나님과 함께 어떤 영광을 소유하고 계셨습니다. 둘째로 이 영광은 하나님의 영광이었읍니다. 세째로, 예수님은 성육신하여 계시는 동안에 이 영광을 갖지 않으셨읍니다. 그는 여기서 이 본래의 영광을 다시 찾게 하여 주십사고 기도하고 계십니다. 그럼에도 동시에 네번째로, 어떤 의미에서 땅에서 마저 이 영광을 소유하고 계십니다. 왜냐하면 하나님께서 하라고 하신 일을 마침으로써 그 영광을 다른 사람들에게 나타내 주셨기 때문입니다. 한 가지 더 부가적인 실례를 들자면 요한복음 2 장 11 절에 이 의미가 함축되어 있읍니다. 거기서 우리는 가나의 혼인 잔치에 가셔서 물이 포도주가 되게 하는 이적을 행하심으로써 "하나님의 영광을 나타내시는 것"을 읽게 됩니다. 그 결과 그 제자들이 "그를 믿었읍니다."

　어떻게 그런 일이 있을 수 있읍니까? 주께서 하나님의 영광을 가지셨다가 그것을 포기하시고 이 땅에 오셨는데, 포기하신 그 기간 중에도 그 영광을 소유하다니 어찌 그런 일이 있을 수 있읍니까? "하나님의 영광"이라는 어구는 대체 무슨 의미를 가지고 있읍니까? 이 난제에 대한 해결책, 그리스도의 간구를 이해할 수 있는 유일한 충분한 기초는 "영광"에 대한 개념이 고대 헬라어와 히브리 문학에서 어떤 방식으로 사용되었느냐를 이해하는데 있읍니다. 헬라어에서 영광이라는 말은 "독사"입니다. 그 말은 고대의 동사 "도케오"에서 왔읍니다. 고대에 그 동사는 "같다", "무엇처럼 보이다", "한 견해를 갖다"는 뜻이었읍니다. 이 의미는 "도케이 모이"라는, "내가 볼때 좋다"는 의미의 관용어적인 표현에서 분명하게 드러납니다. 신약 성경에서는 갈라디아서 2 장에서 그 말이 나타나는데, 바울은 "유명하게(중요하게) 보이는" 예루살렘 사도들에 대하여 말합니다(2 절). "무엇 같이 보이는"(우리 말 개역 성경에서는 '유명하다는' 으로 번역이 되어 있읍니다 - 역자주) (6 절에서 두번이나 나옴), "기둥같이 여기는"(9 절). 그 견해는 바울이 온전히 받아들이지 아니한 견해였읍니다. 따라서 그에 상응하는 명사는 "견해", 더 정확하게 말하여 "어떤 생각하는 바"라는 것입니다. 이 의미는 영어에서 "orthodox", "heterodox", "paradox" (그 말은 각각 "올 바른 견해", "다른〈차이나는〉견해", "반대〈서로 갈등하는〉견해"등의 의미임)에서 남아 있읍니다. 이 어휘에 대한 초기 역사는 킷텔(Gerhard Kittel)이라는 사람이 편집한 큰 신학적인 헬라어 사전에서 입증이 되고 있읍니다. 그 사전에서 저는 이 말에 대한 것을 인용하였읍니다. 이 말의 초기 역사가 지난 뒤 얼마 후에, 명사(영광이라는 뜻을 가진 독사)란 말이 그 어형을 갖추어 나가기 시작하였읍니다. 그 본래의 의미에서 그 어휘를 금방 취하여 낸 것입니다. 초기 단계에서는 그 말이 어느 견해이든지, "견해"라는 의미를 뜻하게 됩니다. 그러나 시간이 지남에 따라서 그 말은 무엇보다먼저 "선한 견해"(무조건 어느 의견이든지 다 표현하지 않고)라는 의미를 가지게 되었읍니다. 그래서 그 말은 "선한 견해를 가질 만한 자격이 있는 것"이란 의미를 가지게 되었읍니다. 이러한 단계를 거치는 기간 중에 그 말이 쓰여졌다면 그 말은 "칭찬", "영예", "선한 위치", "평판" 또는 "명성"등으로 번역해도 틀리지 않을 것입니다. 그 말이 왕이나 어떤 신적 존재를 위해서 사용되는 경우에는 시편 24편에서와 같이 "찬미"나 "명성"과 같은 궁극적인 의미를 가지게 됨이 틀림없읍니다. 시편24편에서 하나님을 영광의 왕이라고 말하고 있읍니다. "영광의 왕이 뉘시뇨 강하고 능한 여호와시요…만군의 여호와께서 곧 영광의 왕이시로다"(시 24 : 8, 10).

이 시편 24편에 나오는 그 말은 그 어휘의 역사에 나타난 다른 사실로 이끌어 줍니다. 왜냐하면 그 구절은, 그 말이 성경으로 넘어 올때에는 하나님께 적용되어 쓰이고 있음을 사실상 보여주기 시작하기 때문입니다. 이러한 연관에서 볼때 하나님의 영광은 분명하게 하나님의 속성들과 연관되어 있읍니다. 왜냐하면 하나님은 모든 그의 속성 – 그의 사랑, 진리, 거룩, 은혜, 능력, 지식, 불변하심등등 – 에 있어서 완전하신분이라서 참으로 영광스럽고, 그래서 하나님을 왕을 부르는 것입니다. 급기야는 이 점이 우리에게 "orthodox"라는 분명한 의미를 알려 줍니다. 왜냐하면 믿음에 있어서 정통적인 사람은 하나님의 속성들에 대하여 바르고 정확한 견해를 형성할 수 있기 때문입니다. 이러한 바른 견해의 형성 과정에서 하나님의 영광은 인간적인 차원을 빌어서 말하자면 하나님의 본질적인 가치와 성품으로 이루어 집니다. 그러므로 하나님에 대해서 바르게 알려지는 것은 모두 다 그 영광의 표출입니다.

이 시점에서 우리는 그리스도께서 간구하실 때 사용한 "영광"이라는 말의 용법 중 한 경우를 이해할 수 있습니다. 4 절에서, "아버지께서 내게 하라고 주신 일을 내가 이루어 아버지를 이 세상에서 영화롭게 하였사오니"라고 말한 경우를 이해하게 됩니다. 그 말은, 주님께서 그의 사역을 통하여 우리에게 아버지의 본질적인 특징들을 제자들에게 나타내셨다는 뜻이 됩니다. 2 : 11 에서와 같이, 제자들이 그의 영광을 보았을 때, 그 말은 제자들이 하나님의 성품인 그리스도의 성품을 보았다는 뜻입니다. 만일 우리가 예수님을 보았다면 우리가 아버지를 본 것이라고 말하는 것이나 마찬 가지입니다.

쉐키나의 영광

이것은 그 말의 한 용법만 설명할 따름입니다. 그것은 예수님께서 지상 생애의 기간 동안에 분명하게 보유하고 있던 영광을 설명해 줍니다. 그러나 그가 성육신하기 전에 아버지와 함께 가졌던 영광, 다시 말하면 포기하시고 이제 다시 회복하기를 원하여 기도하시는 그 영광에 대하여는 어떻게 하는 것입니까? 만일 이 영광이 하나님의 본질적인 성품을 가리키는 것이라면, 그 말은 그리스도의 사역의 날 동안에 그는 하나님보다 못하게 되셨다는 뜻으로 이해될 수도 있을 것입니다. 그런데 그런 견해는 옳지 않습니다. 그 말은 보다 더 고차원적인 것을 언급할 때에 무엇을 뜻하는지요?

그 질문의 답은, "영광"이라는 말에는 전혀 다른 것이 있다는 것을 인식하는데 있읍니다. 헬라어적인 사상 보다는 히브리어의 본래 의미를 가진 경우입니다. 그것이 헬라와 히브리 문화 사이의 접촉으로 인하여 나중에야 헬라어에 그 의미가 들어온 것입니다. 이러한 접촉이 처음 일어났을 때가 언제인지는 몰라도 그리스도께서 오시기 일백년 전에 히브리어로 된 구약 성경을 헬라어로 옮긴 일이 있었는데 그것이 주요한 동인이 되었지 않나 합니다. 그 역본은 70 인 성경(Septuagint)으로 알려진 것입니다. 그 이후 부터 필로(Philo, B. C 20 - 10 경에 태어난 것으로 알려져 있음), 요셉푸스(Flavius Josephus, A. D 37에 태어났음) 같은 저작자들은 두 의미를 가진 말로 이 말을 썼습니다.

그럼 어떤 개념으로 쓴 것입니까? 유대인의 생각 속에는 하나님의 임재가 밖으로 드러나면 빛이나 광채나 영광이 함께 나타나고 그것이 너무 눈부신 나머지 아무도 그것에 접근하지 못한다는 관념이 들어 있습니다. 이 관념이 "그 얼굴 빛"(시 4:6, 44:3)이라는 어구 속에 나타나 있습니다. 그리고 시편 104:1, 2에 나타나기도 합니다. "내 영혼아 여호와를 송축하라 여호와 나의 하나님이여 주는 심히 광대하시며 존귀와 권위를 입으셨나이다. 주께서 옷을 입음 같이 빛을 입으시며 하늘을 휘장 같이 치시며." 우리는 모세의 경우에서 아주 뚜렷한 예를 발견합니다. 모세가 시내 산에서 하나님과 함께 있다가 내려왔을 때에 그의 얼굴이 굉장한 빛으로 어른 거렸습니다. 그래서 백성들은 그의 얼굴에 수건에 싸서 그 광채에 눈이 부시지 못하게 하려고 했던 것입니다(출 34:29 - 35; 고후 3:13 - 15) 그리고 빛은, 광야에서 배회하는 기간 중에 광야의 회막을 덮은 영광의 구름이나, 예루살렘의 큰 솔로몬의 성전을 덮었던 영광의 구름과 연관이 되기도 합니다(왕상 8:10, 11). 이 개념은 너무나 중요한 나머지 구약 성경 전체를 통하여 나타납니다. 구약성경이후 시대에 쓰여진 것으로 보이는 탈굼이나 다른 유대인의 문헌에는 "쉐키나"라는 새 말이 그것을 완전하게 구체화시켰습니다.

이제 그리스도의 첫번째 간구를 이해하기 위하여는 이 정도로 "영광"이라는 말을 알면 족합니다. 예수님은 성육신하시기 전에도 이러한 두 의미에서 하나님의 영광을 소유하고 계셨습니다. 그는 내면적인 하나님의 속성들의 충만함과 하나님의 성품을 소유하고 계셨습니다. 그는 또한 눈에 보이고 외면적인 하나님의 영광의 충만함도 갖고 계셨습니다. 성육신 하실 때에 예수님은 이러한 영광 중에서 두 번째 영광을 사양하셨습니다. 왜냐하면 그러한 영광을 계속 갖고 계셨다면 우리는 그에게 감히 접근하지 못했을 것이기 때문입니다. 그럼에도 불구하고 그는 첫번째 의미에서 하나님의 영광을 보유하고 계셨고, 그것을 제자들에게 드러내 보이셨던 것입니다. 그래서 그들 제자들은 믿음으로 그것을 받았던 것입니다. 이제 그의 지상 생애가 막 끝나려는 시점, 다시 말하면 십자가에 못박혀 죽으시고 뒤이어 부활하시려는 시점이 가까이 왔을 때, 그는 아버지께서 하라고 하신 일을 다 마치신 후에 다시 그의 아버지 앞에 있는,이 눈에 보이는 영광으로 들어가기 위한 기도를 하고 계시는 것입니다.

이제 예수님은 높아지셨읍니다. 그는 그 영광을 담으셨읍니다. 스데반은 순교당할 때에 그것을 보았읍니다. 요한 사도도 그러한 영광을 보았읍니다(그가 요한계시록에서 그것에 대하여 썼읍니다). 그리고 바울도 보았을 것입니다. 이 사실을 보고 신자들은 큰 용기를 얻어야 합니다. 왜냐하면 그것은 하나님의 우편에 앉으셔서 지금 의로 교회를 다스리시고 그의 백성들을 보전하시는 그리스도의 왕적인 통치권을 지시하기 때문입니다.

그리스도는 우리의 영광

또 하나의 사상이 있읍니다. 우리는 그리스도의 영광에 함께 참예하게 될 것이라는 것입니다. 어떤 의미에서 우리는 지금도 그 영광에 참예하고 있읍니다. 우리가 그리스도의 성품을 구현하고, 그 두 중요한 의미중 첫번째 의미에서 그의 영광을 소유하고 있는 정도에 따라서 말입니다. 예수께서 10절에서 "내가 저희로 말미암아 영광을 받았나이다"고 기도하신 의미가 그것이 아닌지요? 다시 22절에서 "내게 주신 영광을 내가 저희에게 주었사오니"라고 하신 기도의 말씀이 그런 뜻이 아닌지요? 이는 더 나아가서 우리는 그리스도의 눈에 보이는 외면적인 영광을 보게 될 날이 있을 것입니다. 왜냐하면 예수님은 우리에 대하여 기도하시면서 그 영광에 대하여 이렇게 말씀하시고 계시기 때문입니다. "아버지여 내게 주신 자도 나 있는 곳에 나와 함께 있어 아버지께서 창세전부터 나를 사랑하시므로 내게 주신 나의 영광을 저희로 보게하시기를 원하옵나이다."

우리는 그러면 어떻게 결론을 내려야 할까요? 우리가 어느날 그리스도의 영광을 보게 되고, 우리가 지금도 그리스도의 영광으로 충만하려 하면, 우리는 최선을 다하여 그를 영화롭게 하고 그의 영광을 나타내려 무진 애를 써야합니다. 그리고 하나님께서 그러한 일을 우리안에서 행하시옵소서 하고 기도하여야 합니다. 왜냐하면 우리 스스로는 분명하게 그러한 일을 할 수 없기 때문입니다.

그러나 주목하여 봅시다! 예수님께서 자신이 영화롭게 되고, 그래서 하나님께서 예수님으로 말미암아 영화롭게 되게 하시기를 위하여 기도하시면서 그는 여러 가지 이유들을 들어 간구하고 계십니다. 그 이유들은 교훈적입니다. 저는 그리스도의 요구 뒤에 다섯 가지의 **이유가 있는 것**을 발견합니다. 먼저, 때가 이르렀다는 것입니다(1 절). 이 말은, 그리스도가 일을 이룰 때가 왔다는 것입니다. 그가 십자가에 못박혀 죽으시고 연이어 부활하시는 일이 일어날 시간이 당도하였다는 것입니다. 때가 이르렀다고 말하는 것은, 예수님이 그의 삶을 통하여 행하시려는 아버지의 뜻 안에 있었다는 것을 의미합니다. 그리고 이제 그 아버지의 뜻은 그리스도를 이끌어 그의 가장 중요한 일을 이룰 때에 이르게 하였다는 뜻이기도 하며, 그 일이 이루어 지기 까지 그 아버지의 뜻 안에서 계속 있을 것이라는 것을 뜻하기도 합니다. 둘째로, 그는 자신의 영광을 위하여 기도하십니다. 그것은 결국은 아버지의 영광이 될 것이기 때문입니다(1 절). 다른 말로 해서 그 기도는 이기적인 기도가 아니라, 우주 내의 모든 지성적인 존재가 구해야 하는 기도입니다. 세째로, 그는 하나님 아버지께서 자기에게 주신 모든 사람에게 영생을 줄 권위를 이미 아버지께서 주셨다고 말하고 있읍니다(2 절). 그러므로 그의 영광은 자연히 그 권위에 따라 오는 것입니다. 네째로, 예수님은 영생에 이르는 길은 자기 밖에 없다, 곧 자기의 죽으심을 통하지 않고는 있을 수 없다고 논증하고 계십니다(3 절). 그러므로 그가 영화롭게 되신다는 것은 그의 백성들의 구원을 의미하는 것입니다. 끝으로, 그는 자신의 일이 이루어졌음을 말하고 있읍니다(4 절). 신적인 패턴은 처음에는 부인하고, 순종하고, 그런 다음에 고난을 받고, 그런 후에는 영광이 따라오는 것입니다.

이런 의미에서 이 패턴은 우리의 패턴도 되어야 합니다. 우리가 그리스도의 성품을 나타내는 삶을 영위함으로써 그리스도를 영화롭게 하려고 추구하여야 합니다. 그러나 이러한 일은 멀리 떨어진 신비로운 방식으로 일어나지는 않을 것입니다. 하나님의 은혜로 말미암아 우리가 그의 뜻 안에서 행할 때에만 일어날 것입니다(그가 이끄시는 대로). 그리고 그가 우리에게 맡기신 책임은 무엇이든지 이행하고, 우리의 일을 마치고, 우리 자신의 영광 보다 충만한 의미로 하나님의 영광을 구할 때만이 그러한 일이 일어날 것입니다.

43

하나님께서 예수님에게 주신 선물들

"아버지께서 아들에게 주신 모든 자에게 영생을 주게 하시려고 만민
을 다스리는 권세를 아들에게 주셨음이로소이다"(요 17:2).

요한복음 17장에 기록된 기도의 두번째 구절은, 1절에서 아버지께
서 예수님 자신을 영화롭게 해달라고 요청하신 데 대한 이유입니다.
다시 말하면 영화롭게 되는 것과, 모든 육체를 다스리는 권한을 이미 하
나님께서 당신에게 허락하셨다는 것입니다. 그러나 이 구절을 읽을 때,
제게 가장 크게 부닥쳐 오는 부분은 "주다" 또는 "주어지다"라는 동사가
삼중적으로 거듭되고 있다는 것입니다. 아버지께서 예수님에게 선물을 주
셨다는 것을 나타내기 위해서 그 말이 두번 쓰여졌읍니다: 모든 육체를
다스리는 권세(또는 권위)와, 백성들을 주셨다는 것입니다. 또 한번은 하
나님께서 주신 자들에게 영생을 그리스도께서 주시는 걸 나타낼 때 그 말
이 쓰여졌읍니다. 이 구절을 연구해나감에 따라서, 그 셋이 서로 연관되
며, 구원에 있어서 성부와 성자간의 관계, 성부와 성자가 우리에게 대해
가지는 관계의 핵심에 이르게 된다는 것을 알게 됩니다.

한 백성들을 선물하심

어떤 사람에게 알맞은 선물을 주려 할 때 어려움을 겪은 경험이 여러

분에게 있는지 저는 모르겠습니다. 특별히 모든 것을 다 가지고 있는 사람에게 선물을 주려 할 때 더욱 그러합니다. 저는 그러한 경우가 있습니다. 때로 그 일이 저를 진력나게 합니다. 가발을 쓰고 있는 사람에게 샴푸를 선물했다고 상상해 보십시요. 물론 제가 그것을 알지 못하고서 한 일이지만 말입니다. 또는 고전음악을 싫어하는 사람에게 바하의 "B M-inor Mass"(B 마이너 미사곡) 레코드판을 선물했다고 생각해 보십시요. 걸맞지 않은 일을 하지는 않을까하는 두려움 때문에 크리스마스 직전 어떤 사람에게 선물을 주려고 살 때는 카운터에서 그만큼 대단히 망설여지곤 합니다.

그러나 하나님 아버지께서 당신의 아들이신 주 예수 그리스도에게 이러한 위대한 선물들 중 제일 되는 것을 생각해내실 때 별 어려움이 없을 것이라고 생각됩니다. 왜냐하면 하나님께서 아들에게 선물을 주시는 경우 아들의 복된 형상을 본받게 되고 영원토록 그 아들의 형제 자매로 있을 사람들을 그 아들에게 주는 것보다 "더 알맞아" 보일 수 있는 것이 없었겠기 때문입니다. 아들에게 맨션(저택)을 준다 할지라도 적당치 못합니다. 왜냐하면 하늘에 있는 모든 처소(맨션)들은 이미 그리스도에게 속한 것으로 돼 있고 자기 백성들이 될 사람들을 위해서 그리스도가 마련해 놓게 되어 있습니다. 이러한 세상이나, 그러한 세계의 값진 보석들도 알맞은 것은 되지 못합니다. 왜냐하면 예수님께서는 이미 존재하는 세상을 만드신 일에 참여하셨고, 어느 때에든지 원하기만 하시면 수억만도 만들 수 있기 때문입니다. 그 자신의 백성이 될 사람들보다 그 영광의 주님 자신에게 더 합당한 선물을 상상해낼 수 없습니다―그 백성들은 그의 형상으로 창조함받았으나 죄로 떨어졌다가, 이제는 그리스도를 통해서 구속받고, 성령의 능력으로 그리스도를 믿도록 부르심을 받은 사람들입니다.

이러한 노선을 따라서 이 구절이나 다른 구절들을 읽을 때, 옛 개혁주의 신학자들이 하나님 아버지와 성자 하나님 사이의 언약이라 불렀던 것을 보게 됩니다. 그 언약에 따라서 아버지께서는 구원에 있어서 예수님께서 위하여 특별하게 죽으신 그 거대한 무리들을 주시기로 되어 있었던 것입니다. 더구나, 이 백성들의 선물은 예수님에게 "알맞은" 선물만 되는 것이 아닙니다. "만족한" 선물도 되었읍니다. 왜냐하면 그리스도에 대해서 기록된 말씀 속에는 그리스도께서 자기 백성들 속에서 기쁨을 가지고 백성들을 보고 즐거워하신다는 말씀이 자주 나오기 때문입니다. 구약성경에서 그에 대한 한 큰 실례를 들어 본다면 이사야서에 있읍니다. 이사야서 53 장은 자기 백성을 위하여 고난을 당하시고 죽으시는 그리스도에 대해서 아주 소상하게 묘사를 하고 있는데, 주께서는 그 고난의 열매를 보시고 만족해 하신다는 내용의 말씀이 나와 있읍니다. "여호와께서 그로 상함을 받게 하시기를 원하사 질고를 당케 하셨은 즉 그 영혼을 속건제물로 드리기에 이르면 그가 그 씨를 보게 되며 그 날은 길 것이요 또 그의 손으로 여호와의 뜻을 성취하리로다 가라사대 그가 자기 영혼의 수고한 것을 보고 만족히 여길 것이라 나의 의로운 종이 자기 지식으로 많은 사람을 의롭게 하며 또 그들의 죄악을 친히 담당하리라"(10 , 11 절). 그 만족은 당신의 죽음으로 우리의 구원이 확보될 것임을 아는 데서 오는 만족이었읍니다.

신약성경에서도 그리스도께서 만족하시는 문제가 나와 있읍니다. 히브리서 12 장에서 그 한 예를 발견하게 됩니다. 우리는 거기에서 주 예수 그리스도의 본을 보게 됩니다. "믿음의 주요 온전케 하시는 이인 예수를 바라보자. 저는 그 앞에 있는 즐거움을 위하여 십자가를 참으사 부끄러움을 개의치 아니하시더니 하나님 보좌 우편에 앉으셨느니라"(2 절). 그리스도는 뭘 보고 기뻐하십니까 ? 당신의 죽음을 통해서 하나님께서 당신에게 주신 모든 사람들의 구원이 확보되리라는 것을 알고 기뻐하는 기쁨임에 틀림없읍니다.

아버지께서 그리스도에게 어떤 백성들을 주시고, 그 백성들이 그리스도의 고난을 통해서 분명히 구원을 받게 되리라는, 아버지께서 그리스도께 주신 약속이 십자가를 지실 때가 임박해서 그리스도께 "위안"이 되었으리라고 생각하십니까 ? 정말 그렇다고 저는 믿습니다. 그렇지 않다면야 무엇 때문에 "아버지께서 내게 주신 자들"(약간 어형이 다른 형태로 두번이나) 이란 어구가 2 , 6 , 9 , 11 , 12 , 14 절에서 일곱번이나 나왔겠읍니까 ?

우리는 특별히 고통스럽고 외적으로 아픔을 느끼는 어떤 이를 만나게 되면 한 개념이나 한 어구를 거듭 되풀이하는 자신들의 모습을 대하게 됩니다. 자기들이 무서워하는 수술을 하게 될 때 때로 사람들은 "몇 시간 아니면 그 일이 다 끝나겠지요" 또는 "모두 그 일이 잘 되겠지요"라는 말을 되풀이합니다. 우리가 어떤 운동경기에 임하게 되면 우리는 그 운동경기를 잘하기 위해서 기억해야 할 것을 되풀이 말하는 경우들이 자주 있읍니다. "턱을 아래로 숙여" "팔을 쭉 뻗어" "호흡을 깊게 해라." 또는 그 사람이 꼭 기억해야하는 교훈을 거듭해서 말합니다. 예수님에게 있어서도 마찬가지였읍니다. 십자가는 예수님에게 결코 쉬운 그러한 일이 아니었읍니다. 특별히 그것이 당분간이나마 우리 대신 죄짐을 지시는 순간에 아버지와 분리되는 일을 포함하고 있기 때문에 그 길이 어려웠던 것입니다. 잡히시던 날 밤에 그 동산에서 그는 고뇌에 찬 기도를 하면서 이 잔이 자기에게서 옮겨지기를 구하였읍니다. 아버지의 뜻이라면 말입니다. 그것은 어려웠읍니다. 그러나 그가 신문을 받으면서 자기의 고난은 자기 백성들의 구원을 가져올 것임을 알고 위안을 받았읍니다. 이 일에 대해서 그는 일찌기 "아버지께서 내게 주시는 자는 다 내게로 올 것이요"(요 6 : 37)라 말씀하셨읍니다. 그의 죽으심은 이미 예수님께 주어진 자들이 아버지께 오도록 하는 객관적이고 법정적인 기초를 제공하기 위한 것이었읍니다. 그러니 교회를 위해서 죽으실 그리스도에게 있어서 교회를 선물로 주시는 것보다 더 위대하고 더 알맞고 더 만족한 선물이 없었읍니다. 만일 여러분이 그리스도를 여러분의 구주로 믿었다면, 여러분은 창세 전에 아버지에 의해서 예수님께 주어진 사람이며, 예수님께서 죽으실 때 바로 여러분을 생각하고 위안을 받았다는 것을 알아야 합니다.

권 세(권위)

요한복음 17 : 3 에 의하면, 하나님께서 예수님에게 주신 선물 가운데 두번째는 권세, 또는 "엑수시아"라는 말을 더 잘 번역한다면 "권위"입니다. 그 선물은 당신이 원하는대로 모든 육체를 다스리는 권한이었읍니다. 그 권한은 대단한 권위입니다. 왜냐하면 이 권위를 기초해서 그리스도께서는 하나님께서 당신에게 주신 모든 자들에게 영생을 주실 수 있기 때문입니다.

이 권위에 대해서 매우 중요한 요점들이 여럿 있읍니다. 첫째로, 그 권위의 범주입니다. "만민을 다스리는 권세를 아들에게 주셨음이로소이다" 라고 말할 때 그 점을 지적하고 있는 것입니다. 여기서 "만민"이란 이제까지 살았던 사람들이나 앞으로 살 모든 사람들을 다 의미합니다. 부자나 가난한 자나, 우리 문화시대에 살고 있는 굉장히 많은 것을 알고 있는 사람들이나 아니면 정글에 살고 있는 야만인들이나, 강한 자나 약한 자나, 지식이 있는 자나 그렇지 못한 자 등 모든 사람들을 포함합니다. 그것은 또한 다른 사람을 뜻합니다. 그것은 바로 나를 뜻합니다. 주 예수 그리스도의 범우주적인 통치 권한의 범주로부터 벗어나는 사람은 하나도 없읍니다. 그러므로 그가 원하시면 그가 하고 싶으신대로 할 것입니다. 그는 왕 중 왕이시요 주 중 주이십니다.

더구나 그것은 과거와 장래의 사람들만 다 이 권위에 복중한다는 것은 아닙니다. 그것은 천사들과 귀신들과 하늘에 있는 자들과 지옥에 있는 모든 자도 포함합니다. 이 진리는 그리스도의 높아지심을 말하는 위대한 대목인 빌립보서 2 : 9 - 11 에서 명백히 가르쳐지는 것입니다.

"이러므로 하나님이 그를 지극히 높여 모든 이름 위에 뛰어난 이름을 주사 하늘에 있는 자들과 땅에 있는 자들로 모든 무릎을 예수의 무릎에 꿇게 하시고 모든 입으로 예수 그리스도를 주라 시인하여 하나님 아버지께 영광을 돌리게 하셨느니라." 여기에 보면 인격적인 존재들의 세 가지 범주가 언급되어 있읍니다. 하늘에 있는 자들과, 땅에 있는 자들, 땅 아래 있는 자들이라는 표현이 바로 그것을 말합니다. 그것은 천사들(그들이 본성적으로 거해야 하는 장소는 하나님과 함께 거하는 것입니다), 사람들(땅에 있는 사람들), 타락한 귀신들(그들이 최초로 모반을 하였을 때 하늘에서 쫓겨났고, 어느 날 그들은 지옥에 가서 살게 될 것이며 그들을 위해서 그 지옥이 준비되어 있읍니다)입니다. 물론 인식에는 두 종류가 있읍니다. 거룩한 천사들과, 사람들 중에서 구속받은 사람들은 그리스도를 기쁘게 인정할 것입니다. 그들은 그리스도를 주로 고백하는 것이 즐겁습니다. 타락한 천사들과 사람 중에서 믿지 않는 자들은 그를 결코 반갑게 인정하지 않을 것입니다. 그러나 "그들은 결국 인정하고야" 말 것입니다. 그의 승리의 단순한 사실로 말미암아 그렇게 될 수 밖에 없읍니다. 그러한 인정이 이루어진다 할지라도, 그것이 자원하는 심정으로 인정하느냐, 아니면 마지 못해 인정하느냐,아니면 미움을 가지고 인정하느냐 – 바로 그 차이가 있습니다. 그 어느 편이라 할지라도 인정을 "받게"될 것이고, 주 예수 그리스도의 권위와 권능에 대한 모든 영역은 충만하게 변호가 될 것입니다.

우리가 그 권위를 어떻게 피할까라고 구하는 것보다는, 어떤 방식으로 그의 통치를 우리가 인정할까하고 구하는 것이 더 좋습니다. 기꺼워하면서 기쁨으로 구할까요? 아니면 마지못해 미워하는 마음으로 할까요?만일 여러분이 여기에서 주 예수 그리스도를 믿거나 사랑하지 않는다면, 모든 사람들이 그 앞에 불리움을 받는 그 큰 위대한 날에 우리는 그 일을 하지 못할 것입니다. 우리는 지금 그리스도께로 와야 합니다. 오늘은 하나님의 은혜와 구원의 날입니다.

이 구절에 묘사된 그리스도의 권위에 대하여 주목할만한 두번째로 중요한 요점은, 그 권위의 깊이입니다. 왜냐하면 여기서 말하는 것은 예수님께서 모든 만물을 다스리는 권위를 허락받았다는 것만을 뜻하는 것이 아니기 때문입니다. 물론 그것도 중요합니다만 그가 "모든 육체를"다스리는 권위를 받았다는 말씀이기도 합니다. 육체는 우주에서 가장 반항적인 존재입니다.

보통 영어에서 "육체"(flesh)는 거의 몸의 육신적인 부분을 가리키는데 사용되며, "피부"라는 말과 거의 동의어로 사용됩니다. 그러나 성경에서 그 말이 나오면 그런 뜻이 아닙니다. 물론 어느 경우에는 "피부"를 뜻하는 경우도 있지만 말입니다. 그러나 보편적으로 성경에서 그 말은 어떤 한 사람의 전체 인격을 뜻합니다. 몸과 혼과 영으로 구성된 인격 말입니다. 타락 이후 그 인격이 죄의 본성으로 부단하게 충동을 받아왔습니다. 우리는 이 보다 광의적인 정의에 대한 최초의 실례를 창세기 처음 몇 장에서 발견합니다. 하나님께서 첫번째 여자를 아담에게 이끌어 오셨을 때 아담은 "이는 내 뼈 중의 뼈요 살 중의 살이라 이것을 남자에게서 취하였은즉 여자라 칭하라 하니라 이러므로 남자가 부모를 떠나 그 아내와 연합하여 둘이 한 몸을 이룰찌로다"(2:23, 24)라고 말하는 경우에서 그 실례를 발견합니다. 바로 이 말씀에서 "한 몸을 이룰찌라"라는 말은 여자와 남자가 성적으로만 연합한다는 것을 뜻하지 않습니다. 물론 그 연합도 중요한 것이기는 하지만 말입니다. 오히려 그들의 존재의 각 차원, 몸과 혼과 영의 연합을 뜻하는 것입니다. 그래서 그 둘은 그 이후부터 우리가 한 유기체라고 부르는 것이 되는 것입니다. "몸"은 그러므로 사람 존재 전체를 지시하는 말입니다.

이 첫번째 경우에서 "육체"라고 하는 말은 호의적인 의미로 쓰여졌습니다. 타락이 있고 나서 3장에서 이 최초에 쓰여진 호의적인 용법이 변해버렸습니다. 이제 그 말은 계속해서 사람의 존재 전체를 가리키지만 부패한 죄악적 본성의 지배를 받는 것을 나타내는 말이 되었습니다.

저는 이 요한복음강해 제1권에서 되풀이한 한 예화를 말씀드리겠습니다. 우리는 1장을 연구하면서 육체와 영의 대조를 연구했었습니다. 줄다리기 경주에서 두 그룹으로 사람들이 나눠져서 줄을 양쪽에서 서로 잡아다니는 것을 상상해보십시오. 그 팀들이 서로 백중의 힘일 때는 그 줄의 경계점은 중간에 고정되어 있게 됩니다. 그러나 그 팀 중 한 팀이 약해지거나 넘어지게 되면 그 경계 표시는 한 쪽으로 쏠리게 되고 결국 더 강한 팀이 이깁니다. 사실 그 팀은 자기들이 원하는대로 그 경계 분깃점을 끌고 갈 수 있습니다. 몇 가지 방식으로 타락 전에 인간의 본성이 바로 그러하였다고 말할 수 있습니다. 그 분깃점은 영혼을 대표합니다. 한 그룹의 사람들은 본성적 소욕을 가진 육체를 대표합니다. 또 다른 그룹의 사람들은 하나님을 아는 의식을 가진 영을 대표합니다. 영은 사람의 영적 진보를 이루려고 작정했었습니다. 그러나 사람이 범죄하자 영은 죽었고, 그때부터 부패한 소욕이 인간 본성을 주도하게 되었습니다.

그러나 그렇게 예를 드는 데는 한 가지 난제가 있습니다. 육체는 본질적으로 악하고 영은 본질적으로 선하다는 일종의 이원론적인 개념을 전달한다는 문제점이 있습니다. 성경적으로 그렇게 이해할 수는 없습니다. 여기서 보다 더 나은 예화를 필요로 합니다. 35,000 피이트 높이를 날고 있는 비행기를 생각해 봅시다. 조종사는 혼이고, 비행기의 동체는 육체요, 엔진의 핵심 부분은 영이라고 합시다. 그 비행기의 각 부분은 그런 형태를 띠고 있을 때 훌륭하고, 그 비행기를 고안해낸 사람이 생각하는대로의 기능을 발휘합니다. 그러나 엔진이 꺼져버렸습니다. 비행기

전체가 어려움에 봉착합니다. 자, 이제 엔진이 돌아갈 때는 정상을 유지
하던 동체가 현격하게 흔들리게 되고 그 비행기를 떨어뜨려 결국은 파괴
됩니다. 성경적인 의미에서 육체적으로 된다는 것은 앞으로 가게 하는 영
의 추진력이 없이 몸의 지배를 받게 된다는 것을 뜻하는 것이지요. 때로
"옛 사람" 또는 "본성"에 의해서 우리가 지배당한다는 말을 듣습니다. 때
로 성경은 우리 마음의 거짓됨에 대해서 말합니다.

　여기서 몇 가지 본문을 소개합니다. "내가 죄악 중에 출생하였음이여 모
친이 죄 중에 나를 잉태하였나이다"(시 51 : 5). "너희는 유혹의 욕심을
따라 썩어져 가는 구습을 좇는 옛 사람을 벗어버리고"(엡 4 : 22). "만물
보다 거짓되고 심히 부패한 것은 마음이라"(렘 17 : 9). "속에서 곧 사람
의 마음에서 나오는 것은 악한 생각 곧 음란과 도적질과 살인과 간음과
탐욕과 악독과 속임과 음탕과 흘기는 눈과 훼방과 교만과 광패니 이 모
든 악한 것이 다 속에서 나와서 사람을 더럽게 하느니라"(막 7 : 21 - 23).
"육신에 있는 자들은 하나님을 기쁘시게 할 수 없느니라"(롬 8 : 8).

　이러한 배경을 가지고 그리스도께서 모든 육체를 다스리는 권세의 깊
이에 대해 무엇인가를 이해할 수 있게 되었습니다. 왜냐하면 이 말의 요
점은 단순히 예수님께서 모든 이지적인 존재들을 다스릴 권위를 가지고
계시다는 것만을 뜻하는 것이 아니기 때문입니다. 물론 그것도 사실입
니다만, 예수님께서 지금 전적으로 사람들을 주관하고 있는 그 강퍅하고
패역한 본성도 다스리는 권세를 가지고 계심을 뜻하는 것입니다. 저는 그
사실을 기뻐합니다. 왜냐하면 예수님께서 나를 다스려 내 패역의 길에서
나를 건져 주시고 내 죽은 영혼을 살리사 믿음으로 예수님께 반응할 수
있도록 하시지 않으셨다면 저는 정말 믿지 않았을 것이기 때문입니다. 또
한 저주 아래서 처해 있다가 죄 가운데서 곧 멸망할 뻔했습니다. 그러나
은혜로 그리스도께서는 헤아릴 수 없는 다른 사람에게 하신 거와 똑같이
제게도 얼굴을 돌려 주셨습니다.

보편적인 것과 특수한 것

　이 점은 이 본문에서 언급된 선물 가운데 세번째로 우리를 인도해 줍
니다. 예수께서 모든 만물을 다스리는 권세를 가지심으로써 하나님께서

예수님에게 주신 사람들에게 모두 영생을 특수한 방식으로 주셨다는 말씀을 듣게 됩니다. 그 권위는 보편적인 것입니다. 실로 그것은 그 깊이와 범주에 있어서 그보다 더 클 수 없을 정도입니다. 그럼에도 불구하고 구원의 문제에 있어서 그 권위를 행사하시는 것은 매우 특수한 것입니다. 왜냐하면 하나님께서 예수님에게 주신 자들, 바로 그들에게만 영생을 주시는 것으로 나타나 있기 때문입니다.

인간적이고 육신적인 생각의 차원에서 볼 때 이 구절의 난제는 바로 그 것입니다. 예수님께서 모든 만민을 다스리는 권위를 갖고 계시다는 진술에 대해서는 의심하거나 의문을 제기하지 않습니다 - 최소한 그리스도인은 의문을 제기하지 않습니다 - 왜냐하면 예수님을 주라 부를 때 그리스도인은 바로 그 점을 고백하기 때문입니다. 그러나 하나님 아버지께서 예수님에게 이미 주신 자들, 바로 그 사람들만을 골라서 영생을 주신다고 말하는 것은 전혀 다른 문제입니다. 어떻게 그럴 수 있습니까? 하나님께서 편벽되십니까? 하나님께서 구원을 이루시는 방식에 정말 그런가요?

우리는 어째서 하나님의 행동이 그러하냐고 하는 질문을 특별하게 받을 때 이러한 일들을 온전히 이해하지는 못한다는 점을 솔직히 말해야 합니다. 그럼에도 불구하고 그 문제에 대한 우리의 생각이 어떠하다 할지라도 하나님께서는 바로 그렇게 그 방식으로 행하신다고 언제나 말해야 합니다.

예수님께서는 당신의 사역기간 동안에 여러 차례 이러한 반론에 부닥치게 되었습니다. 때로 사람들은 과격하게 그 반론을 표현하기도 했습니다. 예를 들어서 사역을 시작할 때에 나사렛 회당에서 이사야서를 읽으면서 그는 하나님의 선택하신 은혜의 본질에 대한 토론을 벌였습니다. 그 말을 듣던 사람들은 발칵 성을 냈습니다. 일찌기 그는 자신이 바로 이사야서 61 : 1, 2 의 예언을 이룰 자라고 시사했습니다. 그들은 그 점에 대해서 특별하게 혼란을 겪지는 않았습니다. 사실 그들은 "다 그를 증거하고 그 입으로 나오는바 은혜로운 말을 기이히 여겼습니다"(눅 4 : 22). 그러나 우리가 기대하는 바대로 하나님께서 언제나 행하시지 않거나, 아니면 우리의 공평과 논리의 수준에 따라서 행동하지 않을 때 불평합니다. 예수님께서는 이렇게 말씀하셨습니다. "내가 참으로 너희에게 이르노니

엘리야 시대에 하늘이 세 해 여섯 달을 닫히어 온 땅에 큰 흉년이 들었
을 때에 이스라엘에 많은 과부가 있었으되 엘리야가 그 중 한 사람에게
도 보내심을 받지 않고 오직 시돈 땅에 있는 사렙다의 한 과부에게 뿐이
었으며 또 선지자 엘리사 때에 이스라엘에 많은 문둥이가 있었으되 그중
에 한 사람도 깨끗함을 얻지 못하고 오직 수리아 사람 나아만 뿐이니라"
(25 – 27 절). 이 구절의 말씀은 하나님께서 모든 것을 다스리는 권위를
갖고 계시므로 그가 원하시는 자들에게 긍휼을 베푸신다는 것을 확증합
니다. 앞에서 가르친 것에 대해서는 가만히 있더니 이 말씀을 듣고 사람
들은 "분이 가득하여 일어나 동네 밖으로 쫓아내어 그 동네가 건설된 낭
떠러지까지 끌고 가서 밀쳐내리치고자" 하였읍니다(28 , 29 절).

더 나쁜 것이 있읍니다. 우리가 죄와 허물로 죽어 있어서 예수께서 먼
저 우리에게 영생을 주지 않으면 예수님께 올 수 없다는 사실, 우리가 본
성적으로는 진리가 우리에게 증거될 때 그 진리들을 미워한다는 사실 중
어느 것이 더 나쁩니까? 말하기 어렵습니다. 그러나 말하기 가장 좋은
방식은, 하나님께서 그의 은혜로 어떤 사람을 그리스도에게 주셨고, 그
리스도께서는 그에게 자신의 생명을 내어 주사 구원받게 하셨다고 말하
는 것입니다.

여러분은 그런 사람입니까? 그런지 안그런지 저는 모르겠읍니다. 여러
분이 그리스도에게 반응하느냐 반응하지않느냐에 따라서 하나님께서 그리
스도에게 주신 자 속에 여러분이 포함되는 일은 알 수 있읍니다. 그러나
만일 여러분이 여러분 속에서 영적 생명이 꿈틀거리는 것을 발견하여 갈
수록 더 깊은 영적 궁핍을 느끼게 되고 여러분에게 매력적이던 예수님이
구주신 것을 알게 된다면, 또한 여러분이 그에게 시선을 돌리고 있다면,
하나님의 이러한 위대한 은사들이 여러분에 관한 한 이미 주어졌기 때문
이며, 여러분은 필연적으로 예수님께 인도함을 받고 있는 것이 틀림없읍
니다. 하나님께서 여러분을 예수님께 주신 것입니다. 예수님은 여러분을
이끌고 계십니다. 그에게 나오십시요. 그분이 여러분의 구주인 것을 아
십시요.

44

참 하나님을 아는 지식

"영생은 곧 유일하신 참 하나님과 그의 보내신 자 예수 그리스도를 아는 것이니이다"(요 17:3).

하나님의 말씀을 연구할 때 제게 있어서 언제나 흥미로운 것 중 하나 는 구원을 여러 가지 방식으로 말할 수 있다는 점입니다. 사실, 그 것은 흥미 이상의 의미를 가지고 있는 것입니다. 그리스도인들이 구원에 대하여 말하면서 어떤 한 가지의 방식에만 붙잡혀 있어서 그 방식을 바 꾸지 아니하려 하고, 심지어는 상대방 사람들이 그리스도인들이 쓰는 어 휘를 이해하지 못하는 경우에도 종종 그러하기 때문입니다.

복음적인 부류들 속에서는 예수 그리스도의 복음에 대하여 말하는 보 편적인 방식은 "죄", "속죄", "새로 남(거듭남)", "예수를 믿음"이라는 말 이나, 그와 관련된 개념들만을 들어서 말하는 방식입니다. 그것은 전혀 놀라운 일은 아닙니다. 왜냐하면 이러한 어휘들은 성경적인 주요한 어휘 들이고, 그 어휘들이 기독교 복음을 전파하는데 가장 핵심부에 온다 할 지라도 잘못이 아니기 때문입니다. 그러나 만일 이러한 말을 영어에서 빼 어 버리면 어떻게 되겠읍니까? 아니면, 거의 같은 이야기이지만, 이 말 들과 이 말들의 의미를 복음을 전할 때에 쏙 빼어 버리고 전한다고 하면 어찌되겠읍니까? 사용될 만한 다른 어휘들이 있읍니까? 성경을 연구하여 본 결과로는 그것이 가능하다는 생각이 들었읍니다. 그래서 한 가지만 예를 들어서 말하자면, 하나님의 뜻, 우리들이 그 하나님의 뜻에 대하여 배역한 것과, 그리스도 안에서 성령으로 말미암아 우리의 뜻과 당신의 뜻을 일치시키시는 하나님의 역사에 대하여 말하는 것이 가능합니다. 우리가 하나님의 뜻을 거스려 우리의 뜻을 고집하는 것이 죄입니다. 이사야 14 장에서 성경이 사단의 죄에 대하여 그런 식으로 말하고 있읍니다. 구원은, 하나님께서 당신의 완전하고 거룩한 뜻을 우리 안에서 다시 정착시켜서 그리스도께 이끌림 받아서 거룩을 추구하는 사람들이 되게 하시는 하나님의 일입니다. 하늘을 묘사할 때에는 사단에 의하여 어지럽혀졌던 우주의 뜻이 다시 조화를 이루는 곳이라고 말할 수 있읍니다.

우리가 다룰 요한복음 17 장 3 절은 구원을 묘사하는 또 다른 차원을 제시하고 있읍니다. "영생은 곧 유일하신 참 하나님과 그의 보내신 자 예수 그리스도를 아는 것이니이다"(17 : 3). 여기서 가장 중요한 차원은 지식입니다─"아는 것이니이다" 하나님을 아는 것이 구원입니다. 대조적으로, 하나님을 알지도 못하는 것과, 알기를 원하지 아니하는 것이 죄입니다.

참 지식

우리가 이러한 노선을 따라서 말할 때, 구원이 되는 지식은 어떠한 것을 의미하는지 조심해서 정의해야 합니다. 주님께서 이러한 표현을 하실 때에 의미하셨던 것과 전혀 다른 의미로 이 말이 사용될 때가 많기 때문입니다. 그래서 구원을 암시하는 의미이기는 커녕 사람들이 어째서 구원을 얻기 위하여 하나님께 나오지 못하는 잘못을 범하는지 그 이유를 성경적으로 설명하는 것이나 마찬가지로 사용되는 적도 있읍니다.

이 말을 쓸 때 부적당하게 보이는 네 가지 경우를 생각해 봅니다. 첫번째 경우는 의식을 뜻하는 경우에 안다고 할 때 입니다. 예를 들어서 미국은 한 대통령과 의회에 의하여 통치되고 그 본영이 다 워싱턴에 있음을 안다고 말할 때 우리 마음에 그런 의미를 생각합니다. 이것은 매우 심오한 유의 지식은 아닙니다. 그리고 반드시 구체적인 것도 아닙니다. 어린이가 자기가 학교에서 배운 어떤 것 때문에 가질 수 있는 유의 의식입니다. 성경은 로마서 1 장에서 그런 유의 지식을 말합니다. 인간으로 태어나는 모든 사람들은 다 이러한 지식을 가지고 있으며, 그것을 가지고도 하나님께 나오지 않으니 하나님 앞에 죄인이라고 말합니다. 더 정확하게 말하여, 바울은 하나님의 진노가 사람들에게 나타나는 것에 대하여 이렇게 말합니다. "하나님을 알 만한 것이 저희 속에 보임이라 하나님께서 이를 저희에게 보이셨느니라 그의 보이지 아니하는 것들 곧 그의 영원하신 능력과 신성이 그 만드신 만물에 분명히 보여 알게 되나니 그러므로 저희가 핑계치 못할찌니라"(19 - 21 절). 이 구절들은 예수님이 의도하신, 다시 말하면 하나님을 아는 지식과 영생을 연관시키는 의미에서의 하나님을 아는 지식을 말하는게 아닙니다. 만일 그런 경우라면 모든 사람이 다 구원을 받을 것입니다. 오히려 거의 기본적으로 남아 있는 유의 지식을 말하는 것입니다. 그것은 하나의 의식에 지나지 아니합니다. 그러나 그것은 우리로 하여금 책임을 지게 만드는 것입니다.

"안다", "지식"이라는 말을 부적당하게 생각하는 두번째 경우는 **정보**와 관련된 것입니다. 앞에서 든 예로 돌아가 본다면, 대통령이 있고 의회가 있다는 것만 아는게 아니라 그들에 대하여 많은 것을 알고 있다고 말할 수 있읍니다. 여기서 워싱턴에 나가 있는 특파원 기자는 많은 지식을 가지고 있을 것입니다. 그러나 그러한 타입의 지식은 같은 경우일 것입니다. 영적인 차원에서는, 하나님에 관하여 많은 것을 알고 있으면서도 반드시 거듭났다고는 할 수 없는 신학자가 소유한 유의 하나님을 아는 지식이 그 경우일 것입니다.

세번째 관점은 **체험**으로 아는 지식입니다. 그러나 앞의 두 경우보다는 더 낫다고 하지만 여전히 이것만 가지고는 충분하지 못합니다. 어떤 사람이 여름 밤에 자기 집 주위에 있는 들에 나가서 별들이 반짝이는 하늘을 쳐다 보고 와서는 "나 하나님을 체험하였어. 내게 신학 같은 것 말하지 말라. 나는 말을 원치 않아. 난 진정한 것을 체험하였다"고 말했다고 합시다. 그런 경우 그 사람이 한 체험을 그렇게 말할 수 있을 것입니다. 우리는 이미 그러한 사람이 자기의 체험을 상상하고 있다고 믿을 수 있읍니다. 특히 그것이 주 예수 그리스도와 아무런 관계없는 경우일지라도 말입니다. 그러나 그는 반드시 상상하고 있다고만은 할 수 없고, 그 사람이 전혀 의미 없는 체험을 하였다고 할 수는 없읍니다. 실제로는 매우 심오하고 감동적인 것을 체험하였을 수도 있읍니다. 그러나 그것이 아무리 감동적인 경우라 할지라도 예수님이 영생을 묘사하실 때 생각하신 유의 그런 지식은 아닙니다.

네째로, 가장 고차원적인 형태를 띠고 있는 것으로서 **하나님만 아는 지식**을 예수님이 의도하신 것도 아닙니다. 왜냐하면 하나님을 안다면 그것은 언제나 우리와 하나님과의 관계에서 우리 자신을 아는 지식을 포함하기 마련이기 때문입니다. 하나님을 아는 지식과 우리 자신을 아는지식은 함께 갑니다.

그러면 이 지식은 어떤 것입니까? 그것은 하나님과 개별적인 만남을 의미하는데, 하나님의 거룩하심 때문에 우리 자신의 죄를 알게 되고, 따라서 우리 자신의 깊은 인격적인 모자람을 의식하게 되고, 그런 다음에 하나님의 은혜로 말미암아 우리의 구세주이신 그리스도께로 돌아가게 되는 그런 유의 만남을 의미합니다. 이 지식은 하나님의 성령께서 먼저 그러한 일이 가능하게 만드시는 경우에만 일어납니다. 그리고 그 지식은 언제나 우리를 변화시키는 것입니다. 그리고 하나님께 진정한 마음의 반응을 나타내고 참된 경건을 유발시킵니다. 그리스도의 간단한 진술 속에 바로 이러한 깊은 의도가 숨어 있는 것입니다. 그렇게 때문에, 그리스도께서 말씀하시는 지식은 "참"하나님과 구주이신 예수님을 아는 지식임을 강조하시는 것입니다.

참 하나님

이는 우리로 하여금 거짓되거나 상상에 의하여 꾸며낸 하나님과 반대되는 "참"하나님을 아는 문제를 생각하게 만듭니다. 이 문제는 우리로 하여금 이런 의문을 가지게 합니다. 이 하나님은 누구인가? 우리가 하나님을 알게 될 때 우리에게 미치는 영향은 어떠한 것인가?

이 시점에서 도움이 되는 구약의 한 이야기가 있읍니다. 그것은 모세에게 하나님께서 자신을 나타내신 이야기입니다. 모세는 분명하게 그 전에도 참 하나님을 의식하고 있었읍니다. 그는 경건한 가정에서 태어났읍니다. 그는 의심할 여지없이 아브라함을 하나님께서 부르신 일이나 그 후에 아브라함이나 다른 족장들을 다루신 하나님의 역사를 들었을 것입니다. 심지어 히브리 백성들을 애굽의 종노릇 하는데서 건져 주시리라는 하나님의 언약을 믿고 있었읍니다. 왜냐하면 애굽인을 죽일 때 자기가 한번 그 언약을 이루는 도구가 되어 보겠다고 자신을 내세운 적이 있기 때문입니다. 그럼에도 불구하고 시내산 기슭의 떨기 나무 불꽃 속에서 하나님께서 자신을 나타내시기 전에는 충만한 의미에서의 하나님과의 어떤 인격적인 만남도 없었다고 말하는게 진리일 것입니다.

모세는 이 떨기나무를 주목하였을 때에 자기 일에 골몰하고 있었읍니다. 그런데 떨기 나무가 타고 있었읍니다. 그것은 비상한 일이었지만 이적적인 것은 아니었읍니다. 그가 가까이 서서 보면서 점점 더 알게된 놀라운 일은 떨기 나무에 불이 붙었는데도 그 나무가 타서 없어지지 아니한다는 사실입니다. 그는 더 가까이 가 보았읍니다. 잠시 후에 그 떨기 나무에서 자기를 부르는 음성이 들려 왔읍니다. "모세야 모세야 … 이리로 가까이 하지 말라 너의 선 곳은 거룩한 땅이니 네 발에서 신을 벗으라"(출 3 : 4, 5).

하나님께서 모세에게 당신에 관하여 가장 먼저 나타내신 것은 무엇입니까? 그것은 당신의 **거룩하심**이었읍니다. 여기서 하나님께서는 모세를 부르사 가까이 와 당신이 하시는 말씀을 청종하시기를 원하신 것이 분명합니다. 그러나 모세가 제일 처음에 들었던 것은 "가까이 하지 말라 네 발에 신을 벗으라"는 말씀이었읍니다. 그리고 하나님께서 그 이유로, 네가 밟는 땅은 하나님이 계시기 때문에 거룩하다고 말씀하신 것입니다. 거룩함 ! 타락한 사람들이 참되신 하나님에 관하여 들어야 하는 가장 중요하고 제일되는 것은 바로 그 거룩입니다. 따라서 죄인들은 하나님께 나아가지 못하게 하는 것은 죄임을 배워야 합니다. 모세는 분명하게 즉시 그 점을 인식하였을 것입니다. 왜냐하면 그 다음 구절에서 보면, "모세가 하나님 뵈옵기를 두려워하여 얼굴을 가리우매"(6 절)라는 말씀이 있으니 말입니다.

개인적인 방식으로 이러한 질문을 던져 봅니다. 여러분은 하나님의 거룩하심과 여러분의 죄 때문에 하나님 뵙기가 두려워진 체험을 한 적이 있었읍니까? 그렇다면 제가 말씀 드리는 것이, "당신은 언제나 하나님을 두려워 하느냐?"라든지 아니면 "당신은 하나님을 두려워 해야 한다는 것을 모릅니까?"라는 뜻은 아닙니다. 만일 여러분이 예수 그리스도를 믿었다면, 여러분은 하나님께서 그리스도의 희생제물로 말미암아 여러분의 죄를 도말할 방안을 마련하셨다는 것과, 그러므로 그것을 기초로 하여 담대하게 하나님께 나아갈 수 있다는 것을 배웠을 것임에 틀림없읍니다. 그러나 제가 의도하는 바는 이러합니다. 여러분은, 죄가 전혀 없으시고 어떤 방식으로든지 죄를 용납하실 수 없고 그래서 죄를 심판하셔야 하는 분과 궁극적으로 만나야 한다는 것을 알고 정말 마음에 고통을 당한 "적"이 있느냐는 말입니다. 만일 여러분이 그러한 식으로 진실로 하나님을 안 적이 없다면, 어떤 의미에서 여러분은 하나님에 관한 제일 되는 것을 알지 못하였거나 아니면 최소한 그것을 깊게 알지 못하였음을 암시하고 있는 것입니다. 따라서 여러분은 여러분의 죄나 하나님의 크신 은혜의 진정한 분량을 진실로 알지도 못할 것입니다.

하나님의 지식

하나님께서 모세에게 자신에 관하여 알리신 두번째 요점은, 사물을 아시는 하나님 자신의 지식입니다. 우리들이 보다 더 정확한 언어로 말하자면 그의 **전지하심**입니다. 이 출애굽기의 기사에서 하나님은 모세에게 말씀하셨고, 모세는 그의 얼굴을 가리웠고, 그런 다음에 하나님은 애굽에 있는 이스라엘 백성들의 처지에 관하여 알고 들으신 것을 말씀하시기 시작하십니다. "내가 애굽에 있는 내 백성의 고통을 정녕히 **보고** 그들이 그 간역자로 인하여 부르짖음을 **듣고** 그 우고를 **알고** …이제 이스라엘 자손의 부르짖음이 내게 달하고 애굽 사람이 그들을 괴롭게 하는 학대도 내가 **보았으니**"(7 - 9 절). "내가 알고… 들었고… 내가 안다", 그러므로 "내가 왔다." 이 말들은 하나님이 사용하시는 말들입니다. 하나님의 전지하심에 대하여 말하고 있습니다. 만일 모세가 이 선언에서 그 요점을 포착하지 못하였다면 - 그가 얼굴을 가리우고 벗은 발로 두려워 떨고 있었음에 분명하니 말입니다 - 곧 뒤이어서 그것을 알게 되었을 것입니다. 왜냐하면 하나님은 모세에 관하여도 모든 것, 그의 강함과 그의 연약함들에 관해 모두를 아심을 보여주셨읍니다. 그리고 장차 있을 일도 알고 계심을 말해 주었읍니다. 왜냐하면 하나님은 여러 가지의 난관들을 미리알게 하셨기 때문입니다. 바로가 모세의 요구를 순순히 들어줄 리 없고, 처음에는 강하게 저항하다가 급기야는 하나님께서 애굽에서 많은 기사를 행하신 후에야 가게 할 것이라고 말씀하십니다.

하나님에 관하여 이 점을 아는 것이 중요한 것은 무엇 때문입니까? 하나님께서 모든 것을 아신다는 것을 아는 것이 중요한 이유는 무엇입니까? 대답은 두 방면에서 할 수 있읍니다. 하나님께서 모든 것을 아시는 분이시니 우리의 뛰어나게 보이는 경건과 어떤 충성의 외면적인 모습을 가지고 그를 속일 수 있다는 어리석은 유혹에 빠져서는 안된다는 것을 알아야 합니다. 만일 우리가 할 수 있는 것이 있다면, 우리가 자신의 길을 갈 때 하나님을 따르는 것에 대하여 매우 진지하게 생각하게 해 주십사고 하나님께 간청할 수는 있읍니다. 우리가 실제로는 선하지 아니한데도 선해 보이려고 노력하곤 합니다. 그리고 우리가 실제로는미움이나반감을 가지고 있는데도 사랑하는 척합니다. 그리고 교만으로 가득차 있는데도 겸비한 척합니다.

그러나 하나님은 그러한 일들로 인하여 속으실 분이 아닙니다. 그는 어떤 일로도 기만을 당하지 아니하십니다. 따라서 우리는, 우리들이 다른 사람들과 어떤 관계를 가지고 있다 할지라도 하나님과의 관계는 전적으로 정직을 기초하고 있어야 한다는 것을 알아야 합니다. 하나님께서 정직하신 것과 같이 말입니다. 우리는, "오직 만물이 우리를 상관하시는 자의 눈 앞에 벌거벗은 것 같이 드러난다"(히 4 : 13)는 것을 알아야 합니다.

하나님의 전지하심을 아는 지식이 우리에게 중요한 두번째 국면은 하나님을 신뢰하는 것에 관한 것입니다. 만일 하나님께서 모든 것을 다 알지 못하신다거나, 어떤 일은 하나님도 몰라서 깜짝 놀라신다면, 우리는 그런 하나님을 믿을 수는 없는 것입니다. 왜냐하면 하나님의 의향이 아무리 선하다 할지라도 하나님의 마음을 바꾸지 않으면 안되게하는 그 예기치 못한 일이나 아니면 하나님 자신의 계획을 바꾸지 아니할 수 없는 일이 일어날 수 있다면 그 하나님은 더 이상 우리가 본래 알고 있던 그 하나님은 아니게 됩니다. 그러면 하나님의 약속들도 못믿게 됩니다. 왜 냐하면 그는 이 새로운 지식을 기초하여 그 약속들을 파기하시든지 아니 면 바꾸실 수 있기 때문입니다. 또한 우리를 향하신 그의 태도도 바꾸 실 수도 있습니다. 왜냐하면 우리가 짓는 범죄를 보고 하나님이 깜짝 놀 래시어 결국은 아주 불쾌하고 혐오감 어린 눈으로 우리를 보실 수 있기 때문입니다. 만일 하나님께서 모든 것을 진적으로 다 아시지 못하신다면 그러한 가능성이 있습니다. 반면에 하나님께서 과거와 미래에 속한 모 든 것을 다 아신다면 미리 알려지지 아니한 어떤 일도 하나님을 변하게 하실 수 없습니다. 그는 처음부터 끝을 아십니다. 그는 모든 것을 다 고 려에 넣으셨습니다. 우리들이 행할 수 있는 그 어떤 일도 그를 놀라게 할 수 없습니다. 그래서 그의 언약을 믿을 수가 있는 것입니다. 그리고 하 나님은 언제나 동일하신 분이고 영원토록 우리를 향하여 여전하신 분으 로 믿을 수 있습니다.

우리의 주권적인 하나님

모세가 하나님에 관하여 배워야 하는 세번째 요점은 **하나님의 주권**이 었습니다. 이것도 역시 모세 개인에 관한 것입니다. 왜냐하면 모세더러 "내 백성으로 가게 하라"는 하나님의 메시지를 들고 애굽으로 돌아가라 는 것은 하나님의 요구의 차원에서 모세에게 주어진 것입니다. 모세는 그 일을 하고 싶지 않았습니다. 그는 어려운 일은 하고 싶어 하지 아니하는 우리나 다름이 없는 사람입니다. 우리는 하나님께서 우리를 축복만 하시 고 어떤 일도 시키시지 않으면 좋겠다고 생각할 때가 종종 있습니다. 모 세는 핑계를 대었습니다. 그러나 그 핑계가 하나님께 통하지 아니하였습 니다. 그는 표적을 요구하였습니다. 하나님께서는 그 표적들을 주셨습니 다. 결국 하나님께서는 그의 명령의 언성을 높이셨고, 핑계댈 도리가 없 게 된 모세는 순응하게 됩니다.

여러분은 하나님에 관해 이것을 배웠습니까? 성경의 참 하나님은 우 리가 순종해야 할 하나님이시고, 우리 자신의 뜻이 우주 내에서 이루어 지기 보다는 당신의 뜻이 이루어지게 가장 확실하게 하실 하나님이신 것 을 배웠는가 말입니다. 다른 하나님은 전혀 없습니다. 이 하나님 말고 그 어떤 하나님도 하나님이 아닙니다. 어째서 우리는 그 하나님과 다투어야 합니까? 어째서 우리는 하나님의 뜻이 이루어지는 이 문제를 그리 달갑지 않게 생각합니까?

하나님을 안다는 것

여기서 우리는 하나님을 아는 지식에 있어서 부닥치는 정말 어려운 난제에 이르게 되었습니다. 왜냐하면 어려움이란 하나님께서 최소한 부분적인 방식으로도 자신을 계시하지 아니하셨다거나, 아니면 우리가 구원을 위하여 하나님을 구하려 한다 할지라도 그런 육체적인 힘이 없다는데 있는 것이 아닙니다. 문제는, 우리가 그런 일을 하려고 하지 않는데 있읍니다. 그리고 그 이유는 우리가 존재하시고 자신을 알리시고 위협하시는 참 하나님을 발견한다는 것입니다. 그의 거룩은 위협적인 것입니다. 하나님께서 모든 것을 아신다는 것은 위협적인 것입니다. 그의 주권도 위협적인 것입니다. 우리가 아직 죄 가운데 있을 때 하나님에 대하여 알려지는 것 마다 다 위협적이고 다 심오합니다. 그러나 하나님께서 예수 그리스도로 말미암아 하나님 자신을 믿도록 우리를 인도하신 후에도 그런 때가 있읍니다.

그러나 하나님은 이것을 아십니다. 하나님은 우리가 하나님을 알지 못하고, 또 하나님을 알고 싶어 하지도 않는다는 것을 아십니다. 그러므로 그는 우리가 하나님을 향하여 거스리는 죄악적인 성향들을 가지고 있음에도 불구하고 자신을 우리에게 나타내시려고 여러 단계를 취하십니다. 그는 세 가지 일을 하셨읍니다.

첫째는, 역사 속에서 자신을 계시하셨읍니다. 이 특별계시는, 모든 사람이 의식을 가지고는 있으나 반응을 나타내지는 않는 이른 바 자연 속에 있는 일반계시에 더해 준 것입니다. 이 계시는 지상의 일들 속에서 직접적으로 초자연적으로 간섭하시는 일을 내용으로 합니다. 구약성경에서는 이스라엘 나라를 위한 하나님의 행사에 초점이 모아져 있읍니다. 그들을 구원하고 인도하시고 보전하신 일등에서 그것이 나타났읍니다. 그 계시가 신약 성경에서는 하나님의 인격적인 계시의 충만이신 예수 그리스도를 가장 우선적으로 중심삼고 있읍니다. 이분은 우리를 위하여 죽으셨습니다. 그는 우리의 죄 값을 갚으셨습니다. 그는 사랑이신 하나님의 본질을 보여주셨습니다. 동시에 하나님의 공의를 만족시키셨습니다. 사실 하나님을 아는 지식은 예수 그리스도안에서 자신을 계시하신 것과 어찌나 긴밀하게 연관되어 있던지 이 본문에서 말씀하신 것 같이 둘을 절대적으로 연결지을 수 있으셨습니다. "영생은 곧 유일하신 참 하나님과 그의 보내신 자 예수 그리스도를 아는 것이니이다."

둘째로, 하나님은 기록을 통하여 자신을 계시하셨습니다. 이는 두 가지의 목적을 가지고 있습니다. 하나는 하나님이 하신 일을 우리로 알게 하려 함이요, 둘째로는 우리로 그것을 이해하게 하시려 함입니다. 우리는 예수님이 하신 말씀을 알지조차 못했을 것이라는 사실을 간과해서는 안 됩니다. 이 문맥에서와 같이, 만일 하나님께서 이러한 일들을 종이에 옮겨 놓아 수천년의 교회 역사기간 중에 보전이 되어 우리 시대까지 오게 하지 아니하셨다면, 우리는 예수님이 하신 말씀이 무엇인지 알지 못하였을 것입니다. 또한 그 일들이 기록이 되었다 할지라도 하나님께서 그 사실들을 해석하여 주시지 아니하셨다면 이해하지도 못하였을 것입니다.

끝으로, 하나님은 역시 우리 개인에게 자신을 나타내십니다. 이러한 진리들을 당신의 성령의 역사로 말미암아 우리에게 적용하십니다. 우리의 죄는 너무 크고 우리의 지식은 꼬여져 있어서 성경에 있는 그의 행사를 해석하는 문제에 있어서도 이러한 성령의 역사가 아니고서는 하나님을 알지도 못하고 하나님의 길을 이해하지도 못합니다. 우리의 지식에 대하여 이것이 무슨 빛을 던져줍니까? 그것이 하나님의 선물임을 보여줍니다. 왜냐하면 17:2, 3에서 하나님께서 예수님께 주신 자들에게 다 영생을 선물로 주신 것을 가장 먼저 말씀하시고, 둘째로는 이 영생은 영적인 지식 안에서 얻는다는 것을 말씀하시니 말입니다. 이는 지식 자체가 하나님의 선물되게 합니다. 그렇습니다. 하나님께서 먼저 자신을 충만하게 드러내지 아니하시고, 이 지식을 받을 수 있게 하시지 아니하면, 아무도 하나님을 알지 못할 것이기 때문입니다.

45

이루시는 선한 일

"아버지께서 내게 하라고 주신 일을 내가 이루어 아버지를 이 세상에
서 영화롭게 하였사오니"(요 17:4).

어떤 일이 잘 되면, 그것처럼 인간을 기쁘게 하는 것이 이 세상에는
그리 많지 않습니다. 어떤 사람들은 이 만족을 알지 못합니다. 왜냐
하면 잘 한 일이 거의 없기 때문입니다. 그러나 진실로 일을 잘하고, 어
떤 일을 착수하여 그것을 끝마친 사람들은 그것이 무엇인지 압니다. 자기
공부과정을 마치고 높은 명예를 얻는 학생이나, 결국 어려운 악보를 완
성지은 음악가의 만족도 그러한 것입니다. 성경적인 특별한 예를 들자면,
사도 바울이 삶을 끝마치러 가면서 디모데에게 한 말이 있는데 바로 그
것은 사도 바울의 만족을 나타냅니다.

"관제와 같이 벌써 내가 부음이 되고 나의 떠날 기약이 가까왔도다 내
가 선한 싸움을 싸우고 나의 달려갈 길을 마치고 믿음을 지켰으니 이제
후로는 나를 위하여 의의 면류관이 예비되었으므로 주 곧 의로우신 재판
장이 그 날에 내게 주실 것이니 내게만 아니라 주의 나타나심을 사모하
는 모든 자에게니라"(딤후 4:6-8).

그러나 정직하게 말하여, 어떤 일이 잘 되는 데서 오는 기쁨도 만족도

자주 있기는 하지만, 그 일이 완전하게 또는 철저하게 이루어졌다고 말할 수 있음으로써 그러한 만족을 얻는 경우는 전혀 없다고 말해야 합니다. 이 세상에 살았던 사람 가운데 그렇게 말할 수 있는 분은 오직 한 분뿐이었읍니다. 바로 우리가 연구하려는 이 본문의 제목이 되는 말씀을 하셨던 주 예수 그리스도십니다.

우리가 하는 일은 무엇입니까? 우리가 많은 일을 합니다. 그러나 그 모든 일이 거의 다 마쳐지지 못합니다. 어느 누구도 완전히 다 끝내는 사람은 없읍니다. 가정 주부나 어머니들이 자기 일을 다 끝내지 못했다고 솔직히 인정해야 한다고 저는 확신합니다. 그래서 그 일을 표현하는 말로 "여자의 일은 절대 끝나지 않는다"고 말합니다. 접시를 닦아야 하고 소제를 해야하고 음식을 준비해야 하고 어린 아이들이 숙제를 하는 걸 도와 줘야 하고, 뭐 다른 자자분한 일들이 헤일 수 없이 많습니다. 만일 여자가 집밖에 나가서 일하면, 이러한 일들(그 중에 어떤 일들이라도)에다가 또 다른 일을 갖게 됩니다. 남편들은 계속해서 자기 직업상의 책임을 감당해야 합니다. 만일 그들이 페인트를 칠하는 사람으로 일한다면, 언제나 칠할 집이 또 생기게 마련입니다. 농부라면 언제나 갈아야 할 밭이 있고 거둘 곡식이 있기 마련입니다. 만일 전문법률인이라고 하면 언제나 다른 법적인 소송사건이 생겨나며 그 사람이 의사라면 환자들이 있기 마련이며, 행정가라면 여러 가지 해야 할 행정사항들이 있기 마련입니다. 또 학생들은 언제나 다른 과정을 공부해야 합니다. 그리고 또 다른 학위를 얻도록 하기 위해서 노력해야 됩니다. 우리의 일은 끝나지 않습니다. 우리 개인이 완전하게 마무리 지어야 하는 일조차도 다하지 못합니다. 그러나 예수님은 그렇지 않습니다. 그는 그 일에 대해서 "아버지께서 내게 하라고 주신 일을 내가 이루어 아버지를 이 세상에서 영화롭게 하였사오니"(요 17 : 4)라고 말씀했읍니다.

요한복음 17 장을 연구하는 첫 단계부터(1 - 5 절을 연구할 때), 그리스도께서 마치신 일은 예수님을 영화롭게 해 주십사는 1 절과 5 절의 탄원에 대한 한 가지 이유라고 기억할 수 있읍니다. 그의 일이 끝났읍니다. 이제 하늘의 충만한 영광이 그를 기다리고 있었읍니다. 그러나 그리스도께서 첫번째 드린 간구와 관련시키지 말고 그 구절 자체를 떼어서 연구

할만 합니다. 우리가 그 구절을 연구해나갈 때, 세 부분이 있음을 발견
합니다. 첫째는 아버지께서 한 일을 주 예수 그리스도께 주셨다는 것과,
예수께서 그 일을 마치셨다는 것과, 세째는 그 결과 하나님께 영광이 돌
아갔다는 것입니다.

그리스도의 일

이 구절은 가장 먼저 하나님께서 예수님에게 한 일을 주셨다고 말하고
있읍니다. 그 일은 얼마나 위대한 일이었읍니까! 그 일은 모든 일들 중
의 일들이었읍니다! 모든 다른 일들은 바로 그 일이 이루어진 것에 비
추어 보면 정말 아무런 의미 없이 무색해질 정도입니다.

물론 어떤 의미에서 예수께서 행하신 모든 일은 예수님이 하나님께로
부터 부여받으신 일의 국면에서 생각해야 합니다. 그리고 하나님께서 그
일을 통해서 영광을 받으셨읍니다. 예를 들어서 예수님은 세상과 우리 우
주의 모든 세계를 창조할 때 능동적이었다는 것을 압니다. 골로새서는 예
수님에 대해서, "만물이 그에게 창조되어 하늘과 땅에서 보이는 것들과
보이지 않는 것들과 혹은 보좌들이나 주관들이나 정사들이나 권세들이나
만물이 다 그로 말미암고 그를 위하여 창조되었고 또한 그가 만물보다
먼저 계시고 만물이 그 안에 함께 섰느니라"(1 : 16, 17). 또한 예수님
께서는 아버지와 성령과 함께 구약시대에 유대 사람들의 장래를 인도하
셨던 분임을 우리는 알고 있읍니다. 또한 예수님은, 족장들과 족장들 바
로 뒤에 온 사람들의 역사 속에서 아주 중요한 순간에 나타났던 "주의천
사"라는 신비로운 모습으로 드러났다고도 할 수 있읍니다(창 16 : 7-14;
22 : 11-15 출 3 : 2; 삿 2 : 1-4; 5 : 23; 6 : 11-24; 13 : 3). 끝으
로, 그 일이 그리스도의 지상생애와 사역을 내포하고 있으며, 베들레헴
의 구유에서 탄생하는 것을 시작으로 하여 그의 모든 가르침과 행동들과
이적들을 다 포함한다고 해도 과언이 아닙니다. 그는 지상생애를 마치는
즈음에 이르게 된 이 구절에서 과거시제로 말하고 있읍니다. 특별히 그
점을 유념해 두어야 합니다.

그럼에도 불구하고 그 일들 중 그 어느 것도 예수께서 지금 말씀하고
계시는 것의 핵심은 될 수 없읍니다. 왜냐하면 예수님께 주어지고 예수

님께서 완전하게 완성지은 그 일은 속죄의 일이었기 때문입니다. 그 속죄 일은 십자가에서 예수님만이 성취하셨던 일입니다. 그러므로 예수님께서 마치셨다고 선언한 것은 다름 아닌 그 일이었읍니다.

예수님께서 여기서 과거시제로 말씀하시면서 사실의 관점에서 십자가 의 죽으심이 아직 이루어지지 않았다는 사실은 이 구절을 그렇게 이해하 는데 진정한 난제가 되지는 못합니다. 왜냐하면 그 기도는 전체로 볼 때 죽음을 내다보고 있었고, 심지어 죽음을 넘어서서 마치 이러한 일들이 이미 성취된 것 같은 확신으로 내다보고 있기 때문입니다. 분명히 그러한 것들이 그리스도의 마음 속에 있었을 것입니다. 그 밖에 우리는 "이루었 사오니"라는 어구가 뒤에 가서 흥미롭게 반복되는 것을 봅니다. 예수님 은 사실상 당신의 머리를 떨구고 당신의 영혼을 부탁하기 바로 직전에 십 자가에서 매달려 계셨던 그때 "다 이루셨다"고 말씀하신 것입니다(요19 :30). 이 두번째 언급은 정확히 말해서 앞에서 그것을 언급했을 때 어 떤 의미를 가지고 있는가를 정확히 드러냅니다. 우리는 같은 맥락을 통 해서 예수님께서 앞에서 "지금 내 마음이 민망하니 무슨 말을 하리요 아 버지여 나를 구원하여 이 때를 면하게 하여 주옵소서 그러나 내가 이를 위하여 이 때에 왔나이다"(12:27)라고 말씀하셨다는 걸 주목합니다. 이 구절의 의미는, 예수님께서 다른 무엇보다도 십자가에서 죽으시러 오셨 다는 점입니다.

하나님께서 예수님더러 하라고 주신 일이 바로 그 일이었읍니다. 이제 예수님께서는 가장 먼 영원의 범위에까지 확장시켜 그 일을 아버지께 되 돌려드렸읍니다. 왜냐하면 그리스도는 우리에게 있어서 "창세 전부터 죽 임을 당하신 어린 양"(계13:8)(우리 말 개역성경에는 "일찍 죽임을 당하신"라고 되어 있음 - 역자주)으로 묘사되어 있기 때문입니다. 다시 말하면 그전에 그러한 일이 있었다는 것입니다. 우리 대신 죽으신 것은 바로 그 일을 하기 위함이었고, 불의한 자를 대신하여 의로운 자가 죽으 심으로써 우리에게 죄책이 정당하게 제거되고 우리가 다시 하나님과의교 제를 회복할 수 있도록 하신 것입니다.

이루어진 한 가지 일

이 구절의 두번째 요점으로 나가봅시다. 첫번째 요점은, 아버지께서 우리를 구원하라는 위대한 일을 예수님께 주셨다는 점입니다. 그것은 위대한 요점입니다. 그러나 그 요점이 위대하지만 두번째 요점은 더욱 더 큽니다. 예수님께서는 이러한 일을 받으셔서 당신이 그 일을 하려고 시도하다가 그만 그 일을 다 못마쳤다든지, 아니면 조금 남겨 놓고 일을 중단해 버리고 마신 것이 아니기 때문입니다. 예수님은 그 일을 마치셨읍니다. 그 일을 마치셨다는 표로 그는 그 다음에 죽은 자 가운데서 부활하셨고 이제는 아버지의 우편에 앉아 계십니다.

여러분은 그것이 만족하다는 것을 발견합니까 ? 저는 만족해하는 한 분을 알고 있읍니다. 하나님께서 만족해하셨읍니다. 우리는 두 가지 방식으로 그가 만족해 하신다는 걸 압니다. 첫째, 그가 그처럼 우리에게 노골적으로 말씀하셨기 때문에 우리는 그것을 압니다. 하나님께서는 그 아들의 죽으심과 부활 다음에 사도 바울을 통해서 우리에게 "누가 능히 하나님의 택하신 자들을 송사하리요 의롭다 하신 이는 하나님이시니 누가 정죄하리요 죽으실 뿐 아니라 다시 살아나신 이는 그리스도 예수시니 그는 하나님 우편에 계신 자요 우리를 위하여 간구하시는 자시니라"(롬 8 : 33, 34).

하나님께서 그리스도의 죽으심을 통해서 만족해 하셨다는 것을 아는 두번째 방식은 그리스도의 부활을 통해서입니다. 부활은 그리스도의 일을 하나님이 인쳐주신 것을 뜻합니다. 바울은 역시 로마서에서 그것에 대해서 간명하게 말하기를, "하나님께서 예수 우리 주를 죽은 자 가운데서 살리셨다"라고 하면서 덧붙여 말하기를 "예수는 우리 범죄함을 위하여 내어 줌이 되고 또한 우리를 의롭다 하심을 위하여 살아나셨느니라"(4 : 24 , 25). 이 말씀은 그리스도의 부활을 통해서 우리가 의롭다함을 입었다는 뜻이 아닙니다. 우리를 의롭다 하게 한 것은 그리스도의 죽음이었읍니다. 오히려 그 말씀의 뜻은, 하나님께서 부활을 통해서 그리스도의 죽음이 그리스도께서 이 세상에 오셔서 이루신 완전한 대속이었음을 주목하게 하셨다는 뜻이며, 아버지 하나님께서 죄인을 정죄하는 대신 그 죽으심을 받으셨다는 걸 의미하는 것입니다.

우리는 다음의 예화를 통해서 이 두 대목 속에 나타나는 부활의 중요성을 이해할 수 있습니다. 랄프 카이퍼(Ralph L. Keiper)는 개혁주의 자들의 신학에 대해서 필라델피아 사경회에서 행한 강연을 통해서 자기가 어렸을 때 자기 가족이 빚을 내서 살아 갔던 시절의 이야기를 했습니다. 그 가족은 가난했습니다. 때때로 "가정 부채"라 불리우는 것에 의존해서 살아야 했습니다. 그것은 나쁜 빚이었습니다. 왜냐하면 결국 그들은 원금보다 더 많은 이자를 내야 했기 때문입니다. 카이퍼는 소년으로서 자기 가정이 진 부채가 기록된 통장을 은행에 가지고 가는 일을 맡았읍니다. 그는 거기에 자기 가족이 이자를 더하여 지불할 수 있는 액수를 예치해 놓았읍니다. 18 개월 동안 그 일을 했는데 그때마다 참 굉장한 비참한 생각이 들곤 했읍니다. 결국 최종 지불을 해야 하는 날이 왔읍니다. 정말 끔찍했읍니다. 먼저 그는 지불될 돈과 함께 그 통장을 내밀었읍니다. 그런 다음에 그 은행출납계원이 거기에 지불된 금액을 표시하고 그 부채 분할금 통장 마지막 페이지에 "완불하였음"이라는 글자를 찍어 넣는 것을 보았읍니다. 그런 다음에 그 통장을 도로 지웠읍니다. 끝으로, 그 출납계원은 창구를 통해서 그 가정의 은행 장부를 그에게 돌려 주었읍니다. 거기에는 역시 "완불하였음"이라고 쓰여져 있었읍니다. 이제 지불할 금액을 다 지불했읍니다. 아무도 그 가정을 향하여 지불할 돈을 요구할 수 없었읍니다.

부활은 바로 우리에게 그러한 것을 의미했읍니다. 그것은, 우리의 도덕적 부채의 금액이 지불되었고, 하나님 아버지께서 만족하셨다고 하나님께서 선언하신 것입니다. 하나님께서는 우리의 구원을 위해서 이제는 다른 어느 것도 요구하지 않으실 것입니다.

그리스도의 죽으심을 통해서 만족을 얻은 또 다른 이를 알고 있습니다. 그분은 주 예수 그리스도 자신입니다. 그가 잡히사 십자가에 못박혀 죽으실 때가 이르렀을 때 조금도 주저함 없이 아버지 하나님께 얼굴을 돌리시면서 가졌던 그 진정한 만족의 어조를 봅니다. "아버지께서 내게 하라고 주신 일을 내가 이루어 아버지를 이 세상에서 영화롭게 하였사오니" 우리는 이 말씀을 통해서 예수님께서 오늘날 하늘에 앉아 계시면서 자기 손을 내려 놓고 "오,만일 내가 그러한 일을 했다면 …" 또는 "내가 바로 그 시점에 조금만 의식이 있었다면 …"라고 말씀하고 계시지 않다는 걸 배워야 합니다. 어떤 일이 끝나지 않은 것이 있는가 하고 의아하게 생각하면서 점검하지 아니하십니다. 왜냐하면 끝나지 않은 일은 하나도 없기 때문입니다. 그는 이 세상에 오셔서 "그러므로 세상에 임하실 때에 가라사대 하나님이 제사와 예물을 원치 아니하시고 오직 나를 위하여 한 몸을 예비하셨도다 전체로 번제함과 속죄제는 기뻐하지 아니하시나니 이에 내가 말하기를 하나님이여 보시옵소서 두루마리 책에 나를 가리켜 기록한 것과 같이 하나님의 뜻을 행하러 왔나이다 하시니라"(히 10 : 5 - 7) 라고 말씀하셨습니다. 성육신하신 다음에 그는 언제 한번 "나는 받을 세례가 있으니 그 이루기까지 나의 답답함이 어떠하겠느냐 ! "(눅 12 : 50) 라고 말씀하셨습니다. 그런 다음에 그는 그 일을 이루셨고 아버지의 뜻을 성취하셨습니다. 이제 그는 뒤를 돌아다 보면서 이사야가 우리에게 말하듯이 "그 영혼의 수고한 것을 보고 만족히 여기십니다"(사 53 : 11).

그런 다음에 무엇인가 ? 만일 하나님께서 그리스도의 죽으심을 보시고 만족해 하시고 그리스도께서도 자신의 죽으심을 만족하게 생각하신다면- 그것은 우리의 죄를 위한 완전한 속죄였기 때문임 – 그로부터 정말 직접적으로 은택을 입은 우리는 역시 만족해야 하지 않을까요 ? 그렇습니다. 그보다 훨씬 더 만족해야겠지요. 우리는 그 완성된 일을 즐거워하며 그것이 바로 우리의 영광임을 알아야 합니다. 우리는 그것에 대해서 이렇게 노래해야 합니다.

> 예수께서
> 내가 하나님께 빚진 모든 것을
> 다 갚으셨으니
> 죄가 남긴 주홍 같은 흔적
> 예수께서 흰 눈처럼 씻으셨네.

그것은 성도들과 그들의 영광에 대한 영원한 노래입니다.

하나님의 영광

그러나 아마 "우리"의 영광에 대해서 말하기는 어려운 것 같습니다. 그렇다면 그것이 우리의 영광만이 아님을 기억하십시오. 그것은 예수님과 아버지의 영광이기도 합니다. 사실 예수님께서는 이 본문에서 그점을 강

조하시면서 "내가 세상에서 아버지를 영화롭게 하였사옵니다"라고 말씀
하십니다.

 그리스도께서 이루신 일이 어떻게 해서 하나님의 영광이 됩니까? 하
나님의 위대한 속성들을 분명히 드러내는 것이기 때문입니다. "영광"이
라는 말에 대한 앞 강론의 연구로부터 우리가 기억하는 바는, 하나님께
영화를 돌린다는 건 "하나님의 속성을 인정하고" 또는 "하나님의 속성을
알리는 것임"을 의미한다는 것입니다(강론 제42장에서"진실한 주님의 기
도"에서 생각해 보았음). 그것은 하나님의 주권과, 공의와, 의와, 지혜
와, 사랑과, 하나님에 대해서 바르게 말할 수 있는 모든 다른 것을 선포
한다는 걸 뜻합니다. 그러나 이러한 속성들이 어디서 가장 잘 드러났읍
니까? 어디에서 그것들이 노출되었읍니까? 대답은 십자가에서입니다.
여기에서만이 하나님의 주권과 공의와 의와 지혜와 사랑이 풍성하게 조
금도 실수함 없이 완전히 드러난 것입니다. 우리는 그리스도의 죽으심을
계획하고 언약하시고 그런 다음에 집행하신 하나님의 방식에서 하나님의
주권을 압니다. 그것에 대한 구약의 예언이나,어떤 예고되지 아니하는
상황에 따라 조정하는 것과 조금도 벗어남 없이 이루어진 것입니다. 우리
는 죄가 사실상 심판받는 것을 보고 하나님의 공의를 발견합니다. 십자가
없이 하나님께서는 우리의 죄를 이유 없이 용서하실 수도있었읍니다(인
간적인 안목에서 말한다면). 그러나 그것은 공의로운 것은 아니었읍니다.
그리스도 안에서만이 그 공의가 만족됩니다. 우리는 하나님의 의를 오직
유일한 의인 예수님께서만이 죄의 형벌을 갚으실 수 있다는 사실을 인정
함을 통해서 알게 되는 것입니다. 또 그러한 위대한 구원을 계획
하시고 이루어나가시는 과정속에서 하나님의 지혜를 발견합니다. 또 하나
님의 사랑을 봅니다. 왜냐하면 우리가 의심할 여지 없이 하나님께서 우
리를 사랑하시되 예수님을 사랑하시는 것처럼 사랑하신다는 걸 아는 것
은 오직 십자가에서 뿐입니다. "이는 하나님이 세상을 이처럼 사랑하사
독생자를 주셨으니 저를 믿는 자마다 멸망치 않고 영생을 얻게 하려 하심
이라"(요 3 : 16). 예수께서는 죽으심을 통해서 아버지의 이러한 속성들
을 온전히 드러내셨읍니다. 그래서 죽으시기까지 아버지 뜻에 복종하신
것이 온전히 하나님을 영화롭게 하는 것입니다. 우리가 다음과 같이 노

래한다고 해서 이상한 것은 아닙니다.

> 그가 행하신 큰 일, 하나님께 영광일세 !
> 세상을 이처럼 사랑하사 당신의 아들을 주셨고,
> 그 아들 자기 목숨 속죄 제물로 내 놓으시고
> 모든 사람이 들어갈 수 있는 생명문 열어 놓으셨네.
> 주를 찬양하라. 주를 찬양하라
> 세상이여 그의 음성을 들으라 !
> 주를 찬양하라 주를 찬양하라
> 사람들이여 즐거워하라 !
> 오 성자 예수님을 통해서 아버지께 나오라
> 그리고 그분에게 영광을 돌리라
> ―그가 행하신 그 큰 일을 !

이것은 하나님의 영광이요, 그리스도의 영광이요 우리의 영광이기도 합니다. 왜냐하면 어떤 일이나 우리가 고안해내는 어떤 계획 속에서보다도 그리스도의 죽음 속에서 우리는 영광을 얻기 때문입니다.

결론들

이 강론의 몇 가지 결론이 있습니다. 그 결론들은 피할 수 없을만큼 명백합니다. 첫째 그리스도의 속죄 사역이 이루어졌고, 아버지께서 그것을 받으셨다면, 그것에 우리가 무엇인가를 덧붙일 수 있다고 생각하는 것은 얼마나 어리석고 얼마나 배은망덕한 일입니까. 수백만의 사람들이, 심지어 교회를 다니는 수많은 진지한 사람들마저 그런 일을 하고 있습니다. 그들은 그리스도의 역사를 특별하게 불신하는 것은 아닙니다. 그러나 또한 전적으로 그것을 의뢰하는 것도 아닙니다. 오히려 그들은 눈물이나 죄의 고백이나 애정이나, 다른 여러 가지의 "선한 일"이라고 생각되는 것을 통해서 그것에 무엇인가를 덧붙이려 합니다. 이러한 일을 통해서 하나님께서는 아마 감동을 받으셔서 자기들에게 은혜로우셔서 결국 자기들을 구원할 것이라고 상상들을 하고 있습니다. 하나님께서 자신의 위대한 사랑과 지혜로 창세 전에 계획하셨고 때가 되매 그의 사랑하는 아들 주 예수의 죽음으로 말미암아 성취하신 그 구원에 대해서 무엇인가를 덧붙일 수 있다고 상상하는 것은 하나님을 모독하는 처사입니다. 그것은 얼

마나 어리석습니까! 만일 여러분이 어떤 방식으로도 그리스도의 일에덧
붙일 수 있다고 생각한다면, 그것은 여러분이 덧붙이는 그것을 의뢰하는
것이지 결코 그리스도의 사역을 의뢰하는 것이 아닙니다. 어떤 죄악적인
인간 존재로부터 나온 다른 모든 것과 같이 여러분이 덧붙이려고 하는 그
모든 것은 그 대신 여러분을 하나님께서 마련해 놓으신 지옥으로 끌고갈
것입니다.

**여러분은 여러분의 일에서 돌아서서 예수님께 시선을 돌렸읍니까? 그
의 일은 위대한 일이요, 모든 충분한 일이요 확실한 일입니다.** 여러분
이 필요로 하는 모든 것은 바로 그것입니다. 하나님께서는 그것만 받으
실 것입니다. 그것을 받아들이십시요. 여러분이 이 해야 할 것 대신 아
버지께 그것을 제출하십시요.

둘째로, 만일 그리스도의 속죄의 일이 실제로 끝난 일이며, 만일 하나
님께서 그것을 구원의 오직 유일한 근거로 받아들이신다면, 우리는 그처
럼 그것을 광포해야 합니다. 우리가 먼저 우리 자신이 그것에 들어가지
않고는 이 진리를 정직하게 선포할 수 없읍니다. 만일 우리가 그것에 들
어가 그리스도의 희생을 기초로 하여 하나님께 나간다면, 우리는 이 복음
을 널리 알릴 의무를 가지고 있읍니다. 우리가 그렇게 하는 것을 기뻐해
야 합니다. 많은 사람들이 이 말을 필요로 합니다. 우리 세대는 그리스
도의 복음을 들어 보지도 못하고 그리스도의 복음이 마음에 내키지도 않
는 그런 이교도들이 많습니다. 그 사람들은 복음을 할 수만 있다면 짓밟
아 버리려고 합니다. 그들은 우리의 구원을 위해서 필요한 모든 것이 그
리스도에 의해서 이루어졌다는 것을 들을 필요가 있읍니다. 그는 죽으셨
읍니다. "그것은 다 이루어진 것입니다."

우리 세대에 현학적이고 윤리적인 사람들도 역시 그것을 들을 필요가
있읍니다. 그들은 자기들의 노력으로 하나님을 기쁘시게 하고 있다고 생
각합니다. 그러나 그렇지 않습니다. 그럴 수 없읍니다. 그들은 노력할 필
요가 없읍니다. "다 이루었읍니다." 그 일이 다 끝난 것입니다.

지극히 종교적인 사람들도 있는데 어떤 다른 종교-유대교, 카톨릭교,
희랍 종교, 여러 이단들-에 속한 이들도 있고 우리 속에도 그런 사람들
이 있읍니다. 이런 사람들도 역시 복음을 필요로 합니다. 예수께서 그의

일을 마치셨으며, 그들이 필요로 하는 바로 그 일을 마치셨음을 알 필요가 있습니다. 누가 그들에게 말해 줄까요? 여러분입니까? 만일 여러분이 그들이 그처럼 절망적으로 필요로 하는 것이 무엇인지를 발견하였다면 어떻게 말하지 않을 수 있습니까? 성경은 말합니다. "그런 즉 저희가 믿지 아니하는 이를 어찌 부르리요, 듣지도 못한 이를 어찌 믿으리요 전파하는 자가 없이 어찌 들으리요"(롬 10 : 14).

세째로, 여러분이 아주 나쁠 수도 있고 그래서 제가 말씀드린 것에 대해서 반감을 가지고서 "그러나 난 그리스도께서 위하여 죽으신 일을 다른 사람에게 말할 수 없어요. 만일 그렇게 하자면 제가 해야 하는 다른 많은 일들을 하지 못합니다." 여러분이 그렇게 말합니까? 그렇다면 그리스도께서 자신의 일을 하시지 아니하고 오히려 아버지께서 자신에게 주신 일을 하셨다는 것을 주목함으로써 우리 본문을 적용시켜야 합니다. 여러분이 이렇게 물어야 합니다. "하나님께서 내게 하라고 주신 일을 나는 하고 있는가? 그 모든 걸 다 하는가? 만일 내가 그 노선을 따라서 어디선가 내 계획에 빠져버려 내 자신의 유익을 위해서 그리하였고, 그래서 하나님을 섬기기를 중단한 적이 있는가?" 만일 여러분이 복음에 대해서 다른 사람들에게 말해 줄 시간이나 그 복음을 듣도록 그들을 이끌어갈 시간이 없다면, 여러분은 정말 "정말" 바쁜 것이지요. 아마 하나님께서 여러분에게 하라고 주신 일도 하고 있지 못할 것입니다.

끝으로, 여러분이 하나님께서 하라고 주신 일을 정말로 하고 있을 경우도 있겠지요 — 저는 많은 사람들이 그렇다고 생각합니다. 물론 예수님께서 말씀하신대로, "아버지께서 내게 하라고 주신 일을 내가 이루어 아버지를 세상에서 영화롭게 하였사오니"라고 말할 수는 없습니다. 그러나 여러분이 이렇게 말할 수는 있지요. "아버지께서 내게 하라고 주신 일을 지금 하고 있습니다." 만일 여러분의 상황을 그렇게 묘사하는 것이 옳다면, 또 그렇게 말할 수 있다면, 이 본문의 메시지는 간단합니다. 그 일에 근신하라 ! 그만 두지 마십시오 ! 일을 하십시오 ! 하나님께서 여러분더러 관리하라고 주신 일을 잘 관리하십시오 ! 여러분의 일이 대단히 매혹적인 일이긴 하나 세상의 거룩하지 못한 시각에서 볼 때 무거운 짐을 져야 할 일일 경우가 있습니다. 많은 뛰어난 일의 경우가 그러하듯이 말입

니다. 대단히 굉장한 일이 아닐 수도 있습니다. 거의 모든 일은 이와 같
지요. 그러나 세상의 불만족한 안목으로 보면 그리스도의 일은 그렇게 대
단해 보이지 않습니다. 더구나, 이 위로를 받으십시요. 여러분과 제가
온전하게 그 일을 행한다는 의미에서 우리의 일을 행하지는 못할 것이지
만, 그럼에도 불구하고 끝까지 밀고 나간다는 의미에서 그것을 마칠 수
있습니다. 그리스도께서 우리를 도우십니다. 그보다 더 나가서 우리에게
주신 은혜로 말미암아 부단히 우리의 섬김을 개선시킴으로써 "완성"의 분
량을 많게 할 수 있습니다.

　예수님께서는 이렇게 말씀하십니다. "나는 아버지께서 내게 하라고 주
신 일을 다 이루었습니다." 또 우리는 이렇게 대답합니다. "아버지께서
내게 하라고 주신 일을 지금 하고 있습니다." 하나님께서 우리에게 그
것을 언제나 할 수 있는 은혜를 주시기를 바랍니다.

46

그리스도의 백성을 위한 기도

"세상 중에서 내게 주신 사람들에게 내가 아버지의 이름을 나타내었
나이다 저희는 아버지의 것이었는데 내게 주셨으며 저희는 아버지의
말씀을 지키었나이다"(요 17:6).

우 리가 행하는 일 중 정말로 많은 부분이 이기적입니다. 그러나 주님
　 께서는 이기적이지 않습니다. 비록 그렇게 자기 중심적일만한 모든
이유를 갖추고 계시지만 말입니다. 우리는 영국 정치가였던 윌리암 글래드
스톤은 "이기심은 인류를 최대의 저주에 빠뜨리게 하는 것이다"라고 말했
읍니다. 시인 로버트 브라우닝은 "인간은 전체를 희생시키더라도 자신의
유익을 추구한다." 이 진술들은 그리스도인들에게 마저 해당됩니다. 우리
는 기도할 때 그런 요소를 발견합니다. 거의 대부분 우리 자신을 위해서
기도하기 때문입니다. 심지어 우리가 다른 사람을 위해서 기도할 때도 그
사람들이 우리에 대해서 어떤 일을 할 수 있는가? 어떠한 자세를 가지
고 우리에게 대할 것인가에 대한 관점을 가지고 기도할 때가 많습니다
("제 아내의 건강을 더 좋게해 주세요. 그래서 다시 접시를 닦는 일을
할 수 있도록 해 주세요", 또는 "제 주인이 그리스도인이 되게 해 주세
요. 그래서 그렇게 좁은 소견의 사람이 되지 않게 하소서").
　 그러나 주 예수 그리스도는 제가 지적한 바와 같이 이기적이신 분이 아

닙니다. 그의 기도도 이기적인 기도가 아닙니다. 그가 자신을 위해서 기도했다는 것은 사실입니다. 이 요한복음 17 장에 기록된 위대한 기도에서 그는 먼저 자신에 관한 기도를 합니다. "아버지여 때가 이르렀사오니 아들을 영화롭게 하사 아들로 아버지를 영화롭게 하게 하옵소서"(1 절). 그러나 여기에서마저 다른 사람들의 유익과 반대되는 주님 자신의 유익을 위해서 요구하고 있지 않습니다. 그는 아버지께서 영화롭게 되기 위해서 자신을 영화롭게 해달라고 구하고 있습니다. 또한 이 요청들은 부적당하거나 심지어 특별나게 과장된 것도 아닙니다. 그래서 우리는 그리스도 자신에 관한 간구는 한번 밖에 만나지 못합니다. 그러나 다른 사람들을 위한 간구는 네번이나 나옵니다. 또는 그것을 여러 구절들의 차원에서 생각한다면, 이 기도의 첫번째 대목의 다섯 구절 속에서 자신을 위한 기도를 합니다(예수께서 자기 자신을 위해서 기도를 거기서 하고 계심). 그러나 다음 대목의 21 개의 구절 속에서는 다른 사람들을 위한 기도를 합니다(거기서 예수님께서는 자기 제자들을 위해서, 또한 제자들의 말을 듣고 틀림 없이 믿게 될 모든 사람들을 위해서 기도하고 계심). 이제 우리는 다른 사람을 위해서 기도하신 그리스도의 기도를 생각해 봅니다.

그리스도의 백성들

예수님께서 다른 사람들을 위해서 기도하실 때 – 첫번째 경우로 그 제자들을 위해서 기도하기 시작하실 때 – 그는 그들에 대한 어떤 신학적인 진술을 먼저 하십니다. 다시 말하면 단순히 인간적인 안목에서 뿐만 아니라 하나님의 안목으로부터 그들을 규정짓고 계십니다. 예수님께서는 하나님이 다루시는 대로 그들이 누구인가에 대해서 먼저 관심을 기울이십니다.

6 절에서 "세상 중에서 내게 주신 사람들에게 내가 아버지의 이름을 나타내었나이다 저희는 아버지의 것이었는데 내게 주셨으며 저희는 아버지의 말씀을 지켰나이다." 이 구절은 그리스도의 제자들에 대해서 네 가지 사항을 말하고 있습니다. 첫째 그들은 하나님의 사람들입니다. 둘째로 하나님께서 그들을 예수님께 주셨습니다. 세째로 예수님은 하나님의 이름

을 그들에게 알려 주셨옵니다. 네째로 그들은 계시를 받거나 간직하게 되었옵니다. 이러한 일련의 추이가 중요한 것은, 그것이 예수님께 오는 모든 사람의 체험 속에서 되풀이된다는 것입니다. 우리의 체험 속에서 되풀이 됩니다. 첫째로, 우리는 하나님의 사람들입니다. 다시 말하면 그는 우리에 대해서 원하시는대로 하실 수 있습니다. 둘째로 우리는 예수님께 주어진 자들입니다. 세째로 하나님의 복음은 그의 성령으로 말미암아 예수님을 통해서 우리에게 알려진바 됩니다. 끝으로 우리는 이 가르침을 받습니다. 우리의 반응은 이 추이에 있어서 가장 마지막에 온다는 것을 주목하지 않을 수 없옵니다.

그러니 가장 먼저 예수님께서는 그 제자들이 본래 하나님의 사람들이 었음을 말씀하십니다. 예수님께서는 "저희는 아버지의 것이었는데"라고 말합니다. 매우 중요한 의미로 존재하는 모든 것은 다 하나님의 것입니다. 왜냐하면 본래 하나님께서 그것을 만드셨고 하나님 기뻐하시는대로 그 모든 것에 대해서 상관하실 수 있는 것이 분명하기 때문입니다. 물질 세계에 있어서도 마찬가지입니다. 가장 작은 원자로부터 가장 큰 별이나 은하수에 이르기까지 존재하는 모든 것은 하나님의 것이고 하나님께서정해 놓으신 법칙에 순응합니다. 더구나 마치 하나님께서 제한을 받으시듯이 그것이 어떤 독립적인 존재이거나 하나님과는 상관 없는 어떤 법칙이 아님을 우리는 알고 있습니다. 왜냐하면 어떤 경우에는 당신이 정해 놓으신 자연 법칙을 뛰어넘어 본능적으로 이적이라 부르는 것을 행하시고, 그래서 피조물들은 하나님에 의해서 통제되며, 하나님께서 피조물에게 통제당하지 않음을 드러내십니다.

하나님의 소유권이 인격의 차원에서도 해당됩니다. 이 세상에서는 인간들의 마음 먹기에 따라서 사건들이 진행되어 나가는 것 같습니다. 왜냐하면 물질 세계에서와 같이 하나님께서는 통상적으로 초자연적으로 간섭하지 아니하시기 때문입니다. 그럼에도 불구하고 인간사들은 조금도 못하지 않게 하나님께 통제되며, 각 개인의 운명도 역시 조종을 받습니다.

우리는 구약에서 이에 대한 강력한 여러 가지 실례들을 발견합니다. 그 한 예가 출애굽기에 나오는 바로의 경우입니다. 하나님께서는 모세를 바로에게 보내어 "내 백성으로 가게 하라!"라는 단호한 요구를 하십니다.

그러나 하나님께서는 모세가 애굽에 내려 가기 전에 먼저 경고하여 이르시기를, 바로가 너희에게 금방 순응하지 않을 것이라고 말씀하셨읍니다. "내가 아노니 강한 손으로 치기 전에는 애굽 왕이 너희의 가기를 허락지 아니하다가 내가 내 손을 들어 애굽 중에 여러 가지 이적으로 그 나라를 친 후에야 그가 너희를 보내리라"(출 3:19, 20). 하나님께서 바로의 강퍅함을 갈수록 더 고조시키겠다고 말씀하시기도 하셨읍니다 ─ "네가 애굽으로 돌아 가거든 내가 네 손에 준 이적을 바로 앞에서 다 행하라 그러나 내가 그의 마음을 강퍅케 한즉 그가 백성을 놓지 아니하리라"(4:21) ─ 하나님께서 바로의 마음을 그렇게 하신 것은 애굽 사람을 통치하시는 그의 권세를 더욱 더 분명하게 드러내기 위함인 것입니다. 그래서 우리는 사도 바울이 출애굽기 9:16을 인용하여 "성경이 바로에게 이르시되 내가 이 일을 위하여 너를 세웠으니 곧 너로 말미암아 내 능력을 보이고 내 이름이 온 땅에 전파되게 하려 함이로라 하셨으니"(롬 9:17) 라고 쓰고 있읍니다.

구약성경에서 조금만 더 나가 보면 역시 그와 같은 것을 보여 주는 적극적인 한 실례를 발견합니다. 그것은 바벨론의 고레스 왕의 경우입니다. 고레스는 아주 지각 있는 사람이었는데, 유대인들이 팔레스타인으로 돌아 갈 때 바벨론 왕이었읍니다. 남은 사람들이 돌아 가게 된 것은 그로 말미암았읍니다. 이와 관련해서 의미 있는 일은, 이사야가 고레스를 "하나님의 기름부음 받은 자"(45:1)라고 부르면서 그에게 예수님을 부르는 칭호를 붙여 주었다는 점입니다. "그리스도(마쉬아흐 또는 크리스토스)는 기름부음 받았다"는 뜻입니다. 그래서 하나님께서는, 고레스를 택하고 사용하여 주 예수 그리스도를 선택하셔서 우리의 구주로 사용하시는 것을 유추적인 방식으로 말씀하신 것입니다.

이것이 의도하는 바는, 모든 것들이 ─ 물질적인 것들이나 인격적인 것들이나 ─ 하나님의 손에 있으며, 하나님께서는 원하시는대로 그들에 대해서 행하실 수 있다는 점입니다. 하나님이 만드신 이 우주에서 하나님께서 친히 소유하신 것 말고 정말 독립적이거나 자율적인 것은 하나도 없다고 말하고 있는 것입니다.

그러나 하나님께서 모든 만물을 일반적으로 소유하고 계시다는 사실에 덧붙여서, 보다 특별하게 소유하고 계신 것이 있습니다. 그것은 거룩한 백성들을 소유한 것입니다. 그 거룩한 백성들은 특별한 방식으로 하나님의 백성들인데 하나님께서 그들을 구원하시기로 선택하셨다는 오직 유일한 이유 때문입니다. 로마서에서 바울은 하나님께서 가지고 계신 미리 아심의 차원에서 이것을 다음과 같이 말하고 있습니다. "하나님이 미리 아신 자들로 또한 그 아들의 형상을 본받게 하기 위하여 미리 정하셨으니 이는 그로 많은 형제 중에서 맏아들이 되게 하려 하심이니라 또 미리 정하신 것들을 또한 부르시고 부르신 그들을 또한 의롭다 하시고 의롭다 하신 그들을 또한 영화롭게 하셨느니라"(8 : 29 , 30). 예수님께서 기도 하실 때 가장 먼저 바로 하나님께서 그 백성들을 그렇게 소유하셨음을 언급하십니다. 왜냐하면 그는 그 사람들을 "세상 중에서 내게 주신 사람들"이라고 그들을 따로 떼어 말씀하고 계시기 때문입니다. 그러므로 이 백성들을 소유하시는 것은 큰 중요성을 가지고 있습니다. 왜냐하면 그것은 우리의 구원을 확증하기 때문입니다. 어떤 순간적인 변덕에 의해서 된 것이나(우리는 그럴 수 있음) 우리 편에서 하나님을 택하고 계속 하나님을 붙잡고 있는 어떤 비틀거리는 능력에 의해서 된 것도 아닙니다(우리는 사실 하나님을 선택할 능력을 가지고 있지 않습니다). 오히려 진정으로 가치 있는 하나님의 위대한 의도와 하나님의 장악하시는 소유권에 의해서 된 일입니다.

예수님께 주어짐

6 절의 논리적 추이에서 두번째 요점은 이처럼 특별하고 선택적인 의미에서 아버지의 사람들이었던 자들이 그 다음에 예수님께 주어져, 그들은 예수님의 소유도 되었읍니다.

우리는 앞의 요점처럼 이 요점을 길게 논의할 필요는 없읍니다. 왜냐하면 "아버지께서 아들에게 주신 모든 자에게" 또는 "아버지께서 내게주신 자들에게"라는 어구가 처음 나타나는 구절인 2 절을 다룰 때 그것을 부분적으로 이미 살펴 보았기 때문입니다. 그 구절을 연구하면서 그 어구가 모두 합하여 일곱번이나 나왔으므로 이 기도 전체를 통해서 계속 흐르는 동기가 되고 있음을 지적한바 있읍니다. 그것은 예수님께 중요하게 생각되는 요점이었읍니다. 이 점에 대해서 우리가 생각할 때 기억해야 하는 요점은, 예수님께서 30 여년 이상 이 세상에 계셨고(거의 모든 사람들이 그렇게 생각하고 있음), 3 년의 기간 동안 공생애의 사역을 감당하셨다는 점입니다. 그 결과는 어떠하였읍니까? 그는 세상에서 세상의 빛으로 계셨읍니다. 그는 하나님의 성품이 충만함으로 가득했읍니다. 그는 죄가 없으셨고, 은혜로우셨으며 매력적이었고 어느 누구보다도 사랑스러우셨읍니다. 그러나 그가 그것 때문에 사랑을 받은 것은 아닙니다. 오히려 그는 미움을 받았읍니다. 십자가에 못박힐 참이었읍니다. 그가 잡히실 때에는 그 주위에 있던 사람들 마저도 다 흩어질 판입니다.

이 그림에서 밝은 부분이 어디에라도 있읍니까? 밝은 요점은, 그러한 외적으로 부닥쳐 오는 상황에도 불구하고 예수님의 요점은, 이 제자들과 헤일 수 없는 수많은 사람들이 믿음으로 그를 따랐는데, 그 사람들이 아버지께서 예수님께서 주신 자들이라는 것입니다. 그리고 그들을 예수님께 주신 분이 하나님이시고, 그 하나님의 능력 때문에, 이 사람들은 가장 확실히 예수님께 왔고, 지상의 순례길을 행하는 날 동안 내내 예수님께 보호를 받았으며, 끝내는 영광 중에서 예수님과 하나 되어 영원토록 함께 있을 것입니다.

예수님께서 십자가를 앞에 놓고 계실 때, 아버지께서 그 사람들을 당신에게 주셨다는 것을 아는 것이 예수님에게 위로가 되었읍니다. 앞의 강론에서 우리는 그 점을 보았읍니다. 예수님께서 지상사역을 감당해 나가실 때에도 그것은 예수님께 위로를 주는 전망이었읍니다. 이 지상 사역을 통해서 예수님은 무엇과 맞싸워야 했읍니까? 사람들의 죄의 노예가 된 의지를 맞부닥쳐 일해야 하셨읍니다. 그래서 예수님께서는 이것을 아시고 하나님의 의도와 능력을 떠나서 사람들의 삶 속에서 어떤 것이든지 가능하다고 생각하는 방식으로 자신을 속이지 아니하셨읍니다. 어떤 때에 많은 사람들이 예수님의 기적을 보고서 예수님께 대단한 호감을 가질 때라도 예수님은 "그 몸을 저희에게 의탁치 아니하셨으니 이는 친히 모든 사람을 아시며 또 친히 사람의 속에 있는 것을 아심으로 사람에 대하여 아무 증거도 받으실 필요가 없음이니라"(2:24, 25). 또 다른 곳에서 예수님께서는 "나를 보내신 아버지께서 이끌지 아니하시면 아무라도 내게 올 수 없으며"(6 : 44)라고 말씀하셨읍니다. 예수님은 난제를 아셨읍니다. 그래서 당신의 사역이 외면적 성공에 관해서 환상적인 생각을 갖지 않으셨읍니다. 마치 대단한 일을 행하거나, 보다 더 사람의 취향에 맞는 교리를 가르치거나, 약간 더 웅변적인 모습으로 설교하는 것을 통해서 더 많은 영혼을 자기 편으로 이끌 수 있다고 생각하지 아니하셨다는 말씀입니다. 예수님께서는 그같이 생각하지 아니하셨읍니다. 따라서 설교를 해나갈 때 그는 하나님께서 당신에게 하라고 가르치시는 사역만을 행하는 데 관심이 있었읍니다. 그러면서 하나님께서 자기에게 주시고 그런 사람들이 자기에게 올 것을 기대하면서 둘러 보셨읍니다.

그들이 왔읍니까 ? 몇 사람이 왔지요. 그의 공생애가 시작하는 이 시점에서 열한 사람이 자기와 함께 모였읍니다. 그리고 깊이 감명을 받아 아마 믿게 된 다른 사람들도 예수님 편에 모였읍니다. 그들은 많지 않았읍니다. 그러나 이 사람들은 아무리 수에 있어서는 작다 할지라도 하나님께서 예수님께 주신 선물들이었읍니다. 그것이 중요하였읍니다. 그밖에, 다른 사람들이 곧 또 오게 될 것입니다. 예수님께서는 이 사람들을 기뻐하고 그들을 인하여 하나님께 감사하셨던 것입니다.

하나님의 이름들

그러나 우리의 구원이 기계적인 방식으로 역사한다고 생각해서는 안됩니다. 왜냐하면 우리들을 예수님께 주시는 하나님의 행사에 대해서 예수님이 말씀하시는 바로 그 구절에서, 아버지를 이 사람들에게 알리기 위해서 때에 맞게 당신 나름으로 행동하신다는 것을 말씀하시기 때문입니다. 그리고 나서 예수님의 교훈에 대한 그들의 반응에 대해서도 말씀하십니다(다시 때에 맞게). 다른 말로 해서 하나님의 선택은 말씀 전파와 반응의 차원에서 역사적으로 그 모습을 드러내는 것입니다. 그 말을 다른 말로 옮긴다면 그 자체가 하나님의 선물이라 할지라도 믿음이 요구된다는 것입니다(엡 2 : 8 - 10). 왜냐하면 "믿음이 없이 하나님을 기쁘시게 할 수 없기 때문입니다"(히 11 : 6).

그러나 여기서 믿음은 일차적인 것이 아닙니다. 바울은 "믿음은· 들음에서 오고 들음은 하나님의 말씀에서 온다"고 말합니다(롬 10 : 17). 다시 말하면 먼저 듣는 일이 있어야 합니다. 그 일을 위해서 진리를 대신 말하는 사람이 있어야 합니다. 하나님께서 구원을 제자들에게 적용시키는 단계에 있어서 그 다음 순번은 예수님께서 하나님 이름을 알리셨다는 사실이라고 예수님이 말씀하실 때, 그것에 대해서 말씀하신 것입니다.

"세상 중에서 내게 주신 사람들에게 내가 아버지의 이름을 나타내었나이다"라고 말씀하신 것은 무슨 뜻입니까? "하나님의 이름"은 하나님의 속성에 대해서 말하는 셈어적(Semitic)인 어구입니다. 이름을 알린다는 것은 그러한 속성들을 소유한 하나님을 나타낸다는 것입니다. 만일 우리가 성경 계시의 온전한 범주에 비추어서 신학적으로 생각한다면, 예수님은 위대한 성경적 이름들을 가진 하나님을 그 제자들에게 나타내셨다고 말씀하고 계시는 것입니다. 엘로힘이란 이름이 있는데 성경의 첫절(창세기 1장 1절)에서 나오는 이름입니다—"태초에 하나님(엘로힘)이 천지를 창조하시니라"(창 1:1). 이 이름은 창조주로서의 하나님에 대해서 말합니다. 그러므로 예수님께서 제자들에게 하나님의 본질의 이 국면에 대한 진리를 계시하셨다고 우리는 믿을 수 있습니다. 또 다른 이름—실로 하나님의 위대한 이름임—은 여호와입니다. 이 이름은 다양한 이름을 가지고 있습니다. 그러나 가장 먼저 구속주로서의 하나님의 성품을 가리키는 말로 쓰여집니다. 예수님께서는 하나님에 관한 이 점을 나타내셨습니다. 하나님의 다른 모든 이름들, 엘 엘룐, 여호와 이레, 여호와 츠바오트(만군의 하나님) 등에 관해서도 마찬가지입니다. 그럼에도 불구하고 이름들에 대해서 그런 식으로 접근하는 것은 제가 앞에서 지적한 바와 같이 신학적인 접근 방식에 지나지 않습니다. 그러나 그것만이 전부가 아닙니다. 만일 대조적으로 역사적으로 그 문제를 살펴 본다면 "예수님께서 우리에게 나타내신 하나님의 독특한 이름은 무엇인가"라고 물어 보아야 할 것입니다. 그런 다음에 그 이름은 "아버지"라고 말해야 합니다.

이 이름이 얼마나 독특한가를 보편적인 모든 사람들이 다 이해하는 것은 아닙니다. 오늘날 우리는 하나님을 아버지로 생각하는 것에 익숙해 있읍니다. 그러나 예수님 시대에는 그렇지 않았읍니다. 또한 그것에 대해서 그렇게 바르게 생각되지는 않았읍니다. 이 말의 용법(거의 모든 지역에서 이것을 사용하지 못했음)은 최근에 두 독일 학자에 의해서 문헌적

으로 입증이 되었읍니다. "우리 아버지"(주기도문에 대한 연구서)라는 책
을 쓴 에른스트 로마이어(Ernst Lohmeyer)와, "신약의 중심 메시지"
(The Centeral Message of The New Testament)라는 책 중에 들
어 있는 "아바"(Abba)라는 칭호의 논문과, "주기도문"이라고 불리우는
작은 소책자에서 그것을 입증했읍니다. 이 학자들에 의하며는, 세 가지
요점이 용법에 대하여 의문의 여지가 없읍니다. (1) 하나님을 아버지라 부
르신 것은 예수님이 처음 하신 일입니다. (2) 예수님은 언제나 기도할 때
이 어형을 사용합니다. (3) 예수님께서는 자기를 따라서 제자들도 같은
칭호를 사용할 권위를 허락하여 주셨읍니다. 그래서 교회에 대해 엄청난
유산을 남기신 것입니다.

　어떤 의미에서 하나님을 "아버지"라고 부르는 것은 종교가 생겨난 이
후부터의 일이라고 해도 과언이 아닙니다. 심지어 헬라 사람들도 "신들
과 죽을 인생을 통치하는 아버지 제우스"에 대해서 말했읍니다. 그러나
이 경우에서 그 말은 "주"라는 의미입니다. 이스라엘에서 하나님을 "백
성들의 아버지"라고 말했읍니다. "그러나 여호와여 주는 우리 아버지시
니이다"(사 64:8). "아비가 자식을 불쌍히 여김 같이 여호와께서 자기
를 경외하는 자를 불쌍히 여기시나니"(시 103:13). 그러나 이 말은 백
성들 전체가 하나님을 향해서 특징적으로 부르는 칭호였읍니다. 구약 성
경이나 예수님 이전에 나오는 어느 다른 문헌에서도 이스라엘 사람 한 개
인이 하나님을 직접 "내 아버지"라고 부른 적은 한번도 없었읍니다.

　그럼에도 불구하고 예수님은 언제나 그렇게 하셨읍니다. 예수님은 하나
님을 "아버지"라고 부르셨읍니다. 의심할 여지 없이 그렇게 한 것 자체
가 제자들에게 대단히 깊은 인상을 남겨서, 그리스도의 말씀과 기도를 기
록할 때 필연적으로 그 말을 보존했던 것입니다. 모든 복음서가 다 예수
님께서 이 칭호를 사용하셨음을 기록할 뿐만 아니라 기도할 때도 그렇게
하셨음을 사복음서가 다 말하고 있읍니다(마 11:25; 26:39, 42; 막
14:36; 눅 23:34; 요 11:41; 12:27, 28; 17:1, 5, 11, 21, 24,
25). 오직 한 가지 예외가 있다면 이 칭호의 중요성을 특별하게 강조하
는 것입니다. 그것은 십자가에서 예수님께서 우리 죄를 위해서 대신 죄
삼으신바 되어 아버지와 그 전에 누렸던 교제가 잠시 끊어지는 순간에 발

해졌던 울부짖음입니다("나의 하나님, 나의 하나님 어찌하여 나를 버리셨나이까?").

주님께서 이 칭호를 사용하셨다는 것은 당신이 독특한 의미에서 하나님의 아들이심을 의식하고 계셨음을 뜻합니다. 그러나 결정적으로 그는 그런 다음에 하나님의 아들 된 사람들도 그 칭호를, 믿음을 통해서 예수님과 연합함으로 말미암아 사용할 수 있음을 밝혀 주셨습니다(약간 덜 한 의미로). 예수님께서 부활하신 다음에 공언하시기를, 제자들도 예수님처럼 아버지께 나아갈 수 있다고 하셨습니다. "내가 내 아버지 곧 너희 아버지, 내 하나님 곧 너희 하나님께로 올라간다 하라"(요 20 : 17). 산상설교에서는 "그러므로 너희는 이렇게 기도하라 하늘에 계신 우리 아버지여…"(마 6 : 9).

이것이 중요합니까? 중요하고 말고요. 하나님은 위대하시고 높으시고 뛰어나시고 영원하시고 스스로 충족하시고 자존하시고 불가사의한 하나님이시면서, 동시에 동등한 분량으로 믿는 모든 사람들의 아버지도 되신다는 뜻이기 때문입니다. 그러므로 우리는 "오 높고 뛰어나시고 도저히 이해하실 수 없는 하나님, 엄위와 가까이 할 수 없고 알 수 없는 엄위로 멀리 계신 하나님이시여…"라는 말로 기도를 하지 않고, 오히려 따사롭고 개인적으로 친밀한 감을 가지고 "오 아버지, 나의 아버지여…"라고 기도를 시작하는 것입니다.

하나님이 여러분의 아버지십니까? 그렇다면, 여러분이 그리스도 안에서 어린아이에 불과했던 영적인 유아기에도 여러분에게 아버지일 것입니다. 그분은 호세아서에서 말하는 것처럼 여러분으로 하여금 걷는 법을 가르치실 것입니다. "이스라엘이 어렸을 때 내가 사랑하여 내 아들을 애굽에서 불러내었거늘…그러나 내가 에브라임에게 걸음을 가르치고 내 팔로 안을지라도 내가 저희를 고치는 줄을 저희가 알지 못하였도다"(11 : 1, 3). 하나님께서 우리 앞에 길을 내시고 그 길 안에서 우리를 도우십니다.

하나님께서 여러분의 아버지십니까? 그렇다면 하나님께서는 그의 부성애적인 배려에 있어서 여러분에게 아버지실 것입니다. 우리 미국법은, 아버지는 자기 자녀들을 돌볼 책임이 있음을 인정합니다. 하나님께서 역

시 이 책임을 인정하십니다. 그러니 우주의 위대한 하나님, 모든 것을 소
유하시고 통치하시는 그 하나님께서 여러분이 넘어져도 내버려 두면 어
떻게 할까? 여러분을 낙담시키거나 여러분에게서 등을 돌리시면 어떻게
할까 두려워할 필요가 없습니다. 이 하나님께서 여러분을 돌보실 것입니
다. 그는 들의 백합화와 풀도 입히시는 분입니다. "오늘 있다가 내일 아
궁이에 던지우는 들풀도 하나님이 이렇게 입히시거든 하물며 너희일까보
냐 믿음이 적은 자들아"(마 6 : 30). 하나님이 여러분의 아버지십니까?
그렇다면 하나님께서는 끝까지 여러분을 돌보실 것이고 여러분과 하나님
이 가진 관계를 그 어느 것도 끊지 못하게 하실 것입니다. 여러분이 하
나님에 대해서 배은망덕할 수 있습니다. 또 위에서 부르신 그 높으심에
합당치 못하게 행할 수 있습니다. 요나처럼 하나님으로부터 도망칠 수 있
읍니다. 그러나 여전히 그럼에도 그분은 여러분의 아버지일 것입니다.

지켜진 그리스도의 말씀

이 구절의 보다 더 한 단계로 나아가 봅시다. 첫째로, 전에 그리스도
에게 속했던 사람들은 아버지에게 속했다는 말씀을 들었습니다. 둘째로,
아버지께서는 그들을 예수님에게 주셨다는 말씀도 들었읍니다. 세째로,
예수님께서는 아버지를 그들에게 나타내심으로써 그것에 대한 당신의 책
임을 완성지으셨읍니다. 이제 우리는 또한 그들이 이 말씀을 보았고 지
켰다는 것을 듣게 됩니다.

헬라어에서 "지키다"라는 말은 "테레오"인데, 그 말은 문자 그대로 하
면 "주의를 기울이다" 또는 "지키다"는 뜻입니다. 마치 교통법규를 주목
하여 지키는 것처럼 말입니다. 그러나 그리스도의 말씀을 지키는 것은 그
말씀을 먼저 듣고 그 다음에 그 말씀을 이해하여 결국 우리의 행동에 변
화를 가져오는 정도까지 이해함으로써 나오는 마지막 산물입니다. 어떤
사람들은 그 말씀을 전혀 듣지 못했습니다. 그래서 우리는 선교사들과 라
디오 프로그램과, 기독교 서적, 다른 여러 종류의 복음적인 통신 매체를
가지고 있는 것입니다. 어떤 사람들은 전혀 이해한 적이 없습니다. 실로,
성령께서 이것들을 그들에게 이해시키시기 전에는 그 어느 사람들도 그
것을 이해하지 못합니다. 그러기 때문에 우리가 메시지를 주려 할 때 기

도해야 하는 것입니다. 왜냐하면 우리의 노력은 하나님께서 이러한 이적
을 행하시기 위해서 간섭하지 않는 한 아무 소용이 없음을 알기 때문입
니다. 그러나 결국 거기에는 또한 그리스도의 말씀을 지키는 것이 있어
야 합니다. 의뢰하고 그리스도로 말미암아 변화하는 일이 있어야 한다는
것입니다. 제자들에게 그런 일이 있었읍니다. 예수님께서 그 점을 분명
하게 말씀해 주셨읍니다. 그리스도를 따르는 우리나 그리스도를 따를 모
든 사람들에게 그 점이 해당되어야 합니다.

그 결과들은 어떠한 것일까요? 두 가지입니다. 첫째는 그리스도를 복
종치 않던 사람들이 우리를 좋아하지 않을 것입니다. 사실 14 절의 말씀
"내가 아버지의 말씀을 저희에게 주었사오매 세상이 저희를 미워하였사
오니 이는 내가 세상에 속하지 아니함 같이 저희도 세상에 속하지 아니
함을 인함이니이다"라는 말씀에 따르면 그들이 우리를 미워합니다. 그러
나 반면에 10 절에서 "내 것은 다 아버지의 것이요 아버지의 것은 내 것
이온대 내가 저희로 말미암아 영광을 받았나이다"라고 말하는 거와 마찬
가지로 우리는 그리스도의 영광을 나타내는 도구들이 될 것입니다.

47

그리스도의 사람들이 지킨
그리스도의 말씀

"세상 중에서 내게 주신 사람들에게 내가 아버지의 이름을 나타내었
나이다 저희는 아버지의 것이었는데 내게 주셨으며 저희는 아버지의
말씀을 지키었나이다 지금 저희는 아버지께서 내게 주신 것이 다 아
버지께로서 온 것인줄 알았나이다 나는 아버지께서 내게 주신 말씀들
을 저희에게 주었사오며 저희는 이것을 받고 내가 아버지께로부터 나
온 줄을 참으로 아오며 아버지께서 나를 보내신 줄도 믿었사옵나이
다"(요 17:6-8).

누가 하나님의 선택한 사람들인지 어떻게 말할 수 있읍니까? 누가 그
리스도인들이며, 누가 그리스도인들이 아닌지 어떻게 우리가 판단
합니까? 이러한 의문이 일어날 때 어떤 의미에서 우리는 판단할 수 없으
며 또 판단하는 것이 우리의 임무가 아님을 솔직히 인정해야 합니다. 그
것은 마음의 문제요, 마음은 하나님께서만 보시기 때문에 그러한 의미에
서 우리는 판단할 수 없읍니다. 반면에 우리가 어떤 사람들을 한 기독교
회의 일원으로 받아들이거나 아니면 성경학교 교사나 교사 직분자를 찾
으려 할 때마다, 우리는 바로 이러한 영역에서 결정을 내려야 하는 자신
들을 발견하게 됩니다. 그러니 우리가 하나님께서 아시는 것처럼 알 수

없으니 문제는 여전히 남는 것입니다.

하나님이 선택한 사람들이 누구인지 어떻게 말할 수 있을까요? 우리가 분명히 말할 수 없는 어떤 방면이 있습니다. 그 사람의 영적 체험의 깊이가 그러려니 하고서 생각하고 말할 수도 없습니다. 자기들의 느낌의 깊이로 실상을 측정하는 사람들도 있읍니다. 어떤 부류들 가운데서는 그러한 것이 확실한 반지성주의를 동반하기도 합니다. 그런 경우엔 사실들이나 교리들은 무시되고 감정이 모든 것을 대신합니다. 그러나 이 접근 방식에 있어서 문제가 되는 것은 감정이 있다가는 없어진다는 것이지요. 따라서 그러한 사람은 어떤 순간에는 자신을 그리스도인으로 생각하고 또 다른 순간에는 그리스도인이 아니라고 생각하게 됩니다. 어느 것이 옳습니까? 그 사람은 어떤 마음의 체계를 가지고 있는 것으로 믿어야 합니까?

어느 사람이 그리스도인인지 아닌지를 그 사람이 속해 있는 교단이 어느 것이냐를 보고는 분명히 알지 못합니다. 미국에서 오늘날 모든 교단들은 사실상 그리스도인들과, 그리스도인이라고 고백하지만 그리스도인이 아닌 자들로 크게 섞여 구성되어 있읍니다.

얼마 전에 어떤 청년이 제가 섬기고 있는 필라델피아의 제10장로교회 청년회 출신이었는데, 그는 트리니티 복음주의 신학교(삼위일체 복음신학교)에 들어가 공부하고 나서, 중서부의 약50명 정도 모이는 작은 교회를 담임하게 되었읍니다. 그는 그 작은 교회를 담임하고 나서 처음 몇 주간 지나는 동안 제게 편지를 보내왔는데 그 작은 회중들 사이에도 굉장한 다양성이 있다고 말해왔읍니다. "그 회중들은 신학의 차원에서 볼 때 모든 종류의 사람들을 다 갖추고 있습니다. 침례교인, 장로교인, 루터교인, 은사주의자들 또는 세대주의자들 교회 등 말입니다(또 심지어는 극단적인 세대주의자들도 있었읍니다). 정확히 말해서 제가 보기를 원했던 모든 종류가 섞여 있었읍니다. 그것은 여러 가지의 갈등을 초래합니다. 지금 저는 오순절주의 계통에 있는 어떤 사람으로부터 받은 성령에 관한 책을 읽고 있습니다. 또 다른 책을 읽고 있는데 그 책은 성경에 나오는 것 중 에베소서 마지막에 나오는 축도 외에는 이 세대에 해당되는 것이 하나도 없다고 '논증하는'(그것은 약간 과장됨), 극단적 세대주의자가 준 책을 읽고 있읍니다. 또 갑작스럽게 그 모든 삶으로부터 다 물러난 한 사람이 쓴 휴거에 관한 잭 반 임프(Jack Van Impe)자료집을 읽고 있읍니다. 또 우리의 접근 방식에 있어서 보다 더 유대적이어야 한다고 생각하는 어떤 사람이 준 유대인 복음전도 잡지 더미를 보고도 있읍니다(백마일 경내에 한 사람도 유대인은 없음). 프리머스 형제단에 속한 한 부인이 내게 준 어떤 사람이 쓴 책들은 언급하지 않아도 그렇습니다. 그런데 저는 아직도 그 책들 가운데서 나사렛 예수님을 만나지 못했읍니다."

그 사람의 영적 체험이나 그가 다니는 교회를 보고 그가 정말 그리스도인인지 아닌지를 말할 수는 없읍니다. 그러면 누가 그리스도인인지 어떻게 말할 수 있읍니까? 주 예수 그리스도께서 친히 주신 오직 한 가지 답변이 있읍니다. 진실로 자기 제자들이었던 사람들에 대해서 주님은 이렇게 말씀하셨읍니다. "세상 중에서 내게 주신 사람들에게 내가 아버지의 이름을 나타내었나이다 저희는 아버지의 말씀을 지켰나이다 지금 저희는 아버지께서 내게 주신 것이 다 아버지께로서 온 것인줄 알았나이다 나는 아버지께서 내게 주신 말씀들을 저희에게 주었사오며 저희는 이것을 받고 내가 아버지께로부터 나온 줄을 참으로 아오매 아버지께서 나를 보내신 줄도 믿었사옵나이다"(요 17 : 6 - 8). 이 구절에 의하면, 그 사람이 그리스도인인지 그리스도인이 아닌지를 말할 수 있는 오직 유일한 방식은, 그 사람이 주 예수 그리스도의 말씀을 믿되 계속 믿느냐하는 것을 알아 보는 것입니다.

두번째 단계

이 강론의 주제를 위해서 가장 중요한 구절은 그 세 구절 중에서 8 절입니다. 왜냐하면 8 절은 6 절에 나오는 논리적 추론과 유사한 행동상의 꾸준성을 가지고 그리스도의 말씀을 지키는 문제를 정립하고 있기 때문입니다. 6 절은 우리가 지난 강론에서 연구한 바입니다.

6 절에서 그리스도께서는 하나님의 관점에서 구원의 문제를 나타내서 하나님의 행사를 강조하고 있읍니다. 그래서 우리는 예수님께서 다음과 같이 가르치신 걸 압니다. 첫째로 신자들은 본래 하나님 아버지의 아들

이었읍니다. 다른 모든 사람들과 같이 말입니다. 둘째로 아버지께서 신
자들을 주권적인 은혜의 행동을 통해서 예수님께 주셨읍니다. 세째로 예
수님께서는 그들에게 하나님을 계시함으로써 당신이 책임진 그 사람들에
대한 책임을 행사했읍니다. 네째로 그들은 결국 그리스도의 말씀을 받고
지켰읍니다. 대조적으로 8절에서 예수님께서는 제자들의 관점에서 그 문
제를 거론하고 계신데, 사실상 6절의 마지막 두 단계를 섬세화시켜 말
씀하고 계시는 것입니다. 여기 이 8절에서 예수님께서 말씀하시기를, 첫
째로 아버지께서 예수님에게 주신 말씀들을 제자들에게 주셨다고 말씀하
십니다. 둘째로 그들이 그 말씀을 받았다고 합니다. 세째로 그들이 받은
그 말씀을 기초로 해서 예수님이 하늘로부터 오신 사실을 알았음을 예수
님은 말씀하십니다. 또 그들은 예수님을 하나님께서 보내신 자로 믿었읍
니다. 요약하여 그 단계들은 이러합니다. 하나님의 말씀을 주시고, 그러
면 그 말씀을 받고, 그 말씀을 알고, 그 말씀을 믿습니다. 신자는 이러
한 일들이 일어나는 바로 그러한 사람입니다.

이 연관되는 단계 속에서 첫번째 단계는 하나님의 말씀을 주시는 것입
니다. 예수님께서 "나는 아버지께서 내게 주신 말씀들을 저희에게 주었
사오며"라고 말씀하심으로써 그 점을 지적하신 것입니다. 어째서 그것이
그렇게 중요합니까? 다음의 이유 때문입니다. 말씀은, 타락한 사람들이
구원받으려면 그 사람들의 마음 속에서 필요로 하는 것을 충분히 행할 정
도로 강력한 오직 유일한 것입니다. 말씀은 하나님의 도구입니다. 히브리
서 기자가 말한 바와 같습니다. "하나님의 말씀은 살았고 운동력이 있어
좌우에 날선 어떤 검보다도 예리하여 혼과 영과 및 관절과 골수를 찔러
쪼개기까지 하며 또 마음의 생각과 뜻을 감찰하나니"(4:12). 이것과 비
교해 보면 사람들의 마음은 아무 것도 아닙니다. 루터는 그것을 알았읍
니다. 그래서 한번 이렇게 말하였읍니다. "우리는 하나님의 말씀과 사람
의 말을 크게 구분해야 한다. 사람의 말은 작은 소리에 불과하여 귀에 쟁
쟁 울렸다가 금방 사라져 버리나 하나님의 말씀은 하늘과 땅보다 더 위
대하고, 사망과 죽음보다 더 위대하다. 왜냐하면 그것은 하나님의 능력
의 일부를 형성하여 영원토록 존재하기 때문이다"(Table Talk, 44). 베
드로는 거듭남에 대해서 다음과 같이 말할 때 역시 똑같은 것을 말하고

있는 것입니다. "너희가 거듭난 것이 썩어질 씨로 된 것이 아니요 썩지 아니할 씨로 된 것이니 하나님이 살아 있고 항상 있는 말씀으로 되었느니라"(벧전 1 : 23). 우리는 이러한 말씀을 읽을 때 한 개인의 회심은 단순한 설득의 문제보다 훨씬 더한 것임을 이해해야 합니다. 필요한 것이 설득뿐이라면 우리의 말만으로 충분하고 우리가 논증을 통해서 사람들을 얻을 수 있을 것입니다. 그러나 그것만으로는 충분치 못합니다. 논증도 필요로 하지요. 또 하나님께서 그것을 사용하시기도 합니다. 그러나 구원의 문제에 있어서 일어나는 것을 그 근처에서 보면 부활이나 이적과 같은 것입니다. 분명히 우리의 말이 아니라 하나님의 말씀만이 그러한 일을 해낼 수 있습니다.

바로 그렇기 때문에 기독교회는 증인들과 선교사들이 있어야 합니다. 그래서 예수님께서는 조금 뒤에 가서 그 필요성을 넌지시 암시하여 말씀하십니다. "아버지께서 나를 세상에 보내신 것 같이 나도 저희를 세상에 보내었고"(요 17 : 18). 또 다시 "아버지께서 나를 보내신 것 같이 나도 너희를 보내노라"(20 : 21). 하나님께서 원하시기만 하면 명령 한 마디로 온 인류를 구원하실 수 있음을 우리는 이해해야 합니다. 하나님께서 원하시기만 하면 한 위대한 이적을 통해서 모든 사람을 한 순간에 구원할 수도 있습니다. 그러나 그런 방식으로 행하시기를 원치 아니하셨읍니다. 오히려 하나님께서는 자기 백성들에게 전파되고 자기 백성들이 나누고 또 성령에 의해서 개인들의 심령 속에 적용되는 하나님의 말씀에 의해서 그런 일이 일어날 것이라고 선언하셨읍니다. 그럼으로써 사람들이 구원을 받을 것이라고 선언하신 것입니다. 그러니 우리는 이 위대한 일에 있어서 한 몫을 가지고 있읍니다. 왜냐하면 하나님의 말씀이 그것을 듣기를 간절히 필요로 하는 사람들에게 우리를 통해서 전달되기 때문입니다. 바울은 "믿음은 들음에서 나오고 들음은 하나님의 말씀으로 말미암느니라"(롬 10 : 17)라고 썼읍니다. 그러나 바울은 이러한 것이 자기로 아무 일도 하지 않고 가만히 있게 만들지는 않았음을 압니다. 그래서 그는 믿음과 들음에 대해서 진술하면서 앞에서 "전파하는 자가 없이 어찌 들으리요"(14 절)라고 말했던 것입니다.

하나님의 말씀을 받음

8절의 두번째 단계는 하나님의 말씀을 받는 것입니다. 왜냐하면 예수
님께서는 하나님께서 당신에게 주신 말씀을 제자들에게 주셨을 뿐 아니
라, 그 제자들이 그 말씀을 받았다고 말씀하시기 때문입니다. 이 말씀은
6절에서 "지켜졌다"는 말씀과 같은 것이 아닙니다. 앞에서는 (헬라어로
테레오) 그리스도의 말씀을 "붙잡다" 또는 "복종하다"는 것과 관계하
는 것이고, 마치 어떤 사람이 법률을 순종하는 것과 같은 것입니다. 8절
에 나오는 말(람바노)은 보다 차원이 낮은 수준에 있는 것을 가리키는데
어떤 것을 "얻거나" 또는 "받거나"하는 것을 뜻합니다. 그래서 8절에 나
온 좀더 차원이 낮은 말에 따르면, 예수님께서는 그가 일찍 앞에서 사용
한 더 어려운 말을 설명하시기 위해서 마치 뒤로 한 단계 물러가 계신 것
같습니다. 예수님께서 보여 주듯이 그의 말씀을 "지킨다"는 것은 그 말
씀을 듣고, 받고, 그것을 기초로 해서 알고, 인격적으로 그를 믿는 것을
의미합니다.

예수님께서 단순히 그 말씀을 받는 단계를 표현했다는 사실은, 하나님
의 주어진 말씀을 받고도 머리로만 받다 그것이 그냥 지나쳐 흘러갈 수
있음을 지시하는 것입니다. 또는 우리가 일상적으로 말하자면 "한 귀로
듣고 한 귀로 흘리는"것일 수 있다는 것입니다. 그보다 더한 것이 요구
된다는 말씀입니다. 단순히 말씀을 듣는 것과 대조하여, 말씀을 받되 마
음 깊숙이 그 말씀이 젖어들어 그후의 우리의 생각과 명상의 기초가 되
어야 한다는 것입니다. 하나님께서 다른 사람의 증거나 설교를 통해서
능동적으로 우리와 교제하셔야 한다고 말하는 것이나 같습니다.

지 식

이 시점까지 예수님께서 주신 말씀을 전달하고 받는 단계가 명백해졌
다고 저는 생각합니다. 그 말씀을 받게 하려면 말씀을 전해 주어야 하고,
또 그것이 우리에게 어떤 소용이 되기 위해서는 그 전해지는 말씀을 받
아야 합니다. 그러나 이제 세번째 요점이 있는데, 예수님께서는 믿음으
로 말미암아 따라오는 어떤 일에 대한 지식에 관해서 말해나가십니다. 그

것은 우리 중 어떤 사람에게는 분명하지 않을 것입니다. 왜냐하면 영적인 일에 있어서 그것은 다른 길로 들어가는 것이라고 배워왔기 때문입니다. 사실 예수님께서도 친히 그것을 가르치셨습니다. 오빠 나사로가 다시 살아나기 전에 예수님은 마르다에게 "내 말이 네가 믿으면 하나님의 영광을 보리라 하지 아니하였느냐?"(요 11 : 40)라고 말씀하셨습니다. 세상은 "보는 것이 믿는 것이다"라고 말합니다. 그러나   예수님께서는 "믿는 것이 보는 것이다"라고 말씀하십니다. 그런데 요한복음 17장에서 예수님께서는 어떻게 그것을 뒤로 물러가게 하시는 것처럼 보일 수 있을까요?

이 질문에 대해서 보고 아는 것이 예수님께서 이 두 대목에서 사용하신 것과 정확히 같은 의미는 아니라고 지적함으로써 이 질문에 대한 충분한 대답이 될 것입니다. 그러나 지적해야 할 진정으로 의미 있는 요점은, 영적인 실상에 대해서 온전히 이해하는 것은 언제나 믿음 뒤에 오는 것이라는 점입니다. 물론 믿음보다 앞서서 합당하고 매우 필요한 아는 것이 있지만 말입니다. 그렇지 않으면 믿음은 "맹목적인 믿음"이 되는 것이고, 맹목적인 믿음은 전혀 참된 성경적인 믿음이 아닌 것입니다.

여기서 우리는 기독교 차원으로 들어가서, "믿음은 이성을 필요로 하는가?"라는 질문을 던져 보게 됩니다. 보다 특별하게 말하자면 "우리는 우리의 믿음을 단단하게 묶기 위해서 이성을 필요로 하는가, 또한 그 믿음을 다른 사람에게 나타내기 위해서 이성을 필요로 하는가?"라고 하는 질문에 이르게 됩니다. 한 차원에서 이 질문에 대한 대답은 아니라고 말할 수 있습니다. 만일 그 질문을 통해서 하나님께서 어떤 사람을 구원하시기 전에 모든 의문이 다 사라져야 하느냐고 우리가 묻고 있다면 아니라고 해야 한다는 말씀입니다. 그들이 의문이 다 풀려지지 않았는데도 하나님께서는 분명히 많은 사람들을 구원하십니다. 어떤 사람들은 그리스도인의 삶과 체험을 겪으면서도 여전히 많은 의문을 가지고 있습니다. 그러나 반면에 지식은 믿음에 있어서 한 역할을 감당하고 있습니다. 왜냐하면 믿음은 우리가 그리스도인들의 교훈적인 증거와 합리적인 입증을 통해서 알게 된 자를 신뢰하는 것이기 때문입니다. 그래서 우리는 사도가 비평적인 질문에 맞서서 자기들의 믿음에 대해 훌륭한 변증을 하고 있는 것을 발견합니다. 베드로는 그를 따르는 자들에게 "너희 속에 있는 소망에 관한 이유를 묻는 자에게는 대답할 것을 항상 예비하되 온유와 두려움으로 하고"(벧전 3 : 15)라 말했읍니다.

클라크 피녹(Clark H. Pinnock)은 캐나다의 뱅쿠버에 있는 리젠트 대학의 신학과 부교수인데, 그는 이 분야에 대해서 현명하게 글을 썼읍니다. 'His' 라는 잡지의 기사에서 "믿음은 이성을 필요로 하는가?" 라는 제하의 글을 썼는데 다음과 같이 그 질문에 대해서 답하고 있읍니다. "솔직하게 말해서 그렇다. 도로망을 표시해 놓은 지도는 운전사로 하여금 자기가 가는 목적지를 가기 위한 길을 바로 알려 주듯이, 진리에 대한 증거들은 하나님을 추구하는 사람들로 하여금 그가 의문시하는 것을 알도록 도와 준다. 이성은 믿음에 대해서 믿음이 태어날 수 있는 하나의 분위기를 창출한다. 복음은 그 안에 들어온 사람들의 한 부류들에게만 믿어질 수 있는, 숨겨진 비밀이 결코 아니다. 그것은 보편적인 인간사회에서 작용하는 합리의 법칙에 따른 것이다. 설명해 주지 않고 찬동하라고 요구하는 주장은 권위 있는 사람의 행동이 아니다. 또한 듣는 자들의 주관적인 마음의 상태에 따라서 그 복음의 진리가 좌우되는 것이 아니다. 복음은 객관적으로 진리이다. 그리고 공적인 논증들로써 입증될 수 있는 것이다."

요한복음 17 장의 문맥에서 보면, 이 말은 예수님에 관해서 몇 가지의 확신들은 그를 믿는 믿음보다 앞서야 한다는 뜻입니다. 만일 그 믿음이 진정으로 참된 성경적인 믿음이라면 말입니다. 이 깨우침은 종교 진리의 모든 가능한 영역을 다 포용하는 것은 아닙니다. 예수님께서는 이 기도에서 그것을 암시하지 아니하셨읍니다. 그러나 그 깨우침들은 그리스도의 인격과 그 가르침에 대한 중추적인 문제들을 포함하고 있읍니다. 예수님께서 "내가 아버지께로부터 나온 줄을 참으로 아오며 아버지께서 나를 보내신 줄도 믿었사옵나이다"(8 절)라고 말씀하시면서 이 점을 지적하시고 계시며 "지금 저희는 아버지께서 내게 주신 것이 다 아버지께로서 온 것인줄 알았나이다"(7 절)라고 말합니다. 다른 말로 해서 우리가 예수님께 우리 자신을 의탁시키기 전에 그분은 하나님이시며, 그분의 교훈은 진리이시며, 그분이 우선적으로 십자가에 죽으심으로써 그가 말

씀하신 것을 행하셨다고 확신해야 하는 것입니다. 그는 우리의 대속물로
서 죽으셔서, 우리 죄의 형벌을 담당하셨읍니다. 만일 우리가 이러한 진
리들을 깨우쳐 알지 못하면 우리는 하나의 유령을 믿고 있는 것에 지나
지 않습니다.

우리 자신의 개인적인 믿음만을 위해서 이러한 유의 지식이 중요하다
는 것은 아닙니다. 복음전도에 대한 참된 동기를 갖기 위해서도 중요합
니다. 복음전도에 불을 붙이는 것 중에서 가장 큰 것 중 하나는 지식을
기초로 하고 체험에 의해서 깨달은바, 우리가 증거하는 사실들이 진정으
로 참이라는 것을 확신하는 것입니다. 예수님께서 죽으시고 나서 부활하
시기 전에 제자들은 흩어지고 있었읍니다. 부활하신 다음에 그들은 다른
사람들에게 말하지 않으면 안되는 강박관념을 가졌읍니다. 왜요? 부활
이 실제로 일어났으며 다른 사람들도 그것을 아는 것이 중요하다는 깨우
침을 가졌기 때문입니다. 그러므로 만일 우리도 이러한 깨우쳐 아는 확
신을 가졌다면 우리도 마땅히 그래야겠지요.

끝으로, 우리 마음의 바른 만족을 위해서도 지식은 중요합니다. 어떤
그리스도인들은, 이지는 마치 악한 것처럼 행동하여 최소한의 깊이라도
생각하기를 거절합니다. 그러나 이것은 바르지 못합니다. 사람 속에 있
는 이성적으로 생각하는 기능이 타락했다 할지라도, 그것은 여전히 사람
이 하나님의 형상으로 지음받았다는 것을 보여 주는 한 국면이며 영적 문
제들을 사고하는데 있어서도 그리스도인들이 그 기능을 사용해야 합니다.
이러한 일이 있을 때 참된 영적 만족을 주는 요소가 있게 되며, 어떤 문
제가 부닥쳐 온다 할지라도 능히 대처할 수 있는 준비의 요소가 있게 되
는 것입니다.

믿음과 행동

그러나 우리가 지식의 중요성을 강조하고 나서 마치 기독교가 어떤 것
들을 배우는 하나의 과정에 불과한 것처럼 거기에서 멈춰버리는 함정에
빠져서는 안됩니다. 초기 기독교의 이단 가운데 그것을 가르치는 이단이
있었는데 영지주의(노스티시즘, Gnosticism)가 그것이었읍니다. 그러나
그것은 그리스도의 가르침은 아닙니다. 왜냐하면 말씀을 주고 또 말씀을

받고, 또 그 때문에 제자들이 예수님에 대해서 어떠한 것들을 알게 되었다고 말씀하신 다음에, 주님께서 계속 모든 것 중에서 가장 중요한 요인이 되는 이른바 믿음에 대해서 계속 거론해 나가시니 말입니다. 예수님께서는 "아버지께서 나를 보내신 줄도 믿었사옵나이다"라고 말씀하심으로써 결론을 내리고 계십니다.

믿음은 맹목적인 의탁이 아닙니다. 지식에 대한 연구를 통해서 우리가 보았듯이 말입니다. 그러나 또한 믿음은 지식 하나만도 아닙니다. 오히려 그것은 지식을 기초한 하나의 인격적인 의탁입니다. 오히려 주 예수 그리스도를 하나님으로 알고 그를 따르는 사람은 그 이후에 여러 영역들에서 예수님에 대해서 제한적인 지식 밖에는 가지고 있지 않거나 아니면 심지어 의문을 가지고 있음에도 불구하고 그리스도를 기꺼이 따르려 한다는 의미에서 그 단순한 지식을 넘어 서는 것입니다. 이와 같은 믿음은 행동을 유발합니다. 그래서 성경적인 의미에서 믿음이란 주 예수 그리스도 안에 계시된 하나님을 믿고 그 믿음에 따라서 행동하는 것이라고 말하게 되는 것입니다.

우리는 몇 가지 특별한 요점을 지적함으로 결론을 내리기로 합니다. 여기서 우리는 그리스도께서 이 작은 제자들의 무리에 대해서 다음과 같이 말씀하십니다. "나는 아버지께서 내게 주신 말씀들을 저희에게 주었사오매 저희는 이것을 받고 내가 아버지로부터 나온 줄을 참으로 아오며 아버지께서 나를 보내신 줄도 믿었사옵나이다." 그러나 그 사람들, 그 적은 수의 제자들은 누구입니까? 예, 그들은 그리스도의 가르침에 대해서 조금 밖에 모르는 사람들입니다. 실로 그들은 그가 하나님께로부터 왔다고 믿었읍니다. 한번 베드로는 "주는 그리스도시요 살아계신 하나님의 아들이시니이다"(마 16 : 16)라고 확언하였읍니다. 그러나 이 대제사장의 기도를 드리시는 바로 이 밤에 다락방에서 빌립은 예수님께 "주여 우리에게 아버지를 보여 주옵소서"(요 14 : 8)라고 요구했읍니다. 예수님께서 그 일을 책망하시면서 "빌립아 내가 이렇게 오래 너희와 함께 있으되 네가 나를 알지 못하느냐 나를 본 자는 아버지를 보았거늘 어찌하여 아버지를 보이라 하느냐"(9 절). 그들은 이해했읍니다. 그러나 다시 그들은 이해하지 못했읍니다. 아무래도 그들은 희미하게 밖에 이해하지 못했읍니다.

다시 그들은 그리스도의 죽으심의 의미와 필연성을 이해하지 못했읍니 다. 예수님은 그 의미와 필연성을 말해 주려고 애쓰셨읍니다. 이 주간의 앞에서 이미 예언하셨읍니다. "보라 우리가 예루살렘에 올라가노니 인자 가 대제사장들과 서기관들에게 넘기우매 저희가 죽이기로 결안하고 이방 인들에게 넘겨주겠고 그들은 능욕하며 침뱉으며 채찍질하고 죽일 것이니 저 는 삼일만에 살아나리라 하시니라"(막 10 : 33 , 34). 그는 "인자의 온것 은 섬김을 받으려 함이 아니라 도리어 섬기려 하고 자기 목숨을 많은 사 람의 대속물로 주려 함이니라"(45 절)라고 말씀하셨읍니다. 그러나 그들 은 이 가르침을 이해하지 못했읍니다. 더구나 부활하신 후에도 그들은 그 것을 이해하지 못했읍니다. 왜냐하면 그들은 "주께서 이스라엘 나라를 회복하심이 이 때니이까?"(행 1 : 6). 그 말은 그들이 여전히 지상의 왕 국의 차원에서 생각하고 있다는 것을 보여 주는 것입니다.

연약하지요? 이해가 정말 부족하지요? 그럼은요. 그러나 강함도 있었 읍니다. 물론 그것은 그들의 것이 아니었읍니다. 이제 그 강함이 그들에 게 들어온 것은 오직 그리스도의 말씀의 결과로 말미암았읍니다. 그러나 그 말씀이 "그들 안에" 있었읍니다. 그것이 바로 요점입니다. 씨앗이 열 매를 맺게 하는 땅에 심기워진 것처럼 그 말씀들이 열매 있는 영적 생활 의 충만함 속으로 들어가 싹이 틀 것입니다. 그 말씀들은 살아 있읍니다 – 우리가 진실로 말하기를 원하는 바는 그것입니다. 영적으로 살아 있읍 니다– 주님은 확신 있게 "나는 아버지께서 내게 주신 말씀들을 저희에게 주었사오매 저희는 이것을 받고 내가 아버지께로부터 나온 줄을 참으로 아오며 아버지께서 나를 보내신 줄도 믿었사옵나이다"라고 말씀하실 수 있으셨던 것입니다.

바로 그것이 모든 하나님의 선택한 백성들의 체험입니다. 그들은 이해 와 용기와 다른 많은 것들에 있어서 다양한 차이를 나타낼 수 있읍니다. 그러나 그들은 예수님께 접촉된 사람들입니다. 그의 말씀들이 그들 속에 있읍니다. 그래서 그들은 필연적으로 그리스도의 생명의 능력 안에서 계 속 자라나서 그리스도를 위해서 열매를 맺게 됩니다.

48

당신의 사람들만을 위하여
기도 드리는 그리스도

"내가 저희를 위하여 비옵나니 내가 비옵는 것은 세상을 위함이 아니
요 내게 주신 자들을 위함이니이다 저희는 아버지의 것이로소이다 내
것은 다 아버지의 것이요 아버지의 것은 내 것이온데 내가 저희로 말
미암아 영광을 받았나이다"(요 17 : 9, 10).

예수님께서 어떤 제한적인 의미에서 모든 사람을 위해서 기도하실 수
있음을 저는 의심치 않습니다. 그러나 그것이 어떠하다 할지라도 우
리 본문은 그 면을 말하지 않습니다. 십자가에서 그리스도께서는 자기 원
수들을 위하여 "아버지여 저희를 사하여 주옵소서 자기의 하는 것을 알
지 못함이니이다"(눅 23 : 34). 그러나 그 기도와(그와 같은 어느 유의
기도라도) 요한복음 16 장의 기도 사이에는 엄청난 틈이 벌어져 있어 또
다른 의미에서 그리스도의 기도는 자기 백성들만을 위한 기도라고 말할
수 있읍니다 — 참되고 깊은 필연적인 기도라는 의미에서 말입니다. 더구
나 이 요한복음 17 장에 나오는 기도 중 중보적인 성격을 띠고 있는 대목
이 시작되는 말씀 속에서 바로 그 점을 가르치시고 계신 것 같습니다. 왜
냐하면 예수님께서는 "내가 '저희' 를 위하여 비옵나니"라고 말함으로써

제자들을 가리키고 있기 때문입니다. "내가 저희를 위하여 비옵나니 내가 비옵는 것은 세상을 위함이 아니요 내게 주신 자들을 위함이니이다 저희는 아버지의 것이로소이다 내 것은 다 아버지의 것이요 아버지의 것은 내 것이온데 내가 저희로 말미암아 영광을 받았나이다"(9, 10절). 스펄젼은 그의 통상적인 웅변조로 이 대목에 대해서 다음과 같이 바르게 말합니다. "우리 주님께서 자기 자신의 백성들을 위해서 탄원하고 있다고 저는 지적하는 바입니다. 그가 제사장의 흉배를 입으셨을 때 바로 거기 그 흉배에 이름이 써 있는 지파들만을 위한 것이었읍니다. 그가 속죄 제물로 자신을 드리셨을 때 하나님께서 선택한 이스라엘만을 위하여 드리신 것입니다." 이것은 신자가 하나님께 대해서 독특한 위치를 차지하고 있다는 것을 상기시키며, 신자들은 영적인 것들을 무시함으로써나 죄를 통해서 그 독특한 입장을 더럽혀서는 안됩니다.

그러나 이 본문에 있어서 가장 흥미로운 요점은 이 본문이 그리스도의 사람들만을 위한 기도의 일부라는데 있는 것이 아닙니다. 오히려 우리 주 하나님의 안목에서 볼 때 어째서 다른 사람들을 위한 기도와 배치되게 그들만을 위해서 기도를 드리는지 그 이유를 설명해 주고 있다는 점입니다. 그 이유는 셋입니다. 첫째, 그들은 아버지의 것이기 때문입니다. 둘째로 아버지께서 가지신 것은 다 그리스도의 것이기 때문입니다. 세째로 그가 그들로 말미암아 영광을 받으시기 때문입니다. 그 세 가지 이유에서 주님께서는 자기에게 속한 사람들만을 위하여 기도하십니다. 그러나 우리가 그 이유를 연구해 나감에 따라서 우리가 다른 사람들을 위해서 기도 드려야 하는 이유는 바로 그 이유들임을 또한 알게 될 것입니다.

그리스도의 첫번째 이유

그리스도께서 그렇게 자기 백성들을 위해서 기도드리는 이유들 가운데 첫번째 이유는 예수님께서 위하여 기도드리는 그 사람들은 아버지께 속한 사람들이라는 점입니다. 이 말은 그들이 하나님의 것이라는 단순한 이유 때문에 그들을 평가하고 계시다는 것을 의미하는 것입니다. 우리는 다른 사람에게 속한 어떤 것을 부탁받으면 그것이 그 사람에게 속해 있기 때문에 그것을 높이 평가하는데, 그런 경우에 우리가 체험하는 것이 바로 이 논증의 예화가 됩니다.

수년 전 저는 "Christianity Today" 때문에 워싱턴 디시(DC) 에서 일할 기회가 있었읍니다. 그런데 그때 제 아내나 제가 잘 알고 있었고 매우 좋아한 한 가정이 여름 동안 자기 집을 우리에게 세로 내 주었읍니다. 이 집은 우리에게 있어서 대단히 호화로운 집이었읍니다. 왜냐하면 그때 당시 우리는 학생에 지나지 않았고 그들의 집은 아름다운 워싱턴의 교외에 자리잡고 있었으며 큰 나무와 정원을 가진 큰 뒤뜰이 있었기 때문입니다. 우리는 그 집을 우리에게 빌려 준 사람에 대한 고마움 때문에 그 집을 소중히 아꼈읍니다. 그 여름에는 토요일날 오후나 늦은 저녁 시간에는 정원을 손질하느라 바빴읍니다. 풀을 다듬어 주었고 그 정원을 파 주었읍니다. 화단을 깎아 주기도 했읍니다. 사실 말이지 얼마나 일을 잘 해 놓았던지 그 정원에 있었던 모든 둥근 뿌리들을 다 파헤쳐 놓을 정도였읍니다. 그 전에는 정원을 가져 본 적이 없었읍니다. 또한 그 전에는 정원을 그렇게 잘 알지도 못했읍니다. 아마 그 집을 세 얻어 살게 된 고마움을 이해할 수 있는 사람이라면, 주 예수 그리스도께서 아버지의 소유인 사람들을 얼마나 소중히 여겼을까를 이해할 수 있을 것입니다. 이 대목에서 주님께서는 이렇게 말씀하셨으니 말입니다. "내가 비옵는 것은 세상을 위함이 아니요 내게 주신 자들을 위함이니이다 저희는 아버지의 것이로소이다." 얼마나 놀랍습니까! 우리나 다른 사람들에게 다 놀랍습니다. 우리가 이 강론의 마지막에 이르게 되면 어째서 우리가 다른 그리스도인들을 소중히 생각해야 하는지를 알게 될 것이기 때문입니다.

그리스도의 논리 속에 나타난 두번째 사상이 있읍니다. 우리가 아버지께 속해 있기 때문에 그리스도께서 우리를 소중히 여기는 것만이 아니기 때문입니다. 우리가 "아버지께" 소중히 여김을 받았다는 사실도 잊어서는 안됩니다. 그러니 그리스도의 논증의 한 부분을 이 사상이 차지한 것입니다. 예수님께서는 "내가 저희를 위해서 기도하는 것은 저희가 아버지의 것이요, 아버지께서 저희를 소중히 여기기 때문입니다. 그러므로 저희에 대한 아버지의 관심은 저희에 대한 나의 관심과 같사옵니다."

우리는 단순한 무한정한 대명사 "저희" 또는 "저희들"을 사용하는 것을 초월하여 우리 자신을 가리키는 대명사를 그리스도의 진술 속에 집어 넣으면 좋을 것입니다. 그렇게 하며는 그 그리스도의 말씀의 온전한 강도를 짐작할 것이기 때문입니다. 마치 예수님께서는 "나는 존 스미스(메어리 존스, 또는 어떠한 이름이든지간에)를 위해서 기도합니다. 왜냐하면 그는 아버지의 것이고, 저와 똑같이 아버지께서 이 사람을 귀하게 여기기 때문입니다"라고 말씀하시는 것 같습니다. 이 말씀은 그리스도께서 여러분과 저를 위해서 기도하되, 우리가 아버지께 속해 있고그러므로 예수님과 아버지께서 우리를 소중히 여기기 때문에 기도하신다는 뜻입니다.

요한복음 17장에서 일곱번이나 말씀하시듯이 우리가 주 예수 그리스도께 주어졌다 할지라도, 아버지께서는 계속해서 우리에 대해 관심을 갖고 계십니다. 여기서 우리는 그리스도의 신부(新婦)인 교회에 대한 한 예화를 사용할 수 있읍니다. 자기 딸이 결혼한 후 자기 사위와 함께 그 딸이 어려운 일을 하러 가는 걸 보는 아버지를 생각해 볼 수 있읍니다. 다른 나라에 간다고 생각해 봅시다. 그 아버지는 그 딸 부부가어떻게 해 나가는지 알고 싶어하고, 사위는 자연히 자기 아내에게 관심을 가지게 되는데, 자기 아내를 위해서 뿐만 아니라 그 아내의 아버지를 위해서 그렇게 합니다. 이 젊은 부부에게 좋지 아니한 일이 일어났다고 생각해 봅시다. 그래서 사위는 급기야 그 아버지에게 편지를 써 보내며 이렇게 말했다고 생각해 봅시다. "아버지, 저는 이처럼 편지를 쓰게 된 것이 참안됐읍니다. 그러나 일이 아주 잘못되었어요. 굉장한 재정적인 어려움을 겪게 되었어요. 우리는 가정을 잃을 위기에 처해 있읍니다. 재정적인 도움이 필요합니다." 그와 같은 상황에서 아버지가 사위의 요청에 즉시 대답하되(그가 사위에 대해서 큰 관심을 가지고 있지 않고 사위가 하는 일이 어리석은 모험이라고 생각한다 할지라도), 그 딸에 대한 관심 때문에 즉시 대답한다는 생각이 들지 않습니까?

여기에 나타난 긍휼과 관심도 그러한 종류입니다. 그러므로 무엇보다 먼저 그 논증은 이렇게 진행되어 나갑니다. 예수님께서 우리에게 관심을 두시는 것은 우리가 아버지께 속해 있기 때문이며, 둘째로아버지께서 친히 우리에게 관심을 가지고 우리를 소중히 여기시는 것은 우리가그의 소유인 때문이라고 말입니다.

그 외에, 주 예수 그리스도께서는 지금도 우리를 위해서 중보의 기도를 드리고 계십니다 - 성경이 말하듯이 - 지금 그리스도의 논증의 기초는 십자가에 못박혀 돌아 가시기 전에 드린 기도의 기초와는 어딘가다른것 이라고 생각할 수는 없읍니다. 히브리서 4:14 - 16 은 예수님께서 지금 우리를 위해서 간구하시는 것을 언급하며, "그러므로 우리에게 큰 대제 사장이 있으니 승천하신 자 곧 하나님 아들 예수시라 우리가 믿는 도 리를 굳게 잡을찌어다 우리에게 있는 대제사장은 우리 연약함을 체휼하 지 아니하는 자가 아니요 모든 일이 우리와 한결 같이 시험을 받은 자로 되 죄는 없으시니라 그러므로 우리가 긍휼하심을 받고 때를 따라돕는은 혜를 얻기 위하여 은혜의 보좌 앞에 담대히 나아갈 것이니라."만일 요 한복음 17 장이 그리스도의 위대한 대제사장적 기도라면(사실 그렇지만), 또 예수님께서 지금도 기도하신다니 그에게 담대히 나갈 수 있읍니다. 우리는 이렇게 말할 수 있지요. "주여, 저는 아버지와 주님께 속해 있는 자로서 나아옵니다. 주님께서는 저를 소중히 여기고 계십니다. 또 아버 지께서 저를 소중히 여기심도 압니다. 그러니 주께서 저로 하여금 영위 하기를 원하시는 유의 삶을 영위하도록 도와 주시기를 바랍니다. 또 주께 서 저를 도와 주실 것을 알고 기도하나이다."주 예수 그리스도께서 우 리를 소중히 여긴다는 것은 우리가 기도할 때 큰 용기를 주는 것입니다.

그리스도의 두번째 이유

9 절 하반절과 10 절 상반절에 보면, 그리스도께서 자기 백성들을 위 해서 기도하시는 두번째 이유가 나타나 있읍니다. "저희는 아버지의 것 이로소이다 내 것은 다 아버지의 것이요 아버지의 것은 내 것이온데 내가 …."이 말은 무슨 뜻입니까? 주님께서는 아버지와 아들이 함께 연합 하여 우리에게 관심을 가지신다는 걸 언급하고 계시다는 뜻입니다. 그러 니 첫번째 경우에서는 "저희는 아버지의 것이로소이다"라고 말씀하셨고, 그 다음에는 숨을 내쉬면서 "그러나 저희는 또한 제 것이니이다 더 나아 가서 아버지께 속한 모든 것이 아들 된 제게 다 속하기 마련입니다. 그래 서 아들인 제게 속한 모든 것은 다 아버지께 속한 것입니다." 그러므로 예수님께서는 아버지께만 해당되는 이유를 들고 간청하거나, 당신 자신 만에게 해당되는 것을 가지고 간청하는 것이 아닙니다. 오히려 둘이 함께

연합하여 관심을 가지는 것을 위하여 탄원하고 계십니다.

이 상호 관심을 갖는 문제를 생각할 때 생각할 두번째 차원이 있읍니다. 성부와 성자 사이의 상호 관심이 있읍니다. 그러나 아버지와 아들과 '우리 자신' 들 사이의 상호 이해관계가 있읍니다. 우리는 본문 속에서 그것을 발견하는데, 그 본문의 문장 속에 인칭대명사 "저희", "나", "나의 것", "당신의 것"이라는 말이 섞여 있기 때문입니다. 그들은 문자 그대로 함께 상관되어 있읍니다. 그러므로 여기서 우리가 만나는 상황 속에서 우리는 다음과 같이 말할 수 있읍니다. 곧 그리스도의 사람들은 삶의 작은 덩어리 속에서 하나님과 함께 싸여져 있으며, 주 예수 그리스도께서는 따라서 우리를 위해서 기도하신다는 것입니다.

우리의 관심이 아무리 작다 할지라도 하나님께서 관심을 기울이시는 것이라는 뜻이요, 아무리 고상하고 우리 이해를 초월한 것이라 할지라도 하나님의 관심은 역시 우리의 관심임을 뜻합니다. 이 논리의 하반부는 즉시 이해가 갑니다 — 하나님께서는 우리의 유익에 대해서 관심을 가지시고 우리에게 영향을 끼친다는 의미에서 하나님의 관심도 우리의 관심입니다. 국가의 우두머리 되는 사람의 결정은 그 국가의 각 시민에게 영향을 미칠 수 있는 것과 마찬가지입니다. 전반부 — 우리가 관심을 기울이는 것이 아무리 작다 할지라도 하나님께서 관심을 기울이는 것이다 — 는 이해하기가 그리 쉽지 않습니다. 한 예화가 도움을 줄 수 있읍니다.

미국 독립 200주년을 맞는 여름에 이 개혁장로회 협회로 알려진 비공식적인 목회자들의 모임의 대표로 워싱턴 시에 있는 백악관을 방문한 적이 있었읍니다. 우리는 우리 나라의 영적 불의와, 갱신에 대한 필요성을 강조하는 성명서를 작성했었읍니다. 우리는 그것을 대통령에게 제출하고 싶었읍니다. 그래서 플로리다에서 온, 우리 모임의 우두머리와 제가 그것을 제출하러 갔읍니다. 우리는 대통령을 만나지는 못했읍니다. 대신 그 글을 그 각료 중 한 사람에게 주었읍니다. 그러나 백악관 1층을 지나 북쪽 잔디뜰로 통과하는 입구로 들어가려 했었는데, 그 잔디밭은 공식적인 접견을 위해서 마련된 것입니다. 그때 저는 백악관 내에서의 생활이 얼마나 많이 일어나고 있는지 두 차원에서 깨닫게 되었읍니다. 백악관 1층 말고 그 윗 층들은 국가의 결정이 내려지는 중요한 사무실들이 있었읍니다. 바로 그 아래 1층에는 우리들이 걷고 있었는데, 획기적인 관심거리들이 되지 못하는 문제들을 가진 우리 자신과 같은 많은다른사람들이 있었읍니다. 더구나 제가 눈여겨 보지 못했을 뻔했을 아래 층 통로를 지나 걷고 있었는데 나팔 소리가 갑자기 울려 한 대사가 그 백악관에 도착한 것을 알렸읍니다. 우리 같은 사람들에 대해서 그냥 그런대로 자세를 취하고 있던 군인들이 차렷 자세를 취했읍니다. 저는 생각했읍니다. "여기 있는 이 군인들은 각자 나름의 의무를 가지고 합당한 존경과 경의를 표하는 경호동작을 취하고 있구나. 이 군인들이 두 줄로 서 있는 불과 몇 발짝 간격의 사이에는 국가의 일들이 논의될 것이다. 두 줄로 늘어선 각 군인들마다 아무도 다른 사람들의 관심에 대해서는 알지 못하고 있다."

인간사에 있어서는 흔히 그러합니다. 만일 다른 방식으로 자세를 취한다면 우리는 놀라게 될 것입니다. 대통령과 각료가, 또는 대통령과 대사들이 창밖을 통해서 아래 있는 의장대 군인들을 쳐다 보면서 의장대의 난제를 토론하면서 시간을 보낸다면 깜짝 놀라게 될 것입니다. "저 의장대의 소총이 너무 무겁다고 생각하십니까, 대통령 각하? 다른 총으로 바꿔주도록 해야 하지 않을까요?" 아니면, "대사 양반(좌로부터 세번째 의장대 병사를 가리키며) 저 프라이비트 브라운의 부인이 올 해 유월에 어린 아이를 갖게 되겠지요?" 그렇게 한다면 참 우스꽝스러운 일이라고 생각하겠지요. 그러나 어떤 의미에서 아버지 하나님과 아들 하나님께서는 우주의 다른 위대한 문제들을 망각하거나 간과하지 않으시면서도 우리의 관심거리들에 대해 관심을 가지십니다 - 그것이 아무리 작은 문제라도 - 왜냐하면 성부 성자께 우리가 중요한 존재이기 때문입니다.

이보다 더 나아갈 수도 있읍니다. 우리가 하늘의 가장 높은 회의에 한 변호인을 갖고 있읍니다. 어떤 처지에서든지 한 변호인을 갖는다는 것은 기쁜 일일 것입니다. 특별히 백악관에서 나를 위해서 말해 줄 한 대변인을 갖는다는 것은 특별히 기쁠 것입니다. 그러나 여기서 우리는 모든 대언자 중에 대언자인 주 예수 그리스도를 모시고 있읍니다. 그 분은 영광 중에서 우리를 위해서 간구하고 계십니다. 그분이 우리를 사랑하시고 우리가 그분에게 소중한 존재이기 때문에 우리를 위해서 간구하시는 것입니다.

그리스도의 세번째 이유

예수님께서는 10절 하반절에서 당신이 당신의 백성들을 위해서 기도 드리는 세번째 이유를 제시하십니다. 예수님께서는 다음과 같이 말씀하고 계시는 셈입니다. "제가 저희를 위해서 기도하는 것은 저희가 아버지의 것이기 때문이며, 또한 아버지와 제가 그들에 대해 같은 관심을 갖고 있기 때문에 그들을 위해서 기도합니다. 뿐만 아니라 제가 저희를 위해서 기도하는 것은 저희를 통해서 제가 영광을 받기 때문입니다."

예수님께서는 이 기도의 초반부에서 당신을 영화롭게 해달라고 요청하셨습니다. 우리가 그 부분을 연구함으로써 알게 된 것입니다마는, 그러한 요청이 가지는 한 가지 요점은 승천을 통해서 아버지와 함께 있도록 높여지기를 원하신다는 뜻이요, 창세 전에 가지셨던 외적으로 눈에 보이는 그 영광을 받게 해 주십사 하는 요청이라는 점입니다. 그 영광이 예수님께 돌려지게 되었읍니다. 예수님께서 기도하신대로 그것이 바로 장차 예수님이 받을 영광입니다. 그러나 예수님이 이 구절에서 생각하시는 것은 그것이 아닙니다. 진실로 예수님께서는 하늘에서 눈에 보이는 방식으로 자신의 위격 속에서 영광을 누리시기를 바라셨읍니다. 우리가 그것을 받을만한 자격이 없기 때문에 우리도 역시 놀라게 될 것입니다. 우리 속에는 하나님의 사랑을 끌어낼만한 것이 하나도 없읍니다. 그럼에도 하나님께서 우리를 사랑하십니다. 이 점은 그 사랑을 현재의 영화로 말하게 합니다. 지금 실제적이고 매우 명백한 방식으로 우리 속에 있는 그리스도의 영광에 대해서 말하는 것입니다.

예수님께서 우리를 통해서 어떻게 영광을 받으십니까? 여러 가지 답변이 있읍니다. 첫째로 **우리를 구원하심으로** 말미암아 우리를 통해서 영광을 받으십니다. 우리를 구원하심은 그리스도께서 행하신 일입니다. 그 영광이 마땅히 필연적으로 그분에게 돌아가야 합니다. 스펄젼은 여기에 대해서 아주 지혜롭게 썼읍니다. "주께서 술주정뱅이나 강도나 음행자를 붙잡으시고, 하나님의 이름을 모독하여 악한 범행으로 가득 찬 한 죄인을 사로잡으시고, 흔히 그러시듯이 멀리 나간 자, 버리움 받은 자,

황폐한 자, 타락한 자를 뽑아내시면서 '이 사람들은 내 사람들이 될 것
이다. 나는 이 사람들을 내 피로 씻을 것이다. 나는 이 사람들을 사용하
여 내 말을 하게 할 것이다'라고 말씀하실 때, 그들을 통해서 영광을 받
으시는 것입니다! 후에 위대한 성도들이 된 수많은 큰 죄인들의 삶에 대
한 기록을 읽어 보십시오. 그러면 그들이 얼마나 예수님을 영화롭게 하
려고 노력했는지를 알게 될 것입니다. 예수님의 발을 눈물로 씻으려고했
던 사람 뿐만 아니라 그녀와 같은 다른 많은 사람의 경우를 발견하기 될
것입니다. 또 그들이 예수님을 찬미하는 걸 얼마나 좋아했는지요! 눈에
는 눈물이 가득 고였습니다. 입술에는 말로 가득 찼습니다. 그러나 마음
으로는 눈으로나 입술로 말할 수 없는 넘치는 은혜에 감사하는 심정을 느
꼈습니다."

둘째로, 예수님께서는 이 세상에서 우리가 **그를 신뢰할 때** 그를 통
해서 영광을 받으십니다. 도날드 그레이 반하우스는 Bible Study Hour
의 방송 프로그램 설립자인데 한번은 복음에 대해서 어떤 사람에게 이렇
게 말한 적이 있었습니다. 대화 중에 그 사람이 반하우스 목사님에게 이
렇게 말했습니다. "그러나 하나님께서 뭘 원하십니까? 하나님께서 뭘 원
하시는지 좀 말해 주세요." 반하우스에서 섬광처럼 대답이 떠올랐습니다.
대번에 그는 이렇게 대꾸했습니다. "세상에서 하나님께서 가장 원하시는
것은 믿어 주는 것입니다. 그는 신뢰받기를 원하고 계십니다." 여러분이
그분을 믿습니까? 그분을 신뢰합니까? 주 예수 그리스도를 여러분의 구
주로 보내신 이 하나님을 진실로 신뢰하는 것처럼 살아가고 있습니까?
여러분은 구주를 믿습니까? 만일 환경에 대해서 불평하고 있다면 신뢰
하는 것이 아닙니다. 또 미래에 대해서 걱정하고 있다고 해도 그를 의뢰
하는 것이 아니지요. 만일 매일 작은 문제에 낙담하여 넘어진다면 그를
믿는 것이 아닙니다. 반대로 "나는 그의 것이고 나는 그의 길을 갈 것이
다. 환경이 어떠하고, 아무리 슬프더라도 그분이 나와 함께 동행하시면
난 기쁘다"라고 말할 때 주님을 믿고 그래서 영화롭게 하는 것입니다.

셋째, 예수님께서는 우리가 거룩한 삶을 어느 정도 사느냐에 따라서
그 자기 백성들을 통해서 영광을 받으시는 것 입니다. 거룩은 하나님 말
씀인 성경 속에서 가장 많이 언급되는 하나님의 속성입니다. 오늘날 하

나님에 대해서 말하는 사람들의 얘기를 들어 보면, 하나님에 대해서 가
장 많이 거론되는 속성은 사랑이라고 생각이 될 것입니다. 그러나 그것
은 사실이 아닙니다. 사실은 사랑도 놀라운 속성입니다. 우리 몸이 부활
할 때 완전히 다르지 않은 방식으로 더욱 영광을 받으실 것입니다. 그러
나 이것은 우리에게는 장래에 속한 것입니다. 그와 대조적으로 요한복음
17장 10절은 하나님을 위해서는 매우 놀라운 것이지요. 그러나 이러한
기이함이 있다 할지라도 성경에서 가장 많이 언급되는 하나님의 속성은
그게 아닙니다. 가장 많이 언급되는 속성은 하나님의 거룩입니다. 그러
므로 만일 우리가 하나님을 영화롭게 하자면, 그가 우리를 통해서 일하
시도록 그분에게 자리를 내어드림으로써 우리가 곧고 헌신적인 삶을 살
려고 애씀으로써 그의 거룩을 알려야 하는 것입니다. 만일 우리가 영적
인 간음을 행하는 삶을 살면서 우리 사회의 가치관과 타협을 하거나, 비
기독교적인 문화를 우선적으로 우리가 내세운다면, 우리는 하나님을 영
화롭게 하는 방식으로 살고 있는 게 아닙니다. 그러나 대조적으로 하나
님의 말씀이 가장 우선적으로 강조하는 것이 우리를 사로잡고, 우리 삶
속에서 거룩을 위해서 있는 힘을 다한다면 우리는 하나님을 영화롭게 하
고 있는 것입니다.

네째로, 우리는 세상 앞에서 그리스도를 믿는 믿음을 고백함으로써 주님
을 영화롭게 하는 것입니다. 그리스도를 구주로 믿고 신뢰하는 것은 중요합
니다. 거룩한 삶을 사는 것도 똑같이 중요합니다. 그러나 거기에 덧붙여서
주님의 은혜를 간증해야 합니다. 단순히 우리가 증인이 되도록 부르심을 받
았고, 우리는 말해야 할 어떤 큰 것을 가지고 있기 때문입니다.

끝으로, 그의 나라를 확장시키려는 우리의 노력을 통해서 주 예수 그
리스도를 영광스럽게 할 수 있습니다. 다시 말하면 우리 자신의 말이나
우리의 행동을 통해서 주 예수 그리스도를 영화롭게 할 수 있습니다.
많은 그리스도인들이 게으릅니다. 그들은 그냥 앉아서 아무 것도 하지 않
습니다. 그저 찬송가가 말하듯이 "평안의 침대를 타고 하늘을 바라보면
서" 만족하고 있습니다. 그런데도 불구하고 그 주위에는 고난받는 사람
들, 고독한 사람들, 긍휼을 필요로 하는 사람들, 도움을 필요로 하는 사
람들, 무엇보다도 복음을 필요로 하는 사람들이 있는데도 말입니다. 우

리는 예수 그리스도의 교회를 깨울 필요가 있읍니다. 우리는 우리 자신을 깨울 필요가 있읍니다. 우리의 사치를 즐기거나 위안을 즐기거나 우리가 흔히 그러듯이 시간을 이기적으로 쓰지 말고 우리의 섬김의 영역 속에서 성령의 소명을 지각할 필요가 있읍니다.

다른 사람을 위한 기도

우리는 이렇게 결론을 내릴 수 있읍니다. 이 대목에서 주 예수 그리스도께서 우리를 위해서 기도하시는 것을 우리가 보게 되고, 또 그렇게 기도하는 것의 이유를 여러 가지 제시하는 것을 발견합니다. 우리가 아버지께 속해 있고, 예수님과 아버지께서 우리에 대해서 상호 관심을 갖고 계시며, 예수님께서 우리를 통해서 영광을 받으시기 때문에 그렇게 우리를 위해서 기도하신다는 것입니다. 그러나 중보기도를 드리는 그 사역은 주님만의 것이 아닙니다. 우리도 역시 중보 기도의 사역을 가지고 있읍니다. 우리는 다른 사람을 위해서 기도해야 합니다. 어째서 우리가 다른 사람을 위해서 기도해야 하느냐 하는 이유는, 예수님께서 우리를 위해서 기도하신 때에 그 이유를 제시한 것과 똑같습니다.

어째서 여러분은 여러분의 동료 그리스도인을 위해서 기도해야지요? 첫째로, 아버지께 속한 사람이고, 아버지께서 그를 귀하게 여기시기 때문에 그를 위해서 기도해야 합니다. 아버지께 속하고 아버지께서 귀하게 여기는 것에 대하여는 여러분 자신도 귀하게 여겨야 합니다.

둘째로, 모든 그리스도인들은 하나님의 심령 속에 함께 감추어졌다는 의미에서 그들에 대한 상호간의 관심을 여러분이 가져야 합니다. 그러기 때문에 다른 사람을 위해서 기도해야 합니다. 주님께서 어떤 한 개인을 불러서 믿도록 하실 때, 주님께서 그 한 사람과만 관계하시기 위해서 그를 부르신 것이 아닙니다. 그를 교회 안으로 부르신 것입니다. 우리는 늘 그렇게 하지 않지만 말입니다. 사실 하나님께서는 그렇게 하십니다. 그는 모든 족속, 모든 인류와, 모든 문화와, 모든 학문적인 수준들에서 사람들을 취해내십니다. 그리고 그들을 한 몸에 연합시키십니다. 교회라는 곳에 말입니다. 그럼으로써 건축 원리는 그들 속에 있는 주 예수 그리스도의 사랑과 성령의 능력이 됨을 보여 주는 것입니다. 우리는 다함께 이것에 속해 있는 것입니다. 좋아하든 좋아하지 않든 말입니다. 그러므로 우리는 서로를 위해서 기도해야 합니다. 왜냐하면 다른 사람의 성공이 곧 우리를 위한 성공이요, 다른 사람의 실패가 곧 우리의 실패기 때문입니다.

끝으로, 하나님께서 다른 사람을 통해서 영광을 받으시기 때문에 우리도 다른 사람을 위해서 기도해야 합니다. 당신은 하나님께서 다른 사람들을 통해서 영광을 받지 않는 것을 더 좋아할 수 있겠읍니까? 어떤 그리스도인들과 또는 어떤 교단들 사이에 존재하는 갈등에 대해서 들을 때 저는 가끔 그런 생각을 합니다. 어떤 그리스도인은 정확히 바로 그러한 것을 원한다고 말입니다. 그들은 다른 사람이나 다른 교단들을 좋아하지 않습니다. 그래서 이 다른 사람들이 무엇인가 무서운 일을 행함으로써 자기 자신들은 올바른 처지에 있다는 것을 보여 주었으면 하는 바램을 갖고 있읍니다. 그것은 바르지 못합니다. 오히려 하나님께서는 그가 누구든지 어떤 환경에 처해 있든지 그 한 사람을 불러, 그 한 사람 속에서 독특한 일을 행하시고, 그가 처한 곳에서 가치 있는 증거를 하도록 하시는 것입니다.

49

성도들을 보존하시는 하나님

"나는 세상에 더 있지 아니하오나 저희는 세상에 있사옵고 나는 아버
지께로 가옵나니 거룩하신 아버지여 내게 주신 아버지의 이름으로 저
희를 보전하사 우리와 같이 저희도 하나가 되게 하옵소서 내가 저희
와 함께 있을 때에 내게 주신 아버지의 이름으로 저희를 보전하와 지
키었나이다 그 중에 하나도 멸망치 않고 오직 멸망의 자식 뿐이오니
이는 성경을 응하게 함이니이다"(요 17 : 11 , 12).

요한복음에는 개혁주의 신앙의 위대한 걸출한 교리들이 논의되는 지
점이 많습니다. 왜냐하면 초기 개혁자 중 한 사람이 진술한바와 같
이 요한복음은 "간결하면서도 충실한 복음서"이기 때문입니다. 그러므로
이러한 교리들이 여기 요한복음에서 발견되는 것은 이해할만합니다.

요한복음 10장에 그 교리들이 나타나 있습니다. 요한복음 10장에서 그
리스도를 반대하는 원수들은 그리스도에게 보다 더 명백히 말해달라고 요
청했읍니다. 그럼으로써 자기들이 믿지 못하는 것은 예수님의 설교에 까
다로움이 있기 때문이라는 식으로 말했던 것입니다. 예수님께서는 다음
과 같은 진술로 대답하셨읍니다. "너희가 내 양이 아니므로 믿지 아니하
는도다 내 양은 내 음성을 들으며 나는 저희를 알며 저희는 나를 따르느
니라 내가 저희에게 영생을 주노니 영원히 멸망치 아니할 터이요 또 저

희를 내 손에서 빼앗을 자가 없느니라"(26 - 28 절). 그들은 복음이 평
이하게 진술되기를 바랐읍니다. 그래서 예수님께서 평이하게 말씀하셨읍
니다. 그래서 이 구절들은 죄로 말미암아 인간이 절망적으로 부패해 있
음을 지시하는 진술을 내포하고 있읍니다. 또한 구원에 있어서 하나님의
선택적인 은혜와, 그 성도들을 지키시는 하나님의 권능에 대한 진술이 들
어 있읍니다. 6 장에서도 역시 같은 교리들이 발견됩니다. 거기서 예수
님께서는 (1) 아버지께서 이끌지 아니하시면 아무라도 예수님께 올 자가
없다(44 절), (2) 아버지께서 예수님께 주신 자들은 다 누구든지 예수님
께로 온다(37 절), (3) 오는 자는 그 어느 누구라도 잃어버림을 당하지 아
니한다고 지적하셨읍니다.

그러나 만일 이러한 위대한 진리들이 요한복음 17 장에 기록된 그리스
도의 대제사장 기도에서 나타나지 않는다면 우리는 놀라게 될 것입니다.
왜냐하면 그 진리들이 이미 진술되었다 할지라도 그 진리들은 당신의 사
람들을 위해서 아버지께 기도한 가장 친밀한 주님의 기도 내용에서 한
자리를 차지하여 나타날 것이라는 기대를 할만하기 때문입니다. 그러한
진리들이 나타납니까? 그렇습니다. 앞의 여러 장들에서보다 보다 온전
한 방식으로 나타납니다. 그래서 먼저 그리스도의 사람들과, 세상에 속한
사람들 사이의 분명한 구분을 만나게 됩니다. 그것은, 세상이 구원을 위
해서 그리스도께 나오지 않는다는 것을 함축하는 것이며, 정말 그렇게 하
지 않습니다. 예수님께서는 세상을 위해서 기도조차 하지 않으셨읍니다.
둘째로, 나아오는 자들은 아버지께서 당신에게 주신 자들이라고 가르치고
계십니다. 세째로, 그는 구별된 바로 그 사람들을 위해서 특별한 사역을
감당하시는 일에 대해서 말씀하십니다(19절). 네째로, 예수님께서는 제
자들의 증거의 결과로 후에 예수님께 올 모든 사람들을 위해서 기도하시
면서, 이 사람이 믿을 것임을 지시합니다. 왜냐하면 "아버지께서 내게
주신 자는 다 내게로 올 것이요"(6 : 37). 끝으로, 우리가 이 강론에서
연구할 본문 속에서 예수님께서는 그들을 아버지께서 보존하사 하나도 잃
어버리지 않게 해달라고 구하십니다.

그런 다음에 개혁주의 신학의 걸출한 위대한 교리들이 다시 진술됩니
다. (1) 근본적인 부패 (2) 선택 (3) 제한 속죄 (4) 항거할 수 없는 은혜(5)

성도들을 보전하시는 하나님의 역사. 예수님께서는 다음과 같이 말씀하심으로써 성도들을 보전하신 하나님에 대해서 표현합니다. "나는 세상에 더 있지 않으나 저희는 세상에 있사옵고 나는 아버지께로 가옵나니 거룩하신 아버지여 내게 주신 아버지의 이름으로 저희를 보전하사 우리와 같이 저희도 하나가 되게 하옵소서 내가 저희와 함께 있을 때에 내게 주신 아버지의 이름으로 저희를 보전하와 지키었나이다 그 중에 하나도 멸망치 않고 오직 멸망의 자식 뿐이오니 이는 성경을 응하게 함이니이다"(11, 12절).

그리스도의 두번째 간구

이 말씀은 그리스도께서 두번째 드린 간구를 기록하고 있읍니다. 그것은 자기 자신들을 위한 그의 첫번째 기도입니다. 앞에서 예수님은 당신 자신을 위해서 기도하시면서, 아버지께서 하라고 주신 일을 마침으로써 세상에서 아버지를 영화롭게 하였으니 당신 자신도 영화롭게 해 주십사고 기도하였읍니다(1, 5절). 이제 그는 다른 사람들에게 시선을 돌리면서 그들을 위해서 간구하십니다. 이 기도는 그들을 안전하게 지켜주십사하는 기도입니다. 그 나머지의 간구들은 그들이 거룩하게 되는 일과(17절), 연합하는 일과(20, 21절), 하늘에서 하나님과 결국 함께 있게 되는 일(24절)등을 위한 간구입니다.

우리가 지금 다루려고 하는 간구 뿐만 아니라 우리가 앞으로 다루어 나갈 간구를 살펴 나갈 때, 그 간구들은 모두 다 영적인 것들을 가리키고 있음을 주목하지 않을 수 없읍니다. 이 요한복음 17장에 대한 가장 이해심 깊은 주석가 중 한 사람인 마커스 레인스포드(Marcus Rainsford)는 이것을 주목하면서 이렇게 썼읍니다. "주님께서 그들을 위해서 부유해지기를 구하거나, 명예를 얻게 해달라거나, 세상적인 영향력을 갖게 해달라거나, 위대한 출세를 하게 해달라고 구하지 않고, 그들이 악에서 빠지지 않고 세상과 구별되고 의무를 준행하기에 합당한 사람이 되고, 안전하게 하늘 나라에까지 들어가게 해달라고 열심히 간구하신다. 영혼의 부유가 가장 좋은 부유이다. 소위 모든 잠시적인 풍요는 영혼의 풍요에 대해 적당하게 있을 때만 참된 것이다. 사랑하는 그 제자인 요한이 요한

3 서에서 이 사상을 어떻게 나타내고 있는지 기억하라. '사랑하는 자여
네 영혼이 잘됨과 같이 네가 범사에 잘되고 강건하기를 원하노라' (요삼
2). 영혼의 풍요는 참된 풍요의 지표다.”

위 엄

우리는 두번째 간구 자체, 곧 하나님께서 제자들을 안전하게 지켜주십
사고 하는 간구제목으로 나아가 봅시다. 우리가 주목해야 하는 첫번째 요
점은, 주님께서 이러한 염려를 표현하게 한 위험입니다. 우리가 그것을
분석해 보면 그 위험은 세 가지 부분으로 나타나는 것을 봅니다.

첫째, 예수님께서 아버지께로 떠나려 하시지만 이 사람들은 아직도 세
상에 남아 있습니다. 사실 그들은 세상에 남아 있어야 합니다. 그렇지
않으면 기쁨에 차고 낙관적인 기도에서 이 점은 심각하고 매우 불길한 요
점입니다. 사실 앞에서도 세상이 여러번 언급되었읍니다만 이런 방식으
로는 전혀 언급되지 않았읍니다. 예를 들어서, 이 대목이 시작되는 요한
복음 13 장 1 절에서 우리는 다음과 같은 말씀을 듣습니다. “유월절전에
예수께서 자기가 세상을 떠나 아버지께로 돌아가실 때가 이른줄 아시고
세상에 있는 자기 사람들을 사랑하시되 끝까지 사랑하시니라.” 이 구절은
그리스도의 사람들과, 세상 사이를 엄격하게 구분하고 있읍니다. 그리고
그 뒤에 따라올 예수님의 사람들에 대한 강화의 말씀의 어조를 결정짓고
있읍니다. 그러나 그것이 전부였읍니다. 그것이 하나의 위협을 암시하여
주지는 않았읍니다. 같은 방식으로 예수님께서는 이 기도의 앞 부분에서
세상을 언급하시면서, 자기 사람들은 세상에서 아버지에 의해서 자기에
게 주어졌다는 것을 지시하시며, 세상보다 그들을 위해서 기도하심을 말
씀하셨읍니다.

더구나, 그가 곧 누리게 될 처지와, 그들이 처한 처지 사이에는 차이
가 있다는 것입니다. 레인스포드는 그것을 다음과 같이 풀어 말하고 있
읍니다. “나는 기쁨이 충만한 아버지의 앞으로 갑니다. '영원한 즐거움
이 있는 아버지의 우편에 갑니다. 생명강수가 하나님의 보좌로부터 흘러
나오는 그곳으로 갑니다. 그러나 '이 사람들', '이 사람들'은 광야에 있
읍니다. '나는 갑니다' – 아무 원수도 따라 올 수 없는 곳, 아무런 시험

도 나를 괴롭힐 수 없는 곳, 아무런 진력나는 일도 나를 괴롭게 하지 못하는 곳으로 갑니다. 그러나 이 사람들, '이 사람들' 은 세상에 있읍니다', '나는 갑니다' – 내 위대한 승리의 상을 받기 위해서 '나는 갑니다' – 홀을 잡고 면류관을 쓰기 위해서, 그리고 보좌에 오르기 위해서 나는 갑니다. 나는 이세상에서 정말 힘이 들었읍니다. 그러나 이제 더 이상 나는 힘들지 않습니다. 내가 걸어온 그 길은 거칠고 가시밭길이었읍니다. 그러나 이제 그 모든 것은 끝났읍니다. 이제 내 하늘이 거의 눈 앞에 당도하게 되었읍니다. 그런데도 '이 사람들은 세상에 있나이다 !'" 우리는 이 대조의 중요성을 놓칠 수 없읍니다.

우리가 한 예화를 필요로 하는가요 ? 우리는 갈릴리 호수를 건너다 풍랑을 만난 제자들의 이야기 속에서 그 점을 발견합니다. 광야에서 예수님께서 몇 개의 떡과 물고기로써 오천 명을 먹였던 그 일을 경험하면서 하루를 보내고 그 밤에 그런 일을 만난 것입니다. 예수님은 기도하시러 산에 올라가 계시는 동안 그들더러 바다를 건너가라고 말씀하셨읍니다. 그러나 폭풍이 왔읍니다. 그는 산에서 내려 오셔서 그들이 탄 작은 배가 까불거리는 것을 보시고 물 위로 걸어서 그들에게 오셨읍니다. 그렇습니다. 예수님께서 그들에게 오셨읍니다. 그러나 예수님께서는 그들로 하여금 갈등의 시간을 갖도록 일부러 내버려 두신 것입니다. 지금도 그렇습니다. 어느 날 예수님께서는 당신의 사람들을 위해서 돌아오실 것입니다. 그러나 잠시 동안 우리는 이 세상에 있고, 그는 우리를 위해서 기도하십니다.

갈릴리 호수를 건너는 그 이야기는 제자들이 처한 위험을 또 다른 차원에서 암시해 주고 있읍니다. 제자들이 위험이 커지는 세상에 있다는 것만이 아닙니다. 예수님께서 더 이상 그들과 함께 계시지 않다는 것이었읍니다. 물론 어떤 의미에서 그분이 언제나 우리와 함께 계심을 압니다(마 28 : 20). 또한 예수님께서 성령을 보내시되, 이 교회 시대에도 역할을 감당하기 위해서 성령을 보내셨음을 압니다(요 16 : 7). 그러나 이럼에도 불구하고 예수님께서 육체적으로 계실 때와 육체적으로 떠나시게 되는 때 사이에는 차이가 있읍니다. "나는 세상에 더 있지 아니하오나 저희는 세상에 있사옵고". 예수님께서 여기 세상에 계실 때 예수님은 그

들의 최전방의 방호벽이었고 최후방의 방벽이었읍니다. 만일 그들이 위
협을 받으면 예수님은 거기서 그 위협을 막아냈었읍니다. 그들이 미움을
받으면 그 미움이 예수님 자신에게 오도록 하셨읍니다. 이제 예수님이 가
셔야 합니다. 그전에 예수님을 향하여 부어졌던 그 미움이 이제 곧 동등
한 맹렬함으로 제자들에게 부어질 판입니다.

앞에서 예수님께서는 그것을 그들에게 경고해 주셨었읍니다. 예수님은
이렇게 말씀하셨읍니다. "내가 너희더러 종이 주인보다 더 크지 못하다
한 말을 기억하라 사람들이 나를 핍박하였은즉 너희도 핍박할 터이요 내
말을 지켰은즉 너희 말도 지킬 터이라 그러나 사람들이 내 이름을 인하
여 이 모든 일을 너희에게 하리니 이는 나 보내신 이를 알지 못함이니라"
(15 : 20, 21).

끝으로, 제자들의 위험이 컸던 것은 하나님께서 보존해 주시지 않는다
면 제자들은 분명히 구원을 잃어버릴 것이기 때문임을 우리는 주목합니
다. 예수님께서 바로 이 시점에서 유다를 언급한 것은 바로 이 때문입니
다. 우리 영어 성경이 암시하는 바대로 유다가 하나님께서 성도들을 끝
까지 보전하시는 일에 있어서 한 예외로 등장한다고 생각해서는 안됩니
다. 마치 예언을 위해서 하나님께서 유다를 포기하기로 승락하신 것처럼
말입니다. 그런 경우가 아닙니다. 왜냐하면 처음부터 유다는 그리스도
에게 속한 사람이 아니었읍니다. 다른 곳에서도 그 점을 지적하고 있읍
니다. 그 구절마저 그 점을 암시합니다. "멸망의 자식"이란 말은 주격이
라기 보다는 소유격으로 표현되어있읍니다. 그럼으로써 그 앞에 있는"저
희 중에"라는 말과 그 말을 서로 떨어지게 한 것입니다. 그러므로 참된
의미는 이러합니다. "아버지께서 내게 주신 자 중에 하나도 잃어버리지
않습니다. 하나도 말입니다. 그러나 성경에 예언된대로 멸망의 자식은
잃어버림을 당할 것입니다." 그 말씀은 시편 41 : 9를 가리키는 말씀입
니다. 아니, 유다의 경우는 거듭난 사람이 구원을 잃어버릴 수 있음을
가르치지 않습니다. 오히려 만일 하나님께서 어떤 한 사람을 거듭나게
하시고 그렇게 거듭난 사람을 지켜 돌보지 아니하신다면, 필연적으로 어
떠한 일이 일어날 것인가를 가르쳐 주고 있읍니다. 하나님이 아니라면 누
가 설 수 있읍니까? 만일 하나님께서 우리를 지키시지 않는다면 누가

세상의 공략에서 살아 남을 수 있겠읍니까?

지키시는 주님

그러나 하나님께서 우리를 지키십니다. 그것이 바로 이 구절들의 요점
이요 우리 주님의 간구 목적입니다. 예수님께서 이 땅에 계시는 동안 하
나님께서 당신에게 맡겨 준 자들을 지키셨읍니다. 그리고 잘 지키셨읍니
다. 아무도 잃어버림을 당하지 않았읍니다. 이제 예수님은 아버지께로
돌아가셔야 합니다. 그러므로 그는 당신이 돌보았던 자들을 다시 아버
지께서 지켜 주시기를 부탁하고 계신 것입니다.

구약을 읽어 보면서 이 주제의 중요성을 인식한 사람이 얼마나 많을까
하고 저는 의문을 던져 봅니다. 정말 풍성한 여러 상징어들로 그 주제가
여러번 나타나고 있읍니다. 예를 들어서 시편 121 편에는 신적 파숫군,
또는 보호자의 상징어를 통해서 나타나게 됩니다. 백성들이 지상의 순례
길을 행하는 동안 그들을 인도하고 보존하는 자로 나타나 있읍니다. "지
킨다"는 말(또는 "지키는 자")또는 "보존하다"는 말이 각각 세번이나 나
옵니다. "여호와께서 너로 실족지 않게 하시며 너를 지키시는 자가 졸지
아니하시리로다 이스라엘을 지키시는 자는 졸지도 아니하고 주무시지도
아니하시리로다 여호와는 너를 지키시는 자라 여호와께서 네 우편에서 네
그늘이 되시나니 낮의 해가 너를 상치 아니하며 밤의 달도 너를 해치 아
니하리로다 여호와께서 너를 지켜 모든 환난을 면케 하시며 또 네 영혼
을 지키시리로다 여호와께서 너희 출입을 지금부터 영원까지 지키시리로
다"(3 - 8 절) (우리 말 개역성경에는 전부 '지키다'라는 동사를 사용했
지만 여기서는 'keep'라는 동사와 'preserve'라는 동사를 번갈아 쓰고
있음 - 역자주).

또 다른 중요한 대목은 에스겔 34 : 11 - 16 입니다. 이보다 바로 앞선
대목에서 하나님께서는 이스라엘의 목자들이었던 자들을 쳐서 말씀하셨
읍니다. 곧 이스라엘의 지도자들을 책망하셨던 것입니다. 그들은 그들의
일을 하지 않았읍니다. 그래서 하나님께서 말씀하시기를, 내가 친히 이
스라엘 사람들에게 선한 목자가 될 것이라고 말씀하십니다. "나 주 여호
와가 말하노라 나 곧 내가 내 양을 찾고 찾되 목자가 양 가운데 있는 날

에 양이 흩어졌으면 그 떼를 찾는 것 같이 내가 내 양을 찾아서 흐리고 캄캄한 날에 그 흩어진 모든 곳에서 그것들을 건져낼찌라 내가 그것들을 만민 중에서 끌어 내며 열방 중에서 모아 그 본토로 데리고 가서 이스라엘 산 위에와 시냇가에와 그 땅 모든 거주지에서 먹이되 좋은 꼴로 먹이고 그 우리를 이스라엘 높은 산 위에 두리니 그것들이 거기서 좋은 우리에 누워 있으며 이스라엘 산 위에서 살진 꼴을 먹으리라 나 주 여호와가 말하노라 내가 친히 그 양의 목자가 되어 그것들로 누워 있게 할찌라 그 잃어버린 자를 내가 찾으며 쫓긴 자를 내가 돌아 오게 하며 상한 자를 내가 싸매어 주며 병든 자를 내가 강하게 하려니와 살진 자와 강한 자는 내가 멸하고 공의대로 그것들을 먹이리라."

이사야서 27장에서 하나님께서 지켜 주시는 능력을 포도원을 가꾸는 포도원 지기의 돌봄에 비유하고 있읍니다. "그 날에 너희는 아름다운 포도원을 두고 노래를 부를찌어다 나 여호와는 포도원지기가 됨이여 때때로 물을 주며 밤낮으로 간수하여 아무든지 상해하지 못하게 하리로다" (2, 3절).

그리스도께서 자기 사람들을 위해서 기도하실 때 바로 그러한 상징적인 모습을 그리고 계셨던 것입니다. 더구나 그는 친히 이러한 상징들을 삶을 통해서 구현하셨읍니다. 왜냐하면 성육신하여 계시는 동안 그는 감독자였고, 목자였고, 포도원지기였다는 사실을 우리는 놓칠 수 없읍니다. 이제 제자들은 위대한 감독자요 목자요 이스라엘의 농부인 그 아버지께 제자들을 맡기려 합니다. 그보다 그들이 어떻게 더 안전할 수 있읍니까? 실로 밖에서 오는 위험은 큽니다. 그 위엄은 안에서도 큽니다. 왜냐하면 그들은 그들로 하여금 죄에 거듭거듭 빠지게 할 것이 분명한 옛 본성을 소유하고 있기 때문입니다. 그러나 그 위험보다 더 크신 분이 이러한 것을 이기실 것입니다. 그리고 그는 그들을 지키실 것입니다. 지키신다고 약속하셨고 실제로 이스라엘을 지키셨듯이 말입니다.

"아버지의 이름으로"

우리가 놓쳐서는 안되는 요점이 또 하나 있읍니다. 이 본문 구절에서 예수님께서는 제자들을 지키시는 문제를 세번이나 언급하고 계십니다. 한번은 하나님을 바라보며 말씀하셨고, 두번은 당신 자신을 바라보면서 말씀하셨습니다. 그러나 이 경우들 중 두 경우에는 그들을 어떠한 것으로 지키는가에 대한 것을 더 특별하게 말씀하셨습니다. 하나님의 이름으로 그들을 지키신다는 것입니다. 그래서 11절에서 "거룩하신 아버지여 내게 주신 아버지의 이름으로 저희를 보전하사"라고 말씀하십니다. 12절에서는 "내가 저희와 함께 있을 때에 내게 주신 아버지의 이름으로 저희를 보전하와 지켰나이다"라고 말씀하십니다. 하나님의 이름으로 지키신다는 것은 무슨 뜻입니까? 우리는 6절을 연구하면서 이 질문에 대한 부분적인 답변을 얻었던 셈입니다. 6절에서 예수님께서는, 당신이 하나님께서 주신 자들에게 하나님의 이름을 나타내셨음을 말씀하셨습니다. 그 구절을 연구하면서, "하나님의 이름"은 하나님의 속성들을 언급하는 셈어적인 어구임을 알았습니다. 이름으로 보호함을 입는다고 하는 것은 주권적이고 거룩하고 모든 것을 아시고 지혜로우시고 긍휼어리시고, 그밖에 하나님에 대해서 바르게 말할 수 있는 다른 어떤 속성을 가지신 그분에 의해서 보호를 받는다는 것임을 뜻하는 것입니다. 그보다 더한 것이 있습니다. "이름으로" 지키심을 받는다는 것은 마치 하나님께서 필요할 때 우리가 부르면 우리를 방호하기 위해서 멀리서 오실 수 있는 그러한 세력인 것 같은 양식으로 하나님께서 우리를 지키신다는 말이 아닙니다. 오히려 우리가 실제로 마치 하나의 요새 안에 있는 것처럼 방불하게 "그 안에"(이름 안에) 있다는 것입니다. 그래서 그의 권능과 다른 속성들이 우리를 끊임없이 감싸고 있습니다. 잠언 18:10은 다음과 같이 말함으로써 그 점을 정확히 포착하고 있습니다. "여호와의 이름은 견고한 망대라 의인은 그리로 달려가서 안전함을 얻느니라."

실로 우리는 그러한 사람들입니다! 우리가 그 요새 속에서 안전하게 있을 때 무엇이 우리를 건드릴 수 있습니까? 이 본문을 연구하면서 해리 아이언사이드의 말을 인용함으로써 크게 축복을 얻었었습니다. 아이언사이드는 칼빈주의의 뛰어난 교의들 중 몇 가지에서 항상 행복하게만 느끼지는 못했던 배경을 가진 사람입니다. 그러나 신자의 안전은 하나님께 달려 있음을 알았고, 그 신자의 안전이 이 본문의 구절들에 의해서 확언된다는 것을 지각했습니다. 그래서 그는 이렇게 썼습니다. "아버

지께서 예수님에게 어느 사람을 주실 때마다 하나님께서는 시간 세계와
영원 세계를 위해서 주시는 것이라고 확신할 수 있다. 그러한 사람은 결
코 잃어버림을 당하지 않을 것이다. '너희 속에 착한 일을 시작하신 이
가 그리스도 예수의 날까지 이르실 줄을 우리가 확신하노라' 사람들은 이
것을 성도의 견인 교리로 부른다. 그러나 나는 그것을 구주의 보전으
로 생각하고 싶다. 구주께서는 '내게 주신 아버지의 이름으로 저희를 보
전하와 지켰나이다' 라고 말씀하셨기 때문이다. 만일 내 스스로 내 자신
을 지켜야 한다면 나는 계속 지탱해나갈 힘이 없을 것이다. 내가 그리스
도를 붙잡는 손에 힘이 풀려 구원을 잃어버리게 되게 하는 어떤 일이 어
느 날 일어날 것이 틀림 없다. 그러나 내가 의뢰하는 것은 나를 붙잡아
주시는 그의 팔이다. 아무도 그의 팔에서 뺏을 수 없다. 나는 이 말씀을 통
해서 큰 위안을 받는다. 그가 아버지께 아뢰일 때 이 세대 중에서 가장
늦게 믿을 신자라도 결국은 하늘에 안전하게 도착하게 될 때 그는 전체
선택받은 교회에 대해서 다음과 같이 말할 수 있을 것이다. '아버지께서
내게 주신 자들을 내가 지키어 그 중 하나도 잃어버리지 아니하였나이다.'
이에 대한 예외를 알고 있다고 당신은 생각할지도 모른다. 그러나 그 날에
바로 그 예외처럼 보이는 자들은 유다 같은 자들임이 명백하게 드러날
것이다. 전혀 하나님으로부터 나지 아니한 자들 말이다."

 그가 사용하는 어휘가 무엇이든지간에 아이언사이드가 옳게 말하였기
때문에 저는 그 말을 좋아합니다. 우리는 우리 자신 때문에 안전한 것이
아니라 주 예수 그리스도와 아버지께서 우리를 지켜 주시니 안전합니다.
(우리는 약합니다).

"하나님이 우리를 위하심"

 그러면 우리는 어떻게 됩니까? 이러한 가르침에 대해서 우리는 어떠
한 반응을 나타내야 할까요? 만일 우리가 자기 성도들을 지켜주시는 하
나님의 지켜 주시는 능력을 믿는다면 나가서 죄를 짓게 될 것이라고 어
떤 사람은 말할지 모릅니다. 그들은 이렇게 주장하지요. "만일 우리가
어떤 방식으로든지 확실히 구원을 받는다면 어째서 죄를 짓지 않겠는가?"
이 사람들은 영적인 일들에 대해서 얼마나 적게 밖에 이해하지 못하는지

요. 저는 묻겠읍니다. "그것이 그런 식으로 되어져 나갈까요? 하나님께서 우리를 위하시기 때문에 자유롭게 죄를 짓겠다고 느끼십니까?" 물론 아닙니다! 오히려 우리는 하나님의 길을 가기로 마음을 정하고 하나님, 그 하나님께서만이 우리를 위하시기 때문에 그를 기쁘시게 하려고 합니다. 다른 어느 누가 우리를 위합니까? 아무도 없읍니다! 전혀 아무도 없읍니다! 세상은 우리를 위하지 않습니다. 사단도 우리를 위하지 않습니다. 우리 친구들도 자기들에게 불리한 경우가 올 때에는 우리를 위하지 않습니다. 왜냐하면 누구나 다 자기 자신들만을 위해서 엄격하게 분석하고 생각해내기 때문입니다. 오직 하나님만이 우리를 위하십니다. 우리가 그것을 의심하지 않기 위해서 그리스도께서 우리를 위해서 죽으셨음을 생각하고, 성령을 하나님께서 나누어 주셨음을 알아야 하며, 하나님께서 지켜 주신다는 약속이 너무나 엄청나게 많다는 걸 알아야 합니다. 여기에 나오는 이 약속은 그 수많은 하나님께서 지켜 주신다는 약속 중에 하나일 뿐입니다.

그러니 우리가 죄를 짓겠읍니까? 천만에요. 우리는 오히려 하나님을 기쁘시게 하려고 노력할 것입니다. 더구나 우리는 하나님께서 지켜 주시는 것을 배웠으니 우리는 또한 견뎌내려고 노력할 것입니다. 우리의 일에 있어서 견뎌낼 것입니다. 흔히 용기를 잃을 때도 있읍니다. 또한 결과가 좋지 않을 때도 있읍니다. 그러나 우리는 그것을 계속 진행해 나갑니다. 왜냐하면 하나님께서 그것을 우리에게 주셨기 때문입니다. 이 책임을 신실하게 이행하는 데 있어서 우리는 하나님과 같아야 합니다. 우리는 우리의 증거에 있어서 참아야 합니다. 다시 우리는 자주 마음을 낙담케 하는 것을 만나게 됩니다. 사람들은 복음을 원치 않습니다. 그들은 복음을 미워합니다. 복음을 주신 하나님을 미워합니다. 그럼에도 불구하고 우리는 그것을 계속 견지해 나갑니다. 세상에서 우리를 보전하실 수 있는 그 하나님께서 그 세상 가운데 어떤 사람들을 구원하시기 족하다는 것을 알고서 말입니다. 그는 그렇게 하시는 방편으로 우리의 증거를 사용하실지 모릅니다. 끝으로, 우리는 우리의 가족들에 대해서 인내할 것입니다. 그들은 우리가 책임져야 하는 특별한 책임권내에 사는 사람들입니다. 우리는 아들이나 딸이나 아내나 남편이 하나님의 길로 행하지 못하는 것을 보면 때로 낙담합니다. 때로는 상황이 절망적으로 보입니다. 그러나 하나님께는 절망적이지 않습니다. 그러므로 우리는 우리를 위해서 그것이 절망적이도록 내버려 두지 않을 것입니다. 우리는 포기하지 않을 것입니다. 우리는 그만 두지 않을 것입니다. 하나님은 미쁘십니다. 그는 우리를 지키시는 분이십니다. 그분에게는 모든 것이 가능합니다.

50

교회의 첫번째 표지 : 기쁨

"지금 내가 아버지께로 가오니 내가 세상에서 이 말을 하옵는 것은 저희로 내 기쁨을 저희 안에 충만히 가지게하려 함이니이다"(요 17: 13).

예수 그리스도의 교회의 특별한 표지는 어떠해야 된다고 생각하십니까? 또 그것을 약간 다른 차원에서 표현하자면 예수 그리스도 교회의 가장 중요한 특징은 어떠해야 한다고 생각합니까?

그 질문을 몇 년 전에 제게 물었다면 교회의 가장 중요한 표지는 교리적 신실성이라고 대답했을 것이라고 생각됩니다. 그외에 저는 거룩과 연합과 사랑을 덧붙여 말했을 것입니다. 그렇습니다. 저는 잠시도 거룩과 연합과 사랑이 중요하지 않다는 식으로 전달되는 것을 전혀 원치 않습니다. 그것들은 중요합니다. 그러나 제가 이 요한복음 17 장, 곧 그리스도께서 자기 교회를 위해서 드린 이 기도를 연구해 보면서, 예수님께서 교회의 특징에 대해서 처음 말씀하신 것은 기쁨으로부터 말씀하셨다는 것을 보고 깊은 인상을 받았습니다. 그 기도는 세 부분으로 되어 있습니다. 예수님 자신의 요구를 다루는 대목과, 제자들을 위해서 드리는 기도의 대목과, 믿음 안에서 제자들을 따르게 될 사람들을 위해서 기도하는 마지막 대목등 세 부분으로 되어 있습니다. 다른 말로 해서 그 기도는 주님으로부터 주님의 교회의 문제로 나아가는 여러 단계를 가지고 있다는 것입니다. 제가 지금 생각하려는 13 절은 그 기도의 중간입니다. 그러니 이 기도가 이 첫번째 특징을 소개한다는 것은 그리 놀랄만한 일이 아닙니다. 다른 특징들은 거룩(14 – 17 절), 진리(17 절), 선교(18 절), 연합(21 – 23 절), 사랑(26 절) 입니다.

초대교회

우리 중 거의 대부분의 사람들이 교회의 제일차적인 특징으로 기쁨을 생각지 않는다는 것은, 우리가 그것을 그렇게 크게 중요하게 여기지 않는다는 것과, 초대교회의 정신으로부터 우리가 얼마나 멀리 떨어져 있다는 것을 보여 주는 것입니다. 왜냐하면 만일 초대교회를 특징지을 수 있는 것이 있다면 그것은 기쁨에 찬 회합이었다는 점이기 때문입니다.

우리가 신약성경에서 기쁨의 주제를 연구하면 대번에 먼저 그점을 발견합니다. 왜냐하면 신약성경은 기쁨의 책이기 때문입니다. 신약성경에 기록된 헬라어에서 "기뻐하다", "기쁨에 차다"라는 뜻을 나타내는 동사는 "카이레인"입니다. 그 말이 72 회나 발견됩니다. 그리고 "기쁨"이라는 뜻을 가진 명사는 "카라"입니다. 그 말은 60 회나 나타납니다. 더구나 우리가 이 경우들을 연구해 보면 기쁨이 하나의 전문적인 개념이 아니었음을 알게 됩니다. 마치 그것이 차원 높은 신학적 진술이 들어 있는 대목에서만 발견되는 것이 아니라는 말입니다. 오히려 그것은 하나의 인사로서 가장 단순하게 자주 나타나면서 "너희에게 기쁨이 있을찌어다 !" 라는 식으로 나타납니다. 그것은 다른 직설적인 대목에서도 나타납니다. 확실히 말해서 "카이레인"은 언제나 그리스도인들의 대화에만 국한된 것은 아닙니다. 예를 들어서 벨릭스가 글라우디오 루시아 총독에게 바울에 대해서 쓴 편지 속에서 그 말이 사용됩니다(행 23 : 26). 그러나 그 말이 그리스도인들의 사회에서는 이교도들의 사회에서보다도 훨씬 더 많은 것을 뜻하게 되었고 보다 자주 사용됩니다.

예를 들어서, 예수님의 탄생을 목자들에게 알렸던 천사는 "천사가 이르되 두려워 말라 보라 내가 온 백성에게 미칠 큰 기쁨의 좋은 소식을 너희에게 전하노라 오늘날 다윗의 동네에 너희를 위하여 구주가 나셨으니

곧 그리스도 주시니라"(눅 2 : 10 , 11)라 말하였음을 우리는 주목하게 됩
니다. 이 말은 분명히 "즐거워해라 !"라는 것보다 훨씬 더 많은 의미를
가지고 있읍니다. 다시 우리 예수님께서는 "내가 너희에게 이것을 이름
은 내 기쁨이 너희 안에 있어 너희 기쁨을 충만하게 하려 함이니라"(요
15 : 11)라고 말씀하시는 것을 봅니다. 그가 말씀하신 것들은 위대한 약
속들입니다. 그러므로 이 구절에서 나타난 기쁨은 그리스도인의 삶의 충
만과 연관됩니다.

예루살렘 교회가 안디옥, 수리아, 길리기아 교회들에게 첫번째 공회가
마친 다음에 편지를 보냈을 때, 그들은 율법으로부터 이방인들이 해방된
사실에 관한 획기적인 결정을 알리면서 "카이레인"이라는 말을 가장 먼
저 씁니다 ─ "너희에게 문안하노라(기쁨이 있을찌어다)"(행 15 : 23). 야
고보는 같은 방식으로 그 편지를 시작합니다 ─ "열 두 지파에게 문안하노
라"(우리 말 개역성경에는 그렇게 번역되어 있으나 사실은 '너희에게 기
쁨이 있을찌어다'라고 번역할 수 있음 ─ 역자주)(약 1 : 1). 바울의 서신
들에는 많은 문안인사가 있읍니다. 그래서 편지에는 문자 그대로 기쁨이
흘러 넘쳐 그 형제들에게 마지막 권면을 하고 싶을 때 그는 이렇게 쓰고
있읍니다. "주 안에서 항상 기뻐하라 내가 다시 말하노니 기뻐하라"(4 :
4). 바클레이는 이 용어에 대해서 가치 있는 논평을 하고 있읍니다."'너
희에게 문안하라'(너희에게 기쁨이 있을찌어다)라는 이 위대한 문안인사
는 신약 전편에 걸쳐서 개선가와 같이 울려 퍼진다." 다시,"기쁨으로 빛
나지 않는 그리스도의 삶은 아무런 덕이 없고 기쁨으로 밝아지지 않은
환경이나 경우가 없다. 기쁨이 없는 삶은 그리스도인의 삶이 아니다. 왜
냐하면 기쁨은 그리스도인의 생활의 비결 속에서 끊임 없이 존재하는 것
이기 때문이다."

기쁨의 필요성

그러나 오늘날 교회가 기뻐합니까? 그리스도인들이 기뻐합니까? 저
는 잠시도 의심하지 않습니다. 우리가 그리스도인이 아니었더라면 이보
다 훨씬 더 기뻐하지 못했을 것이라고 말입니다. 또한 기쁨이 특별하게
드러나 보이는 경우들이 있음을 의심치 않습니다. 새로운 신자들에게서

자주 그 기쁨이 매우 분명하게 보입니다. 광범위하게 거의 모든 교회들을 다 합해서 생각한다면, 매주간마다 편벽되지 않고 그리스도인들을 잘 살펴 보면, 주 예수 그리스도와 초대교회를 특징지었던 그 기쁨이 나타나고 있는지 의심이 갑니다.

의심할 여지 없이 우리는 기쁨이야말로 교회를 이상적으로 특징짓는 것이고 우리가 은혜의 보좌 앞에 함께 모여 하나님의 영광을 노래하게 되는 날에 틀림 없이 그러한 기쁨의 특징을 드러내게 될 것이라고 생각합니다. 그러나 이 세상에서는 어떻습니까? 여기 이 세상에서는 침울한 얼굴과, 샐쭉한 얼굴 모습과 내면적 근본적 비참을 드러내는 여러 가지 표정을 보는 일이 많습니다. 스코틀랜드 교회에 대한 이야기를 자주 들었읍니다 — 저는 그것이 사실이라고 확신합니다 — 그 교회에 어떤 사람이 그 교회에서 설교를 듣다가 지루하여 낙서를 끄적거리기 시작하였읍니다. 그는 그 설교자의 모습을 그리기 시작했고 그런 다음에 다음과 같은 싯귀를 써나가기 시작했읍니다. 예배가 끝난 다음에 교회 사찰이 다음과 같은 어설픈 시 한 수를 발견했읍니다.

> 사랑 가운데 성도들과 함께 하늘에서 거하는 것,
> 아 그건 참 영광스러운 것일세.
> 내가 아는 성도들과 이 땅 위에서 함께 거하는 것,
> 아 그것은 다른 이야기지.

우리가 고백하며 우리가 마땅히 그래야 한다고 생각하는 것과, 우리의 진실한 모습 사이에는 차이가 있습니다. 우리가 마땅히 기뻐해야 되지요. 그러나 자주 기뻐하지 못하고 침체됩니다. 환경이 우리를 넘어뜨립니다. 기쁨대신 우리는 패배와 낙담을 체험하고 있습니다. 한 찬송시 작가는 이 체험을 이렇게 썼읍니다.

> 우리는 이 낮은 세상에서 자세를 낮추어
> 이 사소한 일거리로 소일하고
> 우리의 영혼은 날아가거나 올라가서
> 영원한 기쁨에 미칠 수 없네.

그런 다음에 또 다른 사람은 이렇게 덧붙이고 있습니다.

내가 더 이상 예수님을 볼 수 없을 때
그 시간은 얼마나 지루하고 얼마나 무미한 시간들인가!
모든 아름다운 구경거리와 아름다운 새들과
그리고 그 아름다운 꽃들이 내게 아무런 의미도 없어지네.

그것은 슬픈 고백입니다. 그러나 우리 마음이 인정하는 바대로 그것은 사실입니다. 우리는 자주 이처럼 음울해지는 것에 대해서 부끄럽게 생각해야 합니다. 우리의 샐쭉한 얼굴을 통해서 그리스도 복음의 기쁨을 하락시키는 것에 대해서 부끄럽게 생각해야 합니다.

하나님의 치료책

우리 중 어느 누구도 우울한 채 있기를 원하지 않는 것이 확실하니 ― 저는 우리가 그렇지 않기를 바람 ― 우리가 하나의 처방책으로 발견할 수 있는 것이 무엇인지를 알아 봅시다. 그런 처방책이 있습니까? 있고 말고요. 만일 그러한 것들이 없다면 바로 이 특징을 위해서 그리스도께서 기도한들 무슨 소용이 있겠습니까? 그가 그것을 위해서 기도하신다는 것은 우리가 그처럼 쉽게 발전시키는 문제를 아신다는 걸 보여 주는 것입니다. 그가 기도하는 방식을 보면, 예수님은 우리의 필요를 단순히 아는 데서 나아가 우리의 침체를 극복할 수 있는 길을 알고 계시다는 것을 보여 주는 것입니다.

기쁨이 없는 것을 치료하는 제일차적인 치료책은 분명합니다. 그것은 본문의 표면에 금방 드러나 보입니다. 예수님께서 분명하게 말씀하십니다. "내가 세상에서 이 말을 하옵는 것은(이것들을 말하는 것은) 저희로 내 기쁨을 저희 안에 충만히 가지게 하려 함이니이다." 이 말씀은, 어떤 의미에서 기쁨에 대한 기초는 건전한 교리임을 뜻합니다. 더구나 이 점은 성경 전체에서 발견됩니다. 제가 빌립보서를 강해하는 것과 관련하여 몇 년 전에 이 주제를 처음 취급하게 되었을 때, 하나님의 말씀을 깊이 아는 것과 기쁨이 얼마나 여러번 연관되는지 보고 깜짝 놀랐읍니다. 다윗은 "여호와의 교훈은 정직하여 마음을 기쁘게 하고"(시 19 : 8)라고 말합니다. 119 편에서는 "내가 모든 재물을 즐거워함 같이 주의 증거의 도를 즐거워하였나이다"(14 절)라고 기록되어 있읍니다. 예수님께서는 이 마지막 강화의 말씀의 앞 부분에서 "내가 아버지의 계명을 지켜 그의 사랑

안에 거하는 것 같이 너희도 내 계명을 지키면 내 사랑 안에 거하리라내가 너희에게 이것을 이름은 내 기쁨이 너희 가운데 있어 너희 기쁨을 충만하게 하려 함이니라"(요 15 : 10 , 11). 이 대목과 다른 대목들은, 기쁨은 하나님의 성품과 계명들을 아는 데서 얻어진다고 가르치고 있습니다. 또한 이 하나님의 성품과 계명들을 하나님의 말씀을 통해서 배워야 한다고 가르치고 있는 것입니다.

어떤 사람은 기억할지 모릅니다. 이 강론의 처음에는 교리 자체는 교회의 가장 중요한 표지가 되지 못한다는 것을 말씀드렸던 것을 말입니다. 그래서 여러분이 생각하시기에는 우리가 지금 뒷문을 통해서 그것을 부정직하게 다시 시작하고 있는 것처럼 느낄지도 모릅니다. 그러나 그렇지 않습니다. 우리가 그 점을 반복해야 하는데, 하나님의 말씀을 통해서 받는 하나님의 성품과 계명들에 대한 체험적인 지식의 문제를 다루고 있습니다.

다른 언어로 그것을 표현한다면 프란시스 딕슨(Francis W. Dixon)이 하나님의 백성들의 마음과 생각의 "확립"이라고 불렀던 것이라 할 수 있읍니다. 그 문제를 그렇게 특별하게 표현한 것은 딕슨이 1962년 영국의 케직 사경회에서 행한 강연 속에서 나온 말입니다. 그 강연은 "하나님의 행복한 백성들"이란 제목의 강연이었읍니다. 시편 34 : 8, 22 에 기초한 강연이었는데, 그 시편을 그는 이렇게 번역했읍니다. "그를 의뢰하는 사람은 행복하도다 … 그를 의뢰하는 자는 그 어느 누구도 불행할 자가 없도다." 그는 행복이나(그의 말) 혹은 기쁨(제 말)은 하나님에 대해 우리의 생각이 정착되는 데서 나타나며, 하나님께서 우리를 다루시는 일과 우리를 통해서 행하시려는 하나님의 의도를 집중하여 생각하는 데서 얻어진다고 지적한 것입니다. 우리가 정함이 없는 한 의심과 내면적 소란의 수렁 속에 빠져 있게 됩니다. 우리가 하나님과 그의 뜻과 그 방식을 아는 지식 안에서 정착할 때, 우리는 환경이 어떠어떠할지라도 평화롭고 기쁨에 차서 그를 의뢰할 수 있읍니다.

더구나, 딕슨은 가치 있는 여러 가지의 예화를 들어 주었읍니다. 그 가운데 한 예화는 아프리카의 유명한 선교사였던 스타드(C. T. Studd)의 부인에 관한 것이었읍니다. 스타드 부인은 건강이 좋지 않아서 자기 남

편이 아프리카로 돌아갈 때 남편과 함께 갈 수 없었읍니다. 그 길이 그
만 그 선교사의 마지막 길이 되고 말았읍니다. 그가 떠날 때 그 부인은
아마 자기는 다시 이 땅에서 그 남편을 보지 못할 것임을 알았읍니다. 그
녀는 몇년 동안 외로움과 맞부닥쳐야 한다는 것을 알았읍니다. 그러나 그
녀는 불평하지 않았읍니다. 또한 좌절하지도 않았읍니다. 오히려 그는 이
렇게 말했읍니다. "언제나 저는 주님을 찬양할래요. 그 찬양이 언제나
내 입에서 끊이지 않을거예요." 스타드 부인이 이러한 환경 속에서 기뻐
한다는 것은 결코 쉬운일이 아니었읍니다. 그러나 그녀는 그렇게 했읍니
다. 딕슨은 그 다음 이렇게 결론지었읍니다. "바로 우리의 생각이 확증
된다고 말씀드린 것이 그러한 것입니다. 어떤 그리스도인들은 모든 것이
잘 될 때만 행복합니다. 또 어느 정도로 그들은 하나님께서 자기들을 다
루시는 것을 따라갈 수도 있고, 자기들이 그렇게 따라간다고 생각도 합
니다. 그러나 시편 기자와 같이 다른 사람들은, 하나님께서는 은혜로우
시고 사랑 많으신 하늘 아버지시며 자기들을 위한 삶을 계획하고 계시기
때문에 모든 것이 합력하여 자기들의 선과 영광을 위한다는 것을 압니다.
그러니 그들은 주님을 찬미하고 언제나 그 거룩한 이름을 칭송하는 것입
니다."

또 다른 예화는 찬송시 작가인 화니 크로스비(Fanny Crosby)에 관
한 것입니다. 화니 크로스비는 불과 다섯 살 밖에 되지 않았을 때 장님
이 되었읍니다. 그런 후에 95 세까지 살았는데, 90 년 동안을 눈 먼 채 보
냈던 것입니다. 그럼에도 불구하고 그녀는 불평하지 않았읍니다. 오히려
그는 아주 어릴 때 그 문제를 분명히 해결했읍니다. 왜냐하면 여덟 살되
었을 때 그는 다음과 같은 시를 썼기 때문입니다.

　　오 내 영혼은 얼마나 행복한가 !
　　내가 볼 수 없지만 난 이 세상에서 만족하기로 결심했네.
　　다른 사람이 누리지 못하는
　　얼마나 많은 축복을 나는 누리고 있는지 !
　　나 눈 멀어 슬퍼 낙심된다 해도
　　난 그럴 수 없네 난 그러지 않겠네.

어떤 사람은 "아, 그러나 미스 크로스비에게는 그것이 쉬웠어요. 왜냐하

면 그녀는 아주 어렸을 때 눈이 멀었기 때문에 본다는 것이 얼마나 중요
한 것인가를 알지 못했기 때문이예요. 내 경우는 달라요. 저는 넉넉하지
못한 수입으로 많은 가족을 먹여 살려야 해요. 내가 아무리 저축하려고
노력해도 충분히 가질 수 없는 것 같아요…." 또 다른 사람은 이렇게 말
합니다. "아마 목사님은 제 처지가 어떤지 모를거예요. 저는 서른 두 살
인데 결혼하지 못했어요. 제 부모들은 죽었어요. 저는 너무나 외로워요.
만일 이런 식으로 40 이 지나 계속 나이를 먹어간다면 어떻게 될지 나는
알지 못하겠어요…." 또 어떤 사람은 이렇게 말할 것입니다. "저는 강하
지못해요. 저는 어떻게 할 수가 없어요. 제 처지가 너무 어려워요…."
만일 여러분이 그런 식으로 말한다면 여러분은 하나님의 주권을 실제적
으로 알지 못한다는 것을 드러내고 있는 셈이며, 여러분의 생각이 전적
으로 하나님 안에 확증되지 못했다는 것을 보여 주는 것입니다. 그러지
말고 하나님께서 그러한 처지들을 계획하셨음을 인식하시고, 그 처지들
속에서 하나님이 의도하신 것을 찾아 보려고 애를 쓰십시요. 어떤 작가
가 말한 바와 같이 말입니다. "'주여 저기 시내가 있읍니다. 저는 그것
을 거스리는 일을 멈추려고 해요. 저는 다만 주님과 함께 서 당신의 뜻
과 당신의 방식대로 떠내려 가려 해요' 라고 말한다면, 여러분은 그의 기
쁨을 가지기 시작할 것입니다."

저는 환경들에 대해서 무엇인가를 말씀드려야겠읍니다. 우리는 자주 생
각하기를 그것이 너무 어렵다고 생각합니다. 환경들은 밖에 있는 것들을
가리키는 것이지요. 그 말 자체는 라틴 말 '키르쿰' (circum)이란 말('주
위' 라는 뜻을 가짐)과 '스타레' (서다)라는 두 라틴 말에 기초한 것입니
다. 그러므로 환경은 우리 주위에 서 있는 것들입니다. 그것들은 외부적
인 것입니다. 그러나 이 그림에서 주님은 어디 계십니까? 밖에 계십니
까? 아닙니다. 그는 안에 계십니다. "너희 안에 계신 그리스도, 영광의
소망"이십니다(골 1 : 27). 그런데 만일 그리스도가 안에 계시다면 무엇
때문에 염려해야 될까요? 그가 안에 계시고, 우리를 한 순간 한 순간,
매일매일 인도하신다고 생각한다면 하나님의 자녀로서 우리가 가진 바른
생득적 표지인 초자연적인 기쁨의 비밀이 되는 것입니다.

교 제

신자의 삶 속에서 기쁨이 없는 것을 치료하는 두번째 처방은 교제입니다. 그것도 두 가지 차원에서입니다. 수직적인 하나님과의 교제가 있고 수평적인 인간 사이의 서로 간의 교제가 있읍니다. 예수님께서는 이 두 경우 모두에 대해 모범이 되십니다.

교회의 이 여섯 가지 표지들에 대해서 계속 연구해나가면서 우리가 주목해야 하는 것은, 그 각 표지마다 우리에게 모본으로 보여 주신 예수님의 본입니다. 여기에서도 분명히 그러합니다. 왜냐하면 예수님은 기쁨에 겨우신 분이었기 때문입니다. 비록 우리가 그를 "슬픔의 사람, 질고를 아는 사람"(우리가 옳게 그를 부르기는 하고 있지마는 한 면만 생각하고 있는 것 같음)이라 한다 할지라도 말입니다. 우리는 우리 본문에서 그 점을 알게 됩니다. 그가 여기서 "기쁨"에 대해서 그저 말하는 것이 아니라 "내 기쁨"이라고 말씀하시기 때문입니다. 그가 우리에게 제시하는 것이 바로 그것입니다. 그의 기쁨은 무엇입니까? 십자가에서 그 일을 마치시는 일에 촛점을 모으고 있는 장래의 기쁨이 있었읍니다. 왜냐하면 예수님은 "앞에 있는 즐거움을 위하여 십자가를 참으셨다"는 말씀이 있기 때문입니다(히 12 : 2).

그러나 여기서 그 기쁨을 말하는 것이 아닙니다. 여기서는 아버지와 순간 순간 접촉하고 교제하는 데서 오는 기쁨입니다. 이 기도를 하실 때와 십자가에서 예수님을 지탱해 준 것은 바로 그것입니다.

만일 우리가 그 교제의 실제 속으로 들어가기만한다면 그 기쁨이 우리를 지탱해 줄 것입니다. "그러나 그것은 예수님에게나 해당되는 것입니다. 그리고 그는 하나님의 아들입니다. 저는 그저 저일 뿐이예요"라고 말하지 마십시요. 우리는 역시 하나님의 아들들이 아닙니까? 이것을 우리에게 가르쳐 주신 분이 주 예수 그리스도 자신이 아니십니까? 우리는 하나님의 권속으로 태어날 수 있다고 가르치셨읍니다(요 3 : 3 , 7). 하나님께서 우리의 아버지가 되실 수 있다고 가르치셨읍니다(요 20 : 17). 바울은 이 진리를 매우 잘 알고 힘 있게 다음과 같이 선언했읍니다. "너희가 아들인고로 하나님의 그 아들의 영을 우리 마음 가운데 보내사 아버지라 부르게 하셨느니라"(갈 4 : 6). 분명히 우리는 하나님의 아들들입니다. 그러므로 예수님께서 아버지와 줄기찬 교제를 통해서 기쁨을 얻으셨듯이 우리도 그 그리스도의 기쁨에 들어갈 수 있습니다.

더군다나, 수평적인 차원에서 그 기쁨을 누릴 수 있습니다. 사실, 수평적인 차원에서도 기쁨을 누려야 합니다. 왜냐하면 아버지와 교제하는 것과, 서로 함께 교제하는 것은 항상 함께 가기 때문입니다. 요한이 그의 첫번째 서두에서 그 관계를 어떻게 진술했는가를 우리는 기억하고 있습니다. "우리가 보고 들은 바를 너희에게도 전함은 너희로 우리와 사귐이 있게 하려 함이니 우리의 사귐은 아버지와 그 아들 예수 그리스도와 함께 함이라 우리가 이것을 씀은 우리의 기쁨이 충만케 하려 함이로라"(요일 1 : 3, 4). 이 구절들은, 아버지와의 교제, 다른 그리스도인들과의 교제가 함께 간다는 걸 지시합니다. 그러니 만일 여러분이 기뻐하지 않고 있다면, 다른 사람과의 교제에서 여러분 자신을 끊고 있을 수가 있습니다. 아니 심지어 하나님과 여러분 개인이 교제하는 것을 확립하는 것에 대한 문제도 생각지 않을 수가 있습니다. 그런 방식으로는 기쁨이 오지 않습니다. 여러분은 다른 신자들을 필요로 합니다. 그들도 여러분을 필요로 합니다. 그 다른 신자들이 없다면 하나님과 여러분의 교제가 사그라질 것이고, 여러분의 기쁨이 온전하지 못할 것입니다.

의와 화평

기쁨이 없는 것을 치료하시는 하나님의 처방의 마지막 항목이 있습니다. 그것은 우리가 거룩한 삶을 살아야 한다는 것입니다. 죄는 하나님으로부터 우리를 멀어지게 합니다. 우리가 필요로 하는 그 하나님과의 교제가 그 죄를 통해서 깨어질 것입니다. 요한복음 17 장에는 여러 구절들의 논리적 연관을 통해서 그 사상이 암시되고 있습니다. 왜냐하면 기쁨에 대한 우리의 필요성을 말한 즉시로 예수님께서는 거룩에 대한 필요성을 말씀해 나가시면서 "저희를 진리로 거룩하게 하옵소서"(17 절)라고 덧붙이시기 때문입니다. 같은 것이 로마서 14 : 17 에도 암시되어 있습니다. 바울은 거기서 "하나님의 나라는 먹는 것과 마시는 것이 아니요 오직 성령 안에서 의와 평강과 희락이라"고 말합니다.

많은 그리스도인들은 바울이 말하는 평강을 소유하지 못해서 마땅히 누려야 하는 기쁨을 갖지 못하고 있읍니다. 다시 말하면 그들은 하나님 안에 안식하고 있지 않습니다 – 우리의 생각이 하나님 안에 확증되기 위해서 첫번째로 실현해야 하는 요점을 놓친 것입니다. 그것이 한 이유입니다. 그러나 자주 많은 그리스도인들은 의롭지 못하기 때문에 기쁨을 소유하지 못하는 경우도 있읍니다. 하나님의 길보다 자기들의 길을 갑니다. 하나님의 계명들을 불순종합니다. 그들은 어느 지점까지 자기들의 방식을 내세웁니다. 그러나 성령의 열매는 하나도 없게 됩니다. 거룩하게 하나님의 길을 가고, 그 안에 안주하고, 그래서 그로 하여금 "모든 기쁨과 평강을 믿음 안에서 충만케 하시도록" 허락하시는 것이 얼마나 더 나은지요(롬 15 : 13).

51

교회의 두번째 표지 : 거룩

"내가 아버지의 말씀을 저희에게 주었사오매 세상이 저희를 미워하였
사오니 이는 내가 세상에 속하지 아니함 같이 저희도 세상에 속하지
아니함을 인함이니이다 내가 비옵는 것은 저희를 세상에서 데려가시
기를 위함이 아니요 오직 악에 빠지지 않게 보전하시기를 위함이니
이다 내가 세상에 속하지 아니함 같이 저희도 세상에 속하지 아니하
였삽나이다 저희를 진리로 거룩하게 하옵소서 아버지의 말씀은 진리
니이다"(요 17 : 14 - 17).

지난 강론에서 지적한 바와 같이 진정 교회의 참된 표지는 기쁨일 수
있읍니다. 정말 그렇습니다. 그러나 즉각 그 뒤이어서 어찌나 바짝
나오는지 첫번째 위치를 차지한다고 생각할만한 것이 있는데 그것은 거
룩입니다. 거룩은 하나님의 말씀 속에서 가장 자주 언급되는 하나님의
특징입니다. 그러므로 하나님의 교회를 특징짓는 것이 거룩이라고 하는
것은 옳습니다. 우리는 "거룩한" 백성들이어야 합니다(벧전 2 : 9). 우리
는 "거룩을 추구해야" 합니다. 실로 거룩이 없이 "어느 사람도 주를 보
지 못할 것입니다"(히 12 : 14). 예수님께서는 우리가 다루는 본문의 대
목 속에서 교회의 이 특별한 표지에 대해서 다음과 같은 식으로 기도함
으로써 말씀하고 계십니다 ─ 이 기도는 세번째 관계와 밀접하게 연관된 예
수님의 두번째 간구입니다. 하나님께서 교회를 악한 자로부터 지켜달라

고 하는 기도입니다. "내가 비옵는 것은 저희를 세상에서 데려 가시기를 위함이 아니요 오직 악에 빠지지 않게 보전하시기를 위함이니이다 내가 세상에 속하지 아니한 것 같이 저희도 세상에 속하지 아니하였삽나이다 저희를 진리로 거룩하게 하옵소서 아버지의 말씀은 진리니이다"(15 - 17 절).

거룩이란 무엇인가 ?

그러나 거룩이 무엇입니까? 어떤 사람들은 거룩이란 교양 있게 어떤 행동의 본을 결정하는 것이라고 생각합니다. 그래서 노름이나 담배를 피는 것이나 술을 마시는 것이나 카드 놀이나 영화관에 가는 것이나 그러한 일들 중 어느 것을 하지 않는 사람들을 거룩한 자들로 생각합니다. 그러나 이러한 접근 방식은 근본적으로 잘못된 개념을 드러내 줍니다. 사실상 어떤 그리스도인들에게 있어서 거룩이 이러저러한 일을 삼가는 것들로 나타날 수 있다 할지라도, 거룩의 진수는 거기에서 발견되는 것이 아닙니다. 따라서 교회를 위해서 그러한 일들을 강조하는 것은 거룩을 촉진시키기 위하기 보다는 율법주의와 외식을 촉진시키는 경향이 있습니다. 어떤 극단적인 방식으로 그것은 거짓된 기독교를 촉진시켜서, 사람들이 어떤 윤리적인 행위라고 생각하는 것을 기초하여 하나님 앞에 자신들이 의롭게 된다고 생각하게 만드는 것입니다.

사도 바울은 자기 당대의 이스라엘 사람들이 바로 그러함을 발견하였습니다. 사도 바울보다 예수님께서 먼저 그점을 발견하였지만 말입니다. 그러므로 사도 바울은 이러한 유의 거룩(그가 사용하는 어휘는 "의")과, 하나님께로부터 온 참된 거룩 사이를 명백히 구분하였습니다. 그는 이스라엘 사람들에 대해서 "하나님의 의를 모르고 자기 의를 세우려고 힘써 하나님의 의를 복종치 아니하였느니라"(롬 10 : 3)고 했습니다.

이스라엘이 행한 것을 그러한 식으로 묘사할 수 있습니다. 그들은, 거룩이란 어떤 등급으로 매겨질 수 있는 것이라고 상상했습니다. 다시 말하면 우리 주위에 있는 어떤 사람들을 둘러 보면서 그 사람들은 인간적인 선함의 규모에 있어서 낮은 자리에 속한다고 생각합니다 - 범죄자들이고 부패한 자들이고 습관적으로 거짓말을 하는 자들 등 말입니다. 우리는 그 사람들에게 10 점대 중에서도 낮은 점수를 줄 수 있읍니다. 왜냐하면 그들이 우리의 기준으로 볼 때는 매우 선한 것은 아니지마는 만회할 만한 자질들을 전혀 갖고 있지 않은 것은 아니기 때문입니다. 사회의 보통 평범한 사람들은 약간 높은 점수입니다. 그들은 30 점에서 60 점 사이를 기록합니다. 그런 다음에 매우 선한 사람들 — 법률가들, 판사들, 자선사업가들, 또는 그밖에 종교적인 인물들을 들게 됩니다. 아마 그들은 70 점대를 얻을 것입니다. 그것을 넘어서 그 점수를 100 점으로 올린다면, 또는 가능하다면 더 높은 점수로 올린다면 하나님께로 가야 할 것입니다. 하나님의 거룩은 완벽한 거룩입니다. 그러나 이 거룩을 그런 식으로 살펴 본다면, 우리 모두 속에 정도의 차이는 있지만 깔려 있는 것은 오로지 그 거룩의 완전성입니다. 우리는 더 열심히 노력함으로써 하나님을 기쁘시게 해야 할 것입니다(심지어 어떤 사람들은 그렇게 함으로써 하늘에 들어갈 수 있다고 말할 것입니다).

좋습니다. 이스라엘 사람들이 바로 그런 일을 했읍니다. 오늘날도 모든 사람들이 거의 자연스럽게 그러한 일을 하고 있읍니다. 불행히도 그것은 성경적인 거룩의 개념이 아닙니다. 왜냐하면 그것은 전혀 다르기 때문입니다. 성경은 일차적으로 윤리적인 문제를 다루기 보다는 하나님의 차원에서 초월성을 다루고, 우리의 차원에서는 우리가 "의탁" 또는 "완전한 헌신"이라고 부르는 바 하나님께 대해 근본적으로 구별된 문제를 다루기 때문입니다.

성경적인 거룩의 개념은 영어에서 거룩과 동의어적으로 쓰이는 "성도" 또는 "거룩하게 하다"라는 말(saint, sanctify)을 생각하면 무언가 더 분명해집니다. 그리스도께서는 17 절에서 거룩하게 하다는 말을 사용합니다. 성도는 어떠한 사람입니까? 성도는 어떤 수준의 선을 성취한 사람이라기 보다는(물론 그럼에도 거의 모든 사람들이 그렇게 생각하고 있음), 하나님에 의해서 하나님께로 따로 구별된 사람입니다. 그것으로부터 필연적인 귀결로 나오는 것은, 성경에서 그 말은 어떤 특별한 계층의 그리스도인들에게 국한되지 않는다는 것입니다. 어떤 지상 교회 조직에서 어떤 직무를 통해서 확립된 계층에만 제한적으로 쓰여지는 것이 아니란 말씀입니다. 오히려 그 말은 모든 그리스도인들에게 다 쓰여집니다.

특별히 그의 서신들에서 바울이 그 말을 사용한 것을 보면 분명하게 드러납니다(롬 1:7; 고전 1:2; 고후 1:1; 엡 1:1; 빌 1:1 등). 성도들은 부르심을 받아 하나님의 교회를 이루는 사람들입니다.

출애굽기 40 장에서와 같이 성경이 어떤 물건들을 거룩하다 지칭할 때 그 개념이 분명히 드러나 있습니다. 그 출애굽기 40 장에서 모세는 장막 중에 제단과 물두멍을 거룩하게 하라는 가르침을 받습니다. 다시 말하면 모세는 그것들로 거룩하게 해야 했습니다.그 출애굽기 40 장은 돌의 성질상 어떤 근본적인 변화를 가리키고 있는 것은 아님이 분명합니다- 그 돌들은 의롭게 만들어진 것이 아닙니다. 다만 그것들이 특별한 용도를 위해서 하나님에 의해서 따로 구별된 것들이라는 뜻입니다.

같은 방식으로, 예수님께서는 이 요한복음 17 장에서 바로 그렇게 기도하고 있습니다. "또 저희를 위하여 내가 나를 거룩하게 하오니 이는 저희도 진리로 거룩함을 얻게 하려 함이라"(19 절). 이 말씀은, 예수님께서 자신을 좀더 의롭게 만든다는 뜻이 아닙니다. 왜냐하면 이미 예수님은 의로우신 분이셨기 때문입니다. 오히려 그 말씀은, 어떤 특별한 임무, 당신의 죽으심을 통해서 모든 사람들을 위해서 구원을 제공하시는 특별한 일을 위하여 자신을 구별하셨다는 뜻입니다. 만일 거룩을 진정으로 이해하려 한다면, 이러한 체계에서 이해되어야 할 것입니다.

세상에 있는 교회

그러나 이제 우리는 이러한 질문을 던질 필요가 있습니다. 만일 거룩이 구별과 관계된다면(보다 더 잘 말하여, 봉헌과 관계된다면), 또 신자들이 이미 하나님 자신에 의해서 하나님을 위해서 따로 떼어 구별됨으로써 거룩하게 되었다면, 어째서 그리스도께서는 우리가 거룩하게 되는 문제를 위해서 기도하시는지요? 어째서 우리가 이미 가지고 있는 그 거룩을 위해서 기도해야 합니까? 대답은 분명합니다. 비록 우리가 하나님께 따로 구별되었지만 우리는 흔히 그 부르심에 합하게 살아가지 못하는 경우들이 있기 때문입니다. 우리는 실로 하나님을 위해서 구별되었습니다마는, 워드워즈의 싯귀대로 "우리가 만나는 것은 옛 행실과 죄와 충성"의 불규칙적인 구름입니다.

세상의 가치관이 흔히 우리의 가치관이 될 때가 있고, 세상이 가장 우선적으로 생각하는 것을 우리도 역시 그렇게 생각하는 경우가 자주 있다는 의미에서 우리는 세상적입니다. "세속 교회"에 대한 일련의 연구를 준비한 적이 있었읍니다. 그 세속 교회란 말은 세상적인 교회라는 뜻입니다. 세상 지혜가 교회에 미치는 영향을 네 가지 주요한 영역에서 볼 수 있음을 지적한바 있읍니다. 세상 지혜의 영역, 세상의 신학, 세상의 주요 관심사, 세상의 방식등입니다. 각 영역마다 주목할만한 가치가 있읍니다.

먼저, 세상의 지혜의 문제가 있읍니다. 어느 시대나 어느 교단을 막론하고 교회의 옛 지혜는 성경의 지혜였읍니다. 그리스도인들은 하나님의 말씀 앞에 서 있었고, 영적인 일에 있어서 자기들의 무지를 고백했읍니다. 심지어 우리에게 성경을 열어 주시는 성령의 역사를 통하여 하나님의 은혜가 우리 가운데 있지 않으면 성경에 기록된 것마저 이해할 능력이 전혀 없음을 고백했읍니다. 그리스도인들은 영적인 일들에 대해서 자기들이 저항감을 가지고 있음을 고백했고, 만일 혼자 내버려 두면 언제나 자신의 길을 갈 수 밖에 없음을 고백했읍니다. 그러나 우리 시대에 일어난 일은, 이러한 옛 지혜, 교회의 능력이 세상의 다른 원천에 밀려나서, 결국 성경을 통한 권위 있고 개혁시켜 주시는 하나님의 음성을 무시하게 되었읍니다.

저는 한번 우리 교단의 총회장 사경회가 매년마다 열리는데 거기에 참석해 본 적이 있었읍니다. 이 일련의 사경회에서 어느 신학교에서 온 한 교수는 제가 말씀드린 모든 것에 찬동을 표시하지 않았읍니다. 물론 제가 어떠한 이유에서 그와 같은 일을 얘기했었읍니다. 이 사람이 사용했던 말은 내 마음에 강하게 부딪쳐 왔읍니다. 저는 보다 온화한 어휘를 써서 역사적인 그리스도에 대해서 말했읍니다. 그러나 이 교수는 과격하게 제 입장을 배격했읍니다. "우리는 각 복음서마다 다른 복음서를 교정하기 위해서 쓰여졌음을 이해해야 합니다. 그러므로 역사적 그리스도에 대해서 말하는 것은 불가능합니다"라고 그는 말했읍니다. 그런 다음에 그는 덧붙여 말하기를, "당신이 주님의 재림에 대해서 무엇인가를 말했으나 우리는 우리의 머로 그것을 받아들여 언제나 지금과 같이 상황이 계속될 것이며, 예수 그리스도께서 다시 오신다는 생각은 하지 말아야 한다"고 덧 붙였읍니다. 저는 그것에 대해서 무어라 말할줄을 알고 있었읍니다! 베 드로는 오래 전에 말세에 기롱하는 자들이 나타나서 다음과 같이,"만물이 처음 창조할 때와 같이 그냥 있다"고 말할 것임을 경고했었읍니다. 그리 고 우리로 하여금 우리가 배운 것 속에서 계속 거하도록 용기를 북돋아 주었읍니다. 그러나 우리가 가진 난제를 예증하기 위해서 저는 한 이야 기를 말씀드리겠읍니다. 교회의 지혜의 영역에 세속주의라는 것이 있는데 바로 그것입니다.

이것은 하나로 독립적으로 떨어져 있는 우연한 산물이 아닙니다. 복음 적인 대의를 위해서 능동적인 지도자였던, 제가 시무하는 장로교회의 한 교역자가 제게, 자기가 장로회 어느 모임에 특별한 주제로 강연한 것 에 대해서 말했는데, 그 다음에 다른 목회자가 일어나서 그에게 와서는 "언제나 어느 요점을 논의하려고 일어서면 성경에 대해서 항상 말하려는 지 그 이유를 모르겠소. 아무도 성경을 더 이상 믿지 않는다는 것을 모 르시요?"라고 다그치더라는 것입니다. 그때 우리 교회의 그교역자가 사 도 바울을 언급하였기 때문에 그를 비평하는 사람이 "결국 사도 바울도 틀림이 없는 그런 사람이 아니요"라고 덧붙였읍니다.

그처럼 예수 그리스도의 교회 내에 성경을 하나님의 지혜로 여기지 않 으려는 조짐이 있습니다. 그것은 심각한 결과를 가져옵니다. 그 하나의 결과는, 더 보잘 것 없는 또 다른 권위가 성경의 자리를 차지하고 있읍 니다. 사람들은 권위 없이는 작용할 수 없읍니다. 그래서 만일 여러분이 한 권위를 집어 던지면 다른 권위가 그 자리에 들어올 것입니다. 만일 여 러분이 성경의 권위를 집어 던지면 인간의 권위가 부상될 것입니다. 우리 가 오늘날 큰 교단 가운데서 가지고 있는 권위는, 그 특별한 교단의 덩 어리를 이루고 있는 사람들의 숫자의 권위입니다. 다른 말로 해서 그것 은 51 퍼센트 이상의 대다수의 투표권을 차지하고 있는 것으로 권위를 삼으려 한다는 말씀입니다.

교회가 하나님의 지혜를 버린 두번째 결과는, 삶에 대해서 교회가 그 영향력을 잃어버리게 된다는 것입니다. 그러한 일이 광범위하게 드러나 보이고 있읍니다. 복음주의자들만 그것을 인식하는 것은 아닙니다. 몇년 전 덴버에서 열리는 교회 연합에 대한 협의회에서 루처즈대학의 피터 버거(Peter Berger)가 오늘날 교회가 삶과 무관한 것이 되어 버렸다고 지적했습니다. 종교에 문예부흥이 있다면 그 문예부흥을 담당하는 사람들은 '현대인에게 적절하게' 하기 위해서 서로 상대방을 넘어뜨리는 자들은 아닐 것이다…종교적 믿음의 강한 폭발력은 언제나 확고하고 겸연쩍지 않고 흔히 비타협적인 확신을 가진 사람들의 모습을 통해서 그 특징이 드러나게 된다 – 다시 말하면 여러 '적절한' 적용을 위해서 현재 종사하고 있는 사람들과 전적으로 반대되는 타잎을 통해서 일어난다는 말이다. 그것을 간단히 말해 보자. 믿음의 세대는 '대화'로 특징지어지기보다는 '선포'로 특정지어지는 것이다." 그런 다음에 그는 이렇게 덧붙였습니다. "교회의 제도적 구조에 대한 관심이란 것은 그리스도인 공동체 내에 있는 새로운 확신과 새로운 권위가 없는 한 아무 소용이 없을 것이라고 확언한다."

둘째로, 우리가 세속주의와 만나는 것은 세상 지혜의 영역에서 뿐만이 아닙니다. 세상의 신학의 영역에서도 그 세속주의를 만나게 됩니다. 세상의 신학을 규정하기는 쉬운 일입니다. 그것은 사람은 근본적으로 선하며, 어느 누구도 실제적으로 잃어버림을 당하지 않을 것이라는 관점이요, 주 예수 그리스도를 믿는 것이 구원을 위해서 반드시 필요한 것은 아니라는 관점입니다. 어떤 교회의 부류에서는 그 관점이 아주 인기가 있읍니다. 제가 그 총회장의 사경회에서 강사로서 증거할 때, 제가 전하는 내용이 쓰여진 글의 한 대목은 사람들이 구원에서 제외되는 문제와 관계한 것이었습니다. 제 그 글 속에 그것이 있었던 것은 선교를 위한 하나의 동기 부여를 위한 글이었기 때문입니다. 우리는 주 예수 그리스도의 복음을 다른 사람들에게 전해야 하는데, 그것은 그 복음이 없이는 그들이 구원받지 못할 것이라는 그런 논리였읍니다. 그러나 저는 수식 없이, 이러한 네 가지 방면의 각각을 생각하더라도 제가 말씀드릴 그 강의의 요점은 듣는 사람들 편에서 가장 큰 분노를 자아냈다고 말할 수 있읍니다. 어떤 사람들은 굉장히 화가 나 있었읍니다. 또 거의 모든 사람들이 만족하지 못하고 있었읍니다. 사실 저는 그 글의 그 문제의 대목 속으로 접근할 때마다 그 반응을 측정할 수 있었읍니다. 왜냐하면 사람들은 그때 움직이고, 기침을 하고, 자리를 뜨기 시작했기 때문입니다. 그 대목이 끝났을 때 반박하기 위해서 그 대목을 그들은 다시 돌아 보았습니다. 이것은 의미 있습니다. 왜냐하면 그것은 오늘날 거의 모든 사람들의 사고방식을 드러내는 것이기 때문입니다.

그것은 여러 가지 결과를 낳고 있습니다. 한 가지 결과는, 우리가 언제나 사용해왔고 교회가 계속해서 사용하는 신학적인 용어(그 신학적인 용어들이 교회의 유산의 일부이기 때문임)들이 다시 새롭게 규정지어진다는 것입니다. 우리는 사람들이 죄와 구원과 믿음에 대해서 말하는 것을 봅니다. 또 다른 많은 성경적인 용어를 사용하는 걸 봅니다. 그러나 그들은 세상의 신학을 받아들임으로써 더 이상 복음주의자들이 성경적으로 말할 때 가지는 의미를 그 용어에 담지 않고 있습니다. 그래서 "죄"라는 말이 하나님과 하나님의 의로운 율법에 대한 반역이 아니게 되었습니다. 우리는 죄를 그러한 식으로 보는 것은 우리 책임이라고들 말합니다. 그래서 그들은 죄는 일종의 무지나, 사회 구조로부터 파생되어지는 일종의 압박감으로 생각합니다. 죄가 체제 속에 자리잡고 있기 때문에, 그 죄를 극복하는 방식은 주 예수 그리스도의 죽음으로 말미암는 것이 아니라, 혁명을 통한 구조의 변화로 말미암는다고 믿게 되는 것입니다. 유사한 방식으로 "예수님"도 구원을 위해서 죽으러 오신 성육신하신 하나님이 아니라, 창조적인 삶을 위한 하나의 패턴으로 보고 있습니다. 그러므로 우리는 예수님을 한 모본으로 보아야지 구주로 보아서는 안된다는 것입니다. 이러한 신학의 형태 속에서는 예수님을 소위 우리가 생각하는 인류의 진화론적 정상의 봉우리로 부를 수 있는 그런 존재로 생각합니다. 우리 모두 도달할 봉우리의 정상에 바로 예수님이 계시다는 것이지요.

"구원"도 옛 신학이 말하는대로 "하나님과 바른 관계를 맺는다" 또는 "그리스도 안에서 우리를 구속하시는 하나님의 행사"로 규정되지 않고, 세상의 구주의 압박으로부터 해방되는 것을 의미합니다.

"믿음"도 더 이상 하나님을 믿거나 하나님의 말씀을 글자 그대로 취하는 것이 아니게 되었습니다. 왜냐하면 하나님의 말씀을 표면에 나타난 그대로 믿거나 취할 것이 아니라 우리가 보는 바대로의 상황인식으로 여겨야 한다는 것입니다. 이러한 접근 방식은 막시즘과 긴밀히 연관되어 있

읍니다. 왜냐하면 막스주의자들은 압박을 의식하게 되고 그 압박에 대해
서 무언인가를 하기 시작하는 일로부터 공산주의로 귀의하는 일이 생긴
다고 말하기 때문입니다.

"전도"도 이제 재규정되고 있습니다. 그것이 더 이상 예수 그리스도의
의 복음을 멸망하는 세상에 전파하기 보다는, 불의를 전복시키려고 일하
는 것이라는 뜻으로 들려지게 되었읍니다.

세상 신학을 받아들인 두번째 결과는, 제가 방금 말씀드린 것과 분명
한 모순으로 나타났는데 그것은 정말 사실입니다. 그것은 신학을 전적으
로 무시하는 경향이 있게 되었읍니다. 그것은 일차적으로 교회가 세상의
관심거리에 사로잡혀 있는 것으로 나타납니다. 3 세기의 기독교회에서
는 콘스탄틴 황제의 휘하에 있던 로마 제국의 배려가 바로 그것이었읍니
다. 중세에서는 종교적인 열심이 정치적인 확장주의를 위해서 분출된 이
른바 십자군 운동에서 그것이 나타났읍니다. 오늘날은 어떻습니까? 이
세상은 무엇에 대해서 관심을 기울이지요? 세상은 굶주림의 문제에 관
심을 기울인다고 하는 말을 듣습니다. 그러므로 우리에게 있어서 가장 중
요한 관심거리도 그것이어야 한다는 것입니다. 세상은 제삼세계의 난제
에 관심을 기울이고, 저개발국가들의 문제에 관심을 기울이고 있읍니다.
그러므로 우리의 일차적인 관심이 그것이어야 한다는 것입니다. 세상은
인종주의에 관심을 기울이고 있읍니다. 그러므로 우리도 그렇게 해도 된
다는 것이지요. 생태학! 에너지 위기! 노인문제! 알콜 중독등! 여러분
이 석간신문에서 읽을 수 있는 그 어느 것이든지 교회의 제일차적인 관
심이 되어야 한다는 것입니다.

저는 이러한 것들이 우리의 관심거리로서 합당한 것이라는 데 하등의
의문을 제기하지는 않습니다. 그러나 제가 강조적으로 부인하고 싶은 것
은, 그러한 것들이 교회의 제일차적인 관심거리들은 아니라는 것입니다.
교회가 이러한 차원을 제일차적인 관심거리로 삼을 때 어떤 일이 일어나
겠읍니까? 무엇보다 먼저 교회는 세상의 눈에 볼 때 어리석게 보일 것
입니다. 왜냐하면 세상은 교회가 특별한 능력도 없는 문제에 대해서 계
속 말하려고 하고 있음을 알기 때문입니다. 교회는 구제사업을 전문으
로 하는 기관이나 정부 대변인보다 세상의 굶주림에 대해서 더 많은 것

을 알지 못합니다. 교회의 당국자들은 아마 많이 모를 것입니다. 둘째로, 교회가 이러한 다른 문제들을 가장 우선적인 것으로 강조하면 교회가 진정으로 말해야 하는 것들을 필연적으로 게을리하게 됩니다. 우리 시대의 도덕적 기류나, 그 기류에 대한 처방이 예수 그리스도 안에서 발견된다는 것을 덜 말하게 됩니다. 이보다 더 악한 것은, 우리 나라의 도덕적 기류가 이혼이나 동성연애나, 음란산업이나 그밖의 다른 것에 대해 동조감을 나타내고 있다는 것입니다.

끝으로, 교회 내에서의 세속주의는 세상의 방식을 통해서 드러나게 됩니다. 하나님의 방식은 기도와 복음의 능력입니다. 그것을 통해서 성령께서는 하나님의 백성들을 악한 길에서 벗어나게 하고 그들의 나라를 치료시키십니다. 주 예수 그리스도의 교회의 힘은 언제나 그것이었읍니다. 그러나 오늘날 큰 교단들이 그 능력을 무시하고 있습니다. 그 능력을 비웃고 있는데, 그 비웃는 사람들이 사용하고 싶은 방식은 정치와 돈이기 때문입니다.

제가 대학에 있을 때인 몇 년 전에, 저는 죠지 버나드 쇼(George Bernard Shaw)의 연극을 연구하려고 얼마간의 시간을 보냈었읍니다. 저는 쇼의 신념 중 하나는 미래의 종교는 정치라는 것을 알게 되었읍니다. 이 관념이 그의 연극 여러 편에서 나타납니다. 예를 들어서 "시저와 클레오파트라"에서 나타납니다. 시저는 이러한 차원에서 종교적인 인물입니다. "소령 바바라"(Major Barbara)라는 연극에서 그것이 아주 잘 드러났읍니다. 바바라는 구세군의 한 사관입니다. 그녀는 그 연극 속에서 구세군에서 정치적 행동주의로 개종합니다. 정치가 새로운 종교가 됩니다. 옛 반역자인 죠지 버나드 쇼가 몇년 전에 바로 그것을 말했읍니다. 그러나 오늘날 교회의 철학이 바로 그것이 되어버리고 말았읍니다. 정치와 돈, 세속적으로 교회를 세우는 데 있어서 권세의 자리에 있는 사람들이 "앉을 곳이 바로 여기다"라는 것이지요.

하나님의 교회

교회의 세속주의는 나쁩니다. 저는 그것을 묘사하기 위해서 약간의 지면을 할애했었읍니다. 첫번째 이유는, 진정한 세상적인 정신이 어떻게 일해나가는지를 아는 것이 중요하기 때문입니다. 둘째로는 교회의 다음 중요한 표지인 '진리'를 연구할 때 보다 더 자세히 그 세속주의의 치료책을 숙고해나가려 하기 때문입니다. 그러나 물론 지금에도 그 치료책을 주목해야 합니다. 예수님께서 이 대목의 초두에서 "내가 아버지의 말씀을 저희에게 주었사오매"라고 말씀하심으로써 그 치료책을 분명히 하셨읍니다. 그런 다음에 끝에 가서 "저희를 진리로 거룩하게 하옵소서 아버지의 말씀은 진리니이다"(17 절)라고 말씀하셨읍니다. 우리가 갈수록 하나님께 거룩하게 구별되고 실천적인 거룩에 있어서 성장하는 것은 성경, 하나님의 말씀으로 말미암습니다.

성경을 정규적이고 제자정신을 가지고 실제적으로 연구하지 않고는 교회는 언제나 세속적일 것입니다. 바울이 디모데에게 묘사했던 상태로 빠져 들어갈 것입니다. 바울은 말세에 대해서 경고하면서, "말세에 고통하는 때가 이르리니 사람들은 자기를 사랑하며 돈을 사랑하며 자긍하며 교만하며 훼방하며 부모를 거역하며 감사치 아니하며 거룩하지 아니하며 무정하며 원통함을 풀지 아니하며 참소하며 절제하지 못하며 사나우며 선한 것을 좋아 아니하며 배반하여 팔며 조급하며 자고하며 쾌락을 사랑하기를 하나님 사랑하는 것보다 더하며 경건의 모양은 있으나 경건의 능력은 부인하는 자니 이같은 자들에게서 네가 돌아서라"(딤후 3 : 1 - 5)라고 말했읍니다. 바로 그것이 세속교회입니다-"경건의 모양은 있으나 경건의 능력은 부인하는" 교회가 바로 세속교회란 말입니다. 반면에 하나님의 백성들은 성경을 통해서 그 정반대가 될 것입니다. 왜냐하면 만일 세속 교회가 세상의 지혜와 세상의 신학과 세상의 관심거리들과 세상의 방식을 채용한다면, 참된 교회는 그것을 역으로 돌릴 것이기 때문입니다. 참된 교회는 하나님의 지혜를 채용하고, 성경의 신학과, 기록된 하나님의 계시의 관심거리와, 주 예수 그리스도가 다시 오실 때까지 교회에서 우리가 행할 일을 위해서 주어진 방식들을 채용할 것입니다.

52

거룩하지 않은 교회

"내가 아버지의 말씀을 저희에게 주었사오매 세상이 저희를 미워하였
사오니 이는 내가 세상에 속하지 아니함 같이 저희도 세상에 속하지
아니함을 인함이니이다 내가 비옵는 것은 저희를 세상에서 데려가
시기를 위함이 아니요 오직   악에 빠지지 않게 보전하시기를 위함이
니이다 내가 세상에 속하지 아니함 같이 저희도 세상에 속하지 아니하
였삽나이다 저희를 진리로 거룩하게 하옵소서 아버지의 말씀은 진리
니이다"(요 17 : 14 - 17).

우리는 분열된 교회 가운데 살고 있읍니다. 그러나 그 분열은 흔히들
말하는대로의 노선을 따라서 존재하는 것은 아닙니다. 어떤 사람들
은 평신도와 교역자 사이에 간격이 있다고 말하면서 거기에서 큰 분열이
발견된다고 말합니다. 그러나 저는 그렇다고 믿지 않습니다. 또 때로는
교회 내의 주요한 분열은 교회의 사명을 복음전도로 믿는 사람들과 교회
의 사명을 사회 행동으로 믿는 사람들 사이에 존재한다고 하는 말을 듣곤
합니다. 이러한 분열은 실제적인 문제거리에 더 바싹 다가갑니다. 왜냐
하면 그 주어진 강조점들이 의미 있는 신학적 논증에 기초하고 있는 경
우가 허다하기 때문입니다. 그러나 이런 경우라도 가장 큰 분쟁은 되지
못합니다. 왜냐하면 바로 이해하면 복음전도와 사회 활동은 서로 대적하
는 것이라기보다는 한 목회 사역의 두 주요한 진수이기 때문입니다. 그리

스도를 믿음으로 말미암아 구원얻는 복음이 전파됩니다만 그것은 사회적인 차원도 가지고 있습니다. 어떤 사람들은 자유주의 교회들과, 그들이 사회활동을 위한 프로그램을 지원하는 것이 복음주의자들 보다 사회적 관심을 더 진전시키지 못했다고 주장할 것입니다.

제가 믿기로, 교회를 순전히 세속적이고 차원에서 생각하는 자들, 곧 세상적인 교회를 생각하는 자들과, 여전히 교회가 초자연적인 실체에 기초하고 그것을 증거하는 교회로 여기는 자들 사이를 구분해야 합니다. 우리가 당면한 위험은 세상적인 것이 장악하되, 복음주의적인 교회들안에서도 그러하다는 것입니다. 그리고 성경적인 복음과 영적인 우선 순위의 구분에 대한 관심이 사라져가고 있다는 것입니다. 이론적으로 복음적인 교회들은 교회의 세속주의를 반대합니다만 실제로 자주 우리들 스스로가 세속적인 경우들이 많습니다. 그러므로 우리가 다른 사람들을 향하여 손가락질을 할 때(우리가 하나님의 말씀의 교훈을 주장하기 위해서 그렇게 하는 것은 마땅히 옳은 일임), 그럼에도 불구하고 동시에 우리 자신을 시험해 보아야 합니다. 다시 말해서 다윗처럼 기도해야 합니다. "하나님이여 나를 살피사 내 마음을 아시며 나를 시험하사 내 뜻을 아옵소서 내게 무슨 악한 행위가 있나 보시고 나를 영원한 길로 인도하소서" (시 139 : 23 , 24).

만연하는 물질주의

복음주의 교회가 그 가지고 있는 신학에도 불구하고 그 복음주의 교회들이 세상의 철학과 사고방식을 어떠한 영역들에서 받아들이고 있습니까? 어디서부터 우리는 시작하고 있습니까? 반드시 지적할 필요가 있는 요점은 우리의 물질주의입니다.

많은 사람들이 이 문제를 지적합니다. 그들이 그렇게 한다는 사실은 우리로 하여금 귀를 기울여 듣게 만들고 있습니다. 〈World Vision〉지는 1976년 1 월호에서 여러 명의 복음주의 지도자들의 말을 인용했는데, 그들은 서구문명화와 교회의 사명에 대한 글을 써달라는 부탁을 받았던 것입니다. 그들 거의 대부분은 이런저런 방식으로 우리의 물질주의를 비판적인 자세로 지적하였습니다. "New International Dictionary of the Christian Church"(새 국제 기독교사전)의 편집장이면서〈Christianity Today〉의 편집자인 다글러스(J. D. Douglas)는 이렇게 썼습니다. "우리 사회에 만연하고 있는 것은 보다 교활한 방식으로 파고드는 물질주의인데, 그것은 그리스도인들로 하여금 분열을 통해서 숨이 차게 만들어 자기들 앞에 있는 경주를 경주하지 못하게 한다." 라틴아메리카 선교회의 총감독인 호레이스 휀턴(Horace L. Fenton, Jr.)는 이렇게 썼습니다. "서구 교회에서 우리는 즉시 불필요한 경비들을 대폭 삭감해야 한다- 우리로 하여금 너무 멀리 가게 한 그 정교한 건축 계획을 포함한 그러한 유의 경비를 줄여야 한다. 교회가 땅에 보물을 쌓아 놓는 것은 개인 그리스도인이 땅에 보물을 쌓아 놓는 것만큼 나쁜 죄다." 스토니 브룩 스쿨(Stony Brook School)의 명예학장이며, 동시에 「The Expositor's Bible Commentary」의 총편집장 개벨레인(Frank E. Gaebelein)은 이렇게 썼습니다. "소극적으로 말해서 보다 풍요한 서구 국가들 가운데서 점점 그 만연하는 물질주의는 교회의 신실한 사역의 진수가 되는 총체적 그리스도인의 훈육을 해롭게 하고 있다."이 사람들 모두 다 우리 나라의 특징이나 자유주의 교회의 특징만이 아닌 복음주의 교회들의 특징인 것을 지적하고 있는 것입니다.

우리는 이 물질주의의 본질에 대해서 말할 필요가 있습니다. 우리는 그것이 하나의 철학적인 물질주의가 아님을 솔직하게 인정해야 합니다. 철학적인 물질주의는 공산주의의 물질주의와 유사한 물질주의일 것입니다. 복음주의자들은 분명히 그런 의미에서 받아들이지 않습니다. 사실상, 우리가 공산주의자들이 아니고 공산주의자들은 물질주의자들이니 우리는 물질주의자들이 아니라는 식의 소극적인 논증이 있기는 합니다. 그러나 그것은 반드시 그러한 것은 아닙니다. 실로 우리는 철학적인 물질주의를 택하지는 않습니다. 그러나 만일 우리가 정직하다면 그러면서도 매우 실제적인 물질주의, 우리 세대의 복음의 진보에 적지 않은 손해를 끼치고 있는 그 실질적인 물질주의를 택하고 있다고 인정해야 할 것입니다.

프란시스 쉐퍼(Francis Schaeffer)는 그의 작은 책「새로운 초영성」(The New Super Spirituality)라는 책에서 이 점에 대해서 쓰고 있읍니다. 그는 우리가 가지고 있는 물질주의를 바르게 분석하면서, 그것은 선교사가 되기보다는 두 가지 것을 소유하겠다는 바램으로 나타난다고 말하고 있습니다. 첫째 "개인적인 평안"과 둘째로 "우리의 평안을 누리기 위해서 필요한 정도의 "풍요"를 갖기를 원한다는 것입니다. 개인적인 평안은 우리로 하여금 "나는 세상에서 일어나는 일이 나를 괴롭히고 있지 않다면 세상에서 일어나는 그 일에 대해서 그리 별로 상관을 하지 않는다"고 말하게 만드는 목표입니다. 또는 그것을 좀더 적용한다면 "나는 우리 도시의 유대인 거리에서 일어나고 있는 일이 우리가 살고 있는 이 주변에까지 미치지 않는다면 염려할 것 없다"는 식으로 말하게 하는 것입니다. 록펠러나 아스토 같은 그러한 풍성을 누리고 싶은 소원이 아니라, 단순히 우리가 삶을 온전히 향유하기에 필요한 충분한 돈을 갖고 싶다는 소원입니다. 그것이 바로 우리가 빠져 있는 물질주의입니다. 만일 우리의 이 두 가지 차원 — 개인적인 평안과 풍요 — 을 가장 우선적으로 생각하는 항목에 넣는다면, 우리 자신의 삶 속에서 세속주의가 파고든 실례를 보여주는 격입니다.

정말 흥미롭게도, 이것은 최근 수많은 젊은 사람들의 목표가 되어 버렸습니다. 쉐퍼가 분석한 바와 같이 말입니다. 1960년대 버클리의 자유토론 운동으로부터 젊은 사람들이 자기들 부모들의 문화의 물질주의적인 사고방식을 비난하던 시기가 있었습니다. "여러분이 원하는 것은 개인적인 평안과 풍요입니다. 여러분이 원하는 것은 여러분 자신을 즐길 수 있는 충분한 돈을 갖는 것입니다." 그들은 그것을 비난했습니다. 그런 다음에 그들은 마약문화 속에서 이러한 것들에 대한 해답이라고 생각하는 것을 발견했습니다. 그러나 마약은 아무런 도움이 되지 못했습니다. 그래서 그 젊은 사람들이 선택한 대안은 붕괴되었습니다. 오늘날 우리는, 쉐퍼가 지적하는 바와 같이 동일한 옛 가치관으로 돌아가는데 한 단계 더 내려서 돌아가는 움직임을 보고 있습니다.

만일 여러분이 자연스러운 바에 따라서 방어적으로 말하고 싶은 생각이 들어 "그것은 나한테는 해당되지 않는다"라고 말씀한다면, 저는 다음과 같은 형식으로 질문을 던져보겠습니다. 여러분의 자녀를 위한 여러분의 소원에 있어서 그것이 해당되지요? 여러 부모들이여, 당신들의 자녀들을 위해서 진정으로 무엇을 원합니까? 그들이 안온한 생활을 하고 가정을 가지고, 행복하게 결혼하는 것을 가장 원하지요? 이것이 바로 여러분이 가장 주요하게 생각하는 목록의 제일 꼭대기에 올라 있지 않습니까? 만일 그렇다면 그것이야말로 글자 그대로 물질주의입니다. 오히려, 여러분은 그 자녀들이 하나님의 사람들이 되어서 하나님의 뜻에 복종하고 그 하나님의 뜻을 이루려 하면 필요한 것들도 손해를 보는 그런 사람들이 되기를 원해야 합니다. 우리는 그 시점에서 우리의 사고방식을 재평가해 보아야 합니다.

세상의 변덕

둘째로, 우리는 이 세상의 변덕스런 유행을 너무 쉽게 따라가는 점에서 세속화되었습니다. 저는 제가 한번 휘튼대학의 학장인 허드슨 아머딩 박사(Hudson Armerding)과 함께 나눈 대화를 여러분에게 소개함으로써 한 예를 들어드리려 합니다. 우리는 대학 내의 상황에 대해서 말하고 있었읍니다. 특히 기독교 학교들에 대해서 말하고 있었읍니다. 저는 기독교 대학의 문화에 있어서 가장 진저리나는 것이 무엇이냐고 그 아머딩 박사에게 물었읍니다. "기독교 대학의 캠퍼스가 언제나 세상 뒤를 졸졸 따라가고 있는 것처럼 보인다는 사실입니다. 그들도 같은 관심을 가지고 있읍니다. 그러나 언제나 1년 내지 2년 후에 그 뒤를 따라가는 것입니다."

그런 다음에 그는 그것을 더 상세하게 말하면서, 베트남 전쟁이 세속 학교에서 하나의 관심거리가 되었을 때 기독교대학에서도 관심거리가 되었는데 그것은 몇년 뒤에 있었던 일이라고 말했읍니다. 일반대학에서 생태학을 최대의 관심거리로 삼을 때 기독교 대학에서도 역시 그것을 최대의 이슈로 삼게 되었읍니다. 그러나 이 경우에도 1, 2년 후의 일이었읍니다. 여성해방운동이 다른 곳에서 이슈가 되고 나서 기독교 세계에서 또한 이슈가 되었읍니다. 그러나 좀 지나서입니다. 그 아머딩 박사가 말하는 것은, 우리는 교회가 세상을 이기기보다는 세상이 교회를 이끌어가는 모습을 본다는 것이지요. 복음주의적인 공동체의 세속화가 아니면 그것이 무엇이겠읍니까?

저는 다른 영역에서 그것에 대해서 말씀드리겠읍니다. 우리는 "신학"

에서 유행병적인 변덕을 부리고 있읍니다. 이것을 사실로써 입증하기란 약간 어려움이 있지마는 그래도 사실입니다. 만일 우리가 기독교 세계를 연구해 보면, 우리가 심리적인 분석에 대해서 우리 시대에 대단한 강조점을 두고 있다는 것을 알게 될 것입니다. 또한 소그룹을 동력화시키고, 서로 상호작용 그룹들이나, 감수성을 느끼기 쉬운 기간등에 대한 강조점을 두고 있는 것을 발견하게 됩니다. 그러나 이것은 먼저 세속 철학을통해서 세상 가운데서 대중적인 인기를 얻었던 것입니다. 그러나 이것이 이제 교회 안에도 들어와서 작은 상호작용을 하는 그룹들이 하나님의말씀 선포나 본래의 기독교 상담의 자리를 차지하게 되었읍니다. 이것은 세속적인 교회에서 널리 유행되고 있읍니다. 그것은 갈수록 복음주의적인 교회들 가운데서도 증거하고 있고 적어도 최근에는 그러합니다. 성경 진리를 전파하는데 신실할 수 있었던 복음주의적인 지도자들이 자기들이 부르는 이른바 상호작용신학과 관계론적 신학, 또는 그러한 용어로 부르는 것에 사로잡혀 있는 것을 발견하게 됩니다.

"예배의식"에 있어서도 마찬가지입니다. 예배의식이 세속 교회에서 하나의 관심거리가 되었읍니다. 그것이 관심거리가 되자 복음주의적인 교회들에서도 관심거리로 삼게 되었읍니다. 그러니 우리는 예배 중에서 대단히 많은 실험적인 양상을 보게 되는 것입니다. 사실 많은 국면에서 그것은 불행히도 전혀 예배가 아니지요. 「The Invaded Church」에서 도날드 브레쉬(Donald G. Bloesch)는 여러 사람의 말을 인용하여 소위 예배의식의 부활에 사로잡힌 사람들의 마음 속에 생각하고 있는 것이 무엇인지를 드러내 주었읍니다. 몇년 전 미국 남장로회에 속한 청년회의 한 모임에서, 예배인도자 중 한 사람이 예배의식에 대해 이렇게 규정을 내렸읍니다. "예배의식이란 나를 내 이웃과 연결시키는 것으로써, 나로 하여금 좋은 느낌을 가지게 하고 동일성을 느끼게 해준다." 재즈 음악을 하면서 드리는 이른바 성 마가 감독 교회 예배 실황방송이 뉴욕시에서 방영되었는데, 그 예배의 식사(式辭) 중 하나는 이러한 말이었읍니다. "우리의 목표는 사람들로 하여금 무엇인가를 느끼도록 도와 주는 데 있다-어떤 것이든지간에." 제가 지적하고 있는 요점은, 이것이 무엇이든지간에 기독교 예배는 아니라는 점입니다. 왜냐하면 예배란 하나님의 백성들이 함께 모여서 우리 하나님의 영광스런 속성들을 하나님 앞에 인식하고 그에 따라서 변화되는 것이기 때문입니다. 그러한 어떤 정함이 없는 내용을 만나는 곳에서는 기독교 예배와 쾌락주의의 주연을 베푸는 것사이를 구별하는 것이 사실상 불가능한 것입니다.

우리는 우리 시대의 "보편 구원론" 속에서 하나의 변덕스러움에 대한 예를 발견하게 됩니다. 때로 저는 기독교 대학이라는 곳을 방문하는 기회가 있습니다. 그럴 때마다 저는 오늘날 학생들의 마음의 정취나 사고방식에 대해서 질문을 던집니다. 그랬더니 한번은, 기독교 학생들이 오늘날은 역사적인 기독교에서 거의 이탈되어가고 있는데 그들은 보편구원론을 받아들이고 있다는 말을 거듭 듣게 되었던 것입니다. 그 보편구원론이란 어느 지역에 살든지 또는 어떠한 상황에 처해 있던 사람이든지 누구든지 하나님의 은혜로 말미암아 구원을 받을 것이라는 관념입니다. 이사상이 어디서 나왔습니까? 성경의 가르침에서 나온 것이 아님은 틀림없습니다. 오히려 그것은 우리 시대의 세속적인 사고방식에서 나왔습니다. 세상은 하나님의 보시기에 사람들이 근본적으로 악하다고 생각하고 싶어하지 않습니다. 다시 말하면 거룩한 하나님 앞에서 하나님의 눈 앞에 죄인들로 여겨지기를 원치 않습니다. 오히려 사람들이 몇 가지 결점이 있기는 하지만 그럼에도 불구하고 근본적으로는 착하게 보고 싶은 것입니다. 그것은 성경의 교훈이 아닙니다. 그런데 복음주의적인 교회들이나학교들 가운데서 그러한 사고방식을 만나곤합니다.

솔직이 제가 말씀드립니다마는, 성경 윤리의 차원에서 세상의 사고방식을 받아들이고 있습니다. 특별히 "결혼" 문제에 관해서 그러합니다. 이영역에 있어서 복음주의 교회 가운데에서 어떠한 일이 일어나고 있는지요? 예, 우리는 결혼이 그전에는 전혀 그렇지 않은 비율로 깨져가고 있는 것을 보게 됩니다. 제가 그것을 살펴 보건대, 오늘날 아주 독특하고 지난 4, 5년 동안에 나타난 특징인데, 그 전에는 사실 같은 정도로 나타난 것은 아니었습니다. 그 특징이란, 결혼을 파기하는 것이 남자들이 아니라 여자들이라는 것입니다. 결혼이란 남자가 부정해서 파기되는 것으로 늘 생각해 왔습니다. 그가 어떤 일을 저지릅니다. 아내가 그것을 참아내지 못하게 되지요. 그러면 결혼생활이 그만 순결을 잃어버리게 되고,

남자는 다른 여자를 데리고 집을 떠나게 됩니다. 오늘날 일어나는 양상은 그것이 아닙니다. 저는 아내들이 어떤 남편의 외도를 보고 말하기 보다는 그 남편의 개인적인 성취도가 약하다는 것을 핑계로 해서 "난 그런 것을 가졌는데 그는 내게 필요한 것을 채워 주지 못해요"라고 말하면서 집을 나가는 그런 경우들을 많이 볼 수 있습니다.

여기서 다시 우리는 세속주의를 만나게 됩니다. 세속주의는 분열의 행동에서 뿐만 아니라 철학의 영역에서도 나타납니다. 왜요? 하나님께서 우리를 불러 그리스도를 따르라고 하신 것은 일차적으로 우리가 개인적인 만족을 누리게 하려 함이 아니기 때문입니다. 여기에서 일어난 일은, 여성해방운동을 통해서 상당한 인기를 얻었던 그 세속적인 가치관이 그리스도인들의 사고방식에도 영향을 미치기 시작했다는 점입니다. 그 결과 하나님의 규범을 포기하게 되고 성경적인 자유의 이름으로 개인적인 욕구를 거룩화시켜서 말하게 되는 것입니다.

매디슨 가(街)의 종교

우리 복음주의 교회들 가운데서 세속주의를 만나게 되는 이 세번째 영역은, 매디슨가의 접근방식을 가지고 기독교의 사회참여를 조장하는 것입니다. 우리는 이것이 복음전도로 지칭되는 걸 통해 나타나는 것을 발견하게 됩니다. 저는 여기서 매우 조심하고 싶습니다. 왜냐하면 복음전도의 더 큰 난제는 그러한 일을 하는 것이 아님이 명백하기 때문입니다. 뭐 한 방식을 통해서 우리가 사람들을 가르쳐 예수 그리스도의 복음을 듣지 못한 사람들에게 그 복음을 전하도록 할 수 있다면, 그것은 뭐 그렇게 나쁜 것은 아니겠지요. 그 방식이 흠이 있는 것이라 할지라도 말입니다. 그러나 동시에 우리는 세속주의가 바로 여기에서마저 들어올 수 있다는 것을 인식해야 합니다.

예를 들어서, 어떤 그리스도인들은 기독교신앙을 문체화시켜 표현한 것을 암송하라고 요구받습니다. 이것은 복음을 이해하는 사람의 손에서는 유용하게 쓰일 수 있는 것이지요. 분명히 그것은 어떤 종류의 질문들을 던짐으로써 생각을 하게 하고, 거의 모든 사람들에게 가장 큰 도움을 주는 대답을 얻게 할 수도 있음에 틀림 없습니다. 그러나 복음을 하나의 그 엄격한 방식으로 표현하기 위해서, 대중의 여론이나 대중 여론을 분석함을 통해서 면밀하게 정해진 말들이 세속주의에 속한 것들입니다.

우리는 복음과 그리스도인의 관심거리들이 정치적 선거구민들에게 팔려나가는 방식을 통해서 역시 같은 것을 발견합니다. 다시 말하면 잡지의 광고나 우편물을 통해서 그러한 일이 자행되고 있읍니다. 이것을 방어하기 위해서, 복음주의 지도자들이 그리스도인들의 관심거리들을 깨우쳐 줄 수 있는 오직 유일한 방식은 그것인 것 같다는 식으로 말하겠지요. 그러나 그 개인의 입장에서 바르게 서야 할 처지는, 그 사람이 돈을 어떻게 써야 하느냐에 대한 자세를 호소하는 것보다 앞서야 하는 것입니다. 다른 말로 해서 주님 앞에 무릎을 꿇고 주께서 주신 자원을 어떻게 사용해야 하는 것을 묻고, 크리스마스 3 주간 전에 우편물을 통해서 발송되는 간행물의 전면에 그려져 있는 감상적인 그림에 기초해서가 아니고 주님의 인도하심에 기초해서 그러한 일을 결정하고 나서야 그런 호소가 있어야 한다는 것입니다. 만일 여러분이 우리의 삶 속에서 이러한 일을 극복하려면, 우리가 파헤쳐나가야 할 실제적인 노선들이 있는 것입니다.

무관심

끝으로, 우리는 복음주의 교회들의 대단한 무관심 속에서 그 세속주의를 발견합니다. 어떤 일에 대해서 무관심한가요? 특별히 가치 있는 어느 일에 대해서든지 무관심한 것입니다. 그것을 좀 더 구체적으로 말씀드릴까요? **타락한 자들의 상태**에 대해서 무관심합니다. 프란시스 스틸(Francis R. Steele)은 북아프리카 선교회의 북미회 본국 총무인데 "무관심-관여"(The Cross, 1975년 가을판)이라는 제하의 그 선교잡지의 한 기사에서, 무관심이 선교를 지원하고 선교사를 모집하는 데 있어서 가장 큰 골치거리라고 지적합니다. 짧은 기간에 끝나는 프로젝트들은 잘 받아들여진다고 그는 말합니다. 그러나 그리스도를 위해서 평생을 바쳐서 선교사역에 자신을 드리는, 그러한 생활을 지원할 자들의 수는 감소되고 있다고 말합니다. 둘째로, **세상의 가난한 자들의 고통**에 대한 무관심입니다. 우리는 흔히 도시에 살면서 매우 가난한 사람들에게서 멀리 떨어져 있기 때문에 그 가난의 고통이 얼마나 크다는 것을 깊이 알기가 어렵습니다. 너무 배가 고파서 먹는 것밖에는 생각하지 못하는 사람을 우리는 알지 못합니다. 그래서 이러한 일들에 대해서 무관심한 것입니다.

우리는 또한 **동료 그리스도인들의 필요**에 대해서 무관심합니다. 만일 우리가 오늘날 복음적인 교회에서 듣는 일이 있다면, 그것은 복음주의자들은 다른 그리스도인들의 마음의 상처나 삶 속에서 일어나는 어려움에 대한 이야기를 들으려 하지 않는다는 것입니다. 우리는 골머리를 앓고 싶지 않은 것입니다. 또 이러한 것들을 듣고 싶지 않은 것은 그들이 무엇인가를 요구하기 때문입니다. 그들은 하나의 반응을 요구합니다. 또 우리는 그 반응을 할만한 채비가 되어 있지 않습니다. 오히려 우리는 우리 개인적인 평안과 풍요 속에 안주하고 싶어합니다. 제가 앞에서 지적한 바와 같습니다. 우리는 그런 일에 싸잡히고 싶지는 않습니다.

또 다시, **교회 내의 지도력의 결핍**에 대해서 무관심합니다. 할 일은 많습니다. 그러나 기독교 사역에 있어서 가장 어려운 일은 그 필요를 인식하고 그 일에 발을 들여 놓고 하나님의 은혜로 필요한 일을 신실하게 행하는 사람들을 얻는 것입니다. 필요하다면 그저 해마다 또는 큰 개인적인 어려움을 겪더라도 그런 사람을 얻는 것이 어렵습니다. 우리는 이러한 과제에 대해 많은 것을 갖고 있지 않습니다. 어떤 사람이 제게 한번은 목회자의 역할에 대한 한 작은 시를 건네주었는데 다음과 같이 결말지어집니다.

재는 재로 끝나고 흙은 흙으로 끝난다
사람들이 그렇게 하려 하지 않는다
할지라도 목회자는 해야 합니다.

그러나 문제는 목회자가 전혀 그러한 일을 할 수 없다는 것입니다. 더구나 만일 그가 그 모든 것을 하려고 한다면, 하나님의 말씀을 전하는 일을 포함한 여러 가지 많은 일들이 방치될 것입니다. 만일 교회에 있는 사람들이 명백한 필요에 대해서 냉담하며, 목회자가 그러한 사람들이 해야 할 일을 다 한다면, 교회 전체가 고통을 받을 것입니다. 각자 은사가 있습니다. 각자는 하나님의 영광을 위해서 그 은사를 사용하고 싶은 기꺼운 마음을 가져야 합니다.

최근에 교회들 가운데서 일하는 여러 명의 직원들에게 이런 질문을 던져 보았습니다. 오늘날 복음적인 교회에서 가장 큰 문제거리는 무엇인가? 미국 복음주의 협의회의 한 임원은 "냉담"이라고 했고, 다른 사람은 "훈련의 결여"라고 말했습니다. 또 다른 사람은 이렇게 말했습니다. "충분히 돌보지 않고 있습니다."

저는 이러한 질문을 던지면서 끝을 내려 합니다. 이러한 것들이 우리에게 해당된다면 ─ 그러한 것들이 최소한 우리에게 해당될 것입니다. 비록 제가 마땅한 바대로 그것들을 분석하지 않았다 할지라도 말입니다 ─ 그러면 우리는 어떻게 해야 할까요? 그 질문에 대한 대답은, 주 예수 그리스도께서 라디오게아 교회에게 주신 말씀 속에서 찾아야 합니다. 주님에 의하면, 그 교회는 갈수록 풍부했습니다. 마치 미국의 교회와 같이 말입니다. 그런데 주님은 그 교회를 향해 이렇게 말씀하셨습니다. "네가 말하기를 나는 부자라 부요하여 부족한 것이 없다 하나 네 곤고한 것과 가련한 것과 가난한 것과 눈 먼 것과 벌거벗은 것을 알지 못하도다 내가 너를 권하노니 내게서 불로 연단한 금을 사서 부요하게 하고 흰 옷을 사서 입어 벌거벗은 수치를 보이지 않게 하고 안약을 사서 눈에 발라 보게 하라 무릇 내가 사랑하는 자를 책망하여 징계하노니 그러므로 네가 열심을 내라 회개하라"(계 3 : 17 ─ 19).

하나님께서 명하신 일들은 이러합니다. 첫째 "불로 연단한 금을 내게 사라"는 것입니다. 이것은 무엇을 뜻합니까? 시편 19편 10절에서 다윗은 황금을 상징적으로 사용하여 하나님의 말씀을 가리키고 있고, 시편 12 : 6에서는 은을 들어서 그 하나님의 말씀을 상징적으로 표현하고 있습니다. 그렇게 하는 것은, 하나님의 말씀은 영적인 가치를 가진 보배로운 것이기 때문입니다. 그러므로 주께서 여기서 우리에게 권하는 바는, 힘써 하나님의 말씀을 익히라는 것입니다 ─ "사라"라는 말의 의미는 노력하여 어렵게 훈련을 쌓으라는 말입니다. 그럼으로써 이 지상에서 가장 가치 있는 것인 하나님의 말씀을 매우 개인적인 방식으로 우리의 것이 되게 하라는 것입니다.

하나님의 생각하시는 두번째 요점은, 우리가 "흰 옷을 사서 입어 벌거벗은 수치를 보이지 않게 하라"는 것입니다. 흰 옷은 언제나 의를 의미합니다. 이 경우에는 복수로 "의(義)들"이라고 하였읍니다. 하나님께서 말씀하시는 것은 우리가 개인적인 성결의 행실을 통해서 옷을 입어야 한다는 것입니다. 선행을 위해서 열심이어야 한다는 것입니다.

세째로, "안약을 사서 네 눈에 바르라." 성경에서 기름을 바른다는 것은 일반적으로 성령의 기름 부음을 받는다는 걸 뜻합니다. 그러므로 여기서 말씀하시는 뜻은, 우리가 하나님의 성령의 기름부음을 새롭게 소원하여 하나님의 진리를 알고 그 안에서 행할 수 있도록 하라는 것입니다. 그 진리가 죄 가운데 있는 우리에게 해당되며, 거룩하신 하나님께 해당되며, 구원을 잃고 멸망해가고 있는 세상에 해당되며, 긴급하게 행할 필요가 있는 일에 해당됩니다.

53

교회의 세번째 표지 : 진리

"저희를 진리로 거룩하게 하옵소서 아버지의 말씀은 진리니이다"
(요 17 : 17).

우 리는 교회의 표지들을 연구해 오면서 지난 각 장들에서 우리가 이
제 생각하려는 그 표지를 지적해온바 있읍니다. 왜냐하면 그리스도
인의 기쁨이나 거룩은 거의 다 하나님의 진리에 대해서 얼마나 잘 아느
냐에 달려 있기 때문입니다. 다시 말하면 하나님의 기록된 계시의 원리
를 얼마나 잘 알고 실천하느냐에 달려 있다는 것입니다. 예수님께서 요한
복음 17 장의 기도의 말씀 속에서 이 점부터 출발한 것이 아님은 사실입
니다. 그는 기쁨과 거룩으로부터 시작했읍니다. 그러나 "어떻게 내가 이
기쁨을 얻고 즐길 수 있는가?" 또는 "어떻게 내가 거룩해질 수 있는가?"
라고 묻는다면, 대번에 이 요점에 이르게 됩니다. 그 대답은 언제나 "성
경을 연구하고 그 성경의 진리를 매일의 생활에 적용시킴으로 말미암는
다"고 해야 할 것이기 때문입니다. 예수님께서는 "저희를 진실로 거룩하
게 하옵소서 아버지의 말씀은 진리니이다"(요 17 : 17)라고 말씀하심으
로써 거룩해지는 것에 관하여 우리 본문에서 그점을 지적하신 것입니다.
우리가 그리스도인의 삶을 통해서 성장하면 할수록 더 인식하게 되는
요점인즉, 하나님께서 오늘날 세상에서 행하는 거의 모든 일, 그의 기록

된 계시의 말씀을 방편으로 해서 성령으로 말미암아 행하시는 거의 모든 일은 매우 두드러진다는 사실입니다. 이것은 성화에 해당되는 것입니다. 성화란 하나님에게 쓰임을 위해서 따로 떼어지는 것을 의미합니다. 그러므로 우리 본문은 우리에게 말해 주기를, 그것에 이르는 오직 유일한 길은 성경에서 우리를 위해서 기록된 하나님의 진리를 합당하게 활용하는 것이라고 말하고 있습니다.

진리에 관한 한, 세상은 하나의 환영에 의해서 살아가고 있습니다. 우리가 그 영향력에 대처하고 실제로 극복하는 확실한 방법을 갖지 않으면 그에 대해서 우리는 필연적인 난제를 갖게 됩니다. 레이 스테드만(Ray Stedman)은 이 난제에 대해서 바로 지적하면서 이렇게 말합니다. "세상은 자기 생각이 진리라고 생각하는 것을 따라서 살고 있으며, 자기들이 가치 있다고 생각하는 가치관과 표준을 따라서 살아간다. 그러나 세상이 높게 평가하는 것에 대해서 예수님은 '사람 중에 높임을 받는 그것은 하나님 앞에 미움을 받는 것이니라' (눅 16 : 15)라고 말씀하신다. 세상이 바로 그러한 방식으로 살아가고 있다. 그러한 유의 세상에서 우리가 어떻게 살 수 있는가 - 그것을 접촉하고 그것을 듣고 그것이 우리 귀에 쏟아지고 매일 밤마다 우리 눈 앞에 펼쳐지는데 어떻게 하면 그 세상의 이미지를 따르지 아니하고 그 세상의 틀에 꿰어 맞혀지지 않을까? 대답은, 진리를 알아야 한다는 것이다. 우리는 세상을 알고 인생을 알아야 하되, 하나님께서 보시는 방법대로 알아야 하며, 그 진상을 알아야 한다. 우리는 그것을 아주 명백하고 강하게 앎으로 우리가 이렇게 우리의 귀를 현혹시키는 거짓말을 듣는다 할지라도 그러한 것들이 거짓말이라고 낙인찍고 그들이 잘못됐음을 아는 정도가 되어야 한다." 그리스도인들은 모든 사람들 가운데 가장 위대한 사실주의자들이어야 한다고 스테드만은 말하고 있습니다. 왜냐하면 그 그리스도인들의 사실주의는 하나님의 진리를 기초한 사실주의기 때문입니다. 이 사실주의는 본질상 우리로 하여금 더 위대하고 위대한 거룩함에 이르게 할 것입니다.

거룩에 이르는 막다른 골목

우리가 하나님께서 자기 교회를 위해서 베푸시는 복락을 받으려 한다면, 우리는 **하나님**께서 우리에게 그것들을 주시려고 계획한 방식을 따라서 받아야 합니다. 이 말은, 거룩이 우리에게 이르지 못하는 방식들이 많다는 것을 뜻하는 것입니다. 예를 들어서 "설교"나 "설교를 듣는 것"을 통해서 그것은 오지 않을 것입니다. 우리 거의 다 성경공부나 성경을 가르치는 것에 전문적인 사람들을 알고 있읍니다. 그 사람들은 강사가 어떤 요점에서 이탈되어 여러 가지 요점들을 말하는 것까지 다 잘 알고 다른 요점을 말하기 전에 무엇을 말할 것인가를 알기조차 합니다. 어떤 성경 교사는 이렇게 말했읍니다. "그들은 두번째 요점을 강사가 말하고 있으면 세번째 요점이 무엇인지를 다 미리 알아 맞힐 수 있다"고 말했읍니다. 그러나 사람들이 흔히 증거하듯이 이것만 가지고는 거룩을 산출할 수 없읍니다. 사실 그런 사람들은 아주 안전하지 못하고 자기들의 삶에 있어서 참된 복락을 누리지 못한다는 것을 솔직히 드러내는 경우가 허다합니다. 무엇이 잘못됐읍니까? 간단히 말해서 그들은 하나님보다는 자기들을 가르치는 사람들을 쳐다보고 있읍니다. 그들이 하나님의 말씀을 들을 때, 그들은 하나님의 진리에 자기들의 영혼을 온전히 복종시키지 않고 듣습니다. 사실 하나님의 진리에 자기들의 영혼이 온전히 복종해야만 순종을 통한 성장이 나타나는데도 말입니다.

또 거룩을 얻을 수 없는 두번째 방식은 "기도" 또는 그보다 더 나아가서는 "기도회"를 통해서 얻지 못한다는 것입니다. 기도는 중요한 것이아니라고 말하는 것처럼 오해해서는 안됩니다. 오히려 기도는 가장 중요한 것입니다. 그리스도인의 생활 속에서 성장하는 그리스도인은 필연적으로 공적이든 사적이든 기도가 갈수록 자기에게 보배롭다는 것을 분명히 알게 될 것입니다. 그러나 기도가 아무리 가치 있다 할지라도 거룩 안에서 자라나는 것을 위해서 하나님이 지정한 방편이 기도는 아니라는 것입니다. 기도는 그런 성장을 위한 하나의 예비단계입니다. 기도에 있어서 하나님께서 실제적으로 우리에게 말씀하시고 우리가 어디로 가야 할지 지시하시는데 어떤 점에서 입니까? 우리가 주목해야 하는데, 하나님의 성령께서 성경의 말씀을 우리 마음 속에 생각나게 하실 때 뿐입니다. 또는 우리로 하여금 성경으로 돌아가 우리가 필요로 하는 방향으로 그 성경을 연구하도록 인도하실 때입니다. 이에 상응하는 하나님의 말씀을 묵상하고 상고하는 것이 없이 기도하는 것은 단순한 독백에 지나지 않습니다. 그러한 기도가 개인적인 염려를 가라앉힐 수는 있읍니다. 그러나 방향을 제시해 주지는 못합니다. 오히려 우리가 말씀을 연구하고 그 말씀을 연구함에 따라서 기도할 때 하나님께서 우리를 분명히 인도하시고 사단의 암시에서 우리를 지켜 주시고 일종의 자기 암시에 빠지지 않도록 하실 것입니다(또는 소원성취욕에 빠지지 않게 하심). 사실 흔히 거의 모든 사람들은 어떤 그리스도인의 삶 속에서 그러한 사단의 암시나 자기 암시를 하나님의 인도로 간주하는 경우들이 잦습니다.

세째로, "특별한 체험" 때로는 "제이차적인 복락"이라고 부르는 것을 통해서 거룩을 얻으려고 기대하지 말아야 합니다. 하나님의 은혜의 특별한 체험이 잘못되는 것은 없지요. 사실 그러한 체험이 많지 않은 그리스도인의 삶이 이상한 것이지요. 그러나 문제는 성화가 그런 어떤 결정적인 체험을 한두번, 그 이상 함으로써 올 것이라고 상상하는 데 있읍니다. 그런 식으로 성화가 이루어지지 않습니다. 따라서 여러분이 체험을 추구하고 있는 자신을 발견할 때 언제나 나는 잘못된 길을 밟고 있으며 영적인 위험에 처해 있구나하고 생각해야 할 것입니다. 성화란 언제나 추구하고 갈수록 주 예수 그리스도를 삶 속에서 높이려는 것을 통해서 오는 것입니다(주 예수 그리스도를 "그것"이 아닌 하나의 인격으로서). 그렇게 하는 길은 하나님의 말씀의 계시된 바에 따르면 그리스도가 우리를 위해서나 우리에게 무얼 바라시는지를 발견하는 것입니다.

이 점은 이 메시지의 중심적인 요점으로 우리를 되돌아가게 합니다. 거룩 안에서 성장하는 것은 성경연구를 통해서만 이루어집니다. 그러므로 교회의 세번째 표지는 하나님의 진리여야 합니다. 다윗은 그것에 대해서 다음과 같이 물어 말하였읍니다. "청년이 무엇으로 그 행실을 깨끗케 하리요." 그는 대답합니다. "주의 말씀을 따라 삼갈 것이니이다 내가 전심으로 주를 찾았사오니 주의 계명에서 떠나지 말게 하소서"(시 119 : 9, 10).

명백히 다름

우리는 이 점에 있어서 매우 실제적일 필요가 있읍니다. 왜냐하면 앞의 강론에서 우리는 솔직히 세속적인 교회는 세상의 지혜와 세상의 신학과 세상의 관심거리와 세상의 사고방식을 그 특징으로 하고 있다는 것을 말한 바 있습니다. 참되거나 경건한 교회는 그와 같지 않아야 합니다. 그러나 실제적으로 그것은 무엇을 뜻합니까? 경건한 교회는 이러한 영역들 각각에서 주목할만하게 다르고 아주 뚜렷하게 차이가 나야 된다는 것을 의미합니다. 이것은 개인들에게도 마찬가지입니다. 교회는 개인들로 이루어졌기 때문입니다. 그러나 이것은 보다 더 큰 교회의 연합을 수반해야 할 것입니다 - 회중들, 회중의 연합이나 교단의 연합에도 관계가 되는 것입니다.

저는 이것이 마땅히 나타나야 하는 몇 가지 영역에 대해서 말씀드리고자 합니다. 첫째로 우리는 **우리의 권위가** 무엇인가를 분명히 알아야 합니다. 큰 교단이 세속주의에 빠져 있는 한 가지 증거는, 성경적 권위, 또는 성경의 권위가 땅에 떨어졌고, 여론의 권위가 그 자리에 들어와 있다는 점입니다. 오늘날 여러 교단들에서 그러한 일이 행해지고 있습니다. 성경이 그렇게 해야 한다거나 신조가 그렇게 해야 한다고 해서 그러는 것이 아니라, 사람들의 과반수가 그렇게 말하고 있기 때문입니다. 만일 우리가 이러한 영역에서 구별되려면, 성경이 그렇게 말하니 우리도 그렇게 한다고 하는 걸 알아야 합니다. 더 나아가서 우리는 그것을 따라서 행동해야 합니다. 우리는 "책"(성경)에서 말하는 사람들이어야 합니다. 이론적으로 우리는 그런 사람들입니다. 그렇다고 또 말하기도 하지요. 사실이 성경이 우리의 기준이라고 인정합니다. 그러나 실제로 많은 경우에서 복음적이던 교회들이 다른 교회들이 하는 거와 똑같은 방식으로 행하고 있습니다.

우리는 성경적인 표준을 회복해야 합니다. 이 말은 제가 복음적인 사람들이 중요한 이슈에 대해서 "좋아요. 바로 그 특별한 것이 저를 진력나게 하지는 않아요"라고 말하는 것을 들었듯이 우리가 그렇게 말할 수 있다는 것을 의미하는 것은 아닙니다. 그 반응은 그렇게 좋은 것은 아닙니다. 오히려 우리는 하나님의 말씀이 무얼 말하는지 알아야 합니다. 우리는 연구를 하고, 우리 스스로 공부를 하여서, 이 말씀에 기초하여 오늘 이 세대에서 하나님께서 교회를 향해 무얼 원하시는가라고 물어야 합니다.

우리는 하여튼 금명간에 그렇게 해야 할 것입니다. 그렇지 않으면 우리는 세상의 방식을 전적으로 따라가야 할 판입니다. 역사가 우리로 하여금 그 모호한 위치에서 오랫동안 서 있도록 내버려 두지 않을 것이기 때문입니다. 어떤 사람들은 지적하기를, 나치 기간 동안 독일에서 교회는 한 두가지 방식으로 해나갔다고 지적했읍니다. 그 교회가 나치의 관점에 사로잡히든지(거의 모든 기성교회들이 그렇게 했읍니다), 또는 갈수록 이 성경책의 교회가 되든지 둘 중 하나였읍니다. 성경책을 따라서 산 사람들은 끝내 그들 자신의 한 공동체를 형성했읍니다. 그들은 그들 자신을 나타내는 말로 "고백교회"라는 표시를 책에다 해놓았읍니다. 어째서 그들이 이러한 식으로 해나갔지요? 사회 전체의 상황이나 문화 전체의 상황이 성경기준과 반대로 돌아갈 때 어떤 외적인 규범에 호소하는 것이 불가능했기 때문에 그렇게 하였읍니다. "심리학이나 과학이나 사회적 관계 속에서 이것이 뒷받침을 받고 있다"라고 말할 수 없읍니다. 왜냐하면 그렇지 않기 때문입니다. 모든 영역 속에 쓰여지고 있는 것들은 성경진리와는 다릅니다. 그래서 교회는 갈수록 하나님의 계시에 돌아가야 합니다. 하나님께서 이 책을 통해서 하나님의 백성들에게 말씀하셨읍니까? 지금도 말씀하십니까? 그 질문들은 중요합니다. 만일 하나님께서 말씀하신다면 우리는 분명히 "하나님은 진리이고 모든 사람들은 거짓말장이다"라고 말해야 하기 때문입니다. 복음적인 교회들은 그러한 사고방식을 다시 되찾아야 할 것입니다.

둘째로 **우리의 신학**에 있어서 구별될 필요가 있읍니다. 그런 일은 수지가 맞는 일입니다. 왜냐하면 그런 일이 행해지며는 하나님의 말씀진리에 굶주린 사람들은 그것을 찾아 올 것이기 때문입니다. 우리는 오늘날 신학교에서 그 증거를 발견합니다. 얼마 전에 저는 미국 장로교회의 신학교 협의회의 한 집회의 보고서를 받은바 있읍니다. 미국 장로교신학교들 -Dubuque, Louisvill, McCormick, Pittsburgh, Princeton, San Francisco, J. C. Smith- 이 어떤 것을 필요로 하는지에 대해서 논의했는데, 두 복음적인 대표적인 신학교인, 풀러(Fuller) 신학교와 고든 코넬(Gordon-Conwell) 신학교의 대표들도 참석하였읍니다. 이 보고서는, 분명한 신학이나 거의 복음적이지 못한 신학을 가지고 있는 교단신 학교에서는 입학자 수가 줄어가고 있다는 보고였습니다. 일곱 신학교 중 에서 가장 저조한 데는 듀부크(Dubuque) 신학교였습니다. 그 신학교는 111명 밖에는 되지 않았습니다. 가장 높은 신학교는 프린스턴 신학 교였인데 581명이었습니다. 그러나 바른 전망을 가지고 그러한 숫자를 생각한다면, 미국의 주요 복음주의 5대신학교는 입학자수가 늘어나고 이미 입학 정원을 초과했다는 것을 인식해야 할 것입니다. 풀러 신학교 만 해도 1,200명의 학생이 있습니다. 타임(Time)지는 몇년 전 한 사 설에서 이 점을 지적한바 있습니다.

장로교 출신의 젊은 사람들이 신학을 하려면 어디로 가느냐? 하는 문 제를 던져보면 38.4%가 최근에 장로교 밖에 있습니다. 트리니티(Tr-inity),고든 코넬이나 풀러나 다른 학교에서 말입니다. 어째서 그렇습니 까? 이 학교들은 신학에 있어서 독특하기 때문입니다. 딘 켈리(Dean Kelly)가 쓴 "어째서 보수주의 교회는 성장하는가?"(Why Conserva-tive Churches Are Growing) 라는 책의 주제는 보수주의 교회들이 성장하는 것은 자기들이 서야 할 위치를 알고 있고, 그래서 사람들이 자 기들이 설 위치를 알자 그러한 교회들로 몰려든다는 것입니다. 그러나 신학교에 있어서도 역시 강조점은 같습니다. 신학교가 역시 그러한 이유 로 성장합니다. 그래서 신학교들은 신학의 영역에서 우리가 필요로 하 는 것에 대한 예화가 되는 것입니다.

우리는 위대한 성경 교리들을 분명하게 선포할 필요가 있습니다. 그저 우리문화의 신학을 받아들여서는 안됩니다. 우리는 인간의 부패성과, 하 나님께 배역한 인간의 상태에 대해서 말할 필요가 있습니다. 하나님의 은혜가 아니고서는 인간에겐 아무런 소망이 없다는 식으로 말입니다. 그 리고 그리스도의 선택적인 사랑에 대해서 말할 필요가 있습니다. 하나님 께서 그의 성령을 통해서 은혜로 각 개인의 삶 속에 들어 오셔서 그 사 람의 총명을 깨우치고 패역하는 의지를 하나님께로 돌린다는 것을 보여 줄 필요가 있는 것입니다. 우리는 성도의 견인에 대해서 말할 필요가 있 읍니다. 하나님께서 당신이 그렇게 이끄신 사람들을 지키실 수 있고 또 한 지키신다고 말할 필요가 있다는 말씀입니다. 이 모든 교리들과, 그 교리들과 함께 하는 모든 보조적인 교리들을 선포할 필요가 있읍니다.

세째로, 우리는 **무엇을 우선해야 하는지** 그 문제에 있어서도 독특하게 달라야 합니다. 교단들은 자기들 나름의 기치들을 세웁니다. 그것은 세상의 기치입니다. 우리가 가장 우선적으로 해야 하는 일은 세상이 가장 우선적으로 하는 것과는 달라야 한다고 말할 필요가 있읍니다. 우리는 하나님의 말씀에서 가장 우선적으로 강조하는 것을 강조해야 합니다. 그렇다고 해서 사회의 관심에 대해서 전혀 무관심하라는 뜻은 아닙니다. 사회의 문제도 그리스도인의 삶의 중요한 관심거리의 일부입니다. 다만 그 말은, 우리가 그리스도의 대속적인 속죄를 믿음을 통해서 구원을 받는다는 복음을 거절하지 않을 것이라는 뜻입니다. 우리는 이 복음을 가장 우선적으로 선포해야 할 것입니다.

도날드 블레쉬는 「세상 물결이 침투한 교회」(The Invaded Church)의 끝에서 복음주의자들이 세상을 변화시키기 위해서 무엇을 해야 하는지를 말하기 시작합니다. 필요한 것은 단순히 어떤 사회환경을 개선하는 것이 아니라 "새로운 유의 사람"을 만드는 것이라고 말합니다. 전적으로 옳은 말입니다. 그것이 필요합니다. 그런 다음에 그는 여러 가지 예를 들고 있읍니다. 그는 인종주의의 영역으로 나아가 그것을 다음과 같이 분석합니다. "맑시즘을 포함한 현대 세속적인 휴머니즘이 볼 때는 인종주의 독소는 사회를 개혁하고 교육을 시키면 제거될 수 있다고 믿는다. 그러나 성경적인 기독교는 다른 빛 아래서 이 난제를 본다. 인종주의의 독소의 원흉은 무지가 아니라 인종적 교만과 문화적인 데서 오는 교만이다. 이러한 교만 뒤에는 불신앙이 있고, 마음에 강퍅함이 있는데, 성경은 그것을 원죄라 부른다…무방비상태의 혼란을 막기 위해서 법이 필요하지만 그것들은 죄를 막는 방파제를 건설할 수 있을 뿐이다. 죄를 없이 하는 것은 복음 뿐이다. 이 말은 인종주의나 다른 사회적인 질병을 치료하는 최종적인 해결책은 성경적인 복음전도라는 뜻이다."

우리는 우리가 우선적으로 취급해야 하는 항목을 나열할 때, 우리의 강조점이 바로 여기에 있어야 함을 분명히 해야 합니다 - 돈을 사용하거나 시간을 사용하거나, 우리가 행하거나 말하여야 할 것을 결정할 때 말입니다.

새로운 생활 스타일

네째로, 우리의 생활 스타일의 영역에서 독특하게 다룰 필요가 있습니다. 복음주의자들이 최근에까지 이 점에 대해서 너무나도 의식이 없었읍니다. 왜냐하면 기독교적인 문화는 아니지만 부분적으로 과거 기독교의 흔적을 가지고 있는 문화 속에서 살기 때문입니다. 예를 들어서 우리는 우리 책들에서 법칙들을 가지고 있습니다. 지난 시대의 그리스도인들이 우리는 이렇게 해야 한다라고 말했기 때문입니다. 또한 우리가 따를 확실한 행동규범도 있습니다. 이것도 이 지난 기독교회의 영향 때문입니다. 이러한 것이 사라지고 있습니다. 법이 바뀌고 있습니다. 또한 장래에는 더 격렬하게 법이 변동될 것입니다. 이러한 일이 일어날 때 그리스도인은 삶의 스타일에 있어서 독특해야 합니다. 우리 시대의 흐름에 우리는 따라갈 수 없다고 말해야 합니다. 갈수록 가속화되는 세속화를 우리는 따라가지 말아야 한다고 주장해야 합니다. 오히려 우리는 이러한 영역에서 하나님의 백성들로서 알려지기를 원해야 합니다.

우리가 우리 시간에 관해서 가장 우선적으로 강조해야 할 것 중 하나가 있습니다. 저는 여기서 무엇을 해야 하며 어떤 일이 행해져야 하는 일에 대한 확고한 해답을 줄 수는 없습니다. 그러나 몇 가지 질문을 제기할 수 있습니다. 그 한 가지 질문은 스포츠에 대한 우리의 태도 문제입니다. 스포츠는 우리 시대에 대단한 양의 시간을 빼앗고 있읍니다. 텔리비젼 시청이나 운동경기에 참여함을 통해서 말입니다. 스포츠는 거의 미국의 종교가 되어버렸읍니다. 많은 사람들은 주말에 바로 그 스포츠를 행하고 있습니다. 자기들의 시간이 스포츠에 너무나 잠식당한 나머지 기독교 활동이 밀려나고 있는 것을 발견하는 복음주의자들이 있읍니다. 그것이 옳습니까? 우리 시대의 흘러가는 추세가 우리가 원하는 방향으로 나아가고 있지 않다고 말해야 할 영역이 아닙니까?

제가 우선적으로 해야 하는 문제에 대해서 제기하고 싶은 두번째 영역은, 텔리비젼을 보느라고 보내는 시간의 양입니다. 잘해야 그것은 심심풀이에 지나지 않습니다. 통계에 의하면 보통 미국인이 하루에 네 시간 이상 텔리비젼을 본다는 것입니다. 이러한 통계는 그리스도인들에게도 해당된다고 저는 확신합니다. 시간에 대해서 그 텔리비젼이라는 것이 그처럼 시간을 보낼만한 가치가 있는 것입니까? "세월을 아끼라 때가 악하니라"고 성경은 말합니다(엡 5 : 16). 다른 말로 해서 여러분의 삶을 계산하라는 것입니다. 많은 그리스도인들이 이 점에서 실수를 범하고 있지 않은가 저는 의문을 제기합니다. 시대의 도전은 이 영역에서 날카로와지도록 우리에게 요구하지 않는가 하고도 생각합니다.

주일을 사용하는 일에 있어서는 어떠합니까? 저는 물론 율법주의자는 아닙니다. 우리가 어떤 청색법률(무엇을 절대 해서는 안된다는 식의 금지법 - 역자주)을 가져야 한다고 믿는 사람은 아닙니다. 주일날 바로 그 어떤 일은 좋지 않다고 미리 처방전을 써놓고 나가는 것도 저는 좋아하지 않습니다. 그러나 우리가 어떻게 주일을 사용하지요? 우리가 정말 진실로 교회에 나갑니까? 하나님을 예배하고 싶습니까? 주일 아침에 60분이나 70분이나 80분을 보내는 것 그것이 정말 주일을 온전히 드리는 것인가요? 우리가 그리스도인들과 온 시간을 함께 있기를 원합니까? 우리는 언제나 종교적인 교육을 받고 싶습니까?

저는 최근에 공립학교가 갈수록 주일에 학교 일거리를 계획하고 있다는 것을 주목했습니다. 이것은 우리 어린이들에게 심각한 영향을 미치는 것입니다. 우리 학교들은 주간의 휴식시간에 학교들이 이유를 붙여 할 수 있는 한 무슨 일로 꽉 차게 만듭니다. 그래서 그들이 새로운 활동을 하고 싶을 때 어떻게 합니까?

합창단이 있습니다. 그들은 노래를 부르는 사람들을 필요로 합니다. 운동회가 있습니다. 어떤 사람은 과외실습에 나가기를 원합니다. 오케스트라가 있습니다. 리허설할 시간이 필요합니다. 그들이 언제 그런 일을 합니까? 그것을 주일 아침으로 잡아 놓습니다. 우리는 갈수록 그러한 일을 더 많이 보게 됩니다. 그리스도인들은 거듭거듭 그러한 일에 부닥쳐야 할 것입니다. 이러한 활동들이 우리 어린이들을 교회에 보내는 것보다 더 중요합니까? 우리는 그러한 질문을 던져야 합니다. 우리는 그 질문을 피할 수 없습니다. 더구나 우리는 그 시점에서 그리스도인들다와야 합니다. 우리가 하고 싶은대로 그런 일에 앞장서는 것은 아니라 할지라도, 또한 우리가 하고 싶은대로 인기가 없는 것일지라도, 우리 어린 아이들이 우리가 바라는대로 다른 아이들에게 인기가 없다 할지라도 우리는 말해야 합니다. "오직 나와 내 집은 여호와를 섬기겠노라"(수 24 : 15). 이 영역들은 그리스도인들이 독특함을 보여 주어야 하는 영역들입니다.

우리가 그렇게 할 때 우리는 세상에 영향력을 행사할 것입니다. 그리스도인 부모들이 자기 자녀들에게 "주일 아침 그런 일을 해서는 안돼. 그 시간에는 교회에 간다"라고 말하던 경우를 알고 있습니다. 어린 아이들은 선생들에게 가서 "미안해요. 우리는 그 일에 참여할 수 없어요. 우리 가족은 그 시간에 교회에 갑니다." 교사들은 "오 그걸 생각하지 못했구나. 좋다, 그럼 시간을 바꾸어야겠는데"라고 말했습니다. 승리를 얻었습니다. 오직 우리는 우리의 확신 위에 서야 합니다.

아마 우리가 독특해져야 하는 가장 긴급한 영역은, 성적인 윤리입니다. 특히 결혼에 대한 우리의 관점과 결혼생활을 영위하는 우리의 방식에 있어서 말입니다. 오늘날 그리스도인이 서로 만나 결혼한다는 것은 어렵습니다. 세상의 모든 일이 그러한 일을 하지 못하게 방해합니다. 우리 시대의 가장 큰 관심거리는 개인만족입니다. 개인적으로 만족하지 못한 결혼생활에는 언제나 그러한 것이 나타나기 마련입니다. 우리는 우리의 외부적인 일들이 달라질 수 있기를 바랍니다. 그러나 문제는, 우리가 결혼생활을 무엇을 위해서 하느냐? 는 것입니다. 무엇보다도 개인적인 만족을 위해서 결혼생활을 하는 겁니까? 아니면 하나님께서 우리를 함께 묶어 기독교 가정을 이루어 하나님의 진리를 높게 선양하고, 그리스도인의 가치관이 입증되고, 자녀들이 주의 교양과 훈계로 양육함을 받도록 하기 위해서 그렇게 하셨다고 믿기 때문에 결혼생활을 하는가요? 마땅히 이 경우여야 합니다. 더구나 그리스도인들의 그런 생활과, 단순히 세상적인 의미에서 결혼생활을 영위하는 것 사이의 분명한 차이를 구분지어 말해야 합니다.

얼마 전에 텔리비젼에서 가상적으로 결혼예식을 거행하는 것을 방영한 적이 있었습니다. 제가 그 텔리비젼 프로를 본 것은, 그 작가들이 그 결혼선서를 어떻게 취급하는가를 늘 알고 싶기 때문입니다. 모든 사람들이 알듯이 그 결혼 서약은 기독교적인 것입니다. 정말 저는 의문이 갑니다. 그들이 그러한 결혼서약을 하는 것이 전통적인 서약이라서, 그걸 피할 수 없기 때문에 그렇게 하는 것인지, 아니면 그들이 그 서약을 더

세속적인 것으로 만들려고 자기 나름대로 개정을 하는 것인지요? 그 텔
리비젼에 방영된 그 결혼식에서 신랑 신부는 "서로 함께 사랑하며 서로
가 아끼되-"저는 여기쯤 해서 "삶이 다하는 날까지"라고 할줄 알았읍
니다. 그러나 그들이 무어라고 말하는지 아십니까? "사랑이 다할 때까
지"라고 말했읍니다. 다른 말로 해서 내가 그녀를 사랑하는 한 나는 그
녀와 함께 살 것이지만 내가 그녀를 사랑하는 길을 멈추면 결혼도 끝장
이다는 말이지요. 그 사랑은 1년이 갈 수도 있고 한 달만에 끝날 수도
있고, 한 주간만에 끝날 수도 있읍니다. 그것이 바로 세속적인 사람들
의 관점입니다. 오늘날 그것을 입으로 나타내고 있읍니다. 마치 그들이
그렇게 하지 않은 것처럼 말입니다. 그리스도인의 결혼생활은 달라야 합
니다. 그래서 우리가 서약할 때, 그 서약이 평생동안을 위한 것임을 알
아야 합니다-"죽음이 우리를 갈라놓을 때까지"- 하나님께서 바로 그것
을 원하시기 때문입니다. 우리는 결혼의 끈 안에서 그리스도인들로 살아
야 합니다.

끝으로, 우리는 **돈과 다른 자원을 사용하는데** 구분을 해야 합니다.
우리는 어떻게 돈을 사용합니까? 우리 중 거의 대부분 모두 다 인플레
이션 시대에 의해서 열이 올라 있읍니다. 그러나 세상에 있는 다른 사람
들과 우리의 삶의 표준을 비교한다면, 우리는 다른 사람들에게 비교해서
백만장자들입니다. 우리는 모두 주의 일에 쓸 수 있는 돈을 갖고 있읍니
다. 그래서 우리가 그것을 쓰고 있읍니까? 우리는 그 영역에서 신실합
니까? 우리 중 어떤 사람은 구약에서 말하는 십일조도 내지 않습니다.
우리의 목숨, 우리의 영혼, 우리가 가지고 있는 모든 것을 오직 주님 자
신의 방식대로 쓰도록 합시다.

하나님을 의뢰함

저는 독특하게 달라야 하는 네 가지 영역에 대해서 말씀드렸읍니다. 권
위의 영역, 신학의 영역, 우선적으로 해야 할 일의 영역, 삶의 스타일의
영역등입니다. 이러한 영역들은 앞에서 윤곽적으로 말씀드린 세속주의의
영역과 서로 대치가 됩니다. 그러나 우리가 덧붙여야 하는 다섯번째 요
점이 있읍니다. 우리는 눈에 보이게 독특하게 달라야 합니다. 이것도 조

금도 못지 않게 세속 사회의 관심을 끌 것이라고 저는 확신합니다.

제가 앞에서 언급한 총회장의 성경연구 모임에 갔을 때, 매우 시사적인 일이 일어났읍니다. 사람들의 상실된 상태에 대해서 말하였을 때 거기에 참석한 사람들 편에서 부정적인 반응이 있었음을 저는 말씀드렸읍니다. 어떤 사람은 사람이 하나님의 은혜가 아니고서는 구원을 받지 못한다는 것을 듣고 싶지 않았읍니다. 그러나 모든 사람이 다 동의하는 교리가 하나 있었읍니다. 저는 그것을 보고 깜짝 놀랐읍니다. 사람들이 좋아하지 않는 인간들의 상실된 상태에 대해서 말한 다음에, 어떤 사람을 구원받도록 하나님께서 은혜로 부르셨다는 걸 강조했읍니다. "우리는 사람을 감동시킬 수 없읍니다. 세상이 변화하려면 하나님의 행사가 있어야 합니다. 그걸 위해서 우리는 하나님께 기도하고 간구합시다." 놀랍게도 그들은 그 전적인 부패에 대해 찬동하지 않는 정도만큼 그 요점에는 찬동을 했읍니다. 그래서 저는 그것을 분석하기 시작했읍니다. 제가 그렇게 행한 다음에 그들의 반응을 이해하겠구나하는 생각이 들었읍니다. 그것은 제 말을 듣고 있던 사람들이 제가 말하고 있는 바로 그 일에 종사하고 있는 사람들이기 때문입니다. 그들은 그 사회적인 영역에서 일을 하고 있었읍니다─그 알콜중독자들을 돕고, 또 빈민촌에 사는 사람들에게 봉사하고, 바른 사회를 개선하려고 노력했읍니다. 어떤 일이 일어났읍니까? 그들이 사회를 개혁하려고 노력하였으나 그런 일이 일어나지 않았읍니다. 하나님의 은혜로만 변화가 일어난다고 말할 때, 그들의 마음 속의 메아리는 "그렇다"는 것이었읍니다. 그들은 성경신학을 좋아하지 않습니다. 그러나 하나님의 능력이 있어야만 변화가 온다는 것을 알았읍니다.

그래서 주님을 아는 사람들이 주님을 의지함으로써 진정한 변화가 일어난다는 것을 보여줄 위대한 기회가 있는 것입니다. 우리의 됨됨이 때문이나, 우리의 신학이 더 낫기 때문에서가 아니라 우리가 하나님을 알고 하나님을 의뢰하기 때문에서 그런 일이 일어나는 것을 보여 줄 기회가 있다는 말입니다.

소금과 빛

그리스도인들이 세상을 어떻게 변화시킬 수 있읍니까? 주 예수 그리스
도께서는 산상설교에서 그 대답을 주셨읍니다. 우리가 세상을 변화시키
기 위해서 어떤 책략을 써야 한다고 말씀하시지 않으셨읍니다. "로마제
국에서 높은 위치를 차지하기 위해서 선교해나가라. 복음주의자가 황제
에 천거되도록 노력하라"고 말씀하지 아니하셨읍니다. 절대 아닙니다.
물론 그런 일이 있을 수 있읍니다. 그것을 금하지는 않으셨읍니다. 그러
나 예수님은 그러한 명령을 내리지 않으셨읍니다. 다만 "너희는 세상의
소금이다"(마 5 : 13)라고 말씀하셨읍니다. 그런 다음에 "너희는 세상의
빛이라"(14 절)고 덧붙이셨읍니다.

소금은 대단히 좋은 것입니다. 그러나 만일 그 소금이 짠 맛을 잃어버
리면 아무 짝에도 소용이 없읍니다. 소금이 효과를 가지려면 짠 맛이 있
어야 합니다. 그처럼 우리가 성령에 의해서 주 예수를 믿도록 부르심을
받은 바로 그런 사람들이라면, 우리는 진실로 그리스도의 사람들다워야
합니다. 그리스도의 은혜로써 우리가 전에 처해 있던 바로 그러한 사람
이 아니라는 걸 분명히 보여 주어야 합니다. 우리의 가치관도 같아서는
안됩니다. 우리의 행실도 이전과는 달라야 합니다. 우리 신학도 같은 신
학이 되어서는 안됩니다. 오히려 우리 속에 새로운 요소가 있어야 합니
다. 또 우리 때문에 이 세상에도 새로운 요소가 들어와야 합니다.

또한 우리는 "빛"입니다. 만일 우리가 소금다워야 한다면, 우리는 빛
다워야 합니다. 빛의 목적은 비추는 데 있고 밝히는 데 있읍니다. 그래
서 주님께서는 "사람이 등불을 켜서 말아래 두지 아니하고 등경 위에 두
나니 이러므로 집안 모든 사람에게 비취느니라 이같이 너희 빛을 사람 앞
에 비취게 하여"라고 말씀하셨읍니다. 우리는 어떤 사람이 되어야 할까
요? 우리는 어두운 세상 가운데서 빛과 같은 사람이 되어야 합니다. 등
대가 된다는 것은 해안선의 바위의 배치현황을 바꾸는 것을 뜻하는 것은
아닙니다 - 죄는 여전히 있읍니다. 멸망 위험이 여전히 사람들을 위협하
고 있읍니다. 그러나 하나님의 은혜로 빛은 배들로 하여금 안전한 항구
에 도달하도록 하는 하나의 횃불일 수 있읍니다. 그 말은 하나님께 구별
되고, 거룩하게 된다는 것을 뜻하는 것입니다. 우리는 하나의 횃불이어
야 합니다. 우리가 우리다울 때 기쁨의 원인이 있을 것임을 알아야 합니

다. 복음적인 교회들은 하나님께 복을 받을 것이며 그 복음주의 교회의 증거를 통해 주 예수 그리스도를 발견한 사람들은 하나님께 감사하게 될 것입니다.

54

교회의 네번째 표지 : 선교

"아버지께서 나를 세상에 보내신 것 같이 나도 저희를 세상에 보내었
고 또 저희를 위하여 내가 나를 거룩하게 하오니 이는 저희도 진리로
거룩함을 얻게 하려 함이니이다"(요 17 : 18, 19).

몇년 전, 잘 알려진 사경회 강사 랄프 카이퍼(Ralph L. Keiper)가
디어필드 스트리트에 있는 어느 선교를 위한 사경회에서 설교를 하고
있었읍니다. 그는 그의 초기 목회사역 기간에 자기를 만나러 온 한 어린
소녀에 관한 이야기를 들려 주었읍니다. 그 소녀는 여덟 살쯤되었읍니다.
소녀는 교회에서 매일 열리는 방학 성경학교에 출석했으며, 공부를 시
작하면서 "카이퍼씨, 만일 내가 자살해도 괜찮을까요?"라고 물었
읍니다. 그 젊은 목회자는 깜짝 놀랐읍니다. 그러나 그 어린 아이의 질
문에 대해서 예 아니오를 대답하기 전에 먼저 그 아이가 어째서 그러한
질문을 던져야 하는지를 알아야 한다는 것을 배웠던 것입니다. 그래서 그
는 "메어리, 어째서 너는 자살하고 싶은 생각이 들지?"라고 대꾸하였읍
니다.

메어리는 말했읍니다. "예, 그것은요, 오늘 아침에 성경학교에서 배운
것 때문이예요."

카이퍼는 스스로에게 "이 어린 아이가 무슨 말을 들었길래?"라고 마

음으로 의문을 가졌읍니다.

"하늘은 아주 놀라운 곳이라는 것을 배웠어요 - 두려움도 없고 눈물도 없고 싸우는 것도 없고 주님과만 있는 곳이라고요. 놀랍지 않아요? 우리가 죽으면 예수님과 함께 있게 될 것이라고 배웠거든요. 카이퍼씨, 제가 그걸 바로 들었지요?"

"아, 그래, 메어리, 어째서 그런데 자살을 하고 싶지?"

"예, 우리 가정에 계신 엄마 아빠가 예수님을 모른다는 것을 아시지요. 여러번 엄마 아빠는 술에 취해요. 그래서 아침에 우리 스스로 깨어 일어나서 아침밥을 먹고 더러운 옷을 입고 학교에 가야 해요. 어린 아이들이 우리를 막 놀려대요. 우리가 집으로 다시 오면 싸우는 소리를 듣고 그래서 우리는 무서워져요. 어째서 제가 자살을 하지 않아야 해요? 하늘이 더 낫지 않아요?"

메어리가 이론적인 신학을 믿지 않는다는 것은 분명합니다. 그 메어리는 실제적인 신학을 믿고 있는 것입니다. 그 매우 실제적인 난제를 대면하고 있었던 것입니다. 그가 진정으로 묻고 있었던 것은, 우리가 어째서 이러한 세상에서 있어야 하는가 하는 것입니다. 만일 이 세상이 그처럼 죄로 말미암아 저주를 받은 곳이며, 하늘은 그처럼 복된 곳이라면, 어째서 우리가 여기에 더 머물러야 합니까? 어째서 하나님께서는 우리가 믿는 즉시로 하늘로 데려가지 않습니까? 아니면 그렇게는 안하더라도 어째서 우리가 우리 자신의 목숨을 끊고 언젠가는 필연적으로 끝나게 될 삶을 신속히 앞당기지 않는가요? 카이퍼는 이렇게 대답했읍니다. "메어리, 우리가 여기 이 세상에 살고 있는 이유는 하나님 앞에서 오직 한 가지 이유뿐이다. 그것은 우리의 증거를 통해서, 삶이나 말을 통해서 사람들을 인도하여 주 예수 그리스도를 아는 구원얻는 지식에 이르게 할 수 있기 때문이야." 그때 그는 메어리가 그렇게 했듯이 그 어린 아이 부모들이 주님을 그들의 주로 알게 되도록 주님의 섭리가 있을 수 있음을 지시했던 것입니다. 후에 그 메어리의 어머니가 주님을 자기의 구주로 받아들였읍니다.

선교적인 교회

카이퍼의 이야기는 교회의 네번째 표지에 비추어서 중요합니다. 이때까지 우리는 교회 자체에 대한 것들, 개인 그리스도인들에 관한 것들에 대해서 말해 왔습니다. 기쁨이나 거룩이나 진리를 살펴 보았습니다. 그러나 이것들은 중요하며 이 세상에서 상당한 분량으로 얻을 수 있는 것이지만, 그럼에도 불구하고 우리가 하늘 나라로 옮겨지기만 하면 그것들세 가지 모두를 보다 재빨리 얻을 수 있다는 걸 계산해내는 것은 그리 어렵지 않습니다. 여기 이 세상에도 기쁨이 있읍니다. 사실입니다. 그러나우리가 우리 기쁨의 원천을 얼굴과 얼굴을 맞대어 보게 될 때 기쁨과 비교하면 어떠하겠읍니까? 성경은 구속받은 성도들의 복락에 대해서 말할때 이 점을 인정합니다. 그 구속받은 성도들의 눈에서 모든 눈물이 씻겨질 것입니다(계 7 : 17 ; 21 : 4). 다시, 이 세상에서 우리는 의심할 여지없이 어느 정도의 성화를 이룩하게 됩니다. 그러나 우리가 그와 완전히같게 될 그날에 그것이 얼마나 한 것이 되겠읍니까? (요일 3 : 2). 또 다시 말하면, 여기서 우리는 어떤 하나님의 진리의 국면을 이해할 수 있고참으로 알 수 있읍니다. 그러나 우리가 최종적인 구속을 받는 날에 우리는 완전히 알 것입니다. "우리가 이제는 거울로 보는 것 같이 희미하나그때에는 얼굴과 얼굴을 대하여 볼 것이요 이제는 내가 부분적으로 아나그때에는 주께서 나를 아신 것 같이 내가 온전히 알리라"(고전 13 : 12).만일 그러하다면 어째서 우리는 즉각적으로 하늘에 가지 않는가요?

그 대답은 우리가 지금 생각하려고 하는 교회의 그 표지에 있읍니다.왜냐하면 교회는 속을 들여다 보면서 기쁨을 얻고 그리스도를 바라보면서 성화를 향하여 나아가고, 성경을 살펴 보며 진리를 발견하기 위해서만 존재하는 것이 아니기 때문입니다. 교회는 역시 바깥 세상도 바라보면서 하나님께서 교회에 주신 "사명"의 대상을 발견해야 합니다. 더구나 교회의 다른 표지들을 주신 것은 바로 이 때문입니다(최소한 부분적으로나마).

세상에서

우리 본문은 선교에 대해서 말합니다. 본문이 선교에 대해서 말하는 첫번째 요점은, 그 선교를 어디서 해야 하느냐는 문제입니다. "선교"라는 말은 라틴어의 "mitto", "mittere", "misi", "missum"라는 말에서 온 것인데, "보내다" 또는 "급파하다"는 뜻을 가진 말입니다. 선교는 내보내는 일입니다. 그러나 우리가 그걸 알면서 묻고 싶은 것은, "그러나 교회가 누구에게 보내야 하느냐?" "우리는 그리스도인 선교사들로서 어디에 파송되었느냐?"하는 문제입니다. 그 대답은 세상 속으로 파송받았습니다. 예수께서 분명히 "아버지께서 나를 세상에 보내신 것 같이 나도 저희를 세상에 보내었고"(18절)라고 말씀하십니다. 오늘날 미국의 복음적인 교회가 자기들이 주장하는대로 선교적인 교회가 되지 못하기 때문에 이러한 모양을 띠고 있는 것입니다. 복음적인 교회가 해외선교를 뒷받침하고 있지 않는 것은 아닙니다. 사실 복음적인 교회가 자유주의적인 교단들이 간과해오고 있었던 임무들을 실행하는 것은 바로 이 점일 것이라고 봅니다. 그런데 문제는 거기에 있는 것이 아닙니다. 오히려 복음주의자들이 개인적으로 문화로부터 손을 뗀다는 점에 있는 것입니다. 많은 사람들이 그들의 문화를 두려워하는 것 같습니다. 그래서 그들은 할 수 있으면 세상에 오염되거나 세상에 의해서 더럽힘을 받지 않기 위해서 세상으로부터 멀리 떨어지려고 애를 쓰고 있습니다. 그래서 그들은 그들 자신의 반문화를 형성 발전시켜왔습니다. 어떤 성경 교사가 지적하듯이, 예를 들어서 그리스도인 부모에게서 나서 그리스도인의 가정에서 자라나고, 그리스도인 친구를 가지고, 또 기독교 학교나 대학에 들어가고, 기독교 서적을 읽고, 기독교 사회의 공동체(교회에 알려진)에 참석하고, 기독교 영화를 보고, 기독교인이 경영하는 회사에 들어가고, 기독교 의사에게 돌봄을 받고, 결국 죽어서 기독교 장의사에 의해서 거룩한 땅에 묻혀지는 일이 있을 수 있습니다. 그러나 예수님께서 당신의 제자들이 "세상에" 있는 것에 관해서 말씀하실 때 의도하신 것은 분명히 그것이 아닙니다.

그리스도인으로서 세상에 있다고 하는 것은 무엇을 뜻합니까? 그것은 세상을 닮아간다는 것을 뜻하지 않습니다. 교회의 표지들은 교회로 하여금 다르게 만드는 것입니다. 그렇다고 해서 우리가 그리스도인의 교제를 버리고 다른 근본적인 기독교 노선을 포기해야 한다는 뜻은 아닙니다. 그 말이 뜻하는 바는, 우리는 비그리스도인을 알아야 하며, 그들에게 친구가 되어 주어야 하며, 그들의 삶 속으로 들어가되, 우리가 복음으로 그들에게 영향을 끼치고 그들의 세상적인 정신이 우리에게 영향을 끼치도 록 하지 않는 방식으로 들어가야 한다는 것입니다. 만일 그들이 우리에 게 세상적인 방식으로 영향력을 끼친다고 하는 것은 문제가 거꾸로 돼나 가는 잘못된 것입니다.

저는 이러한 일을 한 두 교회를 여러분들에게 말씀드리고 싶습니다. 16 년 전 **중앙 아메리카** 과테말라의 한 젊은 목회자가 신학교를 졸업하 고 카브리칸으로 알려진 오지로 갔습니다. 카브리칸은 인기가 없는 곳이 었습니다. 왜냐하면 그곳은 해발 9000 피트의 고도에 위치해 있었고 따 라서 언제나 습기가 있었고 뼈를 에이는 듯한 추위가 언제나 몰아닥쳤읍 니다. 그가 목회하러 간 교회는 자그마한 교회였읍니다. 불과 28명이 출 석하는 교회였고, 장로가 둘 그리고 여집사가 둘이었읍니다. 이 신자들 이 그 주간의 매일밤마다 함께 모였읍니다. 그러나 그 교회의 숫자가 늘 어난 것은 아니었읍니다. 밖을 향하여 손을 뻗히는 것이 없었읍니다. 그 래서 그 젊은 버나드 칼데론이라는 목회자는 그들에게 전한 첫번째 메시 지에서 "저는 우리가 행하고 있는 일을 하나님께서 만족해 하실 수 없음 을 압니다"라고 말했읍니다. 그런 다음에 그는 그들에게 다음과 같은 프 로그램을 제시하면서 도전적으로 말했읍니다.

첫째, 그들은 교회 내에서의 그 많고 무의미한 집회를 다 포기하고, 주 일날 성경학교 시간만 남겨 둔다. 그 대신 가정에서 모이는 집회를 열기 로 한다. 월요일 밤에는 카브리칸의 어떤 지역에 있는 가정에서 모이고, 모든 신자들을 초청한다. 더구나 그들이 그 가정으로 올 때 그들은 자기 들이 만나는 모든 사람을 초청해야 한다. 길거리에서 지나는 모든 사람 들을 다 말이다. 그들이 그 시의 다른 지역에서 왔고 거기에 이르려면 여 러 가지 다른 길로 와야 하기 때문에, 그 시의 전역이 카바된다는 것을 의미하는 것이었읍니다. 또 화요일 밤에는 다른 가정에서 모이기로 하고 똑같은 방식을 채용하기로 한다. 자연히 이때에 그 28명의 교인들이 함 께 모인 관계로 여러 다른 길들을 통해서 오게 되었읍니다. 또 다른 동 네에 사는 사람들을 초청하게 되었읍니다. 그리고 수요일과 목요일과 그 주간의 다른 날들에도 그렇게 했읍니다. 교회는 문자 그대로 그 작은 사 방 벽을 떠나서 복음을 가지고 세상으로 들어갔읍니다. 그 결과는 어떠하였읍니까? 4년만에 그 교회는 800명의 사람들을 가지게 되었읍니다.
더구나 그 다음 해에는 지교회가 시작이 되었고, 오늘날에는 과테
말라 지역에 여섯 교회가 생겨나게 되었읍니다. 그 중 둘은 거의 천명을
모이는 교회가 되었읍니다. 심지어 농업협동조합이 있어서 교회 사람들
이 가난한 사람들을 위해서 땅을 사고, 그 가난한 사람들에게 양식을 공
급하기 위해서 거기에서 나오는 소산물을 사고 팔고 했읍니다. 그 지역이
새로운 생명의 활력을 얻게 되었던 것입니다.

다른 이야기는 과테말라에 있는 한 세계 선교사의 이야기입니다. 저는
그 얘기를 과테말라시의 중앙교회의 말도케오 무노스(Mardoqueo Mu-
nos)를 통해서 들었읍니다. 그 젊은 목회자는 그 나라의 해변 평지로 갔
읍니다. 그곳에는 사람들이 문자 그대로 11개월 동안을 죽도록 일을 했
읍니다. 그 11개월 동안에는 곡식이 자라나는 때였읍니다. 그러나 거기
서 그들은 그 곡식이 **자라는** 11개월이 끝나고 다시 곡식이 자라기 시작
하는 때가 오는 그 1개월 동안에는 아무 일도 하는 일이 없었읍니다. 이
교회는 이 한 달을 복음전도를 위해서 사용하기로 결정했읍니다.

매년 이러한 기간이 시작되기 전에 얼마간 두 세 사람이 한 팀이 되어
서 그 이웃 마을을 방문하여 그 마을의 기독교 증거 상태가 어떠한지를
탐사하게 했읍니다. 만일 그 마을에 강한 교회가 있다면, 그 마을은 돌
봄을 받고 있다고 **보고했**읍니다. 그렇지 않다면 그들은 그 마을을 우리
교회가 복음을 가지고 가야 할 마을이라고 천거하게 되었읍니다. 이러한
보고를 기초로 해서 한 마을을 선택하게 됩니다. 그런 다음에 그 농한기
의 한 달이 시작되면 전체 교인들-목회자나 장로들이나 집사들이나 주
일학교 선생들이나 남편이나 아내나 자녀나 모든 자들이-이 그 목표로
한 마을을 향하여 나아가서 거처를 정했읍니다. 그 다음 몇 주간 동안
그 교인들은 집집마다 돌아다니면서 그 마을 전체를 향하여 그리스도를
증거했읍니다. 그리고 장로들과 집사들은 한 교회를 세울 수 있는 부지
를 물색하여 그것을 샀읍니다. 젊은 사람들은 가까운 데 있는 열대 수림
으로 들어가서 나무를 베어 간단한 교회당을 꾸몄읍니다. 결국, 그들은
그들을 통해서 전도를 받아온 회심자들을 그 새로운 교회로 이끌어들이
고, 그 중에서도 가장 **촉망되는** 회심자를 그 교회의 목회자로 지명했읍

니다. 그런 다음에 그 새 교회를 놔두고 본 교회로 돌아와서 교회의 사
람들을 훈련하고 그 교회의 자체 증인들을 더 많게 하는 작업을 하였읍
니다. 비정통적인가요? 그렇습니다. 과테말라에 있어서도 그것은 정통
적이지 못하지요! 그러나 그것은 그 지역을 위한 성공적인 전략이었읍
니다. 왜냐하면 그 젊은 목회자가 그 해안 평야지에 가고 나서 11년만
에, 열 한 교회가 세워졌고, 그 모교회를 포함한 몇개의 교회는 거의 천
명이 모이는 교회로 성장했읍니다.

제가 강조하는 있는 요점은, 이 두 교회들이 자기들 나름의 그리스도
인 소문화를 이행하는 데서 만족하지 않고, 자기들의 사명은 세상에 가
서 복음을 전하는 것임을 알았고, 자기들은 바로 그 사명을 수행하기 위
해서 세상속으로 가야 한다는 걸 알았다는 점입니다. 우리에게 있어서
이 점은 단지 우리의 이웃을 더 잘 알고 우리가 일하는 일터에서 만나는
사람들에게 복음을 들고 침투하자는 것을 뜻하는 것입니다. 다시 그것은
우리 교회가 뻗어나가고, 우리 교단이 확장되는 정말 새로운 접근방식을
뜻할 수도 있읍니다.

그리스도처럼 되라

이 본문이 말하는 두번째 요점은, 이 선교를 수행하는 사람들의 본성
이나 성품의 문제입니다. 그것은 그리스도인들로서 우리의 본성과 성품
을 뜻하는 것입니다. 여기서의 요점은, 우리가 세상에서 "그리스도와 같
아야" 한다는 것입니다. 18절과 19절에서 그 점이 명백하게 드러나 있
읍니다. 왜냐하면 예수님께서는 제자들을 자신에게 비유하되, 아버지께
서 자신을 세상에 보내신 것과, 자신이 거룩함을 입어 그 일을 위해서 전
적으로 구별되었다는 영역에서 그러하다고 말씀하십니다. "아버지께서 나
를 세상에 보내신 것 같이 나도 저희를 세상에 보내었고 또 저희를 위하
여 내가 나를 거룩하게 하오니 이는 저희도 진리로 거룩함을 얻게 하려
함이니이다." 다른 말로 해서 우리는 예수님께서 그 사명을 감당하시기
위해서 이 세상에 오셨던 거와 같이 우리의 사명을 감당해야 된다는 말
입니다. 우리는 우리가 나타내는 그리스도를 닮아야 합니다.

복음적 교회의 사명에 관한 한 여기에 우리의 두번째 난제가 있을 수

있읍니다. 저는 랄프 카이퍼가 들려준 또 다른 이야기를 예로 들어 보겠읍니다. 한 몇년 전에 체중 감별소 앞에 체중이 지나치게 많은 사람들을 위해서 만들어진 "체중 정상"이라는 한 상품을 갖다 놓았읍니다. 카이퍼 부인이 그것을 팔려고 노력했읍니다. 그러나 성공하지 못했읍니다. 한번은 그녀 남편에게 그녀가 "여보, 어째서 내가 이 상품을 팔 수 없다고 생각해요?"라고 물었읍니다.

카이퍼는 그것을 살펴 보았읍니다. 그것이 포장도 잘 되어 있는 것을 보았고 사실 매력적이었읍니다. "당신 한번 이 상품을 선전하는 소리를 들어 봅시다." 그랬더니 그녀가 말하는 것도 매우 그럴듯했읍니다. 왜냐하면 그 카이퍼 부인은 열심으로 가득 찼기 때문입니다. "그 팜프렛을 좀 볼까요?"라고 요구했읍니다. 그녀가 그에게 그 팜프렛을 건네 주었읍니다. 그것을 살펴 보더니 그는 "오! 오!"라고 말했읍니다.

"왜 이런 때에 오! 오! 라고 말하지요?" 그 아내가 물었읍니다.

"내가 이런 말을 해도 정중하게 하는 것이니 믿어주겠소?"

"아 물론 믿지요."

"자 사랑하는 당신, 당신을 앞에서 보면 여기에 나와 있는 이 사진과 같아 보여요. 그런데 뒤에서 보면 그렇지 않아 보여요."

아마 우리의 난제도 그러할 것입니다. 우리가 어떤 상품을 팔려고 노력하고 있읍니다. 그러나 그 상품이 훌륭하고 또 우리가 선전하는 말도 썩 좋을지라도, 세상은 우리가 팔고 있는 상품을 우리가 사용하고 있지 않음을 알 수 있읍니다. 만일 우리가 사용하고 있다면, 우리는 더 예수님과 닮게 될 것입니다. 우리가 예수님과 같은가요? 이 세상에서 예수님이 계실 적의 모습과 닮았나요?

아마 여러분은 이렇게 말씀하시겠지요. "저는 제가 예수님과 닮았는지 그렇지 않은지는 모르겠어요. 그런데 어떤 면에서 예수님과 닮아야 하나요?" 분명히 우리는 모든 방면에서 예수님과 닮아야 합니다. 그러나 간단히 대답하자면 예수님께서 지적하신 교회의 그 표지들에 있어서 예수님과 닮아야 한다고 지적하는 것이 제일 좋을 겁니다. 앞의 여러 강론에서 지적한 바대로, 예수님은 각 경우에서 우리의 본이십니다. 분명히 우리는 여기에서 그 점을 기억할 필요가 있읍니다. 다른 말로 해서 예수님의 삶이 기쁨으로 특징지어졌듯이, 우리의 삶도 기쁨을 특징으로 하고 있어야 합니다. 예수님께서 거룩하셨듯이, 우리도 거룩해야 합니다. 예수님이 진리의 특징을 가지고 계셨듯이 우리도 그래야 합니다. 예수님이 몸을 입고 이 세상에 계실 때 처럼 우리도 하나가 되어야 하고, 우리 믿는 사람들 뿐만 아니라 멸망하는 세상을 향해서도 예수님의 사랑으로 충만해야 합니다.

우리는 이 각 특징들이 얼마나 중요한 것인가를 정말 잘 알 수 있읍니다. 첫째로 기쁨이 있읍니다. 우리가 기쁨을 가지고 있지 않다면 구원의 "좋은 소식"을 다른 어느 누구에게든지 권하기가 어렵기 때문에 중요합니다. 한번 어떤 사람이 한나 스미스, 곧 「행복한 삶을 누리는 그리스도인의 비밀」이라는 책을 쓴 그 사람에게 이런 말을 했읍니다. "당신네 그리스도인들은 당신네들을 비참하게 만드는 종교를 갖고 있는 것 같아요. 당신은 두통을 앓고 있는 사람 같아요. 두통을 앓고 있는 사람은 자기 머리를 제거하기는 원치 않지요. 다만 그 두통이 있으니 괴로울 뿐이지요. 당신은 밖에 있는 사람들이 그처럼 불안한 것을 매우 열심히 찾으리라 기대하지 마세요." 이 말은 사실입니다. 그러니 우리는 언제나 비참해지지 말고, 우리들 중 가장 훌륭한 분으로서 기쁨을 언제나 함께 가지고 계셨던 예수님처럼 되려고 갈수록 애를 써야 합니다. 더구나 우리의 기쁨은 다른 사람들에게도 파급되어야 하고 또 그만 있다가 없어지는 것이어서는 안됩니다. 캔터베리의 이전 대주교인 고프리 휘셔(Goffrey Fisher)는 죽기 전에 이렇게 말했다고 합니다. "나는 살아갈수록 기독교가 끊이지 않고 오랫동안 외쳐대는 기쁨의 탄성임을 더욱 확신하게 되었다."

둘째로, 우리는 거룩을 소유하거나 거룩해져야 합니다. 사실 예수님께서 이 본문에서 가장 강조하는 것이 그것입니다. "또 저희를 위하여 내가 나를 거룩하게 하오니 이는 저희도 진리로 거룩함을 얻게 하려 함이니이다"(19절). 어떤 의미에서 예수님은 거룩함을 입었읍니까? 우리가 앞에서 보았듯이 하나님께서 하라고 주신 일을 위해서 전적으로 구별되었다는 의미에서 거룩함을 입으셨습니다. 다시 말하면 우리의 구원을 위해서 죽는 일을 위해서 자신을 온전히 드린 것입니다. 우리의 경우에 있어서는, 우리가 하나님께 부여받은 일을 위해서 전적으로 구별되어야 합니다. 그 일은 십자가에 못박히셨으나 부활하신 그리스도의 복음을 모든 지역에 있는 모든 사람들에게 전파하는 일입니다. 만일 우리가 그런 일을 하지 않는다면, 또는 우리가 그 일을 그저 마지못해 한다면, 세상은 그것을 알고, 우리의 메시지가 땅을 진동시키는 메시지라고 생각하기가 어려울 것입니다.

세번째 영역은 진리입니다. 우리는 그 진리로 말미암아 우리의 메시지와 연관되며, 그 메시지는 삶의 방식으로 온 마음을 다해 믿는 일과 관련됩니다. 예수님께서 하나님의 진리에 자신을 맡기셨고, 그가 "진리"이셨습니다(요 14 : 6). 같은 방식으로 우리가 이 반석 위에 견고히 기초하여 그것을 따라 삶으로 세상이 우리를 가리키면서 "이 사람들은 확실히 그들이 전파하는 그 진리로 특징지어지는 사람이다"라고 말할 수 있을 정도로 살아야 합니다.

만일 그런 경우가 아니라면 우리는 어느 누구도 얻지 못할 것입니다. 왜냐하면 세상은 종교적인 문제들에 대해 별 마음을 두고 있지 않은 것 같은 교회에 이끌리기가 어렵기 때문입니다. 한번은 레오 로스텐이라는 사람이 Saturday Review and World(1976 년 7 월 12 일자)에 한 에세이를 실었는데, 거기서 그는 시사적인 통계자료를 인용하였습니다. 최근의 여론조사에 의하면 미국인의 75 % 는 "종교가 그 영향력을 상실하고 있다"고 생각한다는 것입니다. 또 다른 여론조사 결과를 보면 로마 카톨릭 교회의 50 % 만이 보통 한 주간에 교회에 참석함을 보여 주었습니다. 심각한 출석율의 저하입니다. 프로테스탄트는 37 % 만이 교회에 참석합니다. 프로테스탄트는 50 % 를 웃돌곤 했었습니다. 그런데 그와 같은 통계자료를 몇가지 더 제시하면서 로스텐은 이렇게 선언했습니다. "믿음의 요새들이 몇세기 내에 가장 심각한 변이를 경험하고 있다고 결론내리지 않을 수 없다. 교회의 권위가 여러 차원에서 도전을 받고 있다…우리가 믿음의 성채내에서 주목할만한 인구 감소를 목격했다고 말하는 것은 과언이 아니다." 물론 그것은 사실입니다. 그러므로 교회가 교회에 나오는 사람들을 잃어버리고 있으며, 교회의 선교적 노력의 범위가 갈수록 좁아지고 있다는 것을 아는 건 그리 놀라운 일이 아니게 되었읍니다.

다음에 우리는 연합에 있어서 주 예수 그리스도를 닮아야 합니다. 사실 예수님께서 그 다음의 구절에서 그 주제를 도입하는 방식이 정확히 그러 합니다. 그는 계속해서 기도하시기를 "아버지께서 내 안에 내가 아버지 안에 있는 것 같이 저희도 다 하나가 되어 우리 안에 있게 하사 세상으 로 아버지께서 나를 보내신 것을 믿게 하옵소서"(21절)라고 말씀하십니 다. 세상은 수백만가지 방식으로 부서지고 있습니다. 그것은 사단이 공 작을 벌인 논리적인 결과입니다. 사단을 가리키는 이름 중에서 가장 시 사적인 것 중 하나는 훼방자라는 말입니다(디아볼로스). 만일 그리스도 인이 세상을 얻고 싶으면, 그것만 보아도 바람직하고 매력적으로 보이는 참된 연합을 보여 주어야 합니다. 동시에 그 참된 연합의 원천인 신격 안의 위대한 **연합**을 가리켜야 합니다.

끝으로, 교회가 세상에서 그리스도처럼 존재하려면 사랑의 특징을 가져야 합니다. 예수님은 세상을 사랑하셨읍니다. 정말 그러하셨읍니다. 예수님께 서 죽으신 것도 바로 세상을 향한 사랑 때문이었읍니다. 따라서 만일 우리 가 세상을 얻고자 한다면, 우리는 세상을 사랑해야 합니다 ─ 세상의 죄 나 세상의 체계를 사랑하라는 말은 아니지요. 오히려 그 세상 속에 있는 사람들을 사랑해야 합니다.

한번은 제 가족이 한 레스토랑에서 식사를 하고 있었읍니다. 제 가장 어린 딸이 계속 콜라 유리병을 두들겨댔읍니다. 우리가 어떤 일이 벌어 지지 않고 식사를 끝낼 것 같지 않았기 때문에 나는 언제나처럼 아주 괴 로웠읍니다. 그러나 우리는 깨끗이 소제를 한 다음에 바로 뒤에 그 레스 토랑을 떠났읍니다. 그 딸이 잠시 동안 침묵 속에 길을 걷다가 "우리가 콜라를 엎질렀을 때 아빠는 나 미워했지요?"라고 말했읍니다. 정말 그랬 다고 대답했읍니다. 그 말은 심각해졌읍니다. 그러더니 마치 특별한 행 복한 생각이 퍼뜩 그 마음을 스치고 지나간 것처럼 표정이 밝아졌읍니다. 그 딸애는 팔로 나를 끌어 안으면서 "그러나 아빠는 날 사랑해요!"라고 말했읍니다.

죄인을 사랑하는 것과 죄를 미워하는 것 사이를 그 딸은 알았던 것입 니다. 우리가 예수님을 바라보며 우리도 그렇게 될 것입니다. 사랑 가운

데 우리는 그를 닮아야 합니다. 우리도 그렇게 하면 세상은 그것을 보고
예수님께 이끌림받을 것이라는 걸 우리는 알아야 할 것입니다.

하나님께 이끌림

그들이 어떻게 이끌려 오나요? 물론 하나님으로 말미암습니다. 왜냐
하면 우리가 세상에서 주 예수 그리스도의 성품을 실제로 드러내기 위해
서 아무리 많이 노력하고 아무리 많이 힘을 쓴다 할지라도, 사람들을 감
동시켜 구원받기 위해 하나님께 나오게 하시는 분은 우리 자신이 아니라
하나님이시기 때문입니다. 사도행전 2 장에 기록된 예루살렘에 있었던
초대교회에 대한 묘사는 우리에게 이 점에 대한 하나의 암시를 던져 줍
니다. 왜냐하면 그 대목에서 보면, 이 초대교회 신자들은 "저희가 사도
의 가르침을 받아 서로 교제하며 떡을 떼며 기도하기를 전혀 힘쓰니라
(여기서 사도의 가르침을 받은 것은 진리에 관한 문제고, 교제는 연합에
관한 것이고, 기도는 거룩과 성화로 인도하는 참된 예배를 암시하는 것
임)", "믿는 사람이 다 함께 있어 모든 물건을 서로 통용하고 또 재산과
소유를 팔아 각 사람의 필요를 따라 나눠 주고(그들의 깊고 특유한 사랑
의 증거)""날마다 마음을 같이 하여 성전에 모이기를 힘쓰고 떡을 떼며
기쁨과 순전한 마음으로 음식을 먹고(그것은 기쁨임)", 그 다음에 계속해
서 이렇게 기록하고 있습니다. "주께서 구원 받는 사람을 날마다 더하게
하시니라"(행 2 : 42 , 44 - 47). 주께서 그 일을 하셨습니다 ! 우리가 이
세상에서 하라고 하나님께서 맡기신 임무를 받아들이고 그를 닮은 삶을
살아갈 때, 그분은 우리를 위해서 그 일을 하실 것입니다.

55

교회의 다섯번째 표지 : 연합

"내가 비옵는 것은 이 사람들만 위함이 아니요 또 저희 말을 인하여 나를 믿는 사람들도 위함이니 아버지께서 내 안에, 내가 아버지 안에 있는 것 같이 저희도 다 하나가 되어 우리 안에 있게 하사 세상으로 아버지께서 나를 보내신 것을 믿게 하옵소서 내게 주신 영광을 내가 저희에게 주었사오니 이는 우리가 하나가 된것 같이 저희도 하나가 되게 하려함이니이다 곧 내가 저희 안에, 아버지께서 내 안에 계셔 저희로 온전함을 이루어 하나가 되게 하려 함은 아버지께서 나를 보내신 것과 또 나를 사랑하심 같이 저희도 사랑하신 것을 세상으로 알게 하려함이로소이다"(요 17 : 20 - 23).

"**2000** 여년 동안 기독교를 파괴시킨 모든 유의 분쟁들을 생각해 보면, 하나님께서 계속 교회를 사용하셔서 그의 나라를 확장시키셨다는 것이 놀라운 일입니다. 생각해 보면, 하나님께서 계속 교회를 사용하셔서 그의 나라를 확장시키셨다는 것이 놀라운 일입니다."

이 진술은 Inter - Varsity Christian Fellowship의 사역자요 저자인 존 화이트(John White)가 한 것인데, 이 진술을 기점으로 해서 그는 기독교의 연합의 주제를 두 중요한 방식으로 접근해나가고 있습니다. 첫째, 교회 역사상 교회를 파괴시킨, 불행한 그 연합의 결핍을 그려 주는 방식으로 그것을 접근하고 있고, 두번째 방식은 대제사장 기도를 드려나가는 바로 이 시점에서 교회의 표지로 연합을 간구하시는 그 이유를 지적합니다. 오늘날 존재하는 분쟁들은 분명히 언급할 필요성이 있읍니다. 그 분쟁들은 표면이나 이면 모두에 다 존재하고 있읍니다. 싸움이 격렬하게 일어나고 있읍니다. 심지어 크게 추앙받는 교회 통합방식으로도 이러한 분쟁들을 치료하지 못할 뿐 아니라 실제로는 새로운 연합을 좋아하지 아니하는 거기에 관계한 사람들을 더 크게 갈라 놓고 맙니다. 연합을 위해서 기도하신 그리스도께서 가지신 이유들만을 생각해 보면, 예수님께서는 이러한 차이점들을 내다보시고 그러한 차이들에도 불구하고 백성들 가운데 존재해야 하는 위대한 연합을 간구하셨다는 점입니다. 예수님은 "저희 말을 듣고 나를 믿을" 모든 사람들을 생각하기 시작하는 바로 그 시점에서 연합을 위해서 기도하심을 주목해야 합니다.

그리스도의 여러 가지 관심거리를 지적하는 또 다른 방식은, 교회의 모든 표지들은 그리스도인과 다른 어떤 삶이나 어떤 사람과의 관계에 관한 것이고, 연합은 교회의 지체들 사이에 존재하는 관계의 차원에서 말하는 교회의 표지임을 주목해야 합니다. 기쁨은 그리스도인이 자신과의 관계를 통해서 나타내는 표지입니다. 거룩은 하나님과의 관계 속에서 드러나는 표지입니다. 진리는 성경에 대한 그리스도인의 관계 속에서 드러나는 표지입니다. 선교는 그리스도인이 세상에 대해 가지는 관계에서 나타납니다. 이 연합이라는 표지와, 어떤 의미에서 그 모든 것을 요약하는 것이라고 할 수 있는 사랑이라는 표지를 통해서는, 그리스도인이 하나님의 다른 모든 자녀들에 대해서 가진 관계를 다루게 됩니다. 그러므로 우리는 이 연구를 시작하면서 이러한 질문을 던져 봅니다. 하나님의 자녀들이 다른 하나님의 자녀들에 대해서 가지는 관계는 어떠한 것인가? 거기에 연합이 있는가? 우리의 관계에 있어서 바른가? 이것은 대단히 중요한 문제입니다. 왜냐하면 그리스도께서 그 주제를 다루실 때, 분명히 그 연합(기쁨이나 거룩이나 진리나 선교나)은 관념적인 것이 아니기 때문입니다. 그것은 기독교 공동체에 있어서 규범적인 것이어야 합니다.

어떤 유의 연합인가?

그러나 이것은 어떤 유의 연합이어야 하는가? 이것은 중요한 일차적인 질문입니다. 왜냐하면 만일 연합이 하나의 조직적인 연합이어야 한다면, 그 연합은 성취하고 나타내려는 우리의 노력만을 기울이면 되기 때문입니다. 만일 그것이 보다 더 주관적인 연합이라면 우리의 노력은 다르게 확산될 것입니다.

교회가 그래서는 안되는 한 가지 요점은, 교회는 **한 큰 조직적 연합체**가 아니라는 것입니다. 왜냐하면 대중적인 조직적 연합체를 통해서 오는 유익이 어떠한 것이든 불이익이 어떠한 것이든지간에, 분명히 그 자체는 그리스도께서 **위하여** 기도하신 그 결과를 산출하지 못합니다. 또한 교회의 다른 큰 난제들을 해결하지 못합니다. 더구나, 그것은 언젠가는 지쳐 힘을 잃어버리고 부족한 점이 발견되게 됩니다. 초대교회시절에 대단한 생명력과 성장이 드러나 보였지만, 조직적인 연합의 차원에서는 보잘 것이 없었읍니다. 그러나 후에 교회가 콘스탄틴과 그 후의 황제들에게 총애를 입게 되면서 교회는 갈수록 중앙집권적인 체제가 되어서, 결국은 중세시대에는 문자 그대로 그 교회는 모든 유럽을 커버하는 교회 정치적인 연합된 한 체제가 되어버렸읍니다. 사람이 동서남북 어디를 가든지 거기에는 한 연합된 서로 얽혀 있는 교회, 곧 교황이 머리가 되는 교회가 있었읍니다. 그러나 이 시대가 위대한 시대였읍니까? 깊은 의미의 믿음이 있었읍니까? 교회가 강했읍니까? 그 교회의 도덕성은 높았읍니까? 사람들이 갈수록 더 그 믿음이 이끌리게 되어서 예수 그리스도를 자기들의 주와 구주로 영접하는 일이 일어났읍니까? (다시 말하면 그리스도께서 약속하신 것, 만일 교회가 하나가 되면 사람들이 그리스도를 믿게 될 것이라는 그러한 약속이 이루어졌느냐 말입니다). 천만에 말씀입니다! 오히려 그 정반대입니다. 세상은 그 정반대를 믿었읍니다. 스펄젼은 한때 이렇게 썼읍니다. "세상은 하나님께서 그 파쇄적이고 폭군적이고 미신적이고 무지한 것, 이른바 기독교라고 불리워지는 것과 하나님은 아무런 상관이 없다는 확신을 가지게 되었읍니다. 사려 깊은 사람들은 더 불신앙적이 되어갔읍니다. 동서남북 어디에서든지 진정 지성적인 신자를 발견하는 것이 대단히 어렵게 되었읍니다." 외양의 형태나, 눈에 보이는 연합에 대해서도 말할 것이 분명히 있읍니다(적어도 거의 모든 상

황에서 말입니다). 그러나 이런 연합의 타잎은 우리가 가장 필요로 하는 것
도 아니고, 주께서 기도하신 문제도 아니라는 것이 동등하게 확실합니다.
우리가 필요로 하지 않는 또 다른 연합은 **획일화**입니다. 다시 말하
면 모든 사람을 다 같게 만드는 교회를 구상하는 문제입니다. 여기서 우
리는 복음적 교회의 오류를 가장 가까이 접근하게 될 것입니다. 왜냐하
면 자유주의적인 교회가 조직적 연합을 위해서 가장 많은 힘을 쏟아 붓
는다면 – 어떤 여러 가지 교회 회의나, 교회 연맹을 위한 협의체나, 교단
통합등을 통해서 말입니다 – 복음주의 교회가 쏟는 가장 큰 노력은 그교
회의 지체들 사이의 외면적 모습과 행동을 똑같은 틀에 맞추려는 것이기
때문입니다. 예를 들어서 한 조직이 있읍니다 – 저는 그것이 무엇인가 이름
을 밝히지는 않겠읍니다 – 그 조직은 그 일꾼들을 그런 식으로 얽어매어
결국 다같이 말하고 행동하게 만듭니다. 저는 그것들이 무엇인지 금방 지
적할 수가 있읍니다. 예수님께서 이 기도에서 바라고 계셨던 것이 그것
이 아닙니다. 반대로 그리스도인들 사이에 대단한 다양성이 있어야 됩니
다. 인격과 개성의 다양성, 관심, 삶의 스타일의 다양성, 심지어 기독교
사역을 감당하는 방식과 복음전도의 방식에 있어서도 대단한 다양성이
있어야 합니다. 이것은 교회를 둔하게 만들지 아니하고 이롭게 하는 것
입니다. 획일화는 둔하고 마치 밀대를 묶어 잘라 놓은 것과 같습니다. 다
양성은 흥미진진한 것입니다 ! 우리 하나님의 본성과 성품과 행동들의 다
양성이 그것입니다.
그러나 만일 예수님께서 기도하신 연합이 조직적인 연합이나, 획일화
를 통해서 이룩되는 연합이 아니라면, 어떠한 유의 연합입니까 ? 그것은
신격 안에 존재하는 연합과 상응하는 연합입니다. 왜냐하면 예수께서 그
것을 다음과 같은 차원에서 말씀하셨기 때문입니다 – "아버지께서 내 안
에, 내가 아버지 안에 있는 것 같이 저희도 다 하나가 되어 우리 안에
있게 하사 세상으로 아버지께서 나를 보내신 것을 믿게 하옵소서… 곧
내가 저희 안에, 아버지께서 내 안에 계셔 저희로 온전함을 이루어 하나
가 되게 하려 함은 아버지께서 나를 보내신 것과 또 나를 사랑하심 같이
저희도 사랑하신 것을 세상으로 알게 하려 함이로소이다"(17:21, 23).
이것은 교회가 기본적 방향정립, 소원 그리고 그 참여의지를 포함하는 영
적 연합을 가져야 한다는 것을 의미하는 것입니다. 바울은 이런 참 연합

을 말하고 있읍니다. "은사는 여러 가지나 성령은 같고 직임은 여러 가지
나 주는 같으며 또 역사는 여러 가지나 모든 것을 모든 사람가운데서 역
사하시는 하나님은 같으니"(고전 12 : 4 – 6).

물론 모든 신자가 마땅한 의미대로 이러한 연합에 들어가 있다고 말하
는 것은 아닙니다. 그렇지 않다면 어째서 그리스도께서 그것을 위해서
기도하셨을까요? 그 사실상의 경우를 말하자면, 이미 생각한 교회의 다
른 표지들과 같이 이 연합도 교회에게 주어졌으나 또한 참 신자들이 다함
께 있는 힘을 다해서 나타내야 하는 것입니다. 어떤 의미에서 우리는 이
미 그리스도 안에서 하나입니다. 그러나 또 어떤 의미에서 우리는 그 연
합을 성취해야 합니다.

형제 자매

우리는 여기서 신약 전체를 통해서 교회를 나타내기 위해서 사용된 여
러 상징어들을 통해서 도움을 얻게 됩니다. 그 중 가장 가치 있는 상징
어 중 하나는 교회를 가족이라고 말한 것입니다. 그리스도인들은 하나님
의 가족에 속합니다. 그러므로 그들은 서로간에 형제 자매들입니다. 우리
는 이 상징어로부터 시작을 하는데, 그 이유는 이 형제 자매라는 용어가
신약에서 그리스도인들 상호간에 쓰여진 가장 보편적인 어휘이기 때문입
니다. 더구나 그 어휘들은 그리스도인이 서로 사랑해야 하는 사랑의 근
거를 지시해 주고 있읍니다. 베드로전서 1 : 22 ("너희가 진리를 순종함
으로 너희 영혼을 깨끗하게 하여 거짓이 없이 형제를 사랑하기에 이르렀
으니 마음으로 뜨겁게 피차 사랑하라"), 히브리서 13 : 1 ("형제 사랑하기
를 계속하고")에서와 같이 말입니다. 이 구절이나 다른 구절들에서 쓰여
진 헬라어는 "필라델피아"라는 말인데 이것은 애정의 독특한 타잎을 제
시하는 데 쓰여집니다.

이 상징어의 독특한 특징 – 가족이나 형제 자매의 상징어 – 은, 그것이
관계에 대해서 말하고, 그러므로 개인들이 서로 상호간에 가지는 신뢰를
말하고 있다는 점입니다. 그 관계들은 하나님께서 행하신 일에 기초하여
있읍니다. 이 상징어가 쓰여지는 구절들에서 구원을 묘사하되, 하나님께
서 영적 자녀들을 낳은 것으로 말하고 있읍니다. 그러므로 그 영적 자녀
들은 그들 자신에 의해서가 아니라 하나님의 선택하심에 의해서 하나님

의 영적 가족의 권속들이 되었읍니다. 요한 사도는, 요한복음 초두에서 분명히 이 점을 말하고 있읍니다. 그는 우리가 하나님의 자녀가 되는 것에 대해서 말하면서 "이는 혈통으로나 육정으로나 사람의 뜻으로 나지아니하고 오직 하나님께로서 난 자들이니라"(1 : 13)고 말하고 있읍니다. 세상에서도 모든 사람들을 형제와 자매로 말하는 경향이 있읍니다. 그러나 휴머니즘적인 의미에서 그 말을 쓰는 것이 잘못은 아니라 할지라도, 성경이 그리스도인 사이의 형제 관계를 말할 때 그것을 뜻하는 것은 아닙니다. 그것은 하나님께서 당신을 거듭나게 하사 낳은 자녀들 가운데 개입하셔서 설정해 놓으신 것입니다.

이 사실은 중요한 두 결과를 가져옵니다. 첫째로, 우리가 속한 가족이 하나님에 의해서 건설되었다면, 우리는 누가 그 가족 속에 들어올지, 아니면 저 사람이 우리의 형제가 될지 자매가 될지 아닐지를 결정할 아무런 권한이 없다는 점입니다. 오히려 관계는 단순히 존재합니다. 우리는 원하든 원치 않든 다른 그리스도인과 형제 관계에 있어야 합니다.

두번째 결과는 이것과 관계되는데, 단순히 우리는 구체적인 방식으로 서로 신뢰해야 합니다. 우리는 서로 돕도록 해야 합니다. 예를 들어서 우리가 때로는 다 도움을 필요로 합니다. 신자들 사이의 특별한 끈이 우리를 바라보는 세상에 드러내 보일 수 있는 확실한 방식입니다. 몇년 전 저는 우리 집에 있는 목욕탕으로 들어가 보았더니, 제 자녀 중 하나가 그 목욕탕 마룻장에 앉아 있는데 그 옆을 보니 두루마리가 풀린 대단히 많은 화장지 더미가 있는 것을 보았읍니다. 그녀는 화장지를 쭉 뽑아 그것이 바닥에 내려와서 서로 뒤엉킨 모양으로 쌓이는 것을 바라보고 있었읍니다. 이 딸은 과학적인 적성을 보였읍니다. 저는 그녀를 한번 쳐다 보면서 깜짝 놀란 목소리로 말했읍니다. "세상에,지금 너 뭐하고 있는 거야."

"아,나 화장지 풀고 있어"라고 딸은 대답했읍니다. 그렇게 하고 있는 것을 제가 몰라서 한 말이 아닙니다.

"아니 너 어째서 이렇게 심한 장난을 하고 있는거야?"라고 대꾸했읍니다.

그 딸은 이렇게 말했읍니다. "아무도 나를 도와 착하게 만들지 않고 있어." 저는 그 딸의 대답이 일부러 잘 생각하여 꾸민 핑계라고 생각했읍니다(또한 그 대답은 그녀의 첫번째 진술만큼 그렇게 진실하지도 못했읍니다). 그러나 그녀의 이유가 어떠하든 그 진술은 적어도 나의 진정한 필요성을 지적하여 주었읍니다. 우리는 그리스도인들로서 도움을 필요로합니다. 또 다른 그리스도인들로부터 그 도움을 필요로 합니다. 더구나우리는 언제나 도움을 줄 채비를 차리고 있어야 합니다. 마치 우리 가정의 한 식구가 어떤 도움이 필요로 할 때 우리가 하듯이 말입니다.

저는 거의 모든 경우에서 우리가 이러한 자세를 보이고 있지 않다고 생각합니다. 얼마 전에 저는 그리스도인이 쓴 긴 싯귀를 암송해본 적이 있읍니다. 그는 이렇게 말했읍니다. 자기가 기독교 공동체가 어떠한 것이며, 참된 그리스도인의 형제애가 어떠한 것인가를 발견하기 전에 몇년전에 당한 그 재정적인 난관에 봉착하였다면 어떻게 했을 것인가라고 스스로에게 묻고 있었다는 것입니다. 만일 그가 의료비로 수천달라를 물어야 하고 은행에 잔고가 하나도 없을 때 그는 누구에게 도움을 요청했을까요? 이러한 것을 생각하면 자기의 이전 교구 내에 있는 그리스도인들에게 도움을 요청하기 위해서 돌아갈 수 없었음을 인식했노라고 썼읍니다. 그들은 아마 그에게 자기가 대출받을 수 있는 은행에 대해서 말해주었거나, 어떤 복지회관으로 가보라고 했을 것입니다. 그가 그러한 필요를 가지고 도움을 요청할 수 있는 오직 유일한 사람은 그의 친형제였음을 인식하게 되었읍니다. 만일 거의 모든 그리스도인들이 자기들이 돌아설 수 있는 한 친형제나 친자매를 갖고 있어도 거의 모든 그리스도인들에게도 역시 그러한 것이 해당될 것입니다. 그러나 이 말은, 인간적인혈연관계 보다도 영적인 관계로 맺어진 권속이 보다 더 우월한 방식으로 마땅히 행해야 하는 일을 행하고 그러한 위치를 지켜야 한다는 말입니다. 그런데 사실 영적인 관계를 맺고 있는 사람들이 그러한 일을 하지 못하고 있지요. 만일 우리가 이 점에 대해서 심각하다면, 바로 이것이야말로 우리가 참된 영적 유대를 이룩할 수 있고 드러낼 수 있는 것입니다. 그밖에, 바로 이 영역에서 이기주의로 심한 몸살을 앓고 있는 세상이 우리를 주목하게 될 것입니다.

교 제

기독교회의 연합을 묘사하기 위해서 사용된 두번째 중요한 상징은 교제(사귐)인데, 신약성경에서 보통 헬라어로는 "코이노니아"입니다. 불행히 "교제"나 "코이노니아"라는 말이 우리가 뜻하는 것을 나타내는데 그렇게 크게 도움을 주지 못합니다. 그것은 영어가 보통 친구들이 그저 느슨하게 모여 있는 것을 뜻하는 통상적인 말이기 때문에, 헬라어의 "코이노니아"가 신학적인 진부한 표현과 같이 되어버렸기 때문입니다. 사실상 그 말의 근저에는 보통 어떤 것을 나누거나 어떤 것을 가지는 것과 관계되어 있읍니다. 신약시대에 보통 쓰여진 헬라어는 코이네 헬라어(古代헬라어)라는 것이었읍니다. 보통 소유를 갖고 있든지 사업상 서로 동업을 하는 사람들과 같은 파트너들을 "코이노노이"라 하였읍니다. 영적인 의미에서 "코이로니아", 또는 사귐은 복음에 대한 공통적 체험을 가지고 있는 사람들이 누리는 것입니다. 이런 방면에서 신약은 아버지와 우리의 사귐에 대해서 자주 말하고(요일 1 : 1 , 3), 아들과의 사귐(고전 1 : 9)에 대해서 자주 말합니다. 때로 그것은 그리스도의 피와 그리스도의 몸 안에서의 교제로 묘사되기도 합니다(고전 10 : 16). 또 성령과의 교제에 대해서 말하고 있읍니다(고후 13 : 14). 이것은 명백히 하나님의 은혜를 우리가 체험하는 것 모두를 다 통틀어서 나타내는 것이지요.

그러나 교제는 우리가 함께 "그 안에서" 누리는 것의 차원에서 규정되는 것만이 아닙니다. 그것은 우리가 함께 "밖을 향하여" 나누는 것과도 관계됩니다. 이 말은 그리스도인들이 실제로 자기들의 생각들을 나눠야 하고 서로 함께 살아야 하는 하나의 공동체를 가져야 한다는 뜻입니다.

그러면 이러한 것이 실제적으로 어떻게 이루어집니까 ? 지역적 상황이나 필요에 따라서 회중들의 경우에 합당한대로 다른 방식으로 행해질 것입니다. 어떤 교회는 작고, 그래서 나눔의 고정적인 시간을 더 쉽게 가질 것입니다. 여기서는 성찬식이나, 다른 일의 계획이나, 그러한 다른 노력들이 도움을 줄 것입니다. 큰 교회들에는 여러 다양한 방식으로 그룹들을 더 잘게 나누어야 할 것입니다. 제가 목회자로 봉사하고 있는 필라델피아의 제10 장로교회에서는 이러한 일을 세 가지 방식으로 조직하려고 애를 썼읍니다. 첫째 우리는 회중들을 연령순으로 나누려고 해보았읍니다. 그래서 우리는 등급별 주일학교를 조직했읍니다. 또 더 높은 수준에서는 대학생들과, 대학을 졸업한 학생들과, 젊은 부부들과, 또 다른 성인반으로 나누었고, 또 노년층에 든 사람들끼리 모임을 구성했읍니다.
이러한 일의 일부 중에는 성인들만을 위한 선택적인 프로그램이 있읍니
다. 둘째로, 우리는 회중들을 지역적으로 나누려고 했읍니다. 제 10 장로
교회 교인들은 이 대도시의 전역에 아주 넓게 흩어져 있읍니다. 그들 중
어떤 사람들은 이 교회에 오기 위해서 20마일, 30 마일, 또는 그보다 더
오랜 시간을 자동차를 타야 합니다. 교회의 주간 집회는 거의 대부분이
비현실적입니다. 그래서 우리는 성경연구 모임을 여러 개 만들었읍니다.
거기에서 사람들은 자기들 지역에 따라 주간에 함께 모일 수 있읍니다.
그들은 모여서 성경공부를 하며, 관심거리를 나누며, 함께 기도합니다.
이러한 지역 그룹들이 최소한 조직되었으나, 그 중에서 가장 흥미롭고
유익한 것은 교회활동들입니다. 끝으로, 우리는 역시 교회를 전문적인
관심을 따라서 나눠보기도 했읍니다. 이 영역에서는 예술가들이나 음악
가들이나(우리는 실내악단이 있음), 의과대학생들이나 간호원들이나, 또
목회를 지망하는 학생들이나, 젊은 목회자들로 이룩된 각 그룹별 모임이
정규적으로 있읍니다.

이 영역에 있어서 제가 겪어본 체험으로는 존 스타트의 체험과 같았읍
니다. 존 스타트는 그 런던 교구에서 그와 유사한 그룹에서 체험을 한 것
입니다. 그는 그 체험에 대한 근거를 이렇게 썼읍니다. "작은 소그룹의
가치는 그것이 관계 있는 사람들의 공동체가 될 수 있다는 점이다. 그런
소그룹을 통해서는 개인적인 연관성의 이점을 놓칠 수가 없고 거기에서
나타나는 필요한 도전을 회피할 수 없다…그러므로 소그룹, 그리스도인
가정들이나 교제 그룹들이 우리의 영적 성숙을 위해서 불가피하다고 말
한다 할지라도 결코 과장이라고 생각지는 않는다."

다시 한번, 이 영역의 그리스도인 연합은 눈에 보이고 실제적인 것일
수 있읍니다. 그것의 독특하고 바람직한 성질들이 세상에 드러나 보일
수 있읍니다.

몸

교회의 연합을 강조하기 위해서 사용된 세번째 중요한 상징어는 몸입
니다. 분명히 이 상징어는 매우 중요한 개념들을 갖고 있읍니다. 그것은

그리스도인 연합의 본질에 대해서 말합니다. 몸의 어떤 **부분이** 전체에서 떨어진다면 그것은 생존할 수 없습니다. 그것은 상호 의존성을 말하는 것입니다. 또 그 상징어는 기능의 다양성을 함축하는 일종의 종속관계를 암시합니다. 바울은 고린도전서에서 이것에 대해서 이렇게 말하고 있습니다. "몸은 하나인데 많은 지체가 있고 몸의 지체가 많으나 한 몸과 같이 그리스도도 그러하니라 우리가 유대인이나 헬라인이나 종이나 자유자나 다 한 성령으로 세례를 받아 한 몸이 되었고 또 다 한 성령을 마시게 하셨느니라 몸은 한 지체 **뿐**아니요 여럿이니"(12 : 12 - 14). 그러나 이 상징어의 독특한 이른바 몸의 한 기능은 섬기는 것입니다. 왜냐하면 가족(권속)이라는 상징어가 관계들을 강조하고, 사귐이 나눔을 강조하듯이, 몸은 일을 강조하기 때문입니다. 몸이 존재하는 것은 어떤 일을 하기 위함입니다. 우리가 연합에 관해서 말하고 있으니, 우리는 몸은 이 일을 **함께** 할 수 있도록 하기 위해 존재하는 것임을 강조해야 합니다.

제가 방금 인용했던 책에서 존 스타트는 그의 교회의 작은 소그룹들로부터 흘러 나오는 이 섬김에 대해서 말하면서 이렇게 강조하고 있습니다. "여러 소그룹이 시간이 없거나 사업상의 문제 때문에 성공적이지 못함을 인정해야 할 것이다. 그러나 다른 소그룹들은 한 그룹으로서의 실제적인 봉사를 하였다 - 매년 교회의 대청소나, 호별 방문 전도나, 저녁 시간 전에 거리에 나가서 '고기를 낚는'(전도를 하는) 일이나, 노천예배를 지원하거나 음식을 준비하는데 도와주려고 방문하거나, 목사관의 기능을 위해서 시중들거나 그릇 같은 것을 닦는 일을 도울 수 있었다 - 다시 말하면 해외에서 온 방문자들을 위한 크리스마스 파티나, 견진을 받으려고 하는 사람이나 대학에서 수고하는 사역자들을 위한 차 파티나, 주말의 이른바 교회 나오기 어려운 가정에서 봉사하거나, 여러 날을 목사관에서 있는 일들을 위해서 도울 수 있었다. 다른 그룹은 '자기 부인' 캠페인을 시작하여 세상의 궁핍한 사람들을 위한 실제적인 관심을 자극시켰다."그런 다음에 그는 이렇게 결론을 내립니다. "분명히 그러한 공통적인 관심과 봉사가 아니고서는 어느 그리스도인 그룹이든지 그 교제가 제 기능을 발휘하지 못한다."

여러분의 편에서 할 일

이 강론에 있어서 두 부분을 우리는 보아왔읍니다. 첫번째 부분은 아주 간단하게, 또 두번째 부분은 보다 더 상세하게 다루었읍니다. 곧 첫번째 부분은 교회 안에서의 연합의 결핍과, 두번째 부분은 교회 안에서의 연합의 필요성과 본질에 대해서 다루어왔다는 말씀입니다. 우리는 끝마치면서 간단히 다음과 같은 질문을 던져 봅니다. 이러한 영역에서 여러분이 해야 할 일은 무엇인가요? 여러분은 어떤 일을 할까요? 분명히 여러분은 온 교회를 다 변화시킬 수는 없읍니다. 그러나 어떤 작가가 표현했듯이(White가 쓴 The Fight에서) "여러분은 그리스도께서 드리신 대제사장적 기도에 대한 응답을 여러번 삶 자신 속에서 시작할 수 있읍니다. 또한 여러분은 변화의 작은 초점이 될 수가 있읍니다." 어떻게요? 첫째로 큰 가족, 사귐, 여러분이 이미 속해 있는 그 몸을 인식하고, 그것으로 인해 하나님께 감사하는 일입니다. 둘째로 작은 소그룹에 참석하여서 그리스도인 연합의 실제를 가장 아름답게 보고 채용하는 일입니다. 세째로 그리스도인의 사랑을 드러내고 섬기기 위해서 그러한 그룹과 함께 일할 수 있읍니다. 만일 여러분이 그러한 일을 기꺼이 하려한다면, 하나님께서 여러분과 함께 하시는 것을 여러분은 발견하게 될 것이고, 하나님께서 여러분과, 하나님께서 믿음으로 이끄려고 하는 다른 사람들 속에서 역사하시는 그 하나님의 능력에 압도당하게 될 것입니다.

그러나 아마 여러분은 처음에는 그러한 가족의 한 부분, 하나님의 권속에 속해 있지 않을 수도 있읍니다. 여러분이 침례교도일 수도 있고 감리교도 일 수도 있고 장로교도일 수도 있고 카톨릭교도일 수도 있고 오순절 계통의 교인일 수도 있읍니다. 그러나 태어나면서부터 하나님의 권속이 되는 것은 아닙니다. 만일 그렇다면, 교단의 자랑(그것이 어떤 다른 자랑이든지간에)이 여러분으로 하여금 기독교 실체에 이르지 못하게 하도록 내버려 두지는 마십시요. 예수님께로 달려 가십시요. 그리고 오직 유일한 참된 문이신 예수님으로 말미암아 들어 가십시요.

56

공평한 사랑

"곧 내가 저희 안에, 아버지께서 내 안에 계셔 저희로 온전함을 이루어 하나가 되게 하려 함은 아버지께서 나를 보내신 것과 또 나를 사랑하심 같이 저희도 사랑하신 것을 세상으로 알게 하려함이로소이다"(요 17 : 23).

우 리는 가장 특이한 하나의 문장을 다루기 위해서 요한복음 17 장에 나타난 교회의 표지들을 연구하는 일을 잠깐 멈추고자 합니다. 그 문장은 23 절의 하반절입니다. "아버지께서…나를 사랑하심 같이 저희도 사랑하신 것을 세상으로 알게 하려 함이로소이다." 이 말씀은 하나님께서 우리를 사랑하신 분량이나 또한 그 사랑을 행사하신 방식이 하나님께서 그리스도를 사랑하신 것과 똑같다는 뜻입니다. 이러한 의미가 아니라고 생각했던 그런 사람들이 있었습니다. 의심할 여지 없이 그러한 일은 너무나 엄청나기 때문이라는 이유를 들어서 말입니다. 어떤 사람들은 그 문장을 간편하게 취급하여서, "아버지께서 그들을 사랑하신 것은 아버지께서 나를 사랑하시기 때문이니이다"라고 말하는 것처럼 말입니다. 또 어떤 사람들은 그리스도와 신자의 신비적인 연합의 차원에서 그 문장을 보았습니다. 마치 우리가 그리스도 안에 있다는 바로 그 한 이유 때문에 우리를 그리스도처럼 사랑하신다는 것입니다. 물론 이러한 진술들

도 사실입니다마는 그러한 식으로 이 문장을 취급하는 것은 그 충만한
강도를 놓쳐버리고 마는 것입니다. 왜냐하면 이 문장에 나타난 열쇠와 같
은 어휘를 충분하게 고려하지 않기 때문입니다. 그 말은 "카토스" 라는
말인데 "무엇과 똑같이" 또는 "똑같은 정도로"라는 뜻입니다. 그래서 우
리가 이 말씀을 통해서 듣는 바는, 하나님께서 그리스도의 사람들을 사
랑하시되 하나님께서 그리스도를 사랑하시는 분량 정도와 똑같이, 또한
그리스도를 사랑하시는 방식과 똑같이 사랑하신다는 것입니다.

　이것은 특이합니다. 왜냐하면 우리 중 어느 누구도 그와 같이 사랑하
지 않기 때문입니다. 하나님께서 그와 같이 사랑하실 수 있다는 것이 사
실임에도 불구하고, 하나님께서 그렇게 사랑하신다고 주장하는 것은 주
제넘고 너무 지나친 말이 될 것입니다. 다시 말하면 만일 하나님께서 친
히 바로 이러한 구절들에서 우리에게 말씀하시지 아니하셨다면 말입니다.
사실상 우리의 사랑은 아주 편벽됩니다. 우리가 친구들을 좋아하는 대신
친구가 아닌 사람들은 좋아하지 않는 식으로 한 쪽으로 치우칩니다. 또한
우리 친구보다도 우리 가족을 더 좋아하는 그러한 치우친 경향을 가지고
있읍니다. 실로(이것은 요점을 더 가까이 접근한 것임) 가족 내에 마저
한 쪽으로 치우치는 그러한 편벽성이 드러납니다. 만일 우리가 부모된 사
람들에게 자녀를 향한 사랑에 대해서 물어본다면 거의 누구나, 자기들은
편벽되지 않으려고 애를 쓰며 또 많은 경우에서 그렇게 편벽되지 않게 했
으면서도 자기 자녀들을 동등하게 사랑하지는 않는다는 걸 인정하게 될
것이기 때문입니다. 아마 그것은 다른 자녀들에 비해서 어느 한 딸이 상
냥스럽고 말 잘 듣는 방식을 좋아한다는 뜻일 것입니다. 또는 어느 아들
의 운전 실력이나 천성적인 재능을 보고 사랑하는 경우일 수 있습니다.
또는 다른 특징들일 수도 있습니다. 어떤 것은 우리로 하여금 어떤 사람
을 다른 사람보다 약간 더 사랑하게 합니다. 그렇지 않으면 최소한 그 자
식을 향해서 천성적으로 약간 더 끌리는 마음을 갖게 됩니다. 그러나 우
리가 듣는 바로는, 하나님은 그러한 편벽된 사랑을 가지지 아니하고 우
리를 사랑하시되 당신의 아들을 사랑하시는 바로 그 사랑과 그 분량으로
사랑하신다는 것입니다. 심지어 그 하나님의 아들이 관계되는 한, 하나님
께서는 어떤 자녀들을 다른 자녀들보다 더 사랑하는 일을 하시지 않는다

는 말씀입니다.

하나님의 사랑의 범주

우리는 아버지께서 예수님을 사랑하신 그 일을 통해서 이 점에 대한 본질을 알게 됩니다. 그래서 우리는 자연히 그것으로 시선을 돌려서 "그러면 이 사랑은 어떠한 사랑인가? 아버지께서 예수님을 사랑하신 그 사랑의 범위는 어떠한가?"라는 질문을 던지게 됩니다.

이 질문에 대한 첫번째 대답은, 하나님의 사랑은 **무한한** 사랑이라는 것입니다. 하나님은 무한하십니다. 그러므로 다른 모든 속성에서와 마찬가지로 바로 이 속성에서도 무한하십니다. 간단한 말로 하자면 하나님의 사랑에는 한이 없다는 말씀입니다. 우리는 언제나 한계를 가지고 있읍니다. 심지어 때로 우리는 우리가 한계를 가지고 있지 않은 것처럼 합니다만 말입니다. 한번은 스위스 정신 의학자인 폴 투니어가 쓴 「당신을 위한 처소」(A Place for you)라는 책을 읽다가 폴 투니어의 체험에 대한 한 이야기를 만나게 되었읍니다. 그것이 이 영역에서 도움이 됩니다. 어떤 여자가 처음 그를 찾아왔읍니다. 투니어 박사에게 찾아 오기 전에 몇년 동안 머뭇거렸읍니다. 그러나 그녀는 결국 왔고, 즉시 좋은 접촉이 이루어졌읍니다. 자 그녀가 떠날 시간이 되었읍니다. 집이 멀리 떨어져 있었읍니다. 그녀가 다시 그에게 오려면 얼마간의 시간이 걸려야 겠지요. 그래서 문 앞에 서서는 나가기를 머뭇거리는 모습을 보였읍니다. 한참 서 있더니 그녀는 "저 박사님께 편지를 써도 될까요?"

투니어 박사는 대답했읍니다. "물론요."

잠깐 동안의 침묵이 흘렀읍니다. 그런 다음에 "자주 편지해도 될까요?"

투니어는 "아, 제한이 없읍니다!"

그 스위스의 정신 의학자가 자기는 그 말을 하면서 좀 지나친 과장된 어조로 말했다는 것입니다. 마치 이 환자의 모든 문제를 도울 힘이 자기에게 있는 것처럼 말입니다. 그런데 그는(그 여자처럼) 한계를 가지고 있었음을 알았읍니다. 그리고 하나님 밖에는 바로 이 한계 없는 지원을 할 수 없다는 걸 알았읍니다.

그러나 하나님은 한계 없는 사랑을 하십니다. 그것이 바로 투니어의 요점이었고, 그리스도께서 대제사장 기도를 드리시면서 하신 말씀의 요점입니다. 아버지께서 주 예수 그리스도를 사랑하시는데 어떤 한계가 있다고 우리가 상상할 수 있읍니까? "사실 내가 그들을 사랑하는 건 사실이다. 그러나 결국 모든 것에는 한계가 있는 법이고 바로 이 문제에 있어서도 한계를 그어야겠다"라고 말씀하신다고 상상할 수 있읍니까? 또는 "후에 내가 도와 주지. 그러나 지금은 나를 괴롭게 하지 말라. 바쁘다"라고 말씀하시는 모습을 그려 볼 수 있읍니까? 물론 그럴 수 없지요! 아버지께서 아들을 사랑하시는 일에 그 어떤 한계도 그어 놓을 수 없으며, 아들이 아버지를 사랑하는데도 마찬가지입니다. 그러니 바로 그 방식대로 아버지께서 우리를 향한 사랑에도 어떠한 한계가 없읍니다. 그러므로 우리는 우리에게 필요할 때 어느 때라도 그분에게 나아갈 수 있읍니다. 또한 그분은 겟세마네 동산에서 주 예수 그리스도를 도와 주실 때 하셨던 것과 똑같이 우리를 도우실 채비를 언제나 차리고 계시다는 것을 믿고서 말입니다. 그는 우리가 그것을 알든 모르든, 그것을 실제적으로 느끼든 느끼지 않든 예수님께 친밀하듯이 우리에게도 친밀하게 계십니다.

둘째로, 아버지께서 주 예수 그리스도를 사랑하신 그 사랑은 **영원한** 사랑입니다. 우리가 주목하는 바는 이 영원하다는 것이 무한하다는 것과 같은 것은 아닙니다. 무한한 사랑은 한계가 없는 사랑입니다. 영원한 사랑이라는 것은 끝이 없는 사랑입니다. 우리가 하나님께서 주 예수 그리스도를 사랑하시는 것을 멈추시는 걸 상상할 수 있읍니까? 영원 전부터 지금까지 신격의 그 제1위와 제2위 사이에 존재했던 무한한 그 애정이 갑자기 중단된다는 걸 생각할 수 있읍니까? 천만에요! 그걸 상상할 수 있다면 차라리 우리가 아는 우주의 와해를 상상하는 것이 낫고, 오델로가 말한 것 같이 "혼돈은 다시 온다"라고 상상하는 것이 낫지 그러한 불가능한 가능성을 생각하는 것은 있을 수 없는 일입니다. 그리스도께서 하나님을 사랑하시는 그 사랑은 그치지 않을 것입니다. 그러므로 우리를 향한 그의 사랑도 그치지 않을 것입니다. 하나님 속에 변덕이 일어나 사랑을 그치는 일도 없을 것입니다. 왜냐하면 그는 변함 없으신 분이기 때문입니다. "나 여호와는 변혁치 아니하나니"(말 3:6). 우리 속에 일어나는 변화들 때문에 사랑이 그치는 법도 없을 것입니다. 하나님께서는 그 모든 변화를 미리 다 아셨읍니다. 실로 그는 주도적이고 궁극적으로 승리하는 변화가 있도록 섭리하셨고, 우리가 죄를 본받아 변화하지 않고 하나님의 아들의 형상을 본받아 변화하도록 섭리하셨읍니다. "하나님이 미리 아신 자들로 또한 그 아들의 형상을 본받게 하기 위하여 미리 정하셨으니 이는 그로 많은 형제 중에서 맏아들이 되게 하려 하심이니라"(롬8 : 29).

이 결과 우리를 하나님의 사랑에서 끊을 것은 아무 것도 없읍니다. 죄마저 말입니다. 로마서에서 계속되는 그 대목이 그걸 말해 주고 있읍니다. "내가 확신하노니 사망이나 생명이나 천사들이나 권세자들이나 현재 일이나 장래 일이나 능력이나 높음이나 깊음이나 다른 아무 피조물이라도 우리를 우리 주 그리스도 예수 안에 있는 하나님의 사랑에서 끊을 수 없으리라"(롬 8 : 38 , 39). 그리스도를 향한 하나님 아버지의 사랑의 세 번째 특징은 완전함입니다. 그의 사랑은 **완전한** 사랑입니다. 따라서 우리를 향하신 그의 사랑도 완전합니다. 우리가 잘 알듯이 우리는 완전하게 사랑하지 못합니다. 그래서 결혼이 깨어지기도 하고 우정이 와해되기도 하고 자녀들이 가끔 부모의 권위를 거스려 배역하기도 합니다. 우리가 언제나 사랑하는 것을 멈추는 것은 아닙니다. 오히려 우리가 잘 사랑하지를 못합니다. 우리가 지나치게 나가기도 하고 우리 자신을 아낌 없이 주지도 못합니다. 또는 일관성 있게 행동하지도 못합니다. 때로 우리는 사랑함을 통해서 자녀를 망치기도 합니다. 우리가 또 자녀들에게 너무많이 주기도 합니다. 때로 우리는 충분히 주지를 못합니다. 그래서 자녀는 평생 얻어야 하지만 얻지 못한 것을 얻으려고 소일하게 됩니다. 우리가 다른 사람을 사랑하기 때문에 어떤 일을 한다고 말을 합니다. 그러나 우리는 그렇게 하지를 못합니다. 그것이 바로 우리 사랑의 본질입니다. 하나님의 사랑의 본성은 그렇지 않습니다. 그는,우리가 고작해야 마음으로 가지는 그 지혜와 일관성을 가지고 완전히 사랑하십니다.

만일 우리가 하나님께서 예수 그리스도에게 보여 주신 그 똑같은 완벽한 사랑으로 우리를 사랑하신다고 믿는다면, 우리가 원하는대로 계획이 추진되지 않는다 할지라도 불평하지 않게 될 것입니다. 어떤 바람직하지 못한 처지 때문에 낙담하지도 않을 것입니다. 오히려 우리는 "하나님을 사랑하는 자 그 뜻대로 부르심을 입은 자들에게는 모든 것이 합력하여 선을 이룬다"(롬 8 : 28)는 사실을 알고 용기를 갖게 될 것입니다.

하나님은 그처럼 사랑하시는가 ?

그러나 이제 우리는 실로 핵심적인 질문을 던지게 되었읍니다. 우리가 이러한 범주의 사랑을 묘사했고, 이 본문이 우리에게 정당하게 허락하듯이 그것을 우리 자신에게 적용시켜 본 다음에 우리는 "하나님께서 그처럼 우리를 사랑하시는 것이 정말이냐? 우리가 하나님 아버지께서 주 예수 그리스도를 사랑하신 그 무한하고 영원하고 완전한 사랑을 받는다고 믿을 수 있느냐?"라는 질문을 던지고 싶습니다. 정말 그럴 수 있을까? 우리가 그처럼 위대한 사랑을 받은 사람이라는 증거가 있는가?

어느 그리스도인이든지 알듯이 그 대답은 "예"입니다. 그것에 대한 증거는 하나님의 본성에 비추어서 유추해 보는 어떤 추상적인 것이 아닙니다. 오히려 갈보리에 나타난 하나님의 사랑의 위대한 역사적 표증입니다. 하나님께서 그처럼 위대한 사랑으로 우리를 사랑하시는 줄을 어떻게 압니까? 요한복음 3 : 16 은 대답을 합니다. "하나님이 세상을 이처럼 사랑하사 독생자를 주셨으니 저를 믿는 자마다 멸망치 않고 영생을 얻게 하려 하심이니라." 하나님께서 모든 사랑 중에서 가장 위대한 사랑으로 사랑하신다는 걸 우리는 압니다. 왜냐하면 갈보리에서 우리를 위해서 그의 아들은 죽도록 하신 최고의 선물 때문입니다. 저는 자주 말한바 있읍니다. 하나님의 사랑을 말하면서 그리스도께서 우리를 위해서 죽으심으로써 그 사랑에 대한 증거가 나타났다고 말하지 아니하는 구절이 성경에 하나도 없다고 말입니다(물론 그 구절 자체에는 나타나지 않았을지라도 문맥 속에서 그것이 반드시 드러나 보임). 갈라디아서 2 : 20은 "내가 그리스도와 함께 십자가에 못 박혔나니 그런즉 이제는 내가 산 것이 아니요 오직 내 안에 그리스도께서 사신 것이라 이제 내가 육체 가운데 사는 것은 나를 사랑하사 나를 위하여 자기 몸을 버리신 하나님의 아들을 믿는 믿음 안에서 사는 것이라." 요한1서 4 : 10 은 "사랑은 여기 있으니 우리가 하나님을 사랑한 것이 아니요 오직 하나님이 우리를 사랑하사 우리 죄를 위하여 화목제로 그 아들을 보내셨음이니라."

우리가 다루는 본문도 또 다른 실례가 됩니다. 우리가 이 구절을 읽을 때, 하나님께서 우리를 사랑하시는 것에 대하여 말하는 부분은, 그리스도께서 교회를 향하여 원하시는 연합과, 하나님께서 그리스도를 이 세상에 보내셨다는 사실에 대해서 말씀하신 후 예수님은 단순히 하나님께서 우리를 위대하게 사랑하신다고 덧붙이고 계시는 것처럼, 고착되어 있는 것 같이 보입니다(하나님께서 우리를 위대하게 사랑하시되 뭔가 한참 생각하다가 착수하신 것처럼 말입니다). 그러나 이 구절이 말하는 것은 그것이 아닙니다. 그런 경우라면 헬라어의 관계사 "호티"는 두번 반복되어야 했을 것입니다. 한번은 "아버지께서 나를 보내신 것을 세상이 알게 하려"라는 어구와, 또 한번은 "아버지께서 나를 사랑하신 것 같이 저희도 사랑하사"라는 어구 이전에 나왔어야 했을 것입니다. 그러나 그 말은 한번만 나타납니다 - 그 구절의 하반절이 시작되는 지점 앞에 말입니다. 그리고 이 말은, 하나님께서 그리스도를 세상에 보내셨다는 사상과, 하나님께서 그리스도를 사랑하시듯이 우리를 사랑하신다는 사상이 함께 연합돼 있다는 것을 뜻하는 것입니다.

하나님께서 우리를 사랑하시는 것을 어떻게 아십니까? 하나님께서 예수님을 사랑하신 것처럼 우리를 사랑하신다는 것을 우리가 어떻게 압니까? 하나님께서 예수님을 보내셨기 때문에 압니다. 하나님께서 예수님을 보내신 이유는, 그리스도께서 우리를 위해서 죽으시기 위함입니다. 하나님께서 우리에게 당신의 사랑을 확증하신 것에는 그것을 기초로 하여 확증하십니다. "그리스도께서 우리를 위하여 죽으심으로 하나님께서 우리에게 대한 자기의 사랑을 확증하셨느니라"(롬 5:8).

구원의 안전성

우리는 우리를 향하신 하나님의 사랑의 본질과 그것의 증거를 숙고해 보았습니다. 이 시점에서 우리는 우리 개인을 향한 그러한 사랑이 어떠한 결과를 가져 오는지를 주목해 보아야 합니다. 그 결과들은 무엇입니까? 그 모든 것 중에서 가장 중요한 것은 그러한 사랑은 우리에게 커다란 안전성을 보장한다고 대답해야 할 것입니다. 사랑은 언제나 안전성을 주기 마련입니다. 크든 작든 그 안전성은 그 안전함을 받치고 있는 사람의 성질에 의해서 결정되는 것입니다. 남편들은 아내들로부터의 도움을 필요로 합니다. 때로는 그 남편들이 생각하는 것보다 더 큰 도움을 말입니다. 또 아내들도 자기 남편들로부터 도움을 필요로 합니다. 남편이 그 사실을 알고 그걸 실제로 옮겨야 하는 것입니다. 자녀들은 분명히 부모들의 도움을 필요로 합니다. 그러한 도움이 없이는 자녀들이 바르게 발전하지 못할 것입니다. 나이가 먹어가면서 부모들은 때로 자기 자녀들의 도움을 필요로 합니다. 그러나 흔히 이러한 안전보장은 그것을 뒷받침하고 있는 사랑이 부족한 경우들이 있읍니다. 그래서 결국 안전성이 깨어지고 맙니다.

대조적으로 하나님의 사랑 속에서 우리는 위대한 안전성을 발견하게 됩니다. 그 한 예로 우리가 장래를 내다보면서 심판을 생각하면 안전합니다. 제가 확신하기로, 요한1서 4 : 17 의 지극히 간단한 그 진술의 의미가 바로 그것이라고 봅니다(그러나 흔히 간단하면서도 어려움 - "주의 어떠하심과 같이 우리도 세상에서 그러하니라"). 그 어휘를 볼 때 그 문장을 더 간단하게 진술할 수는 없읍니다. 그 문장은 아홉 개의 단어로 구성되어 있읍니다. 그 단어들마다 다 단음절입니다 - "주의 어떠하심과 같이 우리도 세상에서 그러하니라"(As he is, so are we in this world). 그러나 그것은 무슨 뜻입니까? 그 말씀이 "그가 그러하시니 이 세상에서 우리도 '마땅히 그러해야 한다'"라는 어떤 의미를 함축하는 말일까요? 또는 "그가 그러하시니 우리가 이 세상을 떠날 때도 우리도 '그러할 것이다'"라는 말을 뜻하는 것처럼 장래를 가리켜 말하는 것일까요? 아닙니다. 그것은 분명히 지금 현재의 삶을 가리킵니다. 또는 어떤 도덕적 완전함을 가리킬 수 있을까요? 그것이 무슨 뜻입니까? 그 대답은 의심할 여지 없이 이러합니다. 그가 말씀하신 마지막 심판에 비추어서 하나님 앞에 서 있는 우리의 위치를 가리켜 말하는 것입니다. 왜냐하면 그 문맥에서 그것을 말하고 있기 때문입니다. 18 절은 이렇게 말씀하고 있읍니다. "사랑 안에 두려움이 없고 온전한 사랑이 두려움을 내어 쫓나니 두려움에는 형벌이 있음이라 두려워하는 자는 사랑 안에서 온전히 이루지 못하였느니라."

이 구절의 의미는 이러합니다. 그리스도를 향한 하나님의 사랑과 나를

향한 하나님의 사랑 때문에 마지막 심판에 대한 내 관계가 그리스도께서
그 마지막 심판에 대해서 가지는 관계와 같다는 것입니다. 예수님이 심판
받을까요? 그분이 십자가에 달리실 때 짊어지신 그 죄를 직고하지 않으
면 안될까요? 물론 그렇지 않습니다! 그가 우리 죄를 담당하신 것은 우
리의 죄가 영단번에 심판을 받고 그와 우리로부터 영원토록 그 죄가 물
러가게 하기 위함입니다. 그러니 그때 우리는 그러한 죄들 때문에 심판
당하지도 않을 것입니다. "주의 어떠하심 같이 우리도 세상에서 그러하
니라." 예수 그리스도 안에 있는 자들에게는 결코 정죄함이 없읍니다(롬
8:1을 보십시요).

그러나 아마 이것은 약간 멀리 떨어져 있는 것이라고 생각하고 있을 것
입니다. 그것은 장래의 사건들, 하나님의 심판의 사건들을 가리키고, 여
러분이 관심깊게 생각하는 것은 이 세상의 삶입니다. 지금 하나님의 사
랑 때문에 안전보장이 있나요? 그럼믄요. 있고 말고요. 자녀가 부모의
사랑 속에 안전함을 누린 것과 똑같은 의미로 말입니다. 물론 자식은 자
라면서 가정을 떠나게 되지만 말입니다. 또 다른 실례를 들어 보자면 바
다 선원이 자기의 행로를 잘 가기 위해서 북극성을 계속 바라보고 있으
면 안전한 것과 같습니다. 그 별은 모든 별과는 달리 움직이지 않는 별
이기 때문입니다. 어떤 찬송시 작가는 이 변함 없는 사랑의 안전성을 알
고서 이렇게 썼읍니다.

> 오 하나님의 사랑은 모든 위험이 도사리는 우리의 길에서
> 우리를 지켜 주는 방패요 버팀줄이네!
> 영원한 사랑의 주 안에 우리 안식하오니
> 영원토록 안전하고 영원토록 복되도다.

저는 이 현재의 안전성의 성질에 대하여 한번 인용했던 폴 투니어의 이
야기를 통해서 예증해보려 합니다. 투니어는 여러 가지 문제를 가지고
있는 한 젊은 여자에게 상담을 해 주고 있었읍니다. 그녀는 그를 보러
왔읍니다. 몇 주간이 지난 다음에 크리스마스 휴가 기간이 가까왔읍니다.
그녀는 들어오면서 "못이 걸렸네요"라고 말했읍니다.

"아니 무슨 못요?" 그 스위스의사는 물었읍니다.

"제가 걸려 있는 못 말이예요.""저는 벽에 걸려 있는 그림과 같은 느

낌이 들어요. 만일 못이 빠지면 그림은 떨어지지요? 제 못은 이 휴가 기간이 끝나고 나서 만나 주시겠다는 이 약속이었지요."투니어가 아다시피 그 휴가 기간은 그녀에게서는 언제나 어려운 때였읍니다. 그녀는 그 휴가 기간이 가까이 올 때 언제나 두려움에 빠졌읍니다. 그녀의 난제가 다시 떠오르는 때가 될까봐 말입니다. 그래서 그녀는 말했읍니다. "그 휴가 기간 동안 내내 저는 나를 붙들어 주도록 그 못을 계속 주목하고 있었어요. 그래서 모든 것이 다 잘됐지요. 저는 감정적으로 선생님에게 매여 있다고 느끼지는 않아요. 저는 실존적으로 선생님에게 매여 있읍니다."

그렇습니다. 하나님의 사랑은 우리가 매달릴 수 있는 못입니다. 실로 우리는 실존적으로, 정서적으로 그 사랑에 매달릴 수 있읍니다. 다른 모든 방식에서와 같이 하늘과 땅에 있는 모든 벽과 모든 것이 흔들린다 할지라도 그 사랑은 결코 빠지지 않을 것을 알고서 말입니다. 저는 좀더 그림을 그리듯이 설명할 수 있읍니다. 그 못은 그리스도께서 십자가에 못 박히실 때 그 손에 박힌 못입니다. 왜냐하면 그 못은 하나님의 사랑의 증거, 다시 말하면 **회전하고** 혼돈한 우주 속에서 한 고정점이 되는 하나님의 사랑의 증거이기 때문입니다.

다른 사람들을 향한 사랑

하나님께서 자기 아들을 사랑하듯이 우리를 사랑하신다는 진리의 또 다른 **결과**가 있읍니다. 그것은 우리가 다른 사람들을 사랑해야 하며, 우리가 최선을 다해서 다른 사람들을 편벽되지 않게 사랑해야 한다는 것입니다. 제가 무엇을 뜻하고 있는지 아시겠읍니까? 우리는 골라서 사랑해서는 안된다는 것입니다. 우리는 어떤 한 시각을 가지고 사랑해서는 안됩니다. 우리는 무한한 존재가 아닙니다. 우리는 끝없는 사랑으로 모든 사람을 사랑할 수는 없을 것입니다. 우리는 완전하지도 못합니다. 우리는 완전하게 사랑하지도 못할 것입니다. 그러나 하나님께서 우리를 도우시면 우리가 그리스도를 위해서 사랑하지 못할만한 사람을 사랑한다는 의미에서 편벽되지 않게 사랑할 수 있읍니다.

저는 랄프 카이퍼가 들려 준 싯귀를 통해서 한 이야기를 생각하면서 재미 있었던 적이 있었읍니다. 카이퍼는 고등학교 3 학년 때 그리스도인이 되었읍니다. 고린도후서 5 : 17 의 말씀에 힘입은바 있었읍니다. "누구든지 그리스도 안에 있으면 새로운 피조물이라 이전 것은 지나갔으니 보라 새 것이 되었도다." 그는 새로운 피조물이 된 다음에 그는 즉시 그 구절 후반절을 묵상하기 시작했읍니다. "이전 것은 지나갔으니" 왜냐하면 그는 그의 지리선생님에게 한 어려운 문제를 가지고 있었기 때문입니다. 그래서 그 '여선생님'이 그냥 사라져 버리기를 간절히 바랐지만, 그렇게 되지 못했읍니다. 그는 말합니다. "그는 마녀였고, 망제성첨례일 (10 월 31일로서 영국 성공회에서 지키는 이른바 종교의식 – 역자주) 에 '오늘밤은 네가 기다렸던 그날이다. 한번 네 장기를 보여봐라 !' 고 내뱉어 줄만한 그런 여자였다.' " 그가 어느 주간에 그리스도인이 되었고 제가 말씀드렸던 그 구절을 묵상하기 시작했는데, 그러나 다음 주간에 그 지리선생은 죽지 않았읍니다. 50 년후에 카이퍼는 말합니다. "사실 그녀는 아직도 살아있을지 모른다." 결국 그 문제의 해결책을 얻었읍니다. 왜냐하면 그는 그 구절에서 말하는 새로운 피조물은 지리선생이 아니고, 자기 자신이고, 지나가야 할 것도 자기의 옛 본성임을 알았읍니다. 때가 지남에 따라서 그는 자기가 예수 그리스도와 같아야 함을 인식하고, 만일 하나님께서 그 선생을 참으실 수 있으시다면 자기도 그럴 수 있다는 결론을 내리게 되었읍니다. 심지어 그리스도를 위해서 그녀를 사랑할 수 조차 있었읍니다. 그는 이러한 자세로 그 지리 과정을 끝냈을 뿐 아니라 삼각법까지 연구해나갈 정도였읍니다.

바로 그것이 하나의 패턴입니다. 하나님께서 우리를 사랑하시되 그리스도를 사랑하신 것처럼 위대하게 우리를 사랑하십니다. 그러나 문제는 그점에서 끝마치는 것은 아닙니다. 그걸 뜻한 것도 아닙니다. 실로 아버지께서는 그리스도를 사랑하듯이 우리를 사랑하셨읍니다. 그러나 그는 우리를 사랑하시되, 그 결과 우리가 그리스도처럼 사랑할 수 있게 하셨읍니다. 우리가 만일 그렇게 한다면, 우리는 우리 자신들 가운데 한 사람이 되어 하나님의 은혜로 말미암아 또한 그리스도께서 위해서 죽으신 자들을 얻을 것입니다.

57

예수님과 함께 영원토록

"아버지여 내게 주신 자도 나 있는 곳에 나와 함께 있어 아버지께서
창세 전부터 나를 사랑하시므로 내게 주신 나의 영광을 저희로 보게
하시기를 원하옵나이다"(요 17 : 24).

저는 죽어가는 한 여성 그리스도인에게 말한 적이 있었읍니다. 그녀는
암병을 앓고 있었는데 암이 그 몸 전체에 퍼졌읍니다. 그는 자기 상
태에 대해서 말하면서 자기 육신적인 상태는 "가라앉는" 상태라고 말했
읍니다. 그는 육신적으로 가라 앉고 있었읍니다. 그러나 영적인 일에 대
해서 이야기를 나눌 때 그러한 가라앉음이 아무리 고통스럽고 어렵다 할
지라도 실제로는 하나님의 면전으로 올라가는 것임을 상기하게 되었읍니
다.

저는 존 딘(John Dean)이 백악관 시절의 이야기를 쓴 「맹목적 야심」
(Blind Ambition)이라는 책에서 최근에 읽었던 한 문단을 상기하게 됩
니다. 왜냐하면 그것은 한 큰 대조를 이루었기 때문입니다. 그 문단에서
딘은 백악관에서 자기의 죄와 능력이 점점 더 높아지는 것에 대해서 썼
읍니다. 그러나 그는 지적하기를 그 시절에 자기는 몰랐지만 사실상 자
기가 부패와 실제적인 범행 속으로 떨어지는 시절이었다고 지적했읍니다.
"나는 금방 확신과 영향력을 끼치는 지위로 상승하여 올라가기 위해서

교묘하게 꾸민 권세 놀이를 통해서 내려가는 여행을 해야 했으며 끝내는 뻔뻔스러운 범죄까지 저지르게 되었음을 발견했다. 비록 내가 열심에는 칭찬을 받았다 할지라도, 진정한 진보란 나와 내 상급자들 사이에 존재하는 보통의 신뢰의 끈을 더 든든히 하는 일들을 행함으로써 온 것이다. 닉슨이 재임 기간 동안 이러한 위로 올라갔다 내려갔다 하는 통로는 차이가 났지만 여전히 그 일에 가담하였었다. 마치 소리굽쇠의 굽과 같이 편리한 쪽으로 붙었다. 천천히 그러면서도 꾸준히 나는 대통령의 내면적부류속들의 도덕적 악의 심연쪽으로 올라갔다 결국 그리로 떨어지게 될 판이었다."

딘은 그의 정치적 생애에 대한 이 평가에서 죽음에 대해서 말하고 있었던 것은 아닙니다. 그러나 사실은 죽음에 대해서 그가 말하고 있는 것이나 마찬가지일 수 있읍니다. 왜냐하면 이 정치적 또는 세속적 도덕에 관하여 묘사하고 있었던 것은 하나님과 연관이 없는 삶의 모든 부분에도 해당되기 때문입니다. 수백만의 사람들이 대단히 큰 영향력과 권력을 행사할 수 있는 지위에 오르기 위해서 안간힘을 쓰지만 죽음으로써 그것이 끝장나버리고 마는 것입니다. 대조적으로 그리스도인은 하나님을 섬기는 데 있어서 바쁜 사람일 수 있읍니다. 지상에서 아무런 보상도 받지 못한 채 결국 모호한 상태로 죽음을 통과하여 종말에 이를 수 있읍니다. 그러나 사실 그 그리스도인의 무덤에 장사지내는 그 일은 실제적으로 하나의 부활입니다. 그리고 그 가라앉음은 사실상 영원토록 생명의 주님의 면전으로 올라가는 것을 뜻하는 것입니다.

비극이 아닌 승리

어째서 그것이 사실일까요? 어째서 그리스도인이 비그리스도인과 이 점에서 그처럼 다른 체험을 하는 것일까요? 그것은 물론 그리스도인에게 있는 어떤 공로적인 일 때문이 아닙니다. 또한 그 속에 일어난 어떤 본질적인 변화에 기인한 것도 아닙니다. 그 차이는 오직 하나님의 뜻 속에서만 발견되는 것입니다. 하나님께서는 그리스도인의 죽음이 비극이 아니고 승리가 되도록 정해놓으신 것입니다.

이것은 성경의 많은 곳에서 선언되었읍니다. 성경을 아는 사람은 어느 누구든지 잘 알 것입니다. 바울은 "몸을 떠나 주와 함께 거하는 것"을 간절히 바란다고 말했습니다(고후 5 : 8). 그는 죽음을 "유익함"이라고 불렀습니다(빌 1 : 21). 또한 자기가 이 땅에 남아서 다른 신자들을 섬길 것인가 아니면 "떠나서 그리스도와 함께 거하는 더 나은 것을" 원할 것인지 몰라서 망설였던 적이 있었습니다(빌 1 : 23). 로마서에 의해서 그는 하나님의 사랑에서 우리를 끊을 것이 없다는 것을 쓰기도 하였습니다(롬 8 : 35 – 39). 구약성경에서 욥은 이러한 확신을 가지고 이렇게 말합니다. "내가 알기에는 나의 구속자가 살아 계시니 후일에 그가 땅 위에 서실 것이라 나의 이 가죽 이것이 썩은 후에 내가 육체 밖에서 하나님을 보리라 내가 친히 그를 보리니 내 눈으로 그를 보기를 외인처럼 하지 않을 것이라 내 마음이 초급하구나"(욥 19 : 25 ~ 27). 요한복음 17 장은 이와 동일한 승리의 영역 속에서 울려 퍼지고 있습니다. 왜냐하면 요한복음 17 장에서 예수님께서는 아버지께서 당신에게 주신 모든 자들이 당신이 이 세상을 떠난 다음이나 또한 그들이 이 세상을 통과한 후에 영광 중에 함께 있게 될 것이라고 선언하시기 때문입니다. "아버지여 내게 주신 자도 나와 함께 있어 아버지께서 창세 전부터 나를 사랑하시므로 내게 주신 나의 영광을 저희로 보게 하시기를 원하옵나이다"(24 절).

여기에 한 중요한 사실이 있습니다. 죽을 때 신자의 승리가 자주 성경에서 언급되어 있습니다. 그러나 이 구절에서 그 승리의 오직 유일한 기초와 참된 강조점이 주어져 있습니다. 그 기초는 그 그리스도인의 죽을 때의 승리가 성자 하나님과 성부 하나님의 분명한 의지 위에 기초하고 있다는 말씀 속에서 발견된 것입니다(왜냐하면 그 두 위격의 의지는 하나이기 때문임). 또한 십자가에 못박히시기 바로 전에 예수님께서 아버지께 **간구한** 그 위대한 기도 제목의 마지막이 그것이라는 점을 통해서 우리는 그것이 강조되고 있는 것을 알게 됩니다. 그가 구한 마지막 요점은 – 실로 그것은 그가 정말 뜻하는 가장 최종적인 것임 – 우리가 당신이 있는 곳에 당신과 함께 있도록 하게 해달라는 것이었습니다.

예수님이 계신 곳

우리는 이 간구에 대해서 생각해 봅시다. 먼저 예수님께서 어디에 계신지를 생각해 봅시다. 그리스도가 무엇을 뜻하는지에 대해서 의문을 가질 수 있읍니까? 저는 그렇게 할 수 없다고 생각합니다. 그럼에도 불구하고 그리스도께서 미래 시제로 "나 있을 곳"라고 말씀하시지 아니하시고 "나 있는 곳에"라고 현재시제로 말씀하셨다는 사실 때문에 그러한 의문이 생길 수도 있읍니다. 우리가 하늘을 생각했었으면, 미래시제를 사용했을텐데도 말입니다. 그러니 예수님께서 "나 있는 곳에"라고 말씀하실 때, 겟세마네 동산으로 가는 길목인 예루살렘 가장자리를 뜻하는 것인가요 아니면 다락방을 뜻하는 것인가요? 이 기도가 어디서 드려진 것이냐고 생각하는 데 따라서 그 장소가 결정되듯이 말입니다. 그런 것일까요? 결코 아닙니다. 만일 그러한 경우라면 그리스도께서 그렇게 기도할 필요가 없었을 것입니다. 제자들은 이미 그와 함께 있었읍니다. 그 외에 바로 이 대목에서 그는 제자들만을 생각하고 계신 것이 아니라 제자들의 증거를 통해서 당신을 믿을 사람들을 또한 생각하고 계십니다.

그러니 예수님께서 그때 계셨던 곳을 생각하고 계셨던 것이 아니라, 금방 그가 있게 될 곳을 생각하고 계셨던 것입니다. 그는 이 확신을 표현하기 위해서 현재시제를 사용할 정도로 확신어린 마음으로 생각하고 계신 것입니다. 다른 말로 해서 그는 당신이 다시 이제 곧 아버지와 함께 하늘에서 있게 될 것을 확신하고 계시기 때문에 마치 그것이 이미 일어난 일인 양 말씀하고 계시는 것입니다. 11절에서 하신 것처럼 말입니다. "나는 세상에 더 있지 아니하오나 저희는 세상에 있사옵고 나는 아버지께로 가옵나니." 분명히 이 두 구절에서 예수님께서 뜻하시는 바는, 이세상을 떠나 영광으로 되돌아 가신다는 것입니다.

바로 이 순간에 그리스도께서 계신 곳이 정확히 그곳입니다. 어떻게 우리는 압니까? 물론 그 자신의 진술을 통해서 압니다. 그러나 그에 덧붙여서 우리는 제자들이 목격하고 천사들에 의해서 증거된 승천의 사실을 갖고 있읍니다 – "가로되 갈릴리 사람들아 어찌하여 서서 하늘을 쳐다 보느냐 너희 가운데서 하늘로 올리우신 이 예수는 하늘로 가심을 본 그대로 오시리라 하였느니라"(행 1 : 11). 우리는 또한 스데반이 본바 사도행전 7장에 기록된 그리스도의 모습에 대해서 알고 있읍니다. 또한 요한이 계시록에 그것을 기록하였읍니다.

성경에서 우리에게 주어진 하늘에 대한 모든 묘사 가운데서 저는 요한계시록 5장에 기록된 묘사를 가장 좋아합니다. 그러나 제가 그것을 읽어나가면서 거기에 나타난 말씀은 분명히 그 장소의 충만한 영광을 전달하지 못한다는 것을 압니다. 그 말씀들은 하나님께서 앉아 계신 보좌를 말하고 있읍니다. 또한 어린 양으로 묘사된 성자 하나님을 말하고 있읍니다. 거기에 천사들과 장로들과 또한 허다한 무리들이 함께 있는데 그들은 다 예수 그리스도를 찬양하는 일에 하나가 되어 있읍니다. 거문고와 또한 향대접이 있읍니다. 또 하나님의 아들이 아니면 열 수 없는 인봉된 예언의 두루마리가 있읍니다. 그러나 이러한 상징어들은 우리의 세련되지 못한 상상력을 초월한 어떤 것을 묘사하기 위해서 쓰여진 것입니다. 그렇지 않고 만일 그 어휘들이 문자 그대로의 뜻을 나타내고 있다 할지라도 하늘의 충만한 영광을 다 전달할 수는 없음에 틀림 없읍니다.

우리가 그러한 사실 때문에 더 가난합니까? 그렇게 생각할 수도 있읍니다. 그러나 하늘에 대해서 말하는 이 위대한 장과 다른 장들이 우리에게 남기는 인상은 그것이 아닙니다. 오히려 그 장들은 부요하고 우리를 새롭게 확신시켜 줍니다. 그 이유는, 그 장들이 하늘에 관해서 가장 중요한 것들에 바르게 촛점을 맞추어 주기 때문입니다. 다시 말하면 하나님 아버지와 성자 하나님이 거기에 계시다는 사실에 말입니다.

요한계시록 5장의 촛점이 바로 그것입니다. 앞에서 제가 언급했던 세 그룹의 존재들에 대해서 말한다는 것은 사실입니다. 24장로와 천사들과 우주의 모든 곳에서 온 다른 모든 허다한 피조물들이 언급되어 있읍니다. 그러나 이러한 것들이 드러난 것은 그러한 것들을 묘사하기 위함이 아닙니다. 이러한 것들의 각자는 그리스도를 증거하고 있으며 그래서 그리스도가 얼마나 탁월한지를 보여 주는 데 기여하고 있기 때문입니다. 24장로가 그를 찬미하고 있읍니다. 그들의 찬미의 노래는 이러합니다. "새 노래를 노래하여 가로되 책을 가지시고 그 인봉을 뜨기에 합당하시도다 일찍 죽임을 당하사 각 족속과 방언과 백성과 나라 가운데서 사람들을 피로 사서 하나님께 드리시고 저희로 우리 하나님 앞에서 나라와 제사장을 삼으셨으니 저희가 땅에서 왕노릇하리로다 하더라"(9 - 10 절). 그런 다음에 천사들이 증거를 하고 있읍니다. 그들은 "죽임을 당하신 어린 양이 능력과 부와 지혜와 힘과 존귀와 영광과 찬송을 받으시기에 합당하도다"
(12 절). 그리고 마지막으로 남은 피조물들이 함께 노래합니다. "보좌에
앉으신 이와 어린 양에게 찬송과 존귀와 능력을 세세토록 돌릴찌어다"
(13 절). 하늘은 하나님이 계신 곳입니다. 하늘로 하늘 되게 하는 것은
하나님이 계시는 바로 그 사실입니다(황금이나 보석이 깔려 있다는 사실
이 하늘을 하늘 되게 하는 것이 아닙니다).

여러분은 그것을 아시겠읍니까? 여러분의 자녀들도 그것을 압니까?
제 여섯살박이 어린 딸이 과학학급 제 1 학년에 다닐 때의 일입니다. 학급
에서 우주에 대해서 논의하고 있었읍니다 - 우주는 얼마나 크며 무엇으로
이루어졌을까를 생각하고 있었읍니다. 이 여섯살박이 어린 아이들이 나
눈 대화가 어디에까지 미쳤는지 아시겠읍니까? 하늘입니다! 그들은 하
늘이 어디 있는지를 알고 싶었읍니다. 그 하늘이 별들 사이에 있을까?
별들 너머에 있을까? 제 딸이 집에 와서 이것을 우리에게 말했을 때 우
리가 준 오직 유일한 확실한 대답은, 하늘은 하나님이 계신 곳이라는 것
이었읍니다. 하나님이 계시기 때문에 그곳이 하늘입니다.

우리도 그 하늘에 있게 될 것임

우리가 이 본문에서 주목해야 하는 첫번째 요점은, 예수님께서 지금 하
늘에서 아버지의 면전에 계시다는 것입니다. "나 있는 곳에"라고 말씀하
신 의도가 바로 그것입니다. 그러나 우리는 또한 우리가 만일 진실로 그
리스도께 주어진 자들이라면 우리도 바로 그곳에 있게 될 것이라는 걸 주
목해야 합니다. 이것이 바로 이 구절의 주요한 요점입니다. 왜냐하면 예
수님께서는 이 세상을 떠나 하늘로 가심을 말씀하시면서, 우리의 일이 다
마쳐진 후에 하늘에서 그리스도와 함께 만나게 되기를 소원한다고 말씀
하시기 때문입니다.

바로 그것이 우리로 하여금 하늘을 소유케 한 것입니다. 또한 그것을
우리로 하여금 위로를 주는 것입니다. 하늘에 대한 모습을 본 성경의 위
인 가운데 한 사람은 사도 바울이었읍니다. 그는 그것을 언제 한번 어슴
푸레하게 묘사합니다. 3 인칭을 써서 마치 그 사람이 다른 사람의 체험
을 기술하고 있는 것처럼 했읍니다. 그러나 그가 자신에 대해서 말하고

있는 것이 분명합니다. "내가 그리스도 안에 있는 한 사람을 아노니 십사년 전에 그가 세째 하늘에 이끌려 간 자라(그가 몸 안에 있었는지 몸 밖에 있었는지 나는 모르거니와 하나님은 아시느니라) 내가 이런 사람을 아노니(그가 몸 안에 있었는지 몸 밖에 있었는지 나는 모르거니와 하나님은 아시느니라) 그가 낙원으로 이끌려가서 말할 수 없는 말을 들었으니 사람이 가히 이르지 못할 말이로다"(고후 12 : 2 - 4). 그 사람은 하늘을 본 사람이었으며, 우리를 위해서 그 하늘을 묘사할 수도 있었읍니다. 그러나 그렇게 하지 않았읍니다. 왜냐하면 바울이 뒤에 가서 죽음에 대해서 말해나가고 빌립보서와 다른 책들에서 죽음에 대해서 말할때, 이러한 다른 문제들을 무색하게 하고 그의 위로가 되게 했던 것은 늘 하늘에 그리스도께서 계시다는 사실이기 때문입니다.

우리가 예수님과 함께 있을 것입니다 ! 그것이 바로 약속이요 영광입니다. 우리가 장차 올 내세에 대해서 생각할 때 우리 마음을 가득 채워야 하는 것이 바로 그것입니다.

우리가 죽어가는 사람과 얘기를 한다든지, 사랑하는 자를 먼저 여읜 사람과 얘기를 할 때 우리의 대화를 장악해야 하는 것이 바로 역시 그것입니다. 우리 중 거의 모든 사람들은 죽음과 큰 씨름을 하지 않았읍니다. 왜냐하면 우리의 문화는 이 죽음의 실체로부터 떨어지게 하는 방안들을 고안해냈기 때문입니다. 그러나 목회자들은 교회 교인들의 장례로 말미암아 매년 그러한 일을 여러번 만나게 됩니다. 저는 여러분에게 이러한 질문을 던지고 싶습니다. 죽어가고 있는 사람에게 여러분이 어떤 위로의 말을 할 수 있을까요 ? 여기에 암으로 죽어가는 한 사람이 있다고 합시다. 몸이 쇠잔해지고 있습니다. 그러므로 죽음이 가까와 온다는 증거를 그 사람이 누워 있는 방에 들어가면 누구나 다 확실히 알 수 있읍니다. 그 사람 자신도 그것이 확실합니다. 여기에 무슨 위로가 있을까요 ? "오늘 아침에 훨씬 더 좋아 보이는데요"라고 말할 수 없읍니다. 왜냐하면 그것은 거짓이기 때문입니다. 만일 그렇다 할지라도 그것은 잠시 뿐입니다. 그 사람더러 어떻게 느끼시느냐고 물어 봄으로써 위로를 줄 수도 없읍니다. 큰 고통 속에 빠져 있읍니다. 어디에 위안이 있읍니까 ? 오직 하나 뿐입니다. 죽어가는 사람이 곧 예수님과 함께 있게 될 것이며 (오래지 않

아) 우리도 역시 거기에 함께 있게 될 것이고, 우리 친구들과 함께 연합하게 될 것이라는 사실을 알려 주는 것입니다.

또 다른 경우를 살펴 봅시다. 어린 아이가 죽었습니다. 그 가정을 방문하게 되었습니다. 그 가정의 슬픔은 말로 할 수 없이 큽니다. 정말 기절할 정도로 슬픈 상태에 그 가정은 빠져 있습니다. 여러분은 무어라고 말할 수 있습니까? 오직 유일한 위로는, 그 아이가 예수님과 함께 지금 있다는 사실입니다. 하나님께서 그 아이에게 주신 삶의 수한을 마치고 그 아이가 지금 예수님과 함께 있다는 것입니다. 어느 날 우리가 본향에 가게 되는 순간에 다시 그 아이를 만나게 될 것이라는 점입니다.

몇년 전에 저는 죽음에 관해서 말하고 있었는데, 어떤 사람이 제게 신문에서 오려낸 기사를 하나 가지고 왔습니다. 그 기사에는 불과 몇달 전에 죽은 펄벅의 글에서 따온 인용문이 들어 있었습니다. 그녀는 그리스도인의 소망을 갖고 있지 않았습니다. 그러므로 죽음이 가까이 왔을 때 위안을 가지지 못했고 예수 그리스도를 믿는 신자의 확신을 갖고 있지 못했습니다. 그러나 동방의 신비가들의 체념에 빠져 있었습니다. 그녀는 이렇게 썼습니다. "나는 여러번 잠못이루는 밤에 우리가 붙어 있는 이 항성에 대해서 생각한다. 나는 우리가 공간 속에서 얼마나 철저하게 길을 헤매고 있는지에 대해 묵상한다. 우리는 마땅한대로 전적인 고독을 가지고 있다. 왜냐하면 하나님이 계시다는 소망을 아무리 가진다 할지라도그의 음성을 듣지 못하고 그의 음성을 보지 못한다. 믿음은 한갖 견고한 정서에 지나지 않는다. 소망을 통하지 않고는 그것은 **확증되지 않는다**" (The Philadelphia Inquirer, 1973 년 5 월7 일자). 그리스도의 신앙은 두번 확증받는다고 저는 주장하렵니다. 첫째는 그리스도의 부활과 승천을 통해서 객관적으로 확증받고, 둘째로는 그러한 진리가 성령으로 말미암아 우리 마음과 양심에 적용됨으로써입니다. 가장 중요한 것은, 우리가 이 세상에서 영원으로 향하여 통과하여 들어간다는 걸 생각할 때 위안을 주는 것이 바로 그것입니다.

예수님과 같이

죽을 때 오직 유일한 위로는 우리가 곧 예수님과 함께 될 것임을 아는

것이라고 말씀드렸읍니다. 그러나 그것이 위대하고 오직 유일한 궁극적
인 위안이 된다고 하는 것은 사실이지만, 그렇게 진술하는 것이 전적으
로 진리인지에 대해서는 확신하지 못하겠읍니다. 왜냐하면 적어도 위안
을 주는 하나의 또 다른 사실이 있기 때문입니다. 그 또 하나의 사실이
란, 우리가 예수님과 함께 있게 될 뿐만 아니라 예수님과 같이 될 것이
라는 사실입니다. 요한의 그의 첫번째 서신에서 "사랑하는 자들아 우리
가 지금은 하나님의 자녀라 장래에 어떻게 될 것은 아직 나타나지 아니
하였으나 그가 나타내심이 되면 우리가 그와 같을 줄을 아는 것은 그의
계신 그대로 볼 것을 인함이니"(요일 3 : 2).

여러 방면에서 우리는 그와 같게 될 것입니다. 그의 성품에 있어서 그
분을 닮게 될 것입니다. 왜냐하면 그 날에 모든 죄와 무지와 우리의 삶
을 특징짓는 어리석음이 다 사라지게 될 것입니다. 사랑과 거룩과 지식
과 지혜와 진리와 긍휼과, 다른 모든 그리스도의 속성에 있어서 그리스
도를 닮게 될 것입니다. 그때 다시 우리는 그의 몸을 또한 닮게 될 것입
니다. 왜냐하면 우리는 그 자신의 몸을 본받아 부활한 몸을 받게 될 것
이기 때문입니다.

고린도후서 4 장과 5 장의 중요한 말을 바울이 쓸 때 그 마음 속에 있
었던 것이 바로 그것이라고 저는 생각합니다. 이 대목 속에 한 불행한
장이 끼어 들어 있읍니다. 신약의 다른 시점들에서도 우연히 그러한 일
이 있듯이 말입니다. 그러나 만일 우리가 4 장 15 절부터 읽기 시작하여
5 장 4 절까지 읽어 나가면, 우리는 그가 뜻하는 바가 무얼 뜻하는지를
충분히 이해하게 될 것입니다. "모든 것을 너희를 위하여 하는 것은 은
혜가 많은 사람의 감사함으로 말미암아 더하여 넘쳐서 하나님께 영광을
돌리게 하려 함이라 그러므로 우리가 낙심하지 아니하노니 겉사람은 후
패하나 우리의 속은 날로 새롭도다 우리의 잠시 받는 환난의 경한 것이
지극히 크고 영원한 영광의 중한 것을 우리에게 이루게 함이니 우리의 돌
아보는 것은 보이는 것이 아니요 보이지 않는 것이니 보이는 것은 잠간
이요 보이지 않는 것은 영원함이니라 만일 땅에 있는 우리의 장막 집이
무너지면 하나님께서 지으신 집 곧 손으로 지은 것이 아니요 하늘에 있
는 영원한 집이 우리에게 있는 줄 아나니 과연 우리가 여기 있어 탄식하

여 하늘로부터 오는 우리 처소로 덧입기를 간절히 사모하노니 이렇게 입음은 벗은 자들로 발견되지 않으려 함이라 이 장막에 있는 우리가 짐 진 것 같이 탄식하는 것은 벗고자 함이 아니요 오직 덧입고자 함이니 죽을 것이 생명에게 삼킨바 되게 하려 함이라"(고후 4 : 15 - 5 : 4).

이 말은 무슨 뜻입니까? 제가 그 말씀을 읽을 때 바울이 건강상태가 좋지 않았다는 걸 눈치 챌 수 있습니다. 더구나 그는 정말 큰 고통을 예민하게 느끼는 가운데서 말하고 있었습니다. 한 장 뒤에 가서 자기가 그리스도를 섬기느라고 당했던 육신적인 여러 시련들을 말합니다-매 맞음과 옥에 갇힘과 환난과 수고와 요란한 것과 자지 못함과 먹지 못함등(6 : 5). 11 장에서 그는 이 고통을 좀더 상세하게 다룹니다. "유대인들에게 사십에 하나 감한 매를 다섯번 맞았으며 세번 태장으로 맞고 한번 돌로 맞고 세번 파선하는데 일주야를 깊음에서 지냈으며 여러번 여행에 강의 위험과 강도의 위험과 동족의 위험과 이방인의 위험과 시내의 위험과 광야의 위험과 바다의 위험과 거짓 형제 중의 위험을 당하고 또 수고하며 애쓰고 여러번 자지 못하고 주리며 목마르고 여러번 굶고 춥고 헐벗었노라"(24 - 27 절). 이러한 고통들은 바울이 상상해낸 것들이 아닙니다. 정말 실제적인 아픔이었습니다. 누가는 사도행전에서 그러한 많은 고통들을 노골적으로 묘사하고 있습니다. 이러한 고통들이 바울에게 많은 값을 지불하게 했음에 틀림 없습니다. 그래서 그가 고린도 후서라는 이 위대한 서신을 쓸 때는 거의 부서진 사람으로 썼을지도 모릅니다.

그런데도 그가 무어라고 말하고 있습니까? 그가 불평하고 있습니까? 그가 자기의 고통을 인하여 신음하고 있습니까? 아닙니다. 오히려 그는 그 너머를 바라보고 있습니다. 비록 우리의 몸이 쇠퇴하고 육신적인 고통의 신음소리가 우리의 고통으로 말미암아 울려 나온다 할지라도, 우리는 여전히 새로운 몸이 우리를 기다리고 있으며, 그 몸을 입고 우리는 예수님 앞에 얼굴과 얼굴을 대하여 서게 될 것임을 바울은 알고 있었습니다. 그가 확신어리게 "우리가 담대하여 원하는 바는 차라리 떠나 주와 함께 거하는 그것이라"(5 : 8)라고 말했던 것은 그 난제를 감동적으로 인식하고 해결책을 얻은 다음의 일이었습니다.

지금도 예수님을 닮아

제가 이 강론을 마치면서 이 말씀이 정말 의미있게 느껴지는 사람들
이 있을 것임을 알고 있습니다. 그들은 늙고 병든 사람일 것입니다. 어떤
사람들은 죽음에 가까이 와 있는 사람들일 것입니다. 예수님과 영원히함
께 있으며 예수님과 같게 될 것이라고 하는 그 생각을 하는 것 자체가 큰
복입니다. 반면에 그러한 입장에 있지 아니한 사람들, 그러므로 이 강론
이 시기에 그리 적절하지 못해 보이는 사람들이 있을 것입니다. 이런 사
람들에 대해서는 어떻게 해야 할까요? 우리는 모두 죽어가고 있다고 하
는 것을 지적할 수 있고, 어떤 사람은 다른 사람보다 그 죽음의 시점에
더 가까이 왔다고 말할 수 있습니다. 다시 저는 어느 사람도 자기의 죽
음의 순간을 알지 못한다고 지적할 수도 있습니다. 지금부터 30년 후에
죽을 수도 있습니다. 내일이나 오늘 밤에도 죽을 수 있습니다. 그렇게 말
하지 않고 저는 두 영역에서 적용해 보겠습니다.

첫째로, 여러분이 예수님과 함께 끝내 있게 될 것이라면, 여러분이 그
리스도인이라면, 어째서 여러분은 지금 예수님과 함께 시간을 보내지 않
습니까? 여러분이 개인적으로 성경을 연구하고 기도하는 시간들을 통해
서 예수님과 함께 시간을 보낼 수도 있습니다. 결혼을 하려고 하나 결혼
전에 함께 시간을 보낼 필요가 없는 것처럼 보이는 커플에 대해서 어떻
게 생각하시겠습니까? 그들은 말합니다. "오, 우린 결혼한 다음에 함께
있을 거예요. 우리는 지금 하고 싶은 다른 일들이 있어요"라고 말합니다.
우리는 그와 같은 결혼이 이루어질 것이라고 생각하지 않을 것입니다. 우
리 생각이 옳습니다. 만일 어떤 커플이 함께 인생을 보내려 한다면, 그
들은 결혼식이 있기 전에도 서로간에 더 잘 알고 싶어해야 마땅한 일이
기 때문입니다. 같은 방식으로 만일 우리가 어느 날 하늘에서 예수님과
함께 있는 것을 고대하고 있다면 예수님을 알고 싶어해야 마땅합니다.

두번째로는 우리의 도덕적인 행실에 적용해 봅시다. 만일 우리가 어느
날 예수님과 같게 될 것이라면, 요한이 그의 첫번째 서신에서 분명하게
말한 것처럼(요일 3:2), 어째서 우리가 지금 그와 같아지기를 간절히
추구하지 않습니까? 이것이 바로 요한 자신의 결론입니다. 우리가 영광
중에서 예수님과 같게 될 것이라고 말한 다음에 그는 즉각적으로 이렇게
덧붙입니다. "주를 향하여 이 소망을 가진 자마다 그의 깨끗하심과 같이

자기를 깨끗하게 하느니라"(3 절).

　매 겨울마다 필라델피아의 제10 장로교회에서 크리스마스와 신년 예배를 드리는 일을 끝내고 나서 저와 제 가정은 동부 펜실바니아에 위치한 포코노 산에 4 일 동안 휴가를 얻어 갑니다. 우리가 휴가를 가는 그곳에는 거대한 오두막집이 있는데, 큰 산 기슭에 아름답게 위치한 것입니다. 매해 겨울 휴가 기간이 가까이 오면 바로 이 때를 간절히 기다립니다. 그것을 생각하면 사실 우리는 일을 더 잘할 수 있습니다. 이제 여행을 떠나야 하는 시간이 다가오면, 우리는 출발하여 3 시간 동안 차를 몰고 갑니다. 결국 정상적으로 땅거미가 지평선 위에 내려 오는 저녁에 거기에 도착합니다. 우리는 차를 주차해 놓고 문 가까이 갑니다. 거기에 들어가면 대단한 문지기들이 있는데 그 중 어떤 사람들은 2, 30 년 가량 거기 있었습니다. 그들이 우리를 영접하고 우리의 가방을 듭니다. 그들은 말합니다 - 제가 이 이야기를 하려는 요점이 바로 여기 있습니다 - "자 집으로 오세요! 집으로 어서 오세요!" 사실 그것은 우리 집이 아닙니다(불행히도). 다만 손님을 맞으려는 그 오두막 숙소의 주인들의 역량으로 고안해낸 것에 불과합니다. 그러나 어느 날 우리는 다름 아닌 우리 복되신 주님으로부터 발해진 그 영광의 처소에 이르게 될 것입니다. 그분 스스로가 우리를 위해서 우리의 처소를 예비해 놓으신 분이십니다. "집으로 어서 오게!" 그는 말씀하실 것입니다. 우리는 본향에 도착하여 영원토록 거기에 있게 될 것입니다.

　그에게 이러한 소망을 가진 자마다 지금도 그리스도와 함께 죽도록 애써야 할 것입니다. 그리고 그리스도를 섬기면서 신실하게 일할 것입니다.

58

교회의 여섯번째 표지 : 사랑

"의로우신 아버지여 세상이 아버지를 알지 못하여도 나는 아버지를
알았삽고 저희도 아버지께서 나를 보내신줄 알았삽나이다 내가 아버
지의 이름을 저희에게 알게 하였고 또 알게 하리니 이는 나를 사랑
하신 사랑이 저희 안에 있고 나도 저희 안에 있게 하려 함이니이다"
(요 17 : 25 - 26).

교회의 가장 위대한 표지는 무엇입니까? 그렇다고 해서 제가 교회의
첫번째 제일되는 표지가 무엇인가, 또는 우리에게 가장 부족한 표
지가 어떠한 것인가? 라고 묻는 것은 아닙니다. 기쁨을 우리는 제일 먼
저 교회의 표지로 소개한 바 있읍니다. 우리에게 가장 부족한 표지가 무
엇이냐는 문제는 역사의 여러 기간이나 상황에 따라서 해답이 달라질 문
제입니다. 제가 교회의 가장 위대한 표지가 무엇이냐고 묻는 것은, 다른
모든 표지를 한꺼번에 붙잡고 있는 가장 위대한 표지가 무엇이냐? 무엇
이 다른 표지들에게 의미를 주는 것이냐? 그것 없이는 하나님께서 의도
하신 교회가 전혀 될 수 없는 바로 그것이 무엇이냐? 하는 것입니다. 오
직 대답은 하나입니다. 교회의 가장 위대한 표지는 사랑입니다.

바울은 고린도 전서 13 장에서 이것에 대해서 말합니다. 13 장에서 사

랑에 대해서 말하고 나서 마지막에는 그리스도인의 삶을 믿음과 소망과
사랑의 범주 속에서 살펴 봅니다- 믿음은 십자가를 되돌아보는 것이고,
소망은 주님의 재림을 내다보는 것이고, 사랑은 세상과 다른 그리스도인
들을 돌아 보는 것입니다- 그리고 나서 바울은 그 셋이 위대하고 항상
있는 덕행임에도 불구하고 "그 중에 제일은 사랑이라"고 결론짓고 있읍
니다.

주 예수 그리스도께서는 요한복음 17 장에 기록된 대제사장적 기도에
서 교회의 주요한 표지들로 기쁨과 거룩과 진리와 선교와 연합을 말씀하
신 다음에 사랑에 강조점을 두면서 결론을 내리고 있는 것은 역시 같은
사상을 드러내고 있는 것입니다. 13 : 34, 35 의 새로운 계명도 역시 마
찬가지입니다- "새 계명을 너희에게 주노니 서로 사랑하라 내가 너희를
사랑한 것 같이 너희도 서로 사랑하라 내가 너희를 사랑한 것 같이 너희
도 서로 사랑하라 너희가 서로 사랑하면 이로써 모든 사람이 너희가 내
제자인 줄을 알리라." 여기서 예수님은 제자들에게 하나님의 이름을 선언
하신 것은 "나를 사랑하신 사랑이 저희 안에 있고 나도 저희 안에 있게
하려 함이라"고 말씀 하십니다(요 17 : 26).

사랑이 사라질 때

만일 우리가 그것을 교회의 다른 표지들과 비추어 생각해 보면 사랑의
우월성을 알게 됩니다. 우리가 교회의 다른 표지들로부터 사랑을 빼버린
다면 어떠한 일이 일어날까요? 기쁨에서 사랑을 제해버린다고 생각해 보
십시요, 무엇이 남겠읍니까? 쾌락주의 밖에 남는 것이 없을 것입니다.
삶에서 풍부함과 기쁨을 가지고 있기는 하겠지마는 주 예수 그리스도와
의 관계 속에서 발견되는 거룩한 기쁨은 없을 것입니다.

거룩에서 사랑을 빼버리십시요. 그러면 무엇이 남겠읍니까? 자기의(義)
와, 그리스도 당시의 바리새인들의 특징이 되었던 유의 덕행 밖에는 남
지 않을 것입니다. 그당시 표준에 보면 바리새인들은 매우 거룩한 삶을
살았읍니다. 그러나 그들은 다른 사람들을 사랑하지 못했읍니다. 그리스
도께서 자기들의 표준에 도전하였을 때 그리스도를 죽일 마음을 가지고
결국 그리스도를 죽였읍니다. 그들은 외식자들이었읍니다.

진리에서 사랑을 빼버리십시요. 그러면 냉혹한 정통주의 밖에는 남지 않을 것입니다. 옳은 가르침이기는 하지만 어느 사람도 얻지 못하는 그런 유의 가르침이 될 것입니다.

선교에서 사랑을 빼버리십시요. 그러면 제국주의가 될 것입니다. 선교사는 복장을 한 식민주의자가 될 것입니다. 우리는 최근의 역사 속에서 그러한 일을 많이 보았읍니다.

연합에서 사랑을 빼보십시요. 그러면 금방 폭군이 탄생할 것입니다. 사람들을 향한 긍휼을 전혀 가지지 않거나, 결정하는 과정 속에서 그들을 붙잡아 주고싶은 간절한 열망이 없는 곳에서 성직계급적인 교회가 발생하게 됩니다.

그것이 바로 그런 것의 한 측면입니다. 반면에 하나님과 사람과의 관계에서 사랑을 나타내 보십시요. 그러면 어떠한 것을 얻게 됩니까 ? 그 밖의 다른 모든 교회의 표지들을 발견하게 될 것입니다. 하나님 아버지를 사랑하는 것은 어떠한 것을 유도합니까 ? 기쁨입니다 ! 우리가 하나님을 즐거워하고, 하나님께서 우리를 위해서 그처럼 넘치도록 행하신 것을 즐거워하기 때문입니다. 주 예수 그리스도를 사랑하는 것은 어떠한 결과를 가져옵니까 ? 거룩입니다 ! 왜냐하면 우리는 어느 날 그를 보게 될 것이고 그와 같게 될 것임을 알기 때문입니다. 그러므로 "주를 위하여 이 소망을 가진 자마다 그의 깨끗하심과 같이 자기를 깨끗하게 하느니라" (요일 3 : 3). 하나님의 말씀을 사랑하는 것은 어떤 것을 가져 옵니까 ? 진리입니다 ! 왜냐하면 우리가 하나님의 말씀을 사랑하면 말씀을 연구하고, 그러므로 필연적으로 우리는 하나님의 진리를 더욱 더 온전히 알게 되고 인식하게 될 것은 뻔한 이치이기 때문입니다. 세상을 향한 사랑은 무엇을 가져올까요 ? 선교입니다 ! 우리는 세상에 전달해줄 메시지가 있읍니다. 다시, 우리 그리스도인 형제와 자매들을 사랑하는 것은 우리로 하여금 어디에 이르게 할까요 ? 연합입니다 ! 왜냐하면 사랑으로써 우리는 우리가 하나님께서 친히 그리스도인의 공동체 안에서 창조해 놓으신 생명의 묶음 안에서 서로 하나라는 것을 분별하기 때문입니다.

예수님께서 그의 마지막 강화의 말씀들과 그 기도를 이 사랑을 강조하는 것으로써 끝마친다는 것이 이상합니까 ? (의심할 여지 없이 제자들이 듣는 데서 그 기도가 발해졌을 것임). 결코 그렇지 않습니다. 오히려 우리는 그러리라고 기대합니다. 왜냐하면 마치 제4복음서를 쓸 것을 기대하신 예수님께서는 이 네번째 대목의 초로 다시 되돌아가는 것 같은 모습을 취하고 계시기 때문입니다(우리는 거기서 "세상에 있는 자기 사람들을 사랑하시되 끝까지 사랑하시니라"〈요 13 : 1 〉). 그런 다음에 결론을 지어 말씀하십니다. "그렇다. 여기 내 가르침과 기도의 목표에 와 있는데, 나는 여기서 정확히 바로 그것에 대해서 말하련다. 왜냐하면 사랑은 가장 중요한 특징이기 때문이다."

사랑의 원천

이 구절을 기초로 해서 사랑에 대해서 무어라고 말할 수 있읍니까? 첫째로 우리는 그 사랑은 하나님 안에 원천을 가지고 있다고 말할 수 있읍니다. 우리가 말해야 하는 사랑이 바로 그러한 종류입니다. 우리는 세상이 생각해내는 사랑을 말하고 있는 것이 아닙니다. 또는 세상이 생각하거나 상상해내는 사랑이 아니라 주 예수 그리스도 안에서 나타난 하나님의 사랑, 우리가 하나님을 알게 될 때 알게 된 바로 그 사랑을 말하고 있는 것입니다. 예수께서 정확히 지금 그 생각을 마음 속에 가지고 계심이 틀림 없읍니다. 왜냐하면 25절은 26절의 전주곡이라 할 수 있는데 그 25절은 지식에 대해서 말하기 때문입니다. 25절에서 예수님께서는 "의로우신 아버지여 세상이 아버지를 알지 못하여도 나는 아버지를 알았삽고 저희도 아버지께서 나를 보내신 줄 알았삽나이다"라고 말합니다. 그럼으로써 예수님께서 "내가 아버지의 이름을 저희에게 알게 하였고 또 알게 하리니 이는 나를 사랑하신 사랑이 저희 안에 있고 나도 저희 안에 있게 하려 함이니이다"라고 말씀하십니다. 예수님께서 말씀하시는 것은 이러합니다. 만일 우리가 하나님을 알았다면 우리가 사랑에 의해서 특징지어지는 그 하나님의 본성을 알았다는 것이요, 만일 우리가 하나님의 사랑을 알지 못했다면 우리가 하나님을 알지 못한다는 것입니다. 요한이 그의 첫번째 서신에서 명백히 했던 요점도 바로 그것입니다(요일 4 : 7 , 8).

예수님께서는 세상이 하나님을 알지 못한다고 말씀하셨는데, 그 말은 다른 모든 것에 덧붙여서 세상이 하나님을 사랑의 하나님으로 알지 못한다는 뜻입니다. 이 점은 그리스도의 **때에** 정말 현격하게 드러났읍니다. 헬라인이나 로마인이나 애굽인이나 바벨론인이나 그리스도 당시의 그 어느 사람들도, 아니 그 전의 세기에 살던 그 어떤 사람들도 하나님의 본질이 사랑으로 놀랍게 특징지어진다는 생각을 한 적이 없읍니다. 정말 그런 일이 없었읍니다. 모든 고대의 문서들을 읽어 보십시요. 그러면 이러한 것을 전혀 발견하지 못할 것입니다. 고작해야 하나님은 편벽된 분으로 생각을 하고 있었읍니다. 만일 어떤 사람이 낙천적으로 생각하고자 마음 먹었다면, 하나님은 자기를 사랑하는 자들을 사랑하는 자로 말해지는 적이 있었읍니다. 하나님을 섬기는 사람들에게만 호의를 보이신다는 식으로 말입니다. 그러나 이것은 주고 받는 일입니다. "네가 나를 섬기면 나도 너를 돌볼 것이다" 하는 것이지요. 그것은 성경에 나타난 자비롭고 값없이 베풀어지는 하나님의 사랑이 아닙니다. 또 고대에는 그러한 것이 전혀 존재하지도 않았읍니다. 구약성경의 지면에서 예비적인 형태로 드러나는 것을 제외하고는 그 어느 곳에서고 발견할 수 없읍니다.

주 예수 그리스도와 함께 전혀 새로운 관념이 역사 속에 들어 왔읍니다. 왜냐하면 예수님께서는 하나님께서 사랑하시는 분이라는 가르치셨을 뿐 아니라, 이상한 사랑, 전적으로 인간의 상상을 초월하는 사랑으로 사랑하신다고 가르치셨기 때문입니다. 그 사랑이 그리스도를 보내사 죽게 하였읍니다. 더구나 그 사랑을 기초하여 허다한 구속받은 사람들을 하나님과 특이한 가족관계로 이끌었읍니다.

언어학적으로 말해서, 사랑에 대한 새로운 이해는 하나님의 계시를 통해서 역사 속에 들어왔다고 할 수 있읍니다. 먼저 구약을 통해서, 그 다음에는 예수 그리스도의 가르침을 통해서 탁월하게 들어온 것입니다. 먼저 우리는 헬라어가 사랑에 대한 어휘를 매우 풍부하게 가지게 있다는 것을 주목하게 됩니다. 그 헬라어는 신약성경을 기록한 언어이고 구약성경도 그 헬라어로 번역이 되었읍니다. 그럼에도 불구하고 구약성경의 번역자들이나 신약성경의 저자들이 하나님의 사랑에 대해서 말하려 할 때, 일반적인 헬라어 어휘 중 아무거나 취하여 "사랑"을 표현할 수 없었읍니다. 오히려 그들은 먼저 적게 쓰이는 말을 골라 변화시켜서, 그곳에 전혀 새로운 성격을 주입시켜야 했읍니다.

불어(佛語)에는 사랑이라는 말이 "아이메르"(Aimer) 밖에 없읍니다.
불란서 사람은 자기가 무엇을 말하고 싶어도 그것을 사용합니다. 어느 남
자가 자기 아내를 사랑합니다. 자기 나라를 사랑합니다. 자기 집을 사랑
합니다. 자기의 **부아베스**(마르세이유 명물인 생선 스튜-역자주)를 사
랑합니다. 크레이프를 사랑합니다. 그 어느 것이든지 말입니다. 불란서
사람은 사실 자기가 조금이라도 호감을 가지는 것이라면 다 그렇게 표현
합니다. 영어는 조금 낫습니다. "love"나 "like"라는 말이 있읍니다.

그러나 불란서 사람들은 그 한 어휘를 가지고 있읍니다. 영어를 쓰는
사람들은 두 어휘를 가지고 있읍니다. 그러나 고대 헬라어는 세 가지 어
휘를 가지고 있읍니다. 거기에다가 전혀 사랑을 위해서 쓰여질 수 없는
무한정한 말이 있읍니다. 첫번째 말은 "스토르게"입니다. 그 말은 보편
적인 애정을 뜻합니다. 특별히 가족간에 말입니다. 영어에서 그 말에 가
장 가까운 말을 찾는다면 "fondness"(좋아함), 그리스 사람들은 "나는
내 자녀와 친척을 좋아한다"라고 말할 것입니다. 또 다른 말은 "필리아"
인데 그 말에 쓰인 영어의 "philanthropy"라는 말과 "Philadelphia"라
는 말이 나왔읍니다. 그 말은 우정을 말합니다. 예수님께서 "나보다 아
버지나 어머니를 더 사랑하는 자는 내게 합당치 아니하다"(마 10 : 37)
라고 말씀하실 때 바로 그 말을 사용하십니다. 또 세번째 경우는 "에로
스"라는 말입니다. 그 말은 감관적인 사랑을 나타내는 말입니다. 거기서
우리는 영어의 "erotic"라는 어휘를 갖게 되었읍니다.

히브리 성경을 번역한 번역자들이 구약성경을 헬라어로 옮기려 할 때,
이 보통 어휘 가운데 그 어느 것도 성경적인 개념을 전달하기에 적합하
지 못하다는 걸 알게 되었읍니다. 그래서 70인경의 번역자들은 "스토
르게"라는 말을 사용할 수도 있었을 것입니다. 가정 내의 애정과 같은
것 말입니다. 그러나 어떻게 하나님의 사랑의 고유한 그 은혜로움의 개
념을 그런 말이 전달할 수 있겠읍니까? 우리가 어떤 사물을 좋아하는
것은 그것들이 우리에게 좋아 보이기 때문입니다. 그러나 하나님께서 사
람들을 향하여 당신의 사랑을 주었으나 사람들은 여전히 죄인들입니다.
다시 그 성경을 번역한 사람들이 "에로스"라는 말을 사용해서 이스라엘

을 향한 하나님의 사랑이 호세아에서나 솔로몬의 아가에서 성적인 사랑으로 묘사되었음을 주목했을 수도 있었읍니다. 그러나 이 번역은 불의한 사랑의 개념을 도입하게 될 것입니다. 왜냐하면 "에로스"는 결혼에의 정당한 사랑에도 쓰여졌지만 그렇지 아니한 잘못한 외도에도 잘 쓰여졌기 때문입니다. 에로스는 거의 도덕적인 내용을 갖고 있지 않습니다. 비슷한 방식으로 '필리아' 라는 말도 역시 합당치 못합니다. 왜냐하면 우정도 있다가 없어지기 때문입니다. 그러나 하나님의 사랑은 영원합니다. 하나님께서는 예레미야에게 "내가 무궁한 사랑으로 너를 사랑한다"(렘 31 : 3) 라고 말씀하셨읍니다.

그러면 번역자들이 어떻게 해야겠읍니까 ? 대답은 간단합니다. 번역자들은 전혀 다른 어휘를 취했읍니다. 강한 연상이 없는 말을 택하여 하나님의 사랑이 언급되는 거의 모든 경우에 사용했읍니다. 그렇게 함으로써 그들은 때에 맞게 자기들이 원하는 타잎의 사랑을 전달할 말을 창출했던 것입니다.

이 시점에서 저는 신약성경의 기간 동안에도 이러한 일이 어떻게 일어났는지를 보여 주기 위해서 한 예화를 삽입시켜 말씀드리겠읍니다. 예수님께서 이스라엘 가운데 나타나셔서 당신의 사명을 발설하셨을 때, 그는 여러 가지의 메시야적 칭호를 피하셨읍니다. 사람들은 메시야를 고대하고 있었읍니다. 그러나 예수님께서는 자신을 메시야라고 선포하지 아니하셨읍니다. 적어도 공개적으로는 말입니다. 왜냐하면 유대인들에게 있어서 메시야라는 말은 로마를 추방할 정도로 강한 어떤 임금을 뜻하는 말이었기 때문입니다. "메시야"라는 칭호는 그래서 지상 왕을 뜻하는 것이고, 그 메시야가 지상의 왕국을 생각하게 하는 말이었읍니다. 그는 또 자신을 하나님의 아들로 부르시지도 않으셨읍니다. 헬라 사람들은 "신의 아들들"에 대해서 다 알고 있었읍니다. 그러나 그 칭호는 예수님을 헤라클레스나 알렉산더대제와 같은 수준으로 느껴지게 할 판이었읍니다. 오히려 예수님께서는 자신을 인자(사람의 아들)라고 부르셨읍니다. 이 칭호는 다니엘에서 나타나서, 메시야적 인물을 묘사합니다. 그러나 예수님 당시의 지성적인 분위기 속에서는 그 말이 더 이상 정확하지가 않았고 거의 어느 것이든지 뜻할 수가 있었읍니다. 그래서 예수님께서는 그 어휘를 거의 빠짐 없이 사용하십니다. 그래서 그의 가르침이 하나님의 참된 메시야와 아들로서의 자신에 대한 바른 묘사를 하도록 했던 것입니다 -오셔서 죽고 다시 살아나시사, 어느 날 영광 중에 다시 오셔서 인간을 심판하시고 자기를 믿는 자들에게 상을 주실 분으로서 말입니다.

"사랑"을 나타내는 여러 어휘에 있어서도 마찬가지입니다. "스토르게" 나 "필리아"나 "에로스"는 성경적인 바른 개념들을 전달하지 못합니다. 그러나 "아가페"는 할 수 있습니다. 그 말은 희미한 말이었읍니다. 그러나 바른 개념을 전달하기 위해서 조종될 수 있는 말이었읍니다. 하나님께서 의롭고 거룩한 사랑으로 사랑하십니까? 그렇습니다. 그 사랑은 "아가페"입니다. 하나님의 사랑은 의롭고 주권적이고 영원합니까? 그렇고 말고요. 한 방편을 통해서 "아가페"는 하나님의 사랑, 유대교를 통해서 하나님께서 먼저 보여 주시고 그런 다음에 성경적인 기독교를 통해서 예수 그리스도 안에서 그 충만함을 드러내신 그 새로운 사랑을 표현하는최고의 말이 되었읍니다.

계시로 말미암아

이것은 두번째 요점, 계시 자체로 우리를 인도해 줍니다. 우리는 묻습니다. 하나님의 사랑에 대한 계시가 어디서 나타났읍니까? 다시 그것은 복잡한 대답이지요. 확실히 하나님께서는 자신을 구약성경 속에서 사랑의 하나님으로 나타내 주셨읍니다. 하나님께서는 구약성경을 통해서 이스라엘 사람들에게 사랑할만한 하등의 공로가 없음에도 그 사랑을 부으심을 나타내 주셨읍니다. 다시 하나님께서는 그리스도의 가르침 속에서 사랑의 하나님이심을 계시하셨읍니다. 그리스도께서는 하나님을 아버지라 부르셨읍니다. 당신의 사랑이 아버지의 사랑임을 나타내 주셨읍니다. 정말 그 모든 것은 다 진리입니다. 그럼에도 불구하고 가장 최상의 진리는, 하나님께서 예수 그리스도의 십자가를 통해서 사랑의 하나님임을 선포하셨다는 것입니다. "하나님이 세상을 이처럼 사랑하사 독생자를 주셨으니 이는 저를 믿는 자마다 멸망치 않고 영생을 얻게 하려 하심이라" (요 3 : 16).

예수님께서는 그의 기도를 끝맺는 말씀 속에서 바로 그것을 내다보고

계십니다. 왜냐하면 예수님께서 "내가 아버지의 이름을 저희에게 알게 하
였고"(선언하였고) 라 말씀하셨기 때문입니다. 그가 여기서 무얼 생각하
고 계십니까? 만일 그것이 과거시제로 되어 있다면 그 어구를 금방 이
해할 수 있었을 것입니다. 왜냐하면 그것은 분명히 복음서에 나타나 있
는 이전의 교훈을 가르치는 것임에 틀림 없기 때문입니다. 그러나 이 시
제가 미래 시제로 되어 있는 것은 어떤 이유입니까? (우리 말 개역성경
에는 그렇게 되어 있지 않지만 원문에는 그렇게 되어 있음 - 역자주). 예
수께서 무얼 생각하고 계시는가요? 십자가 자체임에 틀림 없습니다. 왜
냐하면 예수님께서 이렇게 말씀하고 계신거나 마찬가지이기 때문입니다.
"내가 과거 몇년 동안에 말해왔던 바로 그것을 십자가에 못박힘을 통해
서 극적이고 놀라운 방식으로 입증하려 한다."

그보다 더 놀라운 하나님의 사랑의 표증은 전혀 없었읍니다. 앞으로도
결코 없을 것입니다. 그러므로 만일 우리가 그리스도의 십자가를 가지지
못했다면, 예수 그리스도 안에서 사랑으로 말씀하시는 하나님을 발견하
지 못했다면, 우리는 어느 곳에서고 사랑하시는 하나님을 발견하지 못할
것입니다. 성경의 하나님은 여러분에게 침묵하시는 하나님이 되실 것입
니다. 우주는 결국 텅빈 우주가 되어버리고 말 것입니다. 역사도 의미가
없어지게 될 것입니다. 여러분이 참된 본성을 가지신 하나님을 발견하
고 이러한 다른 모든 것이 의미 있다는 것을 알게 되는 것은 바로 그 십
자가에서 뿐입니다.

행동 속에 나타난 사랑

이 본문에는 다른 것이 있습니다. 왜냐하면 예수님께서는 단순히 우리
가 어디서 사랑을 발견할 수 있느냐를 보여 주시기만 하시는 것이 아니
기 때문입니다. 그는 역시 어디서 우리가 그 사랑을 나타낼 수 있는가를
보여 주십니다. 왜냐하면 그는 계속해서 기대해 나가시기를 "이는 나를
사랑하신 사랑이 '저희 안에' 있고 나도 '저희 안에' 있게 하려 함이니이
다"라고 말씀하셨기 때문입니다. 그냥 사랑은 개인적으로 우리 속에서
나타내 보여져야 합니다.

어째서 예수님께서는 이것에 대해서 관심을 가지십니까? 저는 확신합

니다. 예수님께서 그것에 대해서 관심을 가지시는 것은 이 시대나 다른
어느 세대에서고 당신의 백성들이 아닌 다른 어느 누가 그 위대한 사랑을
보는 것은 바로 그 당신을 따르는 사람들 속에서 밖에는 가능하지 못하
기 때문입니다. 예수님께서는 아셨읍니다. 그가 죽으실 것을 아셨읍니다.
죽고 나서 부활이 있고 하늘로 승천하시는 일이 있다는 것도 아셨읍니다.
그러므로 스스로 사랑에 대한 완벽한 확증이었던 그분, 이 세상이 참된
사랑이 정말 무엇인지를 바로 그분 안에서만 보게 된 바로 그분은 이제
가실 것입니다. 그분은 사람들이 보도록 여기 계시지 않을 것입니다. 그
러니 예수께서 그 기도를 마치시면서 이 사랑이 우리 속에 있어야 한다
고 말씀하시는 것입니다. 그가 우리 속에 계시듯이 말입니다. 세상이 우
리 속에서 그 사랑을 보아야 한다고 말씀하시는 것입니다. 그 사랑은 행
동 속에 나타난 사랑이어야 합니다.

하나의 실제적인 질문

이 책의 마지막에 (또한 요한복음의 이 세번째 대목의 마지막에) 어떤
사람은 이렇게 말씀하실 것입니다. "그러나 나는 실제적인 문제를 가지
고 있다. 당신이 묘사한대로 사랑의 중요성을 알 수 있다. 만일 우리가
그리스도인의 **삶의 방정식**에서 사랑을 빼버린다면 그것은 전혀 몰골사나
운 것이 될 것이라는 것도 잘 안다. 또 교리적인 요점들도 이해할 수 있
다. 그 사랑이 하나님께로부터 나오는 것이며, 십자가에서 확증되었으며,
그리스도인들 속에서 그 사랑이 발견되어야 한다는 것도 안다. 그러나
우리가 어떻게 그것을 알 수 있는가? 그것이 실질적인 문제이다. 우리
는 어떻게 서로 사랑하는가? 이 위대한 하나님의 사랑을 어떻게 실제에
옮기는가?" 저는 몇 가지 실제적인 방식을 보여 드리고자 합니다.

첫째, 우리는 서로 **잘 들어 줌으로써** 서로를 사랑할 수 있읍니다. 사
람들이 상대방의 말을 듣지 않는 세대에 살고 있읍니다. 오, 우리는 서
로 말하려고 합니다. 다른 사람들은 계속 부단하게 우리에게 말을 하려
고 합니다. 그러나 아무도 들어주려는 사람이 없는 어려운 세상입니다.
그러니 우리가 바로 이 시점에서 하나님의 사랑으로 특징지어진 삶을 살
려고 한다면 우리가 필요로 하는 것 중 하나는 듣는 것입니다. 하나님께

서 우리의 기도도 들으십니다.

저는 한번 영화를 본 적이 있는데, 그 영화 속의 남주인공과 여주인공이 서로 이야기를 하고 있었습니다. 그 남주인공은 더 나이가 많았습니다. 그는 그 세대의 산물이었습니다. 그녀는 나이가 어렸습니다. 그녀는 텔레비젼과 함께 자라났고, 텔레비젼시대의 수동적인 산물이어서 어느누구에게든지 깊은 관계를 가질 수 없는 사람이었습니다. 그녀는 들을 수 없었습니다. 이 장면에서 그들은 서로 함께 이야기하고 있었습니다. 여자가 좋아하는 어떤 남자가 있습니다. "당신은 나로부터 무얼 원하지요?"

남자가 대답했습니다. "당신이 날 사랑하기를 원해요."

이 요구를 그녀는 알아들을 수 없었고 진정으로 그게 무슨 뜻인지 몰랐습니다. "난 어떻게 그렇게 할 것인지 그 방식을 몰라요." 그런 다음 그들은 서로를 쳐다보며 서 있습니다. 그들이 그렇게 하고 있는데 각자 자기들의 관계가 얼마나 허약한가를 알게 됩니다. 그리고 그들을 함께 붙잡아줄만한 것이 없다는 것도 알게 됩니다. 그런데 전화가 울렸습니다. 자 어떤 일이 일어났을까요? 그녀가 그 방해를 극복하고 압박하는 개인적 문제를 다룰 수 있었을까요? 잠시 그렇게 해보려고 노력했습니다. 그러나 그 다음에 그 남자의 얼굴을 바라보다가 그녀의 눈은 아래로 떨구어져 전화를 바라보았고 남자의 말을 듣는 순간이 사라져버린 것입니다. 이러고 나서 그 장면은 없어졌습니다. 왜냐하면 그 장면을 한번 쳐다보는 것만으로 해도 모든 것을 알 수 있기 때문입니다. 그녀는 잘 들을 수 없었습니다.

칼 헨리(Carl F. H. Henry)라는 신학자가 들려 준 또 다른 이야기를 말씀드리겠습니다. 한번은 그가 여행을 하면서 아침 식사시간에 식사를 하기 위해서 식당에 가 앉았는데 그 옆에 한 가족이 있었습니다. 그가족 중에는 작은 소년이 있었습니다. 여종업원이 그 가족의 테이블로 와서 그 소년으로부터 주문을 받기 시작했습니다. "아침으로 무얼 들겠어요?"라고 물었습니다.

"햄버거하고 프렌치파이하고 케찹을 많이 주세요."

"아니 얘야, 그러면 안돼. 넌 달걀 붙인 것하고 토스트하고 먹어야 된다"라고 그 어머니가 말했습니다. 그렇게 하니까 문제가 해결된 것 같았읍니다. 그래서 그 여종업원은 다른 주문을 받아나갔읍니다. 그러나 그 주문을 다 받고 나서 그 소년에게 다시 돌아서서 "저 달걀부친개하고토스트를 가져와야겠네요." 그러자 그 소년은 고개를 끄덕거렸읍니다. 그런 다음에 그 종업원이 "그러나 케찹은 많이요?"

그 종업원이 주방으로 간 다음에 그 소년은 소리쳤읍니다. "난 저 종업원이 좋아. 그 여종업원은 날 정말 생각해 주고 있어." 그 소년이 그녀를 좋아한 것은 그녀가 그의 말을 들었고, 그가 진정 무얼 말하고 싶었는지를 알았기 때문입니다. 그처럼 만일 우리가 서로 사랑한다면 그렇게 해야 합니다.

둘째로, **함께 나누어야** 합니다. 다시 말하면 우리는 다른 사람들과 함께 나누어야 합니다. 또 우리 자신들도 다른 사람들에게 나눠 주어야 합니다. 우리가 전문적인 상담자는 아니고 또 훈련받은 상담자도 아니지마는 서로 듣고 우리 자신을 속에다 가두어 놓지 말아야 합니다. 우리는 주님 안에서 형제 자매들입니다. 우리는 가족관계입니다. 그러니 컴퓨터처럼 앉아 있어 듣는 것을 분석하고 사회과학적인 보고서에 뒷받침 하듯 면밀히 대답하는 것처럼 해서는 안됩니다. 우리는 대화를 하고 있는 사람들처럼 같은 수준에 처해 있는 사람같이 앉아 있어야 합니다. "예,그렇습니다. 아 난 그런 일을 겪었어요. 하나님께서 이러저러한 일을 내게 해주셨어요."라고 말해야 합니다.

이 시점에서 우리의 문제는, 우리는 우리의 자신을 나누고 싶어하지 않는다는 것입니다. 그 이유는, 만일 우리가 그것을 솔직하게 말한다면 우리가 죄인이기 때문에 스스로 부끄러워지고, 만일 우리가 안에서 일어나는 일을 솔직히 말한다면 다른 사람이 돌아서서 나를 비웃지는 않을까 하는 두려움 때문입니다. 그러면 우리는 관계를 잃어버리게 될 것이 아닌가 그렇게 생각하지요. 그래서 어떻게 우리가 진실로 나누는 그런 지점에 올 수 있을까? 하는 문제가 중요합니다. 오직 한 가지 방식이 있읍니다. 그것은 우리 마음 속 깊이에서 하나님 앞에서 우리는 우리의 있는 그대로 다 알려진다는 것을 알아야 합니다. 우리의 모든 허물과 죄와 수치를 다 아십니다. 그럼에도 불구하고 예수 그리스도는 우리를 사랑하시고 우리를 위해서 죽으셨읍니다. 우리는 사랑하시는 자 안에서 열납되었읍니다. 만일 우리가 하나님께서 우리를 다 아시는데도 우리를 사랑하신다는 것을 알 수만 있다면, 우리는 우리 자신의 참된 모습을 나눌 수 있고 다른 사람을 사랑할 수 있읍니다.

세째로, **섬겨야** 합니다. 듣고 나누고 섬겨야 합니다. 만일 바로 이 요한복음 13 장으로부터 지금까지 온 그 대목에서 가르쳐지는 것이 있다면, 그것은 우리가 섬겨야 한다는 것입니다. 그 대목은 그리스도의 사랑이 외적으로 나타나면 섬기는 형태로 나타난다는 것을 먼저 말하기 시작하였지요. "세상에 있는 자기 사람들을 사랑하시되 끝까지 사랑하시니라" (13 : 1). 13 장에는 이 사랑이 무엇을 뜻하는지를 제자들의 발을 씻어 주는 일을 통해서 보여 주신 주님의 행동이 나타나 있읍니다. 예수님께서 이렇게 결론지으셨읍니다. "내가 주와 또는 선생이 되어 너희 발을 씻겼으니 너희도 서로 발을 씻기는 것이 옳으니라"(13 : 14). 후에 예수님께서는 계속해서 이 사랑이 무엇을 뜻하는 것이며, 성령께서 우리로 하여금 서로 사랑하게 하실 때 어떤 일을 하실 것인지를 가르치십니다. 또 결국, 마지막의 기도를 통해서 예수님께서는 모든 세대의 교회를 특징지어야 하는 특별한 표지들이 무엇인가를 말씀해 주십니다. 기쁨, 거룩, 진리, 연합, 선교, 사랑입니다. 이것들 중 마지막은 섬김을 함축하고 있읍니다.

아주 옳은 말씀이지요! 기독교회가 세상에 존재하는 것은 섬김을 받으려 하는 것이 아닙니다. 세상에 존재하는 것은 섬김으로써 그리스도 안에 있는 하나님의 사랑이 갈수록 그리스도인들의 증거와 특별한 사랑의 행동을 통해서 알려지게 하기 위함입니다.

역자후기

　지금까지 번역하는 동안에 필요한 강건함과 필요한 은혜를 주시고 부족한 사람에게 필요한 지혜를 허락하여 주심을 하나님께 감사합니다.

　우리는 성경이 단순한 사람의 말이 아니라 하나님의 성령의 감동을 받은, 인간의 생각의 차원이 미치지 못하는 높고 넓고 위대하고 깊은 말씀임을 고백하지 아니할 수 없습니다. 진실로 우리의 믿음이 우리 자신의 어떤 개인적인 체험이나 개인적인 정취나 개인적인 어떤 기질에 달려 있지 않고 하나님께서 우리에게 계시로 주신 그 하나님의 말씀에 뿌리를 박은 것이어야 함을 다시 한번 재인식하게 됩니다. 이 강해서를 지금까지 번역한 역자로서, 또 이 강해서를 지금까지 읽어 온 독자들로서 그러한 고백을 함께 하지 않을 수 없습니다. 어느 누가 말씀을 강해했든지 그가 하나님께 소명을 받아 하나님의 성경말씀의 절대적인 권위를 인정하고 하나님을 우러러 보면서 성령의 인도를 따라 그 말씀을 강론하면 그것이 정말 사람을 살리는, 마음을 뜨겁게 하는 놀라운 역사라는 것을 또한 발견하게 되는 것입니다. 예수님께서는 엠마오로 가는 두 제자들의 발걸음을 돌려서 예루살렘으로 돌아가게 하시기 위해서 다른 방법을 사용하지 아니하시고 하나님께서 구약성경에 예언하신 예언의 말씀을 강론함으로써 그들의 마음을 열었고 그들의 마음을 뜨겁게 하여, 급기야는 그들과 말씀하시며 풀어 주시던 분이 예수님 자신이라는 것을 알아 보게 하여 예루살렘으로 돌아가게 하셨습니다. 오늘날도 우리의 믿음, 때로는 연약해지고 좌절하기도 하고 예루살렘을 따라 엠마오로 가던 제자들과 같이 세상을 향하여 내려가려는 그런 믿음을 다시 하나님께서 부르신 부름의 상을 위해서 좇아가는 그런 방향으로 돌리는 방식에는 왕도가 없이 바로 이 하나님께서 성경에서 제시한 방식임을 알아야 할 것입니다. 다시 말하면 하나님의 말씀을 연구하고 그 말씀에 따라 자신을 비추어 보고 그 말씀에 따라서 하나님과 예수 그리스도를 아는 것이 바로 오직 유일한 방식입니다. 이 강해서를 낸 저자의 교회가 건재하며 수많은 영혼들이 그 교회를 찾아 와서 구원의 영광을 깨닫고 또 전세계적으로 필요한 하나님의 말씀을 광포하도록 그 목회자에게 충분한 시간과 연구에 필요한 모든 것을 공급해 준다는 것을 생각하면 우연한 일이 아닌 것입니다.

특히 이 역자후기에서 강조하여 밝힐 것은 지난 2 월(1988 년)에 전북 내장산 관광호텔에서 있었던 케직사경회에 주강사로 초빙이 되어서 3박 4일 동안 시간마다 말씀을 강론하는 그런 기회가 이 책의 저자에게 주어졌었는데, 역자는 거기에서 직접 이 저자의 강해를 들었고, 그 저자와 긴 시간은 아니지마는 짧은 시간 동안 직접 교제하는 특권을 누릴 수 있었읍니다. 그때에 짧은 시간 동안이었지만, 하나님께 소명을 받고 같은 말씀사역과 하나님 나라를 위해서, 하나님 말씀의 권위를 찾아 그 말씀 자체를 풀어 해석하는 그 영광을 위해서 같은 소명을 받았다는 이러한 공감대가 저자와 역자 사이의 마음을 그리스도 안에서 하나로 묶을 수가 있었읍니다. 하나님의 성령께서 도우신 줄 압니다. 그 이후 저자가 본국에 돌아가 본교회에서 다시 목회사역을 감당하면서 보내온 개인서신은 역자에게 있어서 말로 할 수 없는 큰 기쁨을 주었고 큰 용기를 주었읍니다. 4권이 나왔다는 그러한 소식을 전하며 이 책을 보내 주면 그 저자는 당신을 통해서 강해되는 하나님의 말씀이 한국교회 강단에서 적용되고 수많은 종들이 그 책을 통해서 새로운 힘을 얻게 될 것이라는 것을 생각하고 또 다시 기뻐할 것이고 또 그 회중들도 한국교회 성도들을 위해서 기도할 것입니다. 앞으로 이 분의 책이 더 많이 읽혀져서, 로이드 존즈나 아더 핑크나 제임스 패커와 같은 그러한 놀라운 하나님의 말씀을 사랑하는 종들, 청교도적이고 개혁주의적인 정신에 입각하여 주의 영광을 위해서 건투하는 그런 종들의 말씀 강해를 진실로 감사함으로 받던 수많은 성도들과 종들이 큰 힘을 얻을 것이라고 생각합니다.

이 책을 내느라고 수고하는 크리스챤 다이제스트와 그 직원들을 위해서 우리 독자들은 기도해야 할 것입니다. 또한 부족한 역자를 위해서도 기도해 주시기 바랍니다. 또 이 책이 나오기 까지 잘 정서해 준 김현주 성도에게도 심심한 감사를 드립니다. 이 책을 통해서 밝힐 것은 본 역자에게 보내온 저자의 사신에는 그리스도 안에서 기도하면서 허락되는대로 1, 2년내에 한국에 있는 수많은 말씀의 종들에게 말씀 강해에 대한 특강을 할 수 있는 기회가 주어지기를 원한다고 하였읍니다. 이 저자 목사님이 다시 우리 한국에 와서 당신의 말씀사역의 신실한 원리와 방식을 함께 나눌 수 있도록 위하여 기도합시다.

모든 영광을 이 책의 원 주인이신 하나님 아버지께 그리스도로 말미암아 성령 안에서 돌립니다. 아멘

〰 예배와 삶의 일치

복음에는 하나님의 의가 나타나서
믿음으로 믿음에 이르게 하나니; 기록된바,
"오직 의인은 믿음으로 말미암아 살리라" 함과 같으니라.

로마서 1:17

요한복음 강해 4

초판 1쇄 인쇄 : 2017년 10월 20일
초판 1쇄 발행 : 2017년 11월 15일

저자 : 제임스 몽고메리 보이스
역자 : 서문 강
발행인 : 이원우 / 발행처 : 쉴만한물가
주소 : (10881)경기도 파주시 문발로 123 파주출판문화정보산업단지
전화 : (031)992-8692 / 팩스 : (031)955-4433
Email : vsbook@hanmail.net
등록번호 : 제18-99호
공급처 : 솔라피데출판유통
전화 : (031)992-8691 / 팩스 : (031)955-4433

Copyright ⓒ 2017Quiet Waters Communications
Printed in Korea
값 18,000 원
ISBN 978-89-90072-17-7 04230(제4권)
ISBN 978-89-90072-13-9 04230(전5권)